DENK MAL!

Deutsch ohne Grenzen

Tobias Barske
University of Wisconsin – Stevens Point

Megan McKinstry
University of Missouri

Karin Schestokat
Oklahoma State University

Jane Sokolosky
Brown University

Boston, Massachusetts

Publisher: José A. Blanco

Managing Editors: Rafael Ríos, Paola Ríos Schaaf (Technology)

Senior Project Manager: Isabelle Alouane

Editors: Aliza Krefetz, Thomas Kroy, Anne Wagner (Technology)

Production and Design Director: Marta Kimball

Design and Production Team: María Eugenia Castaño, Sarah Cole, Oscar Díez, Susan Prentiss, Sónia Teixeira, Nick Ventullo

Printed in Canada.

Student Text ISBN-13: 978-1-60576-876-2
Student Text (Casebound) ISBN-13: 978-1-60576-877-9

Instructor's Annotated Edition ISBN-13: 978-1-60576-885-4

Library of Congress Card Number: 2010934551

2 3 4 5 6 7 8 9 TC 15 14 13 12 11

Introduction

Willkommen in DENK MAL!, a brand-new intermediate German program designed to provide you with an active and rewarding learning experience as you continue to strengthen your language skills and develop your cultural competency.

Here are some of the key features you will find in **DENK MAL!**:

- A cultural focus integrated throughout the entire lesson
- Authentic, dramatic short films by contemporary German-speaking filmmakers that tie in with the lesson theme and grammar structures
- A fresh, magazine-like design and lesson organization that support and facilitate language learning
- A highly-structured, easy-to-navigate design, based on whole pages or spreads of two facing pages
- An abundance of illustrations, photos, charts, and graphs, all specifically chosen or created to help you learn
- An emphasis on authentic language and practical vocabulary for communicating in real-life situations
- Abundant guided and communicative activities
- Clear, comprehensive, and well-organized grammar explanations that highlight the most important concepts in intermediate German
- Short and comprehensible literary and cultural readings that recognize and celebrate the diversity, culture, and heritage of German-speaking countries
- A complete set of print and technology ancillaries to equip you with the materials you need to make learning German easier

INHALT

	ZU BEGINN	KURZFILM	STELLEN SIE SICH VOR
Lektion 1 **Fühlen und erleben**	**Persönliche Beziehungen . . . .4** Persönlichkeit Familienstand Beziehungen Gefühle	*Outsourcing* (6 min) . . . . .6 Regisseure: Hanna Reifgerst/ Markus Dietrich	DIE VEREINIGTEN STAATEN *Das Fest der Gemütlichkeit* . . . . .12 John Augustus Roebling; Die Frankfurter 13
Lektion 2 **Zusammen leben**	**Stadt und Gemeinschaft . . . .42** Lokalitäten Wegbeschreibungen Die Leute Aktivitäten Zum Beschreiben	*Auf der Strecke* (30 min) . . . .44 Regisseur: Reto Caffi	BERLIN *Berlin, damals und heute* . . . . . .50 Berlins U-Bahn; Knut der Eisbär. .51
Lektion 3 **Medieneinflüsse**	**Medien und Kultur . . . . .78** Kino, Rundfunk und Fernsehen Die (Massen)medien Die Medienleute Die Presse	*Worst case - Ein Tag in der Werbung* (7 min). . . . . . . .80 Regisseur: Bernd Schaarmann	HAMBURG, SCHLESWIG-HOLSTEIN UND MECKLENBURG-VORPOMMERN *Die Hanse* . . . . .86 Der NOK; Warnemünde. 87
Lektion 4 **Wegfahren und Spaß haben**	**Reisen und Ferien . . . . .116** Im Bahnhof Im Flughafen Im Hotel Auf dem Campingplatz Im Skiurlaub Am Strand Zum Beschreiben	*Björn oder die Hürden der Behörden* (14 min) . . . . .118 Regisseure: Andreas Niessner/ Oliver S. Bürgin	BREMEN, NIEDERSACHSEN UND NORDRHEIN-WESTFALEN *Lassen Sie den Narren raus!* . . .124 Das *Eau de Cologne*; Die Deiche 125

STRUKTUREN	KULTUR	LITERATUR	SCHREIBWERKSTATT
1.1 Word order: statements and questions . . . . **14** **1.2** Present tense of regular and irregular verbs . . . . . . **18** **1.3** Nominative and accusative cases; pronouns and possessive adjectives **22**	*„Amerika, du hast es besser“* **27**	*Die Familie* Kurt Tucholsky, Kurzgeschichte **31**	These und Beweisführung . . . **38**
2.1 Dative and genitive cases. **52** **2.2** Prepositions. . . . . **56** **2.3 Das Perfekt**; separable and inseparable prefix verbs . . **60**	*Berlin, multikulturell seit Jahrhunderten* **65**	*Geschäftstarnungen* Wladimir Kaminer, Kurzgeschichte **69**	Zitate **74**
3.1 Das Präteritum . . . . **88** **3.2** Coordinating, adverbial, and subordinating conjunctions . . . . **92** **3.3** Relative pronouns and clauses **96**	*Hamburg: Medien-Mekka* . . . **101**	*Zonenkinder* Jana Hensel, Auszug. **105**	Der Einleitungssatz **112**
4.1 Das Futur . . . . **126** **4.2** Adjectives (Part 1). . . . . . **130** **4.3** Adjectives (Part 2). **134**	*Badefreuden oder Großstadtabenteuer?* **139**	*Hier ist Tibten!* Heinrich Böll, Kurzgeschichte **143**	Der Schluss **150**

	ZU BEGINN	KURZFILM	STELLEN SIE SICH VOR
Lektion 5 Kunstschätze	**Kunst und Literatur** . . . . . . .154 Literatur Die bildenden Künste Musik und Theater Die Künstler	*Artgerecht* (5 min) . . . . .156 Regisseur: Konstantin Eckert	ÖSTERREICH *Unterwegs im Bilderbuchland* . .162 Alpen-Thermen; Die Sachertorte 163
Lektion 6 Traditionen und Spezialitäten	**Essen und feiern** . . . . .192 In der Küche Im Restaurant Regionale Spezialitäten Zum Beschreiben Feiertage und Traditionen	*Wer hat Angst vorm Weihnachtsmann?* (7 min) . .194 Regisseurin: Annette Ernst	BAYERN *Was ist ein Bayer?* . . . . .200 Münchens Viktualienmarkt; Ein Märchenkönig und seine Burg . .201
Lektion 7 Wissenschaft und Technologie	**Fortschritt und Forschung** .232 Die Wissenschaftler Wissenschaftliche Forschung Die Technologie Die Elektronikwelt Probleme und Herausforderungen	*Roentgen* (24 min) . . . . .234 Regisseur: Michael Venus	RHEINLAND-PFALZ, SAARLAND UND BADEN-WÜRTTEMBERG *Die Römer kommen* . . . . .240 Die allererste Autofahrt; Ein Alhambra für Tiere 241
Lektion 8 Recht und Umwelt	**Natur- und Ideenwelt** . . . . .268 Umwelt und Umweltprobleme Gesetze und Anrechte Fragen und Meinungen Die Leute	*Spelunkers* (5 min) . . . . .270 Regisseure: Jim Lacy/Daniel Haude/Kathrin Albers	SACHSEN-ANHALT, THÜRINGEN UND HESSEN *Die Bankmetropole am Main* . . .276 Die noble Bücherstadt; Trogbrücke Magdeburg. 277

STRUKTUREN	KULTUR	LITERATUR	SCHREIBWERKSTATT
5.1 Modals . . . . .164 **5.2** Comparatives and superlatives. . . . . .168 **5.3 Da-** and **wo**-compounds; prepositional verb phrases 172	*Musik Musik Musik*. 177	*Briefe an einen jungen Dichter* Rainer Maria Rilke, Brief. 181	Arten von Essays und ihre Struktur 188
6.1 Reflexive verbs and accusative reflexive pronouns . . . . .202 **6.2** Reflexive verbs and dative reflexive pronouns . . . . . .206 **6.3** Numbers, time, and quantities 210	*Feste mit Tradition* 215	*Die Leihgabe* Wolfdietrich Schnurre, Kurzgeschichte 219	Widerlegung 228
7.1 Passive voice and alternatives . . . . .242 **7.2** Imperative . . . . .246 **7.3** Adverbs 250	*Baden-Württemberg: Land des Autos* 255	*Ist die Erde bewohnt?* Egon Friedell, Kurzgeschichte 259	Teilweise Widerlegung 264
8.1 Der Konjunktiv II and **würde** with infinitive. . . .278 **8.2 Der Konjunktiv II** of modals. . . . . .282 **8.3** Demonstratives 286	*Grün reisen, Grün schützen* .291	*Die Natur* Johann Wolfgang von Goethe/ Georg Christof Tobler, Gedicht 295	Korrektur 302

	ZU BEGINN	KURZFILM	STELLEN SIE SICH VOR
Lektion 9 Wirtschaft und Berufsaussichten	**Arbeit und Finanzen ......306** Die Arbeitsplatzsuche Die Leute am Arbeitsplatz Auf der Arbeit Die Finanzen	*15 Minuten Wahrheit* (18 min)..................308 Regisseur: Nico Zingelmann	DIE SCHWEIZ UND LIECHTENSTEIN *Ins Herz der Alpen*............314 Gemütlich in die Schönheit; Das Edelweiß 315
Lektion 10 Geschichte und Gesellschaft	**Geschichte und nationales Selbstverständnis ....344** Politik Geschichte Nationen und nationale Identität	*Spielzeugland* (14 min).....346 Regisseur: Jochen Alexander Freydank	BRANDENBURG UND SACHSEN *Die perfekte Stadt*............352 Turm der Wissenschaft; Der Leipziger Hauptbahnhof....353

Schreibwerkstatt 381

Verb Conjugation Tables 383

Vocabulary

Deutsch-Englisch 398

Englisch-Deutsch 407

Index 417

Credits 420

About the Authors 422

STRUKTUREN	KULTUR	LITERATUR	SCHREIBWERKSTATT
9.1 Der Konjunktiv II der Vergangenheit . . . . .316 9.2 Plurals and compound nouns . . . . . .320 9.3 Two-part conjunctions . . .324	*Schweizer Bankwesen* 329	*Berufsberatung* Christa Reinig, Kurzgeschichte 333	Verallgemeinerungen und Mangel an Kontinuität. 340
10.1 Das Plusquamperfekt .354 10.2 Uses of the infinitive. . .358 **10.3 Der Konjunktiv I** and **indirect speech** 362	*Wiedervereinigung* 367	*An die Nachgeborenen* Bertolt Brecht, Gedicht 371	Wichtige Punkte für einen guten Aufsatz 378

INHALT

outlines the content and features of each lesson.

LEKTION 4

Wegfahren und Spaß haben

Reisen bereichert (*enriches*) das Leben. Man lernt beim Reisen viel über die Welt. Eine Reise bietet (*offers*) auch die richtige Chance, etwas Neues über sich selbst zu lernen und sich zu entfalten (*develop*). Was würden (*would*) Sie in den Ferien anders machen? Würden Sie zum Beispiel etwas ganz Ungewöhnliches essen? Würden Sie einen neuen Sport probieren? Machen Sie sich also auf die Reise und schauen Sie, ob Sie sich vielleicht ein bisschen verändern.

INHALT

118 **KURZFILM**
In dem Film *Björn oder die Hürden der Behörden* von **Andreas Niessner** und **Oliver Bürgin** muss Björn über die Hürden der Behörden springen und wird zum Opfer (*victim*) der Vorurteile (*prejudices*) der Polizei gegen die Türken.

124 **STELLEN SIE SICH VOR**
Was passiert, wenn man ein Kostüm anzieht? Man kann eine neue Identität ausprobieren! In **Düsseldorf**, der Hauptstadt des Landes Nordrhein-Westfalen, ziehen sich die Menschen jeden Winter Kostüme an und feiern den Karneval. Kommen Sie doch mit! Und bringen Sie Ihr Kostüm und Ihren Humor mit.

139 **KULTUR**
Badefreuden oder Großstadtabenteuer? gibt einen kleinen Einblick in die ganz unterschiedlichen Regionen von der Nordsee bis ins Ruhrgebiet und nach Köln.

143 **LITERATUR**
In *Hier ist Tibten!* von **Heinrich Böll**, beschreibt der Erzähler, wie Touristen nach Tibten gelockt (*enticed*) werden, um den Grabstein des Tiburtius und das Heimatmuseum zu besichtigen.

120

140

Reiseziel: Nordwest-deutschland

116 ZU BEGINN
126 STRUKTUREN
4.1 Das Futur
4.2 Adjectives (Part 1)
4.3 Adjectives (Part 2)
150 SCHREIBWERKSTATT
151 WORTSCHATZ

Wegfahren und Spaß haben 115

Lesson opener A two-page spread introduces students to the lesson theme. Dynamic photos and teasers related to the lesson theme, film, and readings are a springboard for class discussion.

Lesson overview A lesson outline prepares students for the linguistic and cultural topics they will study in each lesson.

Reiseziel A locator map highlights each lesson's region in focus.

ZU BEGINN

introduces the lesson vocabulary with thematic activities.

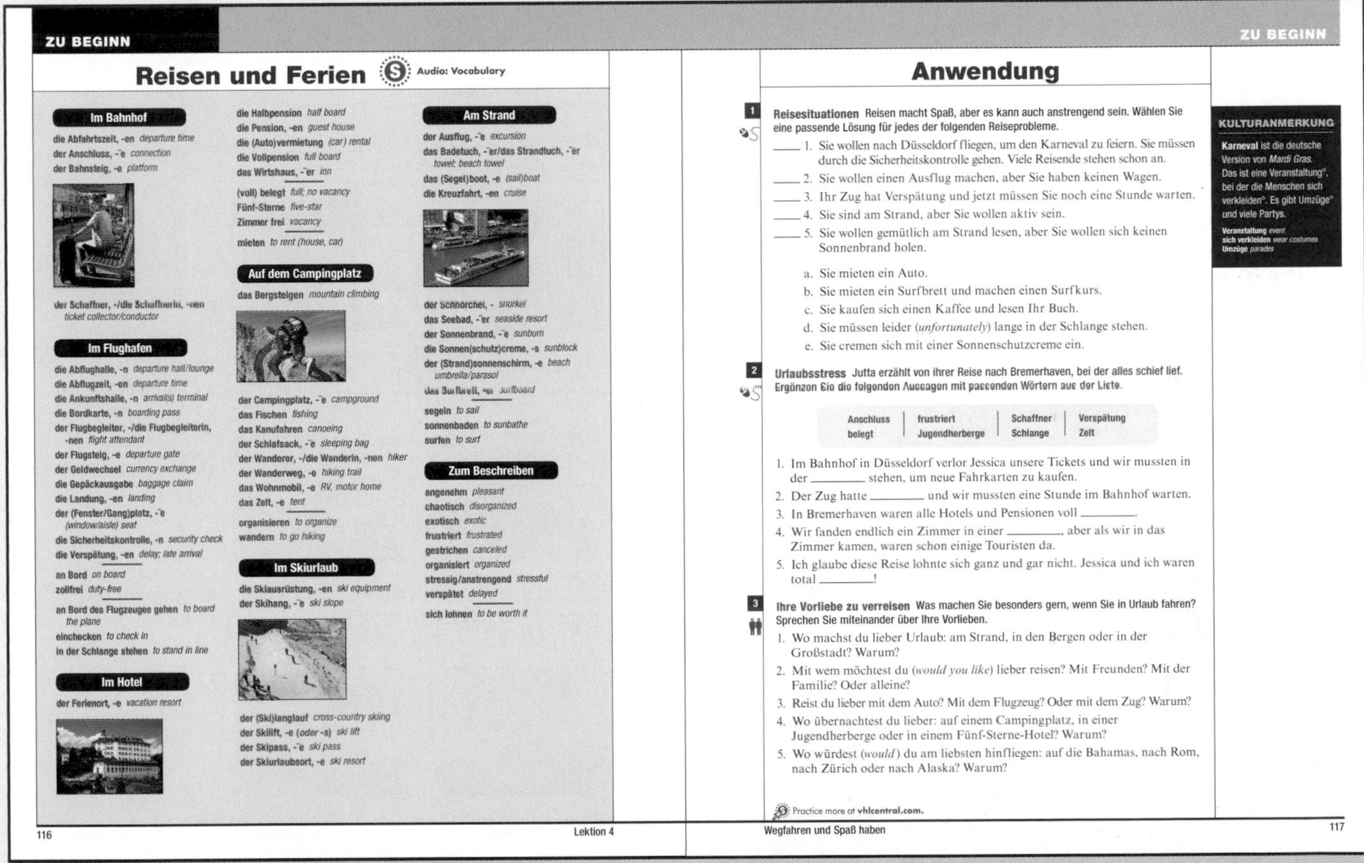

ZU BEGINN

Reisen und Ferien

Audio: Vocabulary

Im Bahnhof

die Abfahrtszeit, -en *departure time*
der Anschluss, ¨-e *connection*
der Bahnsteig, -e *platform*

der Schaffner, -/die Schaffnerin, -nen *ticket collector/conductor*

Im Flughafen

die Abflughalle, -n *departure hall/lounge*
die Abflugzeit, -en *departure time*
die Ankunftshalle, -n *arrival(s) terminal*
die Bordkarte, -n *boarding pass*
der Flugbegleiter, -/die Flugbegleiterin, -nen *flight attendant*
der Flugsteig, -e *departure gate*
der Geldwechsel *currency exchange*
die Gepäckausgabe *baggage claim*
die Landung, -en *landing*
der (Fenster/Gang)platz, ¨-e *(window/aisle) seat*
die Sicherheitskontrolle, -n *security check*
die Verspätung, -en *delay; late arrival*

an Bord *on board*
zollfrei *duty-free*

an Bord des Flugzeuges gehen *to board the plane*
einchecken *to check in*
in der Schlange stehen *to stand in line*

Im Hotel

der Ferienort, -e *vacation resort*

die Halbpension *half board*
die Pension, -en *guest house*
die (Auto)vermietung *(car) rental*
die Vollpension *full board*
das Wirtshaus, ¨-er *inn*

(voll) belegt *full; no vacancy*
Fünf-Sterne *five-star*
Zimmer frei *vacancy*

mieten *to rent (house, car)*

Auf dem Campingplatz

das Bergsteigen *mountain climbing*

der Campingplatz, ¨-e *campground*
das Fischen *fishing*
das Kanufahren *canoeing*
der Schlafsack, ¨-e *sleeping bag*
der Wanderer, -/die Wanderin, -nen *hiker*
der Wanderweg, -e *hiking trail*
das Wohnmobil, -e *RV, motor home*
das Zelt, -e *tent*

organisieren *to organize*
wandern *to go hiking*

Im Skiurlaub

die Skiausrüstung, -en *ski equipment*
der Skihang, ¨-e *ski slope*

der (Ski)langlauf *cross-country skiing*
der Skilift, -e (*oder* -s) *ski lift*
der Skipass, ¨-e *ski pass*
der Skiurlaubsort, -e *ski resort*

Am Strand

der Ausflug, ¨-e *excursion*
das Badetuch, ¨-er/das Strandtuch, ¨-er *towel; beach towel*
das (Segel)boot, -e *(sail)boat*
die Kreuzfahrt, -en *cruise*

der Schnorchel, - *snorkel*
das Seebad, ¨-er *seaside resort*
der Sonnenbrand, ¨-e *sunburn*
die Sonnen(schutz)creme, -s *sunblock*
der (Strand)sonnenschirm, -e *beach umbrella/parasol*
das Surfbrett, -er *surfboard*

segeln *to sail*
sonnenbaden *to sunbathe*
surfen *to surf*

Zum Beschreiben

angenehm *pleasant*
chaotisch *disorganized*
exotisch *exotic*
frustriert *frustrated*
gestrichen *canceled*
organisiert *organized*
stressig/anstrengend *stressful*
verspätet *delayed*

sich lohnen *to be worth it*

116 Lektion 4

ZU BEGINN

Anwendung

1 Reisesituationen Reisen macht Spaß, aber es kann auch anstrengend sein. Wählen Sie eine passende Lösung für jedes der folgenden Reiseprobleme.

____ 1. Sie wollen nach Düsseldorf fliegen, um den Karneval zu feiern. Sie müssen durch die Sicherheitskontrolle gehen. Viele Reisende stehen schon an.
____ 2. Sie wollen einen Ausflug machen, aber Sie haben keinen Wagen.
____ 3. Ihr Zug hat Verspätung und jetzt müssen Sie noch eine Stunde warten.
____ 4. Sie sind am Strand, aber Sie wollen aktiv sein.
____ 5. Sie wollen gemütlich am Strand lesen, aber Sie wollen sich keinen Sonnenbrand holen.

a. Sie mieten ein Auto.
b. Sie mieten ein Surfbrett und machen einen Surfkurs.
c. Sie kaufen sich einen Kaffee und lesen Ihr Buch.
d. Sie müssen leider (*unfortunately*) lange in der Schlange stehen.
e. Sie cremen sich mit einer Sonnenschutzcreme ein.

2 Urlaubsstress Jutta erzählt von ihrer Reise nach Bremerhaven, bei der alles schief lief. Ergänzen Sie die folgenden Aussagen mit passenden Wörtern aus der Liste.

Anschluss	frustriert	Schaffner	Verspätung
belegt	Jugendherberge	Schlange	Zelt

1. Im Bahnhof in Düsseldorf verlor Jessica unsere Tickets und wir mussten in der ________ stehen, um neue Fahrkarten zu kaufen.
2. Der Zug hatte ________ und wir mussten eine Stunde im Bahnhof warten.
3. In Bremerhaven waren alle Hotels und Pensionen voll ________.
4. Wir fanden endlich ein Zimmer in einer ________, aber als wir in das Zimmer kamen, waren schon einige Touristen da.
5. Ich glaube diese Reise lohnte sich ganz und gar nicht. Jessica und ich waren total ________!

3 Ihre Vorliebe zu verreisen Was machen Sie besonders gern, wenn Sie in Urlaub fahren? Sprechen Sie miteinander über Ihre Vorlieben.

1. Wo machst du lieber Urlaub: am Strand, in den Bergen oder in der Großstadt? Warum?
2. Mit wem möchtest du (*would you like*) lieber reisen? Mit Freunden? Mit der Familie? Oder alleine?
3. Reist du lieber mit dem Auto? Mit dem Flugzeug? Oder mit dem Zug? Warum?
4. Wo übernachtest du lieber: auf einem Campingplatz, in einer Jugendherberge oder in einem Fünf-Sterne-Hotel? Warum?
5. Wo würdest (*would*) du am liebsten hinfliegen: auf die Bahamas, nach Rom, nach Zürich oder nach Alaska? Warum?

Practice more at **vhlcentral.com**.

KULTURANMERKUNG

Karneval ist die deutsche Version von *Mardi Gras*. Das ist eine Veranstaltung°, bei der die Menschen sich verkleiden°. Es gibt Umzüge° und viele Partys.

Veranstaltung *event*
sich verkleiden *wear costumes*
Umzüge *parades*

Wegfahren und Spaß haben 117

Vocabulary Easy-to-study thematic lists present useful vocabulary. Spelling conventions are based on the standards presented in the Duden dictionary.

Photos and Illustrations Dynamic, full-color photos and art visually illustrate selected vocabulary terms.

Anwendung This set of exercises practices vocabulary in diverse formats and engaging contexts.

Icons These icons provide on-the-spot visual cues for both pair and small group activities. Icons also signal activities that are available on the Supersite with auto-grading, as well as additional content online.

Supersite At **vhlcentral.com**, students can hear audio of the vocabulary and access activities from the book and additional practice with auto-grading. See p. xxvi for more information.

KURZFILM

features award-winning short films by contemporary German-speaking filmmakers.

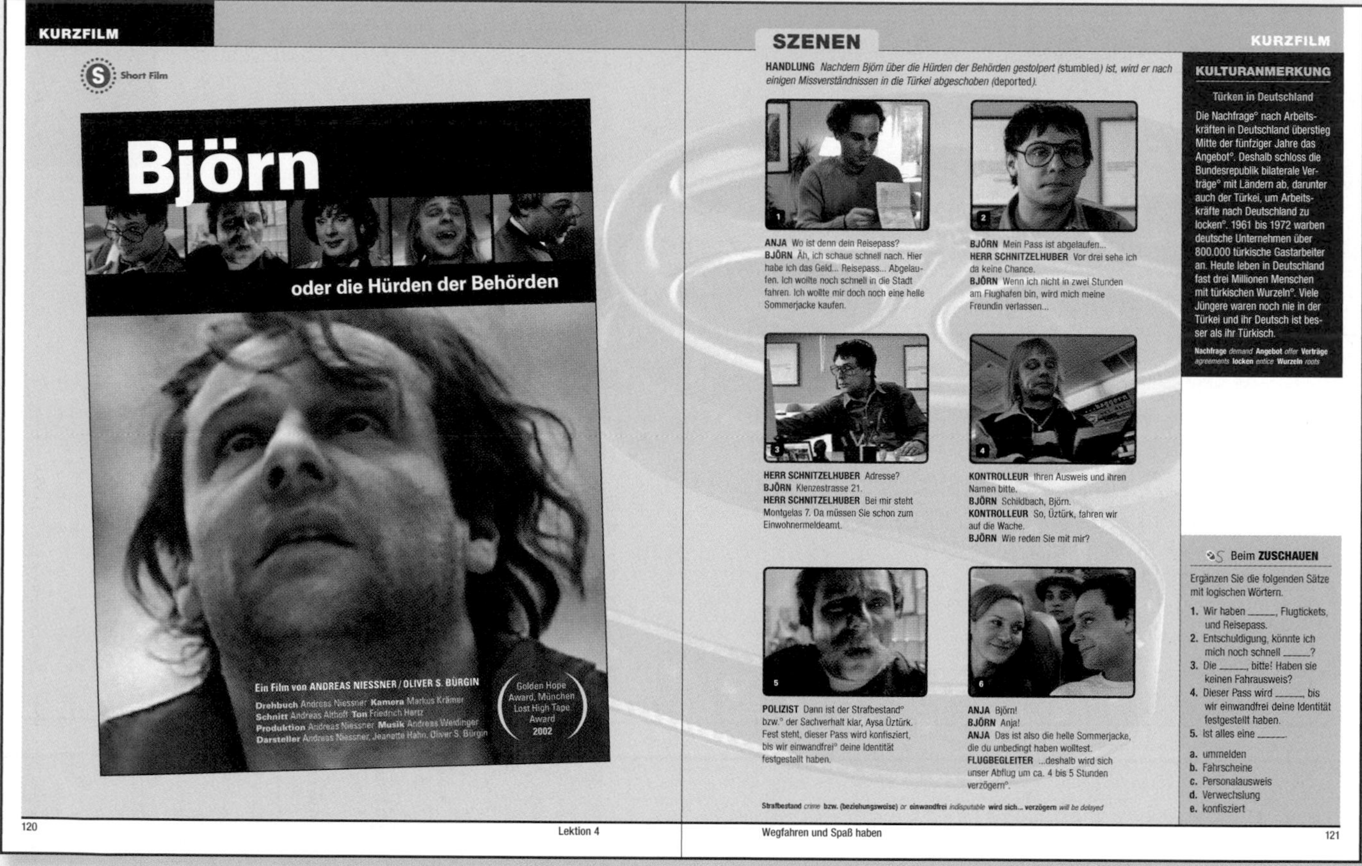
KURZFILM

Short Film

120 Lektion 4

SZENEN

HANDLUNG *Nachdem Björn über die Hürden der Behörden gestolpert* (stumbled) *ist, wird er nach einigen Missverständnissen in die Türkei abgeschoben* (deported).

1
ANJA Wo ist denn dein Reisepass?
BJÖRN Äh, ich schaue schnell nach. Hier habe ich das Geld... Reisepass... Abgelaufen. Ich wollte noch schnell in die Stadt fahren. Ich wollte mir doch noch eine helle Sommerjacke kaufen.

2
BJÖRN Mein Pass ist abgelaufen...
HERR SCHNITZELHUBER Vor drei sehe ich da keine Chance.
BJÖRN Wenn ich nicht in zwei Stunden am Flughafen bin, wird mich meine Freundin verlassen...

3
HERR SCHNITZELHUBER Adresse?
BJÖRN Klenzestrasse 21.
HERR SCHNITZELHUBER Bei mir steht Montgelas 7. Da müssen Sie schon zum Einwohnermeldeamt.

4
KONTROLLEUR Ihren Ausweis und Ihren Namen bitte.
BJÖRN Schildbach, Björn.
KONTROLLEUR So, Üztürk, fahren wir auf die Wache.
BJÖRN Wie reden Sie mit mir?

5
POLIZIST Dann ist der Strafbestand° bzw.° der Sachverhalt klar, Aysa Üztürk. Fest steht, dieser Pass wird konfisziert, bis wir einwandfrei° deine Identität festgestellt haben.

6
ANJA Björn!
BJÖRN Anja!
ANJA Das ist also die helle Sommerjacke, die du unbedingt haben wolltest.
FLUGBEGLEITER ...deshalb wird sich unser Abflug um ca. 4 bis 5 Stunden verzögern°.

Strafbestand *crime* **bzw. (beziehungsweise)** *or* **einwandfrei** *indisputable* **wird sich... verzögern** *will be delayed*

KURZFILM

KULTURANMERKUNG

Türken in Deutschland

Die Nachfrage° nach Arbeitskräften in Deutschland überstieg Mitte der fünfziger Jahre das Angebot°. Deshalb schloss die Bundesrepublik bilaterale Verträge° mit Ländern ab, darunter auch der Türkei, um Arbeitskräfte nach Deutschland zu locken°. 1961 bis 1972 warben deutsche Unternehmen über 800.000 türkische Gastarbeiter an. Heute leben in Deutschland fast drei Millionen Menschen mit türkischen Wurzeln°. Viele Jüngere waren noch nie in der Türkei und ihr Deutsch ist besser als ihr Türkisch.

Nachfrage *demand* **Angebot** *offer* **Verträge** *agreements* **locken** *entice* **Wurzeln** *roots*

Beim **ZUSCHAUEN**

Ergänzen Sie die folgenden Sätze mit logischen Wörtern.

1. Wir haben _____, Flugtickets, und Reisepass.
2. Entschuldigung, könnte ich mich noch schnell _____?
3. Die _____, bitte! Haben sie keinen Fahrausweis?
4. Dieser Pass wird _____, bis wir einwandfrei deine Identität festgestellt haben.
5. Ist alles eine _____.

a. ummelden
b. Fahrscheine
c. Personalausweis
d. Verwechslung
e. konfisziert

Wegfahren und Spaß haben 121

Posters Dynamic and eye-catching movie posters introduce the films, which are available for viewing at **vhlcentral.com**.

Szene Video stills with captions from the film prepare students for the film and introduce some of the expressions they will encounter.

Kulturanmerkung These sidebars with cultural information related to the **Kurzfilm** help students to understand the cultural context and background surrounding the film.

VORBEREITUNG & ANALYSE

provide the pre- and post-viewing support necessary for a successful experience with each film.

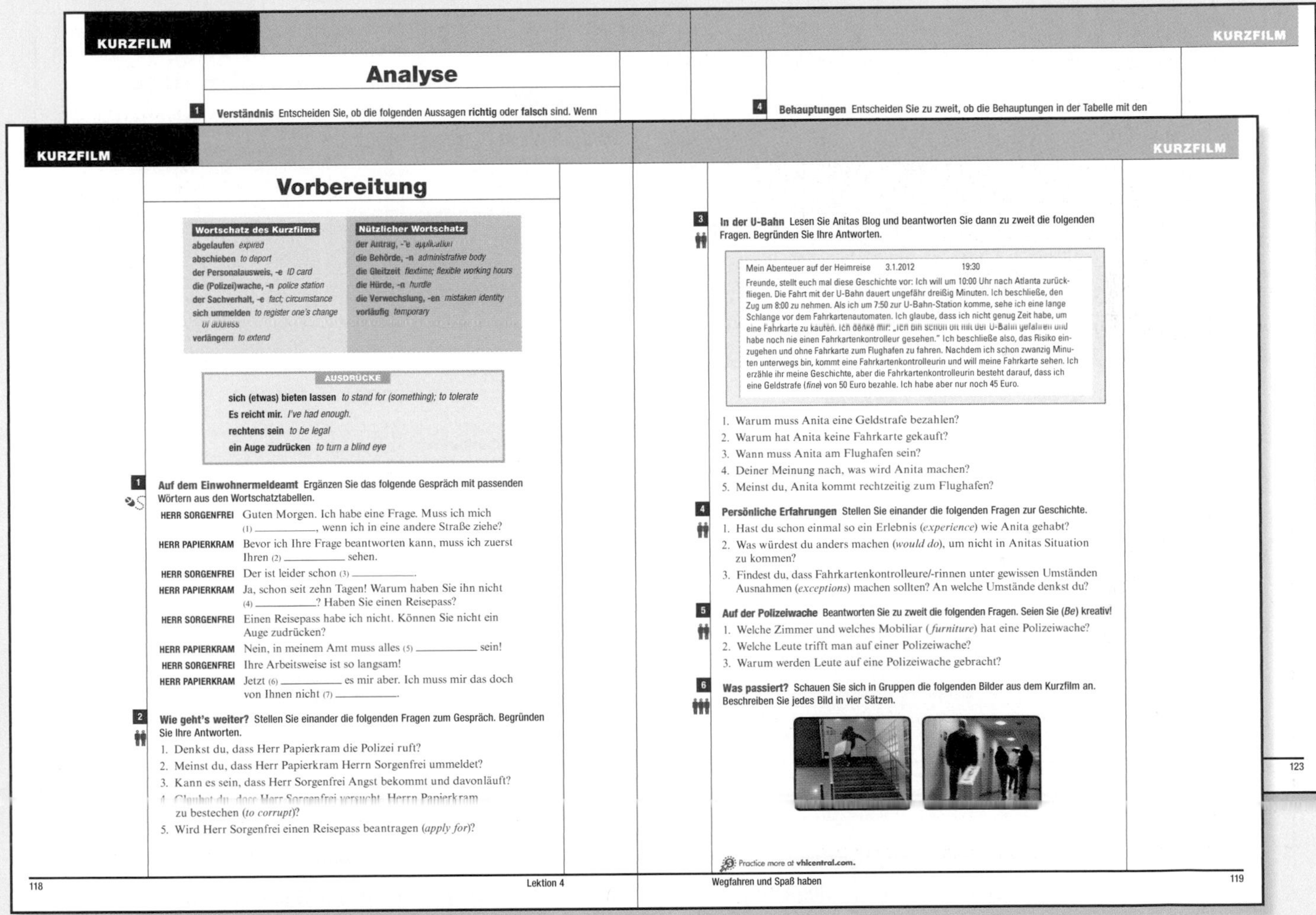

KURZFILM

Analyse

1 **Verständnis** Entscheiden Sie, ob die folgenden Aussagen **richtig** oder **falsch** sind. Wenn

KURZFILM

4 **Behauptungen** Entscheiden Sie zu zweit, ob die Behauptungen in der Tabelle mit den

123

KURZFILM

Vorbereitung

Wortschatz des Kurzfilms	Nützlicher Wortschatz
abgelaufen *expired*	**der Antrag, -¨e** *application*
abschieben *to deport*	**die Behörde, -n** *administrative body*
der Personalausweis, -e *ID card*	**die Gleitzeit** *flextime; flexible working hours*
die (Polizei)wache, -n *police station*	**die Hürde, -n** *hurdle*
der Sachverhalt, -e *fact; circumstance*	**die Verwechslung, -en** *mistaken identity*
sich ummelden *to register one's change of address*	**vorläufig** *temporary*
verlängern *to extend*	

AUSDRÜCKE

sich (etwas) bieten lassen *to stand for (something); to tolerate*
Es reicht mir. *I've had enough.*
rechtens sein *to be legal*
ein Auge zudrücken *to turn a blind eye*

1 **Auf dem Einwohnermeldeamt** Ergänzen Sie das folgende Gespräch mit passenden Wörtern aus den Wortschatztabellen.

HERR SORGENFREI Guten Morgen. Ich habe eine Frage. Muss ich mich (1) ________, wenn ich in eine andere Straße ziehe?
HERR PAPIERKRAM Bevor ich Ihre Frage beantworten kann, muss ich zuerst Ihren (2) ________ sehen.
HERR SORGENFREI Der ist leider schon (3) ________.
HERR PAPIERKRAM Ja, schon seit zehn Tagen! Warum haben Sie ihn nicht (4) ________? Haben Sie einen Reisepass?
HERR SORGENFREI Einen Reisepass habe ich nicht. Können Sie nicht ein Auge zudrücken?
HERR PAPIERKRAM Nein, in meinem Amt muss alles (5) ________ sein!
HERR SORGENFREI Ihre Arbeitsweise ist so langsam!
HERR PAPIERKRAM Jetzt (6) ________ es mir aber. Ich muss mir das doch von Ihnen nicht (7) ________.

2 **Wie geht's weiter?** Stellen Sie einander die folgenden Fragen zum Gespräch. Begründen Sie Ihre Antworten.

1. Denkst du, dass Herr Papierkram die Polizei ruft?
2. Meinst du, dass Herr Papierkram Herrn Sorgenfrei ummeldet?
3. Kann es sein, dass Herr Sorgenfrei Angst bekommt und davonläuft?
4. Glaubst du, dass Herr Sorgenfrei versucht, Herrn Papierkram zu bestechen (*to corrupt*)?
5. Wird Herr Sorgenfrei einen Reisepass beantragen (*apply for*)?

118 Lektion 4

KURZFILM

3 **In der U-Bahn** Lesen Sie Anitas Blog und beantworten Sie dann zu zweit die folgenden Fragen. Begründen Sie Ihre Antworten.

Mein Abenteuer auf der Heimreise 3.1.2012 19:30
Freunde, stellt euch mal diese Geschichte vor: Ich will um 10:00 Uhr nach Atlanta zurückfliegen. Die Fahrt mit der U-Bahn dauert ungefähr dreißig Minuten. Ich beschließe, den Zug um 8:00 zu nehmen. Als ich um 7:50 zur U-Bahn-Station komme, sehe ich eine lange Schlange vor dem Fahrkartenautomaten. Ich glaube, dass ich nicht genug Zeit habe, um eine Fahrkarte zu kaufen. Ich denke mir: „Ich bin schon oft mit der U-Bahn gefahren und habe noch nie einen Fahrkartenkontrolleur gesehen." Ich beschließe also, das Risiko einzugehen und ohne Fahrkarte zum Flughafen zu fahren. Nachdem ich schon zwanzig Minuten unterwegs bin, kommt eine Fahrkartenkontrolleurin und will meine Fahrkarte sehen. Ich erzähle ihr meine Geschichte, aber die Fahrkartenkontrolleurin besteht darauf, dass ich eine Geldstrafe (*fine*) von 50 Euro bezahle. Ich habe aber nur noch 45 Euro.

1. Warum muss Anita eine Geldstrafe bezahlen?
2. Warum hat Anita keine Fahrkarte gekauft?
3. Wann muss Anita am Flughafen sein?
4. Deiner Meinung nach, was wird Anita machen?
5. Meinst du, Anita kommt rechtzeitig zum Flughafen?

4 **Persönliche Erfahrungen** Stellen Sie einander die folgenden Fragen zur Geschichte.

1. Hast du schon einmal so ein Erlebnis (*experience*) wie Anita gehabt?
2. Was würdest du anders machen (*would do*), um nicht in Anitas Situation zu kommen?
3. Findest du, dass Fahrkartenkontrolleure/-rinnen unter gewissen Umständen Ausnahmen (*exceptions*) machen sollten? An welche Umstände denkst du?

5 **Auf der Polizeiwache** Beantworten Sie zu zweit die folgenden Fragen. Seien Sie (*Be*) kreativ!

1. Welche Zimmer und welches Mobiliar (*furniture*) hat eine Polizeiwache?
2. Welche Leute trifft man auf einer Polizeiwache?
3. Warum werden Leute auf eine Polizeiwache gebracht?

6 **Was passiert?** Schauen Sie sich in Gruppen die folgenden Bilder aus dem Kurzfilm an. Beschreiben Sie jedes Bild in vier Sätzen.

Practice more at **vhlcentral.com.**

Wegfahren und Spaß haben 119

Vorbereitung Pre-viewing exercises set the stage for the film by providing vocabulary support, background information, and opportunities to anticipate what will happen.

Analyse Post-viewing activities check students' comprehension and progress into more open-ended activities, allowing them to explore broader themes from the film in relation to their own lives.

STELLEN SIE SICH VOR

simulates a voyage to the featured region.

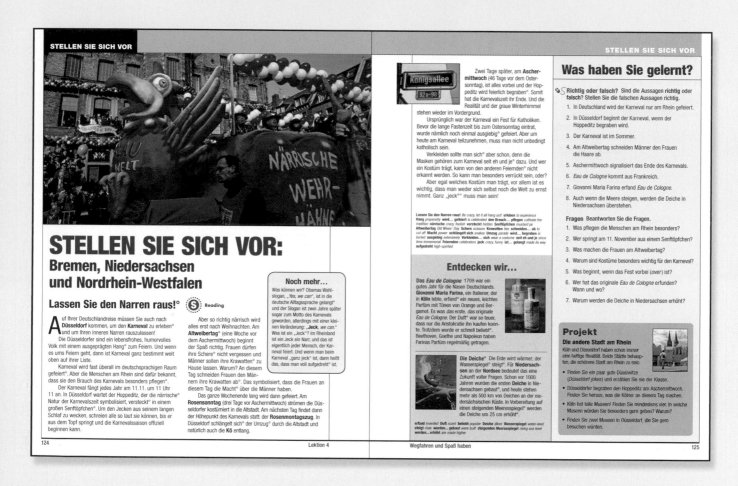

STELLEN SIE SICH VOR

STELLEN SIE SICH VOR: Bremen, Niedersachsen und Nordrhein-Westfalen

Lassen Sie den Narren raus!°

Reading

Auf Ihrer Deutschlandreise müssen Sie auch nach **Düsseldorf** kommen, um den **Karneval** zu erleben° und um Ihren inneren Narren rauszulassen!

Die Düsseldorfer sind ein lebensfrohes, humorvolles Volk mit einem ausgeprägten Hang° zum Feiern. Und wenn es ums Feiern geht, dann ist Karneval ganz bestimmt weit oben auf ihrer Liste.

Karneval wird fast überall im deutschsprachigen Raum gefeiert°. Aber die Menschen am Rhein sind dafür bekannt, dass sie den Brauch des Karnevals besonders pflegen°.

Der Karneval fängt jedes Jahr am 11.11. um 11 Uhr 11 an. In Düsseldorf wartet der Hoppeditz, der die närrische° Natur der Karnevalszeit symbolisiert, versteckt° in einem großen Senftöpfchen°. Um den Jecken aus seinem langen Schlaf zu wecken, schreien alle so laut sie können, bis er aus dem Topf springt und die Karnevalssaison offiziell beginnen kann.

Aber so richtig närrisch wird alles erst nach Weihnachten. Am **Altweibertag**° (eine Woche vor dem Aschermittwoch) beginnt der Spaß richtig. Frauen dürfen ihre Schere° nicht vergessen und Männer sollen ihre Krawatten° zu Hause lassen. Warum? An diesem Tag schneiden Frauen den Männern ihre Krawatten ab°. Das symbolisiert, dass die Frauen an diesem Tag die Macht° über die Männer haben.

Das ganze Wochenende lang wird dann gefeiert. Am **Rosensonntag** (drei Tage vor Aschermittwoch) strömen die Düsseldorfer kostümiert in die Altstadt. Am nächsten Tag findet dann der Höhepunkt des Karnevals statt: der **Rosenmontagszug**. In Düsseldorf schlängelt sich° der Umzug° durch die Altstadt und natürlich auch die **Kö** entlang.

Noch mehr...

Was können wir? Obamas Wahlslogan, „*Yes, we can*", ist in die deutsche Alltagssprache gelangt° und der Slogan ist zwei Jahre später sogar zum Motto des Karnevals geworden, allerdings mit einer kleinen Veränderung: „**Jeck**, *we can*." Was ist ein „Jeck"? Im Rheinland ist ein Jeck ein Narr, und das ist eigentlich jeder Mensch, der Karneval feiert. Und wenn man beim Karneval „ganz jeck" ist, dann heißt das, dass man voll aufgedreht° ist.

124 Lektion 4

Zwei Tage später, am **Aschermittwoch** (46 Tage vor dem Ostersonntag), ist alles vorbei und der Hoppeditz wird feierlich begraben°. Somit hat die Karnevalszeit ihr Ende. Und die Realität und der graue Winterhimmel stehen wieder im Vordergrund.

Ursprünglich war der Karneval ein Fest für Katholiken. Bevor die lange Fastenzeit bis zum Ostersonntag eintrat, wurde nämlich noch einmal ausgiebig° gefeiert. Aber um heute am Karneval teilzunehmen, muss man nicht unbedingt katholisch sein.

Verkleiden sollte man sich° aber schon, denn die Masken gehören zum Karneval seit eh und je° dazu. Und wer ein Kostüm trägt, kann von den anderen Feiernden° nicht erkannt werden. So kann man besonders verrückt sein, oder?

Aber egal welches Kostüm man trägt, vor allem ist es wichtig, dass man weder sich selbst noch die Welt zu ernst nimmt. Ganz „jeck°" muss man sein!

Lassen Sie den Narren raus! *Be crazy, let it all hang out!* **erleben** *to experience* **Hang** *propensity* **wird... gefeiert** *is celebrated* **den Brauch... pflegen** *cultivate the tradition* **närrische** *crazy, foolish* **versteckt** *hidden* **Senftöpfchen** *mustard jar* **Altweibertag** *Old Wives' Day* **Schere** *scissors* **Krawatten** *ties* **schneiden... ab** *to cut off* **Macht** *power* **schlängelt sich** *snakes* **Umzug** *parade* **wird... begraben** *is buried* **ausgiebig** *extensively* **Verkleiden... sich** *wear a costume* **seit eh und je** *since time immemorial* **Feiernden** *celebrators* **jeck** *crazy, funny* **ist... gelangt** *made its way* **aufgedreht** *high-spirited*

Entdecken wir...

Das *Eau de Cologne* 1709 war ein gutes Jahr für die Nasen Deutschlands. **Giovanni Maria Farina**, ein Italiener, der in **Köln** lebte, erfand° ein neues, leichtes Parfüm mit Tönen von Orange und Bergamot. Es was *das* erste, *das* originale *Eau de Cologne*. Der Duft° war so teuer, dass nur die Aristokratie ihn kaufen konnte. Trotzdem wurde er schnell beliebt°. Beethoven, Goethe und Napoleon haben Farinas Parfüm regelmäßig getragen.

Die Deiche° Die Erde wird wärmer; der Wasserspiegel° steigt°. Für **Niedersachsen** an der **Nordsee** bedeutet das eine Zukunft voller Fragen. Schon vor 1000 Jahren wurden die ersten **Deiche** in Niedersachsen gebaut°, und heute stehen mehr als 500 km von Deichen an der niedersächsischen Küste. In Vorbereitung auf einen steigenden Meeresspiegel° werden die Deiche um 25 cm erhöht°.

erfand *invented* **Duft** *scent* **beliebt** *popular* **Deiche** *dikes* **Wasserspiegel** *water-level* **steigt** *rises* **wurden... gebaut** *were built* **steigenden Meeresspiegel** *rising sea-level* **werden... erhöht** *are made higher*

Wegfahren und Spaß haben

STELLEN SIE SICH VOR

Was haben Sie gelernt?

Richtig oder falsch? Sind die Aussagen **richtig** oder **falsch**? Stellen Sie die falschen Aussagen richtig.

1. In Deutschland wird der Karneval nur am Rhein gefeiert.
2. In Düsseldorf beginnt der Karneval, wenn der Hoppeditz begraben wird.
3. Der Karneval ist im Sommer.
4. Am Altweibertag schneiden Männer den Frauen die Haare ab.
5. Aschermittwoch signalisiert das Ende des Karnevals.
6. *Eau de Cologne* kommt aus Frankreich.
7. Giovanni Maria Farina erfand *Eau de Cologne*.
8. Auch wenn die Meere steigen, werden die Deiche in Niedersachsen überstehen.

Fragen Beantworten Sie die Fragen.

1. Was pflegen die Menschen am Rhein besonders?
2. Wer springt am 11. November aus einem Senftöpfchen?
3. Was machen die Frauen am Altweibertag?
4. Warum sind Kostüme besonders wichtig für den Karneval?
5. Was beginnt, wenn das Fest vorbei (*over*) ist?
6. Wer hat das originale *Eau de Cologne* erfunden? Wann und wo?
7. Warum werden die Deiche in Niedersachsen erhöht?

Projekt

Die andere Stadt am Rhein

Köln und Düsseldorf haben schon immer eine heftige Rivalität. Beide Städte behaupten, die schönere Stadt am Rhein zu sein.

- Finden Sie ein paar gute Düsswitze (*Düsseldorf jokes*) und erzählen Sie sie der Klasse.
- Düsseldorfer begraben den Hoppeditz am Aschermittwoch. Finden Sie heraus, was die Kölner an diesem Tag machen.
- Köln hat tolle Museen! Finden Sie mindestens vier. In welche Museen würden Sie besonders gern gehen? Warum?
- Finden Sie zwei Museen in Düsseldorf, die Sie gern besuchen würden.

125

Magazine-like design Each reading is presented in the attention-grabbing visual style one would expect from a magazine.

Region-specific readings Dynamic readings draw students' attention to culturally significant locations, monuments, and traditions of the region in focus.

Activities These activities check students' comprehension of the **Stellen Sie sich vor** readings and lead them to further exploration.

STRUKTUREN

presents grammar points key to intermediate German in a graphic-intensive format.

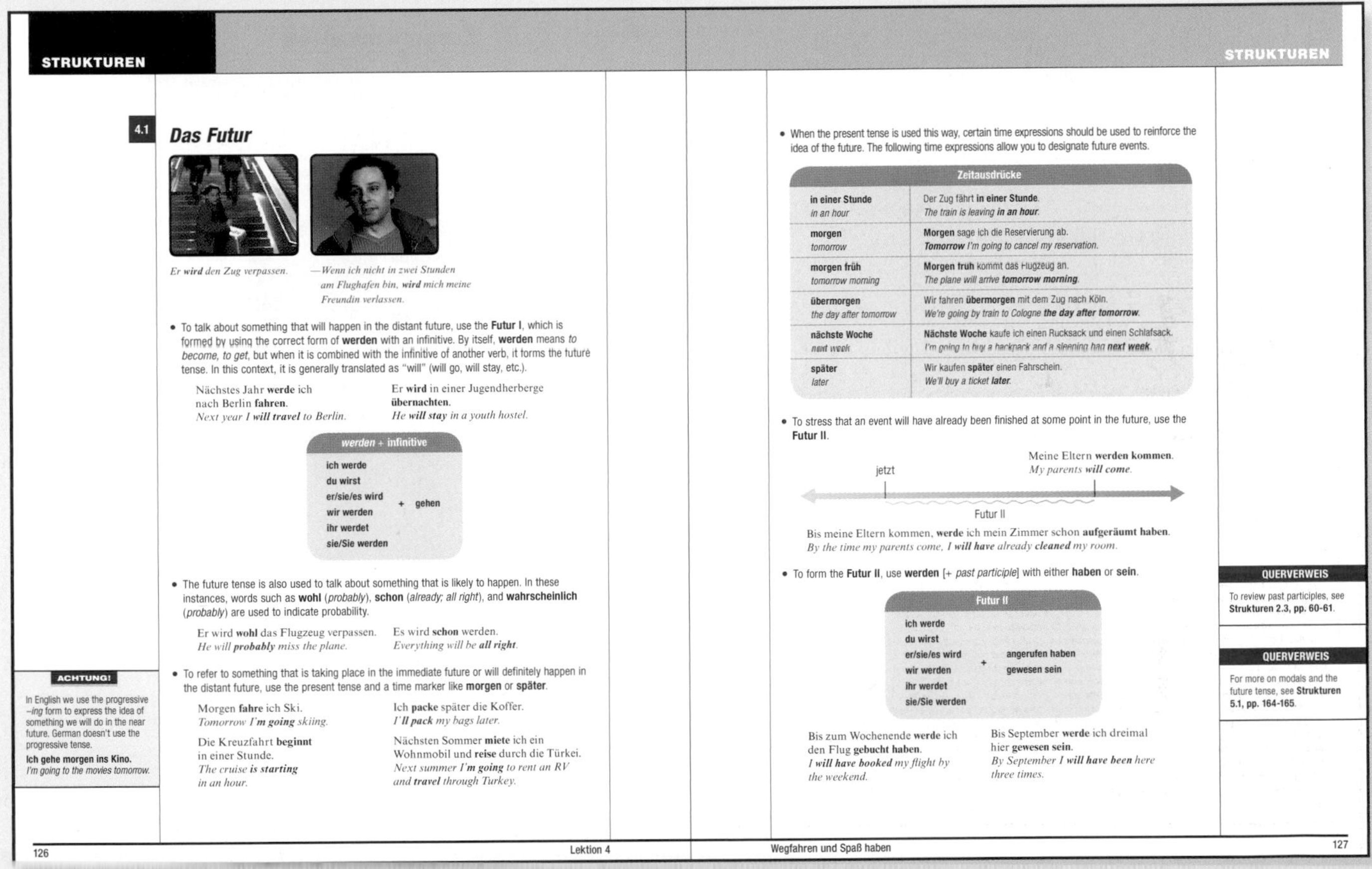

STRUKTUREN

4.1 ***Das Futur***

*Er **wird** den Zug verpassen.*

*—Wenn ich nicht in zwei Stunden am Flughafen bin, **wird** mich meine Freundin verlassen.*

- To talk about something that will happen in the distant future, use the **Futur I**, which is formed by using the correct form of **werden** with an infinitive. By itself, **werden** means *to become, to get*, but when it is combined with the infinitive of another verb, it forms the future tense. In this context, it is generally translated as "will" (will go, will stay, etc.).

Nächstes Jahr **werde** ich nach Berlin **fahren**.
*Next year I **will travel** to Berlin.*

Er **wird** in einer Jugendherberge **übernachten**.
*He **will stay** in a youth hostel.*

***werden* + infinitive**

ich werde
du wirst
er/sie/es wird + gehen
wir werden
ihr werdet
sie/Sie werden

- The future tense is also used to talk about something that is likely to happen. In these instances, words such as **wohl** (*probably*), **schon** (*already; all right*), and **wahrscheinlich** (*probably*) are used to indicate probability.

Er wird **wohl** das Flugzeug verpassen.
*He will **probably** miss the plane.*

Es wird **schon** werden.
*Everything will be **all right**.*

- To refer to something that is taking place in the immediate future or will definitely happen in the distant future, use the present tense and a time marker like **morgen** or **später**.

Morgen **fahre** ich Ski.
*Tomorrow **I'm going** skiing.*

Ich **packe** später die Koffer.
***I'll pack** my bags later.*

Die Kreuzfahrt **beginnt** in einer Stunde.
*The cruise **is starting** in an hour.*

Nächsten Sommer **miete** ich ein Wohnmobil und **reise** durch die Türkei.
*Next summer **I'm going** to rent an RV and **travel** through Turkey.*

ACHTUNG!

In English we use the progressive *–ing* form to express the idea of something we will do in the near future. German doesn't use the progressive tense.

Ich gehe morgen ins Kino.
I'm going to the movies tomorrow.

126 Lektion 4

STRUKTUREN

- When the present tense is used this way, certain time expressions should be used to reinforce the idea of the future. The following time expressions allow you to designate future events.

Zeitausdrücke	
in einer Stunde *in an hour*	Der Zug fährt **in einer Stunde**. *The train is leaving **in an hour**.*
morgen *tomorrow*	**Morgen** sage ich die Reservierung ab. ***Tomorrow** I'm going to cancel my reservation.*
morgen früh *tomorrow morning*	**Morgen früh** kommt das Flugzeug an. *The plane will arrive **tomorrow morning**.*
übermorgen *the day after tomorrow*	Wir fahren **übermorgen** mit dem Zug nach Köln. *We're going by train to Cologne **the day after tomorrow**.*
nächste Woche *next week*	**Nächste Woche** kaufe ich einen Rucksack und einen Schlafsack. *I'm going to buy a backpack and a sleeping bag **next week**.*
später *later*	Wir kaufen **später** einen Fahrschein. *We'll buy a ticket **later**.*

- To stress that an event will have already been finished at some point in the future, use the **Futur II**.

jetzt
Meine Eltern **werden kommen**.
*My parents **will come**.*
Futur II

Bis meine Eltern kommen, **werde** ich mein Zimmer schon **aufgeräumt haben**.
*By the time my parents come, **I will have** already **cleaned** my room.*

- To form the **Futur II**, use **werden** [+ *past participle*] with either **haben** or **sein**.

Futur II

ich werde
du wirst
er/sie/es wird + angerufen haben / gewesen sein
wir werden
ihr werdet
sie/Sie werden

Bis zum Wochenende **werde** ich den Flug **gebucht haben**.
***I will have booked** my flight by the weekend.*

Bis September **werde** ich dreimal hier **gewesen sein**.
*By September **I will have been** here three times.*

QUERVERWEIS

To review past participles, see **Strukturen 2.3, pp. 60-61**.

QUERVERWEIS

For more on modals and the future tense, see **Strukturen 5.1, pp. 164-165**.

Wegfahren und Spaß haben 127

Integration of *Kurzfilm* Photos with quotes or captions from the lesson's short film show the new grammar structures in meaningful and relevant contexts.

Charts and Diagrams Colorful, easy-to-understand charts and diagrams highlight key grammatical structures and related vocabulary.

Grammar Explanations Explanations are written in clear, comprehensible language for easy understanding and reference both in and out of class.

Achtung These boxes in the sidebars expand on the current grammar point and call attention to similar grammatical structures.

Querverweis These sidebars reference relevant grammar points presented actively in **Strukturen.**

STRUKTUREN

progresses from directed to communicative practice.

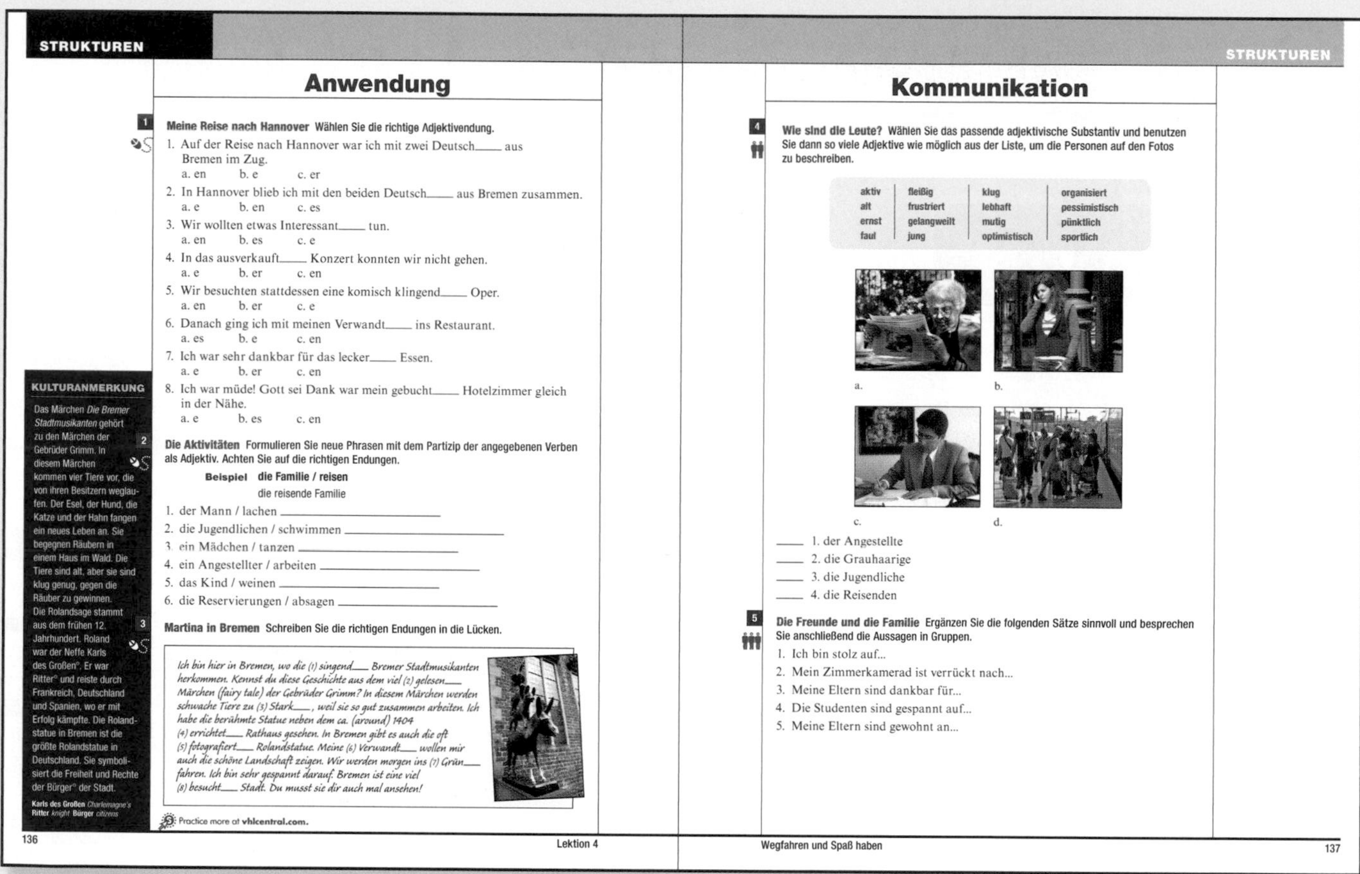
STRUKTUREN

Anwendung

1 **Meine Reise nach Hannover** Wählen Sie die richtige Adjektivendung.

1. Auf der Reise nach Hannover war ich mit zwei Deutsch____ aus Bremen im Zug.
   a. en b. e c. er
2. In Hannover blieb ich mit den beiden Deutsch____ aus Bremen zusammen.
   a. e b. en c. es
3. Wir wollten etwas Interessant____ tun.
   a. en b. es c. e
4. In das ausverkauft____ Konzert konnten wir nicht gehen.
   a. e b. er c. en
5. Wir besuchten stattdessen eine komisch klingend____ Oper.
   a. en b. er c. e
6. Danach ging ich mit meinen Verwandt____ ins Restaurant.
   a. es b. e c. en
7. Ich war sehr dankbar für das lecker____ Essen.
   a. e b. er c. en
8. Ich war müde! Gott sei Dank war mein gebucht____ Hotelzimmer gleich in der Nähe.
   a. e b. es c. en

2 **Die Aktivitäten** Formulieren Sie neue Phrasen mit dem Partizip der angegebenen Verben als Adjektiv. Achten Sie auf die richtigen Endungen.

Beispiel **die Familie / reisen**
die reisende Familie

1. der Mann / lachen __________
2. die Jugendlichen / schwimmen __________
3. ein Mädchen / tanzen __________
4. ein Angestellter / arbeiten __________
5. das Kind / weinen __________
6. die Reservierungen / absagen __________

3 **Martina in Bremen** Schreiben Sie die richtigen Endungen in die Lücken.

Ich bin hier in Bremen, wo die (1) singend____ Bremer Stadtmusikanten herkommen. Kennst du diese Geschichte aus dem viel (2) gelesen____ Märchen (fairy tale) der Gebrüder Grimm? In diesem Märchen werden schwache Tiere zu (3) Stark____, weil sie so gut zusammen arbeiten. Ich habe die berühmte Statue neben dem ca. (around) 1404 (4) errichtet____ Rathaus gesehen. In Bremen gibt es auch die oft (5) fotografiert____ Rolandstatue. Meine (6) Verwandt____ wollen mir auch die schöne Landschaft zeigen. Wir werden morgen ins (7) Grün____ fahren. Ich bin sehr gespannt darauf. Bremen ist eine viel (8) besucht____ Stadt. Du musst sie dir auch mal ansehen!

Practice more at **vhlcentral.com.**

KULTURANMERKUNG

Das Märchen *Die Bremer Stadtmusikanten* gehört zu den Märchen der Gebrüder Grimm. In diesem Märchen kommen vier Tiere vor, die von ihren Besitzern weglaufen. Der Esel, der Hund, die Katze und der Hahn fangen ein neues Leben an. Sie begegnen Räubern in einem Haus im Wald. Die Tiere sind alt, aber sie sind klug genug, gegen die Räuber zu gewinnen.
Die Rolandsage stammt aus dem frühen 12. Jahrhundert. Roland war der Neffe Karls des Großen°. Er war Ritter° und reiste durch Frankreich, Deutschland und Spanien, wo er mit Erfolg kämpfte. Die Rolandstatue in Bremen ist die größte Rolandstatue in Deutschland. Sie symbolisiert die Freiheit und Rechte der Bürger° der Stadt.

Karls des Großen *Charlemagne's* **Ritter** *knight* **Bürger** *citizens*

136 Lektion 4

STRUKTUREN

Kommunikation

4 **Wie sind die Leute?** Wählen Sie das passende adjektivische Substantiv und benutzen Sie dann so viele Adjektive wie möglich aus der Liste, um die Personen auf den Fotos zu beschreiben.

aktiv	fleißig	klug	organisiert
alt	frustriert	lebhaft	pessimistisch
ernst	gelangweilt	mutig	pünktlich
faul	jung	optimistisch	sportlich

a. b. c. d.

____ 1. der Angestellte
____ 2. die Grauhaarige
____ 3. die Jugendliche
____ 4. die Reisenden

5 **Die Freunde und die Familie** Ergänzen Sie die folgenden Sätze sinnvoll und besprechen Sie anschließend die Aussagen in Gruppen.

1. Ich bin stolz auf...
2. Mein Zimmerkamerad ist verrückt nach...
3. Meine Eltern sind dankbar für...
4. Die Studenten sind gespannt auf...
5. Meine Eltern sind gewohnt an...

Wegfahren und Spaß haben 137

Anwendung Directed exercises support students as they begin working with the grammar structures, helping them learn the forms they need for personalized communication.

Kommunikation Open-ended, communicative activities help students internalize the grammar point in a range of contexts involving pair and group work.

Kulturanmerkung These boxes in the sidebars explain cultural references embedded in activities and expand the culture content of each lesson.

SYNTHESE

brings together the vocabulary, grammar, and lesson theme.

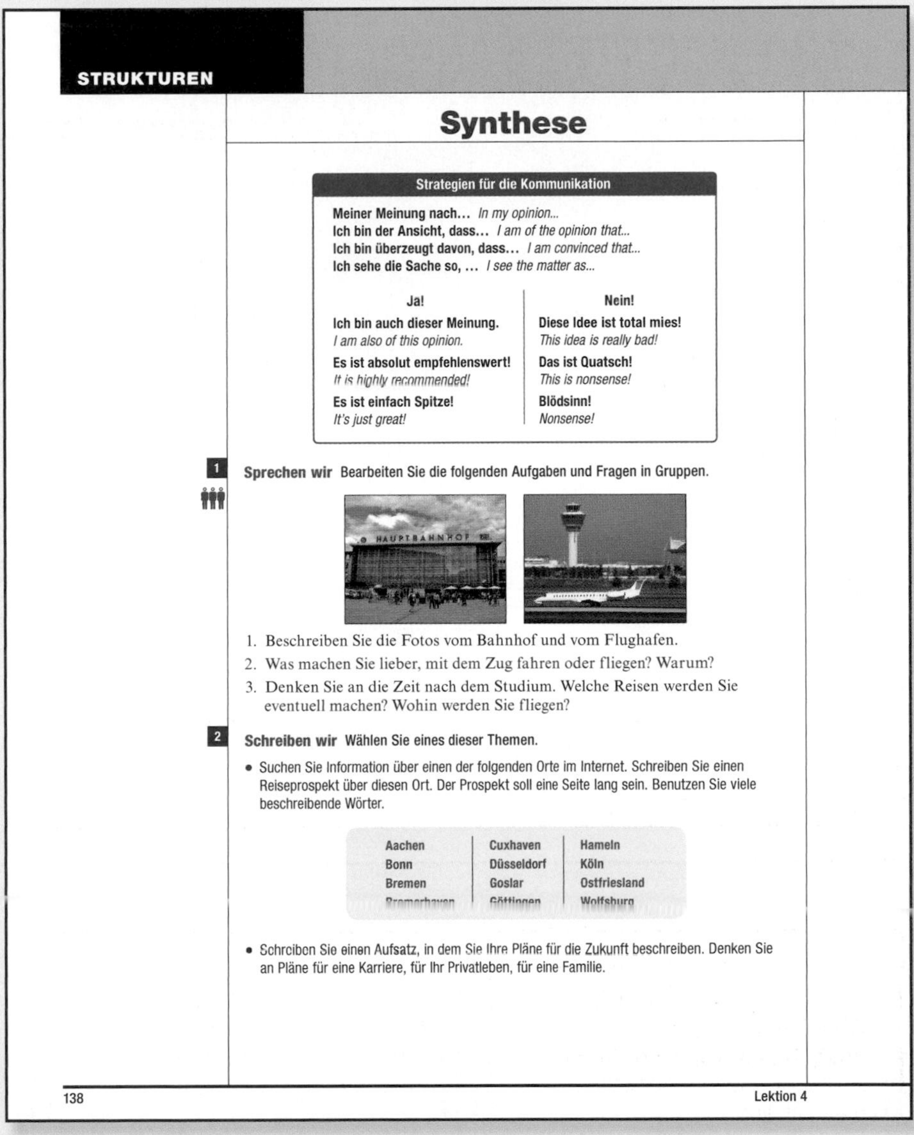

STRUKTUREN

Synthese

Strategien für die Kommunikation

Meiner Meinung nach... *In my opinion...*
Ich bin der Ansicht, dass... *I am of the opinion that...*
Ich bin überzeugt davon, dass... *I am convinced that...*
Ich sehe die Sache so, ... *I see the matter as...*

Ja!	Nein!
Ich bin auch dieser Meinung. *I am also of this opinion.*	**Diese Idee ist total mies!** *This idea is really bad!*
Es ist absolut empfehlenswert! *It is highly recommended!*	**Das ist Quatsch!** *This is nonsense!*
Es ist einfach Spitze! *It's just great!*	**Blödsinn!** *Nonsense!*

1 **Sprechen wir** Bearbeiten Sie die folgenden Aufgaben und Fragen in Gruppen.

1. Beschreiben Sie die Fotos vom Bahnhof und vom Flughafen.
2. Was machen Sie lieber, mit dem Zug fahren oder fliegen? Warum?
3. Denken Sie an die Zeit nach dem Studium. Welche Reisen werden Sie eventuell machen? Wohin werden Sie fliegen?

2 **Schreiben wir** Wählen Sie eines dieser Themen.

- Suchen Sie Information über einen der folgenden Orte im Internet. Schreiben Sie einen Reiseprospekt über diesen Ort. Der Prospekt soll eine Seite lang sein. Benutzen Sie viele beschreibende Wörter.

Aachen	Cuxhaven	Hameln
Bonn	Düsseldorf	Köln
Bremen	Goslar	Ostfriesland
Bremerhaven	Göttingen	Wolfsburg

- Schreiben Sie einen Aufsatz, in dem Sie Ihre Pläne für die Zukunft beschreiben. Denken Sie an Pläne für eine Karriere, für Ihr Privatleben, für eine Familie.

138 Lektion 4

Sprechen wir Realia and photography serve as springboards for pair, group, or class discussions.

Schreiben wir This section gives students the opportunity to use the grammar and vocabulary of the lesson in engaging, real-life writing tasks.

Strategien Tips, techniques, key words, and expressions help students improve their oral and written communication skills.

KULTUR

features a dynamic cultural reading.

KULTUR

Badefreuden ODER Großstadtabenteuer?

Audio: Reading

Die Bundesländer Bremen, Niedersachsen und Nordrhein-Westfalen bieten unterschiedlichste Urlaubsziele, von der Nordsee bis zum Ruhrgebiet, vom Strand bis in die Großstadt. Sonnenhungrige° sollten sich für den Strand entscheiden, und da bieten sich die Inseln in der Nordsee vor Ostfriesland an. Wie wär's° mit Wangerooge? Diese Insel ist ein beliebtes° Urlaubsziel der Deutschen. Man erreicht° sie entweder° mit einem kleinen Flugzeug oder mit einer Fähre. Der Schiffsverkehr° ist von der Tide, von Ebbe° und Flut°, abhängig°, und die Überfahrt von Harlesiel, dem Schiffsanleger° in Ostfriesland, dauert ungefähr 45 Minuten. Wie alle bewohnten ostfriesischen Inseln ist Wangerooge autofrei, aber es gibt eine Inselbahn, und man kann natürlich Fahrrad fahren. Einmal angekommen, kann man in der Nordsee baden, surfen, Wasser- oder Jetski fahren, im Wattenmeer° und in den Dünen wandern, am Strand Sandburgen bauen oder faul im Strandkorb sitzen und sich von der Sonne bräunen lassen°. Unterkünfte gibt es in allen Preisklassen, von luxuriösen Hotels mit Wellnessprogrammen, Fitness-Centern, Saunen und Massagen über kleinere Pensionen bis hin zu preiswerten Ferienwohnungen. Auf Wangerooge kann man so richtig relaxen und kommt braungebrannt° aus dem Urlaub nach Hause zurück!

Stadtmenschen sollten Bremen besuchen! Das ist eine wunderschöne, alte Hansestadt mit Häusern und Kirchen gebaut aus roten Backsteinen° und vielen kleinen, engen Straßen. Hier heißt es sich Zeit nehmen und die Altstadt erkunden. Umgeben° von der Weser° lädt sie zum Schlendern° ein, und auf dem historischen Marktplatz vor dem gotischen Rathaus erinnert° die Statue der Bremer Stadtmusikanten – Esel, Hund, Katze und Hahn aus dem Märchen der Brüder Grimm – an die Kindheit. Sollte Bremen nicht genug Großstadtflair bieten, dann gibt es eine schnelle Verbindung° mit einem InterCity ins Ruhrgebiet. Es ist ratsam, für den IC Fensterplätze zu reservieren, um die vorbeiziehende Landschaft genießen zu können.

Das Ruhrgebiet spricht dann wirklich den Großstadtmenschen an. Zusammengesetzt° aus 53 Städten präsentiert es sich 2010 als die Kulturhauptstadt Europas. Als solche verspricht die Region eine aufregende Mischung° aus Spaß, Kunst und Kultur. Wo früher die Kumpels° in den Zechen° malochten° und der Himmel dunkel von Ruß° war, befinden sich heute umweltbewusste Unternehmen und reine Luft. Hier findet man alles, was das Herz begehrt°, von Museen über Galerien zu Konzerten und Schauspielhäusern bis hin zu stillgelegten° Zechen und ehemaligen° Industrieanlagen, in denen jetzt Kunst, Freizeitsport, Restaurants und Unterhaltung° ein neues Zuhause gefunden haben. Jedes Jahr bringen die Ruhrfestspiele, die Cranger Kirmes° und natürlich der Karneval Tausende von Touristen in diese Region. Und ein Abstecher° nach Köln lohnt sich immer. Man kann es problemlos mit öffentlichen Verkehrsmitteln erreichen und allein die Anfahrt über die Hohenzollernbrücke mit Blick auf den imposanten Kölner Dom° ist eine Reise wert. ■

Sonnenhungrige *Those hungry for sun* · Wie wär's *How about* · beliebtes *popular* · erreicht/entweder *reaches/either* · Schiffsverkehr *boat traffic* · Ebbe/Flut *low tide/high tide* · abhängig *dependent* · Schiffsanleger *berth (naut.)* · Wattenmeer *mud flats* · bräunen lassen *get tanned* · braungebrannt *tanned* · Backsteinen *bricks* · Umgeben/Weser *Surrounded/river through Bremen* · Schlendern *leisurely walk* · erinnert *reminds* · Verbindung *connection* · Zusammengesetzt *Composed* · Mischung *exciting mix* · Kumpels *fellow miners* · Zechen/malochten *(coal)mines/grafted* · Ruß *soot* · begehrt *desires* · stillgelegten *closed* · ehemaligen *former* · Unterhaltung *entertainment* · Cranger Kirmes *name of a famous fair* · Abstecher *side trip* · Kölner Dom *Cologne Cathedral*

Die Heide

Die Lüneburger Heide° ist ein anderes beliebtes Urlaubsziel in Niedersachsen. Hier laden drei verschiedene Naturparks zum Wandern durch die wunderschöne Heidelandschaft ein. Viele Deutsche machen hier Urlaub auf dem Bauernhof. Die Kleinstadt Celle lockt° mit ihren Fachwerkhäusern° und der Heide-Park mit Achterbahnen°, Karussells° und vielen weiteren Attraktionen.

Heide *heath* **lockt** *entices* **Fachwerkhäusern** *half-timbered houses* **Achterbahnen** *roller coasters* **Karussells** *merry-go-rounds*

140 Lektion 4 | Wegfahren und Spaß haben 141

Readings Brief, comprehensible readings present additional cultural information related to the lesson theme and country or region in focus.

Photos Vibrant, dynamic photos visually illustrate the reading.

Design Readings are carefully laid out with line numbers, marginal glosses, pull quotes, and box features to help make each piece easy to navigate as a class.

LITERATUR

showcases literary readings by well-known German-speaking writers.

LITERATUR

HIER IST TIBTEN!

Heinrich Böll

LITERATUR

Audio: Dramatic Recording

Herzlose Menschen begreifen° nicht, daß ich so viel Sorgfalt° und Demut° auf eine Beschäftigung° verwende, die sie meiner für unwürdig° halten. Meine Beschäftigung mag nicht meinem Bildungsgrad° entsprechen°, auch war sie nicht der Gegenstand° irgendeines der zahlreichen Lieder, die an meiner Wiege° gesungen wurden, aber sie macht mir Spaß und ernährt° mich: Ich sage den Leuten, wo sie sind. Zeitgenossen°, die abends auf dem Heimatbahnhof in Züge steigen, die sie in ferne Gegenden° tragen, die nachts dann auf unserem Bahnhof erwachen, verwirrt° ins Dunkel blicken, nicht wissend, ob sie übers Ziel hinausgefahren oder noch vor dem Ziel sind, möglicherweise gar am Ziel (denn unsere Stadt birgt Sehenswürdigkeiten mannigfacher° Art und lockt viele Reisende an°), allen diesen sage ich, wo sie sind. Ich schalte den Lautsprecher ein, sobald ein Zug eingelaufen ist, und die Räder der Lokomotive stillstehen, und ich spreche es zögernd° in die Nacht hinein: „Hier ist Tibten – Sie sind in Tibten! Reisende, die das Grab° des Tiburtius besuchen wollen, müssen hier aussteigen!", und von den Bahnsteigen her kommt das Echo bis in meine Kabine zurück: Dunkle Stimme° aus dem Dunkeln, die etwas Zweifelhaftes° zu verkünden° scheint, obwohl sie die nackte Wahrheit spricht.

Manche stürzen dann hastig mit Koffern auf den schwach erleuchteten° Bahnsteig, denn Tibten war ihr Ziel, und ich sehe sie die Treppe hinuntersteigen, auf Bahnsteig 1 wieder auftauchen° und dem schläfrigen Beamten an der Sperre° ihre Fahrkarten übergeben. Nur selten kommen nachts Leute mit geschäftlichen Ambitionen, Reisende, die bei den Tibtenschen Bleigruben° den Bedarf° ihrer Firmen

realize; carefulness/humility; job; unworthy; level of education/correspond; object; cradle; feeds; contemporaries; regions; confused; various; attracts; hesitantly; tomb; voice; doubtful; proclaim; dimly lit; appear; gate; lead mines/requirements

145

Literatur Comprehensible and compelling, these readings present new avenues for using the lesson's grammar, vocabulary, and themes.

Design Each reading is presented in the attention-grabbing visual style one would expect from a magazine, along with glosses for unfamiliar words that aid in comprehension.

Audio Dramatic recordings of each literary selection on the **DENK MAL!** Supersite bring the plot to life.

VORBEREITUNG & ANALYSE

activities provide in-depth pre- and post-reading support for each selection in Kultur and Literatur.

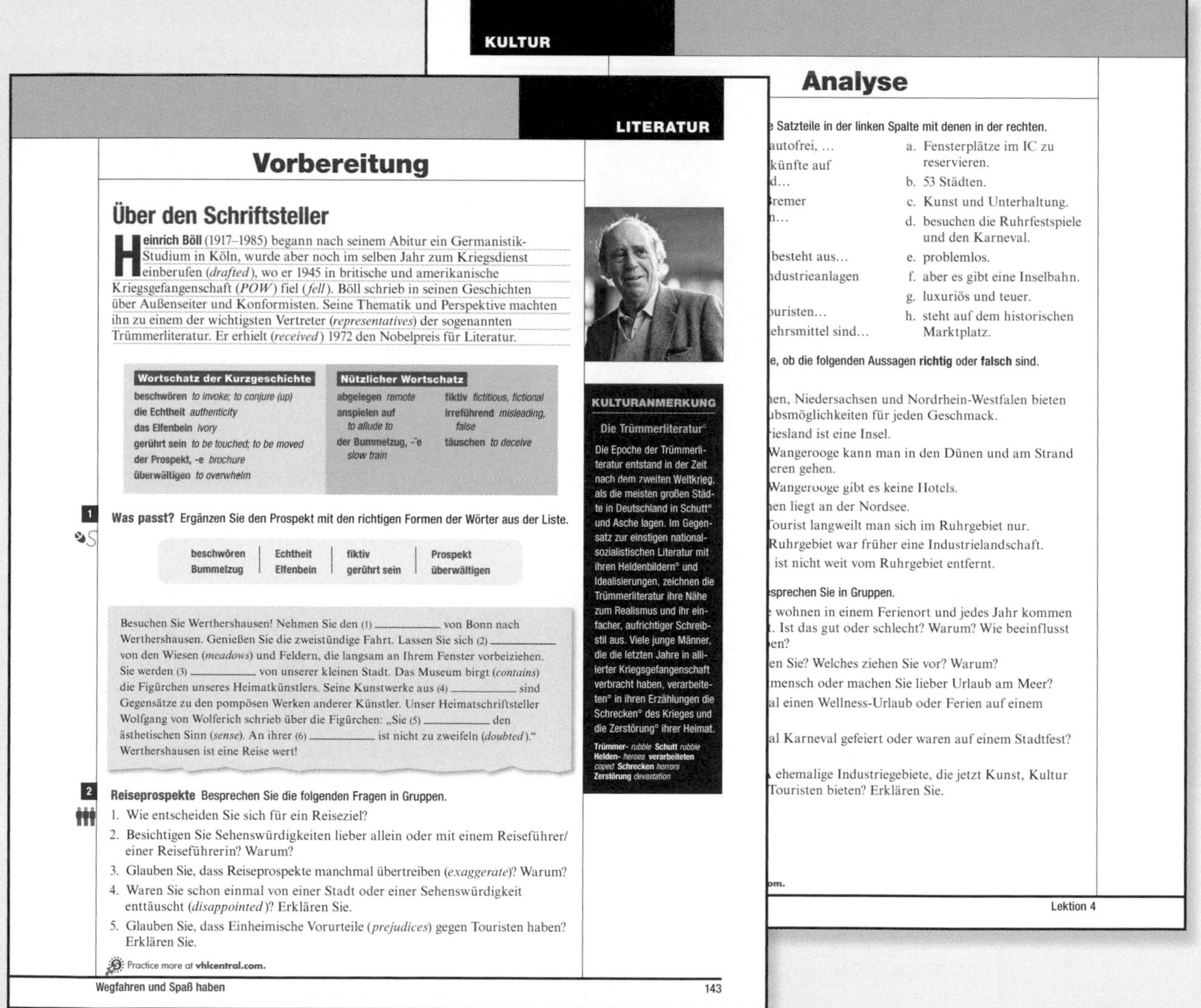

KULTUR

Analyse

…e Satzteile in der linken Spalte mit denen in der rechten.

…autofrei, …	a. Fensterplätze im IC zu reservieren.
…künfte auf …d…	b. 53 Städten.
…remer …n…	c. Kunst und Unterhaltung.
	d. besuchen die Ruhrfestspiele und den Karneval.
…besteht aus…	e. problemlos.
…dustrieanlagen	f. aber es gibt eine Inselbahn.
	g. luxuriös und teuer.
…uristen…	h. steht auf dem historischen Marktplatz.
…ehrsmittel sind…	

…e, ob die folgenden Aussagen **richtig** oder **falsch** sind.

…en, Niedersachsen und Nordrhein-Westfalen bieten …ubsmöglichkeiten für jeden Geschmack.
…iesland ist eine Insel.
…Wangerooge kann man in den Dünen und am Strand …eren gehen.
…Wangerooge gibt es keine Hotels.
…en liegt an der Nordsee.
…ourist langweilt man sich im Ruhrgebiet nur.
…Ruhrgebiet war früher eine Industrielandschaft.
… ist nicht weit vom Ruhrgebiet entfernt.

…sprechen Sie in Gruppen.

… wohnen in einem Ferienort und jedes Jahr kommen …. Ist das gut oder schlecht? Warum? Wie beeinflusst …en?
…en Sie? Welches ziehen Sie vor? Warum?
…mensch oder machen Sie lieber Urlaub am Meer?
…al einen Wellness-Urlaub oder Ferien auf einem …
…al Karneval gefeiert oder waren auf einem Stadtfest?
… ehemalige Industriegebiete, die jetzt Kunst, Kultur …Touristen bieten? Erklären Sie.

…om.

Lektion 4

LITERATUR

Vorbereitung

Über den Schriftsteller

Heinrich Böll (1917–1985) begann nach seinem Abitur ein Germanistik-Studium in Köln, wurde aber noch im selben Jahr zum Kriegsdienst einberufen (*drafted*), wo er 1945 in britische und amerikanische Kriegsgefangenschaft (*POW*) fiel (*fell*). Böll schrieb in seinen Geschichten über Außenseiter und Konformisten. Seine Thematik und Perspektive machten ihn zu einem der wichtigsten Vertreter (*representatives*) der sogenannten Trümmerliteratur. Er erhielt (*received*) 1972 den Nobelpreis für Literatur.

Wortschatz der Kurzgeschichte

beschwören *to invoke; to conjure (up)*
die Echtheit *authenticity*
das Elfenbein *ivory*
gerührt sein *to be touched; to be moved*
der Prospekt, -e *brochure*
überwältigen *to overwhelm*

Nützlicher Wortschatz

abgelegen *remote*
anspielen auf *to allude to*
der Bummelzug, -¨e *slow train*
fiktiv *fictitious, fictional*
irreführend *misleading, false*
täuschen *to deceive*

1 **Was passt?** Ergänzen Sie den Prospekt mit den richtigen Formen der Wörter aus der Liste.

beschwören	Echtheit	fiktiv	Prospekt
Bummelzug	Elfenbein	gerührt sein	überwältigen

Besuchen Sie Werthershausen! Nehmen Sie den (1) _______ von Bonn nach Werthershausen. Genießen Sie die zweistündige Fahrt. Lassen Sie sich (2) _______ von den Wiesen (*meadows*) und Feldern, die langsam an Ihrem Fenster vorbeiziehen. Sie werden (3) _______ von unserer kleinen Stadt. Das Museum birgt (*contains*) die Figürchen unseres Heimatkünstlers. Seine Kunstwerke aus (4) _______ sind Gegensätze zu den pompösen Werken anderer Künstler. Unser Heimatschriftsteller Wolfgang von Wolferich schrieb über die Figürchen: „Sie (5) _______ den ästhetischen Sinn (*sense*). An ihrer (6) _______ ist nicht zu zweifeln (*doubted*).“ Werthershausen ist eine Reise wert!

2 **Reiseprospekte** Besprechen Sie die folgenden Fragen in Gruppen.

1. Wie entscheiden Sie sich für ein Reiseziel?
2. Besichtigen Sie Sehenswürdigkeiten lieber allein oder mit einem Reiseführer/einer Reiseführerin? Warum?
3. Glauben Sie, dass Reiseprospekte manchmal übertreiben (*exaggerate*)? Warum?
4. Waren Sie schon einmal von einer Stadt oder einer Sehenswürdigkeit enttäuscht (*disappointed*)? Erklären Sie.
5. Glauben Sie, dass Einheimische Vorurteile (*prejudices*) gegen Touristen haben? Erklären Sie.

Practice more at **vhlcentral.com**.

KULTURANMERKUNG

Die Trümmerliteratur°

Die Epoche der Trümmerliteratur entstand in der Zeit nach dem zweiten Weltkrieg, als die meisten großen Städte in Deutschland in Schutt° und Asche lagen. Im Gegensatz zur einstigen nationalsozialistischen Literatur mit ihren Heldenbildern° und Idealisierungen, zeichnen die Trümmerliteratur ihre Nähe zum Realismus und ihr einfacher, aufrichtiger Schreibstil aus. Viele junge Männer, die die letzten Jahre in alliierter Kriegsgefangenschaft verbracht haben, verarbeiteten° in ihren Erzählungen die Schrecken° des Krieges und die Zerstörung° ihrer Heimat.

Trümmer- *rubble* **Schutt** *rubble* **Helden-** *heroes* **verarbeiteten** *coped* **Schrecken** *horrors* **Zerstörung** *devastation*

Wegfahren und Spaß haben 143

Wortschatz Helpful lists highlight active vocabulary that appear in each reading, as well as other words that might prove useful for discussions. Diverse activities then allow the students to practice the vocabulary and anticipate the topic of the reading.

Analyse Post-reading exercises check understanding and motivate the students to discuss the topic of the reading, express their opinions, and explore how it relates to their own experiences.

Über den Schriftsteller A brief biography presents background information about the writer and the reading.

SCHREIBWERKSTATT

synthesizes the lesson with a writing assignment.

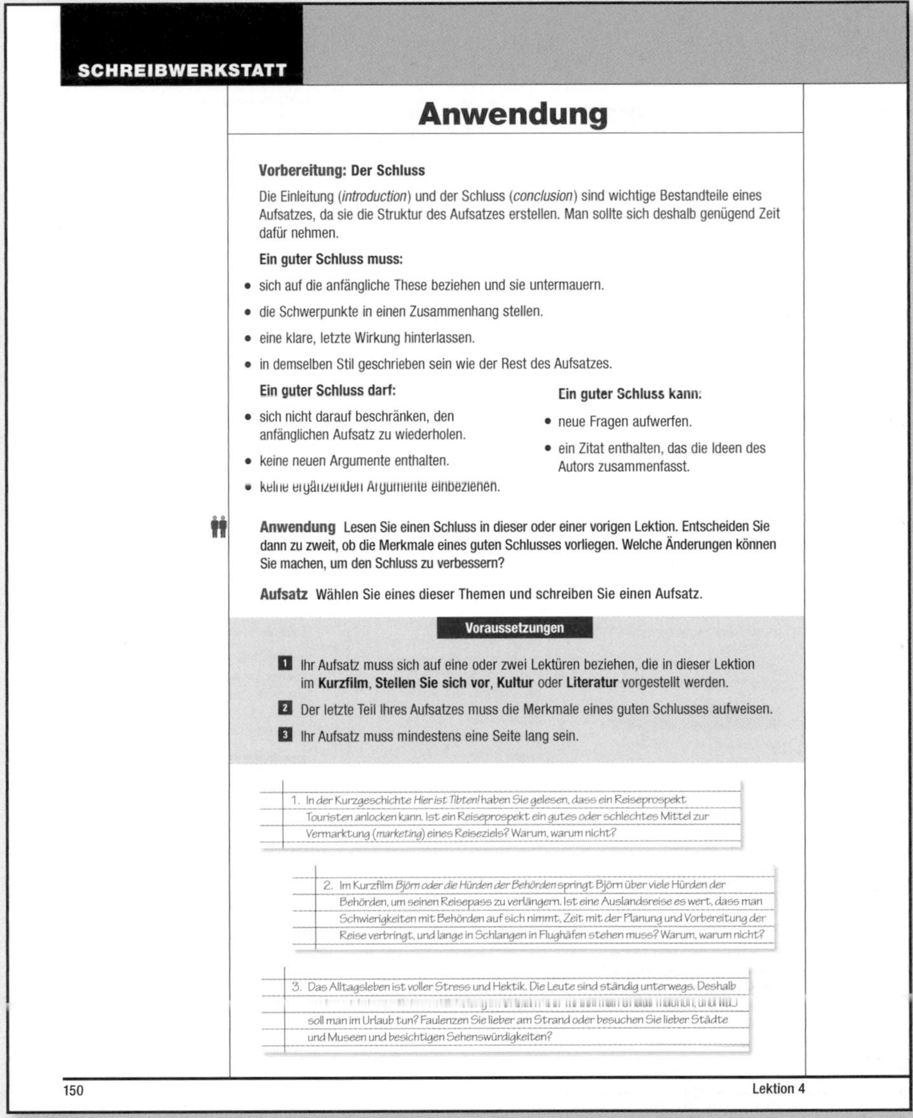

SCHREIBWERKSTATT

Anwendung

Vorbereitung: Der Schluss

Die Einleitung (*introduction*) und der Schluss (*conclusion*) sind wichtige Bestandteile eines Aufsatzes, da sie die Struktur des Aufsatzes erstellen. Man sollte sich deshalb genügend Zeit dafür nehmen.

Ein guter Schluss muss:

- sich auf die anfängliche These beziehen und sie untermauern.
- die Schwerpunkte in einen Zusammenhang stellen.
- eine klare, letzte Wirkung hinterlassen.
- in demselben Stil geschrieben sein wie der Rest des Aufsatzes.

Ein guter Schluss darf:

- sich nicht darauf beschränken, den anfänglichen Aufsatz zu wiederholen.
- keine neuen Argumente enthalten.
- keine ergänzenden Argumente einbeziehen.

Ein guter Schluss kann:

- neue Fragen aufwerfen.
- ein Zitat enthalten, das die Ideen des Autors zusammenfasst.

Anwendung Lesen Sie einen Schluss in dieser oder einer vorigen Lektion. Entscheiden Sie dann zu zweit, ob die Merkmale eines guten Schlusses vorliegen. Welche Änderungen können Sie machen, um den Schluss zu verbessern?

Aufsatz Wählen Sie eines dieser Themen und schreiben Sie einen Aufsatz.

Voraussetzungen

1. Ihr Aufsatz muss sich auf eine oder zwei Lektüren beziehen, die in dieser Lektion im **Kurzfilm**, **Stellen Sie sich vor**, **Kultur** oder **Literatur** vorgestellt werden.
2. Der letzte Teil Ihres Aufsatzes muss die Merkmale eines guten Schlusses aufweisen.
3. Ihr Aufsatz muss mindestens eine Seite lang sein.

1. In der Kurzgeschichte *Hier ist Tibten!* haben Sie gelesen, dass ein Reiseprospekt Touristen anlocken kann. Ist ein Reiseprospekt ein gutes oder schlechtes Mittel zur Vermarktung (*marketing*) eines Reiseziels? Warum, warum nicht?

2. Im Kurzfilm *Björn oder die Hürden der Behörden* springt Björn über viele Hürden der Behörden, um seinen Reisepass zu verlängern. Ist eine Auslandsreise es wert, dass man Schwierigkeiten mit Behörden auf sich nimmt, Zeit mit der Planung und Vorbereitung der Reise verbringt, und lange in Schlangen in Flughäfen stehen muss? Warum, warum nicht?

3. Das Alltagsleben ist voller Stress und Hektik. Die Leute sind ständig unterwegs. Deshalb [illegible] soll man im Urlaub tun? Faulenzen Sie lieber am Strand oder besuchen Sie lieber Städte und Museen und besichtigen Sehenswürdigkeiten?

150 Lektion 4

Vorbereitung & Anwendung Writing strategies with practice help develop the students' ability to draft clear, logical essays.

Aufsatz Writing topics bring the lesson together by asking students to construct and defend a thesis in the context of the lesson theme, film, and readings they have studied.

WORTSCHATZ

summarizes the active vocabulary in each lesson.

WORTSCHATZ

Reisen und Ferien

Audio: Vocabulary Flashcards

Im Bahnhof

die Abfahrtszeit, -en *departure time*
der Anschluss, ¨-e *connection*
der Bahnsteig, -e *platform*
der Schaffner, -/die Schaffnerin, -nen *ticket collector/conductor*

Im Flughafen

die Abflughalle, -n *departure hall/lounge*
die Abflugzeit, -en *departure time*
die Ankunftshalle, -n *arrival(s) terminal*
die Bordkarte, -n *boarding pass*
der Flugbegleiter, -/die Flugbegleiterin, -nen *flight attendant*
der Flugsteig, -e *departure gate*
der Geldwechsel *currency exchange*
die Gepäckausgabe *baggage claim*
die Landung, -en *landing*
der (Fenster/Gang)platz, ¨-e *(window/aisle) seat*
die Sicherheitskontrolle, -n *security check*
die Verspätung, -en *delay; late arrival*

an Bord *on board*
zollfrei *duty-free*

an Bord des Flugzeuges gehen *to board the plane*
einchecken *to check in*
in der Schlange stehen *to stand in line*

Im Hotel

der Ferienort, -e *vacation resort*
die Halbpension *half board*
die Pension, -en *guest house*
die (Auto)vermietung *(car) rental*
die Vollpension *full board*
das Wirtshaus, ¨-er *inn*

(voll) belegt *full; no vacancy*
Fünf-Sterne *five-star*
Zimmer frei *vacancy*

mieten *to rent (house, car)*

Auf dem Campingplatz

das Bergsteigen *mountain climbing*
der Campingplatz, ¨-e *campground*
das Fischen *fishing*
das Kanufahren *canoeing*
der Schlafsack, ¨-e *sleeping bag*
der Wanderer, -/die Wanderin, -nen *hiker*
der Wanderweg, -e *hiking trail*
das Wohnmobil, -e *RV, motor home*
das Zelt, -e *tent*

organisieren *to organize*
wandern *to go hiking*

Im Skiurlaub

die Skiausrüstung, -en *ski equipment*
der Skihang, ¨-e *ski slope*
der (Ski)langlauf *cross-country skiing*
der Skilift, -e (oder -s) *ski lift*
der Skipass, ¨-e *ski pass*
der Skiurlaubsort, -e *ski resort*

Am Strand

der Ausflug, ¨-e *excursion*
das Badetuch, ¨-er/das Strandtuch, ¨-er *towel; beach towel*
das (Segel)boot, -e *(sail)boat*
die Kreuzfahrt, -en *cruise*
der Schnorchel, - *snorkel*
das Seebad, ¨-er *seaside resort*
der Sonnenbrand, ¨-e *sunburn*
die Sonnen(schutz)creme, -s *sunblock*
der (Strand)sonnenschirm, -e *beach umbrella/parasol*
das Surfbrett, -er *surfboard*

segeln *to sail*
sonnenbaden *to sunbathe*
surfen *to surf*

Zum Beschreiben

angenehm *pleasant*
chaotisch *disorganized*
exotisch *exotic*
frustriert *frustrated*
gestrichen *canceled*
organisiert *organized*
stressig/anstrengend *stressful*
verspätet *delayed*

sich lohnen *to be worth it*

Kurzfilm

der Antrag, ¨-e *application*
die Behörde, -n *administrative body*
die Gleitzeit *flextime; flexible working hours*
die Hürde, -n *hurdle*
der Personalausweis, -e *ID card*
die (Polizei)wache, -n *police station*
der Sachverhalt, -e *fact; circumstance*
die Verwechslung, -en *mistaken identity*

abschieben *to deport*
sich ummelden *to register one's change of address*
verlängern *to extend*

abgelaufen *expired*
vorläufig *temporary*

Kultur

die Ferienwohnung, -en *vacation rental*
der Geschmack, ¨-er *taste*
das Märchen, - *fairy tale*
die Preisklasse, -n *price category*
die Unterkunft, ¨-e *lodging, accommodation*
das Urlaubsziel, -e *vacation destination*
das Verkehrsmittel, - *means of transportation*

anbieten *to offer*
bewundern *to admire*
sich entspannen *to relax*
erkunden *to explore*

bewohnt *inhabited*
luxuriös *luxurious*
preiswert *good value*
ratsam *advisable*
verschieden *various*

Literatur

der Bummelzug, ¨-e *slow train*
die Echtheit *authenticity*
das Elfenbein *ivory*
der Prospekt, -e *brochure*

anspielen auf *to allude to*
beschwören *to invoke; to conjure (up)*
gerührt sein *to be touched; to be moved*
täuschen *to deceive*
überwältigen *to overwhelm*

abgelegen *remote*
fiktiv *fictitious, fictional*
irreführend *misleading, false*

Wegfahren und Spaß haben 151

Icons As always, the Supersite icon presents exactly what resources are available for the students online for this section.

Flashcards Go to the Supersite to access the lesson vocabulary flashcards. Flashcards include audio and are a great way to review for a test.

Icons

Familiarize yourself with these icons that appear throughout **DENK MAL!**.

Supersite content available

Pair activity

Activity available on Supersite

Group activity

Audio activity

Text next to the Supersite icon will let you know exactly what type of content is available online. Additional practice on the Supersite, not included in the textbook, is indicated with this icon feature: Practice more at **vhlcentral.com.**

Student Ancillaries

Student Activities Manual
The Student Activities Manual consists of the Workbook, and the Lab Manual. The Workbook activities provide additional practice of the vocabulary and grammar for each textbook lesson. They also reinforce the content of the **Kurzfilm** and the **Stellen Sie sich vor** sections. The Lab Manual activities for each textbook lesson focus on building your listening comprehension skills in German.

Lab Audio Program
The Lab Audio Program, available as MP3 files on the **DENK MAL!** Supersite, contains the recordings to be used with the activities of the Lab Manual.

Supersite (vhlcentral.com)
Free with each purchase of a new student text, the **DENK MAL!** Supersite Code delivers a wide range of online resources to you. Audio, video, and auto-graded practice directly correlate to your textbook and go beyond it. See page xxvi for more information.

Supersite Plus
In addition to the resources on the **DENK MAL!** Supersite, this option offers a WebSAM and Wimba Pronto. See p. xxvi

DENK MAL! Film Collection

Fully integrated with your textbook, the **DENK MAL!** Film Collection features dramatic short films by German-speaking filmmakers. These films are the basis for the pre- and post-viewing activities in the **Kurzfilm** section of each lesson. The films are a central feature of the lesson, providing opportunities to review and recycle vocabulary from **Zu Beginn**, and previewing and contextualizing the grammar from **Strukturen**.

These films offer entertaining and thought-provoking opportunities to build your listening comprehension skills and your cultural knowledge of German speakers.

Besides providing entertainment, the films serve as a useful learning tool. As you watch the films, you will observe characters interacting in various situations, using normal, everyday language that reflects the lesson themes as well as the vocabulary and grammar you are studying.

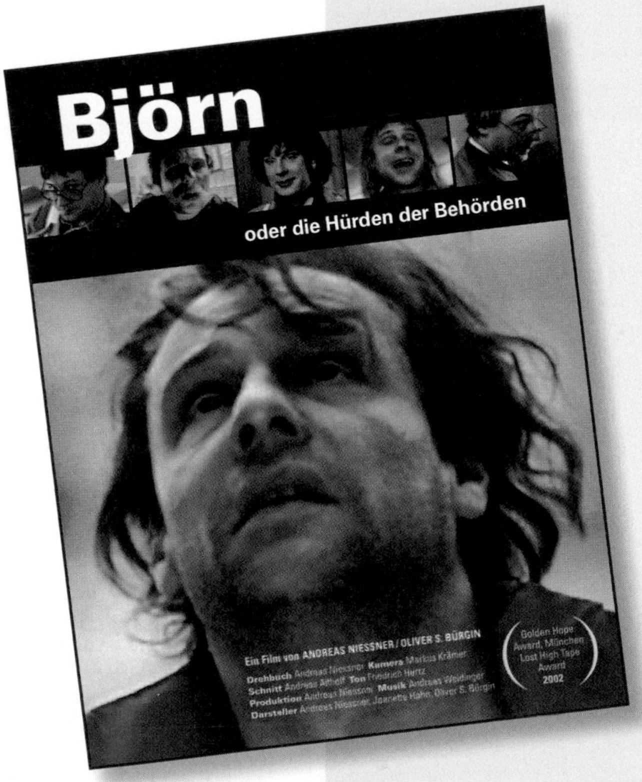

Film Synopses

LEKTION 1

Outsourcing

(6 Minuten)

When a family decides to re-organize in the name of economic efficiency, they discover that certain family members aren't pulling their weight.

LEKTION 2

Auf der Strecke

(30 Minuten)

A security guard is secretly in love with a clerk in his department store's bookshop. His jealousy leads him to make a decision with devastating consequences.

LEKTION 3

Worst case – Ein Tag in der Werbung

(7 Minuten)

A team of advertising executives brainstorms ideas for a new commercial. It seems they've got a promising concept. Will they be able to pull it off in time?

LEKTION 4

Björn oder die Hürden der Behörden

(14 Minuten)

Björn's plane to Istanbul is due to leave in three hours. He just needs to get his passport renewal approved in time. But nothing is simple in the world of bureaucracy.

LEKTION 5

Artgerecht

(5 Minuten)

What is it like to work in an artists' collective? Some of the artists from the KuBa collective in Saarbrücken reflect on their experiences.

LEKTION 6

Wer hat Angst vorm Weihnachtsmann?

(15 Minuten)

When the Lemms decide to hire a counterfeit Santa to entertain their children on Christmas Eve, things don't go exactly as they planned. But the children are delighted.

LEKTION 7

Roentgen

(24 Minuten)

In the year 1896, a promising young doctor begins to experiment with the brand-new X-ray machine delivered to his department. He thinks he's found a miraculous cure for a variety of ailments. Is his scientific zeal blinding him to the ethical implications of his experiments?

LEKTION 8

Spelunkers

(5 Minuten)

In this satire of Germany's inconsistent environmental policies, three spelunkers foolishly venture into the lair of the fearsome Green-dot monster. Will any of them make it out alive?

LEKTION 9

15 Minuten Wahrheit

(18 Minuten)

When 50-year-old Georg Komann and his colleagues are abruptly laid off by their company without so much as a decent compensation package, their prospects look grim. Will they be able to turn the tables at the last minute?

LEKTION 10

Spielzeugland

(14 Minuten)

In an attempt to shield her son from the harsh realities of 1940s Germany, Heinrich's mother tells him that his Jewish neighbors are leaving for Toyland. Then one morning, she wakes up to find that her neighbors are gone, and Heinrich's bed is empty.

The **DENK MAL!** Supersite provides a wealth of resources for both students and instructors. Icons indicate exactly which resources are available on the Supersite for each strand of every lesson.

For Students

Student resources, available through a Supersite code, are provided free-of-charge with the purchase of a new student text. Here is an example of what you will find at **vhlcentral.com:**

- Activities from the student text, with auto-grading
- Additional practice for each and every textbook section — Practice more at **vhlcentral.com.**
- Record & Submit oral assessment activities
- The **DENK MAL! Film Collection**— in streaming video
- MP3 files for the complete **DENK MAL!** Lab and Testing Programs
- Online dictionary and verb conjugator
- Flashcards with audio
- Wimba Voice Board

For Instructors

Instructors have access to the entire student site, as well as these key resources:

- The entire Instructor Ancillary package, Testing Program, and Instructor Resources, in downloadable and printable formats
- A robust course management system
- Voice Board capabilities for you to create additional activities
- And much, much more...

Supersiteplus

In addition to the resources already listed, Supersite Plus offers:

- **WebSAM** The online, interactive Student Activities Manual includes audio record-submit activities, auto-grading for select activities, and a single gradebook for Supersite and WebSAM activities.
- **Wimba Pronto** Extend communication beyond the classroom with this powerful tool that features synchronous chat, online tutoring, online office hour capabilities, and more.

Acknowledgments

We extend a special thank you to the contributors whose hard work was essential to bringing **DENK MAL!** to fruition: Emma Betz (Kansas State University), Stefanie Czibere, Gudrun Hommel-Ingram (Linfield College), Wolfgang Koch, Barbara Kristof, and Thomas Leek (University of Wisconsin – Stevens Point).

Vista Higher Learning would also like to offer sincere thanks to the many instructors who offered input on the development of our German program **DENK MAL!** Their thoughtful comments and insights were instrumental to the development of these programs.

Katherine Arens
University of Texas-Austin, TX

Carol Bander
Saddleback College, CA

Annette Budzinski-Luftig
McDaniel College, MD

Raymond L. Burt
UNC-Wilmington, North Carolina

Marc Cadd
Drake University, IA

Monika Chavez
University of Wisconsin-Madison, Wisconsin

K.M. Christensen
Pacific Lutheran University, WA

Susan Crooks
Kennesaw State University, GA

Birgit Deir
Nazareth College, NY

Prof. Tom DiNapoli
Louisiana State University, Louisiana

Ana Djukic-Cocks
SUNY Oswego, NY

Mohamed Esa
McDaniel College, MD

Karl-Georg Federhofer
University of Michigan, MI

Samuel Frederick
Clemson University, SC

Thomas Freeman
Beloit College, Wisconsin

Jolyon Hughes
Colorado State University, CO

Josh Kavaloski
Drew University, NJ

Madelon Köhler-Busch
University of Maine-Orono, ME

Richard Alan Korb
Columbia University, NY

Edith H. Krause
Duquesne University, PA

John F. Lalande II
SUNY-Oswego, NY

Alan Lareau
University of Wisconsin-Oshkosh, WI

Andreas Lixl
University of North Carolina, NC

Tom Lovik
Michigan State University, MI

Dr. Alan D. Lytle
University of Arkansas-Little Rock, AR

Laura Mclary
University of Portland, OR

Elaine Martin
University of Alabama, AL

Cornelius Partsch
Western Washington University, WA

Iulia Pittman
Auburn University, AL

Heike Polster
University of Memphis, TN

Larson Powell
University of Missouri-Kansas, MO

Christine Rinne
University of South Alabama, AL

Christopher D. Sapp
University of Mississippi, MS

Sandra L. Singer
Alfred University, NY

Christa Sprcizer
Queens College/CUNY, NY

Christian P. Stehr
Oregon State University, OR

Chris Stevens
UCLA, CA

Jody Stewart-Strobelt
Eastern Washington University, WA

Tim Straubel
Western Kentucky University, KY

Carmen Taleghani-Nikazm
Ohio State University, OH

John te Velde
Oklahoma State University, OK

Marilya Veteto Reese
Northern Arizona University, AZ

Nina Vyatkina
University of Kansas, KS

Astrid Weigert
Georgetown University, DC

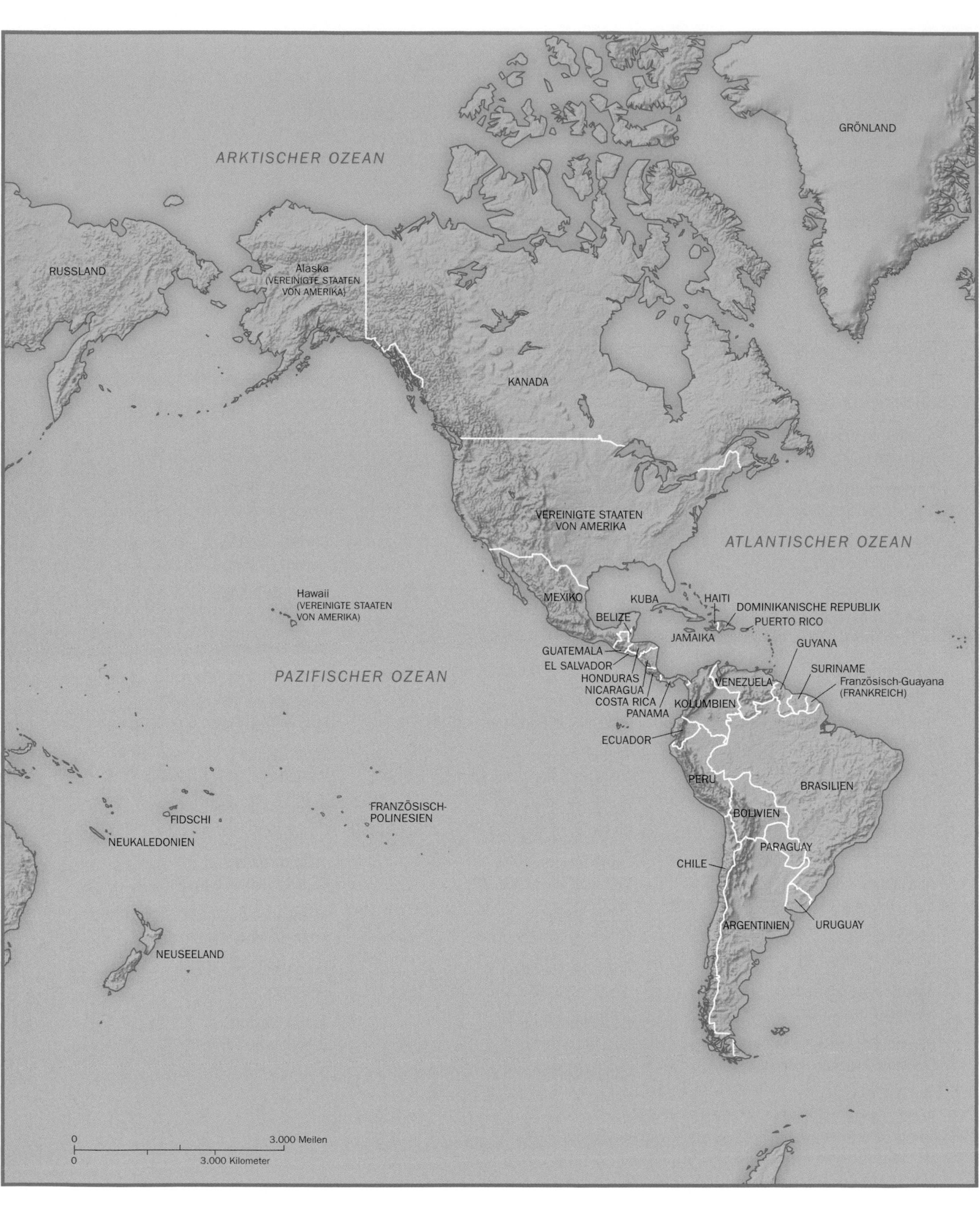
ARKTISCHER OZEAN
GRÖNLAND
RUSSLAND
Alaska
(VEREINIGTE STAATEN
VON AMERIKA)
KANADA
VEREINIGTE STAATEN
VON AMERIKA
ATLANTISCHER OZEAN
Hawaii
(VEREINIGTE STAATEN
VON AMERIKA)
MEXIKO
KUBA
HAITI
DOMINIKANISCHE REPUBLIK
PUERTO RICO
BELIZE
JAMAIKA
GUATEMALA
EL SALVADOR
HONDURAS
NICARAGUA
COSTA RICA
PANAMA
GUYANA
SURINAME
Französisch-Guayana
(FRANKREICH)
VENEZUELA
KOLUMBIEN
PAZIFISCHER OZEAN
ECUADOR
PERU
BRASILIEN
BOLIVIEN
PARAGUAY
CHILE
URUGUAY
ARGENTINIEN
FIDSCHI
NEUKALEDONIEN
FRANZÖSISCH-
POLINESIEN
NEUSEELAND
0
3.000 Meilen
0
3.000 Kilometer

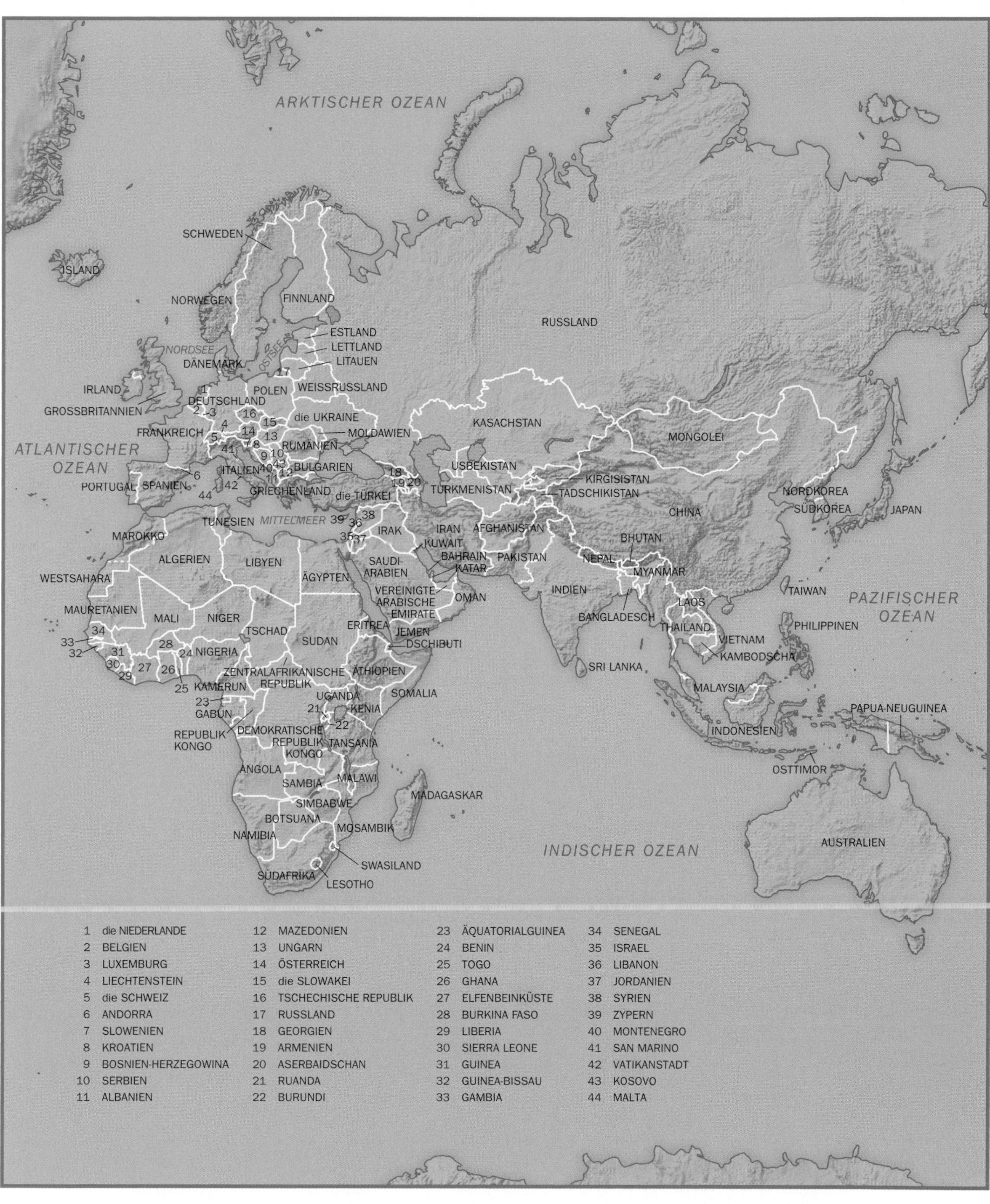

ARKTISCHER OZEAN
SCHWEDEN
ISLAND
NORWEGEN
FINNLAND
RUSSLAND
ESTLAND
LETTLAND
LITAUEN
NORDSEE
OSTSEE
DÄNEMARK
IRLAND
GROSSBRITANNIEN
POLEN
WEISSRUSSLAND
DEUTSCHLAND
die UKRAINE
FRANKREICH
MOLDAWIEN
RUMÄNIEN
KASACHSTAN
MONGOLEI
ATLANTISCHER OZEAN
BULGARIEN
ITALIEN
PORTUGAL
SPANIEN
GRIECHENLAND
die TÜRKEI
USBEKISTAN
TURKMENISTAN
KIRGISISTAN
TADSCHIKISTAN
NORDKOREA
SÜDKOREA
JAPAN
CHINA
TUNESIEN
MITTELMEER
MAROKKO
IRAK
IRAN
AFGHANISTAN
KUWAIT
BHUTAN
ALGERIEN
LIBYEN
SAUDI-ARABIEN
BAHRAIN
KATAR
PAKISTAN
NEPAL
WESTSAHARA
ÄGYPTEN
MYANMAR
VEREINIGTE ARABISCHE EMIRATE
OMAN
INDIEN
TAIWAN
MAURETANIEN
MALI
NIGER
LAOS
PAZIFISCHER OZEAN
BANGLADESCH
ERITREA
TSCHAD
JEMEN
THAILAND
PHILIPPINEN
SUDAN
DSCHIBUTI
VIETNAM
NIGERIA
KAMBODSCHA
SRI LANKA
ZENTRALAFRIKANISCHE REPUBLIK
ÄTHIOPIEN
KAMERUN
MALAYSIA
SOMALIA
UGANDA
GABUN
KENIA
PAPUA-NEUGUINEA
REPUBLIK KONGO
DEMOKRATISCHE REPUBLIK KONGO
INDONESIEN
TANSANIA
ANGOLA
OSTTIMOR
SAMBIA
MALAWI
MADAGASKAR
SIMBABWE
BOTSUANA
MOSAMBIK
NAMIBIA
INDISCHER OZEAN
AUSTRALIEN
SWASILAND
SÜDAFRIKA
LESOTHO
1 die NIEDERLANDE
2 BELGIEN
3 LUXEMBURG
4 LIECHTENSTEIN
5 die SCHWEIZ
6 ANDORRA
7 SLOWENIEN
8 KROATIEN
9 BOSNIEN-HERZEGOWINA
10 SERBIEN
11 ALBANIEN
12 MAZEDONIEN
13 UNGARN
14 ÖSTERREICH
15 die SLOWAKEI
16 TSCHECHISCHE REPUBLIK
17 RUSSLAND
18 GEORGIEN
19 ARMENIEN
20 ASERBAIDSCHAN
21 RUANDA
22 BURUNDI
23 ÄQUATORIALGUINEA
24 BENIN
25 TOGO
26 GHANA
27 ELFENBEINKÜSTE
28 BURKINA FASO
29 LIBERIA
30 SIERRA LEONE
31 GUINEA
32 GUINEA-BISSAU
33 GAMBIA
34 SENEGAL
35 ISRAEL
36 LIBANON
37 JORDANIEN
38 SYRIEN
39 ZYPERN
40 MONTENEGRO
41 SAN MARINO
42 VATIKANSTADT
43 KOSOVO
44 MALTA

Europa

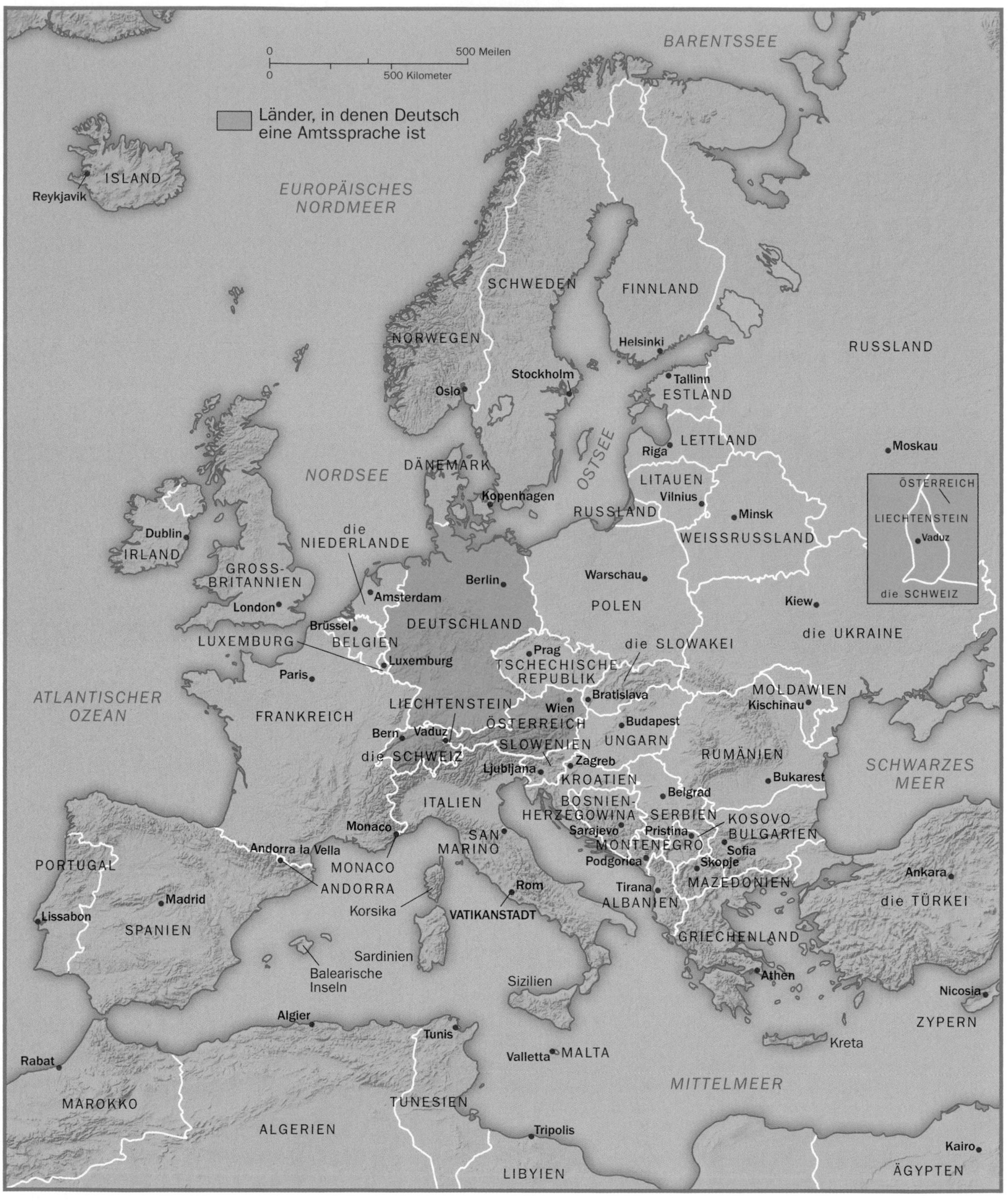

0
500 Meilen
0
500 Kilometer
Länder, in denen Deutsch eine Amtssprache ist
BARENTSSEE
EUROPÄISCHES NORDMEER
ISLAND
Reykjavik
SCHWEDEN
FINNLAND
NORWEGEN
Helsinki
RUSSLAND
Stockholm
Oslo
Tallinn
ESTLAND
LETTLAND
Riga
Moskau
NORDSEE
DÄNEMARK
OSTSEE
LITAUEN
Vilnius
Kopenhagen
RUSSLAND
Minsk
WEISSRUSSLAND
ÖSTERREICH
LIECHTENSTEIN
Vaduz
die SCHWEIZ
Dublin
IRLAND
die NIEDERLANDE
GROSS-BRITANNIEN
Amsterdam
Berlin
Warschau
POLEN
Kiew
London
Brüssel
DEUTSCHLAND
die UKRAINE
LUXEMBURG
BELGIEN
Luxemburg
Prag
die SLOWAKEI
TSCHECHISCHE REPUBLIK
Paris
ATLANTISCHER OZEAN
FRANKREICH
LIECHTENSTEIN
Wien
Bratislava
MOLDAWIEN
Kischinau
Bern
Vaduz
ÖSTERREICH
Budapest
UNGARN
die SCHWEIZ
SLOWENIEN
Ljubljana
Zagreb
RUMÄNIEN
KROATIEN
Bukarest
SCHWARZES MEER
ITALIEN
BOSNIEN-HERZEGOWINA
Belgrad
SERBIEN
KOSOVO
Monaco
SAN MARINO
Sarajevo
Pristina
BULGARIEN
Andorra la Vella
MONTENEGRO
Sofia
PORTUGAL
MONACO
Podgorica
Skopje
ANDORRA
MAZEDONIEN
Ankara
Madrid
Rom
Tirana
ALBANIEN
die TÜRKEI
Lissabon
Korsika
VATIKANSTADT
SPANIEN
GRIECHENLAND
Sardinien
Balearische Inseln
Athen
Sizilien
Nicosia
ZYPERN
Algier
Tunis
Kreta
Rabat
Valletta
MALTA
MITTELMEER
MAROKKO
TUNESIEN
ALGERIEN
Tripolis
Kairo
LIBYIEN
ÄGYPTEN

Deutschland

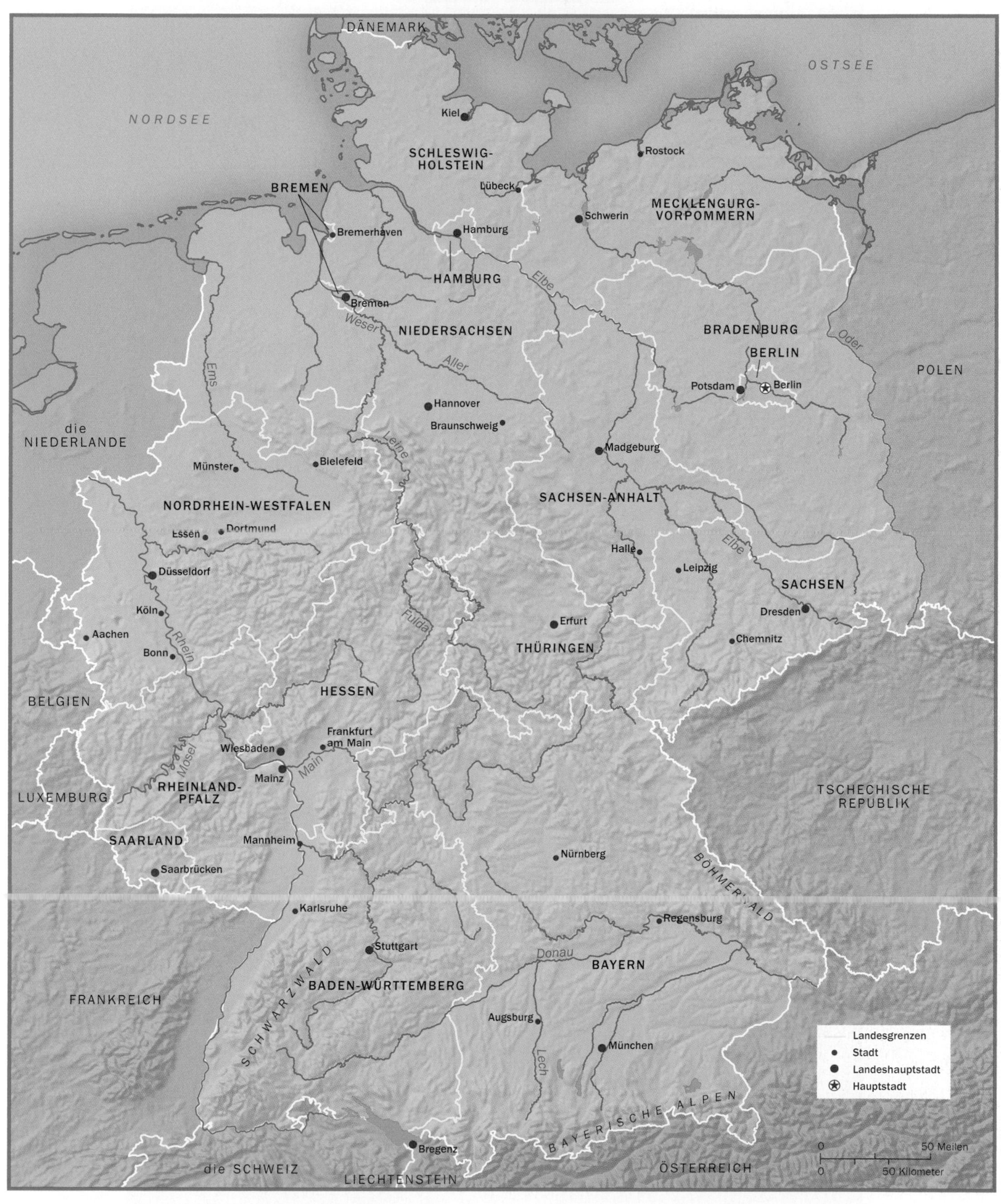

Österreich

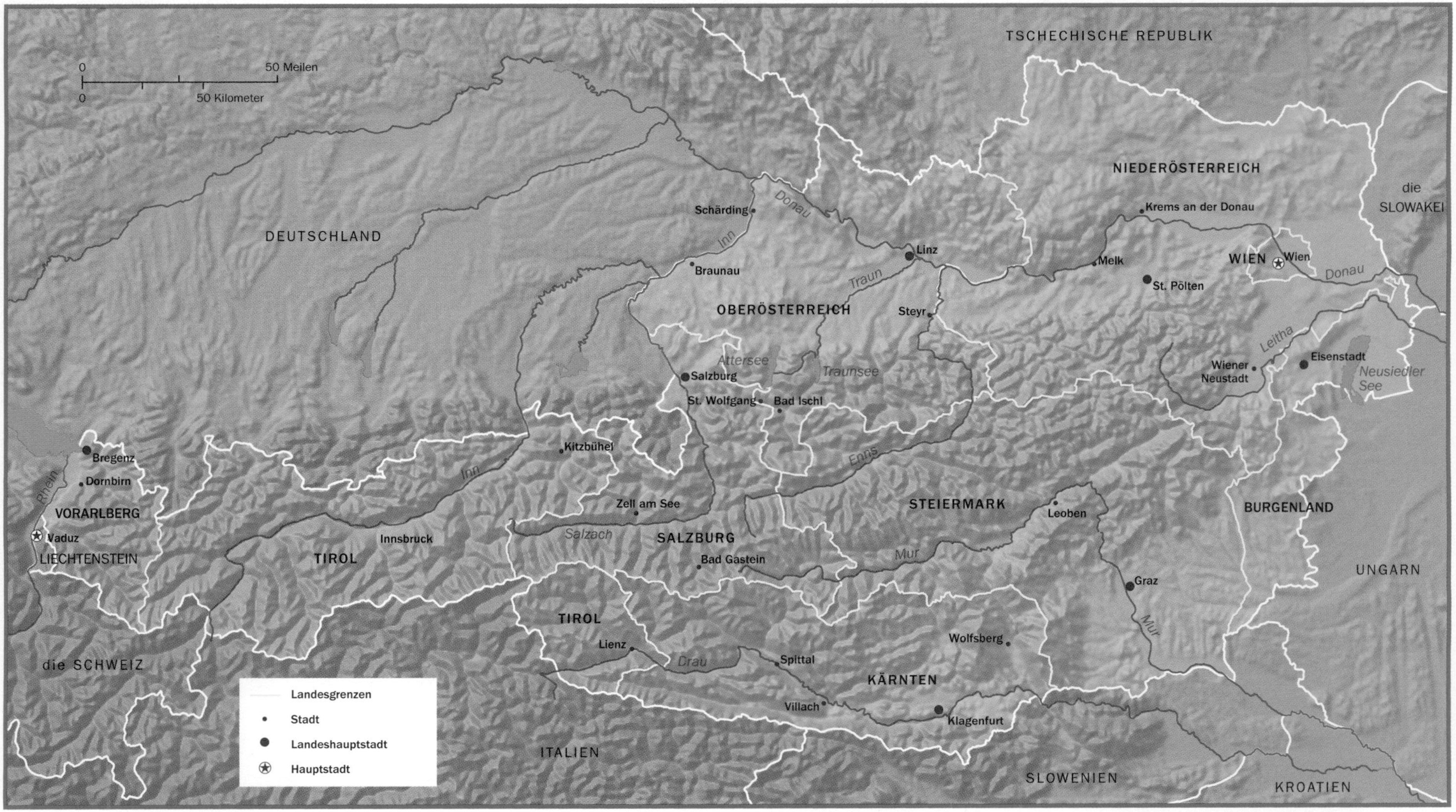

TSCHECHISCHE REPUBLIK
0 50 Meilen
0 50 Kilometer
NIEDERÖSTERREICH
die SLOWAKEI
Krems an der Donau
DEUTSCHLAND
Schärding
Donau
Inn
Linz
Melk
WIEN
Wien
Donau
Braunau
Traun
St. Pölten
OBERÖSTERREICH
Steyr
Leitha
Attersee
Eisenstadt
Salzburg
Traunsee
Wiener Neustadt
Neusiedler See
St. Wolfgang
Bad Ischl
Bregenz
Kitzbühel
Enns
Dornbirn
Inn
Rhein
Zell am See
STEIERMARK
Leoben
BURGENLAND
VORARLBERG
Vaduz
Salzach
SALZBURG
Innsbruck
LIECHTENSTEIN
TIROL
Bad Gastein
Mur
UNGARN
Graz
TIROL
Mur
Lienz
Wolfsberg
die SCHWEIZ
Drau
Spittal
KÄRNTEN
Villach
Klagenfurt
ITALIEN
SLOWENIEN
KROATIEN

Landesgrenzen
Stadt
Landeshauptstadt
Hauptstadt

die Schweiz

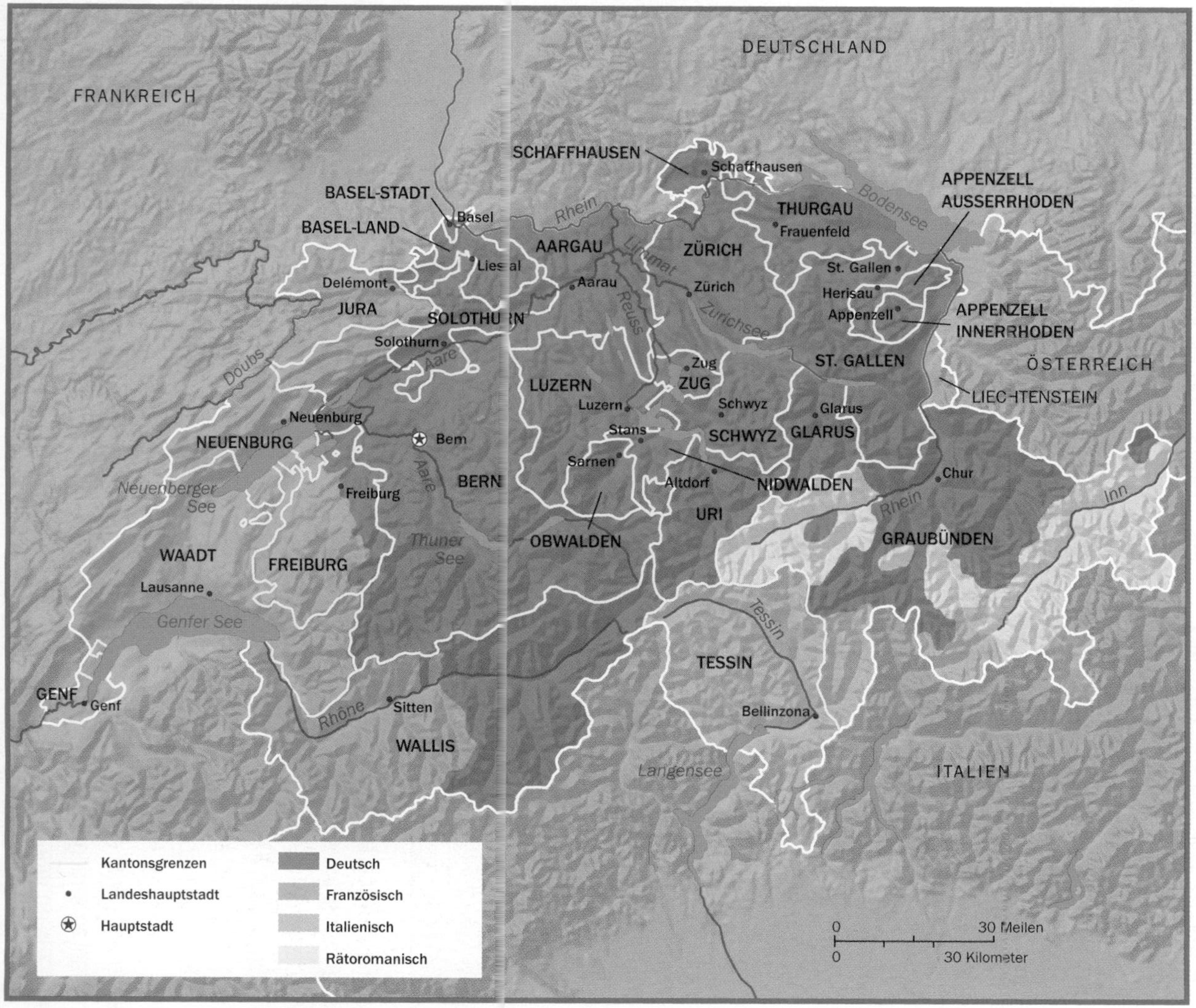

Liechtenstein

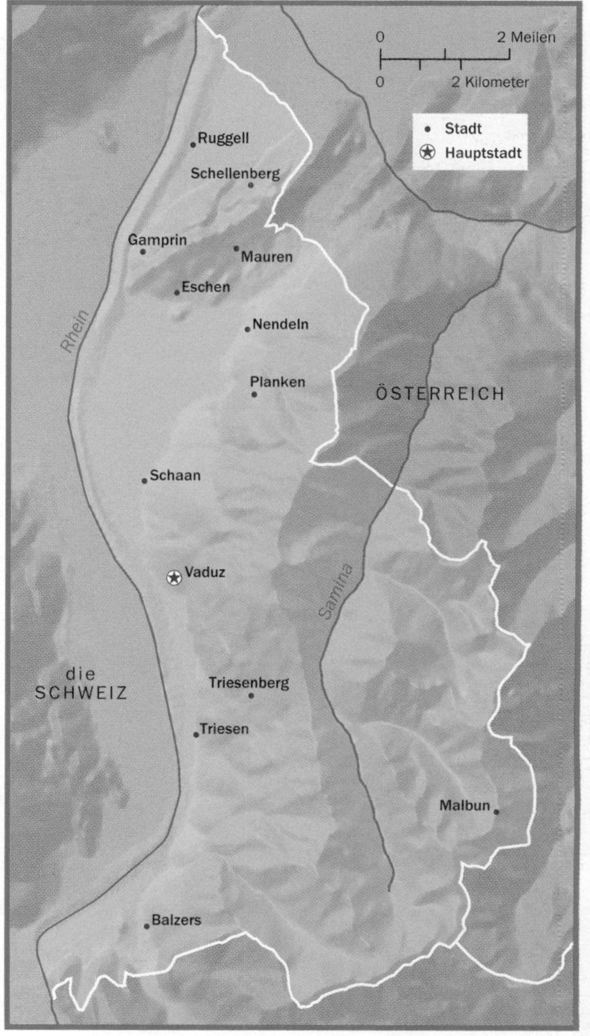

LEKTION 1

Fühlen und erleben

Zwei Kinder und eine solide Ehe? Ledig? Jeder hat seine eigene Vorstellung davon, wie die perfekte Familie aussieht. Aber egal, wie vielfältig unsere heutige Welt in Bezug auf (*regarding*) Liebe ist, zwei Dinge bleiben immer konstant. Erstens: Der Mensch braucht andere Menschen. Zweitens: Menschliche Beziehungen sind nie einfach. Was denken Sie? Wie sind Ihre Beziehungen zu anderen? Fühlen Sie sich wohler allein oder zusammen mit anderen Menschen?

6 **KURZFILM**
In **Markus Dietrichs** Film *Outsourcing* trifft eine traditionelle Familie einen Entschluss (*decision*): Die Mutter ist zu teuer! Sie wird outgesourced und darf erst wieder zuhause einziehen, wenn die Familie wirtschaftlich saniert ist.

12 **STELLEN SIE SICH VOR**
Milwaukee, Wisconsin, hat das größte *German Fest* in den ganzen Vereinigten Staaten. Das Fest verdeutlicht (*illustrates*), dass deutsche Wurzeln (*roots*) in Amerika noch fortleben (*live on*) und Einfluss (*influence*) haben.

27 **KULTUR**
In *„Amerika, du hast es besser"* geht es um das Deutsche Erbe (*heritage*) in den Vereinigten Staaten, religiöse und politische Ursprünge (*origins*) sowie um sprachliche Einflüsse durch die Deutschen.

31 **LITERATUR**
In *Die Familie* beschreibt **Kurt Tucholsky** auf satirisch-liebevolle Weise (*way*), welch einen weitreichenden (*far-reaching*) Einfluss Familienmitglieder aufeinander haben können.

Reiseziel: die Vereinigten Staaten

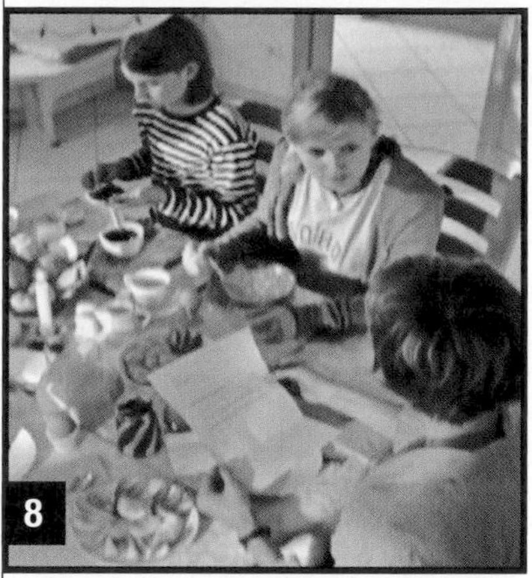
8

28

4 **ZU BEGINN**

14 **STRUKTUREN**

1.1 Word order: statements and questions

1.2 Present tense of regular and irregular verbs

1.3 Nominative and accusative cases; pronouns and possessive adjectives

38 **SCHREIBWERKSTATT**

39 **WORTSCHATZ**

Persönliche Beziehungen

Persönlichkeit

anhänglich *attached*
attraktiv *attractive*
bescheiden *modest*
bezaubernd/charmant *charming*
(un)ehrlich *(dis)honest*
einfallsreich *imaginative*
empfindlich *sensitive*
genial *brilliant; ingenious*
liebevoll *affectionate*
optimistisch *optimistic*
pessimistisch *pessimistic*
(un)reif *(im)mature*
ruhig *calm; quiet*
schüchtern *shy*
sorgfältig *careful; diligent*
stolz *proud*
vorsichtig *careful; cautious*
zurückhaltend *diffident*

Familienstand

das (Ehe)paar, -e *(married) couple*

der/die Verlobte, -n *fiancé(e)*
der Witwer, -/die Witwe, -n *widower/widow*

---

heiraten *to marry*
sich (von j-m) scheiden lassen *to get divorced (from)*
(mit j-m) verheiratet sein *to be married (to)*
sich (mit j-m) verheiraten *to get married (to)*
sich (mit j-m) verloben *to get engaged (to)*

---

geschieden *divorced*
ledig *single (unmarried)*
verlobt *engaged*
verwitwet *widowed*

Beziehungen

die Freundschaft, -en *friendship*

die Hochzeit, -en *wedding*
der Klatsch *gossip*
die Liebe (auf den ersten Blick) *love (at first sight)*
der/die Seelenverwandte, -n *soul mate*
die Verabredung, -en *date*
die Zuneigung, -en *affection*

(mit j-m) ausgehen *to go on a date (with)*
eine Beziehung haben/führen *to be in a relationship*
lügen *to lie, to tell lies*
(mit j-m) teilen *to share (with)*
sich (von j-m) trennen *to break up (with)*

verlassen *to leave*
sich verlassen auf (+ Akk.) *to rely (on)*
vertrauen (+ Dat.) *to trust*

(un)treu *(un)faithful*
unvergesslich *unforgettable*
leicht zu vergessen *forgettable*
vergesslich *forgetful*
verständnisvoll *understanding*

Gefühle

ärgern *to annoy*
fühlen *to feel*
(j-n/etwas) satt haben *to be fed up (with)*
hassen *to hate*
lieben *to love*
sich schämen (wegen + Gen.) *to be ashamed (of)*
stören *to bother*
träumen (von + Dat.) *to dream (of)*
verehren *to adore*
sich verlieben (in + Akk.) *to fall in love (with)*
böse werden *to get angry*

---

aufgeregt *excited*
begeistert *enthusiastic*

besorgt *anxious; worried*
bestürzt *upset*
deprimiert *depressed*
eifersüchtig *jealous*
enttäuscht *disappointed*
liebebedürftig *in need of affection*
verliebt (in + Akk.) *in love (with)*
wütend *angry*

Anwendung

1 **Welches Wort passt nicht?** Finden Sie in jeder Gruppe das Wort, das nicht zu den anderen passt.

1. attraktiv	charmant	bezaubernd	leicht zu vergessen
2. hassen	lieben	verehren	mögen
3. sich trennen	verlassen	heiraten	sich scheiden lassen
4. begeistert	optimistisch	enttäuscht	aufgeregt
5. bestürzt	besorgt	deprimiert	begeistert
6. selbstsicher	liebebedürftig	anhänglich	liebevoll
7. ruhig	böse	wütend	verärgert
8. bescheiden	zurückhaltend	schüchtern	stolz

2 **Definitionen** Finden Sie zu jeder Definition das Wort aus der Liste, das am besten passt.

einfallsreich	die Hochzeit	lügen	schüchtern	unreif
hassen	ledig	pessimistisch	träumen	zurückhaltend

1. Kindisch; noch nicht erwachsen: ______
2. Eine Zeremonie, bei der zwei Menschen heiraten: ______
3. Wenn man viele gute Ideen hat, dann ist man ______.
4. Wenn man die Welt negativ sieht, ist man ______.
5. Wenn man nicht verheiratet ist, ist man ______.
6. Wenn man schläft und im Schlaf Bilder sieht: ______
7. Wenn man unehrlich ist, und etwas sagt, was nicht wahr ist: ______
8. Wenn man jemanden gar nicht mag; das Gegenteil von lieben: ______
9. Wenn man nicht von sich aus auf andere Menschen zugeht, ist man ______.
10. Wenn man anderen Menschen gegenüber ängstlich ist, ist man ______.

3 **Introvertiert oder extrovertiert?** Beantworten Sie die folgenden Fragen, um herauszufinden, was für eine Persönlichkeit Sie haben.

Ja	Manchmal	Nein	
☐	☐	☐	1. Es ist Freitag Abend. Sind Sie zu Hause?
☐	☐	☐	2. Morgen haben Sie eine große Prüfung in Biologie. Lernen Sie am liebsten allein dafür?
☐	☐	☐	3. Sie gehen in ein Café und sehen eine attraktive Person. Es ist Liebe auf den ersten Blick! Werden Sie sehr nervös?
☐	☐	☐	4. Sie haben Probleme. Behalten Sie sie für sich?
☐	☐	☐	5. Träumen Sie davon, auf einer ruhigen Insel zu leben?
☐	☐	☐	6. Sie sind auf einer Party und Sie kennen niemanden. Gehen Sie nach Hause?
☐	☐	☐	7. Kann man sagen, dass Sie bescheiden sind?
☐	☐	☐	8. Sie müssen eine Rede halten (*give a speech*). Vergessen Sie, was Sie sagen wollen?

Punkte

Ja = 0 Punkte
Manchmal = 1 Punkt
Nein = 2 Punkte

Ergebnisse

Von 0 bis 8 Punkte: Sie sind ziemlich schüchtern! Vielleicht sollten (*should*) Sie abends mehr ausgehen? Die Welt wartet auf sich!

Von 9 bis 12 Punkte: Sie haben eine ausgewogene (*balanced*) Persönlichkeit.

Von 13 bis 16 Punkte: Das ist toll, denn es macht großen Spaß, mit Ihnen auf Partys zu gehen. Aber können Sie auch zuhören?

Practice more at **vhlcentral.com.**

Vorbereitung

Wortschatz des Kurzfilms

der Abfall, -¨e *(here) decline; drop*
das Beschäftigungsverhältnis, -se *employment relationship*
der Beschluss, -¨e *resolution; ruling*
die Effektivität *effectiveness*
der Familienrat, -¨e *family council*
gründlich *thorough*
der Mangel, -¨ *lack; deficit*
j-m Bescheid sagen *to let someone know*
das Sanierungskonzept, -e *recovery plan*
der Stundennachweis, -e *hourly timesheet*

Nützlicher Wortschatz

etwas annehmen *to accept something*
einstimmig *unanimous*
die Familienrolle, -n *role in the family*
kündigen *to terminate; to fire*
die Kündigung, -en *written notice*
der Niedriglohn, -¨e *low wage*
die Qualitätskontrolle, -n *quality control*
rentabel *profitable, cost-efficient*
der Wert, -e *value, worth*

AUSDRÜCKE

Anstellung auf Ein-Euro-Basis *job that pays one Euro an hour*
eine Kostenanalyse durchführen *to perform a cost analysis*
ein Sanierungskonzept entwerfen *to draw up a recovery plan*
Tränen stehen in den Augen *tears well in the eyes*
mit sofortiger Wirkung *effective immediately*

1 **Ein Ultimatum** Ein Vater und eine Mutter unterhalten sich über ihre Kinder. Schreiben Sie die richtigen Vokabeln in die Lücken.

MUTTER Ich habe gerade wieder den Müll (*trash*) zur Mülltonne gebracht. Mir reicht's! Das ist doch eigenlich die Aufgabe unserer Tochter!

VATER Ich weiß. In letzter Zeit ist ihre Arbeit zu Hause nicht sehr (1) ____________ gewesen.

MUTTER Und der (2) ____________ der Arbeit unseres Sohnes lässt auch nach (*is slipping*). Er spielt nur noch Videospiele, anstatt den Rasen zu mähen (*mow the lawn*) und das Katzenklo (*litter box*) sauber zu machen.

VATER Mhm.

MUTTER Ich denke, es ist Zeit, dass wir das im (3) ____________ besprechen.

VATER Überleg mal: In einer richtigen Firma würde (*would*) man den beiden bestimmt (4) ____________.

MUTTER Da hast du Recht! Warum verlangen (*require*) wir nicht einfach von den beiden, dass sie die (5) ____________ bei der Arbeit zu Hause reduzieren, oder sie bekommen kein Geld mehr.

VATER Und wenn sie das nicht (6) ____________?

MUTTER Dann kündigen wir ihnen (7) ____________.

VATER Das bedeutet also, dass sie zwar nicht mehr arbeiten müssen, aber dass sie auch kein Geld mehr bekommen.

MUTTER Genau! Ich bin mal gespannt (*curious*), wie sie reagieren, wenn wir diese (8) ____________ einführen.

2 **Eltern und ihre Kinder** Bearbeiten Sie zu zweit die folgenden Fragen und Aufgaben.

1. Beschreiben Sie den Vater und die Mutter in dem Gespräch. Sind das typische Eltern?
2. Warum sind sie mit ihren Kindern nicht zufrieden?
3. Was wollen Mutter und Vater machen, damit die Kinder im Unternehmen Familie besser mitarbeiten?
4. Wie, glauben Sie, reagieren die Kinder auf diese Maßnahmen (*measures*)? Warum?

3 **Eine traditionelle Familie**

A. Stellen Sie sich eine Familie mit Eltern, Kindern und Großeltern vor: Wie können Sie diese drei Generationen charakterisieren? Was ist jeder Generation wichtig (z.B. Arbeit, Hobbies, Gesundheit)?

jüngere Kinder	ältere Kinder	Väter	Mütter	Großeltern

B. Lesen Sie Ihre Antworten in der Gruppe vor. Erstellen Sie (*Draw up*) dann eine gemeinsame Liste und präsentieren Sie diese Liste der ganzen Klasse.

4 **Was passiert?** Schauen Sie zu zweit die beiden Bilder an und beschreiben Sie in zwei Sätzen, was in jedem Bild passiert.

5 **Wer macht was in einer Familie?** Besprechen Sie die folgenden Fragen in Gruppen.

1. Was verstehen Sie unter einer traditionellen Familie? Einer modernen Familie?
2. Was sind die Rollen von Müttern, Vätern und Kindern in traditionellen Familien? In modernen Familien?
3. Welche Person ist am wichtigsten in einer traditionellen Familie? In einer modernen Familie?

Practice more at **vhlcentral.com.**

KULTURANMERKUNG

Familien in Deutschland

Laut° dem Statistischen Bundesamt und dem Mikrozensus von 2008 bekommen in Deutschland immer mehr Frauen keine Kinder. Obwohl man zum Beispiel Elterngeld erhält, wenn man Kinder hat und zu Hause bleibt, hat etwa jede fünfte Frau (Alter von 40-44) keine Kinder zur Welt gebracht. Außerdem° ist die Kinderlosigkeit° im Westen höher als im Osten und in den Städten höher als auf dem Land.

Laut *According to*
Außerdem *Moreover*
Kinderlosigkeit *childlessness*

Outsourcing

EIN FILM VON HANNA REIFGERST/MARKUS DIETRICH

Drehbuch Markus Dietrich, Hanna Reifgerst
Kamera Urs Zimmermann **Produktion** Hanna Reifgerst, Christiane Schlicht
Schnitt Wolfgang Bauer **Musik** Philipp E. Kümpel
Darsteller Frank Röth, Gesa Badenhorst, Tom Siegert, Anne Wittig, Shirin Kühn

Friedrich-Wilhelm-Murnau-Kurzfilmpreis 2007

dkf-Regieförderpreis 2007

Camera del Lavoro (Milano) 2007

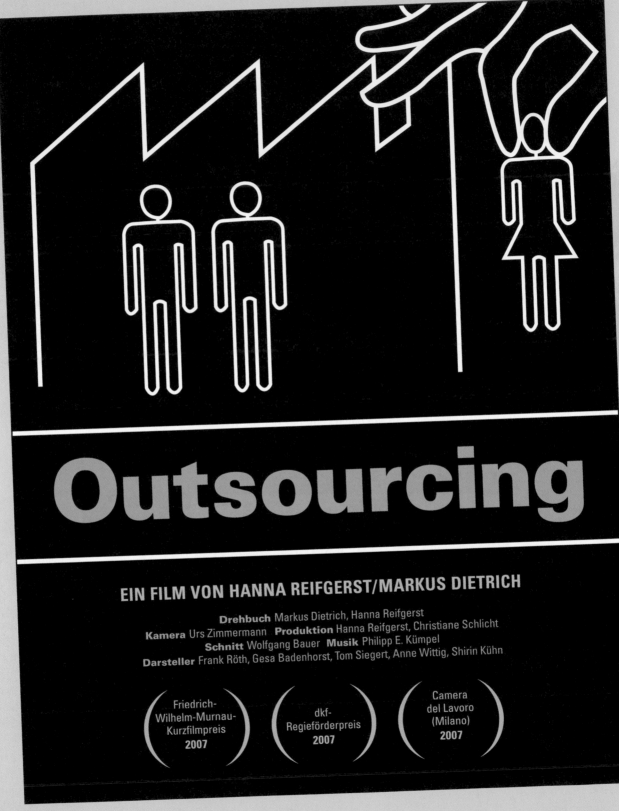

HANDLUNG *Eine Mutter kostet zu viel Geld und ist nicht effizient. Deshalb beschließt* (decides) *ihre Familie, das Familienleben ohne sie zu organisieren.*

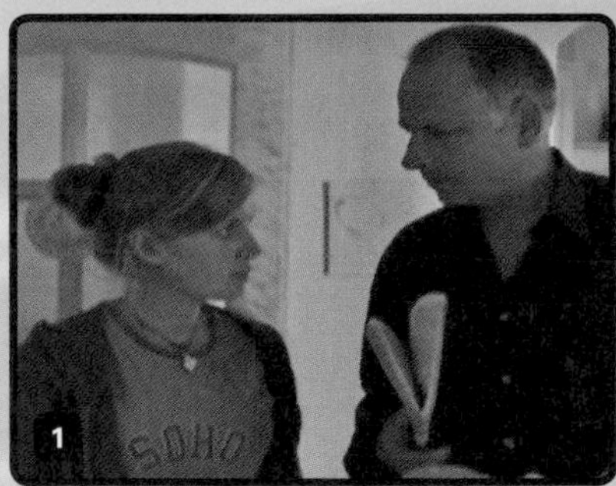

TOCHTER Gib mir noch 5 Minuten!

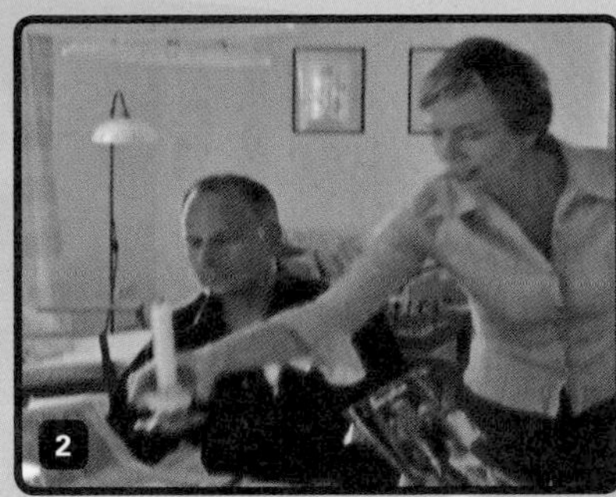

MUTTER Hat jemand Maria Bescheid gesagt?
VATER Weiß nicht.

MUTTER Ist das schön. Alle gemeinsam beim Frühstück!

MUTTER Hiermit teilen wir Ihnen mit, dass Ihr Beschäftigungsverhältnis als Hausfrau… und Mutter mit sofortiger Wirkung beendet ist.

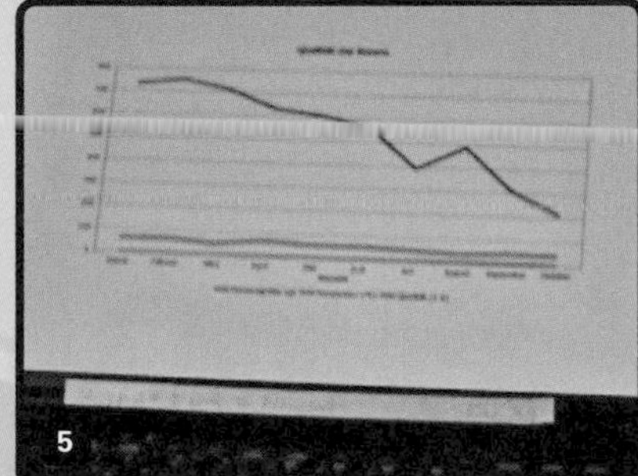

VATER Bei einer fünfköpfigen Familie mit nur einem Einkommen ist so was nicht tragbar°.
TOCHTER Aus diesem Grund° haben wir ein Sanierungskonzept entworfen, das die Familie in den nächsten zwölf Monaten aus den roten Zahlen bringen wird.
VATER Wir werden die Küche schließen.

tragbar *acceptable* **Grund** *reason*

MUTTER So! Und wo wollt ihr kochen? Wer soll euch zur Schule fahren? Und was ist mit Maria? Wer kümmert sich um Maria?

KULTURANMERKUNG

HARTZ IV

Früher gab es in Deutschland für Personen ohne Arbeit entweder Arbeitslosengeld oder Sozialhilfe. Um das deutsche Sozialsystem zu reformieren und die Arbeitslosenzahlen zu reduzieren, wurde unter anderem der ehemalige Volkswagenchef Peter Hartz engagiert°. Als Teil der Hartz-Reformen gibt es seit 2005 nur noch Arbeitslosengeld I und II. Mit Hilfe dieser Reformen sollen mehr Arbeitslose wieder schneller anfangen zu arbeiten. Diese Reformen haben allerdings in ganz Deutschland höchst intensive Diskussionen ausgelöst°, da viele Menschen das Ende des deutschen Sozialstaats befürchten°.

engagiert *hired* **ausgelöst** *triggered* **befürchten** *fear*

Beim **ZUSCHAUEN**

Was passiert wann? Stellen Sie die folgenden Sätze in die richtige Reihenfolge.

_____ **a.** Eine Frau liest einen Brief.
_____ **b.** Eine Familie kommt zum Frühstück zusammen.
_____ **c.** Ein Mann kommt nach Hause.
_____ **d.** Eine Frau und ein kleines Kind gehen auf einer Straße.
_____ **e.** Es gibt einen großen Streit.

Analyse

1 **Verständnis** Markieren Sie, ob die folgenden Aussagen über den Film **richtig** oder **falsch** sind. Korrigieren Sie die falschen Sätze zu zweit.

Richtig	Falsch	
☑	☐	1. Eine Familie sitzt beim Frühstück an einem Tisch.
☐	☑	2. Die Mutter bekommt einen lieben Brief von der Familie.
☑	☐	3. Die Familie ist nicht zufrieden mit der Arbeit der Mutter.
☑	☐	4. Die Familie hat finanzielle Probleme.
☐	☑	5. Die Mutter darf ihre Kinder in Zukunft nicht mehr sehen.
☐	☑	6. Am Ende des Films verlässt die Mutter mit der ältesten Tochter das Haus.

2 **Assoziationen** Was machen diese Personen? Welche Satzhälfte passt zu welcher Person? Suchen Sie die richtigen Antworten zu zweit.

b 1. Die Mutter
e 2. Der Vater
c 3. Gabi (die ältere Tochter)
a 4. Thomas (Sohn)
d 5. Maria (die jüngere Tochter)

a. will das Klo nicht putzen.
b. freut sich anfangs, dass alle zusammen frühstücken.
c. macht eine Computergrafik über die Arbeitseffektivität ihrer Mutter.
d. möchte ein Brötchen essen.
e. hat mit seiner Mutter besprochen, dass seine Frau bei ihr schlafen kann.

3 **Was passiert im Kurzfilm?** Vervollständigen Sie jeden Satz gemäß dem Film. Besprechen Sie Ihre Antworten zu zweit.

1. Der Film spielt…
   a. in einer Großstadt.
   b. in einer Kleinstadt.
   c. in einer Vorstadt.
2. Der Vater legt der Mutter einen Brief unter ihren Teller, …
   a. um ihr zu kündigen.
   b. damit sie sich freut.
   c. weil er sie liebt.
3. Die Mutter arbeitet in der Familie, indem sie…
   a. sich um die Haustiere kümmert.
   b. kocht.
   c. eine schlechte Atmosphäre schafft.
4. Gabi zeigt ihrer Mutter eine Tabelle, damit sie sehen kann, …
   a. wie viel Gabi arbeitet.
   b. wie viel Geld die Familie sparen kann.
   c. für wie viel Geld das Zweitauto und die Küche verkauft wurden.
5. Die Mutter ist wütend, weil…
   a. sie mehr Geld will.
   b. sie nicht kochen kann.
   c. sie den Entschluss (decision) ihrer Familie nicht versteht.
6. Die Mutter und Maria gehen am Ende des Filmes Hand in Hand auf der Straße, …
   a. weil das zweite Auto schon gekauft ist.
   b. weil sie zum Supermarket gehen.
   c. weil sie aus dem Haus geworfen worden sind.

4 **Personenbeschreibung** Beschreiben Sie in Gruppen das Leben dieser Personen. Schreiben Sie mindestens fünf Sätze über den Tagesablauf und die emotionale Situation jeder Person.

1.

2.

3.

4.

- Wie beschreibt man am besten die Beziehung der Mutter zu den einzelnen Familienmitgliedern?
- Es gibt Beispiele im Film, wie die Mutter ihre „Arbeit" macht. Welche?
- Wie reagiert die Mutter auf den Entschluss der Familie?
- Was für eine Beziehung haben der Vater und die Mutter?
- Wie reagieren die einzelnen Kinder, als der Mutter gekündigt wird?
- Warum verlässt die Mutter am Ende mit Maria das Haus?

5 **Diskussion** Besprechen Sie die folgenden Fragen zu zweit und überlegen Sie sich für Ihre Antworten konkrete Beispiele.

1. Wie viel ist die Arbeit einer Mutter wert, die „nur" Hausfrau ist? Kann man dieser Arbeit einen finanziellen Wert zuordnen? Warum, warum nicht?
2. Was ist der Unterschied zwischen Eltern und Kindern in einer Familie? Sollten (*Should*) sie so gleichgestellt sein wie Gabi in diesem Film?
3. Repräsentiert die Familiensituation dieses Filmes – die Mutter ist Hausfrau und der Mann arbeitet – noch die Situation in unserer Gesellschaft? Wie sieht die moderne Familie aus?

6 **Zum Thema** Schreiben Sie einen ganzen Absatz über Ihre Reaktion auf eine der folgenden Situationen.

1. Die Mutter und Maria klopfen bei der Mutter ihres Mannes an: Was passiert?
2. Ähnlich wie der Mutter im Film wird Ihnen von Ihrer Familie als Tochter/Sohn/Vater/Mutter (suchen Sie sich eine Rolle aus) gekündigt: Beschreiben Sie Ihre Reaktion.

Practice more at **vhlcentral.com.**

STELLEN SIE SICH VOR:
Die Vereinigten Staaten

Das Fest der Gemütlichkeit°

Reading

Steigen Sie mal in unsere Zeitmaschine ein. Wir reisen nach **Milwaukee** in das Jahr 1880. Was sehen wir? Eine quicklebendige°, schnell wachsende° Stadt voller idealistischer, geschäftiger° Menschen. Und die meisten von ihnen sprechen nicht Englisch, sondern Deutsch!

Im 19. Jahrhundert strömen deutsche Einwanderer° in Scharen nach Milwaukee. Viele sind Freiheitssuchende, die nach der missglückten° Revolution von 1848 ihr Glück in der neuen Welt suchen. In Milwaukee ist Land billig, die Stimmung optimistisch und die Möglichkeiten glänzen° wie Sterne.

So viele Deutschamerikaner landen hier, dass die Stadt den Spitznamen° „**Deutsches Athen**" bekommt. Natürlich ist das eine Anspielung° auf die pulsierende° Hauptstadt des antiken Griechenlands – ein Sinnbild° für Fortschrittlichkeit°, Demokratie und Geschäftigkeit.

Zurück zur Gegenwart°. Heute gibt es nirgends in den USA einen so hohen Anteil° an Deutschamerikanern wie in Milwaukee. Kein Wunder also, dass das größte ***German Fest*** der USA in Milwaukee stattfindet. Jedes Jahr kommen mehr als 100.000 Besucher zu Milwaukees Fest der Gemütlichkeit. Milwaukeeaner haben ein gutes Recht, auf das Fest stolz zu sein. Die viertägige Feier ist gut organisiert und das Wochenende ist vollgepackt mit Veranstaltungen°. Man hat hier die Chance, einige der schönsten deutschen Traditionen kennenzulernen, ohne je amerikanischen Boden zu verlassen°.

Das Fest findet jeden Sommer im Maier Festival Park am Michigansee statt und es gibt da alles, was typisch (und vielleicht auch stereotypisch!) Deutsch ist. Es gibt bodenständiges° Essen, Blaskapellen°, echte° deutsche Musiker, einen Jodel-Wettbewerb, Schafkopf°, Dirndl°, ein Feuerwerk und noch vieles mehr.

Wie bei jedem guten Fest geht es primär ums Essen. Während des langen Wochenendes verschwinden° mehr

Noch mehr...

Schafkopf ist ein bayerisches Kartenspiel, das heute noch von vielen Milwaukeeanern fleißig gespielt wird. Um Schafkopf zu spielen, braucht man vier Spieler, besondere° Karten und einen schaffenden° Kopf. Die Spieler bluffen, schimpfen° und eifern nach° den besten Karten in den richtigen Kombinationen. Asse° sind gut, aber am liebsten hat man die höchsten Trumpfkarten im Ärmel° – die vier „Ober"°.

als 9.000 kg Kartoffeln in den Mägen der Besucher. Die „Erdäpfel°" werden in Form von Kartoffel-Pfannkuchen° und Kartoffelsalat verzehrt. Sauerkraut und Würste gibt es selbstverständlich auch. Die Besucher essen in den vier Tagen ungefähr 20.000 Bratwürste und etwa 4.500 kg Sauerkraut. Und das Sauerkraut, das man hier bekommt, ist richtig gut. Es wird nach altdeutschem Rezept gemacht, mit frischen Äpfeln, Speck° und Kümmel°. Lecker!

Ein Kulturdorf gibt es auch, wo man ein bisschen Deutsch lernen und auch etwas über deutschamerikanische Geschichte in den USA herausfinden kann.

Der Höhepunkt des *German Fest* ist bestimmt das Dackelrennen, das *Wiener Dog Race*. Der schnellste Dackel° bekommt eine blaue Schleife° – und einen Preis gibt es auch für den „Wiener" mit dem besten Kostüm.

Die Gemütlichkeit beim *German Fest* ist durchaus authentisch und alle, die das Fest besuchen, können etwas über Deutschland lernen und Spaß haben.

Gemütlichkeit *comfortable atmosphere* **quicklebendige** *lively* **wachsende** *growing* **geschäftiger** *industrious* **Einwanderer** *immigrants* **missglückten** *failed* **glänzen** *shine* **Spitznamen** *nickname* **Anspielung** *allusion* **pulsierende** *pulsating* **Sinnbild** *image* **Fortschrittlichkeit** *spirit of progress* **Gegenwart** *present* **Anteil** *rate* **Veranstaltungen** *events* **ohne je... zu verlassen** *without ever leaving* **bodenständiges** *authentic* **Blaskapellen** *brass bands* **echte** *real* **Schafkopf** *Sheepshead (card game)* **Dirndl** *traditional Bavarian dress* **verschwinden** *disappear* **Erdäpfel** *potatoes (dialect)* **Pfannkuchen** *pancakes* **Speck** *bacon* **Kümmel** *caraway* **Dackel** *Dachshund* **Schleife** *ribbon* **besondere** *special* **schaffenden** *hard at work* **schimpfen** *grumble* **eifern nach** *strive for* **Asse** *Aces* **im Ärmel** *up one's sleeve* **Ober** *„overs", special Schafkopf cards*

Entdecken wir...

John Augustus Roebling, ein wichtiger deutschamerikanischer Ingenieur, entwickelte eine Methode, Drahtseile° aus Stahl° zu produzieren, was für den amerikanischen Brückenbau wichtig war. Sein bekanntestes Bauwerk, New Yorks *Brooklyn Bridge*, hat er leider nie gesehen, weil er 1869 an Tetanus starb.

Die Frankfurter Schon 5.000 Jahre vor Chr. sollen die Ägypter Wurst gegessen haben. Die Deutschen aber haben Wurst perfektioniert. Deutsche Einwanderer brachten ihre Wurstrezepte° mit in die USA. Die Wurst, die nach Amerika als „Frankfurter" kam – eine geräucherte° Wurst aus Schweinefleisch und Rindfleisch im Saitling° – emigrierte nicht aus Frankfurt, sondern aus Wien!

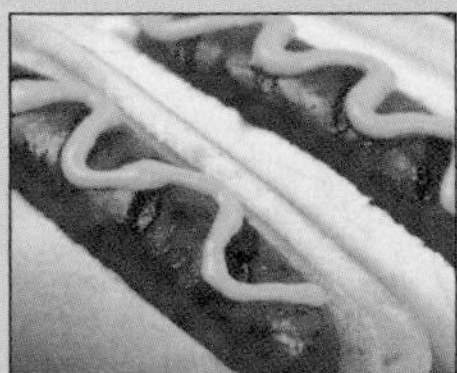

Drahtseile *twisted wire cables* **Stahl** *steel* **Wurstrezepte** *sausage recipes* **geräucherte** *smoked* **Saitling** *sausage casing made of sheep intestines*

Was haben Sie gelernt?

Richtig oder falsch? **Sind die Aussagen richtig oder falsch? Stellen Sie die falschen Aussagen richtig.**

1. Milwaukee hatte den Spitznamen „Deutsches Athen".
2. Viele Deutsche suchten in Milwaukee Freiheit.
3. Das größte *German Fest* der Welt ist in Milwaukee.
4. Es gibt Äpfel in dem Kartoffelsalat beim *German Fest*.
5. Es gibt einen Preis für den Dackel, der die meisten *Hot Dogs* frisst.
6. Im Kartenspiel Schafkopf spielt Bluffen keine Rolle.
7. John Roebling starb, bevor die *Brooklyn Bridge* fertig gebaut wurde.
8. Die Deutschen haben die Wurst erfunden (*invented*).

Fragen **Beantworten Sie die Fragen.**

1. Was ist das „Deutsche Athen"? Warum?
2. Wann und wo findet das *German Fest* statt?
3. Welche typisch deutschen Gerichte (*dishes*) gibt es bei Milwaukees *German Fest*?
4. Was kann ein Dackel beim *German Fest* machen?
5. Was ist vielleicht stereotypisch an dem *German Fest*?
6. Was entwickelte John Roebling?
7. Wofür ist John Roebling bekannt?
8. Was sind die Zutaten (*ingredients*) der ursprünglichen (*original*) „Frankfurter"?
9. Woher kommt die Frankfurter?

Projekt

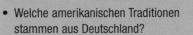

Wie haben deutsche Einwanderer die USA beeinflusst? Suchen Sie im Internet Antworten auf die folgende Fragen.

- Welche amerikanischen Traditionen stammen aus Deutschland?
- Welche deutschen Einwanderer hatten einen großen Einfluss auf die Geschichte der USA?
- Kindergarten, Zeitgeist, Donner und Blitzen sind deutsche Wörter, die man im Englischen hört. Welche anderen deutschen Wörter gibt es in Englisch?

1.1

Word order: statements and questions

—*Wir haben folgendes Angebot für dich.*

- As in English, simple statements in German require a subject and a verb. Basic word order places the subject before the verb. The conjugated verb is the second element in such statements.

Subject	Verb
Ich	**träume.**
Wir	**sind** optimistisch.

- When an element other than the subject occupies first position in a statement, the verb remains the second element, followed by the subject. This is called *inverted word order.* The first element can be a single word or an entire phrase. Regardless of the German word order, the meaning in English does not change.

Subject/verb word order:
Ich (1) heirate (2) meinen Freund Thomas nächstes Jahr.

Inverted word order:

Meinen Freund Thomas (1) heirate (2) ich nächstes Jahr.

Nächstes Jahr (1) heirate (2) ich meinen Freund Thomas.

- The element to be emphasized (when, where, who, with whom, etc.) should be placed in the first position.

Was machst du heute? ***What*** *are you doing today?*	**Ich gehe** heute mit Sven **aus.** ***I'm going out*** *with Sven today.*
Mit wem gehst du heute aus? ***With whom*** *are you going out today?*	**Mit Sven** gehe ich heute aus. *I'm going out* ***with Sven*** *today.*
Wann gehst du mit Sven aus? ***When*** *are you going out with Sven?*	**Heute** gehe ich mit Sven aus. *I'm going out with Sven* ***today.***

- When sentences with subject/verb word order include multiple adverbs, their placement in the sentence follows this sequence: time, manner, place (TMP). To change the emphasis, adverbs of time can also be placed at the beginning of the sentence.

Ich gehe **heute Abend** (T) **allein** (M) **ins Kino** (P).
I am going ***to the movies alone tonight.***

Heute Abend gehe ich **allein** **ins Kino**.
Tonight *I am going* ***to the movies alone.***

ACHTUNG!

Remember that the subject of the sentence must come directly before or after the verb, as in these declarative sentences.

Ich rufe meinen Verlobten später an.

Später rufe ich meinen Verlobten an.

Meinen Verlobten rufe ich später an.
I'll call my fiancé later.

QUERVERWEIS

For more complex sentences, see **Strukturen 7.1, pp. 242-243** and **10.2, pp. 358-359**.

- Statements that begin with the words **ja** and **nein**, or that follow the conjunctions **und** (*and*), **sondern** (*but, rather, on the contrary*), **denn** (*for, because*), **oder** (*or*), and **aber** (*but*) do not have inverted word order.

Ja, du bist bezaubernd.
Yes, you are charming.

Er ist attraktiv **und** er tanzt gut.
*He is attractive **and** he dances well.*

Das Ehepaar lässt sich scheiden, **denn** sie verstehen sich nicht mehr.
*The couple is divorcing, **because** they don't understand each other any more.*

Wir fliegen nicht zu den Verwandten, **sondern** wir fahren mit dem Auto.
*We are not flying to our relatives, **but rather**, we are going by car.*

ACHTUNG!

Use the mnemonic **SODA** to help you remember some of these conjunctions.

S = **sondern**
O = **oder**
D = **denn**
A = **aber**

- Separable prefix verbs have two parts, the conjugated verb and a prefix that is separated from the verb. The conjugated verb remains the second element while the prefix goes at the end of the sentence.

Wir **rufen** die Witwe **an**. (**anrufen**)
*We're **calling** the widow.*

Er **sieht** gern **fern**. (**fernsehen**)
*He likes **to watch TV**.*

- To form a yes-no question, invert the subject and the verb.

Kommst du heute?
***Are you** coming today?*

Bist du schüchtern?
***Are you** shy?*

- To form a question with a question word, place the question word first, then the verb, followed by the subject. Here is a list of question words.

Fragewörter	
Wann...? *When...?*	**Wieso...?** *Why...? (In what way?)*
Wie...? *How...?*	**Mit wem...?** *With whom...?*
Wo...? *Where...?*	**Wie viel/Wie viele...?** *How much/How many...?*
Wohin...? *Where to...?*	**Wer/Wen/Wem/Wessen...?** *Who/Whom/Whom/Whose...?*
Woher...? *Where from...?*	
Warum...? *Why...?*	

Wann besuchst du die Oma?
***When are** you **visiting** Grandma?*

Warum trennt ihr euch?
***Why are** you **separating**?*

Anwendung

1

Richtig oder falsch? Entscheiden Sie, ob das Verb in den folgenden Sätzen an der **richtigen** oder **falschen** Stelle steht. Verbessern Sie die falschen Sätze.

Richtig	Falsch	
☐	☑	1. Heute mein Vater bleibt zu Hause.
☑	☐	2. Meine Mutter kommt nicht mit.
☐	☑	3. An der Universität ich lerne neue Leute kennen.
☑	☐	4. Meine Schwester Susi studiert auch an der Uni.
☑	☐	5. Sie lernt Deutsch und sie spielt Fußball.
☐	☑	6. Zusammen wir gehen ins Restaurant.
☑	☐	7. Wir sehen uns ein Fußballspiel im Stadion an.
☐	☑	8. Ich lade ein meine Freunde.
☑	☐	9. Um 18 Uhr geht mein Vater zurück nach Hause.
☐	☑	10. Danach ich muss leider in die Bibliothek gehen.

2

Fragen Beantworten Sie die folgenden Fragen.

Beispiel **Wann geht der Mann in die Stadt? (am Sonntag)**
Am Sonntag geht der Mann in die Stadt.

1. Wo lernt er eine interessante Frau kennen? (im Buchladen)
____
2. Wann wollen sie sich treffen? (am Montag)
____
3. Wen rufst du am Montag Abend an? (meine Eltern)
____
4. Wie oft gehen Sie zusammen aus? (jeden Abend)
____
5. Wann heiraten sie in Paris? (nächstes Jahr)
____
6. Wie oft träumt sie von einer Hochzeit? (jede Nacht)
____

3

Eine Beziehung Benutzen Sie die Satzteile, um Fragen zu stellen, und beantworten Sie dann ihre Fragen zu zweit.

Beispiel —Wem vertraust du immer?
—Meinen Eltern vertraue ich immer.

A	B	C
wann	bist du	am Wochenende
warum	gehst du	in der Deutschstunde
mit wem	hasst du	eine Beziehung
wen	kommst du	wegen der Beziehung
wo	schämst du dich	nicht
wohin	triffst du	deinen Freund/deine Freundin

 Practice more at **vhlcentral.com.**

Kommunikation

4 **Mein bester Freund/Meine beste Freundin** Stellen Sie einander die Fragen. Die Antwort soll mit der Information anfangen, die zum Fragewort passt.

Beispiel **Wann kommt er/sie nach Hause?**
Am Wochenende kommt er/sie nach Hause.

1. Woher kommt er/sie?
2. Wie alt ist er/sie?
3. Was studiert er/sie an der Uni?
4. Wann siehst du ihn/sie?
5. Wie oft rufst du ihn/sie an?
6. Wie viel Sport macht er/sie?
7. Wohin gehst du gern mit ihm/ihr?
8. Warum ist er dein bester Freund/sie deine beste Freundin?

5 **Das erste Interview** Stellen Sie sich vor, Sie arbeiten bei der Firma *Partnersuche*. Sie müssen alle Leute interviewen, bevor Sie die Kandidaten empfehlen (*recommend*) können. Bilden Sie zu zweit Fragen mit diesen Phrasen, und spielen Sie anschließend das Interview vor.

1. wie / Sie / heißen
2. wie alt / Sie / sind
3. Sie / sind / ledig
4. Sie / glauben / an Liebe auf den ersten Blick
5. Sie / sind / manchmal / eifersüchtig
6. Sie / haben / genug / von liebebedürftigen Partnern
7. wie oft / Sie / gehen / aus
8. warum / Sie / suchen / jemanden

6 **Die Familie** Sie treffen sich zum ersten Mal mit einem deutschen Verwandten. Schreiben Sie zu zweit Fragen auf, die Sie stellen möchten, und spielen Sie dann das Gespräch vor.

Beispiel **Berlin kennen**
Kennst du Berlin?

Berlin kennen	**nach Amerika gern reisen**
Fußball spielen	**New York kennen**
in den USA studieren	**viele Verwandte in den USA haben**
klassische Musik gern hören	**zum Oktoberfest gehen**

1.2 Present tense of regular and irregular verbs

—*Wer **kümmert sich** um Maria?*

ACHTUNG!

Remember, English has three different ways of talking about the present, but German has only one present tense.

Ich gehe.
I am going.
I go.
I do go.

- Use the present tense to talk about what is happening now, what happens on a regular basis, and what will happen in the near future.

Use of the present tense		
now	**Ich gehe ins Kino.**	*I am going to the movies.*
regularly	**Ich gehe jeden Freitag ins Kino.**	*I go to the movies every Friday.*
near future	**Nach der Deutschstunde gehe ich ins Kino.**	*I'm going to the movies after class.*

- Also use the present tense to talk about something you started in the past and are still doing.

Ich **wohne** seit vier Jahren in Berlin.
*I **have been living** in Berlin for four years.*

Er **lernt** seit einem Jahr Deutsch.
*He **has been learning** German for a year.*

- Form the present tense of a regular verb by adding the present tense endings to the stem of the verb [*the infinitive minus* **–en**].

Present tense of *gehen*	
ich gehe	**wir gehen**
du gehst	**ihr geht**
er/sie/es geht	**sie/Sie gehen**

- Here are some more examples of regular verbs in the present tense.

	spielen	träumen	lachen
ich	**spiele**	**träume**	**lache**
du	**spielst**	**träumst**	**lachst**
er/sie/es	**spielt**	**träumt**	**lacht**
wir	**spielen**	**träumen**	**lachen**
ihr	**spielt**	**träumt**	**lacht**
sie/Sie	**spielen**	**träumen**	**lachen**

- If the verb stem ends in –**d** or –**t**, add **e** before the –**st** or –**t** ending.

du badest *you bathe*
er badet *he bathes*
ihr badet *you bathe*

du arbeitest *you work*
er arbeitet *he works*
ihr arbeitet *you work*

- If the verb stem ends in –**s**, –**ss**, –**ß**, –**x**, or –**z**, add –**t** (and not –**st**) for the **du** form.

Du **hasst** diese neuen Autos?
*You **hate** these new cars?*

Du **heißt** Ingrid, nicht wahr?
***Your name is** Ingrid, right?*

Du **reist** immer allein.
*You always **travel** alone.*

Du **tanzt** sehr gut!
*You **dance** very well.*

- Many German verbs are irregular: they have the same endings as regular verbs, but the vowel in the stem changes in the **du** and **er/sie/es** forms. Many of these verbs, called stem-changing verbs, can be put into categories according to how the stem vowel changes.

Stem-changing verbs		
a → ä	e → i	e → ie
fahren du fährst er fährt	**essen** du isst er isst	**befehlen** – to command du befiehlst er befiehlt
laufen du läufst er läuft	**geben** du gibst er gibt	**geschehen** es geschieht
schlafen du schläfst er schläft	**helfen** du hilfst er hilft	**lesen** du liest er liest
tragen du trägst er trägt	**vergessen** du vergisst er vergisst	**sehen** du siehst er sieht

- The verbs **haben**, **sein**, and **wissen** have irregular conjugations.

	haben	sein	wissen
ich	**habe**	**bin**	**weiß**
du	**hast**	**bist**	**weißt**
er/sie/es	**hat**	**ist**	**weiß**
wir	**haben**	**sind**	**wissen**
ihr	**habt**	**seid**	**wisst**
sie/Sie	**haben**	**sind**	**wissen**

Du **hast** keine Zeit.
*You don't **have** time.*

Wir **sind** verlobt.
*We **are** engaged.*

ACHTUNG!

The third person singular form of **geben**, **es gibt**, is an idiomatic expression that means *there is* or *there are.*

Es gibt nicht genug Brot.
There's not enough bread.

Es gibt viele kluge Studenten.
There are a lot of clever students.

QUERVERWEIS

For information about the present-tense form of modal verbs, see **Strukturen 5.1, pp. 164-165**.

Anwendung

1

Die Familie Schreiben Sie die richtigen Verbformen in die Lücken.

1. Ich __________ (wohnen) in den USA.
2. Meine Eltern __________ (kommen) aus Österreich.
3. Wir __________ (sein) seit sieben Jahren in den Staaten.
4. Meine Schwester __________ (gehen) in die Schule.
5. Mein Bruder und ich __________ (studieren) an der Uni.
6. Die Eltern sagen immer: „Ihr __________ (besuchen) uns nie!"
7. Sie denken: „Unsere Kinder __________ (sein) fleißig beim Lernen."
8. Die kleine Schwester sagt: „Du __________ (rufen) mich nie an!"
9. Wenn ich keine Prüfungen __________ (haben), gehe ich nach Hause.
10. Ich frage meine Professorin: „Wann __________ (geben) Sie uns mal keine Hausaufgaben?"

2

Begegnung Ergänzen Sie das Gespräch zwischen Peter und Martina. Verwenden Sie die Verben aus der Liste. Sie dürfen zwei Verben mehr als einmal verwenden.

arbeiten	geben	kommen	sprechen
finden	haben	machen	wissen

PETER Tag, Martina! Was (1) __________ du denn hier?

MARTINA Ich (2) __________ in dieser Firma. (3) __________ du Zeit, einen Kaffee zu trinken?

PETER Gute Idee! Was (4) __________ es Neues bei dir? Wie lange (5) __________ du schon hier?

MARTINA Seit zwei Jahren.

PETER (6) __________ du die Arbeit interessant?

MARTINA Und wie, (7) __________ du, so eine Stelle war immer mein Traum.

PETER (8) __________ du oft mit unseren alten Freunden? (9) __________ ihr oft etwas gemeinsam?

MARTINA Ja, (10) __________ du das nächste Mal mit?

3

Klatsch Verwenden Sie die Satzteile in der Tabelle, um Sätze über sich selbst und andere zu bilden.

Beispiel Ich esse gern Wurst zum Frühstück.

A	B
ich	essen
der Professor/die Professorin	helfen
mein Freund/meine Freundin	lachen
meine Freunde und ich	laufen
meine Eltern	vergessen
?	?

Practice more at **vhlcentral.com.**

Kommunikation

4

Das Gespräch Bilden Sie aus den folgenden Satzteilen zu zweit einen ganzen Satz. Ergänzen Sie den Satz mit weiteren Angaben.

Beispiel **schwimmen: mein Bruder**
—Mein Bruder schwimmt gern.
—Ich auch. Ich schwimme oft im Sommer.

1. heiraten: meine ältere Schwester
2. nie böse werden: ich
3. stören: die Verlobten
4. verehren: mein bester Freund
5. jemanden/etwas satt haben: wir
6. verlassen: der Professor

5

Die Interpretation Sehen Sie sich die Fotos in Gruppen an und beantworten Sie die Fragen.

1. Was machen die Personen auf den Fotos?
2. Was diskutieren sie?
3. Sind sie glücklich oder nicht? Warum?
4. Wohin gehen sie nach dieser Diskussion?

6

Zwischen Mann und Frau Auf dem linken Foto sehen Sie Astrid und Jürgen, die neulich geheiratet haben. Verwenden Sie die Verben, um zu zweit eine Geschichte über das Leben von Astrid und Jürgen nach der Hochzeit zu erfinden.

Beispiel —Morgen beginnt Jürgen eine neue Arbeit in der Bank.
—Astrid hat keine Arbeit. Sie sucht eine.

ärgern	**lügen**	**vergessen**
beginnen	**reisen**	**verlieren**
entscheiden	**suchen**	**vermissen**
finden	**verdienen**	**verstehen**

1.3

Nominative and accusative cases; pronouns and possessive adjectives

Nominative and accusative cases

The definite article (**der**, **die**, **das**, or **die**) that goes with each German noun tells the gender (masculine, feminine, or neuter), as well as the number (singular or plural) of the noun. The case of the noun or pronoun depends on the role it plays in the sentence. The definite and indefinite articles and the personal pronouns change according to the case of the noun.

German has four cases: nominative, accusative, dative, and genitive. This section presents the nominative and accusative cases. The *subject* of the sentence performs the action and is in the *nominative* case. The *direct object* is the receiver of the action and is in the *accusative* case.

Nominative	**Verb**	**Accusative**
Die Frau	sucht	ihren Mann.
The woman	*is looking for*	*her husband.*

- The table below shows the form of definite and indefinite articles of nouns in the nominative case. These nouns can be replaced by the corresponding pronoun.

Nominative			
	definite article	**indefinite article**	**pronoun**
Masculine	**der** Mann	**ein** Mann	**er**
Feminine	**die** Hochzeit	**eine** Hochzeit	**sie**
Neuter	**das** Fest	**ein** Fest	**es**
Plural	**die** Geschenke		**sie**

Der Mann ist normalerweise pessimistisch, aber **er** heiratete trotzdem!
***The man** is usually pessimistic, but **he** got married anyway!*

Die Witwe in meiner Nachbarschaft ist nett. **Sie** gibt den Kindern Kuchen.
***The widow** in my neighborhood is nice. **She** gives cake to the children.*

- Masculine singular nouns in the accusative case require a change in the article and the pronoun.

Accusative			
	definite article	**indefinite article**	**pronoun**
Masculine	**den** Mann	**einen** Mann	**ihn**
Feminine	**die** Hochzeit	**eine** Hochzeit	**sie**
Neuter	**das** Fest	**ein** Fest	**es**
Plural	**die** Geschenke		**sie**

Kennst du **den Professor**?
Nein, ich kenne **ihn** nicht.
*Do you know **the professor**?*
*No, I don't know **him**.*

Hast du **die Geschenke** von gestern?
Ja, ich habe **sie** bei mir zu Hause.
*Do you have **the gifts** from yesterday?*
*Yes, I have **them** at home.*

QUERVERWEIS

The accusative case is also needed for certain prepositions. See **Strukturen 2.2, pp. 56-57**.

ACHTUNG!

In English, nouns that don't refer to people can always be replaced by the pronoun *it*. In German, the pronoun must correspond to the gender of the noun it replaces.

Der Wagen ist viel zu teuer.
The car is much too expensive.

Er ist viel zu teuer.
It is much too expensive.

ACHTUNG!

The accusative case is also used after the phrase **es gibt**.

Es gibt gute Restaurants in Berlin.
There are good restaurants in Berlin.

- Definite articles belong to a group of words known as **der**-words. The group includes **dies**- (*this*), **jed**- (*each*), **welch**- (*which*), and **solch**- (*such a*). The **ein**-words include **kein** and the possessive adjectives **mein**, **dein**, **sein**, **unser**, **euer**, **ihr**, **Ihr**. All words in these two groups (**der**-words and **ein**-words) require the same case endings as **der** and **ein**, respectively.

Der- and *ein*-words declension				
	Der-words		*Ein*-words	
	Nominative	Accusative	Nominative	Accusative
Masculine	dieser	diesen	mein	meinen
Feminine	diese	diese	meine	meine
Neuter	dieses	dieses	mein	mein
Plural	diese	diese	meine	meine

Dieses Buch gefällt mir nicht. Es ist zu langweilig. Ich möchte **mein Buch** lesen.
*I don't like **this book**. It's too boring. I want to read **my book**.*

- In questions, the proper form of the question word also depends on the case.

Nominative	Accusative
Was? *What?*	**Was?** *What?*
Wer? *Who?*	**Wen?** *Whom?*

Was macht die Frau?
***What** is the woman doing?*

Wen siehst du?
***Whom** do you see?*

- The nominative case is used for nouns following the verbs **sein**, **werden**, and **bleiben**.

Der Student **ist** auch **der** Präsident vom Deutschklub.
***The** student **is** also **the** president of the German Club.*

Pronouns and possessive adjectives

- Nominative and accusative personal pronouns replace nouns and must agree in number and case with the person or item to which they refer. Possessive adjectives show to whom something belongs or how two people or items are related to each other.

Personal pronouns			
Nominative		Accusative	
ich	wir	**mich** *me*	**uns** *us*
du	ihr	**dich** *you*	**euch** *you*
er	sie	**ihn** *him*	**sie** *them*
sie	Sie	**sie** *her*	**Sie** *you*
es		**es** *it*	

Possessive adjectives	
mein *my*	**unser** *our*
dein *your*	**euer** *your*
sein *his*	**ihr** *their*
ihr *her*	**Ihr** *your*
sein *its*	

Ich sehe **ihn**.
*I see **him**.*

Maria ruft **ihren** Bruder nie an.
*Maria never calls **her** brother.*

ACHTUNG!

Note that the nominative case is used after **sein**, **werden**, and **bleiben** only with predicate nouns (nouns that refer to the subject of the sentence). When any of these verbs is followed by a time expression, the expression takes the accusative case.

Wir bleiben einen Monat in Berlin.
We are staying in Berlin for a month.

ACHTUNG!

When adding an ending to **euer**, drop the second **e**.

Ist das euer Hund?
Is that your dog?

Ich sehe euren Hund.
I see your dog.

Anwendung

1

Der Abschied Wählen Sie das richtige Wort aus.

1. _____ Mann ist attraktiv.
   a. Die b. Der c. Den
2. _____ Frau ist optimistisch.
   a. Den b. Der c. Die
3. Sie haben _____ liebevolles Kind.
   a. ein b. eines c. eine
4. Die Frau besucht _____ Freunde.
   a. ihren b. ihre c. ihr
5. Sie sieht _____ Mann zum letzten Mal vor der Reise.
   a. ihren b. ihr c. ihrer
6. Er wird _____ Frau für eine lange Zeit nicht sehen.
   a. sein b. seiner c. seine
7. _____ Tochter umarmt (*embraces*) sie.
   a. Die b. Der c. Das
8. „Ich liebe dich, _____ Kind“, sagt die Mutter.
   a. meine b. mein c. meines

2

Sport Eric und Stefan sprechen über Fußball in den USA und in Deutschland. Schreiben Sie die Possessivpronomen mit den richtigen Endungen in die Lücken.

ERIC Spielst du Fußball?

STEFAN Ja, ich spiele gern Fußball. (1) _____ (Unser) Stadion heißt Rostocker Renner. Ich habe (2) _____ (mein) erstes Spiel dieses Wochenende. Spielst du?

ERIC Nein, aber (3) _____ (mein) Bruder spielt seit fünf Jahren Fußball. Ich sehe (4) _____ (sein) Spiele nicht so oft, aber (5) _____ (mein) Mutter geht oft.

STEFAN Spielen in den USA viele Leute Fußball? Spielen (6) _____ (euer) Freunde Fußball?

ERIC Ja, (7) _____ (unser) Schule bietet Fußball an. Am Wochenende spielen wir oft an der Uni. Hat (8) _____ (dein) Universität ein Stadion?

STEFAN Nein, leider nicht. Das muss ja toll sein!

 Practice more at **vhlcentral.com.**

Kommunikation

3 **Wie sind deine Beziehungen?** Bilden Sie zu zweit zwei Sätze mit den angegebenen Wörtern, einmal mit dem Wort als Subjekt (Nominativ), einmal mit dem Wort als Objekt (Akkusativ).

Beispiel **meine Familie**

—Meine Familie ist sehr groß.
—Ich liebe meine Familie.

das Ehepaar	die Hochzeit	die Verabredung
der Freund	die Liebe	der Verlobte
die Freundin	der Partner	die Verlobte
die Freundschaft	der Seelenverwandte	die Witwe

4 **Diskussion** Schreiben Sie zu zweit die passenden Wörter aus der Liste in die Lücken, um Ihr eigenes (*own*) Leben zu beschreiben. Stellen Sie einander dann die Fragen.

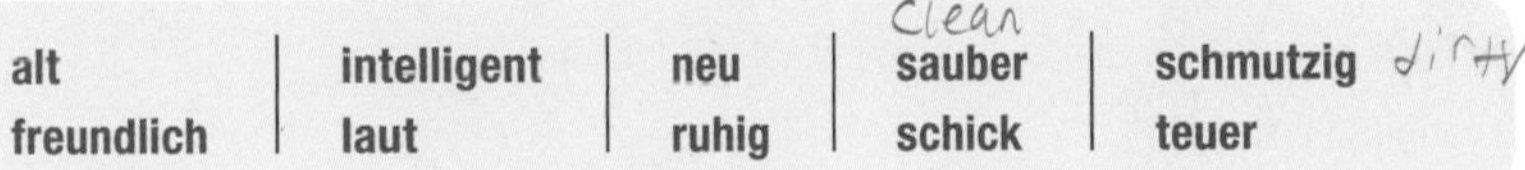

alt	intelligent	neu	sauber (clean)	schmutzig (dirty)
freundlich	laut	ruhig	schick	teuer

1. Meine Familie ist freundlich. Wie findest du deine Familie?
2. Mein(e) Zimmerkamerad(in) ist intelligent. Wie findest du deinen/deine Zimmerkamerad(in)?
3. Mein Studentenwohnheim ist sauber. Wie findest du dein Studentenwohnheim?
4. Mein Haustier ist alt. Wie findest du dein Haustier?
5. Meine Freunde sind laut. Wie findest du deine Freunde?

5  **Die ganze Familie** Erfinden Sie in Gruppen eine Geschichte über diese Familie. Wer ist mit wem verwandt (*related*)? Verwenden Sie Possessivpronomen.

Synthese

1 **Sprechen wir** Sabine verbringt ein Jahr in den USA. Sie schreibt eine E-Mail an ihre Familie und erzählt von den USA. Lesen Sie die E-Mail und beantworten Sie die Fragen in Gruppen.

Von: sabine@email.de
An: familie.mueller@email.de
Betreff: Hallo aus den USA!

Liebe Mutti! Lieber Papi!

Mir geht es super gut! Ich bin total begeistert! Das Essen ist toll. Das Wetter ist schön. Die Leute sind liebevoll. Die erste Woche verbringe ich bei einer Gastfamilie, da die Studentenwohnheime an der Uni noch nicht offen sind. Normalerweise bin ich schüchtern und ich schäme mich, Englisch zu sprechen. Die Familie ist aber sehr verständnisvoll und sagt mir immer, ich soll nicht so besorgt sein. Jetzt bin ich nicht mehr so ängstlich!

Am Wochenende bin ich mit dem Sohn von unserer Nachbarin ausgegangen. Seine Eltern sind geschieden und er wohnt bei seiner Mutter. Seinen Vater besucht er oft und sie spielen dann regelmäßig Tennis zusammen. Ich möchte hier in den USA auch gern Tennis spielen lernen. Er meint, ich kann auf ihn zählen. Er wird mir zeigen, wie man Tennis spielt.

Ich vermisse euch sehr!

Liebe Grüße

Sabine

1. Wie findet Sabine die USA?
2. Warum ist sie bei einer Gastfamilie?
3. Wie findet sie ihre Gastfamilie?
4. Wie ist es für Sabine, neue Leute kennenzulernen?
5. Glauben Sie, sie wird sich in den Sohn der Nachbarin verlieben?

2 **Schreiben wir** Schreiben Sie jeweils eine E-Mail zu den folgenden Themen. Schreiben Sie mindestens drei Absätze in jeder E-Mail.

- Schreiben Sie eine E-Mail an Ihren besten Freund/Ihre beste Freundin. Erzählen Sie von Ihrem guten Freund/Ihrer guten Freundin, in den/in die Sie sich gerade verliebt haben.
- Schreiben Sie eine E-Mail an Ihre Mutter. Da die Uni gerade erst angefangen hat, möchten Sie ihr davon erzählen, was es alles Neues gibt, was Sie mit Freunden so machen, was Sie studieren, und so weiter.

Strategien für die Kommunikation

Vorschläge (*Suggestions*) für den Anfang einer E-Mail:
An ihre Mutter: Lieb**e** Mama!
An einen Freund: Lieb**er** Stefan!

Vorschläge für das Ende einer E-Mail:

Ich vermisse dich.	Liebe Grüße (LG)
Schreib mal wieder!	Gruß
Schönes WE! (Schönes Wochenende!)	Küsschen
Für eine Frau: Dein**e** Sabine	Für einen Mann: Dein Mark

 Practice more at **vhlcentral.com.**

Vorbereitung

Wortschatz der Lektüre

auswandern *to emigrate*
der Einfluss, -¨e *influence*
einwandern *to immigrate*
das Erbe *inheritance; heritage*
die Heimat *homeland*
die Identität, -en *identity*
der Nachfahr, -en/die Nachfahrin, -nen *descendant*
pflegen *to foster, to cultivate*
der Vorfahr, -en *ancestor*

Nützlicher Wortschatz

hauptsächlich *mainly*
der Kreis, -e *(here) county*
schlendern *to walk leisurely*
siedeln *to settle; to live (somewhere)*
der Ursprung, -¨e *origin*

1 **Pauls Familiengeschichte** Ergänzen Sie Pauls Familiengeschichte mit den richtigen Formen der Wörter aus der Liste.

Einfluss | Erbe | Heimat | pflegen | Vorfahr

Paul und Anna sprechen über ihre Familie. Paul sagt: „Meine (1) ________ kommen aus Deutschland. Ihre (2) ________ ist eigentlich die Pfalz (*Palatinate region*), aber ein Teil meiner Familie wohnt in Pennsylvanien. Im Kreis Lancaster ist der deutsche (3) ________ immer noch groß, aber nicht alle Leute dort sind aus Deutschland. Viele Familien (4) ________ ihr deutsches (5) ________ mit deutschem Essen und Festen."

2 **Interview** Stellen Sie einander die folgenden Fragen.

1. Woher kommen deine Vorfahren? Hast du deutsche Vorfahren?
2. Kennst du jemanden mit deutschen Vorfahren? Wen?
3. Kennst du Leute, die in die USA eingewandert sind? Warum sind sie eingewandert?
4. Hast du schon einmal Stadtteile besucht, wo hauptsächlich Familien von Einwanderern wohnen? Erzähl davon.

3 **Der deutsche Einfluss in den USA** Besprechen Sie in Gruppen die folgenden Fragen.

1. Warum sind so viele Menschen in die USA eingewandert?
2. Was verspricht die Freiheitsstatue und warum?
3. Was assoziieren Sie mit Deutschland, Österreich und der Schweiz?
4. Was wissen Sie über den deutschen Einfluss in den USA? Kennen Sie deutsches Essen, deutsche Feste, deutsche Produkte? Welche?
5. Was wissen Sie über die Amischen und die Mennoniten?
6. Welche Städte in den USA kennen Sie, die einen deutschen Ursprung haben?

KULTURANMERKUNG

Johann Wolfgang von Goethe hat das folgende Gedicht 1827 geschrieben. Er scheint sich zuweilen nach einem Neuanfang gesehnt° zu haben, obwohl er sich letztlich doch nicht dazu durchringen° konnte, Europa zu verlassen und das Experiment in der Neuen Welt zu wagen°.

Den Vereinigten Staaten
Amerika, du hast es besser
Als unser Kontinent, das alte
Hast keine verfallenen°
Schlösser
Und keine Basalte.
Dich stört nicht im Innern
Zu lebendiger Zeit
Unnützes° Erinnern
Und vergeblicher° Streit. [...]

gesehnt *longed*
durchringen *bring himself to*
wagen *dare* **verfallenen** *dilapidated*
Unnützes *useless*
vergeblicher *futile*

„Amerika, du hast es besser“

Wer heute an den deutschen Einfluss in den USA denkt, kommt wohl auf Oktoberfeste, deutsche Autos und Wörter wie „Gesundheit", „kaputt" oder „Kindergarten". Wenn man etwas weiter fragt, fallen vielleicht Namen wie Hans Zimmer, Die Prinzen und Konzepte wie Exil und Bauhaus.

Man kann den deutschen Einfluss sehr weit zurückverfolgen. Seit dem späten 17. Jahrhundert sind viele Deutsche nach Amerika ausgewandert. Damals steckte unser Land noch in den Kinderschuhen° und bot den Siedlern perfekte Bedingungen° für einen Neuanfang. Deutsche Einwanderer haben aus politischen, religiösen oder wirtschaftlichen Gründen° ihre Heimat verlassen und sich in verschiedenen Regionen der USA niedergelassen°. Eine dieser vielen Gruppen sind die Pennsylvanien-Deutschen. Die Mehrheit von ihnen ist im 17. Jahrhundert aus der Pfalz° in William Penns Kolonie ausgewandert. Die erste Gemeinde° Germantown entstand von 1683 bis 1685. Viele Familien in dieser Region pflegen noch deutsche Traditionen, aber bei den Jüngeren ist dieses deutsche Erbe nicht mehr wirklich Teil ihrer Identität.

Eine viel ausgeprägtere° deutsche Identität findet sich bei den weltabgewandten° Mennoniten und den Amischen, die in Pennsylvanien immer noch ihrem Traum vom Leben nachgehen°. Beide Gruppen sind christliche Anabaptisten. Die Mitglieder der ersten Mennoniten-Gemeinde kamen 1683 von Krefeld nach Germantown, um ihre Religion frei ausüben zu dürfen°. Pazifismus und Antimaterialismus gehörten zu den Grundwerten° der Mennoniten und zusammen mit den Quäkern protestierten sie gegen die Sklaverei°. Sie arbeiten heute noch auf dem Land, bilden ihre Kinder in eigenen Schulen aus und kleiden sich einfach.

Die Amischen leben nach strengen Regeln°, der „Ordnung". Sie dürfen weder Elektrizität noch Telefone oder Autos benutzen. Amische Siedlungen° gibt es nicht nur in Pennsylvanien, sondern auch weiter im Westen der USA, z.B. in Iowa. Hier findet man die Amana Kolonien. Sie bestehen aus sieben Dörfern, die sich nach der großen Wirtschaftskrise in den USA zur Amana Gesellschaft zusammengeschlossen haben. Seither ist dies eine geschäftlich° erfolgreiche Gemeinschaft wie aus dem amerikanischen Traum. Gastfreundschaft°, Geschäfte und eine Atmosphäre wie aus vergangenen Zeiten ziehen jährlich Tausende von Besuchern an.

Andere deutsche Siedlungen mit langer Tradition gibt es in Texas, wie z.B. Fredericksburg. Noch heute sprechen die Nachfahren der Auswanderer zu Hause den Texas-Deutschen Dialekt. Dieser Dialekt ist eine witzige Mischung aus Deutsch und Englisch. Da kann man Sätze hören wie: „Meine Vorfahren sind im Jahre 1850 nach Texas *gemoved.*" Fredericksburg hat sich zu einem Wochenend-Ausflugsziel für Texaner aus Austin und San Antonio entwickelt. Sie übernachten in Pensionen, können jagen, fischen, durch Antiquitätengeschäfte und Museen bummeln° und dem deutschen Einfluss in Bäckereien, Restaurants und Läden nachspüren°. Das nicht weit entfernte New Braunfels lockt im November mit dem Wurstfest und das ganze Jahr über mit der Schlitterbahn°. ■

infancy · *conditions* · *reasons* · *settled* · *Palatinate region* · *community* · *more distinctive* · *detached from the world* · *pursue* · *freely practice their religion* · *core values* · *slavery* · *rules* · *settlements* · *economically* · *hospitality* · *to stroll* · *follow* · *amusement park near New Braunfels*

Herald-Zeitung

In den deutschstämmigen° Städten in Texas wurde bis vor dem 1. Weltkrieg auch auf Deutsch in den Schulen unterrichtet. Die Zeitung *Herald-Zeitung* in New Braunfels gab es bis zum 2. Weltkrieg in zwei Ausgaben: *The Herald* (auf Englisch) und *The Zeitung* (auf Deutsch).

deutschstämmigen *German-founded*

Analyse

1 **Verständnis** Wählen Sie die richtige Antwort.

1. Der deutsche Einfluss in Amerika geht bis ins _____ zurück.
   a. 18. Jahrhundert b. 17. Jahrhundert c. 19. Jahrhundert
2. Die meisten Pennsylvania-Deutschen kommen aus _____.
   a. Österreich b. Bayern c. der Pfalz
3. Die Amischen haben _____.
   a. keine Religion b. Telefone c. strenge Regeln
4. Die Amana Kolonien sind in _____.
   a. Iowa b. Pennsylvanien c. Texas
5. In Fredericksburg kann man _____.
   a. Schlitterbahn fahren b. durch Antiquitätengeschäfte schlendern
   c. kein Deutsch hören

2 **Fragen zum Text** Beantworten Sie zu zweit die folgenden Fragen.

1. Welche deutschen Wörter gibt es beispielsweise im Englischen?
2. Warum haben die Deutschen ihre Heimat verlassen?
3. Was dürfen die Amischen nicht, das für uns zum Alltag gehört?
4. Wann haben sich die Amana Kolonien zu einer Gesellschaft zusammengeschlossen?
5. Was können die Touristen alles in Fredericksburg machen?
6. Wann und wo gibt es jedes Jahr ein Wurstfest?

3 **Bildbeschreibung** Besprechen Sie in Gruppen die Person auf dem Foto.

1. Beschreiben Sie den Mann. Wie heißt er? Was macht er? Woher kommt er?
2. Was für ein Mensch ist er? Was können Sie über ihn sagen?

4 **Zum Thema** Wählen Sie eins der folgenden zwei Themen und schreiben Sie einen kurzen Aufsatz darüber.

1. Wann und wie ist Ihre Familie in die Vereinigten Staaten gekommen? Erzählen Sie Ihre Familiengeschichte.
2. Was haben Sie über den Einfluss deutscher Kultur und Geschichte in den USA gewusst, bevor Sie den Artikel gelesen haben? Was haben Sie aus dem Artikel und den Gesprächen in der Klasse gelernt? Geben Sie Beispiele.

 Practice more at **vhlcentral.com.**

Vorbereitung

Über den Schriftsteller

Kurt Tucholsky wurde am 9. Januar 1890 in Berlin geboren und starb am 21. Dezember 1935 in Göteborg. Er war ein bedeutender (*prominent*) Journalist der Weimarer Republik, kritisierte in Satiren und Romanen die Gesellschaft und schrieb Lieder, Texte und Gedichte fürs Kabarett. Tucholsky warnte vor (*warned against*) den Gefahren des Krieges und wurde schon früh zu einem scharfen (*strict*) Kritiker des Nationalsozialismus.

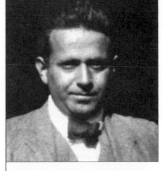

Wortschatz der Kurzgeschichte

die Feierlichkeit, -en *festivity*
sich fortpflanzen *to multiply*
das Menschengeschlecht *humankind*
treiben *(here) to do*
übertreiben *to exaggerate*
die Verwandtschaft *relatives*
die Zugehörigkeit, -en *sense of belonging*

Nützlicher Wortschatz

das Geheimnis, -se *secret*
lösen *to solve*
das Schaf, -e *sheep*
(sich) streiten *to fight (verbally); to argue*
vollkommen *completely*

1 **Definitionen** Ordnen Sie die Wörter der linken Spalte denen in der rechten Spalte zu.

____ 1. die Feierlichkeit	a. immer mehr werden
____ 2. treiben	b. mit jemandem heftig argumentieren
____ 3. die Verwandtschaft	c. machen; tun
____ 4. sich fortpflanzen	d. etwas, was man anderen nicht erzählt
____ 5. sich streiten	e. ein Ereignis, wie eine Hochzeit
____ 6. das Geheimnis	f. die ganze Familie

2 **Vorbereitung** Stellen Sie einander die folgenden Fragen.

1. Hast du eine große oder eine kleine Familie?
2. Hast du viele Verwandte? Wie oft besuchst du sie? Wie oft besuchen sie dich?
3. Gibt es in deiner Familie lustige oder interessante Geschichten über die verschiedenen Familienmitglieder (*family members*)? Erzähle eine von diesen Geschichten.

3 **Gespräch** Beantworten Sie in Gruppen die folgenden Fragen.

1. Gibt es jemanden in Ihrer Familie, mit dem Sie am liebsten zusammen sind? Wer ist das, und warum ist das so?
2. Haben Sie Geheimnisse vor Ihren Eltern oder Geschwistern? Warum haben Sie diese Geheimnisse?
3. Wenn es Probleme in Ihrer Familie gibt, wie werden sie gelöst?
4. Glauben Sie, dass man zu anderen Familienmitgliedern eine perfekte Beziehung haben kann, also dass man sich vollkommen vertrauen kann?

KULTURANMERKUNG

Die *Weltbühne* war eine politische Wochenzeitschrift°, die von 1905 bis 1933 in Berlin erschien°. Während der Weimarer Republik wurde sie trotz einer relativ geringen Auflage° zum Sprachrohr° der bürgerlichen° Linken. Zu den mehr als 2.500 Autoren zählten bekannte Schriftsteller wie Lion Feuchtwanger, Else Lasker-Schüler, Erich Kästner und Kurt Tucholsky. Unter den Pseudonymen Ignaz Wrobel, Peter Panter, Theobald Tiger und Kaspar Hauser verfasste° Tucholsky zahlreiche Artikel für die kleinen orangefarbenen Hefte, die kurz nach der Machtübernahme° der Nationalsozialisten verboten wurden.

Wochenzeitschrift *weekly magazine*
erschien *published*
geringen Auflage *small circulationnal*
Sprachrohr *organ*
bürgerlichen *middle-class*
verfasste *wrote*
Machtübernahme *takeover*

 Practice more at **vhlcentral.com.**

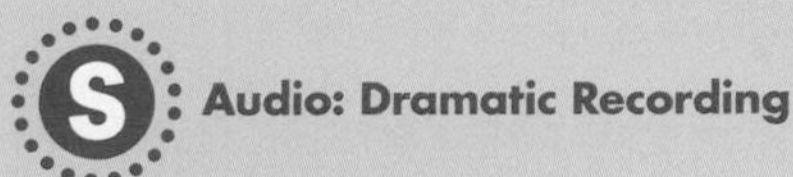

Die Familie

Kurt Tucholsky

Die Griechen, die so gut wußten, was ein Freund ist, haben die Verwandten mit einem Ausdruck bezeichnet, welcher der Superlativ des Wortes „Freund“ ist. Dies bleibt mir unerklärlich°.

unexplainable

—Friedrich Nietzsche

Als Gott am sechsten Schöpfungstage° alles ansah, was er gemacht hatte, war zwar alles gut, aber dafür war auch die Familie noch nicht da. Der verfrühte° Optimismus rächte sich°, und die Sehnsucht° des Menschengeschlechtes nach dem Paradiese ist hauptsächlich als der glühende Wunsch aufzufassen, einmal, nur ein einziges Mal friedlich ohne Familie dahinleben zu dürfen. Was ist die Familie?

day of creation
premature
took revenge
yearning

Die Familie (familia domestica communis, die gemeine Hausfamilie) kommt in Mitteleuropa wild vor und verharrt° gewöhnlich in diesem Zustande. Sie besteht aus einer Ansammlung vieler Menschen verschiedenen Geschlechts°, die ihre Hauptaufgabe darin erblicken, ihre Nasen in deine Angelegenheiten zu stecken°. Wenn die Familie größeren Umfang erreicht hat, nennt man sie „Verwandtschaft“ (siehe im Wörterbuch unter M). Die Familie

remains
gender
stick

erscheint meist zu scheußlichen° Klumpen geballt° und würde bei Aufständen dauernd Gefahr laufen, erschossen zu werden, weil sie grundsätzlich nicht auseinandergeht. Die Familie ist sich in der Regel heftig zum Ekel°. Die Familienzugehörigkeit befördert einen Krankheitskeim, der weit verbreitet ist: alle Mitglieder der Innung° nehmen dauernd übel°. Jene Tante, die auf dem berühmten Sofa saß, ist eine Geschichtsfälschung: denn erstens sitzt eine Tante niemals allein, und zweitens nimmt sie immer übel – nicht nur auf dem Sofa: im Sitzen, im Stehen, im Liegen und auf der Untergrundbahn.

Die Familie weiß voneinander alles: wann Karlchen die Masern° gehabt hat, wie Inge mit ihrem Schneider zufrieden ist, wann Erna den Elektrotechniker heiraten wird, und dass Jenny nach der letzten Auseinandersetzung° nun endgültig mit ihrem Mann zusammenbleiben wird. Derartige Nachrichten pflanzen sich vormittags zwischen elf und eins durch das wehrlose° Telefon fort. Die Familie weiß alles, mißbilligt° es aber grundsätzlich. Andere wilde Indianerstämme leben entweder auf den Kriegsfüßen° oder rauchen eine Friedenszigarre: die Familie kann gleichzeitig beides.

> **Jene Tante, die auf dem berühmten Sofa saß, ist eine Geschichtsfälschung: denn erstens sitzt eine Tante niemals allein, und zweitens nimmt sie immer übel...**

Die Familie ist sehr exklusiv. Was der jüngste Neffe in seinen freien Stunden treibt, ist ihr bekannt, aber wehe, wenn es dem jungen Mann einfiele°, eine Fremde zu heiraten! Zwanzig Lorgnons° richten sich auf das arme Opfer, vierzig Augen kneifen sich musternd° zusammen, zwanzig Nasen schnuppern mißtrauisch: „Wer ist das? Ist sie der hohen Ehre teilhaftig?" Auf der anderen Seite ist das ebenso. In diesen Fällen sind gewöhnlich beide Parteien davon durchdrungen, tief unter ihr Niveau hinuntergestiegen zu sein.

Hat die Familie aber den Fremdling erst einmal in ihren Schoß° aufgenommen, dann legt sich die große Hand der Sippe° auch auf diesen Scheitel°. Auch das neue Mitglied muß auf dem Altar der Verwandtschaft opfern; kein Feiertag, der nicht der Familie gehört! Alle fluchen, keiner tuts gern – aber Gnade Gott, wenn einer fehlte! Und seufzend° beugt sich alles unter das bittere Joch°...

Dabei führt das „gesellige° Beisammensein" der Familie meistens zu einem Krach. In ihren Umgangsformen herrscht jener sauersüße Ton vor, der am besten mit einer Sommernachmittagsstimmung kurz nach einem Gewitter zu vergleichen ist. Was aber die Gemütlichkeit nicht hindert. Die seligen Herrnfelds stellten einmal in einem ihrer Stücke eine Szene dar, in der die entsetzlich

hideous · *massed* · *disgust* · *guild* · *take something badly* · *measels* · *dispute* · *defenseless* · *disapproves* · *on the war path* · *would occur* · *eyeglasses* · *scrutinizing* · *lap* · *extended family/ parting (hair)* · *sigh* · *yoke* · *cozy*

zerklüftete° Familie eine Hochzeitsfeierlichkeit abzog, und nachdem sich alle die Köpfe zerschlagen° hatten, stand ein prominentes Mitglied der Familie auf und sagte im lieblichsten Ton der Welt: „Wir kommen jetzt zu dem Tafellied° –!“ Sie kommen immer zum Tafellied.

Man fängt ja gar nichts mit der Verwandtschaft an – die Verwandtschaft besorgt das ganz allein.

Schon in der großen Soziologie Georg Simmels ist zu lesen, dass keiner so wehtun könne, wie das engere Kastenmitglied°, weil das genau um die empfindlichsten Stellen des Opfers wisse. Man kennt sich eben zu gut, um sich herzinniglich° zu lieben, und nicht gut genug, um noch aneinander Gefallen zu finden.

Man ist sich sehr nah. Nie würde es ein fremder Mensch wagen, dir so nah auf den Leib zu rücken, wie die Kusine deiner Schwägerin, a conto der Verwandtschaft. Nannten die alten Griechen ihre Verwandten die „Allerliebsten“? Die ganze junge Welt von heute nennt sie anders. Und leidet unter der Familie. Und gründet später selbst eine und wird dann grade so.

Es gibt kein Familienmitglied, das ein anderes Familienmitglied jemals ernst nimmt. Hätte Goethe eine alte Tante gehabt, sie wäre sicherlich nach Weimar gekommen, um zu sehen, was der Junge macht, hätte ihrem Pompadour etwas Cachou° entnommen und wäre schließlich durch und durch beleidigt wieder abgefahren. Goethe hat aber solche Tanten nicht gehabt, sondern seine Ruhe – und auf diese Weise ist der „Faust“ entstanden. Die Tante hätte ihn übertrieben gefunden.

Zu Geburtstagen empfiehlt es sich, der Familie etwas zu schenken. Viel Zweck° hat das übrigens nicht; sie tauscht regelmäßig alles wieder um.

Irgendeine Möglichkeit, sich der Familie zu entziehen, gibt es nicht. Mein alter Freund Theobald Tiger singt zwar:

Fang nie was mit Verwandtschaft an –
denn das geht schief°,
denn das geht schief!

aber diese Verse sind nur einer stupenden Lebensunkenntnis entsprungen. Man fängt ja gar nichts mit der Verwandtschaft an – die Verwandtschaft besorgt das ganz allein.

Und wenn die ganze Welt zugrunde geht, so steht zu befürchten, dass dir im Jenseits ein holder° Engel entgegenkommt, leise seinen Palmenwedel° schwingt und spricht: „Sagen Sie mal – sind wir nicht miteinander verwandt –?“ Und eilends, erschreckt und im innersten Herzen gebrochen, enteilst du. Zur Hölle.

Das hilft dir aber gar nichts. Denn da sitzen alle, alle die andern.

Peter Panter
Die Weltbühne ■

fissured · smashed · table song · caste member · most dearly · licorice · purpose · goes wrong · blessed · palm leaf

Analyse

1 **Verständnis** Entscheiden Sie, ob die folgenden Aussagen **richtig** oder **falsch** sind. Wenn eine Aussage nicht stimmt, korrigieren Sie zu zweit die falsche Antwort.

Richtig	Falsch	
☐	☐	1. Der Wunsch nach dem Paradies ist hauptsächlich der Wunsch, einmal friedlich und ohne Familie leben zu können.
☐	☐	2. Eine Familie ist eine Ansammlung von Menschen gleichen Geschlechts.
☐	☐	3. Eine übelnehmende Tante sitzt niemals allein auf einem Sofa.
☐	☐	4. Familienmitglieder wissen nie etwas voneinander.
☐	☐	5. Es ist erlaubt, Feiertage ohne die Familie zu verbringen.
☐	☐	6. Die Familienmitglieder tauschen Geschenke regelmäßig um.

2 **Synthese** Welcher Absatz beschreibt die Einstellung (*perspective*) des Autors zur Familie?

1. Tucholsky findet, dass eine Familie Gottes beste Schöpfung ist. Alle Familienmitglieder verstehen sich gut, nehmen gern und unkritisch neue Mitglieder auf, verbringen Familienfeste gerne zusammen und haben ein ehrliches Interesse an einander. Die Familienfeste sind wie ein schöner Sommertag und man singt gesellige Lieder.
2. Tucholsky beschreibt die Familie als eine Ansammlung von Menschen, die misstrauisch ist, die viel zu viel voneinander weiß und die alles kritisiert. Es gibt immer Tanten, die ihre Nasen in Angelegenheiten stecken, die sie nichts angehen und die immer alles übel nehmen.

3 **Interpretation** Vervollständigen Sie die folgenden Aussagen.

1. Tucholsky meint, dass die Familie in Mitteleuropa...
   a. grundsätzlich nicht zusammenbleibt. b. wild ist und auch so bleibt.
   c. sich nicht um ihre Mitglieder kümmert.

2. Ein geselliges Beisammensein der Familie...
   a. führt meistens zu einem Krach.
   b. ist wie ein schöner Sommertag ohne Regen.
   c. haben die seligen Herrnfelds ganz falsch dargestellt.

3. Der Soziologe Georg Simmel meint, dass Familienmitglieder...
   a. nichts voneinander wissen.
   b. sich nicht genug kennen, um sich wirklich zu lieben.
   c. sich so sehr wehtun können, weil sie so viel voneinander wissen.

4. Die ganze junge Welt...
   a. leidet unter der Familie. b. nennt ihre Verwandten die „Allerliebsten".
   c. wird nie mehr eine Familie gründen.

5. Wenn die ganze Welt zugrunde geht, ...
   a. freut man sich, die Familie wieder zu sehen.
   b. trifft man im Jenseits Engel, mit denen man verwandt ist.
   c. gibt es Familienfeste im Himmel.

4 **Der Erzähler**

A. Wählen Sie die Wörter aus der Liste, die den Erzähler am besten beschreiben.

begeistert	ehrlich	enttäuscht	unsicher
besorgt	einfallsreich	pessimistisch	vorsichtig

B. Vergleichen Sie Ihre Antworten mit denen Ihres Partners/Ihrer Partnerin und besprechen Sie eventuelle Unterschiede.

5 **Ihrer Meinung nach** Beantworten Sie die folgenden Fragen zu zweit.

1. Hat Tucholsky Recht, dass Gottes Optimismus über seine Schöpfung verfrüht war? Begründen Sie Ihre Antwort.
2. Beschreibt Tucholsky eine typische Familie? Erklären Sie Ihre Antwort.
3. Wer, glauben Sie, telefoniert vormittags miteinander? Was sagt das über Tucholskys Einstellung zur Gesellschaft aus?
4. Warum denken Nietzsche und Tucholsky so negativ über Familien?

6 **Und Ihre Familie?** Beantworten Sie diese Fragen zu zweit.

1. Finden Sie auch, dass Ihre Familienmitglieder zu viel übereinander wissen? Begründen Sie Ihre Antwort.
2. Haben Ihre Eltern schon mal einen Freund/eine Freundin von Ihnen kritisiert? Wie haben Sie darauf reagiert?
3. Gibt es so etwas wie Familienklatsch in Ihrer Familie? Warum, warum nicht?
4. Verstehen Sie, warum Tucholsky die Familie mit einem wilden Indianerstamm (*Indian tribe*) vergleicht?
5. Gibt es in Ihrer Familie Familienfeste, die für Sie problematisch sind? Warum?
6. Tucholsky sagt, dass junge Leute unter dem Druck (*pressure*) der Familie leiden, dass sie selbst aber wieder Familien gründen werden. Glauben Sie, das in der Zukunft anders sein wird? Warum, warum nicht?

7 **Zum Thema** Schreiben Sie über eines der folgenden Themen.

- Schreiben Sie einen Dialog von ungefähr 15 Zeilen (*lines*) zwischen zwei Familienmitgliedern, die sich über eine Familienangelegenheit streiten.
- Stellen Sie sich vor, dass sich Ihr Bruder gerade verlobt hat und nun seine Verlobte der Familie vorstellt. Beschreiben Sie in einem Aufsatz von ungefähr 100 Wörtern die Reaktionen der Familienmitglieder.

Practice more at **vhlcentral.com.**

KULTURANMERKUNG

Die Anspielung° auf die Indianerstämme geht wohl auf Karl May (1842-1912) zurück. Er hat Abenteuerromane° geschrieben, die im Südwesten der USA, aber auch im Orient und in Mexiko spielten. Junge Leser in Deutschland haben diese Bücher verschlungen°, früher als Romane, heute als Comichefte°. Der so genannte „Wilde Westen" der USA ist ein Kultur-Mythos in Deutschland. Noch heute ziehen die Karl-May-Festspiele, z.B. in Bad Segeberg in Schleswig-Holstein, jedes Jahr Tausende von Besuchern an.

Anspielung *allusion*
Abenteuerromane *adventure novels*
verschlungen *devoured*
Comichefte *comic books*

Anwendung

Vorbereitung: These und Beweisführung (*arguments*)

Eine akademische Arbeit besteht aus drei Teilen: die **Einleitung** (*introduction*), der **Hauptteil** und der **Schluss** (*conclusion*). Die These ist eine Idee, die durch die Beweisführung untermauert und begründet wird. Die These sollte (*should*) kurz und klar, objektiv und originell sein.

Die Beweisführungen, die die These darlegen oder sie begründen, können folgendes ausdrücken:

- **Authorität:** drückt die Meinungen einer Figur aus oder beruht auf der Theorie eines Experten.
- **Beweiskraft:** Zitate und Beispiele werden angegeben.
- **Widerlegung:** Argumente, die der Meinung der Autorin/des Autors widersprechen, werden widerlegt.
- **Vergleich/Gegenüberstellung:** zwei Dinge oder Situationen werden miteinander verglichen/werden einander gegenüber gestellt.
- **Allgemeine Meinung:** bezieht sich auf die allgemeine Meinung für oder gegen eine Argumentation.

Anwendung In welche Kategorien passen die folgenden Themen?

1. **Widerlegung / Allgemeine Meinung:** Heutzutage stimmen alle jungen Leute damit überein, dass...
2. **Vergleich / Widerlegung:** Während die Menschen im 19. Jahrhundert ein unkompliziertes Leben ohne moderne Kommunikationsmittel führten, ist das Leben heute...
3. **Vergleich / Autorität:** Ein berühmter Professor hat schon 1960 die Theorie vertreten, dass...

Aufsatz Wählen Sie eins der folgenden Themen und schreiben Sie darüber einen Aufsatz.

Voraussetzungen

1. Ihr Aufsatz soll sich inhaltlich mindestens auf einen der vier Teile dieser Lektion (**Kurzfilm**, **Stellen Sie sich vor**, **Kultur** und/oder **Literatur**) beziehen.
2. Sie müssen mindestens zwei verschiedene Arten von Argumenten und Beispielen aus diesen vier Teilen in Ihrem Aufsatz verarbeiten.
3. Sie müssen Ihre persönliche Einstellung klar und deutlich darstellen.

1. Stellen Sie sich vor, Sie sind die Mutter aus dem Film *Outsourcing*. Schreiben Sie einen Aufsatz, in dem Sie erklären, wieso Ihre Rolle für die Familie so wichtig ist und warum Sie nicht gefeuert werden sollten (*should not be fired*).

2. Stellen Sie sich vor, Sie sind Teil der Familie, die in *Die Familie* beschrieben wird. Wären (*Would*) Sie bereit die Opfer zu bringen, die die Familie verlangt, oder wären Sie lieber unabhängig, auch wenn das zu Probleme mit den Beziehungen führen würde (*would*)? Erklären Sie.

3. Wie würden Sie Ihre Ideen von Liebe und Respekt für eine andere Person (ein Familienmitglied, einen Freund/eine Freundin, einen Kameraden/eine Kameradin) definieren, nachdem Sie nun den Kurzfilm gesehen und den Kulturartikel und die Kurzgeschichte gelesen haben?

Persönliche Beziehungen

Persönlichkeit

anhänglich *attached*
attraktiv *attractive*
bescheiden *modest*
bezaubernd/charmant *charming*
(un)ehrlich *(dis)honest*
einfallsreich *imaginative*
empfindlich *sensitive*
genial *brilliant; ingenious*
liebevoll *affectionate*
optimistisch *optimistic*
pessimistisch *pessimistic*
(un)reif *(im)mature*
ruhig *calm; quiet*
schüchtern *shy*
sorgfältig *careful; diligent*
stolz *proud*
vorsichtig *careful; cautious*
zurückhaltend *diffident*

Familienstand

das (Ehe)paar, -e *(married) couple*
der/die Verlobte, -n *fiancé(e)*
der Witwer, -/die Witwe, -n *widower/widow*

heiraten *to marry*
sich (von j-m) scheiden lassen *to get divorced (from)*
(mit j-m) verheiratet sein *to be married (to)*
sich (mit j-m) verheiraten *to get married (to)*
sich (mit j-m) verloben *to get engaged (to)*

geschieden *divorced*
ledig *single (unmarried)*
verlobt *engaged*
verwitwet *widowed*

Beziehungen

die Freundschaft, -en *friendship*
die Hochzeit, -en *wedding*
der Klatsch *gossip*
die Liebe (auf den ersten Blick) *love (at first sight)*
der/die Seelenverwandte, -n *soul mate*
die Verabredung, -en *date*
die Zuneigung, -en *affection*

(mit j-m) ausgehen *to go on a date (with)*
eine Beziehung haben/führen *to be in a relationship*
lügen *to lie, to tell lies*
(mit j-m) teilen *to share (with)*
sich (von j-m) trennen *to break up (with)*
verlassen *to leave*
sich verlassen auf (+ Akk.) *to rely (on)*
vertrauen (+ Dat.) *to trust*

(un)treu *(un)faithful*
leicht zu vergessen *forgettable*
unvergesslich *unforgettable*
vergesslich *forgetful*
verständnisvoll *understanding*

Gefühle

ärgern *to annoy*
fühlen *to feel*
(j-n/etwas) satt haben *to be fed up (with)*
hassen *to hate*
lieben *to love*
sich schämen (wegen + Gen.) *to be ashamed (of)*
stören *to bother*
träumen (von + Dat.) *to dream (of)*
verehren *to adore*
sich verlieben (in + Akk.) *to fall in love (with)*
böse werden *to get angry*

aufgeregt *excited*
begeistert *enthusiastic*
besorgt *anxious; worried*
bestürzt *upset*
deprimiert *depressed*
eifersüchtig *jealous*
enttäuscht *disappointed*
liebebedürftig *in need of affection*
verliebt (in + Akk.) *in love (with)*
wütend *angry*

Kurzfilm

der Abfall, -¨e *(here) decline, drop*
das Beschäftigungsverhältnis, -se *employment relationship*
der Beschluss, -¨e *resolution; ruling*
die Effektivität *effectiveness*
der Familienrat, -¨e *family council*
die Familienrolle, -n *role in the family*
die Kündigung, -en *written notice*
der Mangel, -¨ *lack; deficit*
der Niedriglohn, -¨e *low wage*
die Qualitätskontrolle, -n *quality control*
das Sanierungskonzept, -e *recovery plan*
der Stundennachweis, -e *hourly timesheet*
der Wert, -e *value, worth*

etwas annehmen *to accept something*
kündigen *to terminate; to fire*
j-m Bescheid sagen *to let someone know*

einstimmig *unanimous*
gründlich *thorough*
rentabel *profitable, cost-efficient*

Kultur

der Einfluss, -¨e *influence*
das Erbe *inheritance*
die Heimat *homeland*
die Identität, -en *identity*
der Kreis, -e *(here) county*
der Nachfahr, -en/die Nachfahrin, -nen *descendant*
der Ursprung, -¨e *origin*
der Vorfahr, -en *ancestor*

auswandern *to emigrate*
einwandern *to immigrate*
pflegen *to foster, to cultivate*
schlendern *to walk leisurely*
siedeln *to settle; to live (somewhere)*

hauptsächlich *mainly*

Literatur

die Feierlichkeit, -en *festivity*
das Geheimnis, -se *secret*
das Menschengeschlecht *humankind*
das Schaf, -e *sheep*
die Verwandtschaft *relatives*
die Zugehörigkeit, -en *sense of belonging*

sich fortpflanzen *to multiply*
lösen *to solve*
(sich) streiten *to fight (verbally); to argue*
treiben *(here) to do*
übertreiben *to exaggerate*

vollkommen *completely*

LEKTION 2

Zusammen leben

Das Leben in einer so großen Metropole wie Berlin ist vielfältig und immer spannend. Man hat endlos viele Möglichkeiten, interessante Menschen kennen zu lernen und sich mit ihnen ins Leben zu stürzen (*plunge*). Allerdings kann das Leben in der Großstadt auch Probleme mit sich bringen: Lärm, Verkehr, Kriminalität, Verschmutzung und Anonymität. Aber gibt es diese Probleme in allen Städten? Muss es sie geben? In was für einer Stadt leben Sie? Wie würden Sie Ihre Stadt beschreiben?

44 **KURZFILM**

Der Film *Auf der Strecke* des Schweizer Regisseurs **Reto Caffi** setzt sich mit verschiedenen Facetten des modernen Lebens in der Stadt auseinander und beleuchtet vor allem Auswirkungen (*effects*) auf menschliche Beziehungen.

50 **STELLEN SIE SICH VOR**

Seit 1990 ist Berlin wieder die Hauptstadt Deutschlands und wir wollen die Stadt erkunden. Spazieren wir mal durch diese Metropole voller Energie, Geschichte, Gegenwart und Zukunft.

65 **KULTUR**

Lange bevor unser Erdball durch Flugzeuge verkleinert wurde (*shrank*), war Berlin schon eine globale Stadt im Werden. In dem Artikel *Berlin, multikulturell seit Jahrhunderten* lernen wir mehr über Berlin als Ort der internationalen Begegnungen (*meetings*).

69 **LITERATUR**

Wladimir Kaminer untersucht in seiner Geschichte *Geschäftstarnungen* die Welt der Berliner Restaurants und Kneipen und zeigt, wie die Eigentümer (*owners*) versuchen, die Erwartungen (*expectations*) ihrer Kunden (*customers*) zu erfüllen und dafür ihre eigene Identität aufgeben.

Reiseziel: Berlin

46

66

42 **ZU BEGINN**

52 **STRUKTUREN**

2.1 Dative and genitive cases

2.2 Prepositions

2.3 **Das Perfekt**; separable and inseparable prefix verbs

74 **SCHREIBWERKSTATT**

75 **WORTSCHATZ**

Stadt und Gemeinschaft

Lokalitäten

das Einkaufszentrum, -zentren *shopping mall*
die Feuerwache, -n *fire station*
das Gebäude, - *building*
das Gerichtsgebäude, - *courthouse*
die (Bus)haltestelle, -n *(bus) stop*
die Nachbarschaft/die Gegend, -en *neighborhood*
das Polizeirevier, -e *police station*
das Rathaus, -¨er *city/town hall*
der Stadtrand, -¨er *outskirts*
das Stadtzentrum, -zentren *city/town center; downtown*
der U-Bahnhof, -¨e/die U-Bahn-Station, -en *subway station*
die Unterbringung, -en *accommodations*
der Vorort, -e *suburb*
der Wolkenkratzer, - *skyscraper*
der Zeitungskiosk, -e *newsstand*

Wegbeschreibungen

die Allee, -n *avenue*
der Bürgersteig, -e *sidewalk*
die Ecke, -n *corner*
der Kreisverkehr *rotary; roundabout*
die Kreuzung, -en *intersection*
der öffentliche Personennahverkehr (ÖPNV)/die öffentlichen Verkehrsmittel *public transportation*
die Reklametafel, -n *billboard*
die Richtung, -en *direction*
die (Fahr)spur, -en *lane; track*
der Verkehr *traffic*
die (Verkehrs)ampel, -n *traffic light*
das Verkehrsschild, -er/das Verkehrszeichen, - *road sign; traffic sign*
der (Verkehrs)stau, -s *traffic jam*

der Zebrastreifen, - *crosswalk*

---

aussteigen *to get out; to get off (bus, train)*
einsteigen *to get on; to get in (bus, train)*

eine Wegbeschreibung geben *to give directions*
liegen *to be located*
überqueren *to cross (a road, river, ocean)*
sich verlaufen/sich verfahren *to get/to be lost*

Die Leute

der Ausländer, -/die Ausländerin, -nen *foreigner*
der Bürger, -/die Bürgerin, -nen *citizen*
der Bürgermeister, -/die Bürgermeisterin, -nen *mayor*
der Fahrer, -/die Fahrerin, -nen *driver*
der/die Fremde, -n *stranger*
der Fußgänger, -/die Fußgängerin, -nen *pedestrian*

der Mieter, -/die Mieterin, -nen *tenant*
der Mitbewohner, -n/die Mitbewohnerin, -nen *apartment-mate*
der Polizeibeamte, -n/die Polizeibeamtin, -nen *police officer*
der Zimmergenosse, -n/die Zimmergenossin, -nen *roommate*

Aktivitäten

das Nachtleben *nightlife*
die Stadtplanung, -en *city/town planning*

---

sich amüsieren/Spaß (an etwas) haben *to have fun; to enjoy oneself*
(an)halten/stoppen *to stop*
parken *to park*
plaudern *to chat*
umziehen *to move*
sich unterhalten *to converse*
verbessern *to improve*
vorbeigehen *to pass; to go past*
wenden *to turn (around)*

Zum Beschreiben

aufregend *exciting*
gefährlich *dangerous*
laut *loud; noisy*
lebhaft *lively*
leer *empty*
persönlich *personal*
privat *private*
sicher *safe*
überfüllt *crowded*
unerwartet *unexpected*
voll *full*

Anwendung

1 **Was ist das?** **Finden Sie die Wörter in der linken Spalte, die zu den Beschreibungen in der rechten Spalte passen.**

___ 1. der Zebrastreifen	a. der Treffpunkt zweier Straßen
___ 2. der Wolkenkratzer	b. ein sehr hohes Gebäude
___ 3. das Rathaus	c. eine Person aus einem anderen Land
___ 4. der Ausländer	d. der Gegensatz von *voll*
___ 5. leer	e. wo der Bürgermeister arbeitet
___ 6. die Kreuzung	f. wo Fußgänger die Straße überqueren

2 **Zu spät zur Arbeit** **Schreiben Sie die Wörter in die passenden Lücken.**

aussteigen	**Richtung**	**U-Bahn-Station**	**Verkehr**
Reklametafel	**Spaß**	**unterhalten**	**Zebrastreifen**

1. Oje! Ich bin zu spät aufgestanden und muss jetzt schnell zur Arbeit fahren. Aber der ___ ist zu dicht. Überall ist Stau!
2. Ich lasse also mein Auto stehen und fahre mit den öffentlichen Verkehrsmitteln. Ich renne zu der nächsten ___.
3. In der U-Bahn sitzt ein netter junger Mann neben mir und wir ___ uns über Musik.
4. Ich habe viel ___ an der Unterhaltung und vergesse auszusteigen.
5. Tobias – so heißt der junge Mann – gibt mir schnell seine Telefonnummer und als der Zug dann anhält, ___ ich ___.
6. Ich muss nun in die andere ___ zurück rennen und habe schon eine halbe Stunde Verspätung. Ich rufe meinen Chef an und er ist ziemlich sauer.

3 **Stadtmaus oder Feldmaus?** **Beantworten Sie die Fragen. Besprechen Sie Ihre Antworten zu zweit.**

Was ziehst du vor?	A	B
1. (A) eine moderne Wohnung im Wolkenkratzer oder (B) eine schöne Villa in einem ruhigen Vorort?	☐	☐
2. (A) in einer Einkaufsstraße in der Stadt oder (B) online einzukaufen?	☐	☐
3. (A) einen Nachmittag im Kunstmuseum oder (B) ein Picknick?	☐	☐
4. (A) die Anonymität einer Großstadt oder (B) die Freundlichkeit einer Kleinstadt?	☐	☐
5. (A) einen lebhaften Bürgersteig voll mit interessanten Fremden oder (B) einen einsamen, schönen Waldweg?	☐	☐
6. (A) die ganze Nacht im Club zu tanzen oder (B) mit Freunden am Lagerfeuer (*campfire*) zu plaudern?	☐	☐
7. (A) das Unerwartete (*unexpected*) oder (B) das sichere Leben, wo man den Weg nicht verliert?	☐	☐
8. (A) Verkehrsstau oder (B) leere Straßen?	☐	☐

4 **Stoppt den Verkehr!** **In vielen Großstädten gibt es zu viel Verkehr. Machen Sie zu dritt Vorschläge (*suggestions*), wie man Verkehrsprobleme lösen kann.**

Practice more at **vhlcentral.com.**

Vorbereitung

Wortschatz des Kurzfilms

j-n anbeten *to adore someone*
j-n anpöbeln *to harass someone*
beobachten *to observe; to spy*
das schlechte Gewissen *bad/guilty conscience*
der Sicherheitsbedienstete, -n *security guard*
j-n (ver)prügeln *to beat someone up*
das Videoüberwachungssystem *video surveillance system*

Nützlicher Wortschatz

die Einsamkeit *loneliness*
j-n festnehmen *to arrest someone*
außer Kontrolle geraten *to get out of control*
die Jugendkriminalität *youth crime, juvenile delinquency*
der Nebenbuhler, -/die Nebenbuhlerin, -nen *rival (in love)*
das Schuldgefühl, -e *remorse*

AUSDRÜCKE

die Unschuld beteuern *to assert one's innocence*
alles im Griff haben *to have everything under control*
einen Blick werfen *to glance at something/someone*

1 **Was passt zusammen?** Suchen Sie für jede Vokabel die richtige Definition.

_____ 1. sich etwas nur kurz ansehen
_____ 2. sich etwas lange und genau ansehen
_____ 3. einer Person mit Händen und Füßen wehtun
_____ 4. das Gefühl, wenn man alleine ist
_____ 5. ein schlechtes Gefühl wegen etwas, was man gemacht hat
_____ 6. eine andere Person sehr lieben
_____ 7. einer anderen Person gegenüber sehr aggressiv sein

a. anbeten
b. beobachten
c. die Einsamkeit
d. anpöbeln
e. einen Blick werfen
f. das Schuldgefühl
g. verprügeln

2 **Welche Vokabel passt?** Suchen Sie für jeden Satz die Vokabel, die logisch passt.

1. Er hat ein ____________________, weil er dem alten Mann nicht hilft.
2. Die Kriminalität in unserer Stadt ist total ____________________.
3. Es ist nicht einfach, die Stadt zu verbessern, aber die Polizei hat ____________________.
4. Mögliche Gründe für die steigende ____________________ sind steigende Gewaltbereitschaft und aggressive Videospiele.
5. In den Nachrichten kann man manchmal sehen, wie Kriminelle von der Polizei ____________________ werden.
6. Ein ____________________ kann gegen Kriminalität helfen.

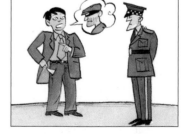

3 **Was denkst du?** Stellen Sie einander die folgenden Fragen.

1. Ist es besser, in der Stadt oder auf dem Land zu leben?
2. Bist du in einer Stadt schon einmal in einer gefährlichen Situation gewesen?
3. Bist du bereit, dein Leben zu riskieren, wenn einer deiner Mitmenschen in Gefahr ist?
4. Wie wichtig ist Technologie in deinem Leben und wie benutzt du sie?
5. Haben wir zu viel Technologie in unserem Leben? Warum, warum nicht?
6. Warst du schon einmal in jemanden verliebt und hast nicht gewagt (*dared*), es dieser Person zu sagen? Erkläre darüber.

4 **Das Leben in der Stadt** Füllen Sie zu zweit die Tabelle aus. Suchen Sie zu jedem Thema Vorteile (*advantages*) und Nachteile (*disadvantages*) bezüglich des Stadtlebens.

Was halten Sie vom Leben in der Stadt?		
Themen	**Vorteile**	**Nachteile**
Menschen		
Geschäfte		
Technologie		
Verkehr		
Beziehungen		
Kriminalität		
Nachtleben		
Wohnen		
Arbeiten		

5 **Was passiert?** Schauen Sie sich in Gruppen die drei Bilder an. Beschreiben Sie jedes Bild in drei Sätzen.

- In welchen Situationen beobachtet man andere Menschen?
- Sind die Leute auf dem Bild ernst oder fröhlich? Warum?
- Machen die Leute auf dem Bild etwas Berufliches (*professional*) oder etwas Persönliches? Woher weiß man das?
- Was für eine Sendung (*broadcast*) ist das auf dem dritten Bild?
- Was für Menschen sieht man auf dem zweiten Bild?

Practice more at **vhlcentral.com.**

AUF DER STRECKE

Ein Film von Reto Caffi

Präsentiert von der Kunsthochschule für Medien Köln in Coproduktion mit Blush Films und dem Schweizer Fernsehen

Musik
Ivo Ubezio mit Daniel Jakob und Oli Kuster

Darsteller
Roeland Wiesnekker
Catherine Janke

OSCAR NOMINEE
Live Action Short Film
2009

HANDLUNG *Ein Sicherheitsbediensteter ist heimlich verliebt in eine Kollegin. Als Jugendliche den vermeintlichen Freund der Kollegin bedrohen, trifft er eine folgenschwere Entscheidung.*

ROLF Guten Tag, Ladensicherheit°. Dürfte ich einen Blick in Ihren Kinderwagen werfen?

SARAH Hallo.
ROLF Hallo Sarah.
SARAH Und, viel los heute?
ROLF Ach, es geht so.
SARAH Soll ich es einpacken?
ROLF Nein, es ist für mich.

SARAH Also du bist doch nicht mehr ganz dicht, eh! Das ist doch nicht zu fassen. Kannst du dich nicht ein einziges Mal zusammenreißen°? Und ich freue mich auch noch auf dich!
MANN Sarah. Sarah! Sarah. Hey!

JUGEND 1 Tröste° ihn, er ist traurig.
JUGEND 2 Du musst ihn trösten, genau.
JUGEND 3 Heh! Hallo.
MANN Geh' mal da rüber.
JUGEND 3 Meinst du, ich habe Angst vor dir, wenn du aufstehst? Fass' mich nicht an!°

MIKE Was ist passiert?
SVEN Hast du es nicht gehört? Der Typ, den sie gestern in der Bahn zu Tode geprügelt haben.
MIKE Wo?
SVEN S10, gestern Nacht.
VERKÄUFERIN Der Sarah ihrer Bruder.

SARAH Es kommt mir so vor, als ob niemand mehr normal mit mir umgehen kann.
ROLF Sarah, mir tut es auch Leid. Das mit deinem Bruder.
SARAH Danke. Du bist dran. Was ist? Spielen wir jetzt?
ROLF Ja.

Ladensicherheit *store security* **dich... zusammenreißen** *buck up* **Tröste** *Console* **Fass' mich nicht an!** *Don't touch me!*

KULTURANMERKUNG

Schweizerdeutsch

Alemannische Dialekte, die in der Deutschschweiz gesprochen werden, heißen Schweizerdeutsch (auch „Schwizerdütsch" genannt). Es handelt sich hier nicht um eine eigene Sprache, sondern um einen Dialekt. Pragmatisch interessant ist, dass Schweizerdeutsch in allen Gesprächssituationen und von allen Gesellschaftsschichten° verwendet wird, außer in der Schule, im Parlament und bei den Nachrichten im Fernsehen. Im Gegensatz zur gesprochenen Sprache verwenden Schweizer Hochdeutsch, wenn sie schreiben. Viele Schweizer haben dabei wenige Probleme, zwischen Hochdeutsch und Schweizerdeutsch hin und her zu wechseln, je nachdem, ob sie mit einem Deutschen oder einem Schweizer sprechen.

Gesellschaftsschichten *social classes*

Beim ZUSCHAUEN

Sind die folgenden Sätze **richtig** oder **falsch**?

1. Rolf beobachtet Sarahs Bruder.
2. Rolf fährt in der gleichen U-Bahn wie Sarah.
3. Rolf und Sarah kennen sich gut.
4. Drei Jugendliche machen Ärger in der U-Bahn.
5. Das Ehepaar in der U-Bahn hat dem Mann geholfen.
6. Rolf und Sarah küssen sich am Ende des Films.

Analyse

1 **Was passiert wann?** **Bringen Sie die Sätze in die richtige Reihenfolge (*order*).**

___ a. Drei Jugendliche prügeln einen Mann zu Tode.
___ b. Sarah bittet Rolf, sie in der U-Bahn nach Hause zu begleiten.
___ c. Rolfs Leben gerät außer Kontrolle, weil er sich schuldig fühlt.
___ d. Rolf beobachtet seine Kollegin Sarah mit dem Videoüberwachungssystem.
___ e. Rolf erfährt, dass der andere Mann Sarahs Bruder war.
___ f. Rolf sieht Sarah mit einem anderen Mann in der U-Bahn.
___ g. Sarah und Rolf lernen sich beim Billardspielen besser kennen.
___ h. Rolf fährt mit der gleichen U-Bahn wie seine Kollegin Sarah.

2 **Was ist richtig?** **Welcher Satz in den Satzpaaren beschreibt, was in dem Film passiert? Besprechen Sie Ihre Antworten zu zweit.**

1. a. Rolf ist in Sarah verliebt und er beobachtet sie.
   b. Rolf beobachtet Sarah, weil sie Bücher im Kaufhaus stiehlt.
2. a. Rolf plant, immer mit Sarah in der gleichen Straßenbahn zu fahren.
   b. Es ist Zufall (*coincidence*), dass Rolf und Sarah in der gleichen Straßenbahn fahren.
3. a. Rolf ist sehr aggressiv bei der Arbeit, genauso wie seine Kollegen.
   b. Rolf ist nicht sehr aggressiv und versucht, seinen Mitmenschen zu helfen.
4. a. Rolf glaubt, dass der andere Mann Sarahs Freund ist.
   b. Rolf weiß, dass der andere Mann Sarahs Bruder ist.
5. a. Nach dem Tod von Sarahs Bruder ändert sich nichts in Rolfs Leben.
   b. Nach dem Tod von Sarahs Bruder weiß Rolf nicht mehr, was er machen soll.
6. a. Am Ende sind Rolf und Sarah ein Paar.
   b. Am Ende kann Rolf Sarah nicht sagen, dass er ihrem Bruder in der U-Bahn nicht geholfen hat.

3 **Wählen** **Vervollständigen Sie den Satz mit dem passenden Wort. Besprechen Sie zu zweit Ihre Antworten.**

1. Am Anfang des Filmes sehen wir, dass Rolf ____ ist.
   a. arbeitslos b. schuldig c. verliebt d. dumm
2. Rolf findet Sarah ____ und versucht, sie näher kennen zu lernen.
   a. attraktiv b. hässlich c. egoistisch d. arrogant
3. Sarahs Bruder gibt den drei Jugendlichen keinen Grund, ____ zu werden.
   a. dumm b. isoliert c. froh d. aggressiv
4. Menschen und Medien sind ____ über das, was in der U-Bahn passiert ist.
   a. froh b. schockiert c. einsam d. glücklich
5. Rolfs Reaktion auf den Tod von Sarahs Bruder ist ____.
   a. Schuld b. Verwirrung c. Glück d. Aggressivität
6. Am Ende des Filmes sehen wir, dass Rolf und Sarah ____ sind.
   a. verliebt b. einsam c. aggressiv d. froh

4 **Die Hauptfiguren**

A. Wählen Sie Wörter aus der Liste, die Rolf und Sarah am besten beschreiben.

aggressiv	egoistisch	glücklich	kaputt	traurig
attraktiv	einsam	isoliert	schuldig	verwirrt

B. Vergleichen Sie Ihre Antworten miteinander und besprechen Sie mögliche Unterschiede.

5 **Bildbeschreibungen** Sehen Sie sich die Bilder genau an und beschreiben Sie sie. Beantworten Sie in Gruppen die Fragen zu den Bildern.

- Kann Rolf mit all der Technologie seine Einsamkeit bekämpfen?
- Warum hat Rolf in der U-Bahn nicht in den Kampf eingegriffen (*intervene*)?
- Warum hat Rolf Sarah nicht erzählt, dass er ihren Bruder in der U-Bahn gesehen hat und ihm nicht geholfen hat?
- Wie beschreiben Sie die Beziehung zwischen Rolf und Sarah am Ende des Filmes?
- Warum heißt der Film *Auf der Strecke*?

6 **Diskussion** Besprechen Sie die folgenden Fragen in Gruppen und geben Sie konkrete Beispiele für jede Antwort.

1. Sind Sie schon einmal Zeuge einer gewalttätigen Handlung geworden? Wie haben Sie sich verhalten?
2. Haben Sie sich schon einmal in das Leben anderer Menschen eingemischt (*intervened*)? Welche Folgen hat es gehabt?
3. Ist das Leben in einer Stadt einsamer bzw. (*or*) sicherer als das Leben auf dem Land? Was sind Ihre Erfahrungen (*experiences*)?
4. Die Superhelden in vielen Hollywoodproduktionen stehen oft vor der Entscheidung, ob sie Menschen helfen sollen. Wie unterscheiden sich diese Helden von Rolf? Erklären Sie Ihre Antwort.

7 **Zum Thema** Schreiben Sie einen Absatz (10 Zeilen) über Ihre Reaktion auf eine der folgenden Situationen.

1. Sie sehen, wie ein Passagier in einer U-Bahn von Jugendlichen angepöbelt wird. Die U-Bahn hält an. Wie verhalten Sie sich?
2. Heute gibt es überall Videokameras. Stellen Sie sich vor, Sie dürfen für einen Tag diese Kameras kontrollieren. Was filmen Sie und warum?

Practice more at **vhlcentral.com.**

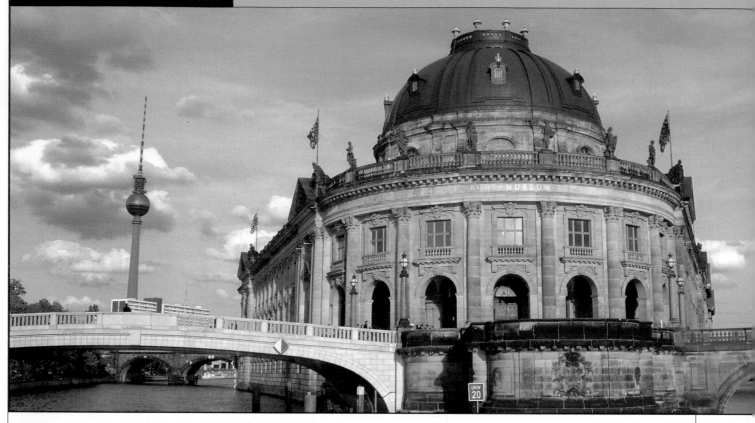

STELLEN SIE SICH VOR:
Berlin

Berlin, damals und heute

Reading

Machen wir einen Rundgang durch **Berlin**, Deutschlands alte und neue Hauptstadt. Diese Stadt ist das kulturelle und politische Zentrum des Landes.

Berlin ist eine zukunftsorientierte Stadt. Die Berliner sind die Trendsetter ihres Landes. Trotzdem ist die Stadt steinreich° an Geschichte und man findet Spuren prächtiger° und komplexer Vergangenheit an jeder Ecke. In Berlin gibt es elegante Schlösser aus dem Preußischen Königreich, den ***Checkpoint Charlie***, die ***Eastside Gallery***, die **Gedächtniskirche** und natürlich das **Brandenburger Tor**.

Beginnen wir also am Tor, in der Mitte des Zentrums, wo Ost und West aufeinander treffen. Das symbolträchtige Portal wurde 1791 errichtet, zum Andenken an Friedrich den Großen. Seither° hat es wichtige Momente der Geschichte gesehen. Einst stand es hinter der **Mauer**, als Zeichen der Teilung°. Aber 1989 kamen hier Ost- und Westdeutsche wieder zusammen, um den Fall der Mauer mit jubelndem° Optimismus zu feiern, und heute symbolisiert das Tor nicht mehr Teilung, sondern Einheit°.

Nicht weit entfernt steht das **Holocaust-Mahnmal**°. Dieses 2007 gebaute Denkmal für die ermordeten Juden Europas ist größer als zwei Football-Felder und besteht aus parallelen Reihen von grauen Betonstelen°. Der Architekt sagte, dass seine irritierenden Betonwellen° ein *„place of no meaning“* darstellen.

Nächster Halt: das **Reichstagsgebäude**, der Sitz des Deutschen Bundestags. Im Plenarsaal° versammelt sich° das Parlament der Bundesrepublik, um die politischen Einzelheiten° des Landes auszuarbeiten. Die schöne Glaskuppel° weist auf° das deutsche Streben° nach politischer Transparenz hin. Wenn man oben in der Kuppel steht, kann man die Vorgänge° unten im Plenarsaal beobachten.

Wollen wir nicht nach Ostberlin? Keine Mauer blockiert unseren Weg; ein Visum braucht man auch nicht mehr.

Noch mehr...

Berlin ist in zwölf Bezirke° aufgeteilt° und jeder Bezirk hat ein eigenes Kolorit°. Prenzlauer Berg in Pankow z.B. ist voll von Künstlern und guten Cafés. Berlin-Mitte birgt die meisten Touristenattraktionen. Und Friedrichshain-Kreuzberg ist einfach *„hip“*. Mit exotischem Flair, tollem Nachtleben und günstigen Wohnungen zieht dieses Viertel junge Avantgardisten an.

Bummeln wir° doch **Unter den Linden** entlang. Es gibt auf dieser berühmten Allee so viel zu sehen, dass man nicht weiß, wo man zuerst hingucken° soll. Man schlendert an unzähligen historischen Prachtbauten° vorbei. Sowohl die **Humboldt-Universität**, der **Bebelplatz** und die **Berliner Staatsoper** befinden sich hier, als auch **Madame Tussauds** mit Wachsfiguren von Heidi Klum und John F. Kennedy.

Wir beenden unseren Tag im 365 Meter hohen **Fernsehturm**. Von hier aus können wir die ganze Stadt im Glanz° der untergehenden Sonne sehen.

Die Nacht bricht an, aber Berlin geht nicht schlafen. Um Mitternacht stehen die Nachteulen° vor dem **Berghain** Schlange°. Manche behaupten, dass dieses schrille, laute Techno-Mekka der beste Tanzclub der Welt sei. Aber es kann schwer sein, in den Club hineinzukommen. Der Türsteher° entscheidet° nach Ermessen°, wer hinein darf, und er kann genauso unnachgiebig° sein wie etwa… eine Mauer aus Beton.

steinreich *loaded* **prächtiger** *splendid* **Seither** *Since then* **Zeichen der Teilung** *symbol of division* **jubelndem** *jubilant* **Einheit** *unity* **Mahnmal** *memorial* **Betonstelen** *concrete slabs* **Betonwellen** *concrete waves* **Plenarsaal** *assembly room* **versammelt sich** *gathers* **Einzelheiten** *details* **Glaskuppel** *glass dome* **weist auf** *points to* **Streben** *striving* **Vorgänge** *proceedings* **Bummeln wir** *Let's stroll* **hingucken** *look* **Prachtbauten** *magnificent buildings* **Glanz** *glow* **Nachteulen** *night owls* **stehen... Schlange** *stand in line* **Türsteher** *bouncer* **entscheidet** *decides* **nach Ermessen** *discretionary* **unnachgiebig** *unyielding* **Bezirke** *boroughs* **aufgeteilt** *split up* **Kolorit** *atmosphere*

Entdecken wir…

Berlins U-Bahn Die meisten Berliner fahren mit öffentlichen Verkehrsmitteln. 2006 legte die Berliner **U-Bahn** ungefähr 120 Millionen Kilometer zurück°. Die U-Bahn zieht sich wie ein magischer Faden° durch die Stadt. Wer einsteigt, kann schnell von einer Sehenswürdigkeit bis zur nächsten fahren. Und zum Beobachten von Menschen ist es eine gute Stelle – in der U-Bahn tritt man mit der echten Stadt in Kontakt.

Knut der Eisbär Der süßeste Promi° Berlins war definitiv Knut, der kleine Eisbär. Im Dezember 2006 wurde er im Zoologischen Garten in Berlin geboren, aber die Mutter stieß ihn ab°. Knut brauchte eine Ersatzmutter° und Tierpfleger° Thomas Dörflein ist in diese Rolle geschlüpft. Durch Dörfleins liebevolle Fürsorge° hat das fotogene Fellbällchen° überlebt und wurde zum Medienstar. Es gab Knut-T-Shirts, Knut-Tassen und Knut-Lieder. Knut hatte keine Ahnung, wie berühmt er war. Leider starb er 2011.

legte... zurück *covered a distance* **Faden** *thread* **Promi** *(short for* Prominente(r)*) star* **stieß... ab** *rejected* **Ersatzmutter** *substitute mother* **Tierpfleger** *zookeeper* **Fürsorge** *care* **Fellbällchen** *ball of fur*

Was haben Sie gelernt?

Richtig oder falsch? Sind die Aussagen **richtig** oder **falsch?** Stellen Sie die falschen Aussagen richtig.

1. Das Brandenburger Tor ist heute ein Zeichen der deutschen Einheit.
2. Das Holocaust-Mahnmal ist bunt.
3. Heidi Klum wohnt in der Straße Unter den Linden.
4. Das Berghain ist ein Tanzclub in Berlin.
5. Friedrichshain-Kreuzberg ist *hip*, aber die Mieten sind sehr hoch.
6. Die meisten Berliner fahren mit dem Auto zur Arbeit.
7. Knut ist ein Tierpfleger im Zoologischen Garten.
8. Knuts Mutter hat ihn abgestoßen.

Fragen Beantworten Sie die Fragen.

1. Wann wurde das Brandenburger Tor gebaut?
2. Wie sieht das Holocaust-Mahnmal aus?
3. Was kann man sehen, wenn man in der Glaskuppel des Reichstags steht?
4. Welche Sehenswürdigkeiten findet man in der Straße Unter den Linden?
5. Was möchten Sie in Berlin gern sehen oder machen?
6. Was sind ein paar Vorteile (*advantages*) davon, wenn man in Berlin mit der U-Bahn fährt?
7. Warum ist Knut so berühmt geworden?

Projekt

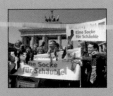

Schauplatz der Meinungen

Heute wird auf dem Pariser Platz vor dem Brandenburger Tor die Redefreiheit mit viel Fantasie praktiziert. Wenn Demonstranten aus aller Welt ihre Meinungen mitteilen wollen, machen sie das auf diesem Platz.

Tippen Sie mal folgende Suchbegriffe ein:

- Tassen vor dem Brandenburger Tor
- Tote Wale vor dem Brandenburger Tor
- World Peace Festival

Was erfahren Sie über diese Veranstaltungen? Berichten Sie Ihrer Klasse davon.

2.1

Dative and genitive cases

Dative

QUERVERWEIS

Certain prepositions require the dative case. See **Strukturen 2.2, pp. 56-57**.

- The dative case is used for the indirect object. It indicates *to whom* or *for whom* an action is done.

Er gibt **dem Fahrer** ein Ticket.
*He gives a ticket **to the driver**.*

- To form the dative case, add the appropriate endings to the **der**- and **ein**-words.

Dative			
	definite article	***der*-words**	**indefinite article / *ein*-words**
Masculine	**dem**	**diesem**	**einem**
Feminine	**der**	**dieser**	**einer**
Neuter	**dem**	**diesem**	**einem**
Plural	**den (+ –n)**	**diesen (+ –n)**	**meinen (+ –n)**

Die Polizistin wartet neben der Ampel. Ich erkläre **der** Polizistin den Unfall.
***The** policewoman is waiting at the light. I explain **to the** policewoman about the accident.*

- An –**n** is added to all nouns in the dative plural that do not already end with an –**n**.

Ich zeige **den** Touriste**n** den Stadtplan.
I show the city map to the tourists.

Mein Vater bringt **den** Kinder**n** Geschenke.
My father brings gifts to the children.

- The rules for the dative case also apply to possessive adjectives and personal pronouns.

Possessive adjectives in the dative			
Masculine Neuter	**Feminine**	**Plural**	
meinem	**meiner**	**meinen**	
deinem	**deiner**	**deinen**	
seinem	**seiner**	**seinen**	
ihrem	**ihrer**	**ihren**	(+ –**n** *if needed*)
seinem	**seiner**	**seinen**	
unserem	**unserer**	**unseren**	
eurem	**eurer**	**euren**	
ihrem/Ihrem	**ihrer/Ihrer**	**ihren/Ihren**	

Personal pronouns in the dative
mir *(me/to me)*
dir *(you/to you)*
ihm *(him/to him)*
ihr *(her/to her)*
ihm *(it/to it)*
uns *(us/to us)*
euch *(you/to you)*
ihnen/Ihnen *(them/ to them; you/to you)*

Ich gebe **meinem** Fahrer das Geld.
*I give the money **to my** driver.*

Ich gebe **ihm** das Geld.
*I give **him** the money.*

- In German word order, the indirect object comes before the direct object, unless the direct object is a pronoun.

Ich gebe **dem Fremden** eine Wegbeschreibung.
*I give directions **to the stranger**.*

Ich gebe **ihm** eine Wegbeschreibung.
*I give **him** directions.*

Ich gebe **sie dem Fremden.**
*I give **them to the stranger**.*

Ich gebe **sie ihm.**
*I give **them to him**.*

- A number of verbs in German require a dative object.

gefallen	gehören	schmecken	passen
Gefällt dir das? *Do you like that?*	**Gehört ihm das Buch?** *Does the book belong to him?*	**Das Essen schmeckt ihr.** *She likes the food.*	**Die Uniform passt mir gut.** *The uniform fits me well.*

Other verbs that require an object in the dative case are **antworten**, **danken**, **glauben**, **gratulieren**, **helfen**, **folgen**, and **vertrauen**.

Ich dank' **dir**.
I thank you.

Kannst du **mir** helfen?
Can you help me?

- Some adjectives in idiomatic expressions also require the dative case: **ähnlich**, **dankbar**, **kalt**, **peinlich**, **teuer**, and **warm**.

Mir ist viel zu **warm**!
I am way too warm!

Ich bin **meinem** Partner sehr **dankbar**.
I am very grateful to my partner.

Genitive

- The genitive case is used to show possession. In English, it corresponds to **'s** or to the word **of**. In German, the possessive **–s** is used only with peoples' names.

Marias Nachbarschaft ist sehr lebhaft.
*Maria**'s** neighborhood is very lively.*

Die Straßen **dieser** Stadt sind gefährlich.
*The streets **of this** city are dangerous.*

- In the genitive case, the masculine and neuter definite articles change to **des**, and the possessive pronouns add the ending **–es**. **Der-** and **ein**-words follow the same pattern (**dieses**, **meines**). The masculine and neuter nouns take **–s**. The feminine and plural definite articles change to **der** in the genitive, and the possessive pronouns add the ending **–er**. **Der-** and **ein**-words, again, follow the same pattern (**dieser**, **meiner**). No ending is added to the noun.

die Stadtplanung **des** Stadtzentrums
*the planning **of the** city center*

der Preis **seiner** Wohnung
*the price **of his** apartment*

- The dative and genitive cases also have corresponding question words. **Was** remains the same in all cases, but when asking about a person, use **wem** in the dative and **wessen** in the genitive.

Nominative	Accusative	Dative	Genitive
Wer? *Who?*	**Wen?** *Whom?*	**Wem?** *To whom?*	**Wessen?** *Whose?*

QUERVERWEIS

Certain prepositions require the genitive case. See **Strukturen 2.2, pp. 56-57**.

ACHTUNG!

One-syllable nouns add **–es** at the end of the word (**des Mannes**). All nouns that end in **s**, **ss**, **ß**, **z**, or **t** add **–es**.

ACHTUNG!

In spoken German, the genitive case is often replaced by the preposition **von** [+ Dat.].

der Name des Mieters
der Name von dem Mieter
the name of the tenant

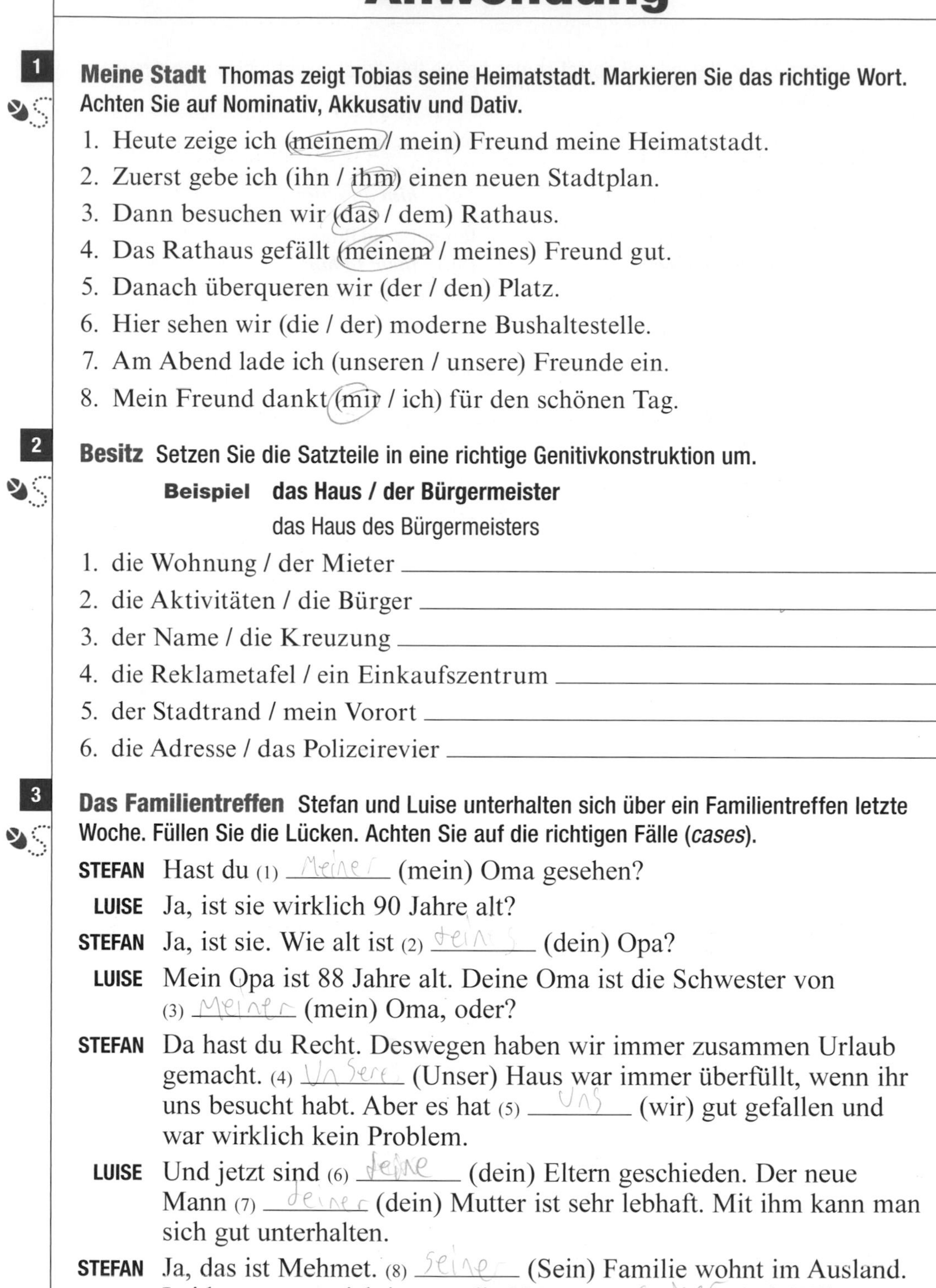

Anwendung

1

Meine Stadt Thomas zeigt Tobias seine Heimatstadt. Markieren Sie das richtige Wort. Achten Sie auf Nominativ, Akkusativ und Dativ.

1. Heute zeige ich (meinem / mein) Freund meine Heimatstadt.
2. Zuerst gebe ich (ihn / ihm) einen neuen Stadtplan.
3. Dann besuchen wir (das / dem) Rathaus.
4. Das Rathaus gefällt (meinem / meines) Freund gut.
5. Danach überqueren wir (der / den) Platz.
6. Hier sehen wir (die / der) moderne Bushaltestelle.
7. Am Abend lade ich (unseren / unsere) Freunde ein.
8. Mein Freund dankt (mir / ich) für den schönen Tag.

2

Besitz Setzen Sie die Satzteile in eine richtige Genitivkonstruktion um.

Beispiel **das Haus / der Bürgermeister**
das Haus des Bürgermeisters

1. die Wohnung / der Mieter ______________________
2. die Aktivitäten / die Bürger ______________________
3. der Name / die Kreuzung ______________________
4. die Reklametafel / ein Einkaufszentrum ______________________
5. der Stadtrand / mein Vorort ______________________
6. die Adresse / das Polizeirevier ______________________

3

Das Familientreffen Stefan und Luise unterhalten sich über ein Familientreffen letzte Woche. Füllen Sie die Lücken. Achten Sie auf die richtigen Fälle (*cases*).

STEFAN Hast du (1) __________ (mein) Oma gesehen?

LUISE Ja, ist sie wirklich 90 Jahre alt?

STEFAN Ja, ist sie. Wie alt ist (2) __________ (dein) Opa?

LUISE Mein Opa ist 88 Jahre alt. Deine Oma ist die Schwester von (3) __________ (mein) Oma, oder?

STEFAN Da hast du Recht. Deswegen haben wir immer zusammen Urlaub gemacht. (4) __________ (Unser) Haus war immer überfüllt, wenn ihr uns besucht habt. Aber es hat (5) __________ (wir) gut gefallen und war wirklich kein Problem.

LUISE Und jetzt sind (6) __________ (dein) Eltern geschieden. Der neue Mann (7) __________ (dein) Mutter ist sehr lebhaft. Mit ihm kann man sich gut unterhalten.

STEFAN Ja, das ist Mehmet. (8) __________ (Sein) Familie wohnt im Ausland. Leider vergesse ich immer die Namen (9) __________ (sein) Eltern und Geschwister.

LUISE Habt ihr (10) __________ (euer) neuen Familienmitglieder gern? Plaudert ihr oft miteinander?

STEFAN Ja, wir amüsieren uns gut zusammen. Nächsten Sommer kommen sie uns wieder in Berlin besuchen.

Practice more at **vhlcentral.com.**

Kommunikation

4 **Ihre Stadt** Stellen Sie einander die folgenden Fragen.

1. Was gefällt Ihnen an Ihrer Stadt/an Ihrer Universität?
2. Welche guten Restaurants gibt es in Ihrer Stadt? Warum schmeckt Ihnen das Essen dort?
3. Sind Ihnen die Mieten in der Stadt zu teuer?
4. Helfen Sie alten Leuten in der Stadt gern?
5. Danken Sie Ihren Polizeibeamten oft? Warum, warum nicht?
6. Glauben Sie dem Bürgermeister/der Bürgermeisterin Ihrer Stadt? Vertrauen Sie ihm/ihr?

5 **Was gehört wem?** Kombinieren Sie ein Objekt in der linken Spalte mit einer Person in der rechten Spalte. Erklären Sie dann, warum die Person das Objekt braucht, oder was die Person mit dem Objekt macht. Arbeiten Sie in Gruppen.

Beispiel **die Wohnung / die Bürgermeisterin**
Die Wohnung gehört der Bürgermeisterin. Sie hat kein Haus. Sie braucht eine Wohnung. Die Wohnung liegt im Stadtzentrum.

das Auto	die Ausländerin
das Fahrrad	die Bürgermeisterin
das Handy	die Fahrerin
der Hund	die Fremde
der Laptop	der Fußgänger
die Tasche	die Mieterin
die Wohnung	der Mitbewohner
das Wörterbuch	die Zimmergenossinnen

6 **Ich verbessere meine Stadt** Beenden Sie die Sätze mit passenden Wörtern aus der Liste zu zweit. Besprechen Sie dann Ihre Aussagen.

die Ampeln	das Einkaufszentrum	laut	der Verkehr
bauen	die Gebäude	parken	die öffentlichen
die Bürgersteige	gefährlich	der U-Bahnhof	Verkehrsmittel

1. Meine Stadt braucht ______________________________
2. Dem Bürgermeister sagen wir, ______________________
3. Wir planen ______________________________________
4. Wer die Nachbarschaft verbessern will, ______________

2.2 Prepositions

—*Ist* ***um*** *diese Zeit niemand mehr unterwegs?*

Prepositions connect words and ideas and answer the questions *where*, *how*, and *when*. The objects of German prepositions take either the accusative, the dative, or the genitive case.

- The following prepositions always take the accusative case.

bis	**durch**	**für**	**gegen**	**ohne**	**um**
until, to	*through*	*for*	*against*	*without*	*around, at*

Wir laufen **durch** die Stadt.
We run ***through*** *the city.*

Ich bin **gegen** das Rauchen.
I am ***against*** *smoking.*

Der Film beginnt **um** 20 Uhr.
The film begins ***at*** *8 pm.*

- The following prepositions always take the dative case.

aus	**außer**	**bei**	**gegenüber**	**mit**	**nach**	**seit**	**von**	**zu**
from	*except for*	*at*	*across from*	*with*	*after, to, according to*	*since, for*	*from*	*to*

Alle Mieter **außer** mir sprechen Deutsch.
All the tenants ***except for*** *me speak German.*

Nach einem Tag an der Universität bin ich müde.
I am tired ***after*** *one day at the university.*

Wir wohnen **seit** einem Jahr hier.
We have been living here ***for*** *a year.*

Meiner Meinung **nach** ist Berlin herrlich!
*In my opinion (****According to*** *me), Berlin is wonderful!*

- The following prepositions take an object in the genitive case.

außerhalb	**innerhalb**	**jenseits**	**(an)statt**	**trotz**	**während**	**wegen**
outside of	*within*	*on the other side of*	*instead of,*	*inspite of, despite*	*during*	*because of*

Die Bürger warten **außerhalb** des Polizeireviers.
The citizens wait ***outside*** *the police station.*

Trotz der Diskussionen kommt es zu Auseinandersetzungen.
Despite *the discussions there are still disputes.*

ACHTUNG!

Here are some examples of the possible combinations of a definite article with prepositions.

auf + das = aufs
um + das = ums
bei + dem = beim
in + das = ins
in + dem = im

Wir fahren aufs Land.
We're going to the country.

ACHTUNG!

When you want to say *to someone's house*, use **zu**, but do not include the word **Haus**.

Ich gehe zu meiner Mutter.
I go to my mother's house.

Ich gehe zu Sabrina.
I go to Sabrina's house.

Zu Hause *means at home.*
Bei mir zu Hause *means at my house.*

ACHTUNG!

The genitive prepositions **(an)statt**, **trotz**, **während**, and **wegen** can also be used with the dative case in spoken German.

wegen des Regens
wegen dem Regen
because of the rain

- Two-way prepositions take either the accusative or the dative case, depending on whether they describe *where* someone/something is (**wo** + Dat.) or *to where* the person/the thing is going (**wohin** + Akk.).

Two-way prepositions		
	Dative	**Accusative**
auf *on, on top of*	Das Buch liegt **auf dem** Tisch. *The book is lying **on the** table.*	Der Mann legt das Buch **auf den** Tisch. *The man puts the book **on the** table.*
an *at, on*	Der Mieter wohnt **am** Stadtrand. *The tenant lives **on the** edge of town.*	Der Mieter hängt das Bild **an die** Wand. *The tenant hangs the picture **on the** wall.*
hinter *behind*	Der Passagier sitzt **hinter dem** Fahrer. *The passenger sits **behind the** driver.*	Der Fahrer fährt **hinter das** Haus. *The driver drives **behind the** house.*
in *in, on*	Meine Mutter wohnt **in einem** Haus. *My mother lives **in a** house.*	Der Mann zieht **in ein** neues Haus um. *The man is moving **into a** new house.*
neben *next to*	Der Bus bleibt **neben dem** Auto stehen. *The bus stops **next to** the car.*	Der Bus fährt **neben das** Auto. *The bus drives **next to** the car.*
über *above, over*	Die Fahne fliegt **über dem** Rathaus. *The flag is flying **above the** city hall.*	Der Vogel fliegt **über den** Fluss. *The bird flies **over the** river.*
unter *under*	**Unter dem** Einkaufszentrum gibt es ein Parkhaus. *There's a parking garage **under the** mall.*	Der Fahrer legt die Schlüssel **unter seinen** Sitz. *The driver put the keys **under his** seat.*
vor *in front of*	**Vor dem** Rathaus ist der Platz. *The square is **in front of the** city hall.*	Der Bus fährt **vor das** Rathaus. *The bus drives **in front of the** city hall.*
zwischen *between*	Das Kind steht **zwischen den** Autos. *The child is standing **between the** cars.*	Das Kind läuft **zwischen die** Autos. *The child runs **between the** cars.*

- The following verbs can be used with two-way prepositions to show location or to describe where you are putting something.

Wo?	Wohin?
liegen *to lie*	**(hin)legen** *to lay (down)*
stehen *to stand*	**(hin)stellen** *to put (down)*
hängen *to hang*	**(auf)hängen** *to hang (up)*
sitzen *to sit*	**setzen** *to sit down*

Sie **stellte** das Buch **in das** Bücherregal.
*She **put** the book **onto the** shelf.*

Das Buch **steht im** Bücherregal.
*The book **stands on the** shelf.*

ACHTUNG!

Auf is also used for the phrase **auf eine Party** (*to a party*).

QUERVERWEIS

For more on prepositional verb phrases, see **Strukturen 5.3, pp. 172-173**.

Anwendung

KULTURANMERKUNG

Der Zeitungskiosk

Wenn Sie eine Zeitung, eine Zeitschrift°, eine U-Bahnkarte, Süßigkeiten°, Zigaretten, Postkarten oder Briefmarken brauchen, gehen Sie zu einem Zeitungskiosk. Diese kleinen Gebäude sind dort, wo es U-Bahnhöfe, Kreuzungen, Parkhäuser, Museen, Kinos und viele Fußgänger gibt. Der Kiosk ist nicht größer als ein kleines Zimmer, hat aber viele Waren zur Auswahl°. Der Verkäufer sitzt im Kiosk und bedient Sie durch ein Fenster. Auch an Feiertagen und Sonntagen hat der Kiosk geöffnet. Also nichts wie los zum Kiosk!

Zeitschrift *magazine* **Süßigkeiten** *candy* **Auswahl** *selection*

1 **Der Wolkenkratzer** Schreiben Sie das richtige Wort in die Lücken.

1. Susana geht heute ____ Arbeit.
   a. zur b. auf c. vom
2. Sie fährt jeden Tag ____ dem Auto.
   a. aus b. mit c. ohne
3. ____ des Verkehrs muss sie sehr früh losfahren.
   a. Innerhalb b. Bei c. Wegen
4. ____ zwei Jahren arbeitet sie bei dieser Firma.
   a. Seit b. Durch c. Für
5. Ihr Büro befindet sich ____ einem Wolkenkratzer.
   a. gegen b. durch c. in
6. ____ dem langen Tag freut sie sich auf das Nachtleben in der Stadt.
   a. Vor b. Nach c. Um

2 **Die Nachbarschaft** Zwei Freunde, Elise und Barbara, warten auf den Bus. Sie plaudern über ihre Pläne für den Tag. Schreiben Sie die richtige Form der Wörter in die Lücken.

ELISE Hallo, Barbara! Was machst du hier an (1) ________ (die) Bushaltestelle? Fährst du in (2) ________ (die) Stadt?

BARBARA Ja, ich muss ein Geschenk für (3) ________ (meine) Mutter kaufen.

ELISE Wohin gehst du?

BARBARA Ich gehe in eine Buchhandlung neben (4) ________ (die) Feuerwache.

ELISE Meinst du die Buchhandlung neben (5) ________ (das) Zeitungskiosk?

BARBARA Ja, genau. Und du? Wohin gehst du?

ELISE Ich gehe zur Bank, um Geld zu holen. Ich fahre morgen mit (6) ________ (meine) Mitbewohnerinnen nach Ibiza.

BARBARA Hier kommt der Bus.

3 **Der Mitbewohner** Bilden Sie Sätze aus den folgenden Satzteilen.

Beispiel **der Fahrer / fahren / das Auto / zu / das Polizeirevier**
Der Fahrer fährt das Auto zum Polizeirevier.

1. der neue Mitbewohner / einziehen / in / die Wohnung
   ____
2. er / fahren / durch / die Stadt
   ____
3. ohne / der Verkehr / kommen / er / schnell / zu / der Zeitungskiosk
   ____
4. dort / kaufen / er / eine Zcitung / statt / eine Fahrkarte
   ____
5. während / der Tag / träumen / er / von / sein Leben / jenseits / diese Stadt
   ____
6. außer / der Bruder / wohnen / keine Verwandten / in der Nähe
   ____

 Practice more at **vhlcentral.com.**

Kommunikation

4 **Wie komme ich dorthin?** Geben Sie einander Wegbeschreibungen, wie man von der ersten Stelle in der Liste unten zur zweiten Stelle kommt.

Beispiel **das Stadtzentrum / die Universität**

—Wie kommt man vom Stadtzentrum zur Uni?

—Gehen Sie den Berg hinunter, dann geradeaus über den Fluss. Dort ist das Stadtzentrum.

- die Bibliothek / die Mensa
- die Einkaufsstraße / das Fitnesszentrum
- der große U-Bahnhof / die Universität
- das Rathaus / das beste Restaurant in der Stadt
- das Polizeirevier / die Buchhandlung
- die Feuerwache / das Café

5 **Wo ist es? Was ist es?** Suchen Sie sich zu zweit ein Gebäude im Bild aus und beschreiben Sie einander, wo dieses Gebäude ist. Der/Die Partner(in) muss erraten (*guess*), was Sie beschreiben. Jede(r) soll mindestens drei Gebäude beschreiben.

Beispiel —Das Gebäude steht hinter dem Rathaus und neben dem Hotel.

—Ist es die Buchhandlung?

—Ja, das stimmt.

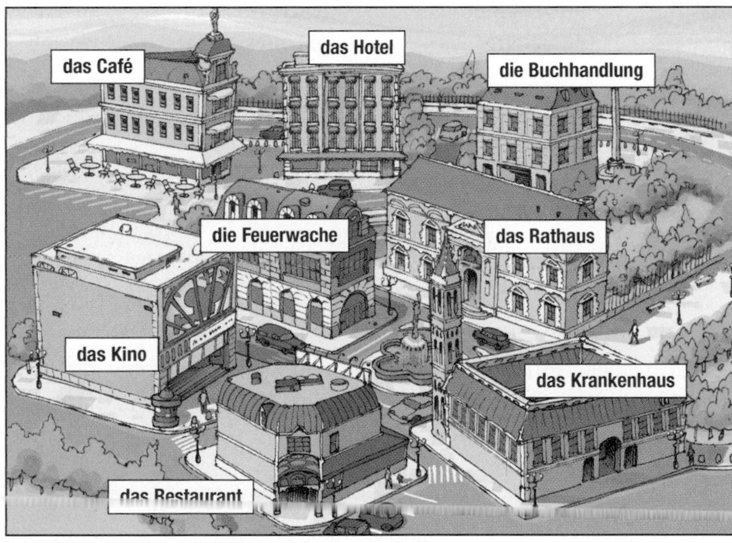

6 **Das Stadtleben** Stellen Sie einander die folgenden Fragen über das Stadtleben. Erklären Sie Ihre Antworten.

1. Mit wem amüsierst du dich gern? Was macht ihr gern zum Spaß?
2. Wohnst du lieber in einem Vorort oder im Stadtzentrum?
3. Kannst du ohne ein Einkaufszentrum leben?
4. Bist du für oder gegen das Rauchen im Restaurant?
5. Bleibst du als Fußgänger immer an einer roten Ampel stehen oder läufst du über die Straße, ohne zu warten?
6. Fährst du trotz Verkehrsstaus in der Stadt gern mit dem Auto oder fährst du lieber mit der U-Bahn?
7. Machst du lieber Urlaub auf dem Land oder in der Stadt?

2.3 *Das Perfekt*; separable and inseparable prefix verbs

—*Ich **habe** es so gerne **gelesen**.*

- **Das Perfekt**, the present perfect tense, is a compound tense, made up of an auxiliary verb (**haben** or **sein**) and the past participle.

Ich habe gesprochen. *I have spoken./I was speaking./I spoke.*	**Ich bin gegangen.** *I have gone./I was going./I went.*

- To form the past participle of regular (also called "weak") verbs in the **Perfekt**, add **ge–** in front of the stem and **–t** to the end of the verb stem. When a cluster of consonants makes it difficult to pronounce the –**t** ending, add **–et**.

parken	arbeiten	atmen	regnen
ge + park + t	ge + arbeit + et	ge + atm + et	ge + regn + et
geparkt	gearbeitet	geatmet	geregnet

Past participles of some common regular verbs

ärgern → geärgert	langweilen → gelangweilt	teilen → geteilt
dauern → gedauert	plaudern → geplaudert	träumen → geträumt
haben → gehabt	sagen → gesagt	trennen → getrennt
heiraten → geheiratet	stoppen → gestoppt	zeigen → gezeigt

QUERVERWEIS

Refer to the alphabetical list of irregular verbs in the **Appendix, pp. 395-397**.

- Most irregular (also called "strong") verbs add **ge–** to the front of the verb and –**en** at the end, but the past participles for strong verbs vary greatly and must be memorized individually. Here are some verbs that take the auxiliary verb **haben**.

Past participles of some irregular verbs with *haben*

besuchen → besucht	sehen → gesehen
denken → gedacht	sprechen → gesprochen
finden → gefunden	stehen → gestanden
geben → gegeben	treffen → getroffen

Hast du mit dem Bürgermeister deiner Stadt **gesprochen**? ***Have** you **spoken** to the mayor of your town?*	Wir **haben** all die guten Museen **besucht**. *We **have visited** all the good museums.*

- Use **sein**: with verbs that show a movement from one place to another: **aussteigen**, **einsteigen**, **fahren**, **fallen**, **fliegen**, **gehen**, **kommen**, **laufen**, **reisen**, **umziehen**.

Das Kind **ist** in der Stadt verloren **gegangen**.
*The child **got lost** in the city.*

Wir **sind** mit der U-Bahn **gefahren**.
*We **rode** the subway.*

...with verbs that show a change of condition: **aufwachen**, **aufstehen**, **sterben**, **wachsen**.

Sie **ist** spät **aufgewacht**.
*She **woke up** late.*

Der Witwer **ist gestorben**.
*The widower **died**.*

...with the following verbs: **bleiben**, **gelingen**, **geschehen**, **passieren**, **sein**, **werden**.

Er **ist** zu Hause **geblieben**.
*He **stayed** at home.*

Es **ist** dunkel **geworden**.
*It **got (became)** dark.*

Perfekt* form of some verbs that take *sein		
aussteigen → ist ausgestiegen	**gehen → ist gegangen**	**laufen → ist gelaufen**
einsteigen → ist eingestiegen	**gelingen → ist gelungen**	**sein → ist gewesen**
fallen → ist gefallen	**kommen → ist gekommen**	**werden → ist geworden**

- Verbs with separable prefixes such as **an**–, **ein**–, **um**–, and **vorbei**– add **ge**– between the prefix and the stem.

Past participles of some separable prefix verbs	
ankommen → angekommen	**einladen → eingeladen**
anrufen → angerufen	**einsteigen → eingestiegen**
einkaufen → eingekauft	**vorbeifahren → vorbeigefahren**

- Verbs with the inseparable prefixes (**be**–, **ent**–, **er**–, **ge**–, **miss**–, **über**–, **unter**–, **ver**–, and **zer**–) generally do not add **ge**– to the past participle.

Past participles of some inseparable prefix verbs		
bekommen → bekommen	**überqueren → überquert**	**verdienen → verdient**
gefallen → gefallen	**unterhalten → unterhalten**	**zerstören → zerstört**

- Verbs that end with **–ieren** do not add **ge**–, but do end in **–t**. An exception: **verlieren**; the past participle is **verloren**.

amüsieren → amüsiert **diskutieren → diskutiert**

- In German word order, the conjugated auxiliary verb always takes the second position in the sentence. The past participle always comes last.

Der Polizist **ist** zum Polizeirevier **gefahren**.
*The policeman **drove** to the police station.*

ACHTUNG!

Certain prefixes can be either separable or inseparable, depending on the meaning they convey.

Der Bus hat einen Fußgänger **umgefahren**.
*The bus **knocked over** a pedestrian.*

Der Bus hat einen Fußgänger **umfährt**.
*The bus **drove around** a pedestrian.*

QUERVERWEIS

For word order in **das Perfekt** with conjunctions and relative pronouns, see **Strukturen 3.2, pp. 92-93** and **3.3, pp. 96-97**.

Anwendung

1 **Der erste Tag in Berlin** Margaret wohnt in Freiburg und macht Urlaub in Berlin. Sie schreibt eine Postkarte an ihre Oma. Schreiben Sie die richtige Verbform in Klammern (*parentheses*) in die Lücken.

Liebe Oma!

Ich bin gut in Berlin (1) _______ (ankommen). Der Flug hat 2 Stunden (2) _______ (dauern). Ich bin sofort mit der Bahn in die Stadt (3) _______ (fahren). Ich bin am U-Bahnhof Alexanderplatz (4) _______ (aussteigen). Dort habe ich die Weltzeituhr und den Fernsehturm (5) _______ (sehen). Ich bin am Roten Rathaus (6) _______ (vorbeigehen). Unter den Linden habe ich die neue Wache (7) _______ (besuchen). Die Statue Pieta von Käthe Kollwitz hat mir sehr gut (8) _______ (gefallen). Ich bin dann weiter (9) _______ (laufen), bis ich das Brandenburger Tor (10) _______ (erreichen) habe. Da bin ich aber auf einmal müde (11) _______ (werden). Ich habe ein lebhaftes Café in der Nähe (12) _______ (finden) und habe mit einer begeisterten Berlinerin (13) _______ (plaudern). Ich glaube, ich habe mich in Berlin (14) _______ (verlieben)!

Es wird ein toller Urlaub werden!

Küsschen

Margaret

KULTURANMERKUNG

Die Museumsinsel

Berlins Museumsinsel befindet sich auf der Spreeinsel in Berlin Mitte. Mit ihren fünf Museen ist sie seit 1999 ein UNESCO-Weltkulturerbe. **Das Neue Museum** wurde 2009 wieder eröffnet und enthält die Büste der Königin Nofretete. Im **Pergamonmuseum** findet man den Pergamonaltar, der im 2. Jahrhundert vor Christus in der heutigen Türkei errichtet wurde. In der **Alten Nationalgalerie** gibt es europäische Kunst aus dem 19. Jahrhundert. Das Museum für Byzantinische Kunst, die Skulpturensammlung und das Münzkabinett° sind im **Bode-Museum** zu sehen. Im **Alten Museum**, das von Karl Friedrich Schinkel am Anfang des 19. Jahrhunderts als erstes von fünf Museen gebaut wurde, befinden sich die griechische Antikensammlung und Sonderausstellungen.

Münzkabinett *coin collection*

2 **Die Museumsinsel** Florian zeigt Sophie die Sehenswürdigkeiten in Berlin. Wählen Sie das richtige Verb aus der Liste und schreiben Sie es im **Perfekt** in die Lücke.

amüsieren	erzählen	kommen	träumen
denken	halten	langweilen	zeigen
erwarten	kennen lernen	sprechen	ziehen

SOPHIE Ich (1) _______ immer von einer Reise nach Berlin _______. Hier (2) _______ meine Eltern sich _______. Sie (3) _______ schon so viel von Berlin _______.

FLORIAN Es ist super, dass du hier bist. Komm, ich zeige dir die Museumsinsel. Hier ist der Lustgarten. Dahinter ist das alte Museum. Die schöne Nofretete (*Nefertiti*) (4) _______ 2009 von dort in das neue Museum _______.

SOPHIE Meine Mutter (5) _______ immer vom Pergamonaltar _______. Wo ist denn der?

FLORIAN Dieser Altar ist im Pergamonmuseum. Er (6) _______ am Ende des 19. Jahrhunderts aus der Türkei nach Berlin _______.

SOPHIE Ich (7) _______ mich heute total gut _______, Florian. Ich (8) _______ immer _______, dass Berlin voller Menschen ist. Aber es sind mehr, als ich (9) _______ _______!

FLORIAN Ich (10) _______ dir gern das Stadtzentrum _______.

SOPHIE Ich (11) _______ mich überhaupt nicht _______. Vielen Dank!

Practice more at **vhlcentral.com.**

Kommunikation

3 **Was ist passiert?** Sehen Sie sich zu zweit die Illustrationen an. Erfinden Sie eine Geschichte für jede Situation. Verwenden Sie das **Perfekt**.

Beispiel Lara hat einen Brief von ihrem Opa in Berlin bekommen. Er hat sie nach Berlin eingeladen. Sie hat sofort ja gesagt und sich auf die Reise vorbereitet.

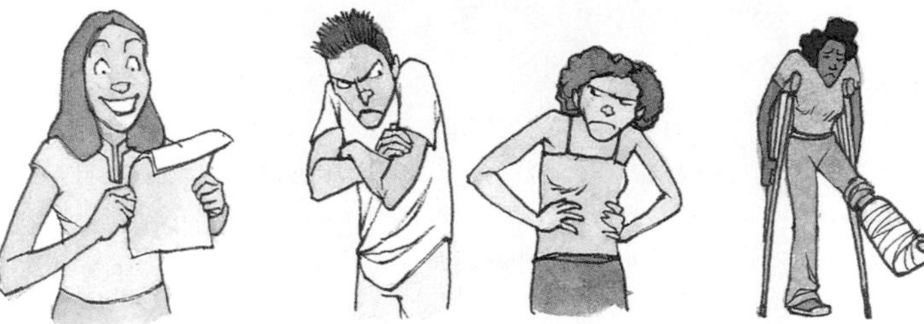

Lara **Max und Lena** **Hannah**

4 **War es schön?** Hier ist eine Liste von verschiedenen Aktivitäten. Wann haben Sie etwas zum letzten Mal gemacht? Stellen Sie einander Fragen.

Beispiel **im Einkaufszentrum einkaufen**

—Wann hast du das letzte Mal im Einkaufszentrum eingekauft?

—Ich habe am Wochenende eingekauft.

—Was hast du gekauft?

1. mit Freunden Spaß haben
2. mit den öffentlichen Verkehrsmitteln fahren
3. etwas am Zeitungskiosk kaufen
4. sich in einer Großstadt verlaufen/verfahren
5. eine Wegbeschreibung geben
6. Vergnügen am Nachtleben in deiner Stadt haben
7. einen neuen Mitbewohner bekommen
8. mit deinen Zimmergenossen plaudern
9. in eine neue Stadt umziehen
10. lange im Verkehrsstau stehen

5 **Wahr oder erfunden?**

A. Schreiben Sie zu zweit zwei Kurzgeschichten. Eine Geschichte soll erfunden, aber lustig sein. Die andere Geschichte soll wahr, aber lustig oder fast unglaublich sein. Benutzen Sie viele Details und das **Perfekt** in Ihrer Geschichte. Passen Sie auf, dass Sie die folgenden Fragen in beiden Geschichten beantworten.

- Wann ist die Geschichte passiert?
- Sind Sie mit anderen irgendwohin gegangen?
- Wenn ja, wohin sind Sie gegangen?
- Sind Sie in der Stadt gewesen? Zu Hause? Bei Freunden?
- Ist die Situation in der Geschichte gefährlich gewesen? Wie?

B. Lesen Sie der Klasse beide Geschichten vor. Die anderen Student(inn)en müssen entscheiden, welche Geschichte die wahre und welche die erfundene ist.

Synthese

2 **Sprechen wir**

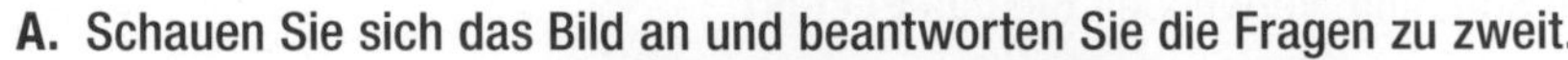

A. Schauen Sie sich das Bild an und beantworten Sie die Fragen zu zweit.

- Wo sind die Leute?
- Was ist das für eine Stadt? Beschreiben Sie sie.
- Beschreiben Sie die Gruppe von Leuten links. Wie sind diese Leute miteinander verwandt?
- Was machen die Leute?
- Warum sieht der Mann rechts nach hinten zu der Familie?

B. Erfinden Sie eine Geschichte über diese Familie. Was haben diese Leute in der Stadt gemacht, bevor das Bild aufgenommen wurde? Beginnen Sie die Geschichte so:

Am Morgen...

2 **Schreiben wir** Sie haben etwas erlebt und schreiben in Ihrem Tagebuch darüber. Wählen Sie eins der Themen aus und schreiben Sie eine Seite darüber. Achten Sie auf Akkusativ, Dativ, Genitiv, Präpositionen und das Perfekt.

- Schreiben Sie über die Nachbarschaft aus Ihrer Kindheit.
- Schreiben Sie über den ersten Tag in einer neuen Stadt.
- Schreiben Sie über eine(n) Ausländer(in) und wie Sie einander kennen gelernt haben.
- Schreiben Sie über eine Party mit Mitbewohnern und wie Sie sich amüsiert haben.
- Schreiben Sie über eine problematische Autofahrt mit viel Verkehr.

Strategien für die Kommunikation

Diese Ausdrücke können Ihnen helfen, über die Vergangenheit zu schreiben.

damals *back then*
als ich ein Kind war *when I was a child*
in der Vergangenheit *in the past*
in letzter Zeit *recently*
vor kurzem *a little while ago*
so weit ich mich erinnern kann *as far as I can remember*
Es hat mich daran erinnert, dass... *It reminded me that...*

Vorbereitung

Wortschatz der Lektüre

(sich) anpassen *to adjust to*
die Gemeinde, -n *community*
gewähren *to grant*
der Imbiss, -e *snack*
preisen *to praise*
die Regierung, -en *government*
die Staatsangehörigkeit, -en *nationality*
die (Wieder)vereinigung, -en *(re)unification*
die Vielfalt *variety*

Nützlicher Wortschatz

austauschen *to exchange*
behandeln *to deal with*
benachteiligen *to discriminate*
die Harmonie, -n *harmony*
integrieren *to integrate*
die Isolation, -en *isolation*
der Konflikt, -e *conflict*
die Sprachkenntnisse (*pl.*) *linguistic proficiency*

1 **Zuordnen** Verbinden Sie die Wörter in der rechten Spalte mit den Definitionen in der linken Spalte.

___ 1. ein Imbiss	a. loben; ganz toll finden
___ 2. die Staatsangehörigkeit	b. Das Parlament ist ein Teil davon.
___ 3. eine Regierung	c. wenn Teile zusammen kommen
___ 4. die Gemeinde	d. eine Currywurst
___ 5. die Vereinigung	e. die Menschen, die zu einer Kirche gehören oder in einer Stadt wohnen
___ 6. preisen	f. sagt, zu welchem Land man gehört

2 **Integration** Ergänzen Sie den folgenden Text mit den passenden Wörtern aus der Liste.

anpassen austauschen	behandeln benachteiligen	Harmonie Isolation	Konflikt Sprachkenntnisse	Vielfalt

In Berlin möchte eine (1) ________ von Kulturen in (2) ________ zusammenleben. Das bedeutet, dass alle Menschen sich (3) ________ müssen, um (4) ________ zu vermeiden (*avoid*). Die Deutschen sollten sich mit Ausländern (5) ________, sie gut (6) ________ und nicht (7) ________. Für Ausländer sind (8) ________ besonders wichtig, um einer (9) ________ vorzubeugen (*prevent*).

3 **Ist Ihre Stadt multikulturell?** Besprechen Sie zu zweit die multikulturellen Aspekte Ihrer Stadt (oder einer Stadt, die Sie beide gut kennen).

1. Beschreiben Sie Ihre Stadt. Ist sie groß oder klein? Was für Leute wohnen in der Stadt?
2. Wohnen viele Ausländer da? Woher kommen sie? Welchen Einfluss haben sie auf das Leben in dieser Stadt?
3. Gibt es etwas in der Stadt, wofür (*for which*) sie berühmt ist? Was ist das? Beschreiben Sie es.

KULTURANMERKUNG

Die Currywurst

Die Erfindung° der Currywurst wird aus heutiger Sicht° auf das Jahr 1949 datiert und Herta Heuwer zugesprochen, der Betreiberin° eines Schnell-Imbisses in Berlin Charlottenburg. Nach Ende des Krieges vermischte° sie Ketchup, Currypulver, Paprika und weitere Gewürze° miteinander und verfeinerte° damit ihre Bratwurst. Als „*Chillup*" ließ sie sich ihr Rezept 1959 sogar patentieren. Mit Pommes frites als Beilage ist die Currywurst heute aus der Deutschen Fastfood-Küche nicht mehr wegzudenken°. In Berlin gibt es mittlerweile sogar ein Currywurst-Museum.

Erfindung *invention*
Sicht *perspective*
Betreiberin *operator*
vermischte *mixed*
Gewürze *spices*
verfeinerte *refined*
nicht mehr wegzudenken *here to stay*

Audio: Reading

Berlin multikulturell seit Jahrhunderten

Seit Juni 1990 ist Berlin wieder die Hauptstadt Deutschlands, und seit dem 1. September 1999 arbeiten die deutsche Regierung und das Parlament hier im neuen Reichstagsgebäude. Auf einem Gebiet von ca. 892 km^2 leben heute Menschen aus rund 186 Ländern und entsprechend° multikulturell ist die Atmosphäre dieser Stadt. Deutschland hat sich eigentlich nie als Einwanderungsland verstanden°. Berlin hingegen° hat eine lange Geschichte als Einwanderungsstadt. Das hat schon im 17. Jahrhundert zur Zeit des Großen Kurfürsten Friedrich Wilhelm angefangen. Er hat jüdischen° Familien aus Österreich und französischen Hugenotten ein neues Zuhause gewährt. Im Laufe des 19. Jahrhunderts sind vor allem Slawen aus Böhmen und Polen nach Berlin gekommen, und die jüdische Gemeinde hat vor 1933 rund 160.000 Mitglieder gezählt.

Nach dem 2. Weltkrieg wurde Berlin, so wie auch Deutschland, geteilt°. Nach Ostberlin, ab 1949 die Hauptstadt der DDR, sind viele Vietnamesen, Koreaner und Kubaner gekommen; Westberlin hat Gastarbeiter° aus Südeuropa und aus der Türkei angezogen. Mit rund 200.000 Personen sind die Türken in Berlin nun die weltweit größte türkische Gemeinde außerhalb der Türkei. Viele von ihnen wohnen im Stadtteil Kreuzberg, zum Teil schon in der dritten Generation. Daher° ist es auch nicht verwunderlich°, dass der Döner neben der Currywurst mittlerweile der beliebteste Imbiss bei Touristen wie auch Berlinern geworden ist.

Die Presse preist Berlin als einen idealen Ort für den Dialog zwischen den Kulturen: Ethnische und kulturelle Vielfalt bedeutet Bereicherung°. Mehr als 470.000 Menschen nicht-deutscher Staatsangehörigkeit wohnen hier und prägen den unverwechselbar° weltoffenen Charakter der Stadt.

Aber die Wiedervereinigung und der Umgang° mit dem Reichtum an Kulturen ist nicht immer einfach. Die Einwohner und auch das Aussehen der Stadt müssen sich der neuen Zeit anpassen. Daher spricht man jetzt manchmal von einer Mauer im Kopf, und die Ausländerfeindlichkeit° macht sich gerade in Zeiten wirtschaftlicher Rezession bemerkbar. Architektonisch hat Berlin sich der neuen Zeit angepasst. Die große Baustelle in der Stadtmitte und im Areal um den Alexanderplatz gibt es nicht mehr. Wenn man aber mit der S-Bahn Linie 5 durch die ganze Stadt fährt, kann man am einen Ende noch die Plattenbauten° der ehemaligen° DDR sehen und am anderen die Villen der Gründerzeit. Man kann den Verlauf° der Berliner Mauer jetzt im Straßenpflaster° in der Nähe des Brandenburger Tores verfolgen und dabei sozusagen mit einem Fuß im ehemaligen Westen und mit dem anderen im ehemaligen Osten stehen. Reste der Mauer aber bleiben durch die Ausstellung der *East Side Gallery* den Besuchern und Einwohnern Berlin zugänglich°. So lebt die Geschichte der Stadt auch zwischen all den Neuerungen weiter. ■

accordingly — entsprechend; *considered itself/ in contrast* — verstanden / hingegen; *Jewish* — jüdisch; *was divided* — geteilt; *guest workers* — Gastarbeiter; *Therefore* — Daher; *surprising* — verwunderlich; *enrichment* — Bereicherung; *unmistakable* — unverwechselbar; *dealings* — Umgang; *hostility towards foreigners* — Ausländerfeindlichkeit; *prefabricated buildings* — Plattenbauten; *former* — ehemalig; *course* — Verlauf; *street surface* — Straßenpflaster; *accessible* — zugänglich

Der Berliner Bär...

ist offiziell seit 1954 das Wappen° des Landes und der Stadt Berlin. Seit 2001 gibt es über 1.100 bunt bemalte „Buddy Bären", davon rund 800 außerhalb von Berlin. Seit 2002 existieren sogar 142 „*United Buddy Bears*", die in Ausstellungen um die ganze Welt reisen, für Toleranz und Völkerverständigung° werben und für UNICEF und andere Kinderhilfsorganisationen Spenden° sammeln.

Wappen *coat of arms* **Völkerverständigung** *international understanding* **Spenden** *donations*

Analyse

1

Zuordnen Bilden Sie vollständige Sätze.

C 1. Seit 1999 arbeitet die deutsche Regierung...
E 2. Anders als Deutschland hat...
A 3. Viele jüdische Familien kamen schon...
F 4. Die türkische Gemeinde in Berlin...
B 5. Die ethnische und kulturelle Vielfalt gibt...
D 6. Teile der Berliner Mauer kann man...

a. im 17. Jahrhundert nach Berlin.
b. der Stadt Berlin ihren unverwechselbar weltoffenen Charakter.
c. wieder in Berlin, und zwar im neuen Reichstagsgebäude.
d. jetzt in der *East Side Gallery* sehen.
e. Berlin eine lange Geschichte als Stadt für Einwanderer.
f. ist die größte außerhalb der Türkei.

2

Richtig oder falsch? Entscheiden Sie, welche Aussagen **richtig** oder **falsch** sind. Korrigieren Sie dann zu zweit die falschen Aussagen.

Richtig	Falsch	
☑	☐	1. Heute leben in Berlin Menschen aus rund 186 Ländern auf einem Gebiet von ca. 892 km^2.
☑	☐	2. Ostberlin wurde 1949 die Hauptstadt von Deutschland.
☐	☑	3. *Hotdogs* sind die beliebtesten Imbisse der Berliner.
☑	☑	4. Die Berliner und die Architektur der Stadt müssen sich der neuen Zeit anpassen.
☐	☑	5. Ausländerfeindlichkeit und wirtschaftliche Rezession gehen oft Hand in Hand.
☐	☑	6. Es gibt nichts mehr von der Berliner Mauer.

3

Stadtplanung

A. Stellen Sie sich vor, Sie sind der/die Bürgermeister(in) von Berlin zur Zeit der Wiedervereinigung. Sie wollen eine moderne, multikulturelle Stadt schaffen (*create*). Bilden Sie kleine Gruppen und beschließen Sie mit Hilfe Ihrer Berater(innen), was Sie machen wollen, damit Berlin eine bemerkenswerte (*striking*) Stadt wird.

- Was für öffentliche Verkehrsmittel soll es in der neuen Stadt Berlin geben? Was sind die Vor- und Nachteile jedes Verkehrsmittels?
- Soll es Fußgängerzonen und/oder autofreie Zonen geben? Wo und warum? Wo gibt es Parkplätze?
- Sollen Geschäftsanlagen und Wohngebiete getrennt werden oder integriert sein?
- Was für Museen, Theater, Konzertsäle, Kunsthallen und Sportstadien soll es geben? Wo?
- Gibt es neue Parkanlagen, Spielplätze oder Erholungsgebiete (*recreational areas*)?

B. Die verschiedenen Gruppen präsentieren nun der Klasse ihre Projekte. Die Klasse entscheidet dann, welches Projekt das beste ist.

- Was sind die Hauptpunkte jedes Projektes? Was sind die Hauptunterschiede der Projekte?
- Haben die Projekte Ideen gemeinsam? Welche?

Practice more at **vhlcentral.com.**

Vorbereitung

Über den Schriftsteller

Wladimir Kaminer wurde am 19. Juli 1967 in Moskau geboren. Nach seinem Studium der Dramaturgie emigrierte im Jahr 1990 nach Berlin. Dort wurde er Zeuge (*witness*) der Aufbruchstimmung (*optimism*) der deutschen Wiedervereinigung, die sich auch auf die Berliner Literaturszene auswirkte (*affected*). Er lieferte (*provided*) literarische Beiträge (*contributions*) für Zeitungen, Zeitschriften (*magazines*) und Fernsehen, hielt Lesungen und moderierte eine Radiosendung. Sein erster Roman *Russendisko* machte ihn über die Grenzen Berlins bekannt.

Wortschatz der Kurzgeschichte

augenscheinlich *obvious*
betreiben *to operate*
eifrig *eager*
sich entpuppen *to turn out to be*
locker lassen *to give up*
das Schicksal, -e *fate*
(sich) verbergen *to hide*
volkstümlich *folksy*

Nützlicher Wortschatz

(an)zweifeln *to doubt*
(einer Sache) nachgehen *to go into the matter*
Sitten und Gebräuche *manners and customs*
das Viertel, - *neighborhood*

1 Definitionen **Ordnen Sie die Wörter der linken Spalte denen in der rechten Spalte zu.**

_____ 1. offensichtlich, klar, deutlich	a. einer Sache nachgehen
_____ 2. etwas untersuchen	b. zweifeln
_____ 3. etwas, was für eine Person oder ein Land typisch ist	c. augenscheinlich
_____ 4. keinen Glauben schenken	d. Sitten und Gebräuche
_____ 5. die Umgebung in der man wohnt	e. das Viertel

2 Vorbereitung **Stellen Sie einander die folgenden Fragen.**

1. Gibt es in deiner Stadt Ecken (*confined, typical area*), die du Besuchern zeigen möchtest?
2. Ist deine Stadt multikulturell? Woran erkennt man das?
3. In welchen ethnischen Restaurants hast du schon gegessen?

3 Gespräch **Beantworten Sie zu dritt die folgenden Fragen.**

1. Was macht das Leben in einer so großen Stadt wie Berlin attraktiv?
2. Was sind typische Merkmale (*characteristics*) einer Großstadt/einer Kleinstadt?
3. Wie heißen die ethnischen Restaurants in deiner Stadt? Was soll mit diesen Namen suggeriert werden?
4. Stellen Sie sich vor, Sie sind in Berlin und möchten etwas Amerikanisches essen. Was für ein Restaurant suchen Sie? Was erwarten Sie von der Speisekarte, von der Bedienung, vom Essen?

KULTURANMERKUNG

Lust auf amerikanisches Essen?

Auch das lässt sich in Berlin finden. Da gibt es nämlich neben den bekannten Kettenrestaurants auch richtige *Diners*, komplett mit metallenen Barhockern° an der Theke° und dem Dekor der 50er Jahre. Hier kann man Hamburger und Pommes Frites bekommen und sich fast so wie an der Route 66 fühlen. Und wenn man Appetit auf Gegrilltes° hat, dann gibt es auch Restaurants, die *Spare-Ribs* mit Krautsalat° servieren.

Barhockern *bar stools* **Theke** *counter* **Gegrilltes** *grilled food* **Krautsalat** *coleslaw*

Wladimir Kaminer

Geschäfts

Einmal verschlug mich das Schicksal nach° Wilmersdorf. Ich wollte meinem Freund Ilia Kitup, dem Dichter aus Moskau, die typischen Ecken° Berlins zeigen.

Es war schon Mitternacht, wir hatten Hunger und landeten in einem türkischen Imbiss. Die beiden Verkäufer hatten augenscheinlich nichts zu tun und tranken in Ruhe ihren Tee. Die Musik aus dem Lautsprecher kam meinem Freund bekannt vor. Er erkannte

nach° cast to
Ecken° typical areas of a city

tarnungen

(Auszug aus *Russendisko*)

die Stimme einer berühmten bulgarischen Sängerin und sang ein paar Strophen mit.

„Hören die Türken immer nachts bulgarische Musik?" Ich wandte mich mit dieser Frage an Kitup, der in Moskau Anthropologie studierte und sich in Fragen volkstümlicher Sitten gut auskennt°. Er kam mit den beiden Imbissverkäufern ins Gespräch.

well versed

„Das sind keine Türken, das sind Bulgaren, die nur so tun, als wären sie Türken", erklärte mir Kitup, der auch ein wenig bulgarisches Blut in seinen Adern° hat. „Das ist wahrscheinlich ihre Geschäftstarnung°." „Aber wieso tun sie das?", fragte ich. „Berlin ist zu vielfältig. Man muss die Lage nicht unnötig verkomplizieren. Der Konsument ist daran gewöhnt, dass er in einem türkischen Imbiss von Türken bedient wird, auch wenn sie in Wirklichkeit Bulgaren sind", erklärten uns die Verkäufer.

veins / *business camouflage*

Gleich am nächsten Tag ging ich in ein bulgarisches Restaurant, das ich vor kurzem entdeckt hatte. Ich bildete mir ein, die Bulgaren dort wären in Wirklichkeit Türken. Doch dieses Mal waren die Bulgaren echt. Dafür entpuppten sich die Italiener aus dem italienischen Restaurant nebenan als Griechen. Nachdem sie den Laden übernommen hatten, waren sie zur Volkshochschule° gegangen, um dort Italienisch zu lernen, erzählten sie mir. Der Gast erwartet in einem italienischen Restaurant, dass mit ihm wenigstens ein bisschen Italienisch gesprochen wird. Wenig später ging ich zu einem „Griechen", mein Gefühl hatte mich nicht betrogen. Die Angestellten erwiesen sich als° Araber.

adult education center / *proved to be*

Berlin ist eine geheimnisvolle Stadt. Nichts ist hier so, wie es zunächst scheint. In der Sushi-Bar auf der Oranienburger Straße stand ein Mädchen aus Burjatien hinter dem Tresen°. Von ihr erfuhr ich, dass die meisten Sushi-Bars in Berlin in jüdischen Händen sind und nicht aus Japan, sondern aus Amerika kommen. Was nicht ungewöhnlich für die Gastronomie-Branche wäre. So wie man ja auch die billigsten Karottenkonserven von Aldi als handgeschnitzte° Gascogne-Möhrchen° anbietet: Nichts ist hier echt, jeder ist er selbst und gleichzeitig ein anderer.

counter / *hand-cut* / *carrots from Gascony*

Ich ließ aber nicht locker und untersuchte die Lage weiter. Von Tag zu Tag erfuhr ich mehr. Die Chinesen aus dem Imbiss gegenüber von meinem Haus sind Vietnamesen. Der Inder aus der Rykestraße ist in Wirklichkeit ein überzeugter Tunesier aus Karthago. Und der Chef der afroamerikanischen Kneipe mit lauter Voodoo-Zeug an den Wänden – ein Belgier. Selbst das letzte Bollwerk° der Authentizität, die Zigarettenverkäufer aus Vietnam, sind nicht viel mehr als ein durch Fernsehserien und Polizeieinsätze entstandenes Klischee. Trotzdem wird es von den Beteiligten bedient, obwohl jeder Polizist weiß, dass die so genannten Vietnamesen mehrheitlich aus der Inneren Mongolei kommen.

stronghold

Ich war von den Ergebnissen meiner Untersuchungen sehr überrascht und lief eifrig weiter durch die Stadt, auf der Suche nach der letzten unverfälschten Wahrheit. Vor allem beschäftigte mich die Frage, wer die so genannten Deutschen sind, die diese typisch einheimischen Läden mit Eisbein und Sauerkraut betreiben. Die kleinen gemütlichen Kneipen, die oft „Bei Olly" oder „Bei Scholly" oder ähnlich heißen, und wo das Bier immer nur die Hälfte kostet. Doch dort stieß° ich auf° eine Mauer des Schweigens°. Mein Gefühl sagt mir, dass ich etwas Großem auf der Spur bin. Allein komme ich jedoch nicht weiter. Wenn jemand wirklich weiß, was sich hinter den schönen Fassaden einer „Deutschen" Kneipe verbirgt, der melde sich°. Ich bin für jeden Tipp dankbar. ■

ran into/silence / *get in touch*

Analyse

1 **Verständnis** Bilden Sie logische Sätze.

_____ 1. Der Erzähler ging mit seinem Freund nach Wilmersdorf,

_____ 2. Die Kellner im türkischen Imbiss

_____ 3. Der Erzähler dachte, dass in einem bulgarischen Restaurant Türken arbeiteten,

_____ 4. Die meisten Sushi-Bars in Berlin

_____ 5. Als der Erzähler erfahren wollte, ob die deutschen Gaststätten von Deutschen geführt werden,

a. sind in jüdischen Händen.

b. haben nichts zu tun und hören bulgarische Musik.

c. stieß er auf eine Mauer des Schweigens.

d. um ihm einen Stadtteil von Berlin zu zeigen.

e. aber es waren wirklich Bulgaren.

2 **Wählen** Welche Aussagen sind richtig?

1. a. Ilia Kitup ist ein Dichter aus Moskau.
   b. Ilia Kitup zeigt seinem Freund typische Ecken von Berlin.
2. a. Die Kellner im türkischen Imbiss waren tatsächlich (*real*) Türken.
   b. Die Kellner im türkischen Imbiss tun so, als ob sie Türken wären.
3. a. Die Griechen im italienischen Restaurant konnten schon in Griechenland Italienisch.
   b. Die Griechen im italienischen Restaurant haben erst in Deutschland Italienisch gelernt.
4. a. In Berlin ist alles echt, so, wie man es erwartet.
   b. In Berlin ist manches nicht echt, weil viele eine Rolle spielen.
5. a. Der Autor ist sich nicht sicher, ob die einheimischen Gaststätten in Berlin wirklich von Deutschen betrieben werden.
   b. Die deutschen Restaurants in Berlin sind fest in deutscher Hand.

3 **Interpretation** Vervollständigen Sie die Sätze.

1. Ilia Kitup sang mit der Musik im türkischen Imbiss mit, weil er...
   a. schon öfter hier gegessen hat.
   b. die Stimme der bulgarischen Sängerin erkannt hat.
2. Die Bulgaren tun so, als ob sie Türken wären (*were*), weil...
   a. sie die Lage nicht unnötig verkomplizieren wollen.
   b. alle Ausländer in Berlin türkisch sind.
3. Beim Griechen erweisen sich die Angestellten als...
   a. Vietnamesen.
   b. Araber.
4. Berlin ist eine geheimnisvolle Stadt, weil...
   a. hier nichts so ist, wie es scheint.
   b. es hier so viele Restaurants gibt.
5. Vietnamesische Zigarettenverkäufer...
   a. leben nur in Ostberlin und kommen wirklich aus Vietnam.
   b. sind ein Klischee aus Fernsehsendungen.

4 **Der Erzähler** Beantworten Sie die Fragen zu dritt.

1. Welche Nationalität hat der Erzähler? Warum ist er nach Berlin gezogen? Wie lange wohnt er schon in Berlin?
2. Warum ist er mit seinem Freund noch um Mitternacht unterwegs?
3. Warum fasziniert es ihn so, dass nichts in Berlin echt ist, „aber doch jeder er selbst und gleichzeitig ein anderer?"
4. Warum glaubt er, dass die deutschen Lokale vielleicht nicht von Deutschen betrieben werden?

5 **Fragen zur Geschichte** Beantworten Sie die Fragen zu zweit.

1. Warum ist es wichtig, dass der Freund des Erzählers Anthropologie studiert hat?
2. Warum, glauben Sie, betreiben z.B. Griechen in Berlin ein italienisches Restaurant und nicht ein griechisches? Warum ist der Chef der afroamerikanischen Kneipe ein Belgier und nicht ein Afroamerikaner?
3. Warum nennt Aldi die Karotten in Dosen „Gascogne-Möhrchen"?
4. Ist es wichtig, ob die deutschen Kneipen in Berlin von Deutschen betrieben werden? Warum, warum nicht?

6 **Was meinen Sie?** Besprechen Sie zu dritt Ihre Einstellungen (*attitudes*) zu den folgenden Situationen.

1. Kennen Sie Fälle von „Geschäftstarnungen" in Ihrer Stadt? Welche?
2. Werden Sie misstrauisch (*suspicious*), wenn etwas nicht so ist, wie Sie es erwartet haben? Warum?
3. Wenn Sie in ein chinesisches Restaurant gehen, erwarten Sie dann, dass die Kellner(innen) chinesisch sprechen? Oder dass die Speisekarte auf Chinesisch gedruckt ist? Warum?
4. Waren Sie schon einmal in einem Restaurant, wo Sie die Speisekarte nicht verstehen konnten, weil Sie die Landessprache nicht sprechen? Was haben Sie gemacht? Wie haben Sie bestellt? Haben Sie bekommen, was Sie wollten, oder nicht?

7 **Zum Thema** Schreiben Sie einen Aufsatz von ungefähr 100 Wörtern über eins der folgenden Themen.

- Waren Sie schon einmal in einem Restaurant mit italienischer (oder thailändischer, russischer, spanischer, usw.) Küche, in dem die Kellner nur vorgaben, aus dem entsprechenden Land zu sein? Wie haben Sie darauf reagiert?
- Beschreiben Sie Ihre Gefühle bei Ihrem ersten Besuch in einer Großstadt. Falls (*If*) Sie in einer Großstadt wohnen, beschreiben Sie, wie Sie sich fühlen, wenn Sie eine Kleinstadt/ein Dorf besuchen.

KULTURANMERKUNG

Ausländer in Berlin

Die Hauptstadt der Bundesrepublik ist auch die multikulturelle Hauptstadt Deutschlands. In Berlin leben fast eine halbe Million Ausländer aus beinahe 200 verschiedenen Staaten. Gut ein Drittel von Ihnen kommt aus den anderen EU-Staaten wie Polen, Italien, Frankreich oder England. Die größte Gruppe aber machen die Türken aus; mehr als 100.000 von Ihnen lebten 2010 in Berlin. Kein Wunder also, dass neben der Currywurst in Deutschlands Hauptstadt auch an jeder Ecke Döner, Pizza und Crêpes zu bekommen sind.

 Practice more at **vhlcentral.com.**

Anwendung

Vorbereitung: Zitate

In einem Aufsatz müssen Sie Ihre These mit Fakten unterstützen (*support*). Eine verlässliche Form von Fakten sind Zitate aus dem Originaltext. Ein Zitat muss:

- sich direkt auf das beziehen, was Sie schreiben wollen.
- im Zusammenhang stehen. Sie dürfen die Aussagen des Autors nicht verfälschen.
- die Quelle angeben. Wenn man einen Text zitiert ohne die Quelle anzugeben, begeht man ein Plagiat.

Das Zitat muss mit Anführungszeichen (*quotation marks*) gekennzeichnet sein: „…" oder »…«. Wenn Sie Teile des Textes auslassen, muss der ausgelassene Text so angedeutet werden: [...]. Wenn Sie Wörter einfügen (*add*), damit es grammatisch richtig in Ihren Satz passt, werden diese Wörter ebenfalls mit [eckigen] Klammern gekennzeichnet. Wenn Sie im Zitat Ihre eigenen Worte gebrauchen wollen, muss das deutlich gemacht werden. Beispiele:

Direktes Zitat: Wladimir Kaminer erklärt, dass er das Geheimnis um die deutschen Kneipen in Berlin nicht lüften (*unveil*) kann und sagt: „Allein komme ich jedoch nicht weiter. Wenn jemand wirklich weiß, was sich hinter den schönen Fassaden einer ‚Deutschen' Kneipe verbirgt, der melde sich. Ich bin für jeden Tipp dankbar."

Zitatfragment: Wladimir Kaminer erklärt, dass er das Geheimnis um die deutschen Kneipen in Berlin nicht lüften kann und sagt: „Allein komme ich jedoch nicht weiter. Wenn jemand [es] wirklich weiß, [...] der melde sich. Ich bin für jeden Tipp dankbar."

Indirektes Zitat: Wladimir Kaminer erklärt, dass er das Geheimnis um die deutschen Kneipen in Berlin nicht lüften kann, und bittet deshalb um Hilfe.

Anwendung **Lesen Sie zu zweit den Text auf S. 33–35 und identifizieren Sie die Zitate.**

Aufsatz **Wählen Sie eins der folgenden Themen und schreiben Sie darüber einen Aufsatz.**

Voraussetzungen

1. Ihr Aufsatz soll sich inhaltlich mindestens auf einen der vier Teile dieses Kapitels (**Kurzfilm**, **Stellen Sie sich vor**, **Kultur** und/oder **Literatur**) beziehen.
2. Sie müssen mindestens drei direkte oder indirekte Zitate aus dem gewählten Text verwenden, um Ihre Aussagen zu unterstützen oder zu verteidigen (*defend*).
3. Ihr Aufsatz muss mindestens eine Seite lang sein.

1. Im Film *Auf der Strecke* trifft Rolf eine Entscheidung mit tragischen Konsequenzen. Wie weit sollte jemand ihrer Meinung nach gehen, um anderen in gefährlichen Situationen zu helfen?

2. Was bedeutet „zusammen leben" heutzutage in einer multikulturellen Stadt? Benutzen Sie Beispiele aus **Kultur** und **Literatur** in dieser Lektion, um Ihre Meinung zu unterlegen.

3. Vergleichen Sie das Leben in Berlin mit dem in einer amerikanischen Stadt Ihrer Wahl. In welcher Stadt lässt es sich Ihrer Ansicht nach besser leben und warum?

Stadt und Gemeinschaft

Lokalitäten

das Einkaufszentrum, -zentren *shopping mall*
die Feuerwache, -n *fire station*
das Gebäude, - *building*
das Gerichtsgebäude, - *courthouse*
die (Bus)haltestelle, -n *(bus) stop*
die Nachbarschaft/die Gegend, -en *neighborhood*
das Polizeirevier, -e *police station*
das Rathaus, -̈er *city/town hall*
der Stadtrand, -̈er *outskirts*
das Stadtzentrum, -zentren *city/town center; downtown*
der U-Bahnhof, -̈e/die U-Bahn-Station, -en *subway station*
die Unterbringung, -en *accommodations*
der Vorort, -e *suburb*
der Wolkenkratzer, - *skyscraper*
der Zeitungskiosk, -e *newsstand*

Wegbeschreibungen

die Allee, -n *avenue*
der Bürgersteig, -e *sidewalk*
die Ecke, -n *corner*
die (Fahr)spur, -en *lane; track*
der Kreisverkehr, -e *rotary; roundabout*
die Kreuzung, -en *intersection*
der öffentliche Personennahverkehr (ÖPNV)/die öffentlichen Verkehrsmittel *public transportation*
die Reklametafel, -n *billboard*
die Richtung, -en *direction*
der Verkehr *traffic*
die (Verkehrs)ampel, -n *traffic light*
das Verkehrsschild, -er/das Verkehrszeichen, - *road sign; traffic sign*
der (Verkehrs)stau, -s *traffic jam*
der Zebrastreifen, - *crosswalk*

---

aussteigen *to get out; to get off (bus, train)*
einsteigen *to get on; to get in (bus, train)*
eine Wegbeschreibung geben *to give directions*
liegen *to be located*
überqueren *to cross (a road, river, ocean)*
sich verlaufen/sich verfahren *to get/to be lost*

Die Leute

der Ausländer, -/die Ausländerin, -nen *foreigner*
der Bürger, -/die Bürgerin, -nen *citizen*
der Bürgermeister, -/die Bürgermeisterin, -nen *mayor*
der Fahrer, -/die Fahrerin, -nen *driver*
der/die Fremde, -n *stranger*
der Fußgänger, -/die Fußgängerin, -nen *pedestrian*
der Mieter, -/die Mieterin, -nen *tenant*
der Mitbewohner, -/die Mitbewohnerin, -nen *apartment-mate*
der Polizeibeamte, -n/die Polizeibeamtin, -nen *police officer*
der Zimmergenosse, -n/die Zimmergenossin, -nen *roommate*

Aktivitäten

das Nachtleben *nightlife*
die Stadtplanung, -en *city/town planning*

---

sich amüsieren/Spaß (an etwas) haben *to have fun; to enjoy oneself*
(an)halten/stoppen *to stop*
parken *to park*
plaudern *to chat*
umziehen *to move*
sich unterhalten *to converse*
verbessern *to improve*
vorbeigehen *to pass; to go past*
wenden *to turn (around)*

Zum Beschreiben

aufregend *exciting*
gefährlich *dangerous*
laut *loud; noisy*
lebhaft *lively*
leer *empty*
persönlich *personal*
privat *private*
sicher *safe*
überfüllt *crowded*
unerwartet *unexpected*
voll *full*

Kurzfilm

die Einsamkeit *loneliness*
das schlechte Gewissen *bad/guilty conscience*
die Jugendkriminalität *youth crime, juvenile delinquency*
der Nebenbuhler, -/die Nebenbuhlerin, -nen *rival (in love)*
das Schuldgefühl, -e *remorse*
der Sicherheitsbedienstete, -n *security guard*
das Videoüberwachungssystem, -e *video surveillance system*

---

j-n anbeten *to adore someone*
j-n anpöbeln *to harass someone*
beobachten *to observe; to spy*
j-n festnehmen *to arrest someone*
außer Kontrolle geraten *to get out of control*
j-n (ver)prügeln *to beat someone up*

Kultur

die Gemeinde, -n *community*
der Imbiss, -e *snack*
die Regierung, -en *government*
die Staatsangehörigkeit, -en *citizenship*
die (Wieder)vereinigung, -en *(re)unification*
die Vielfalt *variety*

(sich) anpassen *to adjust to*
bedeuten *to mean*
behandeln *to deal with*
gewähren *to grant*
preisen *to praise*
teilen *to divide*

Literatur

das Schicksal, -e *fate*
Sitten und Gebräuche *manners and customs*
das Viertel, - *neighborhood*

(an)zweifeln *to doubt*
betreiben *to operate*
sich entpuppen *to turn out to be*
locker lassen *to give up*
(einer Sache) nachgehen *to go into the matter*
(sich) verbergen *to hide*

---

augenscheinlich *obvious*
eifrig *eager*
volkstümlich *folksy*

LEKTION 3

Medieneinflüsse

Jede Minute fliegen neue Mitteilungen auf uns zu – per Internet, per Handy, per Zeitung, per Radio, per Fernsehen. Haben Sie je darüber nachgedacht, welche Rolle diese Medien in Ihrem Leben spielen? Wie groß ist der Einfluss, den die Medien auf Ihre Ansichten und Ihr Verhalten (*behavior*) ausüben? Mal ganz zugespitzt gefragt: Wer bildet Ihre Meinungen – Sie oder die Medien?

80 **KURZFILM**
Im Film *Worst Case – Ein Tag in der Werbung* zeigt der Regisseur **Bernd Schaarmann** den Entstehungsprozess (*creation*) eines Werbespots.

86 **STELLEN SIE SICH VOR**
Segeln wir mal durch **Mecklenburg-Vorpommern**, **Schleswig-Holstein** und **Hamburg**, um zu lernen, wie die Händler (*traders*) Deutschlands ein wichtiges Bündnis (*alliance*) – die Hanse – aufbauten.

101 **KULTUR**
Hamburg: Medien-Mekka gibt einen kurzen Überblick über die vielfältige Medienkultur (Fernsehen, Radio und Werbung) der Stadt, erwähnt (*mentions*) populäre Fernseh- und Rundfunksendungen und verweist auf (*refers to*) deutsche Verlage und ihre Publikationen.

105 **LITERATUR**
In *Zonenkinder* setzt sich **Jana Hensel** mit den kulturellen Problemen der Jugendlichen auseinander, die in der DDR aufgewachsen sind und sich nach der Wende in einer für sie fremden Welt zurechtfinden mussten (*had to*).

82

102

78 **ZU BEGINN**

88 **STRUKTUREN**

3.1 Das Präteritum

3.2 Coordinating, adverbial, and subordinating conjunctions

3.3 Relative pronouns and clauses

112 **SCHREIBWERKSTATT**

113 **WORTSCHATZ**

Medien und Kultur

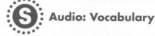

Audio: Vocabulary

Kino, Rundfunk und Fernsehen

der Bildschirm, -e *(TV) screen*
der Dokumentarfilm, -e *documentary*
die Fernsehserie, -n *TV series*
die Folge, -n *episode*
das Interview, -s *interview (media)*

die Leinwand, -¨e *movie screen*
die Liveübertragung, -en/die Livesendung, -en *live broadcast*
die (Nach)synchronisation, -en *dubbing*
das Radio, -s *radio*
der Radiosender, - *radio station*
die Reklame, -n *TV ad*
der Rundfunk *radio; broadcasting*
die Seifenoper, -n *soap opera*
die Sendung, -en *TV program*
die Special Effects *special effects*
der Untertitel, - *subtitle*
der Zeichentrickfilm, -e *cartoon(s)*

---

aufnehmen *to record (audio)*
aufzeichnen *to record (video)*
drehen *to film*
erscheinen *to come out; to appear; to be published*
ein Interview führen *to conduct an interview (media)*
Radio hören *to listen to the radio*
senden/übertragen *to broadcast*

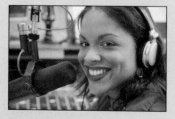

synchronisieren *to dub (a film)*

Die (Massen)medien

die aktuellen Ereignisse *current events*
die Fernsehwerbung, -en *TV advertisement*
die (Meinungs)umfrage *opinion poll; survey*
die Nachrichten (*pl.*) *(radio/television) news*
die Nachrichtensendung, -en *news program; newscast*
die Neuigkeit, -en/die Pressenotiz, -en *news story; news item*
der Werbespot, -s *commercial*
die Werbung, -en *advertisement*
die Zensur *censorship*

---

berichten *to report*
auf dem Laufenden bleiben *to keep up with (news)*
sich informieren (über + Akk.) *to get/to stay informed (about)*
auf dem neuesten Stand sein/bleiben *to be/to keep up-to-date*

---

aufgezeichnet *(pre-)recorded*
direkt/live *live*
einflussreich *influential*
objektiv *impartial; unbiased*
subjektiv *partial; biased*

Die Medienleute

der Journalist, -en/die Journalistin, -nen *journalist*
der Korrespondent, -en/die Korrespondentin, -nen *correspondent*
der Redakteur, -e/die Redakteurin, -nen *editor*
der Reporter, -/die Reporterin, -nen *reporter*
der Schauspieler, -/die Schauspielerin, -nen *actor/actress*
der Verleger, -/die Verlegerin, -nen *publisher*
der Zuhörer, -/die Zuhörerin, -nen *(radio) listener*
der Zuschauer, -/die Zuschauerin, -nen *(television) viewer*

Die Presse

die Anzeige, -n *newspaper ad*
das Comicheft, -e *comic book*
das Horoskop, -e *horoscope*

die Illustrierte, -n/die Zeitschrift, -en *magazine*
die Kleinanzeige, -n *classified ad*
die Lokalzeitung, -en *local paper*
die Monatsschrift, -en *monthly magazine*
die Pressefreiheit *freedom of the press*
die Pressemitteilung, -en *press release*
die Schlagzeile, -n *headline*
der Teil, -e *section*
die Wochenzeitschrift, -en *weekly magazine*
die (Wochen)zeitung, -en *(weekly) newspaper*

---

abonnieren *to subscribe*

Anwendung

1 **Beziehungen** Ergänzen Sie die Wortpaare.

1. Fernseher = Bildschirm / Kino = ____________
2. Zuhörer = Radio / Zuschauer = ____________
3. Charlie Brown = Comichefte / Bart Simpson = ____________
4. Kaffee = Zeitung / Popcorn = ____________
5. *Die Lindenstraße* = Seifenoper / *New York Times* = ____________

2 **Fragwürdige Schlagzeilen** Heute sind die Nachrichten ziemlich verrückt. Vervollständigen Sie die Schlagzeilen mit Wörtern aus der Liste.

berichten	**Journalistin**	**Schauspielerin**	**Untertitel**
Comicheft	**Schauspieler**	**synchronisieren**	**Zuschauer**

1. Hamburg: In einem Hamburger Kino springt ein Monster aus der Leinwand und stiehlt den ____________ Popcorn.
2. München: Während der Dreharbeiten (*filming*) hat ____________ Franka Potente einen Herzinfarkt (*heart attack*).
3. Berlin: ____________ für die *Berliner Zeitung* erpresst (*blackmails*) die Bundeskanzlerin.
4. Stuttgart: Laut (*According to*) einer neuen Studie sind Kinder, die viele ____________ lesen, intelligenter als andere.
5. Los Angeles: ____________ Will Smith will Präsident werden.

3 **Meinungsumfrage: Medien** Wie bekommen Sie Ihre Informationen? Kreuzen Sie **ja** oder **nein** an und besprechen Sie anschließend Ihre Antworten miteinander.

	Ja	Nein
1. Ich lese jeden Tag eine Zeitung im Internet.	☐	☐
2. Zeitungen sind eine bessere Informationsquelle (*source*) als Fernseh- oder Internetnachrichten.	☐	☐
3. Zeitungen werden in den nächsten Jahren verschwinden (*disappear*).	☐	☐
4. Wegen des Internets sind Menschen heute besser informiert über aktuelle Ereignisse als vor 10 Jahren.	☐	☐
5. Die Nachrichten in unserem Land sind zum Großteil objektiv.	☐	☐
6. Nachrichten im Radio sind oft subjektiver als im Fernsehen.	☐	☐
7. Manchmal werden unsere Nachrichten zensiert.	☐	☐
8. In der Politik können Meinungsumfragen sehr einflussreich sein.	☐	☐

4 **Interview** Führen Sie zu zweit ein Interview.

Rolle 1: Sie sind Fernsehjournalist/Fernsehjournalistin. Sie drehen einen Bericht über die Fernseh-, Film-, Internet- und Radiogewohnheiten (*habits*) von Student(inn)en. Stellen Sie Fragen: Wie viele Stunden sehen Sie jeden Tag fern/hören Sie jeden Tag Radio? Wie informieren Sie sich über aktuelle Ereignisse? Was sind Ihre Lieblingssendungen? Usw.

Rolle 2: Sie werden für einen Fernsehbericht interviewt. Der Journalist/Die Journalistin möchte wissen, wie Sie sich informieren und wie Sie mit Medien umgehen (*deal with*).

Practice more at **vhlcentral.com.**

KULTURANMERKUNG

- In Deutschland bezahlt jeder, der einen Fernseher oder ein Radio besitzt, eine Rundfunkgebühr°.
- Die *Bild-Zeitung* ist die meistgelesene° Zeitung in Deutschland.
- Deutsche sehen weniger fern. Eine Freizeit-Studie (2009) der OECD gibt an, dass die Deutschen im Durchschnitt° 28% ihrer Freizeit mit „Hörfunk- und Fernsehkonsum" verbringen°. Die Amerikaner kommen dagegen auf 44%.
- Laut der deutschen Zeitschrift *Stern* hatten Anfang 2010 47% der deutschen Haushalte Internetzugang°.

Rundfunkgebühr *radio and TV tax*
meistgelesene *most-read*
im Durchschnitt *on average*
verbringen *spend time*
Internetzugang *Internet access*

Vorbereitung

Wortschatz des Kurzfilms

etwas befestigen *to secure something*
die (Olympia-)Bewerbung, -en *bid (for the Olympic Games)*
engagieren *to hire*
etwas erfahren *to find out something*
der Ichling, -e *self-centered person*
pfeilschnell *as swift as an arrow*
der Praktikant, -en/die Praktikantin, -nen *intern*
zischen *(here) to whiz*

Nützlicher Wortschatz

die Besprechung, -en *meeting*
die Fachsprache, -n *technical terminology*
gestalten *to create*
kreativ *creative*

AUSDRÜCKE

etwas liegt jemandem *something is in someone's nature*
die Ästhetik- und Geschmackskategorien (*pl.*) *categories of aesthetics and taste*
das Logo formen *to form the logo*
für Stimmung sorgen *to set the mood*
die Eventerotik *the event's (tempting) attraction*

1 **Was passt zusammen?** **Suchen Sie die Wörter, die zu den Definitionen passen.**

C 1. die Besprechung	a. Mitarbeiter für kurze Zeit
D 2. etwas befestigen	b. eine besondere Form der Sprache
G 3. engagieren	c. man diskutiert Projekte
A 4. der Praktikant	d. etwas festmachen (*to fix*)
E 5. zischen	e. sehr schnell sein
F 6. etwas erfahren	f. neue Informationen bekommen
B 7. die Fachsprache	g. neue Mitarbeiter anstellen

2 **Vokabelübung** **Ergänzen Sie jeden Satz mit dem richtigen Wort oder Ausdruck.**

1. Wenn etwas ________, sollte man das als Beruf machen.
2. Der Ichling ________ ist ein Mensch, der fast immer nur an sich selbst denkt.
3. Sprinter sind über kurze Strecken Pfeilschnell ________.
4. Wenn viele Menschen in einer bestimmten Formation stehen, können sie Logo formen ________.
5. Eine gute Band ________, wenn sie ein Konzert gibt.
6. Eine ________ Person gestaltet.

3 **Werbespot** **Besprechen Sie zu zweit die folgenden Fragen.**

1. Haben Sie einen Lieblingswerbespot oder einen Werbespot, den Sie überhaupt nicht mögen? Erzählen Sie davon.
2. Gibt es zu viel Werbung in unserem Leben? Erklären Sie Ihre Antwort.
3. Haben Sie schon einmal einen Werbespot gesehen und anschließend sofort das Produkt der Werbung gekauft? Warum, warum nicht?

4 **Werbung** Füllen Sie die Tabelle aus. Besprechen Sie dann zu zweit, ob Sie die Fragen bejahen (*answer in the affirmative*) oder nicht. Sagen Sie warum.

Fragen	Ja/Nein	Warum?
Beeinflusst Werbung die Entscheidung beim Kauf von Produkten und Leistungen?		
Kann Werbung vorraussagen, welche Produkte Menschen kaufen werden?		
Muss Werbung immer Superlative präsentieren?		
Wissen Werbespezialisten, was „normale" Menschen wollen und brauchen?		

5 **Personen aus dem Film** Schauen Sie sich in Gruppen die folgenden Bilder an und beantworten Sie die Fragen.

- Wie sehen die Personen auf den Bildern aus?
- Wer können sie sein?
- Was können diese Personen machen?
- Wie sehen die Persönlichkeiten dieser Personen aus?
- Welche Beziehungen können diese Personen zueinander haben?

Practice more at **vhlcentral.com.**

Worst Case

Ein Tag in der Werbung.

Regisseur Bernd Schaarmann

Darsteller Imke Brüggen, Dörte Freundt, Daniela Gnädig, Nils Julius, Haydar Zorlu
Produktion Marco Herten **Drehbuch** Klaus Gieraths **Kamera** Phillip Pfeiffer
Schnitt Rainer Nelissen, Marco Herten **Musik** Stefan Ziehten **Mischung** Florian Ebrecht

HANDLUNG *Der Film dokumentiert Besprechungen einer deutschen Werbefirma, die einen kreativen Werbespot für eine Olympiabewerbung produzieren soll.*

CHRISTIAN *See you in Cannes. My jet is leaving tonight. Bye!*

CHRISTIAN *Good.* Wir wollen einen Spot für die Olympiabewerbung generieren. Starten wir mit dem Organizing.

CHRISTIAN Ein kleiner *Boy* als *Emotional Agent*. Er wacht auf, weil pfeilschnelle Segelboote° durch seinen Traum zischen. Am *Beach* sieht er tausende *People* das Olympialogo formen.

CHRISTIAN Also, generieren wir einen Clip, in dem die *Citizens* das Logo formen, und im *Background* die Segelschiffe°. Wie kriegen wir die *People* an den Beach?

CHRISTIAN Nicht Hollywood genug! Wir müssen ein *Event* generieren, das *moved*.
FLORIAN *Moved.*
HEIKE Ein Konzert? Mit einem nationalen *Top-Act*, der für Stimmung sorgt.

CHRISTIAN Hä, in drei Wochen müssen wir die *Show-acts* engagieren, den *Beach* befestigen, 8.000 Leute an den *Beach* bringen und die *Logo-Shots* realisieren? Und ihr glaubt, das *worked*!
FLORIAN *Never...* äh, tja.
PAMELA *Forget it*!

Segelboote *sailboats* **Segelschiffe** *sailing ships*

KULTURANMERKUNG

Englisch und die deutsche Sprache

Im Deutschen hat sich der Gebrauch° englischer Wörter in den letzten Jahren und Jahrzehnten immer weiter verbreitet. Das liegt unter anderem am starken Einfluss englischsprachiger Kulturgüter wie zum Beispiel amerikanischer Musik. Vor allem in den Berufsjargon sind mittlerweile viele englische Wörter integriert. Jobannoncen in der Zeitung sowie die Fachsprache der Werbe- und Computerbranche sind sehr gute Beispiele, wie sich die deutsche Sprache verändert hat. Ein Grund für diesen Trend ist unter anderem die Tatsache°, dass Werbe- und Computerbranchen sehr global sind.

Gebrauch *use* **Tatsache** *fact*

Beim ZUSCHAUEN

Welche Personen gibt es in dem Film?

_____ **1.** Christian
_____ **2.** Ilona
_____ **3.** Pamela
_____ **4.** Florian
_____ **5.** Heike

a. ist nervös und benutzt zu wenig Englisch.
b. schreibt alles auf.
c. hat gute Ideen.
d. ist sehr kreativ und elegant.
e. meint, nur sein Handy darf an sein.

Analyse

1 **Verständnis** Markieren Sie, ob die folgenden Aussagen über den Film **richtig** oder **falsch** sind. Korrigieren Sie die falschen Aussagen anschließend zu zweit.

Richtig	Falsch	
☑	☐	1. Die Werbeagentur produziert einen Werbespot für die Olympiabewerbung.
☐	☑	2. Pamela und Florian haben gute Ideen für den Werbespot.
☐	☑	3. Agenturchef Christian will den Werbespot nur mit einem Jungen drehen.
☑	☐	4. Heike schlägt vor, dass man ein Konzert organisieren soll, damit viele Menschen an den Strand kommen.
☐	☑	5. Agenturchef Christian weiß von all den Problemen der Produktion.
☐	☑	6. Es gibt keine Probleme mit dem Werbespot.

2 **Was passt zusammen?** Welche Satzteile passen zusammen? Suchen Sie die richtigen Antworten und vergleichen Sie sie anschließend zu zweit.

1. Agenturchef Christian sagt am Anfang der Besprechung, ... ____
2. Pamela will den Werbespot so produzieren, ... ____
3. Florian hat eine Idee für den Werbespot, ... ____
4. Christians Idee ist, ... ____
5. Heike schlägt vor, ... ____
6. Am Ende erkennt Christian, ... ____

a. die wie aus dem 20. Jahrhundert ist.
b. dass man viele Segel sehen kann.
c. ein Konzert zu organisieren, damit viele Menschen an den Strand kommen.
d. dass die Agentur schnell einen Werbespot produzieren muss.
e. dass man in drei Wochen dieses Projekt nicht realisieren kann.
f. mit 8.000 Menschen das Olympialogo am Strand zu formen.

3 **Die Werbeagentur** Wählen Sie die passende Antwort für jeden Satz. Vergleichen Sie dann Ihre Antworten miteinander.

1. Der Alltag in einer Werbeagentur erfordert ein sehr ____ Arbeiten.
   a. langsames b. ungenaues c. schnelles
2. Für Ilona ist Christian ____.
   a. der Star b. unkreativ c. zu nervös
3. An ____ sieht man, dass Pamela ein Werbeprofi ist.
   a. der Frisur b. der Sprache c. dem Scooter
4. Florians Ideen sind aus dem 20. Jahrhundert, weil er nicht genug ____.
   a. Englisch benutzt b. visualisiert c. Sushi isst
5. Weil das Projekt nicht gut ____ ist, funktioniert es am Ende nicht.
   a. visualisiert b. gefilmt c. geplant
6. Der Ton des Films ist ____.
   a. lustig b. traurig c. kritisch

4 **Die Hauptfiguren** Besprechen Sie zu zweit die Figuren des Films.

- Welche Figur mögen Sie am liebsten? Warum?
- Wen mag der Boss am liebsten?
- Welche Figur mögen Sie am wenigsten? Warum?
- Wer hat das größte Potenzial als Werbeexperte? Warum?
- Was erfahren wir über die Gedanken der einzelnen (*individual*) Figuren nach Ende des Films? Warum ist Christian so böse?

5 **Fragen zum Film** Besprechen Sie die Fragen zum Film in Gruppen.

1. Für welches Produkt soll die Firma einen Werbeclip produzieren? Welche Ideen haben die Mitarbeiter?
2. Warum benutzen die Figuren im Film so viele englische Wörter, obwohl sie eigentlich Deutsch reden?
3. Handelt es sich hier um einen satirischen Film? Wieso?
4. Worüber macht sich der Film lustig?
5. Der Film heißt *Worst Case*. Warum?

6 **Werbung in Ihrem Leben** Besprechen Sie die folgenden Fragen in Gruppen und drücken Sie dabei Ihre Meinungen aus.

1. Haben Sie Lust, die Segelveranstaltung (*sailing event*) zu besuchen, nachdem Sie die Werbung im Film gesehen haben? Warum, warum nicht?
2. Denken Sie, dass es zu viel Werbung im Fernsehen gibt? Erzählen Sie davon.
3. Ist Werbung wichtig, um ein Produkt zu verkaufen? Warum, warum nicht?
4. Brauchen Menschen Werbung? Warum, warum nicht?
5. Was glauben Sie, wie viel Einfluss Werbung auf Menschen hat?

7 **Werbung für die Uni** Überlegen Sie sich in Gruppen eine Veranstaltung an Ihrer Uni. Machen Sie eine Liste mit Ideen für eine Werbung dafür und kreieren Sie dann einen Werbespot, den Sie vor der Klasse aufführen sollen.

8 **Zum Thema** Schreiben Sie über eines der folgenden Themen.

- Durch Werbung versuchen Firmen, Produkte zu verkaufen. Schreiben Sie über Möglichkeiten, wie man sich gegen den Einfluss von Werbung wehren kann. Was kann vielleicht passieren, wenn man keine Werbung mehr sieht?
- Sie sind der Chef einer Werbeagentur und müssen eine Werbekampagne für die nächsten Olympischen Spiele in Ihrem Heimatland entwickeln. Schreiben Sie einen Dialog zwischen den Mitarbeitern der Firma während eines Meetings.

STELLEN SIE SICH VOR:
Hamburg, Schleswig-Holstein und Mecklenburg-Vorpommern

Die Hanse

Als Ritter°, Schlösser und Feudalismus in Europa noch an der Tagesordnung° waren, begann sich an der Küste eine neue Kraft° zu formieren. Es waren die Händler°, die ihre begehrten° Waren – Honig, Holz, Salz u.a. – von einem Ort zum nächsten brachten.

Handel im Mittelalter° war gefährlich. Wikinger und Seeräuber° beherrschten° das Meer; auf den Landwegen ging es noch heftiger° zu. Aus Not° schlossen sich Händler immer häufiger° zusammen°, um einander zu beschützen°. Und aus diesen kleineren Allianzen wuchs° die **Hanse**: Handel an der Nord- und Ostsee.

Die Hanse, ein wichtiges Kapitel in der Geschichte des Kapitalismus, war ein Bündnis° von Kaufleuten° an der **Nord-** und **Ostsee**. Bis zum 13. Jahrhundert hatte die Hanse schon Fuß gefasst° und breitete ihr Handelsnetz immer weiter aus.

Die norddeutsche Stadt **Lübeck** wurde zum Zentrum des Bundes. Durch ihren Reichtum an Heringen° und ihre perfekte Lage° an der Ostsee war sie quasi dazu prädestiniert, die „Königin der Hanse" zu werden. Auch **Köln**, **Hamburg**, **Kiel**, **Bremen** und **Rostock** wurden zu dieser Zeit wichtige Hansepartner.

Durch ihre Mitarbeit haben diese mutigen° und kreativen Kaufleute den Handel in Europa vorangetrieben° und ihre Städte zum Blühen° gebracht. Sie bauten Kanäle und Handelswege, förderten° landwirtschaftliche und industrielle Entwicklungen° und dominierten den europäischen Schiffbau.

Durch die Importe der Hanse schmeckte das Leben besser und sah feiner aus: Rohrzucker aus Persien, venezianisches Glas aus Italien und feine flandrische Tücher aus Belgien. Marzipan, eine süße Lübecker Spezialität, wurde auch erst von der Hanse nach Deutschland importiert. Vielleicht am wichtigsten aber war, dass die Händler neben all

Noch mehr...

Hamburg, Deutschlands zweitgrößte Stadt, ist durch und durch von Wasser geprägt°. Zwei große Flüsse – die Alster und die Elbe – fließen° hier zusammen und es gibt auch unzählige kleinere Kanäle, die man „Fleete" nennt. Die Stadt hat den Spitznamen „Stadt der 1.000 Brücken", aber Hamburg hat eigentlich mehr als 2.300 davon.

diesen Gütern° neue Ideen ins Land brachten.

Doch all das hatte auch ein Ende. Im späten 15. Jahrhundert fing die Hanse an zu zerfallen° und verlor an Dynamik. Beim letzten Treffen 1669 waren nur noch neun von ursprünglich 170 Städten vertreten°. Das markierte das Ende der Allianz.

Trotzdem lebt die Hanse in der Identität der nördlichen Städte Deutschlands weiter. Bremen, Lübeck und Hamburg hielten auch nach der Auflösung° des Bundes noch eng zusammen°, und heute nennen sie sich immer noch „freie Hansestädte". Die Hansestädte definieren sich als weltoffen, frei, selbstbewusst° und selbstbestimmend°.

Hanse, Handel, Wasser und Weltverkehr – diese vier Dinge haben den deutschen Städten des Nordens ihren besonderen Charakter verliehen°.

Ritter *knights* **Tagesordnung** *agenda* **Kraft** *force* **Händler** *traders* **begehrten** *desired* **Mittelalter** *Middle Ages* **Seeräuber** *pirates* **beherrschten** *ruled* **noch heftiger** *even worse* **Aus Not** *Out of necessity* **häufiger** *more common* **schlossen sich... zusammen** *joined together* **beschützen** *to protect* **wuchs** *grew* **Bündnis** *alliance* **Kaufleuten** *merchants* **Fuß gefasst** *established itself* **Reichtum an Heringen** *abundance of herrings* **Lage** *location* **mutigen** *brave* **vorangetrieben** *driven forward* **zum Blühen** *into bloom* **förderten** *furthered* **Entwicklungen** *developments* **neben all diesen Gütern** *in addition to all these goods* **zerfallen** *wane* **vertreten** *represented* **Auflösung** *dissolution* **hielten... eng zusammen** *stuck together* **selbstbewusst** *confident* **selbstbestimmend** *self-determining* **verliehen** *lent* **geprägt** *moulded* **fließen** *flow*

Entdecken wir...

Der NOK Wie kommt ein Schiff am schnellsten von der Nordsee zur Ostsee? Weil es den **NOK** (Nord-Ostsee-Kanal) gibt, müssen die Schiffe nicht um Dänemark herumsegeln°, sondern können direkt durch Schleswig-Holstein hindurchfahren. Der Nord-Ostsee-Kanal ist 98 Kilometer lang und läuft von Kiel an der Ostsee bis zur Nordsee. Der Kanal gehört zu Deutschland, aber Schiffen aus aller Welt ist die Durchfahrt gewährt°. Jedes Jahr fahren hier mehr Schiffe durch als durch den Panamakanal.

Warnemünde ist einer der schönsten Badeorte° der Welt. Jahrhundertelang war es ein ruhiges Fischerdorf. Im 19. Jahrhundert entwickelte sich° das Dorf aber zu einem Seebad für die deutsche Oberschicht°. Heute hat Warnemünde lange Strände, prominente Gäste und Wellnesshotels, aber es hat den Charme des ehemaligen Fischerdorfs behalten°.

herumsegeln *sail around* **ist die Durchfahrt gewährt** *are allowed passage* **Badeorte** *beach towns* **entwickelte sich** *developed into* **Oberschicht** *upper class* **hat... behalten** *retained*

Was haben Sie gelernt?

Richtig oder falsch? Sind die Aussagen **richtig** oder **falsch**? Stellen Sie die falschen Aussagen richtig.

1. Die Hanse war ein Bündnis von Seeräubern.
2. Händler in der Hanse schützten einander.
3. Hamburg war das Zentrum der Hanse.
4. Heute ist die Hanse wichtig für die Identität von Bremen.
5. Hamburg hat genau 1.000 Brücken.
6. Warnemünde ist ein Kanal, der die Ostsee mit der Nordsee verbindet (*connects*).
7. Man muss um Dänemark herumsegeln, um mit dem Schiff von Hamburg nach Kiel zu kommen.
8. Man findet in Warnemünde Wellnesshotels und lange Strände.

Fragen Beantworten Sie die Fragen.

1. Können Sie erklären, was die Hanse war?
2. Was war die „Königin der Hanse"?
3. Was brachten Händler der Hanse außer Waren (*aside from goods*) nach Deutschland?
4. Was entwickelte sich durch die Hanse in Europa?
5. Wie sehen sich Deutschlands Hansestädte?
6. Wie heißt die „Stadt der 1.000 Brücken"?
7. Wer darf durch den NOK fahren?
8. Was war Warnemünde bis zum 19. Jahrhundert?

Projekt

Planen Sie eine Schifffahrt von Bremerhaven nach Rügen. Suchen Sie die Informationen, die Sie brauchen werden, im Internet.

- In welchen Städten wird Ihr Schiff anlegen (*dock*)?
- Werden Sie durch den NOK fahren? Wie lange dauert das? An welchen Städten fahren Sie vorbei?
- In jeder Stadt, an der Ihr Schiff vorbeifährt, gehen Sie von Bord. Was machen Sie/sehen Sie in diesen Städten? Finden Sie für jede Stadt Hotels, Sehenswürdigkeiten und Veranstaltungen.

3.1

Das Präteritum

*Am Strand von Warnemünde **bildeten** heute mehrere Tausend Menschen das Logo „Ich bin ein Rostock-Olymp".*

- You learned in **Lektion 2** how to *speak* about past events. In this lesson, you will learn how to use **das Präteritum** (simple past tense) to *write* about past events. The **Präteritum**, also called the *narrative past*, is found in written texts, such as articles, essays, and novels.

Die Korrespondentin **berichtete** aus der Hauptstadt.
*The correspondent **reported** from the capital.*

Die Sendung **lief** im Kabelfernsehen.
*The TV program **was broadcast** on cable TV.*

ACHTUNG!

Add **e** after **–d**, **–t**, **–s**, **–ß**, or after some verbs that end in **–n** or **–m** such as **öffnen**, **zeichnen**, **regnen**, and **atmen**.

- Verbs are divided into four categories based on their simple past tense forms: regular, mixed (stem vowel change + regular adjective endings), irregular, and modals.

Regular verbs

	sagen	arbeiten	informieren
ich	sagte	arbeitete	informierte
du	sagtest	arbeitetest	informiertest
er/sie/es	sagte	arbeitete	informierte
wir	sagten	arbeiteten	informierten
ihr	sagtet	arbeitetet	informiertet
sie/Sie	sagten	arbeiteten	informierten

Sie **drehte** einen Dokumentarfilm.
*She **filmed** a documentary.*

Letztes Jahr **abonnierten** wir die Zeitung.
*We **subscribed** to the newspaper last year.*

- To form the **Präteritum** of mixed verbs, change the stem of the infinitive appropriately, then add the same endings as for the simple past of regular verbs.

bringen > **brach**

ich brachte
du brachtest
er/sie/es brachte
wir brachten
ihr brachtet
sie/Sie brachten

Mixed verbs

brennen → brannte	erkennen → erkannte	verbringen → verbrachte
denken → dachte	nennen → nannte	wissen → wusste

Er **brachte** ihr eine Wochenzeitung.
*He **brought** her a weekly newspaper.*

Ich **erkannte** den berühmten Schauspieler.
*I **recognized** the famous actor.*

- Irregular verbs, like mixed verbs, have a stem vowel change. Endings are added to all plural forms and to the second person singular, but not to the first and third person singular.

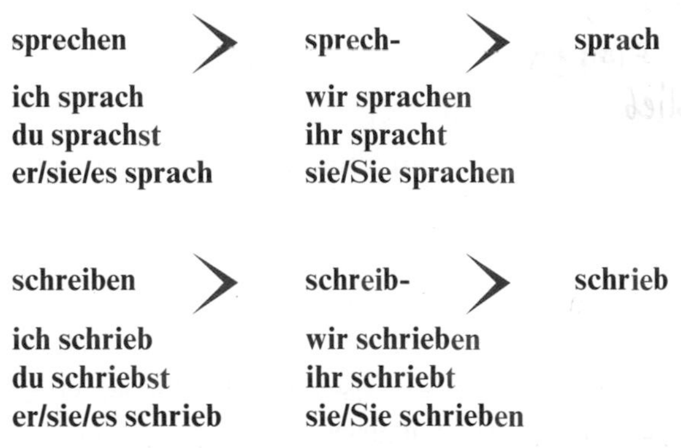

sprechen > **sprech-** > **sprach**

ich sprach	**wir sprachen**
du sprachst	**ihr spracht**
er/sie/es sprach	**sie/Sie sprachen**

schreiben > **schreib-** > **schrieb**

ich schrieb	**wir schrieben**
du schriebst	**ihr schriebt**
er/sie/es schrieb	**sie/Sie schrieben**

Irregular verbs

beginnen → begann	**gehen → ging**	**singen → sang**
bekommen → bekam	**helfen → half**	**sitzen → saß**
bleiben → blieb	**kommen → kam**	**stehen → stand**
einladen → lud... ein	**laufen → lief**	**tragen → trug**
essen → aß	**lesen → las**	**treffen → traf**
fahren → fuhr	**nehmen → nahm**	**trinken → trank**
finden → fand	**rufen → rief**	**verlieren → verlor**
fliegen → flog	**schlafen → schlief**	**werfen → warf**
geben → gab	**sehen → sah**	**ziehen → zog**

Er **traf** eine Reporterin.
*He **met** a reporter.*

Er **trank** eine Tasse Kaffee.
*He **drank** a cup of coffee.*

- **Haben** and **sein** are used frequently in the **Präteritum**, both in writing and in speaking.

haben	sein
ich hatte	ich war
du hattest	du warst
er/sie/es hatte	er/sie/es war
wir hatten	wir waren
ihr hattet	ihr wart
sie/Sie hatten	sie/Sie waren

Der Film **hatte** Untertitel.
*The movie **had** subtitles.*

Der Radiosender **war** überfüllt.
*The radio station **was** overcrowded.*

ACHTUNG!

Werden is in a category by itself.

ich wurde
du wurdest
er/sie/es wurde
wir wurden
ihr wurdet
sie/Sie wurden

QUERVERWEIS

See **Appendix pp. 395-397** for an alphabetical list of the **Präteritum** of irregular verbs.

QUERVERWEIS

For the conjugation of modals in the **Präteritum**, see **Strukturen 5.1, p. 161**.

Anwendung

1 **Die Woche zu Hause** Schreiben Sie die richtigen Formen des **Präteritums** in die Lücken.

1. Letzte Woche ________ (haben) ich eine Woche frei.
2. Ich ________ (gehen) nicht zur Uni.
3. Meine Freunde ________ (fliegen) alle nach Spanien.
4. Leider ________ (bleiben) ich hier.
5. Im Fernsehen ________ (laufen) aber eine neue Sendung.
6. Ich ________ (finden) sie sehr spannend (*exciting*).
7. Die Special Effects ________ (sein) toll.
8. Ich ________ (amüsieren sich) total!

2 **Berühmte Persönlichkeiten** Was machten diese Personen in ihrem Leben? Bilden Sie Sätze im **Präteritum** mit den folgenden Satzteilen.

1871 Kanzler von Deutschland werden	Psychoanalytiker in Wien sein
als Schauspielerin in den USA arbeiten	das Lied *99 Luftballons* singen
das Drama *Faust* schreiben	Philosophie und Theologie studieren
im deutschen Widerstand kämpfen	schöne Musik spielen

1. Otto von Bismarck ________________.
2. Goethe ________________.
3. Mozart ________________.
4. Sigmund Freud ________________.
5. Hannah Arendt ________________.
6. Marlene Dietrich ________________.
7. Nena ________________.
8. Sophie Scholl ________________.

3 **Wie war es damals?** Besprechen Sie zu zweit die Technologie, die es früher gab oder nicht gab. Kombinieren Sie Wörter aus den Listen und verwenden Sie das **Präteritum**.

Beispiel Mein Opa hörte Radio.

A	B	C
meine Familie	abonnieren	das Auto
meine Freunde	fernsehen	der Computer
meine Oma	haben	der Fernseher
mein Onkel	hören	das Internet
mein Opa	sich informieren	der mp3-Spieler
meine Professoren	lesen	das Radio
meine Vorfahren	senden	die Zeitung

KULTURANMERKUNG

MP3

Wussten Sie das? Das mp3-Format kommt aus Deutschland. Wissenschaftler am Frauenhofer–Institut in Erlangen haben in den 1980er Jahren das Format entwickelt.

Wissenschaftler *scientist*

 Practice more at **vhlcentral.com.**

Kommunikation

4 **Das Interview** Sie sind Reporter(in) für eine Illustrierte. Ihr(e) Partner(in) spielt eine(n) berühmte(n) Schauspieler(in). Stellen Sie die folgenden Fragen. Der/Die Schauspieler(in) soll die Fragen ausführlich (*detailed*) beantworten. Anschließend schreiben Sie zusammen einen Artikel für die Illustrierte. Achten Sie darauf, dass Sie das **Perfekt** verwenden, wenn Sie das Interview führen, und das **Präteritum**, wenn Sie den Artikel schreiben.

- Sind Sie schon als Kind Schauspieler(in) gewesen?
- Haben Sie immer viel Erfolg (*success*) als Schauspieler(in) gehabt?
- Wollten Sie immer Schauspieler(in) werden? Warum, warum nicht?
- Gab es in Ihrer Stadt viele Kinos, als Sie jung waren?
- Wie fanden Sie den Soundtrack von Ihrem letzten Film?
- Haben Sie viel Geld mit Ihrem letzten Film verdient?
- Haben Sie sich oft mit dem Regisseur (*director*) Ihres letzten Films getroffen?
- Haben Sie oft im Ausland gearbeitet?

5 **Damals und jetzt** Sehen Sie sich die zwei Illustrationen an. Beschreiben Sie einander das Leben von früher und das Leben jetzt. Verwenden Sie **Präteritum** und **Präsens**. Jeder soll auf die Beschreibung des anderen reagieren.

6 **Der Klatsch** Erfinden Sie zu zweit eine Seifenoper. Erzählen Sie einander, was in der letzten Folge geschah (*happened*). Verwenden Sie das **Präteritum** und die Vokabeln aus der Liste.

das Ehepaar	sich ärgern
der Journalist	berichten
die Korrespondentin	jemanden satt haben
die Nachrichten	sich informieren
die Schlagzeile	lieben
der Verleger	sich schämen
der/die Verlobte	träumen

7 **Die Lokalzeitung** Sie sind Reporter(in) für die Lokalzeitung. Schreiben Sie einen Artikel über die Neuigkeiten an der Universität oder in Ihrer Stadt. Schreiben Sie über etwas, was schon passiert ist. Verwenden Sie das **Präteritum**.

3.2

Coordinating, adverbial, and subordinating conjunctions

—*Er wacht auf,* ***weil*** *pfeilschnelle Segelboote durch seinen Traum zischen.*

ACHTUNG!

Make sure to note the difference in nuance in the use of **als** and **wenn**. **Als** is used to talk about *when* you did something in the past or to express the notion *while you were doing something*. **Wenn** is used to talk about something you did *on a regular basis* in the past or to express the notion *whenever I did something.*

Als ich Redakteur war, blieb ich auf dem neuesten Stand.
When I was an editor, I stayed up-to-date.

(Immer) wenn ich als Kind eine Folge verpasste, wurde ich böse.
When(ever) I missed an episode as a child, I got mad.

Wenn is also used to mean *whenever* in the present and future tense.

Wenn ich nach Berlin fahre, besuche ich meine Kusine.
When(ever) I go to Berlin, I visit my cousin.

QUERVERWEIS

For two-part conjunctions, see **Strukturen 9.3, pp. 324-325**.

- Conjunctions join words, phrases, clauses, and sentences together. They help to establish a logical relationship between the elements they join. In German, there are coordinating, adverbial, and subordinating conjunctions.

Coordinating conjunctions	Adverbial conjunctions	Subordinating conjunctions	
aber *but*	**also** *therefore*	**als** *when*	**indem** *while*
denn *for, since, because*	**außerdem** *besides*	**bevor** *before*	**nachdem** *after*
oder *or*	**dann** *then*	**bis** *until*	**ob** *whether*
sondern *rather*	**deshalb** *therefore*	**da** *since*	**obwohl** *although*
und *and*	**deswegen** *because of that*	**damit** *so that*	**seitdem** *since*
	sonst *otherwise*	**dass** *that*	**während** *while*
	trotzdem *nevertheless*	**ehe** *before*	**weil** *because*
		falls *in case*	**wenn** *if, when(ever)*

Der Verleger **und** der Redakteur diskutierten die Schlagzeilen.
The publisher ***and*** *the editor discussed the headlines.*

Es gibt in Deutschland keine Zensur, **denn** es gibt dort Pressefreiheit.
There is no censorship in Germany, ***since*** *they have freedom of the press.*

- Coordinating conjunctions join words, clauses, and sentences. They do not affect word order. The verb stays in the second position.

Er hörte Radio, **denn er hat** keinen Fernseher.
He listened to the radio, ***since*** *he doesn't have a TV.*

Wir drehen keinen Film, **sondern wir übertragen** einen.
We are not making a movie, ***but rather*** *we are broadcasting one.*

- Adverbial conjunctions are adverbs that connect sentences and clauses. They cause inverted word order in the clause they introduce. The conjugated verb of the second part of the sentence (the dependent clause) comes directly after the conjunction and is followed by the subject.

Sie waren erst im Kino, **dann sind sie** mit Freunden ausgegangen.
They were at the movies first, ***then*** *they went out with friends.*

Ich mag Rundfunk, **deshalb studiere ich** Medienwissenschaften.
I like broadcasting, ***therefore*** *I'm majoring in media studies.*

- Subordinating conjunctions combine a main clause with a dependent clause. The dependent clause is *subordinate* to the main clause or dependent on it. It cannot stand alone. The word order in the subordinate clause changes: the conjugated verb is moved to the end of the clause.

  Die Zuschauer freuten sich über die Liveübertragung des Fußballspiels, **da** sie nicht zum Spiel gegangen **sind**.
  The viewers were excited about the live broadcast of the soccer game, ***since*** *they didn't go to the game.*

  Wir haben eine Kleinanzeige in der Zeitung aufgegeben, **weil** wir die Comichefte verkaufen **wollten**.
  We placed a classified ad in the paper, ***because*** *we wanted to sell the comic books.*

- If the sentence begins with the subordinate clause, the conjugated verb of the main clause directly follows the comma after the subordinate clause. This results in back-to-back verbs, separated by a comma.

  Als der Werbespot im Kino **lief**, **sprachen** die Zuschauer sehr laut.
  When *the commercial* ***showed*** *in the movie theater, the viewers* ***spoke*** *loudly.*

  Obwohl der Schauspieler nichts Geniales **berichtete**, **nahm** ich das Interview **auf**.
  Although *the actor* ***didn't report*** *on anything ingenious,* ***I recorded*** *the interview.*

- Typically, two subordinating conjunctions are not placed directly next to each other.

  Der Reporter weiss, **dass** er auf dem Laufenden bleiben muss, **wenn** er eine gute Zeitung herausbringen will.
  The reporter knows ***that if*** *he wants to publish a good newspaper, he has to keep up with the news.*

- A comma is placed before the coordinating conjunctions **aber**, **denn**, and **sondern** and before subordinating conjunctions found in the middle of a sentence. The comma is not essential before **und** and **oder**, but it may make the sentence clearer for the reader.

  Sie schrieb viel, **denn** sie kannte die Geschichte.
  She wrote a lot ***because*** *she knew the story.*

  Sie sieht jeden Abend die Nachrichten, **damit** sie informiert bleibt.
  She watches the news every evening, ***so that*** *she stays informed.*

Ich gehe ins Kino **und** er geht ins Theater.
Ich gehe ins Kino, **und** er geht ins Theater.
I'm going to the movies, ***and*** *he's going to the theater.*

QUERVERWEIS

Relative pronouns and question words within a sentence also work like subordinating conjunctions and require the verb to move to the end of the sentence. For more on this, see **Strukturen 3.3, pp. 96-97**.

Anwendung

1 **Die Medien** Wählen Sie die richtigen Konjunktionen.

1. Mein Freund Paul fragte mich: „Gehen wir ins Kino (sondern / oder) bleiben wir zu Hause?“
2. Wir sind ins Kino gegangen, (denn / aber) das ist viel interessanter.
3. Der Zeichentrickfilm war lustig (und / ehe) wir haben uns amüsiert.
4. Das letzte Mal haben wir einen Dokumentarfilm gesehen, (bevor / weil) mein Freund Journalist werden möchte.
5. Paul liebt das Internet. Er fragt mich: „Warum liest du Zeitung, (wenn / indem) alles im Internet zu lesen ist?“
6. Ich halte mich auf dem Laufenden und ich lese gern, (deshalb / sondern) habe ich die Lokalzeitung abonniert.

KULTURANMERKUNG

Die deutsche Zeitungsbranche

Die Deutschen lesen gern Zeitung. Laut einer Studie des Bundesverbandes Deutscher Zeitungsverleger (BDZV) aus dem Jahre 2009 lesen 71,4% aller Deutschen täglich Zeitung. Wegen der Wirtschaftskrise ist allerdings der Anzeigenumsatz° in dem Jahr um mehr als 10% zurückgegangen. Der Gesamtumsatz° liegt aber noch auf dem Niveau von 1995. Der Hauptgeschäftsführer des BDZV meint, dass es der deutschen Zeitungsbranche gut geht. Auch Jugendliche, die gern das Internet als Informationsquelle° benutzen, bevorzugen die Lokalzeitung für Lokalnachrichten und für Politik.

Anzeigenumsatz *ad revenue*
Gesamtumsatz *total revenue*
–quelle *source of*

2 **Die Illustrierte** Schreiben Sie die richtigen Konjunktionen in die Lücken. Sie dürfen jede Konjunktion nur einmal benutzen.

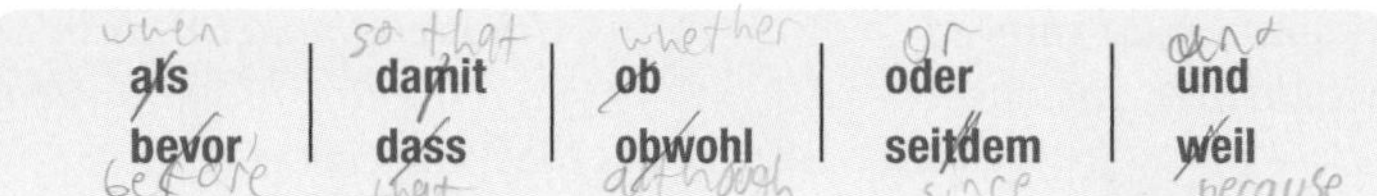

als
bevor
damit
dass
ob
obwohl
oder
seitdem
und
weil

Gestern las ich in einer Illustrierten über das Leben der Schauspieler. Die Reporter berichteten, (1) ________ Schauspieler oft entscheiden müssen, (2) ________ sie neun Monate von der Familie weg sein wollen. Für junge Schauspieler ist das sehr kompliziert, (3) ________ sie auch für die Schule lernen müssen. Viele Familien träumen vom Leben eines Stars, (4) ________ sie nicht wissen, wie kompliziert es ist.
Ein Mädchen erschien in hundert Fernsehwerbungen, (5) ________ sie eine Rolle in einem Film bekam. Jetzt arbeitet sie in der Filmindustrie. (6) ________ sie noch zu Hause wohnte, hatte sie viel mehr Freizeit. (7) ________ sie an ihrem neuen Film arbeitet, hat sie keine Freizeit mehr. Die Mutter bleibt bei der Tochter, (8) ________ sie nicht allein ist. Der Vater besucht sie einmal im Monat (9) ________ die Mutter (10) ________ die Tochter fahren für einen Tag nach Hause zurück.

3 **Was machen wir gern?** Bilden Sie ganze Sätze aus den Satzteilen. Achten Sie auf Wortstellung.

1. die Zeitungsleser / lesen / gern / aktuell / Schlagzeilen / und / interessant / Kleinanzeigen
2. der Regisseur / übertragen / nicht nur / das Interview / auch / sondern / es / aufzeichnen
3. der Journalist / schreiben / weil / lesen / seine Leser / das Horoskop / es / gern
4. viele Zuschauer / ansehen / die Werbung / nichts / sie / suchen / obwohl
5. der Zuhörer / damit / die Umfrage / gewinnen / er / ein Preis / beantworten

 Practice more at **vhlcentral.com.**

Kommunikation

4 **Ein Interview** **Beantworten Sie die Fragen zu zweit. Verwenden Sie Konjunktionen.**

- Wollen Sie lieber einen Zeichentrickfilm oder einen Dokumentarfilm sehen? Warum?
- Lesen Sie die Lokalzeitung, eine internationale Zeitschrift oder ziehen Sie das Internet vor?
- Was können Sie einem Reporter über Ihre Universität berichten?
- Was für Filme würden Sie gerne (*would you like to*) drehen?
- Hamburg ist als die Medienstadt Deutschlands bekannt. Was ist die berühmteste Medienstadt in Ihrem Land? Warum?
- Was lesen Sie im Sommer, wenn Sie nicht an der Uni sind?

5 **Unsere Meinung zu den Medien** **Besprechen Sie zu zweit verschiedene Aspekte der Medien. Beenden Sie die Sätze und ergänzen Sie die Ideen.**

- Wir informieren uns gern über das Ausland, weil...
- Wir lesen das Horoskop, damit...
- Ich sehe eine Fernsehsendung an, wenn...
- Bevor es Kabelfernsehen gab, ...
- Obwohl Untertitel hilfreich sind, ...
- Wir fragen uns, ob die Zensur...

6 **Die Nachrichtensendung** **Sehen Sie sich in Gruppen das Bild an. Was ist passiert? Schreiben Sie danach einen Bericht über den Unfall für eine Nachrichtensendung.**

- Weil der Autofahrer...
- Bevor der Unfall passiert ist, ...
- Obwohl die Leute...
- Seitdem die Polizei...
- Während die Zuschauer...

3.3

Relative pronouns and clauses

—Ein Konzert? Mit einem nationalen Top-Act, ***der für Stimmung sorgt.***

- A relative pronoun introduces a clause that modifies a noun, pronoun, or idea found in the main clause. The clause introduced by the relative pronoun is called the relative clause. Relative clauses always require the conjugated verb to move to the end of the clause. Separable prefix verbs are written as one word and also come at the end of the clause.

  Ich kenne den Zeichentrickfilm, **der** jetzt im Kino läuft.
  I know the cartoon ***that*** *is playing in theaters now.*

  Ich kenne einen ausländischen Reporter, **den** ich oft mit Skype **anrufe**.
  I know a foreign reporter ***whom*** *I often* ***call*** *on Skype.*

- A relative pronoun replaces the word for which it stands (the antecedent) and agrees in number and gender with this antecedent. The case of the relative pronoun depends on its role in the relative clause.

  Der Fernseher war nicht teuer.
  The television was not expensive.
  \+
  Sie kauften **den** Fernseher.
  They bought the television.
  \>
  Der Fernseher, **den** sie kauften, war nicht teuer.
  The television ***(that)*** *they bought was not expensive.*

- The following table shows how the relative pronoun must agree with the antecedent, and how it changes depending on its role in the relative clause.

	Antecedent der Schauspieler	**Relative pronoun** gender and number of antecedent with case of relative clause
Nominative	Das ist der Schauspieler, *That's the actor*	**der** sehr einflussreich ist. ***who*** *is very influential.*
Accusative	Das ist der Schauspieler, *That's the actor*	**den** ich gern kennen lernen möchte. ***whom*** *I would like to meet.*
Dative	Das ist der Schauspieler, *That's the actor*	**dem** ich gratulierte. ***whom*** *I congratulated.*
Genitive	Das ist der Schauspieler, *That's the actor*	**dessen** Filme traurig sind. ***whose*** *movies are sad.*

- Relative pronouns resemble definite articles, except in the dative plural and the genitive.

Relative pronouns

	der	die	das	die
Nominative	der	die	das	die
Accusative	den	die	das	die
Dative	dem	der	dem	**denen**
Genitive	**dessen**	**deren**	**dessen**	**deren**

ACHTUNG!

In German, the main clause and the clause introduced by the relative pronoun are always separated by a comma.

- In English, the relative pronoun can sometimes be omitted. In German, however, the relative pronoun must be present.

Das ist der Reporter, **den** ich sah.
*That is the reporter **whom I saw**.*
*That is the reporter **I saw**.*

- After the words **nichts**, **einiges**, **viel**, **wenig**, **alles**, and **etwas**, and after an adjective used as a neuter noun (e.g. **das Beste**), the relative pronoun is always **was**.

Der Redakteur verstand **etwas**, **was** ich nicht verstand.
*The editor understood **something (that)** I didn't understand.*

Werbung im Fernsehen ist **das Schlechteste**, **was** es gibt.
*Television advertising is **the worst (that)** there is.*

- Prepositions used with relative pronouns come before the relative pronoun at the beginning of the relative clause and determine the case of the relative pronoun.

Die Bürger erzählten dem Reporter von dem Stau, **über den** sie sich ärgerten.
*The citizens told the reporter about the traffic jams **that** they were annoyed **by**.*

Ich kenne die Frau nicht, **mit der** du gestern zusammen warst.
*I don't know the woman you were **with** yesterday.*

- To indicate location, the adverb **wo** can replace the preposition and the relative pronoun.

Hier ist das Haus, **in dem** ich gewohnt habe.
*Here is the house **in which** I lived.*

Hier ist das Haus, **wo** ich gewohnt habe.
*Here is the house **where** I lived.*

QUERVERWEIS

Was cannot be used as a relative pronoun with prepositions. For more on **wo**-compounds used as relative pronouns, see **Strukturen 5.3, pp. 172-173**.

- When referring to people, the relative pronoun is a form of **der/die/das/die**. **Wer**, **wem**, **wen**, and **wessen** as relative pronouns refer to people who are not defined precisely. This corresponds to English *he who, whoever, anyone who*.

Wer den ganzen Tag viel arbeitet, ist am Ende des Tages sehr müde.
***Whoever** works a lot all day is tired at the end of the day.*

- The forms of **wer** are also often found as relative pronouns in proverbs and phrases.

Wer zuerst kommt, mahlt zuerst.
First come, first served. (Whoever comes first gets served first.)

Wem der Schuh passt, der zieht ihn sich an.
If the shoe fits, wear it. (Whomever the shoe fits wears it).

Anwendung

1

Ein Film Als Kind wächst Inga in einem Dorf in Mecklenburg auf. Informieren Sie sich über den Film *Das Novemberkind* (2008) und schreiben Sie die richtigen Relativpronomen in die Lücken.

1. Inga wohnt bei den Großeltern, ____ die Eltern ihrer Mutter sind, weil ihre Mutter Anne in der Ostsee ertrunken ist.
   a. denen b. die c. das
2. Eines Tages erscheint ein Mann, ____ Literaturprofessor ist und behauptet, ihre Mutter vor ein paar Jahren getroffen zu haben.
   a. das b. den c. der
3. Inga glaubt dem Professor, ____ sie zum ersten Mal sieht, nicht.
   a. den b. der c. denen
4. Sie erfährt aber, dass die Mutter, ____ damals aus dem Osten in den Westen geflohen ist (*fled*), noch lebt.
   a. der b. das c. die
5. Der Film, von ____ man viel über die deutsche Vergangenheit lernt, vermittelt oft das Gefühl eines Dokumentarfilmes.
   a. dem b. der c. das

2

Schwerin Schreiben Sie die richtigen Relativpronomen in die Lücken.

Von: Frederike <frederike@email.de>
An: Manuela <manuela@email.de>
Betreff: Schwerin

Liebe Manuela!
Gestern war ich in Schwerin, der Hauptstadt von Mecklenburg-Vorpommern. Ich informierte mich über diese Stadt, (1) ____ im Jahre 1160 gegründet wurde, und habe dann meine Reise geplant. Als ich aus dem Zug, mit (2) ____ ich fuhr, ausgestiegen war, kaufte ich einen Stadtplan, (3) ____ 2 Euro gekostet hat. Das war ein guter Kauf! Ich besuchte das Schloss, (4) ____ im 16. Jahrhundert gebaut wurde (*was built*). Ich sah viele schöne Gemälde, (5) ____ mir gut gefallen haben. Der Schlossgarten, in (6) ____ ich mich ein bisschen ausruhte, hatte ein tolles Café. Dort lernte ich eine nette Familie kennen, (7) ____ mir alles zeigte, (8) ____ ich noch nicht gesehen hatte (*had seen*).
Liebe Grüße,
Frederike

3

Die Leute in den Medien Arbeiten Sie zu zweit. Bilden Sie aus zwei Sätzen einen Satz mit Hilfe eines Relativpronomens.

Beispiel **Der Ausländer sieht sich einen Film an. Dieser Film hat Untertitel.**
Der Ausländer sieht sich einen Film an, der Untertitel hat.

1. Der Journalist kommt aus Spanien. Er spricht Spanisch.
2. Der Schauspieler versteht Russisch. Ich sprach mit dem Schauspieler.
3. Die Korrespondentin berichtet jetzt aus den USA. Sie studierte in Hamburg.
4. Der Redakteur liest viele Pressenotizen. Er entscheidet über diese Pressenotizen.
5. Die Zuschauer gehen in ein Kino. Dieses Kino zeigt viele synchronisierte Filme.

 Practice more at **vhlcentral.com.**

Kommunikation

4 **Unsere Gewohnheiten** Besprechen Sie zu zweit die folgenden Fragen zu den Medien.

- Ist ein Zeichentrickfilm ein Film, den Sie sich gern ansehen? Warum, warum nicht?
- Sehen Sie lieber Filme, die synchronisiert sind oder die Untertitel haben? Warum?
- Gibt es eine Lokalzeitung, die Sie oft lesen? Welche und warum? Oder warum nicht?
- Abonnieren Sie oder Ihre Eltern Zeitschriften, die mit der Post kommen? Welche und warum? Oder warum nicht?
- Ist Pressefreiheit etwas, was Sie wichtig finden? Erklären Sie Ihren Standpunkt.
- Sehen Sie sich gern Dokumentarfilme an, die von deutscher Geschichte handeln? Warum, warum nicht?
- Gibt es in Ihrem Land Nachrichtensendungen, die objektiv sind? Wie finden Sie sie?

5 **Unsere Klassenkameraden** Arbeiten Sie in Gruppen. Beschreiben Sie Ihre Klassenkameraden, indem Sie Sätze mit Relativpronomen schreiben.

John	John ist der Sportler, der gern Fußball spielt.

6 **Was wir wissen** Besprechen Sie in Gruppen, wie Sie diese Sätze beenden wollen. Geben Sie für jeden Satz einige Beispiele.

- Ein Journalist ist eine Person, die...
- Ein Reporter ist ein Mann, mit dem...
- Eine Schauspielerin ist eine Frau, über die...
- Kennst du eine deutsche Zeitschrift, die...
- Eine Liveübertragung von einem Fußballspiel ist etwas, was...
- Kabelfernsehen ist eine Erfindung, ohne die...

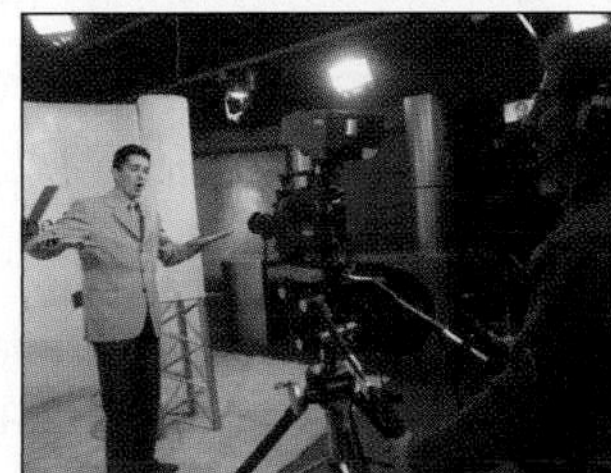

Synthese

1 **Sprechen wir** Sehen Sie sich diese Statistik einer Umfrage an. Beantworten Sie die Diskussionsfragen.

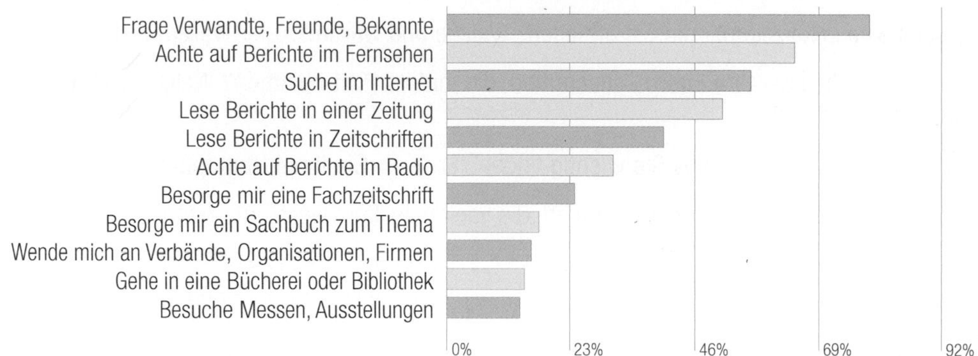

1. Wie informieren sich die meisten Leute über Themen, die sie interessieren? Finden Sie diese Methode gut oder nicht? Warum, warum nicht?
2. Wie viele Leute achten auf Berichte, die sie im Fernsehen sehen? Meinen Sie, dass Berichte im Fernsehen objektiv und hilfreich sind? Warum, warum nicht?
3. Was machen mehr Leute, wenn sie sich informieren wollen? Suchen Sie im Internet oder lesen Sie Berichte in einer Zeitung? Warum?
4. Wie informieren Sie sich, wenn Sie etwas wissen wollen?

Strategien für die Kommunikation

Nützliche Ausdrücke...

Ihre Meinung sagen:	unterschiedliche Meinungen ausdrücken:	die Umfrage besprechen:
Meiner Meinung nach... *In my opinion...* **Ich persönlich meine/glaube/finde...** *Personally, I think/ believe/find...* **Ich bin total dagegen/dafür...** *I am absolutely against/for...*	**Auf der einen Seite... auf der anderen Seite...** *On the one hand..., on the other hand...* **Glaubst du wirklich, dass...** *Do you really think that...* **Ich stimme dir zu, aber...** *I agree with you, however...* **Du denkst also, dass...** *So you think that...*	**Die Mehrheit/Minderheit der Befragten...** *The majority/minority of those asked...* **Die Studie zeigt, dass...** *The study shows...* **Fast 23% (Prozent)...** *Almost 23%...* **Laut der Umfrage...** *According to the survey...*

2 **Schreiben wir** Wählen Sie eins der Themen. Schreiben Sie einen Aufsatz von ungefähr einer Seite. Verwenden Sie **Präteritum**, **Konjunktionen** und **Relativpronomen**.

- Sie sind Lehrer und wollen Eltern überzeugen, dass ihre Kinder während der Schulwoche nicht fernsehen sollen. Schreiben Sie einen Aufsatz mit guten Argumenten.
- Sie schreiben einen Artikel für die Lokalzeitung. Schreiben Sie über einen Ort in Deutschland, als ob Sie schon dort gewesen wären (*had been*). Informieren Sie sich zuerst darüber.

Vorbereitung

Wortschatz der Lektüre

die Agentur, -en *agency*
ausstrahlen *to broadcast*
bundesweit *nationwide*
das Rampenlicht *limelight*
renommiert *reputable*
der Sitz, -e *headquarters*
das Verlagshaus, -¨er *publishing house*
zuverlässig *dependable*

Nützlicher Wortschatz

(Nachrichten) beziehen *to get (the news)*
das Drehbuch, -¨er *script*
drucken *to print*
die Quelle, -n *source*
die Schallplatte, -n *(vinyl) record*

1 **Die Seifenoper** Füllen Sie die Lücken mit den Wörtern aus der Liste.

Agentur	drucken	Sitz
bundesweit	Quelle	Verlagshaus
Drehbuch	renommiert	zuverlässig

Stellen Sie sich vor, Sie haben einen Roman geschrieben. Nun wollen Sie dafür ein (1) ________ finden, und weil Sie in Hamburg wohnen, soll es seinen (2) ________ auch dort haben. Aber niemand will den Roman (3) ________. Sie sind nicht entmutigt (*discouraged*), sondern schreiben den Roman in ein (4) ________ für eine Seifenoper um. Und dafür finden Sie auch schnell eine (5) ________. Da diese Agentur einen guten Ruf (*reputation*) hat, also recht (6) ________ ist, denken Sie, dass sie (7) ________ sein wird. Und das stimmt auch! Nach einem Jahr wird Ihre Seifenoper (8) ________ ausgestrahlt!

2 **Pressefreiheit** Besprechen Sie in Gruppen die folgenden Fragen.

1. Warum ist Pressefreiheit wichtig?
2. Sind Journalisten und Reporter wirklich objektiv? Sollen sie es sein? Warum?
3. Gibt es heutzutage noch eine Zensur? Wo? Erklären Sie die heutige Situation.
4. Warum ist/war die Zensur ein Problem? Kann man sie umgehen? Wie?

3 **Ihre Medien** Beantworten Sie die folgenden Fragen zu zweit.

1. Aus welcher(n) Quelle(n) beziehen Sie Ihre Nachrichten?
2. Haben Sie eine Lieblingszeitung, -zeitschrift, -radiosendung, -fernsehsendung oder -webseite? Erzählen Sie davon.
3. Welche Nachrichten interessieren Sie besonders? Politische oder aktuelle Ereignisse? Sport? Kunst? Kultur? Warum?
4. Lesen Sie Nachrichten lieber regelmäßig in der Zeitung oder im Internet? Warum?
5. Aus welcher Stadt in den USA kommen die meisten Fernsehsendungen? Wo haben die meisten Verlage ihren Sitz?

Hamburg: Medien-Mekka

source: www.manfred-hartmann.eu

Hamburg schickt nicht nur Schiffe in alle Welt, sondern auch Zeitungen, Zeitschriften, Radiosendungen und Fernsehsendungen. Hamburg ist nämlich eine Medienstadt. Mehr als 60.000 Hamburger arbeiten in der Medienbranche und viele der wichtigsten deutschen Sendungen und Zeitungen kommen aus Hamburg.

Von dem 279 Meter hohen Fernsehturm in Hamburg-Mitte, der offiziell Heinrich-Hertz-Turm heißt, werden die Fernsehprogramme in und um Hamburg seit 2005 nur noch digital ausgestrahlt. Dazu gehören die Nachrichtensendungen *Tagesschau*, *Tagesthemen* und das *Nachtmagazin*, die man bundesweit sehen kann. Eine sehr erfolgreiche und beliebte Talkshow aus Hamburg heißt *Beckmann*. Immer montags um 22:45 Uhr empfängt und interviewt Moderator Reinhold Beckmann für 75 Minuten nicht nur prominente Gäste aus Gesellschaft, Politik, Kultur und Sport, sondern auch Menschen, die nicht im Rampenlicht stehen, aber eine außergewöhnliche und bewegende Lebensgeschichte haben.

Seit 1924 strahlt der NDR aus Hamburg als öffentlich-rechtlicher° Rundfunk auf mehreren Kanälen Musik- und Informationssendungen für Jung und Alt aus. Das *Hamburger Hafenkonzert* ist die älteste Radiosendung der Welt und wird auch in außereuropäische Länder übertragen.

Nicht nur Fernsehen und Radio kommen aus Hamburg. Im 18. Jahrhundert wollten die hiesigen° Kaufleute zuverlässige Nachrichten aus aller Welt haben. Damit begann die lange Tradition der großen Verlagshäuser dieser Stadt. Die Deutsche Presse-Agentur (dpa) hat ihren Sitz in Hamburg und es gibt auch zahlreiche Werbeagenturen°. Seit 1946 erscheint hier die überregionale° Wochenzeitung *Die Zeit* (und deren Online-Ausgabe) und seit 1947 die verkaufsstärkste deutsche Wochenzeitschrift, *Der Spiegel*.

Der Spiegel und *Die Zeit* sind beide sehr renommiert. Nicht so seriös, aber doch sehr populär ist die *Bild-Zeitung*. Die *Bild* kommt auch aus Hamburg und ist Deutschlands meistverkaufte Boulevardzeitung°. Wo immer etwas Sensationelles passiert ist, „war die *Bild* dabei" und berichtet sofort mit reißerischen° Bildern darüber. Sehr viele Leute lesen diese Zeitung, wollen es aber nicht zugeben° und verstecken sie deshalb in einer anderen Tageszeitung!

Auch zukünftige Journalisten sind in Hamburg richtig°. Der starke Medieneinfluss hat zur Gründung der privaten Hamburg Media School geführt. An der Hamburger Uni kann man Medien- und Kommunikationswissenschaften studieren und die Henri-Nannen-Schule ist eine der renommiertesten Journalistenschulen Deutschlands. Man kann in Hamburg in Bezug auf° Medien eben fast alles finden! ■

öffentlich-rechtlicher public and bound by law · *hiesigen* local · *Werbeagenturen* ad agencies · *überregionale* nationwide · *Boulevardzeitung* tabloid · *reißerischen* sensational · *zugeben* admit · *richtig* in the right place · *in Bezug auf* regarding

Der Heinrich-Hertz-Turm

Bis Ende 2001 waren die Aussichtsplattform und das sich drehende° Restaurant auf 128 Metern Höhe des Heinrich-Hertz-Turms ein beliebtes Touristen-Ziel. Von diesem Wahrzeichen° der Stadt hatte man einen wunderbaren Ausblick über Hamburg und den Hafen. Und ganz Wagemutige° konnten von einer besonderen Plattform aus Bungee-Jumping machen. Zur Zeit sind Restaurant und Bungee-Plattform geschlossen.

drehende *rotating* **Wahrzeichen** *symbol* **Wagemutige** *daring people*

Analyse

1

Verständnis Entscheiden Sie, ob die folgenden Aussagen **richtig** oder **falsch** sind. Stellen Sie dann zu zweit die falschen Aussagen richtig.

Richtig	Falsch	
☑	☐	1. Fernsehprogramme in und um Hamburg werden digital ausgestrahlt.
☐	☑	2. *Die Zeit* ist die älteste Radiosendung der Welt.
☐	☑	3. *Beckmann* ist eine Kriminalserie.
☑	☐	4. Die Musikindustrie in Hamburg ist stark und bietet etwas für Jung und Alt.
☑	☐	5. Viele Leute lesen die *Bild-Zeitung* versteckt in einer anderen Tageszeitung.
☑	☐	6. Viele große Verlagshäuser haben ihren Sitz in Hamburg.
☑	☐	7. Medien- und Kommunikationswissenschaften kann man nur an der Hamburg Media School studieren.

KULTURANMERKUNG

Die Beatles

Wussten Sie, dass die Beatles in den 60er Jahren mehrmals in Hamburg waren und dort in den Nachtclubs aufgetreten sind? In den Hamburger Musikstudios haben sie ihre Fertigkeiten° verbessert und einige frühe Hits aufgenommen. Die Beatles haben sogar Songs auf Deutsch gesungen, was manchmal erst nach mehreren Versuchen richtig geklappt° hat. Und ihren berühmten Mop-Haarschnitt° haben sie sich von dem deutschen Fotografen, ihrem Freund Jürgen Vollmer, abgeguckt°!

Fertigkeiten *skills* **geklappt** *worked* **Haarschnitt** *haircut* **abgeguckt** *copied*

2

Informationsquellen Besprechen Sie in Gruppen die folgenden Fragen.

1. Inwiefern (*In what way*) unterscheiden sich amerikanische von deutschen Zeitungen? Wo sind sie sich ähnlich?
2. Welche Funktion haben Illustrierte? Wer liest sie? Warum? Üben sie einen negativen oder einen positiven Einfluss auf die Leser(innen) aus? Erklären Sie Ihre Antwort.
3. Sind Nachrichtensendungen nur zur Information da oder auch zur Unterhaltung (*entertainment*)? Vergleichen Sie regionale Nachrichtensendungen mit bundesweiten.
4. Gibt es Kultserien im amerikanischen Fernsehen? Wovon handeln sie?
5. Welche Talkshows gibt es in den USA? Wann werden sie ausgestrahlt? Wer sieht sie?

3

Eine Zeitschrift

A. **Denken Sie sich in Gruppen ein Konzept für eine Zeitschrift aus. Die folgenden Fragen sollen Ihnen dabei helfen.**

- Was ist das Thema der Zeitschrift und wie soll sie heißen?
- Was für Artikel soll es geben? (Interviews? Features? Bild-Reportagen?)
- Soll die Zeitschrift gedruckt erscheinen oder im Internet oder beides?
- Wie oft (monatlich, wöchentlich) soll die Zeitschrift erscheinen?
- Wo und wie wollen Sie für die Zeitschrift Werbung machen?
- Wo und wie soll die Zeitschrift verkauft werden?

B. **Präsentieren Sie den anderen Student(inn)en Ihre Ideen für eine neue Zeitschrift. Machen Sie dann eine Umfrage und finden Sie heraus, welche Student(inn)en sich für ein Abo Ihrer Zeitschrift interessieren würden (*would*) und warum.**

Practice more at **vhlcentral.com.**

Vorbereitung

Über die Schriftstellerin

Jana Hensel wurde 1976 in der Nähe von Leipzig in der damaligen DDR geboren. Sie studierte Literatur und Romanistik in Leipzig, Marseille, Berlin und Paris. Bereits während ihres Studiums gab Hensel die Literaturzeitschrift EDIT in Leipzig heraus. Im Jahr 2002 erschien ihr erster Roman *Zonenkinder*, in dem sie ihre Erinnerungen an ein Deutschland zur Zeit der Wiedervereinigung aus Sicht einer Jugendlichen beschreibt. Das Buch schaffte den Sprung in die Bestsellerlisten und wurde in mehrere Sprachen übersetzt. 2010 erhielt Jana Hensel den begehrten (*prestigious*) Theodor-Wolff-Preis.

Wortschatz der Kurzgeschichte

sich (etwas) abgewöhnen *to give up (a habit)*
ausscheiden *to be eliminated*
einfältig *simple(-minded)*
einstürzen *to collapse*
heimlich *secretly*
die Rechtschreibung, -en *correct spelling*
verstummen *to go/to become silent*
zerschlagen *to shatter*

Nützlicher Wortschatz

das Andenken, - *keepsake*
sich erinnern *to remember*
fliehen *to flee; to escape*
schwelgen *to indulge*

1 **Definitionen** Finden Sie für jeden Ausdruck die richtige Definition.

_____ 1. ausscheiden	a. etwas nicht mehr tun
_____ 2. einfältig	b. nichts mehr sagen
_____ 3. sich etwas abgewöhnen	c. nicht öffentlich
_____ 4. zerschlagen	d. etwas kaputt machen
_____ 5. verstummen	e. nicht mehr teilnehmen
_____ 6. einstürzen	f. wie ein Wort richtig geschrieben wird
_____ 7. die Rechtschreibung	g. nicht klug
_____ 8. heimlich	h. in sich zusammenfallen

2 **Fragen** Stellen Sie einander die folgenden Fragen.

1. Kennst du Ausdrücke, die deine Eltern verwenden, du aber nicht? Gibt es regional verschiedene Ausdrücke für ein und diesselbe Sache in den USA?
2. Sieht deine Heimatstadt jetzt noch genauso aus wie in deiner Kindheit oder hat sich etwas verändert?
3. Was war dein Lieblingszeichentrickfilm, dein Lieblingsbuch, dein Lieblingsfilm, als du Schüler(in) warst?
4. Hast du dich schon einmal von einer Gruppe von Leuten ausgeschlossen (*excluded*) gefühlt? Warum war das so?

KULTURANMERKUNG

In den Westen machen

Die Flucht aus der Deutschen Demokratischen Republik (DDR) in die Bundesrepublik Deutschland (BRD) wurde von Seiten der DDR offiziell als „Republikflucht" bezeichnet. Die Abriegelung° der Grenze zwischen den beiden Staaten und der Bau der Berliner Mauer sollten den Flüchtlingsstrom° bremsen. Dennoch haben von 1949 bis 1990 fast vier Millionen DDR-Bürger „in den Westen gemacht".

Abriegelung *locking*
Flüchtlingsstrom *flows of refugees*

 Practice more at **vhlcentral.com.**

Zonen

(Auszug)

S Audio: Dramatic Recording

Die Kaufhalle hieß jetzt Supermarkt, Jugendherbergen wurden zu Schullandheimen, Nickis zu T-Shirts und Lehrlinge Azubis°. In der Straßenbahn musste man nicht mehr den Schnipsel entlochen°, sondern den Fahrschein entwerten. Aus Pop-Gymnastik wurde Aerobic, und auf der frisch gestrichenen Poliklinik stand eines Morgens plötzlich „Ärztehaus". Die Speckitonne verschwand und wurde durch den grünen Punkt ersetzt. Mondos hießen jetzt Kondome, aber das ging uns noch nichts an.

Statt ins Pionierhaus ging ich jetzt ins Freizeitzentrum, unsere Pionierleiter waren unsere Vertrauenslehrer, und aus Arbeitsgemeinschaften wurden Interessengemeinschaften. In den Läden gab es alles aus der Reklame° zu kaufen. Auf den Straßen saßen überall Hütchenspieler°. Und Mitschüler, die vor der Wende in den Westen gemacht° hatten, wie das damals hieß, tauchten plötzlich auf dem Schulhof auf, als seien sie nie weg gewesen, redeten so komisch betont und sahen aus wie aus der Medi&Zini.

Zu den Fidschis durfte ich nicht länger Fidschis sagen, sondern musste sie Ausländer oder Asylbewerber° nennen, was irgendwie sonderbar klang, waren sie doch immer da und zwischendurch nie weg gewesen. Für die Kubaner und die Mosambikaner hatte es kein Wort gegeben. Keins vorher und keins hinterher. Sie waren sowieso auf einmal alle verschwunden. Nicht anders als die Knastis°, die die Flaschen und Gläser in den SERO-Annahmestellen° entgegengenommen, nach Farbe und Größe sortiert und darauf aufgepasst hatten, dass wir abends nicht heimlich durch das Loch im Zaun in die großen Zeitschriftencontainer stiegen, um Westzeitschriften ihrer volkswirtschaftlich sinnvollen Zweitverwertung zu entreißen.

(Auszubildende) trainees
punch holes into pieces of paper
TV ad
thimblerigger (shell game con artist)
made it to the West
Asylum seekers
jailees/GDR recycling places

kinder

Jana Hensel

Die Dinge hießen einfach nicht mehr danach, was sie waren. Vielleicht waren sie auch nicht mehr dieselben. Schalter hießen Terminals, Verpflegungsbeutel wurden zu Lunchpaketen, Zweigstellen zu Filialen, der Polylux zum Overheadprojektor und der Türöffner in der Straßenbahn zum Fahrgastwunsch. Assis° zu sagen habe ich mir schnell abgewöhnt, und Assikinder, mit denen wir in Lernpatenschaften Mathe und Rechtschreibung lernten und auf die wir ein Auge haben sollten, damit sie nicht geärgert wurden, und die wir besuchen gingen, wenn sie nicht zur Schule kamen, die gab es auch nicht mehr.

Die Olsenbande dagegen, über die wir uns an vielen Sonntagvormittagen in einer Art sozialistischer Kinderkinomatinée ohne Sekt für 35 Pfennig halb zu Tode gelacht hatten, die gab es noch; und genau das brachte mein Weltbild endgültig zum Einsturz: Generationen von Kindern hatten diesen leider ziemlich einfältigen Dänen bei ihren Taschenspielertricks° zugesehen und geglaubt, die große Welt ließe sie, zumindest ein wenig, teilhaben und hätte sie nicht ganz vergessen. Als nach der Wende° dann jedoch kein Mensch im Westen je von Egon, Benni und Kjeld gehört hatte, dafür aber jeder Karel Gott kannte, den Prager, von dem wir nun wirklich glaubten, er habe nur für uns Deutsch gelernt und gehöre uns, uns ganz allein, da verstand ich gar nichts mehr.

Wenn mir heute Freunde aus Heidelberg oder Krefeld sagen, sie hätten lange gebraucht, sich daran zu gewöhnen, dass Raider nicht mehr Raider, sondern irgendwann Twix hieß, und wie sehr sie es lieben, in den Ferien für ein paar Tage nach Hause zu fahren, weil man es da zwar nicht lange aushalte, aber alles noch so schön wie früher und an seinem Platz sei, dann beneide ich sie ein bisschen. Ich stelle mir in solchen Momenten heimlich vor, noch einmal durch die Straßen unserer Kindheit gehen zu können, die alten Schulwege entlangzulaufen, vergangene Bilder, Ladeninschriften und Gerüche wieder zu finden. In Gedanken lege ich mich still und von niemanden bemerkt, wie zwischen zwei Pausenklingeln, auf den verstaubten° Matratzenberg° in der hinteren Ecke der Turnhalle und halte meine Nase ganz dicht an die großen, schweren Medizinbälle. Ich sehe hinüber zu den langen Turnbänken aus Holz, streiche mit dem Handrücken darüber und erinnere mich an unsere Angst vor den Splittern°, zogen wir auf dem Bauch liegend, mit weit ausholenden Armbewegungen über sie hinweg. Nur wenn die eigene Mannschaft am Rand stand und einen lautstark anfeuerte, verlor sich die Angst für Sekunden.

Lieber waren mir da die knöchelhohen° Turnbänke beim Völkerball, wo sie als Spielfeldmarkierungen den Völkermann von der gegnerischen Mannschaft trennten. Seine große Stunde schlug, wenn alle Mitspieler ausgeschieden waren und die Ungelenken° und Dicken oft längst in der Umkleidekabine warteten, gleichgültig, welche Gruppe den Sieg nach Hause tragen sollte. Leider sahen sie auf diese Weise nie, wie ein guter Völkermann eine längst verloren geglaubte Mannschaft wieder ins Spiel bringen konnte und wie wir anderen, vor Aufregung glühend, unseren Völkermann dafür liebten. In den darauf folgenden Unterrichtsstunden habe ich

Assis: Antisocial (short for ***Asoziale****)*
Taschenspielertricks: conjurer tricks
Wende: (turn) fall of the GDR
verstaubten / Matratzenberg: dusty/ pile of exercise mats
Splittern: splinters
knöchelhohen: ankle high
Ungelenken: non-athletic

Die Dinge hießen einfach nicht mehr danach, was sie waren. Vielleicht waren sie auch nicht mehr dieselben.

mich heimlich zu meinem Völkermann umgedreht und ihn betrachtet, zufrieden und ohne Neid. Doch unsere Helden von damals leben schon lange nicht mehr, und weil unsere Kindheit ein Museum ohne Namen ist, fehlen mir die Worte dafür; weil das Haus keine Adresse hat, weiß ich nicht, welchen Weg ich einschlagen soll, und komme in keiner Kindheit mehr an.

Doch unsere Helden von damals leben schon lange nicht mehr, und weil unsere Kindheit ein Museum ohne Namen ist, fehlen mir die Worte dafür; weil das Haus keine Adresse hat, weiß ich nicht, welchen Weg ich einschlagen soll, und komme in keiner Kindheit mehr an.

Wir werden es nie schaffen, Teil einer Jugendbewegung zu sein, dachte ich einige Jahre später, als ich mit italienischen, spanischen, französischen, deutschen und österreichischen Freunden eng zusammengequetscht° in einem Marseiller Wohnheimzimmer saß. Die Wende war bereits mehr als sechs Jahre her. Die Italiener hatten für alle gekocht, Stühle gab es nicht, man aß auf den Knien und saß auf dem Bett, dem Fußboden, in der Schranktür oder stand, nur den Kopf ins Zimmer gestreckt, an der offenen Tür. Als einige Flaschen Wein geleert waren und die Aschenbecher langsam überquollen°, begannen alle laut, euphorisiert und wild durcheinander zu reden. Alte Namen und Kindheitshelden flogen wie Bälle durch den Raum: welche Schlümpfe° man am liebsten hatte, welches Schlumpfkind mit wem verwandt war und wie sie auf Italienisch, Deutsch oder Spanisch hießen. Lieblingsfilme wurden ausgetauscht; Lieblingsbücher beschworen und erhitzt die Frage debattiert, ob man den Herrn der Ringe, Pippi Langstrumpf, Donald Duck oder Dagobert lieber mochte, Lucky Luke oder Asterix und Obelix verschlungen hatte.

zusammengequetscht: crammed together
überquollen: overflowed
Schlümpfe: Smurfs

Ich musste an Alfons Zitterbacke denken, erinnerte mich an den braven Schüler Ottokar und hätte gern den anderen vom Zauberer der Smaragdenstadt erzählt. Ich sah Timur und seinen Trupp, Ede und Unku, den Antennenaugust und Frank und Irene vor mir, mir fielen Lütt Matten und die weiße Muschel, der kleine Trompeter und der Bootsmann auf der Scholle wieder ein. Einmal versuchte ich es, hob kurz an, um von meinen unbekannten Helden zu berichten, und schaute in interessierte Gesichter ohne Euphorie. Mit einem Schlag hatte ich es satt, anders zu sein als all die anderen. Ich wollte meine Geschichten genauso einfach erzählen wie die Italiener, Franzosen oder Österreicher, ohne Erklärungen zu suchen und meine Erinnerungen in Worte übersetzen zu müssen, in denen ich sie nicht erlebt hatte und die sie mit jedem Versuch ein Stück mehr zerschlugen. Ich verstummte, und um ihre Party und ihr schönes warmes Wir-Gefühl nicht länger zu stören, hielt ich den Mund. Ich überlegte, was ich stattdessen mit meiner Kindheit anfangen könnte, in welches Regal ich sie stellen oder in welchen Ordner° ich sie heften könnte. Wie ein Sommerkleid war sie anscheinend aus der Mode geraten und taugte° nicht einmal mehr für ein Partygespräch. Ich nahm noch einen Schluck aus dem Weinglas und beschloss, mich langsam auf den Weg zu machen. ■

Ordner: binder
taugte: was good enough

Analyse

1 **Richtig oder falsch?** Entscheiden Sie, ob die folgenden Aussagen **richtig** oder **falsch** sind.

Richtig	Falsch	
☐	☐	1. Viele alltägliche Dinge haben nach der Wende andere Namen.
☐	☐	2. Mitschüler, die vor der Wende in den Westen geflohen hatten, kamen nicht wieder.
☐	☐	3. Über die Olsenbande konnte die Erzählerin sich halb totlachen.
☐	☐	4. Die Schüler hatten keine Angst vor Splittern in den Turnbänken aus Holz.
☐	☐	5. Die Erzählerin nennt ihre Kindheit ein Museum ohne Namen.
☐	☐	6. Die jungen Leute aus Italien, Spanien, Frankreich und Österreich haben dieselben Kinderbücher gelesen wie die Erzählerin.

2 **Verständnis** Kreuzen Sie die jeweils richtige Aussage an.

1. a. Nach der Wende hat sich nichts im Leben der Erzählerin geändert.
   b. Nach der Wende hat sich fast alles im Leben der Erzählerin geändert.
2. a. Die SERO-Annahmestellen der DDR waren so etwas Ähnliches wie die *Recycling Center* heute.
   b. SERO-Annahmestellen nahmen nur Westzeitschriften an.
3. a. Die Erzählerin beneidet Freunde aus Heidelberg oder Krefeld, weil sie zu Hause in ihren Kindheitserinnerungen schwelgen können.
   b. Die Erzählerin will von ihrer Kindheit nichts mehr wissen.
4. a. Die Erzählerin hatte es satt, anders zu sein als all die anderen jungen Leute.
   b. Die Erzählerin fühlte sich nicht als Außenseiterin.

3 **Interpretation** Vervollständigen Sie die Sätze mit den richtigen Satzteilen.

1. Nach der Wende...
   a. blieb in der DDR alles so wie es vorher auch gewesen war.
   b. hießen die Dinge einfach nicht mehr so wie vorher.
2. Für viele Dinge der ehemaligen DDR...
   a. gibt es keine neuen Ausdrücke nach der Wende.
   b. gibt es jetzt englische und deutsche Ausdrücke.
3. Die Erzählerin möchte...
   a. gern noch einmal durch die Straßen ihrer Kindheit laufen können.
   b. die Völkerballspiele ihrer Schulzeit vergessen.
4. Die Erzählerin...
   a. war enttäuscht, dass ihre Kindheit anscheinend wie ein Sommerkleid aus der Mode gekommen war.
   b. hatte Spaß daran, ihre Erinnerungen in die Sprache der jungen Leute aus dem Westen zu übersetzen.

4 **Die Erzählerin** Machen Sie zuerst eine Liste von Adjektiven und anderen Ausdrücken, die die Erzählerin und ihre Einstellung zu ihrem Leben in der DDR und danach charakterisieren. Obwohl die Italiener, Spanier, Franzosen, (West)deutschen und Österreicher nicht weiter beschrieben werden, sind sie anders als die Erzählerin. Wie? Machen Sie eine zweite Liste und vergleichen Sie beide.

	die Erzählerin	die Anderen
nostalgisch		
kritisch		
euphorisch		
kochen		
?		

5 **Ihrer Meinung nach** Äußern Sie in Gruppen Ihre Meinung zu den folgenden Fragen.

1. Welche Ausdrücke aus der DDR kommen in dieser Geschichte vor? Machen Sie eine Liste. Verstehen Sie alle Ausdrücke?
2. Finden Sie es gut, dass es so viele englische Ausdrücke im Deutschen gibt?
3. Karel Gott ist ein Schlagersänger aus Prag, der auf Deutsch und nicht auf Tschechisch singt. Kennen Sie Sänger(innen) aus anderen Ländern, die auf Englisch singen? Warum machen sie das? Finden Sie das gut oder nicht?
4. Warum bezeichnet die Erzählerin ihre Kindheit als ein Museum ohne Namen, das in einem Haus ohne Adresse ist?
5. Glauben Sie, dass sie unter ihrer Vergangenheit leidet, weil sie sie als anders empfindet als ihre westeuropäischen Freunde? Warum, warum nicht?
6. Glauben Sie, dass die Erzählerin sich doch noch in der westlichen Welt wohl fühlen wird? Warum, warum nicht?

6 **Fragen** Beantworten Sie die folgenden Fragen zu zweit.

1. Ist die Ausdrucksweise Ihrer Eltern und Großeltern genauso wie Ihre?
2. Welche speziellen Erinnerungen haben Sie an Ihre Schulzeit?
3. Welche Fernsehserien, Filme und Kinderbücher haben Sie gern gesehen bzw. gelesen?
4. Gibt es etwas aus Ihrer Kindheit, dass Sie gerne noch einmal machen möchten? Was? Warum?

7 **Zum Thema** Schreiben Sie einen Aufsatz von ungefähr 100 Wörtern zu einem der folgenden Themen.

- Beschreiben Sie ein Erlebnis aus ihrer Kindheit oder Schulzeit, an das Sie sich gern (oder nicht gern) zurückerinnern.
- Denken Sie an einen Zeichentrickfilm aus Ihrer Kindheit und beschreiben Sie ihn. Glauben Sie, er kommt heute noch genauso gut bei Kindern an wie damals? Warum, warum nicht?

Practice more at **vhlcentral.com.**

Anwendung

Vorbereitung: Der Einleitungssatz (*The main clause*)

Der Hauptteil eines Aufsatzes besteht aus mehreren Absätzen. Hier stehen die Argumente, die die These verteidigen (*defend*), die in der Einführung dargelegt (*stated*) wurde. Jeder dieser Absätze beginnt mit einem Thema- oder Einleitungssatz. Dieser Satz:

- bringt die Hauptidee des Absatzes auf einen Punkt;
- ist nützlich, weil er dem Leser eine klare Vorstellung vom Inhalt des Absatzes gibt;
- ist nützlich, weil der Autor damit klar angibt, welche Informationen er präsentieren will.

Anwendung **Lesen Sie zu zweit den folgenden Absatz und unterstreichen Sie den Einleitungssatz.**

Karl studiert wahnsinning gern Englisch, aber bis vor kurzem hatte er immer große Angst davor, einen schlechten Eindruck zu machen, wenn er sprach. Obwohl er sehr schüchtern ist, fragte er eines Tages einen Fremden in New York nach dem Weg, weil er sich verlaufen hatte. Nach einem langen Fußmarsch fand er schließlich das Theater, das er gesucht hatte: Zum ersten Mal in seinem Leben war er stolz auf sein Englisch!

Aufsatz **Wählen Sie eins der folgenden Themen und schreiben Sie darüber einen Aufsatz.**

Voraussetzungen

1. Ihr Aufsatz soll sich inhaltlich auf mindestens einen der vier Teile dieser Lektion (**Kurzfilm**, **Stellen Sie sich vor**, **Kultur** und/oder **Literatur**) beziehen.
2. Sie müssen mindestens drei Absätze schreiben, um Ihren Standpunkt zu verteidigen, und jeder Absatz muss einen Einleitungssatz enthalten.
3. Ihr Aufsatz muss mindestens eine Seite lang sein.

1. Wie stark ist der Einfluss der Werbung auf unsere Kaufentscheidungen und auf unsere Werte in Bezug auf das, was uns wichtig oder wünschenswert erscheint? Trägt Werbung nur zum Materialismus und Konsum bei oder hat sie auch positive Auswirkungen?

2. Wie wichtig sind die Medien bei der Ausformung unserer Identität? Würde z.B. ein Kind, das nie ferngesehen hat, Schwierigkeiten haben, mit Gleichaltrigen (*peers*) zurecht zu kommen?

3. Sind wir dadurch, dass wir Zugang zu einer so großen Zahl von Nachrichtensendungen haben, besser informiert und ausgewogener (*balanced*) in unserem Denken? Oder überwältigen die Medien uns dermaßen (*to such an extent*) mit Sensationsnachrichten, dass unsere Wahrnehmung (*perception*) dessen, was in der Welt wirklich passiert, verzerrt (*distorted*) wird?

Medien und Kultur

Audio: Vocabulary Flashcards

Kino, Rundfunk und Fernsehen

der Bildschirm, -e *(TV) screen*
der Dokumentarfilm, -e *documentary*
die Fernsehserie, -n *TV series*
die Folge, -n *episode*
das Interview, -s *interview (media)*
die Leinwand, -¨e *movie screen*
die Liveübertragung, -en/ die Livesendung, -en *live broadcast*
die (Nach)synchronisation, -en *dubbing*
das Radio, -s *radio*
der Radiosender, - *radio station*
die Reklame, -n *TV ad*
der Rundfunk *radio; broadcasting*
die Seifenoper, -n *soap opera*
die Sendung, -en *TV program*
die Special Effects *special effects*
der Untertitel, - *subtitle*
der Zeichentrickfilm, -e *cartoon(s)*

aufnehmen *to record (audio)*
aufzeichnen *to record (video)*
drehen *to film*
erscheinen *to come out; to appear; to be published*
ein Interview führen *to conduct an interview (media)*
Radio hören *to listen to the radio*
senden/übertragen *to broadcast*
synchronisieren *to dub (a film)*

Die (Massen)medien

die aktuellen Ereignisse *current events*
die Fernsehwerbung, -en *TV advertisement*
die (Meinungs)umfrage *opinion poll; survey*
die Nachrichten (*pl.*) *(radio/television) news*
die Nachrichtensendung, -en *news program; newscast*
die Neuigkeit, -en/die Pressenotiz, -en *news story; news item*
der Werbespot, -s *commercial*
die Werbung, -en *advertisement*
die Zensur *censorship*

berichten *to report*
auf dem Laufenden bleiben *to keep up with (news)*
sich informieren (über + Akk.) *to get/to stay informed (about)*
auf dem neuesten Stand sein/bleiben *to be/to keep up-to-date*

aufgezeichnet *(pre-)recorded*
direkt/live *live*
einflussreich *influential*
objektiv *impartial; unbiased*
subjektiv *partial; biased*

Die Medienleute

der Journalist, -en/die Journalistin, -nen *journalist*
der Korrespondent, -en/die Korrespondentin, -nen *correspondent*
der Redakteur, -e/die Redakteurin, -nen *editor*
der Reporter, -/die Reporterin, -nen *reporter*
der Schauspieler, -/die Schauspielerin, -nen *actor/actress*
der Verleger, -/die Verlegerin, -nen *publisher*
der Zuhörer, -/die Zuhörerin, -nen *(radio) listener*
der Zuschauer, -/die Zuschauerin, -nen *(television) viewer*

Die Presse

die Anzeige, -n *newspaper ad*
das Comicheft, -e *comic book*
das Horoskop, -e *horoscope*
die Illustrierte, -n/die Zeitschrift, -en *magazine*
die Kleinanzeige, -n *classified ad*
die Lokalzeitung, -en *local paper*
die Monatsschrift, -en *monthly magazine*
die Pressefreiheit *freedom of the press*
die Pressemitteilung, -en *press release*
die Schlagzeile, -n *headline*
der Teil, -e *section*
die Wochenzeitschrift, -en *weekly magazine*
die (Wochen)zeitung, -en *(weekly) newspaper*

abonnieren *to subscribe*

Kurzfilm

die Besprechung, -en *meeting*
die (Olympia-)Bewerbung, -en *bid (for the Olympic Games)*
die Fachsprache, -n *technical terminology*
der Ichling, -e *self-centered person*
der Praktikant, -en/die Praktikantin, -nen *intern*

etwas befestigen *to secure something*
engagieren *to hire*
etwas erfahren *to find out something*
gestalten *to create*
zischen *(here) to whiz*

kreativ *creative*
pfeilschnell *as swift as an arrow*

Kultur

die Agentur, -en *agency*
das Drehbuch, -¨er *script*
die Quelle, -n *source*
das Rampenlicht *limelight*
die Schallplatte, -n *(vinyl) record*
der Sitz, -e *headquarters*
das Verlagshaus, -¨er *publishing house*

ausstrahlen *to broadcast*
(Nachrichten) beziehen *to get (the news)*
drucken *to print*

bundesweit *nationwide*
renommiert *reputable*
zuverlässig *dependable*

Literatur

das Andenken, - *keepsake*
die Rechtschreibung, -en *correct spelling*

sich (etwas) abgewöhnen *to give up (a habit)*
ausscheiden *to be eliminated*
einstürzen *to collapse*
sich erinnern *to remember*
fliehen *to flee; to escape*
schwelgen *to indulge*
verstummen *to go/to become silent*
zerschlagen *to shatter*

einfältig *simple(-minded)*
heimlich *secretly*

LEKTION **4**

Wegfahren und Spaß haben

Reisen bereichert (*enriches*) das Leben. Man lernt beim Reisen viel über die Welt. Eine Reise bietet (*offers*) auch die richtige Chance, etwas Neues über sich selbst zu lernen und sich zu entfalten (*develop*). Was würden (*would*) Sie in den Ferien anders machen? Würden Sie zum Beispiel etwas ganz Ungewöhnliches essen? Würden Sie einen neuen Sport probieren? Machen Sie sich also auf die Reise und schauen Sie, ob Sie sich vielleicht ein bisschen verändern.

118 **KURZFILM**
In dem Film *Björn oder die Hürden der Behörden* von **Andreas Niessner** und **Oliver Bürgin** muss Björn über die Hürden der Behörden springen und wird zum Opfer (*victim*) der Vorurteile (*prejudices*) der Polizei gegen die Türken.

124 **STELLEN SIE SICH VOR**
Was passiert, wenn man ein Kostüm anzieht? Man kann eine neue Identität ausprobieren! In **Düsseldorf**, der Hauptstadt des Landes Nordrhein-Westfalen, ziehen sich die Menschen jeden Winter Kostüme an und feiern den Karneval. Kommen Sie doch mit! Und bringen Sie Ihr Kostüm und Ihren Humor mit.

139 **KULTUR**
Badefreuden oder Großstadtabenteuer? gibt einen kleinen Einblick in die ganz unterschiedlichen Regionen von der Nordsee bis ins Ruhrgebiet und nach Köln.

143 **LITERATUR**
In *Hier ist Tibten!* von **Heinrich Böll**, beschreibt der Erzähler, wie Touristen nach Tibten gelockt (*enticed*) werden, um den Grabstein des Tiburtius und das Heimatmuseum zu besichtigen.

120

140

116 ZU BEGINN

126 STRUKTUREN

4.1 Das Futur

4.2 Adjectives (Part 1)

4.3 Adjectives (Part 2)

150 SCHREIBWERKSTATT

151 WORTSCHATZ

Reisen und Ferien

Audio: Vocabulary

Im Bahnhof

die Abfahrtszeit, -en *departure time*
der Anschluss, -¨e *connection*
der Bahnsteig, -e *platform*

der Schaffner, -/die Schaffnerin, -nen *ticket collector/conductor*

Im Flughafen

die Abflughalle, -n *departure hall/lounge*
die Abflugzeit, -en *departure time*
die Ankunftshalle, -n *arrival(s) terminal*
die Bordkarte, -n *boarding pass*
der Flugbegleiter, -/die Flugbegleiterin, -nen *flight attendant*
der Flugsteig, -e *departure gate*
der Geldwechsel *currency exchange*
die Gepäckausgabe *baggage claim*
die Landung, -en *landing*
der (Fenster/Gang)platz, -¨e *(window/aisle) seat*
die Sicherheitskontrolle, -n *security check*
die Verspätung, -en *delay; late arrival*

---

an Bord *on board*
zollfrei *duty-free*

---

an Bord des Flugzeuges gehen *to board the plane*
einchecken *to check in*
in der Schlange stehen *to stand in line*

Im Hotel

der Ferienort, -e *vacation resort*

die Halbpension *half board*
die Pension, -en *guest house*
die (Auto)vermietung *(car) rental*
die Vollpension *full board*
das Wirtshaus, -¨er *inn*

(voll) belegt *full; no vacancy*
Fünf-Sterne *five-star*
Zimmer frei *vacancy*

---

mieten *to rent (house, car)*

Auf dem Campingplatz

das Bergsteigen *mountain climbing*

der Campingplatz, -¨e *campground*
das Fischen *fishing*
das Kanufahren *canoeing*
der Schlafsack, -¨e *sleeping bag*
der Wanderer, -/die Wanderin, -nen *hiker*
der Wanderweg, -e *hiking trail*
das Wohnmobil, -e *RV, motor home*
das Zelt, -e *tent*

---

organisieren *to organize*
wandern *to go hiking*

Im Skiurlaub

die Skiausrüstung, -en *ski equipment*
der Skihang, -¨e *ski slope*

der (Ski)langlauf *cross-country skiing*
der Skilift, -e (*oder* -s) *ski lift*
der Skipass, -¨e *ski pass*
der Skiurlaubsort, -e *ski resort*

Am Strand

der Ausflug, -¨e *excursion*
das Badetuch, -¨er/das Strandtuch, -¨er *towel; beach towel*
das (Segel)boot, -e *(sail)boat*
die Kreuzfahrt, -en *cruise*

der Schnorchel, - *snorkel*
das Seebad, -¨er *seaside resort*
der Sonnenbrand, -¨e *sunburn*
die Sonnen(schutz)creme, -s *sunblock*
der (Strand)sonnenschirm, -e *beach umbrella/parasol*
das Surfbrett, -er *surfboard*

---

segeln *to sail*
sonnenbaden *to sunbathe*
surfen *to surf*

Zum Beschreiben

angenehm *pleasant*
chaotisch *disorganized*
exotisch *exotic*
frustriert *frustrated*
gestrichen *canceled*
organisiert *organized*
stressig/anstrengend *stressful*
verspätet *delayed*

---

sich lohnen *to be worth it*

Anwendung

1

Reisesituationen **Reisen macht Spaß, aber es kann auch anstrengend sein. Wählen Sie eine passende Lösung für jedes der folgenden Reiseprobleme.**

____ 1. Sie wollen nach Düsseldorf fliegen, um den Karneval zu feiern. Sie müssen durch die Sicherheitskontrolle gehen. Viele Reisende stehen schon an.

____ 2. Sie wollen einen Ausflug machen, aber Sie haben keinen Wagen.

____ 3. Ihr Zug hat Verspätung und jetzt müssen Sie noch eine Stunde warten.

____ 4. Sie sind am Strand, aber Sie wollen aktiv sein.

____ 5. Sie wollen gemütlich am Strand lesen, aber Sie wollen sich keinen Sonnenbrand holen.

a. Sie mieten ein Auto.

b. Sie mieten ein Surfbrett und machen einen Surfkurs.

c. Sie kaufen sich einen Kaffee und lesen Ihr Buch.

d. Sie müssen leider (*unfortunately*) lange in der Schlange stehen.

e. Sie cremen sich mit einer Sonnenschutzcreme ein.

KULTURANMERKUNG

Karneval ist die deutsche Version von *Mardi Gras*. Das ist eine Veranstaltung°, bei der die Menschen sich verkleiden°. Es gibt Umzüge° und viele Partys.

Veranstaltung *event*
sich verkleiden *wear costumes*
Umzüge *parades*

2

Urlaubsstress **Jutta erzählt von ihrer Reise nach Bremerhaven, bei der alles schief lief. Ergänzen Sie die folgenden Aussagen mit passenden Wörtern aus der Liste.**

Anschluss	frustriert	Schaffner	Verspätung
belegt	Jugendherberge	Schlange	Zelt

1. Im Bahnhof in Düsseldorf verlor Jessica unsere Tickets und wir mussten in der ________ stehen, um neue Fahrkarten zu kaufen.
2. Der Zug hatte ________ und wir mussten eine Stunde im Bahnhof warten.
3. In Bremerhaven waren alle Hotels und Pensionen voll ________.
4. Wir fanden endlich ein Zimmer in einer ________, aber als wir in das Zimmer kamen, waren schon einige Touristen da.
5. Ich glaube diese Reise lohnte sich ganz und gar nicht. Jessica und ich waren total ________!

3

Ihre Vorliebe zu verreisen **Was machen Sie besonders gern, wenn Sie in Urlaub fahren? Sprechen Sie miteinander über Ihre Vorlieben.**

1. Wo machst du lieber Urlaub: am Strand, in den Bergen oder in der Großstadt? Warum?
2. Mit wem möchtest du (*would you like*) lieber reisen? Mit Freunden? Mit der Familie? Oder alleine?
3. Reist du lieber mit dem Auto? Mit dem Flugzeug? Oder mit dem Zug? Warum?
4. Wo übernachtest du lieber: auf einem Campingplatz, in einer Jugendherberge oder in einem Fünf-Sterne-Hotel? Warum?
5. Wo würdest (*would*) du am liebsten hinfliegen: auf die Bahamas, nach Rom, nach Zürich oder nach Alaska? Warum?

 Practice more at **vhlcentral.com.**

Vorbereitung

Wortschatz des Kurzfilms

abgelaufen *expired*
abschieben *to deport*
der Personalausweis, -e *ID card*
die (Polizei)wache, -n *police station*
der Sachverhalt, -e *fact; circumstance*
sich ummelden *to register one's change of address*
verlängern *to extend*

Nützlicher Wortschatz

der Antrag, -¨e *application*
die Behörde, -n *administrative body*
die Gleitzeit *flextime; flexible working hours*
die Hürde, -n *hurdle*
die Verwechslung, -en *mistaken identity*
vorläufig *temporary*

AUSDRÜCKE

sich (etwas) bieten lassen *to stand for (something); to tolerate*
Es reicht mir. *I've had enough.*
rechtens sein *to be legal*
ein Auge zudrücken *to turn a blind eye*

1 **Auf dem Einwohnermeldeamt** Ergänzen Sie das folgende Gespräch mit passenden Wörtern aus den Wortschatztabellen.

HERR SORGENFREI Guten Morgen. Ich habe eine Frage. Muss ich mich (1) __________, wenn ich in eine andere Straße ziehe?

HERR PAPIERKRAM Bevor ich Ihre Frage beantworten kann, muss ich zuerst Ihren (2) __________ sehen.

HERR SORGENFREI Der ist leider schon (3) __________.

HERR PAPIERKRAM Ja, schon seit zehn Tagen! Warum haben Sie ihn nicht (4) __________? Haben Sie einen Reisepass?

HERR SORGENFREI Einen Reisepass habe ich nicht. Können Sie nicht ein Auge zudrücken?

HERR PAPIERKRAM Nein, in meinem Amt muss alles (5) __________ sein!

HERR SORGENFREI Ihre Arbeitsweise ist so langsam!

HERR PAPIERKRAM Jetzt (6) __________ es mir aber. Ich muss mir das doch von Ihnen nicht (7) __________.

2 **Wie geht's weiter?** Stellen Sie einander die folgenden Fragen zum Gespräch. Begründen Sie Ihre Antworten.

1. Denkst du, dass Herr Papierkram die Polizei ruft?
2. Meinst du, dass Herr Papierkram Herrn Sorgenfrei ummeldet?

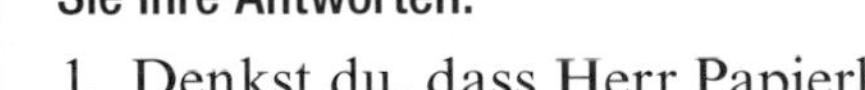

3. Kann es sein, dass Herr Sorgenfrei Angst bekommt und davonläuft?
4. Glaubst du, dass Herr Sorgenfrei versucht, Herrn Papierkram zu bestechen (*to corrupt*)?
5. Wird Herr Sorgenfrei einen Reisepass beantragen (*apply for*)?

3 **In der U-Bahn** Lesen Sie Anitas Blog und beantworten Sie dann zu zweit die folgenden Fragen. Begründen Sie Ihre Antworten.

> Mein Abenteuer auf der Heimreise 3.1.2012 19:30
>
> Freunde, stellt euch mal diese Geschichte vor: Ich will um 10:00 Uhr nach Atlanta zurückfliegen. Die Fahrt mit der U-Bahn dauert ungefähr dreißig Minuten. Ich beschließe, den Zug um 8:00 zu nehmen. Als ich um 7:50 zur U-Bahn-Station komme, sehe ich eine lange Schlange vor dem Fahrkartenautomaten. Ich glaube, dass ich nicht genug Zeit habe, um eine Fahrkarte zu kaufen. Ich denke mir: „Ich bin schon oft mit der U-Bahn gefahren und habe noch nie einen Fahrkartenkontrolleur gesehen." Ich beschließe also, das Risiko einzugehen und ohne Fahrkarte zum Flughafen zu fahren. Nachdem ich schon zwanzig Minuten unterwegs bin, kommt eine Fahrkartenkontrolleurin und will meine Fahrkarte sehen. Ich erzähle ihr meine Geschichte, aber die Fahrkartenkontrolleurin besteht darauf, dass ich eine Geldstrafe (*fine*) von 50 Euro bezahle. Ich habe aber nur noch 45 Euro.

1. Warum muss Anita eine Geldstrafe bezahlen?
2. Warum hat Anita keine Fahrkarte gekauft?
3. Wann muss Anita am Flughafen sein?
4. Deiner Meinung nach, was wird Anita machen?
5. Meinst du, Anita kommt rechtzeitig zum Flughafen?

4 **Persönliche Erfahrungen** Stellen Sie einander die folgenden Fragen zur Geschichte.

1. Hast du schon einmal so ein Erlebnis (*experience*) wie Anita gehabt?
2. Was würdest du anders machen (*would do*), um nicht in Anitas Situation zu kommen?
3. Findest du, dass Fahrkartenkontrolleure/-rinnen unter gewissen Umständen Ausnahmen (*exceptions*) machen sollten? An welche Umstände denkst du?

5 **Auf der Polizeiwache** Beantworten Sie zu zweit die folgenden Fragen. Seien Sie (*Be*) kreativ!

1. Welche Zimmer und welches Mobiliar (*furniture*) hat eine Polizeiwache?
2. Welche Leute trifft man auf einer Polizeiwache?
3. Warum werden Leute auf eine Polizeiwache gebracht?

6 **Was passiert?** Schauen Sie sich in Gruppen die folgenden Bilder aus dem Kurzfilm an. Beschreiben Sie jedes Bild in vier Sätzen.

 Practice more at **vhlcentral.com.**

Short Film

Björn

oder die Hürden der Behörden

Ein Film von ANDREAS NIESSNER / OLIVER S. BÜRGIN

Drehbuch Andreas Niessner **Kamera** Markus Krämer
Schnitt Andreas Althoff **Ton** Friedrich Hertz
Produktion Andreas Niessner **Musik** Andreas Weidinger
Darsteller Andreas Niessner, Jeanette Hahn, Oliver S. Bürgin

Golden Hope Award, München
Lost High Tape Award
2002

SZENEN

HANDLUNG *Nachdem Björn über die Hürden der Behörden gestolpert* (stumbled) *ist, wird er nach einigen Missverständnissen in die Türkei abgeschoben* (deported).

1

ANJA Wo ist denn dein Reisepass?
BJÖRN Äh, ich schaue schnell nach. Hier habe ich das Geld... Reisepass... Abgelaufen. Ich wollte noch schnell in die Stadt fahren. Ich wollte mir doch noch eine helle Sommerjacke kaufen.

2

BJÖRN Mein Pass ist abgelaufen...
HERR SCHNITZELHUBER Vor drei sehe ich da keine Chance.
BJÖRN Wenn ich nicht in zwei Stunden am Flughafen bin, wird mich meine Freundin verlassen...

3

HERR SCHNITZELHUBER Adresse?
BJÖRN Klenzestrasse 21.
HERR SCHNITZELHUBER Bei mir steht Montgelas 7. Da müssen Sie schon zum Einwohnermeldeamt.

4

KONTROLLEUR Ihren Ausweis und ihren Namen bitte.
BJÖRN Schildbach, Björn.
KONTROLLEUR So, Üztürk, fahren wir auf die Wache.
BJÖRN Wie reden Sie mit mir?

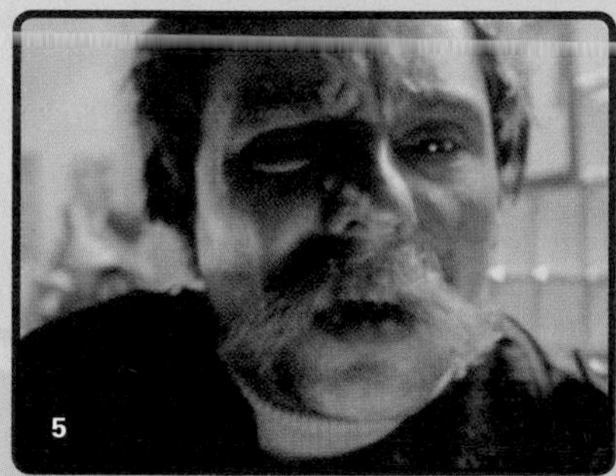

5

POLIZIST Dann ist der Strafbestand° bzw.° der Sachverhalt klar, Aysa Üztürk. Fest steht, dieser Pass wird konfisziert, bis wir einwandfrei° deine Identität festgestellt haben.

6

ANJA Björn!
BJÖRN Anja!
ANJA Das ist also die helle Sommerjacke, die du unbedingt haben wolltest.
FLUGBEGLEITER ...deshalb wird sich unser Abflug um ca. 4 bis 5 Stunden verzögern°.

Strafbestand *crime* **bzw. (beziehungsweise)** *or* **einwandfrei** *indisputable* **wird sich... verzögern** *will be delayed*

KULTURANMERKUNG

Türken in Deutschland

Die Nachfrage° nach Arbeitskräften in Deutschland überstieg Mitte der fünfziger Jahre das Angebot°. Deshalb schloss die Bundesrepublik bilaterale Verträge° mit Ländern ab, darunter auch der Türkei, um Arbeitskräfte nach Deutschland zu locken°. 1961 bis 1972 warben deutsche Unternehmen über 800.000 türkische Gastarbeiter an. Heute leben in Deutschland fast drei Millionen Menschen mit türkischen Wurzeln°. Viele Jüngere waren noch nie in der Türkei und ihr Deutsch ist besser als ihr Türkisch.

Nachfrage *demand* **Angebot** *offer* **Verträge** *agreements* **locken** *entice* **Wurzeln** *roots*

Beim ZUSCHAUEN

Ergänzen Sie die folgenden Sätze mit logischen Wörtern.

1. Wir haben _____, Flugtickets, und Reisepass.
2. Entschuldigung, könnte ich mich noch schnell _____?
3. Die _____, bitte! Haben sie keinen Fahrausweis?
4. Dieser Pass wird _____, bis wir einwandfrei deine Identität festgestellt haben.
5. Ist alles eine _____.

a. ummelden
b. Fahrscheine
c. Personalausweis
d. Verwechslung
e. konfisziert

Analyse

1 **Verständnis** Entscheiden Sie, ob die folgenden Aussagen **richtig** oder **falsch** sind. Wenn eine Aussage nicht stimmt, geben Sie die richtige Antwort.

Richtig	Falsch	
☐	☐	1. Björns Personalausweis ist abgelaufen.
☐	☐	2. Das Flugzeug fliegt am nächsten Tag ab.
☐	☐	3. Björn darf seinen Koffer im Passamt stehen lassen.
☐	☐	4. Die Türkei ist Herrn Schnitzelhubers Lieblingsland.
☐	☐	5. Björn braucht die Geldstrafe nicht zu bezahlen.
☐	☐	6. Der Abflug wird sich um Stunden verzögern.

2 **Die richtige Antwort** Ergänzen Sie die folgenden Aussagen mit den richtigen Antworten.

1. Björn fährt in die Stadt, weil er ____ muss.
   a. seinen Pass verlängern b. das SZ-Abo abbestellen
   c. eine Sommerjacke kaufen d. sich ummelden

2. Björn muss sich ummelden, weil er ____.
   a. in die Türkei fliegt b. eine neue Haarfarbe hat
   c. geheiratet hat d. umgezogen ist (*has moved*)

3. Björn muss eine Geldstrafe bezahlen, weil er ____ hat.
   a. keinen Personalausweis b. keinen Fahrschein
   c. sich nicht umgemeldet d. nur türkische Lira

4. Der Kontrolleur nennt Björn „Üztürk“, weil ____.
   a. er Björn für einen Türken hält b. Björn Türke ist
   c. Björn keinen Fahrausweis hat d. er freundlich ist

5. Der Polizist konfisziert Björns Pass, weil ____.
   a. Björns Nachname Üztürk ist b. Björn Türkisch spricht
   c. Björn zu ihm unhöflich ist d. Björn eine andere Adresse angibt

6. Der Polizist behandelt Björn ____.
   a. höflich b. unhöflich
   c. mit Respekt d. wie einen Kollegen

3 **Was passt zusammen?** Verbinden Sie die Wörter in der linken Spalte mit passenden Ausdrücken in der rechten Spalte. Vergleichen Sie dann Ihre Antworten miteinander.

____ 1. Der Beamte	a. verlängert den Reisepass.
____ 2. Der Kontrolleur	b. sind in der Abschiebezelle (*deportation cell*).
____ 3. Der Polizist	c. begrüßt die Passagiere.
____ 4. Der Reisepass	d. fragt nach Fahrscheinen.
____ 5. Die Asylbewerber (*applicants for asylum*)	e. ist ein Dokument.
____ 6. Der Flugbegleiter	f. konfisziert den Pass.

4 **Behauptungen** Entscheiden Sie zu zweit, ob die Behauptungen in der Tabelle mit den Behauptungen im Film übereinstimmen (*coincide*) oder ihnen widersprechen (*contradict*). Begründen Sie Ihre Antworten.

Behauptung	Übereinstimmung	Widerspruch
1. In Deutschland besteht Meldepflicht (*compulsory registration*).	____	____
2. Behörden machen keine Ausnahmen.	____	____
3. Zur Einreise in die Türkei brauchen Deutsche nur einen Personalausweis.	____	____
4. Nur wenige Deutsche machen Urlaub in der Türkei.	____	____
5. Deutsche und Asylbewerber haben die gleichen Rechte.	____	____
6. Die Polizei ist höflich zu Ausländern und hilft ihnen bei Behördengängen.	____	____

5 **Unter die Lupe genommen** Beantworten Sie in Gruppen die folgenden Fragen. Begründen Sie Ihre Antworten.

1. Warum trägt Björn eine Zwangsjacke (*straightjacket*)?
2. Wie unterscheidet sich das Türkeibild Herrn Schnitzelhubers von Björns?
3. Ihrer Meinung nach, wie realistisch stellt der Film die deutsche Bürokratie dar?
4. Übertreibt der Film deutsche Vorurteile gegen Türken?
5. Welche Darsteller haben Standardrollen (*stock characters*)?

6 **Wer sind sie?** Beschreiben Sie in Gruppen das Leben der folgenden Personen. Überlegen Sie sich mindestens fünf Sätze zu jeder Person. Beantworten Sie die folgenden Fragen in Ihrer Beschreibung. Seien Sie kreativ!

- Welche Hobbys hat diese Person?
- Welchen Charakter hat diese Person?
- Ist diese Person abenteuerlustig? Warum?
- Ist diese Person verheiratet? Mit wem?

7 **Zum Thema** Beschreiben Sie in einem Absatz, was Sie in einer der folgenden Situationen machen würden (*would*). Begründen Sie Ihre Antwort.

1. Sie sind auf der Polizeiwache und hören, wie ein Polizist eine Ausländerin, die keinen Ausweis hat, stark beschimpft. Die Ausländerin fängt an zu weinen.
2. Sie wollen nach München fliegen. Sie sind schon durch alle Sicherheitskontrollen gegangen und sind bereit in die Maschine einzusteigen, als Sie bemerken, dass Sie Ihren Reisepass verloren haben.

Practice more at **vhlcentral.com.**

STELLEN SIE SICH VOR:

Bremen, Niedersachsen und Nordrhein-Westfalen

Lassen Sie den Narren raus!°

Auf Ihrer Deutschlandreise müssen Sie auch nach **Düsseldorf** kommen, um den **Karneval** zu erleben° und um Ihren inneren Narren rauszulassen!

Die Düsseldorfer sind ein lebensfrohes, humorvolles Volk mit einem ausgeprägten Hang° zum Feiern. Und wenn es ums Feiern geht, dann ist Karneval ganz bestimmt weit oben auf ihrer Liste.

Karneval wird fast überall im deutschsprachigen Raum gefeiert°. Aber die Menschen am Rhein sind dafür bekannt, dass sie den Brauch des Karnevals besonders pflegen°.

Der Karneval fängt jedes Jahr am 11.11. um 11 Uhr 11 an. In Düsseldorf wartet der Hoppeditz, der die närrische° Natur der Karnevalszeit symbolisiert, versteckt° in einem großen Senftöpfchen°. Um den Jecken aus seinem langen Schlaf zu wecken, schreien alle so laut sie können, bis er aus dem Topf springt und die Karnevalssaison offiziell beginnen kann.

Aber so richtig närrisch wird alles erst nach Weihnachten. Am **Altweibertag**° (eine Woche vor dem Aschermittwoch) beginnt der Spaß richtig. Frauen dürfen ihre Schere° nicht vergessen und Männer sollen ihre Krawatten° zu Hause lassen. Warum? An diesem Tag schneiden Frauen den Männern ihre Krawatten ab°. Das symbolisiert, dass die Frauen an diesem Tag die Macht° über die Männer haben.

Das ganze Wochenende lang wird dann gefeiert. Am **Rosensonntag** (drei Tage vor Aschermittwoch) strömen die Düsseldorfer kostümiert in die Altstadt. Am nächsten Tag findet dann der Höhepunkt des Karnevals statt: der **Rosenmontagszug**. In Düsseldorf schlängelt sich° der Umzug° durch die Altstadt und natürlich auch die **Kö** entlang.

Noch mehr…

Was können wir? Obamas Wahlslogan, „*Yes, we can*", ist in die deutsche Alltagssprache gelangt° und der Slogan ist zwei Jahre später sogar zum Motto des Karnevals geworden, allerdings mit einer kleinen Veränderung: „**Jeck**, *we can*." Was ist ein „Jeck"? Im Rheinland ist ein Jeck ein Narr, und das ist eigentlich jeder Mensch, der Karneval feiert. Und wenn man beim Karneval „ganz jeck" ist, dann heißt das, dass man voll aufgedreht° ist.

Zwei Tage später, am **Aschermittwoch** (46 Tage vor dem Ostersonntag), ist alles vorbei und der Hoppeditz wird feierlich begraben°. Somit hat die Karnevalszeit ihr Ende. Und die Realität und der graue Winterhimmel stehen wieder im Vordergrund.

Ursprünglich war der Karneval ein Fest für Katholiken. Bevor die lange Fastenzeit bis zum Ostersonntag eintrat, wurde nämlich noch einmal ausgiebig° gefeiert. Aber um heute am Karneval teilzunehmen, muss man nicht unbedingt katholisch sein.

Verkleiden sollte man sich° aber schon, denn die Masken gehören zum Karneval seit eh und je° dazu. Und wer ein Kostüm trägt, kann von den anderen Feiernden° nicht erkannt werden. So kann man besonders verrückt sein, oder?

Aber egal welches Kostüm man trägt, vor allem ist es wichtig, dass man weder sich selbst noch die Welt zu ernst nimmt. Ganz „jeck°" muss man sein!

Lassen Sie den Narren raus! *Be crazy, let it all hang out!* **erleben** *to experience* **Hang** *propensity* **wird... gefeiert** *is celebrated* **den Brauch... pflegen** *cultivate the tradition* **närrische** *crazy, foolish* **versteckt** *hidden* **Senftöpfchen** *mustard jar* **Altweibertag** *Old Wives' Day* **Schere** *scissors* **Krawatten** *ties* **schneiden... ab** *to cut off* **Macht** *power* **schlängelt sich** *snakes* **Umzug** *parade* **wird... begraben** *is buried* **ausgiebig** *extensively* **Verkleiden... sich** *wear a costume* **seit eh und je** *since time immemorial* **Feiernden** *celebrators* **jeck** *crazy, funny* **ist... gelangt** *made its way* **aufgedreht** *high-spirited*

Entdecken wir...

Das *Eau de Cologne* 1709 war ein gutes Jahr für die Nasen Deutschlands. **Giovanni Maria Farina**, ein Italiener, der in **Köln** lebte, erfand° ein neues, leichtes Parfüm mit Tönen von Orange und Bergamot. Es was *das* erste, *das* originale *Eau de Cologne*. Der Duft° war so teuer, dass nur die Aristokratie ihn kaufen konnte. Trotzdem wurde er schnell beliebt°. Beethoven, Goethe und Napoleon haben Farinas Parfüm regelmäßig getragen.

Die Deiche° Die Erde wird wärmer; der Wasserspiegel° steigt°. Für **Niedersachsen** an der **Nordsee** bedeutet das eine Zukunft voller Fragen. Schon vor 1000 Jahren wurden die ersten **Deiche** in Niedersachsen gebaut°, und heute stehen mehr als 500 km von Deichen an der niedersächsischen Küste. In Vorbereitung auf einen steigenden Meeresspiegel° werden die Deiche um 25 cm erhöht°.

erfand *invented* **Duft** *scent* **beliebt** *popular* **Deiche** *dikes* **Wasserspiegel** *water-level* **steigt** *rises* **wurden... gebaut** *were built* **steigenden Meeresspiegel** *rising sea-level* **werden... erhöht** *are made higher*

Was haben Sie gelernt?

Richtig oder falsch? Sind die Aussagen **richtig** oder **falsch?** Stellen Sie die falschen Aussagen richtig.

1. In Deutschland wird der Karneval nur am Rhein gefeiert.
2. In Düsseldorf beginnt der Karneval, wenn der Hoppeditz begraben wird.
3. Der Karneval ist im Sommer.
4. Am Altweibertag schneiden Männer den Frauen die Haare ab.
5. Aschermittwoch signalisiert das Ende des Karnevals.
6. *Eau de Cologne* kommt aus Frankreich.
7. Giovanni Maria Farina erfand *Eau de Cologne*.
8. Auch wenn die Meere steigen, werden die Deiche in Niedersachsen überstehen.

Fragen Beantworten Sie die Fragen.

1. Was pflegen die Menschen am Rhein besonders?
2. Wer springt am 11. November aus einem Senftöpfchen?
3. Was machen die Frauen am Altweibertag?
4. Warum sind Kostüme besonders wichtig für den Karneval?
5. Was beginnt, wenn das Fest vorbei (*over*) ist?
6. Wer hat das originale *Eau de Cologne* erfunden? Wann und wo?
7. Warum werden die Deiche in Niedersachsen erhöht?

Projekt

Die andere Stadt am Rhein

Köln und Düsseldorf haben schon immer eine heftige Rivalität. Beide Städte behaupten, die schönere Stadt am Rhein zu sein.

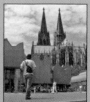

- Finden Sie ein paar gute Düssiwitze (*Düsseldorf jokes*) und erzählen Sie sie der Klasse.
- Düsseldorfer begraben den Hoppeditz am Aschermittwoch. Finden Sie heraus, was die Kölner an diesem Tag machen.
- Köln hat tolle Museen! Finden Sie mindestens vier. In welche Museen würden Sie besonders gern gehen? Warum?
- Finden Sie zwei Museen in Düsseldorf, die Sie gern besuchen würden.

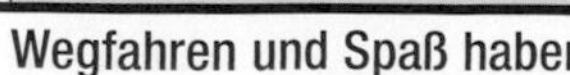

4.1 Das Futur

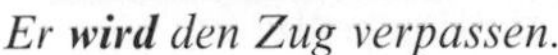

*Er **wird** den Zug verpassen.*

*—Wenn ich nicht in zwei Stunden am Flughafen bin, **wird** mich meine Freundin verlassen.*

- To talk about something that will happen in the distant future, use the **Futur I**, which is formed by using the correct form of **werden** with an infinitive. By itself, **werden** means *to become, to get*, but when it is combined with the infinitive of another verb, it forms the future tense. In this context, it is generally translated as "will" (will go, will stay, etc.).

Nächstes Jahr **werde** ich nach Berlin **fahren**.
*Next year I **will travel** to Berlin.*

Er **wird** in einer Jugendherberge **übernachten**.
*He **will stay** in a youth hostel.*

werden + infinitive		
ich werde		
du wirst		
er/sie/es wird	+	gehen
wir werden		
ihr werdet		
sie/Sie werden		

- The future tense is also used to talk about something that is likely to happen. In these instances, words such as **wohl** (*probably*), **schon** (*already; all right*), and **wahrscheinlich** (*probably*) are used to indicate probability.

Er wird **wohl** das Flugzeug verpassen.
*He will **probably** miss the plane.*

Es wird **schon** werden.
*Everything will be **all right**.*

- To refer to something that is taking place in the immediate future or will definitely happen in the distant future, use the present tense and a time marker like **morgen** or **später**.

Morgen **fahre** ich Ski.
*Tomorrow **I'm going** skiing.*

Ich **packe** später die Koffer.
***I'll pack** my bags later.*

Die Kreuzfahrt **beginnt** in einer Stunde.
*The cruise **is starting** in an hour.*

Nächsten Sommer **miete** ich ein Wohnmobil und **reise** durch die Türkei.
*Next summer **I'm going** to rent an RV and **travel** through Turkey.*

ACHTUNG!

In English we use the progressive *–ing* form to express the idea of something we will do in the near future. German doesn't use the progressive tense.

Ich gehe morgen ins Kino.
I'm going to the movies tomorrow.

- When the present tense is used this way, certain time expressions should be used to reinforce the idea of the future. The following time expressions allow you to designate future events.

Zeitausdrücke	
in einer Stunde *in an hour*	Der Zug fährt **in einer Stunde**. *The train is leaving* ***in an hour****.*
morgen *tomorrow*	**Morgen** sage ich die Reservierung ab. ***Tomorrow*** *I'm going to cancel my reservation.*
morgen früh *tomorrow morning*	**Morgen früh** kommt das Flugzeug an. *The plane will arrive* ***tomorrow morning****.*
übermorgen *the day after tomorrow*	Wir fahren **übermorgen** mit dem Zug nach Köln. *We're going by train to Cologne* ***the day after tomorrow****.*
nächste Woche *next week*	**Nächste Woche** kaufe ich einen Rucksack und einen Schlafsack. *I'm going to buy a backpack and a sleeping bag* ***next week****.*
später *later*	Wir kaufen **später** einen Fahrschein. *We'll buy a ticket* ***later****.*

- To stress that an event will have already been finished at some point in the future, use the **Futur II**.

Meine Eltern **werden kommen**.
My parents ***will come****.*

Bis meine Eltern kommen, **werde** ich mein Zimmer schon **aufgeräumt haben**.
By the time my parents come, I ***will have*** *already* ***cleaned*** *my room.*

- To form the **Futur II**, use **werden** [+ *past participle*] with either **haben** or **sein**.

Futur II		
ich werde **du wirst** **er/sie/es wird** **wir werden** **ihr werdet** **sie/Sie werden**	+	**angerufen haben** **gewesen sein**

Bis zum Wochenende **werde** ich den Flug **gebucht haben**.
I will have booked *my flight by the weekend.*

Bis September **werde** ich dreimal hier **gewesen sein**.
By September ***I will have been*** *here three times.*

QUERVERWEIS

To review past participles, see **Strukturen 2.3, pp. 60-61**.

QUERVERWEIS

For more on modals and the future tense, see **Strukturen 5.1, pp. 164-165**.

Anwendung

1 **Wir machen eine Reise!** **Füllen Sie die Lücken im Gespräch zwischen Björn und Anja. Benutzen Sie Futur I.**

BJÖRN Morgen (1) __________ der beste Tag sein!

ANJA Ja, wir (2) __________ endlich die Türkei besuchen.

BJÖRN Am Nachmittag (3) __________ du in der Sonne liegen.

ANJA Am Abend (4) __________ wir gut essen.

BJÖRN In der Nacht (5) __________ die Touristen lange tanzen.

ANJA Es (6) __________ sicher sehr schön sein.

BJÖRN Ich (7) __________ es nie vergessen.

ANJA Unsere Freunde (8) __________ uns fragen: „Wann (9) __________ ihr endlich mal nicht mehr über die Türkei reden? Wir haben genug davon!"

2 **Wir fahren nach Köln** **Ergänzen Sie das Gespräch zwischen Kurt und Barbara. Benutzen Sie Futur II.**

KURT Wann fahren wir ab? Wir haben viel zu tun. Was müssen wir alles machen?

BARBARA Bis wir abreisen, (1) __________ du den Koffer (2) __________ (packen). Ich hoffe, die Katze (3) __________ nach Hause (4) __________ (zurückkommen).

KURT Ich (5) __________ noch einmal zur Bank (6) __________ (gehen).

BARBARA Bis wir wieder zu Hause sind, (7) __________ wir alles in Köln (8) __________ (sehen).

KURT Und du (9) __________ unser ganzes Geld (10) __________ (ausgeben)!

3 **Der Urlaub** **Verwenden Sie in den folgenden Sätzen Futur I oder Futur II.**

1. ich / ein neuer Pass / brauchen
   ____
2. ihr / schöne Fotos / machen
   ____
3. bis die Ferien vorbei sind / sie (*pl.*) / im Ausland / sein
   ____
4. er / ein Doppelzimmer / bestellen
   ____
5. bis die Ferien vorbei sind / wir / viele Andenken / kaufen
   ____
6. sie (*pl.*) / heute / nach Moskau / fliegen
   ____

Practice more at **vhlcentral.com.**

Kommunikation

4 **Meine Zukunft** Besprechen Sie miteinander wie Ihre Zukunft aussehen wird.

1. Wirst du nach der Uni weiter studieren oder einen Job suchen?
2. Wirst du ins Ausland reisen?
3. Wirst du mit dem Studium an der Uni zufrieden (*satisfied*) gewesen sein?
4. Wirst du Kinder haben?
5. Wirst du in deiner Heimatstadt wohnen?
6. Bis wann wirst du ein Haus gekauft haben?

5 **Futur I oder Präsens?** Stellen Sie einander Fragen zu Ihren Plänen für das kommende Wochenende. Verwenden Sie entweder (*either*) das **Futur I** oder das **Präsens**. Stellen Sie auch Gegenfragen an den Partner/die Partnerin.

1. Am Freitag...
2. Am Samstagvormittag...
3. Am Samstagnachmittag...
4. Am Samstagabend...
5. Am Sonntag...

6 **Diskussion** Besprechen Sie den Kurzfilm in Gruppen.

1. Björn kommt oft zu spät und vergisst oft viel. Glauben Sie, Björn wird sich ändern können? Glauben Sie, seine Freundin wird ihm dabei helfen können?
2. Die Passagiere müssen jetzt vier oder fünf Stunden warten. Was werden sie wohl im Flugzeug machen?

4.2

Adjectives (Part 1)

*—Füllen Sie das **grüne** Formular aus.*

Adjectives are words that describe a person, place, or thing. They may be placed either before or after the noun they modify. Adjectives that precede the noun are called attributive adjectives. Those that follow the verb are called predicate adjectives.

Attributive adjective ↓ **Predicate adjective** ↓

Das **neue** Hotel ist **schön.**
*The **new** hotel is **pretty**.*

Attributive adjectives

In German, attributive adjectives require endings that reflect the gender, number, and case of the noun modified. In the examples below, **Mann** (*masc.*) is in the nominative case in the first sentence. In the second sentence, it is in the accusative case. The adjective endings change accordingly. Note that if there is more than one attributive adjective, all adjectives must have the same ending.

Er ist ein nett**er** jung**er** Mann.
He's a nice, young man.

Ich kenne den nett**en** jung**en** Mann.
I know the nice young man.

QUERVERWEIS

To review the **der**-word and **ein**-word endings, see **Strukturen 1.3** and **2.1, pp. 22-23** and **52-53**.

- The ending of the adjective also depends on whether the adjective stands alone before the noun, or whether it is preceded by a definite article (**der**-word), an indefinite article (**ein**-word), or a word that expresses quantity, such as **viele**.
- Here are the endings for adjectives preceded by a **der**-word.

***Der*-words**

	Masculine	Feminine	Neuter	Plural
Nominative	der nette Schaffner	die schöne Stadt	das große Flugzeug	die netten Freunde
Accusative	den netten Schaffner	die schöne Stadt	das große Flugzeug	die netten Freunde
Dative	dem netten Schaffner	der schönen Stadt	dem großen Flugzeug	den netten Freunden
Genitive	des netten Schaffners	der schönen Stadt	des großen Flugzeugs	der netten Freunde

Der nett**e** Schaffner hilft dem alt**en** Mann.
The nice conductor helps the old man.

Er spricht mit den zwei nett**en** Schaffnern.
He is speaking with the two nice conductors.

- Here are the endings for adjectives that are preceded by an **ein**-word.

Ein-words	Masculine	Feminine	Neuter	Plural
Nominative	ein guter Freund	eine gute Freundin	ein schönes Land	meine guten Freunde
Accusative	einen guten Freund	eine gute Freundin	ein schönes Land	meine guten Freunde
Dative	einem guten Freund	einer guten Freundin	einem schönen Land	meinen guten Freunden
Genitive	eines guten Freundes	einer guten Freundin	eines schönen Landes	meiner guten Freunde

Das Mädchen spielt mit seinen besten Freundinnen.
The girl plays with her best friends.

Dein junger Bruder fährt Ski.
Your young brother skis.

- When the adjective is not preceded by a **der**-word or **ein**-word, the adjective must carry the ending of the article.

Unpreceded adjectives	Masculine	Feminine	Neuter	Plural
Nominative	guter Rat	schöne Landschaft	deutsches Geld	teure Bücher
Accusative	guten Rat	schöne Landschaft	deutsches Geld	teure Bücher
Dative	gutem Rat	schöner Landschaft	deutschem Geld	teuren Büchern
Genitive	guten Rates	schöner Landschaft	deutschen Geldes	teurer Bücher

Deutsches Brot ist lecker.
German bread is delicious.

- To express a quantity, such as **viele** (*many*), **mehrere** (*several*), **einige** (*some*), and **wenige** (*few*), the adjectives that follow act like unpreceded adjectives (no **der**- or **ein**-words) in the nominative and accusative (ending in –**e**). They take an –**en** ending in the dative and an –**er** ending in the genitive.

Adjectives with words that express quantity	Masculine	Feminine	Neuter
Nominative	viele lange Züge	mehrere billige Fahrkarten	einige kleine Häuser
Accusative	viele lange Züge	mehrere billige Fahrkarten	einige kleine Häuser
Dative	vielen langen Zügen	mehreren billigen Fahrkarten	einigen kleinen Häusern
Genitive	vieler langer Züge	mehrerer billiger Fahrkarten	einiger kleiner Häuser

Predicate adjectives

Predicate adjectives (those that come after the main verb or those that follow the modified noun) don't need any special endings.

Das Hotel ist **schön.**
The hotel is ***pretty.***

Der Beamte war **unfreundlich.**
The official was ***unfriendly.***

ACHTUNG!

Adjectives that end in –**a** and those that come from city names don't decline.

Ich kaufe eine rosa Bluse.
I'm buying a pink blouse.

Ich kaufe einen Dresdner Stollen.
I'm buying a fruit cake made in Dresden.

Adjectives that end in –**el** or –**er** drop the –**e** when they have an ending.

dunkel: die dunkle Nacht
the dark night

teuer: das teure Hotel
the expensive hotel

ACHTUNG!

Adverbs, such as **total** (*totally, very*), **echt** (*genuinely*), or **enorm** (*enormously*), don't require any endings.

Ich habe total schöne Sommerjacken gesehen.
I have seen very beautiful summer jackets.

Anwendung

1 **Die Reise** Schreiben Sie die richtigen Endungen in die Lücken.

1. Der verspätet_____ (er / e) Abflug machte ihn nervös.
2. Hier ist der abgelauf_____ (ene / en) Pass.
3. Hier ist das alt_____ (e / en) Visum.
4. Wo sind die neu_____ (er / en) Bordkarten?
5. Das ist eine stressig_____ (e / er) Zeit.

2 **In der Wohnung** Wählen Sie die richtigen Wörter.

1. Anja trinkt (schwarzen / schwarzer) Kaffee.
2. Björn isst (deutschen / deutsches) Brot zum Frühstück.
3. Zusammen diskutieren sie (internationale / internationaler) Politik (*f.*).
4. Anja hat schon (ausländische / ausländischen) Geldscheine abgeholt.
5. Björn musste mit (große / großer) Eile (*f.*) (*hurry*) in die Stadt fahren.

3 **Anja macht Urlaub.** Ergänzen Sie diese E-Mail mit den richtigen Formen der Adjektive aus der Liste.

alt	böse	klein	lustig
berühmt	frustriert	lang	verrückt

Von: Anja <anja@email.de>
An: Maria <maria@email.de>
Betreff: Urlaub

Liebe Mutti,
Köln ist wirklich schön! Es gibt viele (1) _____________ Leute hier, da jetzt Karneval gefeiert wird. Die Kölner Studenten tragen (2) _____________ Kostüme. Die (3) _____________ Kinder machen auch mit! Ich habe heute Morgen schon einen (4) _____________ Umzug (*parade*) gesehen. Und den (5) _____________ Dom habe ich schon besucht. Aber ich bin noch nicht auf die (6) _____________ Dombrücke gegangen. Das mache ich morgen!
Anja

 Practice more at **vhlcentral.com.**

Kommunikation

4 **Diskussion** Besprechen Sie miteinander Ihre Reisevorlieben. Begründen Sie Ihre Antworten.

1. Wie sehen ein modernes Museum und ein altes Schloss aus? Was findet man da? Was besuchen Sie lieber?
2. Schlafen Sie lieber in einem teuren Hotel oder in einer billigen Jugendherberge?
3. Sprechen Sie lieber mit ausländischen Touristen oder mit den Bürgern der Stadt?
4. Kaufen Sie lieber teure Andenken oder sparen Sie lieber Ihr Geld?
5. Schicken Sie viele Ansichtskarten oder schicken Sie überhaupt keine Karten?
6. Machen Sie lieber einen Strandurlaub oder einen Skiurlaub?

5 **Beschreibung** Beschreiben Sie in Gruppen die Fotos mit Adjektiven. Finden Sie in jedem Foto so viele Details wie möglich.

1.

2.

3.

4.

5.

6.

KULTURANMERKUNG

Der Strandkorb

Wasser, Wellen, Sonne, Strand und… Strandkorb! Der erste Strandkorb stammt aus Rostock. Ende des 19. Jahrhunderts erfand ein Arzt diesen Sitzplatz für seine Patienten, die sich am Strand erholen sollten. Heutzutage findet man Strandkörbe an vielen Stränden in Deutschland. Touristen können einen Korb für eine Stunde, einen Tag oder länger mieten. Normalerweise passen 2-3 Personen in den Korb. Man bekommt einen Schlüssel dafür, kann sich schön hinsetzen, seine Sachen im Korb lassen, Leute beobachten°, sich mit den anderen im Korb unterhalten, und seine Privatsphäre haben.

beobachten *watch*

4.3

Adjectives (Part 2)

—*Istanbul kommt aus dem* ***Griechischen****.*

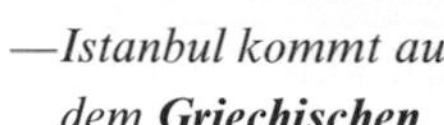

—*Ich bin* ***Deutscher****!*

Adjectives as nouns

- In German, adjectives can replace the nouns they modify once the nouns have been introduced into the conversation or if one is speaking in generalizations.

Hier sind zwei Männer. **Der Alte** ist aus Bremen.
Here are two men. ***The old one*** *is from Bremen.*

In this example, the modified noun, **Mann**, is dropped, and the adjective is used in its place. The adjective is capitalized (like all nouns), and the ending is the same as if the modified noun were still there. Adjectives used in this way are called adjectival nouns.

- Use the articles **der**, **die**, **das**, or **die** according to the gender and number of the person, place, or thing being replaced.

Der kluge Mann kommt aus Bremen. *The clever man is from Bremen.*	›	**Der Kluge** kommt aus Bremen. *The clever one is from Bremen.*
Die schöne Frau ist hier. *The beautiful woman is here.*	›	**Die Schöne** ist hier. *The beautiful one is here.*
Das kleine Mädchen ist böse. *The little girl is angry.*	›	**Das Kleine** ist böse. *The little one is angry.*
Die roten Strandtücher sind alt. *The red beach towels are old.*	›	**Die Roten** sind alt. *The red (ones) are old.*

- When an adjective is used as a noun, it keeps its adjectival case ending.

Ich sehe **den großen Mann**.
Ich sehe **den Großen**.
I see ***the tall man / the tall one****.*

Er gibt **dem großen Mann** seinen Pass.
Er gibt **dem Großen** seinen Pass.
He gives ***the tall man / the tall one*** *his passport.*

ACHTUNG!

Often, the German phrase can best be rendered in English by using a relative pronoun.

Der schlafende Mann verpasste den Zug.
The sleeping man missed the train.
The man who is sleeping missed the train.

Adjectives from verbs

- Verb infinitives can also be used as adjectives. The letter **–d** is added to the infinitive before the appropriate adjective endings. This corresponds to the *–ing* ending in English.

weinen: **weinen** + **d**– [+ *ending*] › **weinend**– [+ *ending*]
lachen: **lachen** + **d**– [+ *ending*] › **lachend**– [+ *ending*]

Hörst du das **weinende** Kind?
Do you hear the ***crying*** *child?*

Die **lachenden** Touristen sind laut.
The ***laughing*** *tourists are loud.*

- Past participles can also be used to modify nouns. They have the same endings as regular adjectives.

verlieren: **verloren** > **verloren**– [+ *ending*]
brauchen: **gebraucht** > **gebraucht**– [+ *ending*]

Er hat die **verlorene** Bordkarte gefunden.
*He found the **lost** boarding pass.*

Mein Vater schenkte mir ein **gebrauchtes** Auto.
*My father gave me a **used** car as a gift.*

- Here are some commonly used adjectival nouns.

der Angestellte *the employee*
der Deutsche *the German man*
der Erwachsene *the adult (the grown-up)*
der Jugendliche *the adolescent*
der Reisende *the traveler*
der Verwandte *the relative*
der Bekannte *the acquaintance*

ACHTUNG!

These words can all be used with the feminine and be made plural.

die Angestellte
the female employee
die Angestellten
the employees
die Deutsche
the German woman
die Deutschen
the German people

Special cases of adjectives

- Adjectival nouns that follow **etwas**, **nichts**, **viel**, **wenig**, and **mehr** are considered to be neuter and singular and use the same endings as unpreceded adjectives.

Es gibt immer **etwas** Gutes am Strand.
There is always something good at the beach.

Es gibt **nichts** Neues im Ferienort.
There is nothing new in the vacation resort.

Adjectives and prepositions

- As in English, some adjectives are combined with a specific preposition to form a phrase. Here are some examples of adjectives followed by a preposition.

böse auf *mad at*
dankbar für *thankful for*
fähig zu *capable of*
gespannt auf *curious about*
gewohnt an *used to (something)*
stolz auf *proud of*
verrückt nach *crazy about*

Der Angestellte war **stolz auf** seine Arbeit.
*The employee was **proud of** his work.*

Die Erwachsenen sollen nicht **böse auf** die Jugendlichen sein.
*The adults should not be **mad at** the young people.*

Anwendung

1

Meine Reise nach Hannover **Wählen Sie die richtige Adjektivendung.**

1. Auf der Reise nach Hannover war ich mit zwei Deutsch____ aus Bremen im Zug.
   a. en b. e c. er
2. In Hannover blieb ich mit den beiden Deutsch____ aus Bremen zusammen.
   a. e b. en c. es
3. Wir wollten etwas Interessant____ tun.
   a. en b. es c. e
4. In das ausverkauft____ Konzert konnten wir nicht gehen.
   a. e b. er c. en
5. Wir besuchten stattdessen eine komisch klingend____ Oper.
   a. en b. er c. e
6. Danach ging ich mit meinen Verwandt____ ins Restaurant.
   a. es b. e c. en
7. Ich war sehr dankbar für das lecker____ Essen.
   a. e b. er c. en
8. Ich war müde! Gott sei Dank war mein gebucht____ Hotelzimmer gleich in der Nähe.
   a. e b. es c. en

KULTURANMERKUNG

Das Märchen *Die Bremer Stadtmusikanten* gehört zu den Märchen der Gebrüder Grimm. In diesem Märchen kommen vier Tiere vor, die von ihren Besitzern weglaufen. Der Esel, der Hund, die Katze und der Hahn fangen ein neues Leben an. Sie begegnen Räubern in einem Haus im Wald. Die Tiere sind alt, aber sie sind klug genug, gegen die Räuber zu gewinnen.
Die Rolandsage stammt aus dem frühen 12. Jahrhundert. Roland war der Neffe Karls des Großen°. Er war Ritter° und reiste durch Frankreich, Deutschland und Spanien, wo er mit Erfolg kämpfte. Die Rolandstatue in Bremen ist die größte Rolandstatue in Deutschland. Sie symbolisiert die Freiheit und Rechte der Bürger° der Stadt.

Karls des Großen *Charlemagne's* **Ritter** *knight* **Bürger** *citizens*

2

Die Aktivitäten **Formulieren Sie neue Phrasen mit dem Partizip der angegebenen Verben als Adjektiv. Achten Sie auf die richtigen Endungen.**

Beispiel **die Familie / reisen**
die reisende Familie

1. der Mann / lachen ________________
2. die Jugendlichen / schwimmen ________________
3. ein Mädchen / tanzen ________________
4. ein Angestellter / arbeiten ________________
5. das Kind / weinen ________________
6. die Reservierungen / absagen ________________

3

Martina in Bremen **Schreiben Sie die richtigen Endungen in die Lücken.**

Ich bin hier in Bremen, wo die (1) singend____ Bremer Stadtmusikanten herkommen. Kennst du diese Geschichte aus dem viel (2) gelesen____ Märchen (fairy tale) der Gebrüder Grimm? In diesem Märchen werden schwache Tiere zu (3) Stark____, weil sie so gut zusammen arbeiten. Ich habe die berühmte Statue neben dem ca. (around) 1404 (4) errichtet____ Rathaus gesehen. In Bremen gibt es auch die oft (5) fotografiert____ Rolandstatue. Meine (6) Verwandt____ wollen mir auch die schöne Landschaft zeigen. Wir werden morgen ins (7) Grün____ fahren. Ich bin sehr gespannt darauf. Bremen ist eine viel (8) besucht____ Stadt. Du musst sie dir auch mal ansehen!

 Practice more at **vhlcentral.com.**

Kommunikation

4 **Wie sind die Leute?** Wählen Sie das passende adjektivische Substantiv und benutzen Sie dann so viele Adjektive wie möglich aus der Liste, um die Personen auf den Fotos zu beschreiben.

aktiv	fleißig	klug	organisiert
alt	frustriert	lebhaft	pessimistisch
ernst	gelangweilt	mutig	pünktlich
faul	jung	optimistisch	sportlich

a.

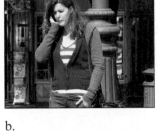

b.

c.

d.

_____ 1. der Angestellte

_____ 2. die Grauhaarige

_____ 3. die Jugendliche

_____ 4. die Reisenden

5 **Die Freunde und die Familie** Ergänzen Sie die folgenden Sätze sinnvoll und besprechen Sie anschließend die Aussagen in Gruppen.

1. Ich bin stolz auf...
2. Mein Zimmerkamerad ist verrückt nach...
3. Meine Eltern sind dankbar für...
4. Die Studenten sind gespannt auf...
5. Meine Eltern sind gewohnt an...

Synthese

Strategien für die Kommunikation

Meiner Meinung nach... *In my opinion...*
Ich bin der Ansicht, dass... *I am of the opinion that...*
Ich bin überzeugt davon, dass... *I am convinced that...*
Ich sehe die Sache so, ... *I see the matter as...*

Ja!	Nein!
Ich bin auch dieser Meinung. *I am also of this opinion.*	**Diese Idee ist total mies!** *This idea is really bad!*
Es ist absolut empfehlenswert! *It is highly recommended!*	**Das ist Quatsch!** *This is nonsense!*
Es ist einfach Spitze! *It's just great!*	**Blödsinn!** *Nonsense!*

1 **Sprechen wir** Bearbeiten Sie die folgenden Aufgaben und Fragen in Gruppen.

1. Beschreiben Sie die Fotos vom Bahnhof und vom Flughafen.
2. Was machen Sie lieber, mit dem Zug fahren oder fliegen? Warum?
3. Denken Sie an die Zeit nach dem Studium. Welche Reisen werden Sie eventuell machen? Wohin werden Sie fliegen?

2 **Schreiben wir** Wählen Sie eines dieser Themen.

- Suchen Sie Information über einen der folgenden Orte im Internet. Schreiben Sie einen Reiseprospekt über diesen Ort. Der Prospekt soll eine Seite lang sein. Benutzen Sie viele beschreibende Wörter.

Aachen	**Cuxhaven**	**Hameln**
Bonn	**Düsseldorf**	**Köln**
Bremen	**Goslar**	**Ostfriesland**
Bremerhaven	**Göttingen**	**Wolfsburg**

- Schreiben Sie einen Aufsatz, in dem Sie Ihre Pläne für die Zukunft beschreiben. Denken Sie an Pläne für eine Karriere, für Ihr Privatleben, für eine Familie.

Vorbereitung

Wortschatz der Lektüre

anbieten *to offer*
erkunden *to explore*
die Ferienwohnung, -en *vacation rental*
der Geschmack, -¨er *taste*
die Preisklasse, -n *price category*
die Unterkunft, -¨e *lodging, accommodation*
das Urlaubsziel, -e *vacation destination*
das Verkehrsmittel, - *means of transportation*

Nützlicher Wortschatz

bewohnt *inhabited*
bewundern *to admire*
sich entspannen *to relax*
luxuriös *luxurious*
das Märchen, - *fairy tale*
preiswert *good value*
ratsam *advisable*
verschieden *various*

1 **Zuordnen** Ordnen Sie die Wörter in der linken Spalte den Definitionen/Synonymen in der rechten Spalte zu.

____ 1. die Ferienwohnung	a. wohin man in den Ferien fährt
____ 2. Verkehrsmittel	b. entdecken
____ 3. bewohnt	c. hier kann man schlafen
____ 4. erkunden	d. sind Busse, Züge und Flugzeuge
____ 5. das Urlaubsziel	e. Menschen leben da
____ 6. die Unterkunft	f. mietet man, wenn man im Urlaub ist

2 **In der Stadt** Schreiben Sie die richtigen Wörter in die Lücken.

bewundern	erkunden	Märchen	Unterkunft
entspannen	luxuriös	preiswerter	verschiedene

Wenn man als Tourist eine Stadt besucht, muss man zuerst eine (1) ____________ suchen. Eine Jugendherberge ist (2) ____________ als ein Hotel, aber nicht so (3) ____________. Danach kann man (4) ____________ Sachen machen. Z.B. kann man in Bremen auf dem Marktplatz die Statue der Bremer Stadtmusikanten sehen. Sie symbolisiert ein (5) ____________ der Brüder Grimm. Wenn man in Köln ist, kann man den Kölner Dom (6) ____________ und sich bei einer Tasse Kaffee und einem Stück Kuchen (7) ____________.

3 **Ferien** Beantworten Sie die folgenden Fragen zu zweit.

1. Wohin möchten Sie in den Sommerferien gerne fahren und warum?
2. Fahren Sie mit der Familie, mit Freunden, oder lieber allein, wenn Sie in die Ferien fahren? Warum?
3. Wenn Sie eine Stadt besuchen, was sehen Sie sich an?
4. Besuchen Sie lieber eine Großstadt oder eine Kleinstadt? Warum?
5. Viele Touristen besuchen im Sommer die Inseln vor der Nordseeküste Deutschlands. Waren Sie schon einmal auf so einer Insel? Erzählen Sie davon.
6. Was halten Sie von (*do you think of*) Touristen?

KULTURANMERKUNG

Es gibt elf kleinere und größere Inseln vor der Küste von **Ostfriesland°**. Sie sind ungefähr zwischen 3,5 km und 10 km vom Festland entfernt. Sieben der Inseln sind bewohnt. Im Sommer sind sie ein beliebtes Ferienziel der Deutschen. Das Wattenmeer° vor den Inseln gehört zum Nationalpark Niedersächsisches Wattenmeer und seit 2009 zusammen mit dem Nationalpark Schleswig-Holsteinisches Wattenmeer und dem niederländischen Wattenmeer zum UNESCO-Weltnaturerbe°.

Ostfriesland *East Frisia*
Wattenmeer *Wadden Sea*
Weltnaturerbe *world nature heritage*

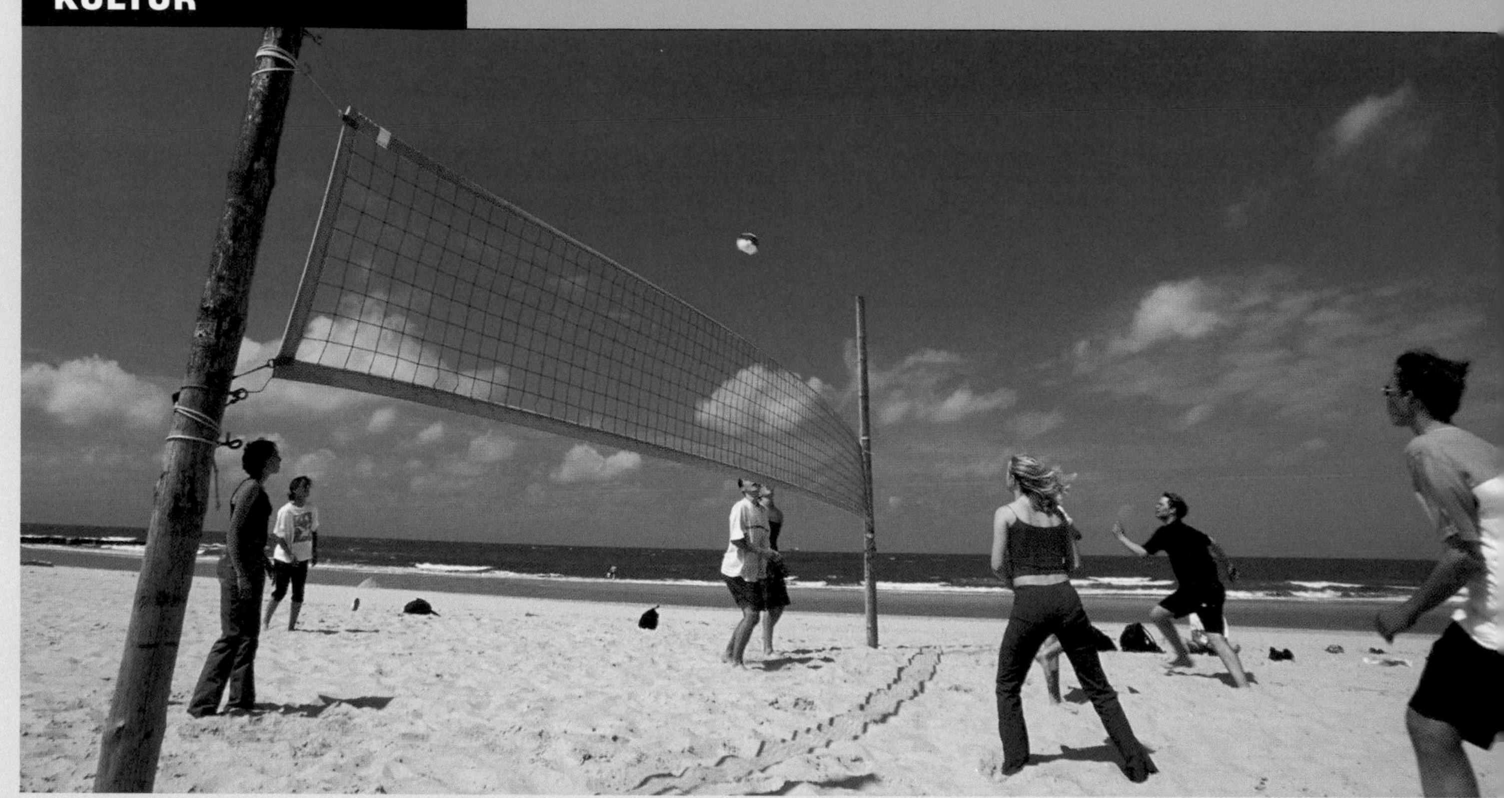

Badefreuden ODER

Die Bundesländer Bremen, Niedersachsen und Nordrhein-Westfalen bieten unterschiedlichste Urlaubsziele, von der Nordsee bis zum Ruhrgebiet, vom Strand bis in die Großstadt. Sonnenhungrige° sollten sich für den Strand entscheiden, und da bieten sich die Inseln in der Nordsee vor Ostfriesland an. Wie wär's° mit Wangerooge? Diese Insel ist ein beliebtes° Urlaubsziel der Deutschen. Man erreicht° sie entweder° mit einem kleinen Flugzeug oder mit einer Fähre. Der Schiffsverkehr° ist von der Tide, von Ebbe° und Flut°, abhängig°, und die Überfahrt von Harlesiel, dem Schiffsanleger° in Ostfriesland, dauert ungefähr 45 Minuten. Wie alle bewohnten ostfriesischen Inseln ist Wangerooge autofrei, aber es gibt eine Inselbahn, und man kann natürlich Fahrrad fahren. Einmal angekommen, kann man in der Nordsee baden, surfen, Wasser- oder Jetski fahren, im Wattenmeer° und in den Dünen wandern, am Strand Sandburgen bauen oder faul im Strandkorb sitzen und sich von der Sonne bräunen lassen°. Unterkünfte gibt es in allen Preisklassen, von luxuriösen Hotels mit Wellnessprogrammen, Fitness-Centern, Saunen und Massagen über kleinere Pensionen bis hin zu preiswerten Ferienwohnungen. Auf Wangerooge kann man so richtig relaxen und kommt braungebrannt° aus dem Urlaub nach Hause zurück!

Stadtmenschen sollten Bremen besuchen! Das ist eine wunderschöne, alte Hansestadt mit Häusern und Kirchen gebaut aus roten Backsteinen° und vielen kleinen, engen Straßen. Hier heißt es sich Zeit nehmen und die Altstadt erkunden. Umgeben° von der Weser° lädt sie zum Schlendern° ein, und auf dem historischen Marktplatz vor dem gotischen Rathaus erinnert° die Statue der Bremer Stadtmusikanten – Esel, Hund,

Those hungry for sun
How about
popular
reaches/either
boat traffic
low tide/high tide
dependent
berth (naut.)
mud flats
get tanned
tanned
bricks
Surrounded/ river through Bremen
leisurely walk
reminds

Großstadtabenteuer?

Audio: Reading

Katze und Hahn aus dem Märchen der Brüder Grimm – an die Kindheit. Sollte Bremen nicht genug Großstadtflair bieten, dann gibt es eine schnelle Verbindung° mit einem InterCity ins Ruhrgebiet. Es ist ratsam, für den IC Fensterplätze zu reservieren, um die vorbeiziehende Landschaft genießen zu können.

Das Ruhrgebiet spricht dann wirklich den Großstadtmenschen an. Zusammengesetzt° aus 53 Städten präsentiert es sich 2010 als die Kulturhauptstadt Europas. Als solche verspricht die Region eine aufregende Mischung° aus Spaß, Kunst und Kultur. Wo früher die Kumpels° in den Zechen° malochten° und der Himmel dunkel von Ruß° war, befinden sich heute umweltbewusste Unternehmen und reine Luft. Hier findet man alles, was das Herz begehrt°, von Museen über Galerien zu Konzerten und Schauspielhäusern bis hin zu stillgelegten° Zechen und ehemaligen° Industrieanlagen, in denen jetzt Kunst, Freizeitsport, Restaurants und Unterhaltung° ein neues Zuhause gefunden haben. Jedes Jahr bringen die Ruhrfestspiele, die Cranger Kirmes° und natürlich der Karneval Tausende von Touristen in diese Region. Und ein Abstecher° nach Köln lohnt sich immer. Man kann es problemlos mit öffentlichen Verkehrsmitteln erreichen und allein die Anfahrt über die Hohenzollernbrücke mit Blick auf den imposanten Kölner Dom° ist eine Reise wert. ■

Verbindung *connection* · Zusammengesetzt *Composed* · Mischung *exciting mix* · Kumpels *fellow miners* · Zechen/malochten *(coal)mines/grafted* · Ruß *soot* · begehrt *desires* · stillgelegten *closed* · ehemaligen *former* · Unterhaltung *entertainment* · Kirmes *name of a famous fair* · Abstecher *side trip* · Kölner Dom *Cologne Cathedral*

Die Heide

Die Lüneburger Heide° ist ein anderes beliebtes Urlaubsziel in Niedersachsen. Hier laden drei verschiedene Naturparks zum Wandern durch die wunderschöne Heidelandschaft ein. Viele Deutsche machen hier Urlaub auf dem Bauernhof. Die Kleinstadt Celle lockt° mit ihren Fachwerkhäusern° und der Heide-Park mit Achterbahnen°, Karussells° und vielen weiteren Attraktionen.

Heide *heath* **lockt** *entices* **Fachwerkhäusern** *half-timbered houses*
Achterbahnen *roller coasters* **Karussells** *merry-go-rounds*

Analyse

1

Verbinden Verbinden Sie die Satzteile in der linken Spalte mit denen in der rechten.

____ 1. Wangerooge ist autofrei, ...
____ 2. Nicht alle Unterkünfte auf Wangerooge sind...
____ 3. Die Statue der Bremer Stadtmusikanten...
____ 4. Es ist ratsam, ...
____ 5. Das Ruhrgebiet besteht aus...
____ 6. In ehemaligen Industrieanlagen gibt es jetzt...
____ 7. Tausende von Touristen...
____ 8. Öffentliche Verkehrsmittel sind...

a. Fensterplätze im IC zu reservieren.
b. 53 Städten.
c. Kunst und Unterhaltung.
d. besuchen die Ruhrfestspiele und den Karneval.
e. problemlos.
f. aber es gibt eine Inselbahn.
g. luxuriös und teuer.
h. steht auf dem historischen Marktplatz.

2

Verständnis Entscheiden Sie, ob die folgenden Aussagen **richtig** oder **falsch** sind.

Richtig	Falsch	
☐	☐	1. Bremen, Niedersachsen und Nordrhein-Westfalen bieten Urlaubsmöglichkeiten für jeden Geschmack.
☐	☐	2. Ostfriesland ist eine Insel.
☐	☐	3. Auf Wangerooge kann man in den Dünen und am Strand spazieren gehen.
☐	☐	4. Auf Wangerooge gibt es keine Hotels.
☐	☐	5. Bremen liegt an der Nordsee.
☐	☐	6. Als Tourist langweilt man sich im Ruhrgebiet nur.
☐	☐	7. Das Ruhrgebiet war früher eine Industrielandschaft.
☐	☐	8. Köln ist nicht weit vom Ruhrgebiet entfernt.

3

Weiterführende Fragen Besprechen Sie in Gruppen.

1. Stellen Sie sich vor, Sie wohnen in einem Ferienort und jedes Jahr kommen Touristen in Ihre Stadt. Ist das gut oder schlecht? Warum? Wie beeinflusst der Tourismus Ihr Leben?
2. Welche Märchen kennen Sie? Welches ziehen Sie vor? Warum?
3. Sind Sie eher ein Stadtmensch oder machen Sie lieber Urlaub am Meer?
4. Haben Sie schon einmal einen Wellness-Urlaub oder Ferien auf einem Bauernhof gemacht?
5. Haben Sie schon einmal Karneval gefeiert oder waren auf einem Stadtfest? Erzählen Sie.
6. Wo gibt es in den USA ehemalige Industriegebiete, die jetzt Kunst, Kultur und Unterhaltung für Touristen bieten? Erklären Sie.

Practice more at **vhlcentral.com.**

Vorbereitung

Über den Schriftsteller

Heinrich Böll (1917–1985) begann nach seinem Abitur ein Germanistik-Studium in Köln, wurde aber noch im selben Jahr zum Kriegsdienst einberufen (*drafted*), wo er 1945 in britische und amerikanische Kriegsgefangenschaft (*POW*) fiel (*fell*). Böll schrieb in seinen Geschichten über Außenseiter und Konformisten. Seine Thematik und Perspektive machten ihn zu einem der wichtigsten Vertreter (*representatives*) der sogenannten Trümmerliteratur. Er erhielt (*received*) 1972 den Nobelpreis für Literatur.

Wortschatz der Kurzgeschichte

beschwören *to invoke; to conjure (up)*
die Echtheit *authenticity*
das Elfenbein *ivory*
gerührt sein *to be touched; to be moved*
der Prospekt, -e *brochure*
überwältigen *to overwhelm*

Nützlicher Wortschatz

abgelegen *remote*
anspielen auf *to allude to*
der Bummelzug, -¨e *slow train*
fiktiv *fictitious, fictional*
irreführend *misleading, false*
täuschen *to deceive*

1 **Was passt?** Ergänzen Sie den Prospekt mit den richtigen Formen der Wörter aus der Liste.

beschwören	Echtheit	fiktiv	Prospekt
Bummelzug	Elfenbein	gerührt sein	überwältigen

Besuchen Sie Werthershausen! Nehmen Sie den (1) __________ von Bonn nach Werthershausen. Genießen Sie die zweistündige Fahrt. Lassen Sie sich (2) __________ von den Wiesen (*meadows*) und Feldern, die langsam an Ihrem Fenster vorbeiziehen. Sie werden (3) __________ von unserer kleinen Stadt. Das Museum birgt (*contains*) die Figürchen unseres Heimatkünstlers. Seine Kunstwerke aus (4) __________ sind Gegensätze zu den pomposen Werken anderer Künstler. Unser Heimatschriftsteller Wolfgang von Wolferich schrieb über die Figürchen: „Sie (5) __________ den ästhetischen Sinn (*sense*). An ihrer (6) __________ ist nicht zu zweifeln (*doubted*).“ Werthershausen ist eine Reise wert!

2 **Reiseprospekte** Besprechen Sie die folgenden Fragen in Gruppen.

1. Wie entscheiden Sie sich für ein Reiseziel?
2. Besichtigen Sie Sehenswürdigkeiten lieber allein oder mit einem Reiseführer/einer Reiseführerin? Warum?
3. Glauben Sie, dass Reiseprospekte manchmal übertreiben (*exaggerate*)? Warum?
4. Waren Sie schon einmal von einer Stadt oder einer Sehenswürdigkeit enttäuscht (*disappointed*)? Erklären Sie.
5. Glauben Sie, dass Einheimische Vorurteile (*prejudices*) gegen Touristen haben? Erklären Sie.

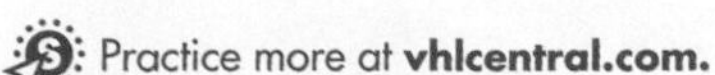
Practice more at **vhlcentral.com.**

KULTURANMERKUNG

Die Trümmerliteratur°

Die Epoche der Trümmerliteratur entstand in der Zeit nach dem zweiten Weltkrieg, als die meisten großen Städte in Deutschland in Schutt° und Asche lagen. Im Gegensatz zur einstigen nationalsozialistischen Literatur mit ihren Heldenbildern° und Idealisierungen, zeichnen die Trümmerliteratur ihre Nähe zum Realismus und ihr einfacher, aufrichtiger Schreibstil aus. Viele junge Männer, die die letzten Jahre in alliierter Kriegsgefangenschaft verbracht haben, verarbeiteten° in ihren Erzählungen die Schrecken° des Krieges und die Zerstörung° ihrer Heimat.

Trümmer- *rubble* **Schutt** *rubble* **Helden-** *heroes* **verarbeiteten** *coped* **Schrecken** *horrors* **Zerstörung** *devastation*

HIER IST TIBTEN!

Heinrich Böll

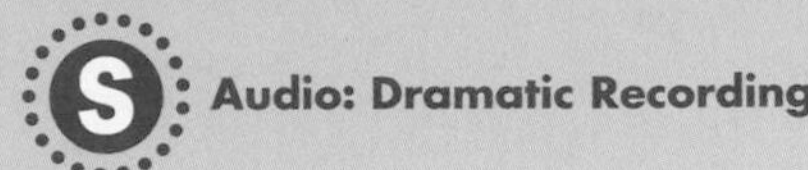
Audio: Dramatic Recording

Herzlose Menschen begreifen° nicht, daß ich so viel Sorgfalt° und Demut° auf eine Beschäftigung° verwende, die sie meiner für unwürdig° halten. Meine Beschäftigung mag nicht meinem Bildungsgrad° entsprechen°, auch war sie nicht der Gegenstand° irgendeines der zahlreichen Lieder, die an meiner Wiege° gesungen wurden, aber sie macht mir Spaß und ernährt° mich: Ich sage den Leuten, wo sie sind. Zeitgenossen°, die abends auf dem Heimatbahnhof in Züge steigen, die sie in ferne Gegenden° tragen, die nachts dann auf unserem Bahnhof erwachen, verwirrt° ins Dunkel blicken, nicht wissend, ob sie übers Ziel hinausgefahren oder noch vor dem Ziel sind, möglicherweise gar am Ziel (denn unsere Stadt birgt Sehenswürdigkeiten mannigfacher° Art und lockt viele Reisende an°), allen diesen sage ich, wo sie sind. Ich schalte den Lautsprecher ein, sobald ein Zug eingelaufen ist, und die Räder der Lokomotive stillstehen, und ich spreche es zögernd° in die Nacht hinein: „Hier ist Tibten – Sie sind in Tibten! Reisende, die das Grab° des Tiburtius besuchen wollen, müssen hier aussteigen!“, und von den Bahnsteigen her kommt das Echo bis in meine Kabine zurück: Dunkle Stimme° aus dem Dunkeln, die etwas Zweifelhaftes° zu verkünden° scheint, obwohl sie die nackte Wahrheit spricht.

Manche stürzen dann hastig mit Koffern auf den schwach erleuchteten° Bahnsteig, denn Tibten war ihr Ziel, und ich sehe sie die Treppe hinuntersteigen, auf Bahnsteig I wieder auftauchen° und dem schläfrigen Beamten an der Sperre° ihre Fahrkarten übergeben. Nur selten kommen nachts Leute mit geschäftlichen Ambitionen, Reisende, die bei den Tibtenschen Bleigruben° den Bedarf° ihrer Firmen

begreifen: realize; Sorgfalt/Demut: carefulness/humility; Beschäftigung: job; unwürdig: unworthy; Bildungsgrad/entsprechen: level of education/correspond; Gegenstand: object; Wiege: cradle; ernährt: feeds; Zeitgenossen: contemporaries; Gegenden: regions; verwirrt: confused; mannigfacher: various; lockt an: attracts; zögernd: hesitantly; Grab: tomb; Stimme: voice; Zweifelhaftes: doubtful; verkünden: proclaim; erleuchteten: dimly lit; auftauchen: appear; Sperre: gate; Bleigruben/Bedarf: lead mines/requirements

zu decken gedenken°. Meist sind es Touristen, die das Grab der Tiburtius anlockt, eines römischen Jünglings°, der vor 1800 Jahren einer Tibtenschen Schönheit wegen Selbstmord beging°. „Er war noch ein Knabe°“, steht auf seinem Grabstein°, den man in unserem Heimatmuseum bewundern° kann, „doch die Liebe überwältigt ihn!“ – Er kam aus Rom hierher, um Blei für seinen Vater zu kaufen, der Heereslieferant° war.

Gewiß° hätte ich nicht fünf Universitäten frequentieren und zwei Doktorgrade erwerben° müssen, um Nacht für Nacht ins Dunkel zu sagen: „Hier ist Tibten! Sie sind in Tibten.“ Und doch erfüllt mich meine Tätigkeit° mit Befriedigung°. Ich sage meinen Spruch leise°, so, daß die Schlafenden nicht erwachen, die Wachen° ihn aber nicht überhören, und ich lege gerade so viel Beschwörung° in meine Stimme, daß die Dösenden° sich besinnen° und überlegen°, ob Tibten nicht ihr Ziel war.

Spät am Vormittag dann, wenn ich vom Schlaf erwache und aus dem Fenster schaue, sehe ich jene Reisenden, die nachts der Lockung° meiner Stimme erlagen°, durch unser Städtchen ziehen, mit jenen Prospekten bewaffnet°, die unser Verkehrsbüro großzügig° in die ganze Welt verschickt. Beim Frühstück haben sie schon gelesen, daß Tibten aus dem lateinischen Tiburtinum in Lauf der Jahrhunderte in seine gegenwärtige Form verschlissen° wurde, und sie ziehen nun zum Heimatmuseum, wo sie den Grabstein bewundern, den man dem römischen Werther vor 1800 Jahren setzte: Aus rötlichem Sandstein ist das Profil eines Knaben gemeißelt°, der vergebens° die Hände nach einem Mädchen ausstreckt°. „Er war noch ein Knabe, doch die Liebe überwältigte ihn...“ Auf sein jugendliches Alter weisen auch die Gegenstände hin, die man in seinem Grab fand: Figürchen aus elfenbeinfarbigem Stoff°; zwei Elefanten, ein Pferd und eine Dogge, die – wie Brusler in seiner „Theorie über das Grab des Tiburtius“ behauptet – einer Art von Schachspiel gedient haben sollen°. Doch bezweifle° ich diese Theorie, ich bin sicher, daß Tiburtius mit diesen Dingen einfach so gespielt hat. Die kleinen Dinger aus Elfenbein sehen genauso aus wie die, die wir beim Einkauf eines halben Pfundes Margarine als Zugabe bekommen°, und sie erfüllten denselben Zweck°: Kinder spielen mit ihnen... Vielleicht wäre ich hier verpflichtet°, auf das ausgezeichnete Werk unseres Heimatschriftstellers Volker von Volkersen hinzuweisen°, der unter dem Titel „Tiburtius, ein römisches Schicksal°, das sich in unserer Stadt vollendete°“ einen ausgezeichneten Roman schrieb. Doch halte ich Volkersens Werk für irreführend, weil auch er Bruslers Theorie über den Zweck des Spielzeuges anhängt°.

Ich selbst – hier muß ich endlich ein Geständnis ablegen° – bin im Besitz° der originalen Figürchen, die in Tiburtius' Grab lagen; ich habe sie im Museum gestohlen, sie durch jene ersetzt°, die ich beim Einkauf von einem halben

...sehe ich jene Reisende, die nachts der Lockung meiner Stimme erlagen, durch unser Städtchen ziehen...

intend to cover · lad · committed suicide · boy · tombstone · admire · army supplier · Certainly · acquire · activity · satisfaction · softly · those who are awake · entreaty · dozing/to rouse themselves · wonder · attraction · succumb · armed · generously · worn down · chiseled · in vain · stretches out · material · supposedly served/doubt · receive as gifts · purpose · required · point · destiny · completed · supports · make a confession/possession · replaced

Pfund Margarine als Zugabe bekomme: Zwei Elefanten, ein Pferd und eine Dogge; sie sind weiß wie Tiburtius' Tiere, sie haben dieselbe Größe, dieselbe Schwere°, und – was mir als das Wichtigste erscheint – sie erfüllen denselben Zweck.

So kommen Reisende aus der ganzen Welt, um das Grab des Tiburtius und sein Spielzeug zu bewundern. Plakate mit dem Text „Come to Tibten“ hängen in den Wartesälen der angelsächsischen° Welt, und wenn ich nachts meinen Spruch spreche: „Hier ist Tibten! Sie sind in Tibten! Reisende, die das Grab des Tiburtius besuchen wollen, müssen hier aussteigen...“, dann locke ich jene Zeitgenossen aus den Zügen, die in heimatlichen Bahnhöfen der Verführung° unseres Plakates erlagen. Gewiß, sie sehen die Sandsteinplatte, deren historische Echtheit nicht zu bezweifeln ist. Sie sehen das rührende° Profil eines römischen Jünglings, der von der Liebe überwältigt wurde und sich in einem abgesoffenen Schacht° der Bleigruben ertränkte°. Und dann gleiten die Augen der Reisenden über die Tierchen°: Zwei Elefanten, ein Pferd und eine Dogge – und gerade an diesen könnten sie die Weisheit° dieser Welt studieren, aber sie tun's nicht. Gerührte In- und Ausländerinnen häufen° Rosen auf das Grab dieses Knaben, Gedichte werden geschrieben; auch meine Tiere, das Pferd und die Dogge (zwei Pfund Margarine mußte ich verbrauchen°, um in ihren Besitz zu gelangen°!), sind schon Gegenstand lyrischer Versuche° geworden. „Spieltest wie wir spielen mit Dogge und Pferd...“ lautet der Vers aus dem Gedicht eines nicht unbekannten Lyrikers. Da liegen sie also: Gratiszugaben° der Firma „Klüßhenners Eigelb-Margarine“, auf rotem Samt° unter dickem Glas in unserem Heimatmuseum: Zeugen° meines Margarineverbrauchs. Oft, bevor ich nachmittags zur Schicht° gehe, besuche ich eine Minute das Heimatmuseum und betrachte° sie: Sie sehen echt° aus, gelblich angefärbt und sind nicht im geringsten° von denen zu unterscheiden°, die in meiner Schublade° liegen, denn ich habe die Originale zu jenen geworfen°, die ich beim Einkauf von „Klüßhenners Margarine“ hinzubekomme°, und versuche vergebens, sie wieder herauszufinden°.

Da liegen sie also...
Zeugen meines Margarineverbrauchs.

Nachdenklich gehe ich dann zum Dienst, hänge meine Mütze an den Haken°, ziehe den Rock aus, lege meine Brote in die Schublade, lege mir Zigarettenpapier, Tabak, die Zeitung zurecht° und sage, wenn ein Zug einläuft, den Spruch, den zu sprechen ich verpflichtet bin. „Hier ist Tibten! Sie sind in Tibten! Reisende, die das Grab des Tiburtius besuchen wollen, müssen hier aussteigen...” Leise sage ich es, ob daß die Schlafenden nicht erwachen, die Wachen mich nicht überhören, und ich lege gerade so viel Beschwörung in meine Stimme, daß die Dösenden sich besinnen und überlegen, ob Tibten nicht ihr Ziel war.

Und ich begreife nicht, daß man diese Beschäftigung meiner für unwürdig hält... ■

weight · *Anglo-Saxon* · *temptation* · *touching* · *flooded shaft* · *drowned* · *creatures* · *wisdom* · *pile up* · *consume* · *acquire* · *attempts* · *giveaways* · *velvet* · *witnesses* · *shift* · *study/ genuine* · *not in the least* · *distinguish/drawer* · *threw* · *receive in addition* · *to pick out* · *hook* · *prepare*

Analyse

1 **Haben Sie verstanden?** Entscheiden Sie, ob die folgenden Aussagen **richtig** oder **falsch** sind. Wenn eine Aussage nicht stimmt, geben Sie die richtige Antwort.

Richtig	Falsch	
☐	☐	1. Seine Beschäftigung macht dem Erzähler keinen Spaß.
☐	☐	2. Reisende, die das Grab des Tiburtius besuchen wollen, müssen in Tibten aussteigen.
☐	☐	3. Tiburtius war ein römischer Jüngling.
☐	☐	4. Viele Leute kommen nachts mit geschäftlichen Ambitionen nach Tibten.
☐	☐	5. Der Erzähler hat keinen Schulabschluss.
☐	☐	6. Man hat im Grab des Tiburtius Figürchen gefunden.

2 **Was ist richtig?** Entscheiden Sie, welche Antworten richtig sind.

1. Der Erzähler ist sicher, dass Tiburtius mit den Figürchen ____ hat.
   a. eingekauft b. andere ersetzt c. Schach gespielt d. gespielt
2. Die ____ der Sandsteinplatte ist nicht zu bezweifeln.
   a. Schönheit b. historische Echtheit c. Heimat d. Größe
3. Der Erzähler hat die Tierchen des Tiburtius im Museum ____.
   a. vergessen b. gestohlen c. bewundert d. gesehen
4. Die echten Tierchen sind ____.
   a. im Museum b. im Grab des Tiburtius
   c. eine Gratiszugabe d. im Haus des Erzählers
5. Der Erzähler sagt seinen Spruch leise, um ____.
   a. die Wachen nicht zu stören b. die Reisenden nach Tibten zu locken
   c. die Schlafenden nicht zu wecken d. die Dösenden zu wecken

3 **Ein Gespräch zwischen Reisenden** Zwei Reisende unterhalten sich über Tiburtius. Ergänzen Sie ihr Gespräch mit den richtigen Formen passender Adjektive aus der Liste.

anstrengend	fiktiv	jugendlich	römisch
elfenbeinfarbig	irreführend	klein	rötlich

REISENDER Auf dem Grabstein steht, dass Tiburtius ein (1) __________ Jüngling war.

REISENDE Sein Profil ist aus (2) __________ Sandstein gemeißelt.

REISENDER Er sieht (3) __________ aus, fast wie ein Kind.

REISENDE Man fand (4) __________ Figuren in seinem Grab.

REISENDER Hier in dem Prospekt steht, dass die Figuren aus (5) __________ Stoff sind.

REISENDE Es soll auch eine (6) __________ Theorie über diese Figuren geben.

REISENDER Wirklich? Was besagt diese Theorie?...

4 **Fragen zur Geschichte** Beantworten Sie die folgenden Fragen zu zweit. Begründen Sie Ihre Antworten.

1. Welchen Beruf hat der Erzähler und was hält er von seinem Beruf?
2. Welche Leute besuchen Tibten?
3. Wie kam Tibten zu seinem Namen?
4. Wie unterscheiden sich die echten Figuren von den Figuren im Museum?
5. Warum erwähnt (*mentions*) der Erzähler Bruslers Theorie und das Werk Volker von Volkersens?
6. Glauben Sie, dass es Tibten und das Grab des Tiburtius wirklich gibt? Warum?

5 **Der Erzähler**

A. Wählen Sie die Wörter aus der Liste, die den Erzähler am besten beschreiben.

angenehm	ehrlich	großzügig	interessant	opportunistisch
böse	frustriert	gutherzig	kriminell	stressig

B. Vergleichen Sie Ihre Antworten miteinander und besprechen Sie eventuelle Unterschiede.

6 **Was meinen Sie?** Der Erzähler macht direkt oder indirekt folgende Aussagen. Besprechen Sie seine Behauptungen in Gruppen.

1. Man muss eine Beschäftigung, die Spaß macht und einen ernährt, respektieren.
2. Man darf wertlose Dinge aus dem Museum stehlen.
3. Die Theorien der Experten sind nicht immer richtig.
4. Leute schreiben Gedichte auch über wertlose Gegenstände.
5. Reisende sind leicht zu täuschen.
6. Man kann die Weisheit der Welt an solchen (*such*) Figürchen studieren.
7. Man soll im Leben machen, was einem Spaß macht.

7 **Zum Thema** Schreiben Sie über eines der folgenden Themen.

1. Stellen Sie sich vor, Sie sind ein Tourist in Tibten. Beschreiben Sie in drei Absätzen Ihre Erfahrungen (*experiences*) und Eindrücke (*impressions*).
2. Der Erzähler erwähnt den Prospekt des Verkehrsamts. Schreiben Sie diesen Reiseprospekt. Sie dürfen Ihren Prospekt auch mit Fotos illustrieren.

Practice more at **vhlcentral.com.**

KULTURANMERKUNG

Tourismus in den fünfziger Jahren

Nur wenige Deutsche machten Urlaubsreisen ins Ausland. Damals hatte auch nur ein Fünftel der Bundesbürger einen Reisepass, der zu dieser Zeit Voraussetzung° für einen Grenzübertritt° war. Auch 1960 reiste nur jeder zehnte Einwohner ins Ausland und die meisten von ihnen fuhren nach Italien und in die deutschsprachigen Nachbarländer. Die Mehrheit der Urlaubsreisenden benutzte die Eisenbahn, ein Viertel fuhr mit dem Auto. Die Hälfte der Touristen übernachtete bei Verwandten. Zu Beginn der sechziger Jahre blühte die Camping-Kultur auf°, deren Basis die Reise mit dem Auto war. Die zunehmende Motorisierung führte auch zu einer größeren Entfernung° der Reiseziele.

Voraussetzung *prerequisite*
Grenzübertritt *border-crossing*
blühte... auf *blossomed*
Entfernung *distance*

Anwendung

Vorbereitung: Der Schluss

Die Einleitung (*introduction*) und der Schluss (*conclusion*) sind wichtige Bestandteile eines Aufsatzes, da sie die Struktur des Aufsatzes erstellen. Man sollte sich deshalb genügend Zeit dafür nehmen.

Ein guter Schluss muss:

- sich auf die anfängliche These beziehen und sie untermauern.
- die Schwerpunkte in einen Zusammenhang stellen.
- eine klare, letzte Wirkung hinterlassen.
- in demselben Stil geschrieben sein wie der Rest des Aufsatzes.

Ein guter Schluss darf:

- sich nicht darauf beschränken, den anfänglichen Aufsatz zu wiederholen.
- keine neuen Argumente enthalten.
- keine ergänzenden Argumente einbeziehen.

Ein guter Schluss kann:

- neue Fragen aufwerfen.
- ein Zitat enthalten, das die Ideen des Autors zusammenfasst.

Anwendung **Lesen Sie einen Schluss in dieser oder einer vorigen Lektion. Entscheiden Sie dann zu zweit, ob die Merkmale eines guten Schlusses vorliegen. Welche Änderungen können Sie machen, um den Schluss zu verbessern?**

Aufsatz **Wählen Sie eines dieser Themen und schreiben Sie einen Aufsatz.**

Voraussetzungen

1. Ihr Aufsatz muss sich auf eine oder zwei Lektüren beziehen, die in dieser Lektion im **Kurzfilm**, **Stellen Sie sich vor**, **Kultur** oder **Literatur** vorgestellt werden.
2. Der letzte Teil Ihres Aufsatzes muss die Merkmale eines guten Schlusses aufweisen.
3. Ihr Aufsatz muss mindestens eine Seite lang sein.

1. In der Kurzgeschichte *Hier ist Tibten!* haben Sie gelesen, dass ein Reiseprospekt Touristen anlocken kann. Ist ein Reiseprospekt ein gutes oder schlechtes Mittel zur Vermarktung (*marketing*) eines Reiseziels? Warum, warum nicht?

2. Im Kurzfilm *Björn oder die Hürden der Behörden* springt Björn über viele Hürden der Behörden, um seinen Reisepass zu verlängern. Ist eine Auslandsreise es wert, dass man Schwierigkeiten mit Behörden auf sich nimmt, Zeit mit der Planung und Vorbereitung der Reise verbringt, und lange in Schlangen in Flughäfen stehen muss? Warum, warum nicht?

3. Das Alltagsleben ist voller Stress und Hektik. Die Leute sind ständig unterwegs. Deshalb suchen viele Leute Ruhe und Erholung im Urlaub. Aber wo soll man Urlaub machen, und was soll man im Urlaub tun? Faulenzen Sie lieber am Strand oder besuchen Sie lieber Städte und Museen und besichtigen Sehenswürdigkeiten?

Reisen und Ferien

Im Bahnhof

die Abfahrtszeit, -en *departure time*
der Anschluss, -¨e *connection*
der Bahnsteig, -e *platform*
der Schaffner, -/die Schaffnerin, -nen *ticket collector/conductor*

Im Flughafen

die Abflughalle, -n *departure hall/lounge*
die Abflugzeit, -en *departure time*
die Ankunftshalle, -n *arrival(s) terminal*
die Bordkarte, -n *boarding pass*
der Flugbegleiter, -/die Flugbegleiterin, -nen *flight attendant*
der Flugsteig, -e *departure gate*
der Geldwechsel *currency exchange*
die Gepäckausgabe *baggage claim*
die Landung, -en *landing*
der (Fenster/Gang)platz, -¨e *(window/aisle) seat*
die Sicherheitskontrolle, -n *security check*
die Verspätung, -en *delay; late arrival*

an Bord *on board*
zollfrei *duty-free*

an Bord des Flugzeuges gehen *to board the plane*
einchecken *to check in*
in der Schlange stehen *to stand in line*

Im Hotel

der Ferienort, -e *vacation resort*
die Halbpension *half board*
die Pension, -en *guest house*
die (Auto)vermietung *(car) rental*
die Vollpension *full board*
das Wirtshaus, -¨er *inn*

(voll) belegt *full; no vacancy*
Fünf-Sterne *five-star*
Zimmer frei *vacancy*

mieten *to rent (house, car)*

Auf dem Campingplatz

das Bergsteigen *mountain climbing*
der Campingplatz, -¨e *campground*
das Fischen *fishing*
das Kanufahren *canoeing*
der Schlafsack, -¨e *sleeping bag*
der Wanderer, -/die Wanderin, -nen *hiker*
der Wanderweg, -e *hiking trail*
das Wohnmobil, -e *RV, motor home*
das Zelt, -e *tent*

organisieren *to organize*
wandern *to go hiking*

Im Skiurlaub

die Skiausrüstung, -en *ski equipment*
der Skihang, -¨e *ski slope*
der (Ski)langlauf *cross-country skiing*
der Skilift, -e (*oder* -s) *ski lift*
der Skipass, -¨e *ski pass*
der Skiurlaubsort, -e *ski resort*

Am Strand

der Ausflug, -¨e *excursion*
das Badetuch, -¨er/das Strandtuch, -¨er *towel; beach towel*
das (Segel)boot, -e *(sail)boat*
die Kreuzfahrt, -en *cruise*
der Schnorchel, - *snorkel*
das Seebad, -¨er *seaside resort*
der Sonnenbrand, -¨e *sunburn*
die Sonnen(schutz)creme, -s *sunblock*
der (Strand)sonnenschirm, -e *beach umbrella/parasol*
das Surfbrett, -er *surfboard*

segeln *to sail*
sonnenbaden *to sunbathe*
surfen *to surf*

Zum Beschreiben

angenehm *pleasant*
chaotisch *disorganized*
exotisch *exotic*
frustriert *frustrated*
gestrichen *canceled*
organisiert *organized*
stressig/anstrengend *stressful*
verspätet *delayed*

sich lohnen *to be worth it*

Kurzfilm

der Antrag, -¨e *application*
die Behörde, -n *administrative body*
die Gleitzeit *flextime; flexible working hours*
die Hürde, -n *hurdle*
der Personalausweis, -e *ID card*
die (Polizei)wache, -n *police station*
der Sachverhalt, -e *fact; circumstance*
die Verwechslung, -en *mistaken identity*

abschieben *to deport*
sich ummelden *to register one's change of address*
verlängern *to extend*

abgelaufen *expired*
vorläufig *temporary*

Kultur

die Ferienwohnung, -en *vacation rental*
der Geschmack, -¨er *taste*
das Märchen, - *fairy tale*
die Preisklasse, -n *price category*
die Unterkunft, -¨e *lodging, accommodation*
das Urlaubsziel, -e *vacation destination*
das Verkehrsmittel, - *means of transportation*

anbieten *to offer*
bewundern *to admire*
sich entspannen *to relax*
erkunden *to explore*

bewohnt *inhabited*
luxuriös *luxurious*
preiswert *good value*
ratsam *advisable*
verschieden *various*

Literatur

der Bummelzug, -¨e *slow train*
die Echtheit *authenticity*
das Elfenbein *ivory*
der Prospekt, -e *brochure*

anspielen auf *to allude to*
beschwören *to invoke; to conjure (up)*
gerührt sein *to be touched; to be moved*
täuschen *to deceive*
überwältigen *to overwhelm*

abgelegen *remote*
fiktiv *fictitious, fictional*
irreführend *misleading, false*

LEKTION 5

Kunstschätze

Manchmal macht Kunst das Leben einfach schöner; aber manchmal hat Kunst etwas Wichtiges zu sagen, auch wenn sie nicht so schön ist. Manchmal bewegt (*moves*) sie uns tief (*deeply*). Manchmal erscheint sie uns einfach sinnlos. Und manchmal ergreifen uns die Musen und wir spüren selber den Drang, ein Kunstwerk zu schaffen. Kunst – warum brauchen wir sie überhaupt? Oder brauchen wir sie gar nicht? Welche Funktion hat sie in unserer Gesellschaft? Und… welche Rolle spielt sie in Ihrem Leben?

156 **KURZFILM**

Im Dokumentarfilm *Artgerecht* präsentiert **Konstantin Eckert** das Kulturzentrum KuBa. In dieser Institution können Künstler aus verschiedenen Ländern in Ateliers arbeiten, ihre Arbeit dem Publikum präsentieren und von der Kollaboration mit anderen Künstlern profitieren.

162 **STELLEN SIE SICH VOR**

Grüß Gott und willkommen in **Österreich**! Wir besuchen dieses andere deutschsprachige Land, in dem Berge und Kultur so malerisch miteinander verschmelzen (*blend*).

177 **KULTUR**

Musik Musik Musik ist eine kurze Reise durch die **Musikgeschichte Österreichs**, angefangen von der Klassik bis ins 20. Jahrhundert. Der Text handelt von der Musikentwicklung und stellt ein paar Komponisten und ihre Werke vor.

181 **LITERATUR**

Dies ist ein Brief an Franz Xaver Kappus aus der Sammlung *Briefe an einen jungen Dichter*, geschrieben von **Rainer Maria Rilke**. Der Brief zeigt, mit welcher Feinfühligkeit (*sensitivity*) Rilke versucht, den Dichter auf den richtigen Weg zu bringen.

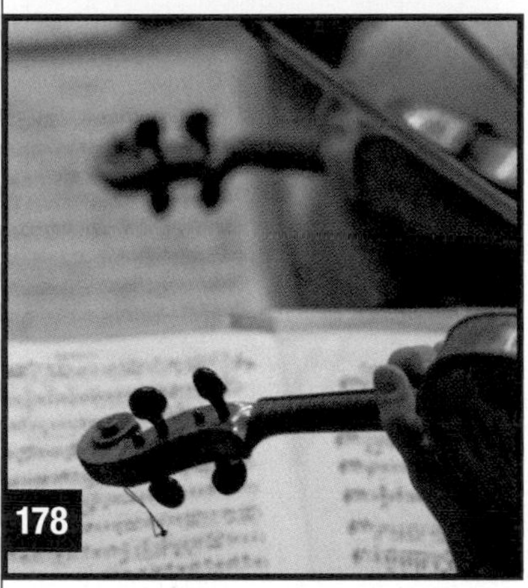

154 **ZU BEGINN**

164 **STRUKTUREN**

- **5.1 Modals**
- **5.2 Comparatives and superlatives**
- **5.3 Da- and wo-compounds; prepositional verb phrases**

188 **SCHREIBWERKSTATT**

189 **WORTSCHATZ**

Kunst und Literatur

Audio: Vocabulary

Literarische Werke

der Aufsatz, -¨e/der Essay, -s *essay*
die (Auto)biographie, -n *(auto)biography*
das Copyright, -s/das Urheberrecht, -e *copyright*
die Dichtung, -en *work of literature; poetic work*
der Erzähler, -/die Erzählerin, -nen *narrator*
die Figur, -en *character*
das Genre, -s *genre*
die Handlung, -en *plot*
der Kriminalroman, -e *mystery; crime novel*
die Novelle, -n *novella, short novel*
die Poesie/die Dichtkunst *poetry*
die Prosa *prose*
der Reim, -e *rhyme*
der Roman, -e *novel*
die Strophe, -n *stanza; verse*
die Zeile, -n *line*

sich entwickeln *to develop*
spielen *to take place (story, play)*
zitieren *to quote*

(frei) erfunden/fiktiv *fictional*
klassisch *classical*
komisch *comical*
lustig *humorous*
objektiv *objective*
preisgekrönt *award-winning*

realistisch *realistic*
satirisch *satirical*
subjektiv *subjective*
tragisch *tragic*

Die bildenden Künste

das Aquarell, -e *watercolor painting*

die Farbe, -n *paint*
das Gemälde, - *painting*
die schönen Künste *fine arts*
das Ölgemälde, - *oil painting*
der Pinsel, - *paintbrush*
das (Selbst)porträt, -s *(self-)portrait*
die Skulptur, -en *sculpture*
das Stilleben, - *still life*
der Ton *clay*

bildhauern *to sculpt*
malen *to paint*
skizzieren *to sketch*

ästhetisch *aesthetic*
avantgardistisch *avant-garde*

Musik und Theater

die Aufführung, -en *performance*
der Beifall *applause*
die Bühne, -n *stage*

der Chor, -¨e *choir*
der Konzertsaal, -säle *concert hall*
das Lampenfieber *stage fright*
das Meisterwerk, -e *masterpiece*
das Musical, -s *musical*
die Oper, -n *opera*
die Operette, -n *operetta*
das Orchester, - *orchestra*
die Probe, -n *rehearsal*
das Publikum/die Zuschauer *audience*
das (Theater)stück, -e *play, piece*

schildern *to narrate*
zeigen *to show*

leidenschaftlich *passionate*

Die Künstler

der Bildhauer, -/die Bildhauerin, -nen *sculptor*

der Dramatiker, -/die Dramatikerin, -nen *playwright*
der Essayist, -en/die Essayistin, -nen *essayist*
der (Kunst)handwerker, -/die (Kunst)handwerkerin, -nen *artisan; craftsman*
der Komponist, -en/die Komponistin, -nen *composer*
der Liedermacher, -/die Liedermacherin, -nen *songwriter*
der Maler, -/die Malerin, -nen *painter*
der Regisseur, -e/die Regisseurin, -nen *director*
der Schriftsteller, -/die Schriftstellerin, -nen *writer*

Anwendung

1 **Künstlerisches Basiswissen** Wie viel wissen Sie über das A und O (*nuts and bolts*) der Kunst? Markieren Sie für jeden Satz die richtige Antwort.

1. Man malt mit (Ton / einem Pinsel).
2. In seinem berühmten Selbstporträt hat (Albrecht Dürer / Van Gogh) ein abgeschnittenes (*cut-off*) Ohr.
3. Agathie Christie schrieb (Musicals / Kriminalromane).
4. Ein Dramatiker schreibt (Nachrichten / Theaterstücke).
5. Ein Bildhauer macht (Skulpturen / Lieder).
6. (Strauß / Beethoven) war ein bekannter Komponist aus Österreich.

2 **Eine Aufführung** Schreiben Sie die richtigen Wörter in die Lücken.

Aufführung	Bühne	Dramatiker	Meisterwerk
Beifall	Chor	Lampenfieber	Publikum

Am Freitag ging ich in eine Aufführung von *Faust*. *Faust* ist das (1) __________ von Deutschlands berühmtestem Dichter und (2) __________, Johann Wolfgang von Goethe. Zuerst lief die (3) __________ wunderbar. Die Schauspieler waren fantastisch und das (4) __________ war hingerissen (*enchanted*). Aber dann kam Mephisto auf die (5) __________ und sagte leidenschaftlich: „Ich bin der Geist, der stets (*always*) vergisst.“ Huch! Das war falsch. Der Schauspieler wurde sehr nervös und brachte kein einziges Wort mehr heraus. Er hatte (6) __________. Der Vorhang ging zu (*curtain closed*), aber nur eine Minute später wurde die Szene noch einmal aufgeführt. Diesmal spielte der Mephisto seine Rolle perfekt. Und am Ende des Theaterstücks gab es heftigen (7) __________.

3 **Die Kunst** Was ist Ihr Lieblingskunstwerk? Ist es ein Gemälde, ein Foto, eine Skulptur... oder vielleicht ein Gebäude? Erzählen Sie einander davon. Wie heißt der Künstler/die Künstlerin? Wie ist der Stil? Ist das Kunstwerk realistisch, satirisch, witzig (*funny*), impressionistisch, komisch? Welche Farben benutzt der Künstler/die Künstlerin?

Beispiel Mein Lieblingskunstwerk ist „Tod und Leben“, ein Ölgemälde vom Maler Gustav Klimt. Der Stil ist...

4 **Bücher** Sprechen Sie in Gruppen über das letzte Buch, das Sie gelesen haben.

1. Was ist der Titel des letzten Buches, das Sie gelesen haben?
2. Wie heißt der Schriftsteller/die Schriftstellerin?
3. Zu welchem Genre gehört es? (Novelle, Jugendroman, Kriminalroman, usw.)
4. Welche Figur in dem Buch ist Ihre Lieblingsfigur? Warum?
5. Wer ist der Erzähler in dem Buch?
6. Wo findet die Geschichte statt? Was ist in dem Buch passiert?
7. Würden Sie Ihren Freunden das Buch empfehlen (*recommend*)? Warum, warum nicht?

Practice more at **vhlcentral.com.**

KULTURANMERKUNG

Gustav Klimt (1862-1918) war österreichischer Maler, Vorantreiber des Jugendstils° und der erste Präsident der „Secession“, eines Bundes von Wiener Künstlern. Klimts Gemälde zeigen schillernde° Menschen, die aus flachen, goldverzierten Hintergründen° hervorstechen°. Schon zu Lebzeiten war Klimt beliebt, und ihm hat seine Kunst sehr viel Geld und Ruhm° eingebracht. Heute sind seine Werke Millionen wert. Das Gemälde „Adele Bloch-Bauer I“ wurde 2006 für 135 Millionen Dollar gekauft!

Jugendstils *Art Nouveau* **schillernde** *colorful* **goldverzierten Hintergründen** *gilded backgrounds* **hervorstechen** *stand out* **Ruhm** *fame*

Vorbereitung

Wortschatz des Dokumentarfilms

die Arbeitsmöglichkeit, -en *opportunity to work*
das Atelier, -s *studio*
der Filmemacher, -/die Filmemacherin, -nen *filmmaker*
der Fotograf, -en/die Fotografin, -nen *photographer*
die Galerie, -n *gallery*
das Kulturzentrum, -zentren *cultural center*
mischen *to mix*

Nützlicher Wortschatz

der (Ideen)austausch *exchange (of ideas)*
existieren *to exist*
die Inspiration, -en *inspiration*
die Institution, -en *institution*
mit j-m kommunizieren *to communicate/ to interact with someone*
das Umfeld, -er *(personal) environment*

AUSDRÜCKE

untergebracht sind dort *are accommodated*
aus übergreifenden Sparten der Kunst *from overlapping areas of art*
voneinander lernen *to learn from one another*
von Kind auf *from childhood*

1  

Vokabeln **Vervollständigen Sie die Lücken mit Wörtern oder Ausdrücken aus der Vokabelliste. Vergleichen Sie dann Ihre Antworten miteinander.**

Wenn Künstler zur Arbeit gehen, findet man sie selten in einem Büro, eher (*rather*) in einem (1) ____________. Wenn es sich um viele Ateliers in einem Haus handelt, kann das ganze ein (2) ____________ sein. In solchen (3) ____________ findet man unter anderem (4) ____________, die mit ihren Kameras arbeiten, und Bildhauer, die Stein oder Holz bearbeiten. Für Künstler ist hier der (5) ____________ besonders wichtig, denn dieser führt oft zu (6) ____________ für neue Projekte. Da heute Geld natürlich überall knapp ist, (7) ____________ leider immer weniger dieser künstlerischen Gemeinschaften.

2 

Fragen zum Text **Beantworten Sie zu zweit die folgenden Fragen zum Text in Übung 1.**

1. Was ist ein Atelier?
2. Welche Art von Arbeit findet man in einem Atelier?
3. Warum arbeiten Künstler gerne in Kunstzentren?
4. Welche Probleme gibt es heute für Kunstzentren?

3 **Du und die Kunst** Stellen Sie einander die folgenden Fragen.

1. Besuchst du gerne Kunstmuseen?
2. Welche Ausstellung hast du in letzter Zeit besucht?
3. Hast du ein Lieblingsgemälde oder -kunstwerk? Welches? Warum magst du es?
4. Hast du schon einmal Kunst (in irgendeiner Form) produziert? Was hast du gemacht?
5. Brauchst du bestimmte Räume, um kreativ zu sein? Welche? Warum?
6. Kennst du Künstler aus verschiedenen Ländern/verschiedenen Kulturen? Was kannst du über Unterschiede zwischen diesen Künstlern sagen?

4 **Berühmte Kunstwerke** Fallen Ihnen Kunstwerke ein, die mit einer bestimmten Kunstepoche oder einer Periode assoziiert werden? Füllen Sie zu zweit die Tabelle mit mindestens fünf Kunstwerken aus und geben Sie die entsprechende Kunstepoche oder Periode an.

Kunstwerk	Kunstepoche / Periode

5 **Kunstwerke** Schauen Sie sich in Gruppen die beiden Bilder aus dem Dokumentarfilm an. Beschreiben Sie jedes Kunstwerk in zwei oder drei Sätzen. Sagen Sie dann, was Sie über die beiden Kunstwerke denken.

- Aus welchen Materialien sind die Kunstwerke gemacht?
- Wie sehen die beiden Kunstwerke aus?
- Was können die beiden Kunstwerke repräsentieren?
- Wie kann man die beiden Kunstwerke interpretieren?
- Welches Kunstwerk gefällt Ihnen besser? Warum?

 Practice more at **vhlcentral.com.**

ARTGERECHT

Ein Film von Konstantin Eckert

HANDLUNG *Der Film stellt das Kulturzentrum KuBa in Saarbrücken vor. Hier arbeiten verschiedene Künstler aus Ländern wie Deutschland, Schweden, Island und Frankreich.*

MICHAELA Das „KuBa" Kulturzentrum am Eurobahnhof hat drei Etagen. Untergebracht sind dort 18 Ateliers und Arbeitsräume für Künstler und Kreativschaffende.

MICHAELA Also praktisch aus allen Sparten°, übergreifenden° Sparten der Kunst und auch aus allen Nationen.

PETRA Es gibt ganz viele verschiedene Künstler. Das ist einfach so, dass da ein unheimlicher Input eigentlich auch ist.

SIGRUN Multikultur ist immer gut. Es ist immer gut, voneinander zu lernen.

MICHAELA Von 9 bis 17 Uhr können die Besucher herkommen, können durch die Flure° schlendern, sich die Gemälde, Skulpturen, Objekte anschauen, sich in der Galerie umsehen.

SIGRUN Ich wünsche, dass es einfach weiter existiert und dass es einfach tolle Projekte... und dass es einfach eine lebendige Institution bleibt.

Sparten *areas* **übergreifenden** *cross* **Flure** *halls*

KULTURANMERKUNG

KuBa

Das Kulturzentrum am Eurobahnhof ist eine Institution für Kunst und Kultur in Saarbrücken. Es wurde am 23. September 2001 offiziell in einem alten leer stehenden° Bahnhofsgebäude eröffnet, um Künstlern aus den verschiedensten Sparten die Möglichkeit zu geben, voneinander zu lernen und miteinander zu arbeiten. Bahnhöfe, ähnlich wie Flughäfen, sind Orte, an denen sich viele und verschiedene Menschen begegnen. Das KuBa soll ein ähnlicher Ort sein, an dem unterschiedliche Künstler, andere Kulturen und interessierte Besucher sich treffen und austauschen können.

leer stehenden *unoccupied*

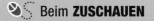

 Beim **ZUSCHAUEN**

Markieren Sie, ob die Sätze **richtig** oder **falsch** sind.

1. Das KuBa ist ein Bahnhof in Saarbrücken. ______
2. Im KuBa arbeiten Künstler aus verschiedenen Ländern. ______
3. Michaela Kilper-Beer erklärt, was das KuBa ist. ______
4. Petra Jung hat schon immer im KuBa gearbeitet. ______
5. Sigrun Olafsdottir findet multikulturelles Arbeiten wichtig. ______

Analyse

1 **Was passiert wann?** **Lesen Sie die Sätze und bringen Sie sie in die richtige Reihenfolge. Sagen Sie einander dann, was wann passiert.**

___ a. Wir sehen das KuBa bei Nacht mit schönen Lichteffekten.
___ b. Eine isländische Bildhauerin baut eine Holzskulptur zusammen.
___ c. Eine Frau steht vor dem KuBa und redet darüber.
___ d. Menschen steigen in einen Zug ein und aus.
___ e. Die Künstler wünschen dem KuBa viel Erfolg.
___ f. Eine deutsche Künstlerin arbeitet an einer schwarzen Skulptur mit weißen Federn (*feathers*).
___ g. Wir sehen ein Haus mit drei Etagen bei Tageslicht: das KuBa.
___ h. Besucher sehen sich Bilder in einem Gang an.

2 **Was ist richtig?** **Lesen Sie die Satzpaare und suchen Sie die richtigen Antworten. Besprechen Sie Ihre Antworten miteinander.**

1. a. Das KuBa ist ein Bahnhof in Saarbrücken.
   b. Das KuBa liegt in der Nähe des Eurobahnhofs Saarbrücken.
2. a. Das KuBa ist eine Institution für deutsche Kunst und Kultur.
   b. Das KuBa ist eine multikulturelle, internationale Kunst- und Kulturinstitution.
3. a. Im KuBa arbeiten alle Künstler in einem Atelier.
   b. Im KuBa haben alle Künstler ihr eigenes Atelier.
4. a. Im KuBa gibt es viele verschiedene Künstler.
   b. Nur Skulpteure und Maler arbeiten im KuBa.
5. a. Kunst profitiert von neuen Ideen aus anderen Ländern.
   b. Kunst ist ein nationales Produkt ohne multikulturelle Einflüsse.
6. a. Die Künstler hoffen, dass sie noch lange im KuBa arbeiten können.
   b. Den Künstlern ist es nicht wichtig, ob das KuBa noch Jahre existiert.

3 **Verbinden** **Entscheiden Sie zu zweit, ob die einzelnen Sätze auf Petra Jung, Sigrun Olafsdottir, beide oder keine der beiden zutreffen. Kreuzen Sie für jeden Satz das richtige Kästchen an.**

	Petra	Sigrun	Beide	Keine von beiden
1. Die Künstlerin hat früher alleine gearbeitet.	☐	☐	☐	☐
2. Sie kollaboriert gerne mit anderen Künstlern.	☐	☐	☐	☐
3. Sie lernt viel von anderen Künstlern.	☐	☐	☐	☐
4. Sie ist Nordeuropäerin.	☐	☐	☐	☐
5. Sie wollte schon immer Künstlerin werden.	☐	☐	☐	☐
6. Sie malt viele Bilder.	☐	☐	☐	☐
7. Sie will im KuBa viel Geld verdienen.	☐	☐	☐	☐
8. Das KuBa soll es noch lange geben.	☐	☐	☐	☐

4 **Hauptpersonen** Vergleichen Sie miteinander die Meinungen der Personen, die in dem Dokumentarfilm interviewt werden. Worüber sind die Personen gleicher Meinung? Was gefällt ihnen am Arbeiten in einer Künstlergemeinschaft? Welche unterschiedlichen Perspektiven haben die Künstler? Verwenden Sie Vokabeln aus der Liste.

die Arbeitsmöglichkeit	die Kollaboration	kreativ
der Input	Kontakt zur Öffentlichkeit	multikulturell
die Inspiration		die Toleranz

5 **Fragen zum Film** Beantworten Sie in Gruppen die Fragen.

- Mit welcher Perspektive der Personen, die im Film interviewt wurden, können Sie sich am meisten identifizieren?
- Haben Ihnen die Kunstwerke im Film gefallen? Warum, warum nicht?
- Welches Kunstwerk hat Ihnen am besten gefallen? Warum?
- Wie hilft das KuBa dem Kontakt zwischen Künstlern und der Öffentlichkeit?
- Wie wird kreativer Input im KuBa erzeugt (*produced*)?

6 **Diskussion** Besprechen Sie die folgenden Fragen in Gruppen und überlegen Sie sich für Ihre Antworten konkrete Beispiele.

1. Entsteht durch die Arbeit in einer Künstlergemeinschaft wie dem KuBa ein kreatives Umfeld? Warum?
2. Können in diesem Umfeld Nachteile für Künstler entstehen? Welche? Warum?
3. Können Sie sich vorstellen, in einem gemeinschaftlichen (*collective*) Umfeld wie dem KuBa zu arbeiten? Warum, warum nicht?
4. Welche Probleme kann es vielleicht für das KuBa geben?

7 **Zum Thema** Schreiben Sie über eins der folgenden Themen.

1. Sie sind Künstler(in) und möchten gerne im KuBa arbeiten. Erklären Sie dem Direktor, warum er Ihnen ein Atelier im KuBa anbieten soll.
2. Ein altes Gebäude in Ihrer Heimatstadt steht leer und soll abgerissen (*demolished*) werden. Schlagen Sie (*Suggest*) den Lokalpolitikern vor, ein Kunstzentrum in dem Gebäude einzurichten (*set up*). Präsentieren Sie die wichtigsten Gründe für diesen Vorschlag.

 Practice more at **vhlcentral.com.**

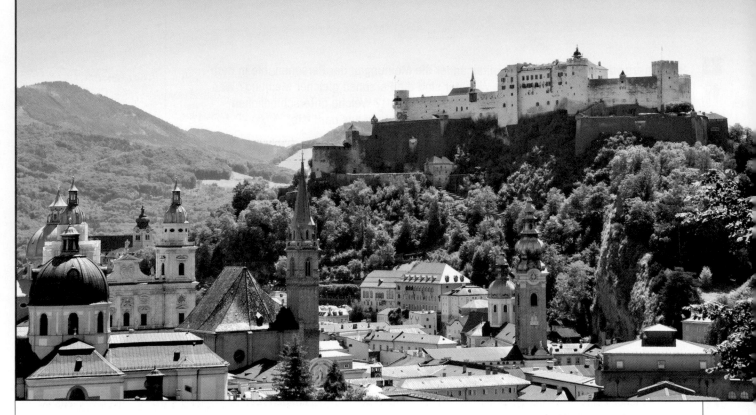

STELLEN SIE SICH VOR:
Österreich

Unterwegs im Bilderbuchland

Reading

In Österreich gibt es romantische Schlösser, schneebedeckte Berge, smaragdgrüne° Seen, einen Reichtum an Kultur und hervorragenden° Kaffee. Machen wir eine kurze Tour durch dieses zauberhafte° Land!

Wir beginnen in der Musikstadt an der Salzach°, in **Salzburg**. Zuerst spazieren wir auffi°, und zwar auf den Mönchsberg und durch die geheimnisvollen Gänge° der **Festung Hohensalzburg** (1077 gebaut). Hier kann man sich das Leben im Mittelalter wunderbar vorstellen. Sogar die Folterinstrumente° sind noch da!

Unter der Burg liegt die Altstadt, wo der Film *The Sound of Music* gedreht wurde. In der **Getreidegasse** besuchen wir das Geburtshaus des musikalischen Wunderkinds **Mozart**.

Nächste Station: **Wien**. Hier sollte man schon ein paar Tage verweilen. Wien war jahrhundertelang Residenzstadt der **Habsburger**° und Zentrum des **österreichisch-ungarischen Reiches**. Spuren kaiserlicher Vergangenheit° sind überall zu erblicken. Das gelbe **Schloss Schönbrunn** war die Sommerresidenz von Kaiserin Maria Theresia (1717-1780).

Im **Leopold Museum** sehen wir **Gustav Klimts** berühmtes Gemälde „Tod und Leben" und an der Ecke Kegelgasse/Löwengasse das kunterbunte **Hundertwasserhaus**. Auf dem Riesenrad° im Prater haben wir einen herrlichen Blick über die Stadt.

Eine Erfindung° des österreichischen Lebensstils ist das **Kaffeehaus**. In den Wiener Cafés kann man stundenlang Zeitung lesen und diskutieren. Wir bestellen eine **Melange**° im traditionsreichen Café Landtmann, wo einst **Sigmund Freud** und **Gustav Mahler** Stammgäste° waren.

Jetzt geht es Richtung Süden, nach **Graz**, Hauptstadt der waldreichen **Steiermark**. Hoffentlich sehen wir „die steirische Eiche°"! Diesen Beinamen trägt Arnold Schwarzenegger, der gelegentlich nach Graz fliegt, um sein Heimatdorf zu besuchen.

Klagenfurt, die Hauptstadt von **Kärnten**, liegt am **Wörthersee**, unweit von weltbekannten Skiorten, und ist ein Lieblingsziel der Touristen.

Noch mehr...

Sie beginnt als kleine Quelle° im Schwarzwald, wird immer breiter, fließt gemächlich durch die österreichische Hauptstadt, windet sich° an Klöstern, Städtchen und Wäldern vorbei und mündet schließlich ins° Schwarze Meer. Das ist **die Donau**, der wichtigste Fluss in Österreich und mit 2.888 Kilometern der zweitlängste Fluss in ganz Europa.

Innsbruck bietet die perfekte Kombination aus Kultur und Natur. Wir besichtigen zuerst **das Goldene Dachl**° in der Altstadt, dann wandern wir hoch in die **Tiroler Alpen** hinein, um in der Einsamkeit° auf der Birkkarspitze° zu stehen und die reine Bergluft einzuatmen.

Wir kommen im Westen zu unserer Endstation, nach **Bregenz**, Hauptstadt von **Vorarlberg**. Die Fassaden des Städtchens spiegeln sich im **Bodensee** wider°, und hinter der Stadt ragen die Berge in den Himmel. Bregenz bietet milde Temperaturen, die Bregenzer Festspiele und das Kunsthaus Bregenz.

Bevor wir dieses Bilderbuchland verlassen, müssen wir den österreichischen Dialekt kurz erwähnen°. **Österreichisch** ist etwas Besonderes. So sagt man z.B. zum Abschied „Pfüati", und ein Eichhörnchenschwanz° ist „a Oachkatzlschwoaf". Können Sie das aussprechen? Dann werden Sie sich in Österreich wohl fühlen!

smaragdgrüne *emerald green* **hervorragenden** *excellent* **zauberhafte** *magical* **Salzach** *river in Salzburg* **auffi** *up (Austrian)* **geheimnisvollen Gänge** *mysterious hallways* **Folterinstrumente** *instruments of torture* **Habsburger** *Austrian royal family* **Spuren… Vergangenheit** *Traces of the past* **Riesenrad** *ferris wheel in Vienna* **Erfindung** *invention* **Stammgäste** *regular guests* **steirische Eiche** *Styrian Oak* **Dachl** *roof (Austrian)* **Einsamkeit** *solitude* **Birkkarspitze** *peak in Tirol* **spiegeln sich... wider** *are reflected* **erwähnen** *mention* **Eichhörnchenschwanz** *squirrel tail* **Quelle** *spring* **windet sich** *snakes* **mündet... ins** *flows into*

Entdecken wir…

Alpen-Thermen A bisserl° gestresst? Die Lösung liegt in den Alpen, in dem weltbekannten Kurort **Bad Hofgastein**. Im Mittelalter wurde hier nach Gold und Silber gegraben°, aber heute erntet° man andere Schätze, Entspannung und Gesundheit. Diese Alpen-Therme ist ein ultramoderner Kurpark° mit heißen Bädern, einer Farblichtsauna, einer Dampfgrotte°, gigantischen Wasserrutschen° und vielem mehr.

Die Sachertorte Eine besonders beliebte österreichische Torte ist die **Sachertorte**, ein cremiger Schokoladenkuchen mit Marillenmarmelade°, der im Jahre 1832 in Wien auf die Welt kam. Fürst° Metternich erwartete hochrangige Gäste, der Chefkoch° war krank und dem erst 16-jährigen **Franz Sacher** fiel die Aufgabe zu°, ein besonderes Dessert herzuzaubern. Es gibt viele Rezepte, aber die echte Sachertorte (Hotel Sacher) bekommt man heute in nur drei Städten: Wien, Salzburg und Bozen (Italien).

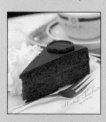

A bisserl *A little (Austrian)* **gegraben** *mined* **erntet** *harvests* **Kurpark** *health spa complex* **Dampfgrotte** *steam cave* **Wasserrutschen** *water slides* **Marillenmarmelade** *apricot jam* **Fürst** *prince* **Chefkoch** *head chef* **fiel die Aufgabe zu** *the task fell to*

Was haben Sie gelernt?

Richtig oder falsch? **Sind die Aussagen richtig oder falsch? Stellen Sie die falschen Aussagen richtig.**

1. Beethovens Geburtshaus ist in Salzburg.
2. Die Habsburger haben in Innsbruck gelebt.
3. Arnold Schwarzenegger kommt aus Graz in der Steiermark.
4. Die Donau fließt durch Salzburg.
5. Die Alpen-Therme ist ein Kurpark in Bad Hofgastein.
6. Sachertorte ist ein Schokoladenkuchen mit Marillenmarmelade.
7. Der Fürst Metternich backte die erste Sachertorte.

Fragen Beantworten Sie die Fragen.

1. Welche Sehenswürdigkeiten kann man in Salzburg besichtigen?
2. Wie heißt ein österreichischer Kaffee mit Milchschaum?
3. Warum ist Klagenfurt beliebt bei Touristen?
4. Wie heißen die Hauptstädte von den Bundesländern Vorarlberg, Steiermark und Kärnten?
5. Was sagt man in Österreich, um sich von Freunden zu verabschieden?
6. Welche Schätze findet man heute in Bad Hofgastein?
7. Wie alt war Franz Sacher, als er die erste Sachertorte machte?

Projekt

Graz

In Graz, der Europäischen Kulturhauptstadt von 2003, treiben Architekten die Baukunst mit Fantasie voran.

- Suchen Sie im Internet Fotos und Informationen zu einem modernen Gebäude in Graz.
- Schreiben Sie einen Aufsatz über das Gebäude. Geben Sie Ihre Meinung über das Konzept dieses Gebäudes.
- Sprechen Sie in Gruppen über Ihre Eindrücke.

5.1

Modals

ACHTUNG!

In a normal German sentence, where there is a conjugated verb and an infinitive phrase, **zu** is used before the infinitive.

Hast du Lust, morgen Abend mit mir ins Kino zu gehen?
Do you want to go to the movies with me tomorrow night?

When the conjugated verb is a modal, there is no **zu** before the infinitive.

Ich kann morgen Abend nicht ins Kino gehen. Ich muss leider arbeiten.
I can't go to the movies tomorrow night. Unfortunately I have to work.

- Modals express obligation (**sollen**), ability (**können**), necessity (**müssen**), permission (**dürfen**), and desire or preference (**wollen/mögen**). Modals are always conjugated and appear with another verb, the dependent infinitive. This infinitive is placed at the end of the sentence.

Modals in the *Präsens*

sollen *(should)*	können *(can)*	müssen *(must)*	dürfen *(may)*	wollen *(to want to)*	mögen *(to like to)*
ich soll	ich kann	ich muss	ich darf	ich will	ich mag
du sollst	du kannst	du musst	du darfst	du willst	du magst
er/sie/es soll	er/sie/es kann	er/sie/es muss	er/sie/es darf	er/sie/es will	er/sie/es mag
wir sollen	wir können	wir müssen	wir dürfen	wir wollen	wir mögen
ihr sollt	ihr könnt	ihr müsst	ihr dürft	ihr wollt	ihr mögt
sie/Sie sollen	sie/Sie können	sie/Sie müssen	sie/Sie dürfen	sie/Sie wollen	sie/Sie mögen

Ich **will** Schriftsteller **werden**.
*I **want to become** a writer.*

Der Künstler **kann** gut **malen**.
*The artist **can paint** well.*

- For a yes/no question, the conjugated modal verb is in first position. For questions using question words, the modal verb is in second position. In both situations, the modal verb is followed by the subject. The infinitive is placed at the end of the question.

Muss dieser Roman so tragisch **sein**?
*Does this novel **have to be** so tragic?*

Warum **kann** Karl so gut aus demTheaterstück **zitieren**?
*Why **can** Karl **quote** from the play so well?*

- To form the **Präteritum**, add appropriate endings to the stem of the infinitive. All modals that have an **Umlaut** in the present tense drop the **Umlaut** in the past tense.

Modals in the *Präteritum*

sollen *(supposed to)*	können *(were able to)*	müssen *(had to)*	dürfen *(were allowed to)*	wollen *(wanted to)*	mögen *(liked)*
ich sollte	ich konnte	ich musste	ich durfte	ich wollte	ich mochte
du solltest	du konntest	du musstest	du durftest	du wolltest	du mochtest
er/sie/es sollte	er/sie/es konnte	er/sie/es musste	er/sie/es durfte	er/sie/es wollte	er/sie/es mochte
wir sollten	wir konnten	wir mussten	wir durften	wir wollten	wir mochten
ihr solltet	ihr konntet	ihr musstet	ihr durftet	ihr wolltet	ihr mochtet
sie/Sie sollten	sie/Sie konnten	sie/Sie mussten	sie/Sie durften	sie/Sie wollten	sie/Sie mochten

Sie **wollte** als Komponistin **arbeiten**.
*She **wanted to work** as a composer.*

Wir **durften** ihn am Wochenende **besuchen**.
*We **were allowed** to visit him on the weekend.*

- When a modal is in the **Perfekt**, there are three verbs in the sentence: the conjugated auxiliary **haben**, the infinitive of the main verb, and, in final position, the infinitive of the modal. Though this is a double infinitive in German, it is rendered in English as the past tense of *have to* plus an infinitive.

  Er **hat** die letzten drei Monate immer samstags **arbeiten müssen**.
  *He **has had to work** Saturdays for the last three months.*

- In subordinate clauses where these three verbs come together (the conjugated form of the auxiliary **haben**, the infinitive of the main verb, and the infinitive of the modal), the conjugated auxiliary verb comes directly before the two infinitives.

  Das ist das dritte Mal, dass das Musical später **hat anfangen müssen**.
  *This is the third time that the musical **has had to start** later.*

- In German, modals can be used with the past participle of the main verb to express an attitude toward an event that happened in the past.

  Der Essayist **muss** diesen Artikel **geschrieben haben**!
  *The essayist **must have written** this article!*

  Die Aufführung **soll** sehr gut **gewesen sein**.
  *The performance **is supposed to have been** very good.*

- In a dependent or relative clause, the conjugated modal verb moves to the end of the clause.

  Ich weiß nicht, **ob** meine Freundinnen Kaffee trinken **wollen**.

  *I don't know **if** my girlfriends **want to** drink coffee.*

  Ein Regisseur, **der** in Wien arbeiten **will**, **sollte** die Branche gut kennen.

  *A director who **wants to** work in Vienna **should** know the industry well.*

- To form the future tense of modal verbs, conjugate **werden** and use the dependent infinitive and the modal infinitive in that order at the end of the statement.

  Die Probe **wird** später **stattfinden müssen**.
  *The rehearsal **will have to take place** later.*

  Sie **werden** die avantgardistische Gemälde **sehen wollen**.
  *They **will want to see** the avant-garde paintings.*

- The modal **wollen** can be used to express what someone wants someone else to do. In English, the action that someone else should do is expressed with an infinitive, but in German it is expressed in a dependent clause.

  Der Komponist will, dass **die Musiker** lauter **spielen**.
  ***The composer wants the musicians to play** more loudly.*

  Der Erzähler will, dass **die Hauptfigur** im Roman sich langsam **entwickelt**.
  ***The narrator wants the main character** in the novel **to develop** slowly.*

- Modals are often used in the **Konjunktiv II** to express polite wishes. They express ideas such as *I would like to, I could, I might.* In German, the modals in the **Konjunktiv II** retain any **Umlaute**.

  Ich **möchte** gern Stieg Larssons Roman lesen.
  ***I would like to** read Stieg Larsson's novel.*

QUERVERWEIS

For more on the subjunctive of modals, see **Strukturen 8.2, pp. 282-283.**

Anwendung

1 **Der Roman** **Kreisen Sie das richtige Modalverb ein, so dass die Sätze Sinn ergeben.**

1. (Kannst / Möchtest) du einen Roman lesen?
2. Ich kenne einen Roman, der sehr spannend sein (will / soll).
3. Die Hauptfigur, Detektiv Schmidt, (soll / kann) den Dieb (*thief*) nicht finden.
4. Er (muss / mag) 24 Stunden am Tag arbeiten, um den Dieb zu finden.
5. Der Dieb besucht sogar einmal den Detektiv und fragt ihn: (darf / mag) ich Ihnen helfen?
6. Der Detektiv wird zornig (*angry*) und läuft ihm sofort nach. Wird er ihn finden (müssen / können)?

KULTURANMERKUNG

Schloss Belvedere

Die Schlossanlage Belvedere besteht aus dem Unteren Belvedere, das Prinz Eugen von Savoy 1714-1716 als barockes Wohnschloss hat bauen lassen, und aus dem Oberen Belvedere, das von 1717 bis 1723 entstanden ist. Das Obere Belvedere diente schon damals als Ausstellungsplatz und ist auch jetzt ein Museum. Hier befindet sich die weltweit größte Sammlung von Gemälden des österreichischen Künstlers Gustav Klimt (1862-1918). Das berühmte Gemälde *Der Kuss* zieht jedes Jahr etliche° Touristen an.

etliche *many*

2 **Nach Wien** **Luisa schreibt ihren Großeltern über ihre geplante Reise nach Wien. Schreiben Sie die richtige Form des Modalverbs in die Lücken.**

Liebe Oma! Lieber Opa!

Mutti und ich (1) ________ (wollen) im Sommer nach Wien fahren. Meine Musikprofessorin sagte, wir (2) ________ (sollen) „Die Zauberflöte" von Mozart sehen. Wir (3) ________ (können) Karten für billige Stehplätze kaufen. Ich (4) ________ (müssen) auch unbedingt zum Schloss Belvedere gehen, weil ich dort die berühmten Gemälde von Gustav Klimt sehen (5) ________ (wollen). Ich (6) ________ (dürfen) aber nicht zu lange in diesem Museum bleiben, da es so viel in Wien zu machen gibt. Wir (7) ________ (müssen) alles in Wien gesehen haben, bevor wir nach Hause zurück fahren. Mutti (8) ________ (mögen) Theaterstücke. Ich auch. Ich (9) ________ (können) es kaum (hardly) erwarten, bis wir endlich in Wien sind. Wir (10) ________ (dürfen) nicht vergessen, euch von der Musik und vom Theater zu erzählen.

Eure
Luisa

3 **Das wissen wir nicht!** **Bilden Sie mit den Satzteilen zuerst eine Frage und dann eine Antwort auf die Frage. Achten Sie darauf, ob das Verb im Präsens, Perfekt oder Futur sein soll. Arbeiten Sie zu zweit.**

Beispiel **der Regisseur / letztes Jahr / der Film über Freud / drehen sollen**
—Hat der Regisseur letztes Jahr den Film über Freud drehen sollen?
—Ich weiß nicht, ob er den Film hat drehen sollen.

1. der Musiker / das Lied / gestern / schneller / spielen wollen
2. der Liedermacher / mit dem Chor / im Jahre 2000 / singen dürfen
3. die Malerin / das Aquarell / letzten Herbst im Freien (*outdoors*) / malen können
4. der Schauspieler / dieses Jahr / im lustigen Film / erscheinen wollen
5. der Schriftsteller / werden / nächstes Jahr / einen neuen Roman / schreiben wollen
6. der Verleger / immer / auf das Urheberrecht / achten müssen

 Practice more at **vhlcentral.com.**

Kommunikation

4 **Mein neuer Zimmerkamerad** Uwe und Stefan werden nächstes Jahr zusammen in einer Wohnung wohnen. Sehen Sie sich die Bilder an. Erzählen Sie zu zweit, was die beiden Männer machen müssen/sollen/können, damit sie gut zusammen leben können. Erzählen Sie auch, was sie nicht machen dürfen, um ein gutes Jahr zu haben.

anpassen	geduldig sein
aufräumen	realistisch sein
sauber halten	auf das Ästhetische mehr/weniger aufpassen
trainieren	das Lustige im Leben suchen

Uwe

Stefan

5 **Das Interview** Verwenden Sie die Verben aus der Liste zusammen mit Modalverben, um zu zweit Fragen und Antworten zu bilden.

Beispiel **mein Selbstporträt zeigen**

—Soll ich dir mein Selbstporträt zeigen?

—Ja, klar, du sollst mir dein Selbstporträt zeigen!

dürfen	die Eltern oft anrufen
können	einen Film drehen
müssen	ein Lied komponieren
sollen	diese Woche eine Prüfung schreiben
wollen	jetzt einen Kaffee trinken

6 **Ratgeber** Stellen Sie sich vor, Sie sind Ratgeber im Radio. Die Leute rufen Sie an, und Sie geben ihnen Rat. Übernehmen Sie die Rollen des Ratgebers und des Anrufers. Verwenden Sie die Probleme unten oder erfinden Sie Ihre eigenen Probleme.

- Sie wollen Künstler werden, aber Ihre Eltern meinen, Sie sollen sich einen anderen Beruf suchen.
- Sie wissen nicht, ob Sie sich von Ihrem Freund/Ihrer Freundin trennen sollen.
- Sie wissen nicht, was Sie im Sommer machen wollen. Sie haben ein Jobangebot in einem Büro, aber Sie möchten gern nach Österreich fahren und Verwandte besuchen.

7 **Das Drehbuch** Schreiben Sie in Gruppen eine Zusammenfassung von einem Drehbuch, das Sie verfassen (*write*) wollen. Vergessen Sie den Titel nicht und verwenden Sie viele Modalverben. Danach sollen Sie die Klasse überzeugen (*convince*), Ihr Drehbuch zu verfilmen.

5.2

Comparatives and superlatives

*Künstler finden diese Arbeitsmöglichkeiten in Ateliers hier einfach **besser**.*

- The comparative forms of adjectives and adverbs are used to indicate how similar or different two things are. Comparatives in German add **–er** to the adjective or adverb, both to one-syllable words and to words with more than one syllable. One-syllable adjectives and adverbs add an **Umlaut** to the stem vowels **a**, **o**, and **u** in the comparative forms.

alt > **älter** **lustig** > **lustiger**

- Superlatives single out one thing from all others (the best book, her oldest child, etc.). To make the superlative in German, use the word **am**, then add an **Umlaut** to the vowels **a**, **o**, and **u** for one-syllable words, and **–sten** to the adverb or predicate adjective. In the superlative, **–esten** is added after one-syllable words ending in **–t**, **–d**, **–s**, or **–z**.

Das Wetter ist **am kältesten** hier.
*The weather is the **coldest** here.*

Sein Aufsatz ist **am** objektiv**sten**.
*His essay is the **most** objective.*

Comparative/Superlative of one-syllable words		
kalt	kälter	am kältesten
groß	größer	am größten
jung	jünger	am jüngsten

- In the comparative form of words ending in **–el** and **–er**, drop the **e** in the ending and add **–er** to the end of the word (**dunkel → dunkler**, **teuer → teurer**).

- Comparatives and superlatives of attributive adjectives use the definite or indefinite article with the comparative and the definite article with the superlative ending **–(e)st–** plus the necessary adjective endings, according to the case of the noun modified.

Ich kenne einen lustigen Schauspieler, dessen Frau **eine** noch lustig**ere** Schauspielerin ist.
*I know a funny actor whose wife is **an** even **funnier** actress.*

Er liest einen tragischen Roman, aber ich lese **den** tragisch**sten** Roman.
*He's reading a tragic novel, but I am reading **the most tragic** novel.*

- The superlative form of an attributive adjective can be formed either with the definite article or with **am**. Both forms have the same English translation.

Das ist **der kreativste** Schriftsteller, den ich kenne.
*This is **the most creative** writer I know.*

Dieser Schriftsteller ist **am kreativsten**.
*This writer is **the most creative**.*

ACHTUNG!

An adjective describes or modifies a noun, and an adverb modifies a verb. In English, adverbs usually end in *–ly*. In German, there is no difference between the two.

Der Mann ist langsam.
The man is slow.

Der Mann fährt langsam.
The man drives slowly.

ACHTUNG!

Although **gesund** is more than one syllable, it too adds an **Umlaut** in the comparative and superlative.

Die Eltern sind gesünder als die Kinder.
The parents are healthier than the children.

Dieser Mann ist am gesündesten.
This man is healthiest.

QUERVERWEIS

To review adjective endings, see **Strukturen 4.2, pp. 130-131** and **4.3, pp. 134-135.**

ACHTUNG!

To express the idea of *most*, use the definite article with **meisten**.

Die meisten Gemälde waren Aquarelle.
Most of the paintings were watercolors.

Die meisten Figuren im Roman sind frei erfunden.
Most characters in the novel are fictional.

- When comparing things that are not equal, use the comparative form of the adverb or adjective with the German word **als**.

Der Sänger singt **lauter als** die Sängerin.
*The male singer sings **more loudly than** the female singer.*

Die Lokalzeitung ist **kürzer als** die Wochenzeitung.
*The local paper is **shorter than** the weekly paper.*

- To express an inequality, use the phrase **weniger... als** with the adjective or adverb.

Die Handlung in seinen Romanen ist **weniger kompliziert als** die Entwicklung der Charaktere.
*The action in his novels is **less complicated than** the development of the characters.*

In meiner Dichtkunst ist der Reim **weniger wichtig als** der Sinn der Wörter.
*In my poetry, rhyme is **less important than** the meaning of words.*

- To express the idea that two things are equal, use the phrase **so... wie** with the adjective or adverb. To emphasize that they are very much alike, use **genau so... wie**.

Sie schreibt **so schön wie** er schreibt.
*She writes **as beautifully as** he does.*

Die Skulptur ist **genau so realistisch wie** das Selbstporträt.
*The sculpture is **just as realistic as** the self-portrait.*

- The following words are irregular in the comparative and superlative forms.

Irregular comparative and superlative forms		
gern	**lieber**	**(am) liebsten**
gut	**besser**	**(am) besten**
hoch	**höher**	**(am) höchsten**
nah	**näher**	**(am) nächsten**
viel	**mehr**	**(am) meisten**

- The *absolute superlative* is used for additional emphasis. To form the absolute superlative, add **–st** to the adjective or adverb, add an **Umlaut** to any words with **a**, **o**, or **u**, and add case endings as needed. The absolute superlatives **äußerst**, **längst**, and **höchst** are most frequently used as adverbs or to modify the adjective.

Die Schauspielerin tanzt **äußerst** gut.
*The actress dances **exceptionally** well.*

Es ist **längst** vorbei.
*It is **long** gone by.*

Ihre Autobiographie war **höchst** interessant.
*Her autobiography was **extremely** interesting.*

Es ist **höchste Zeit**, neue Pinsel zu kaufen.
*It is **high time** to buy new paintbrushes.*

ACHTUNG!

Mehr and **weniger** require no adjective endings. They can also be used with nouns to express *having more* or *less of something* than someone else has.

Er hat mehr Zeit als ich.
He has more time than I.

Der Maler hat weniger Farben zur Auswahl.
The painter has fewer paints to choose from.

Anwendung

1  **Deutsche Hip-Hop-Musik** Schreiben Sie die richtige Form des Komparativs in die Lücken.

1. Ich höre gern die Gruppe *Wir sind Helden*, aber mein Zimmerkamerad hört _______ (gern) Hip-Hop.
2. Er meint, *Freundeskreis* ist _______ (erfolgreich) als meine Lieblingsband.
3. Ich glaube, meine Musik ist _______ (klassisch) als seine.
4. Wir können _______ (lang) als eine Stunde darüber diskutieren.
5. Leider spielt er seine Musik am Wochenende _______ (laut), als ich will.
6. Ich sage ihm, er muss _______ (ruhig) sein.
7. Er antwortet, ich soll _______ (wenig) schlafen.
8. Ich gehe um Mitternacht ins Bett, er um drei oder vier Uhr morgens. Er geht immer _______ (spät) als ich ins Bett.

2 **Wer macht alles besser?** Schreiben Sie den Satz im Superlativ.

Beispiel **Unser Gemälde ist realistischer als euer Gemälde.**
Unser Gemälde ist am realistischen.

1. Der Chor an unserer Universität singt schöner als der Chor an eurer Uni.
2. Die Handlung von unserem Musical ist spannender als die Handlung von eurem.
3. Unser Orchester spielt leidenschaftlicher als euer Orchester.
4. Unsere Probe am Wochenende ist länger als eure Probe.
5. Unsere Schauspieler sind begabter als eure.
6. Unser Theaterstück wird besser als euer Theaterstück.

KULTURANMERKUNG

Hans Zimmer

Kennen Sie die Musik aus den Filmen *Inception*, *Gladiator*, *Die Simpsons-Der Film*, *The Dark Knight* und *Pirates of the Caribbean-Fluch der Karibik 2* und *Am Ende der Welt*? Hans Zimmer, ein in Deutschland geborener Filmkomponist, komponierte die Musik für diese und für viele andere Filme. Sein Soundtrack für *König der Löwen* bekam den Oscar für die beste Filmmusik. Heute lebt Zimmer in Hollywood und komponiert weiterhin Filmmusik. Auch die Musik für das Videospiel *Call of Duty 2* entstand dort.

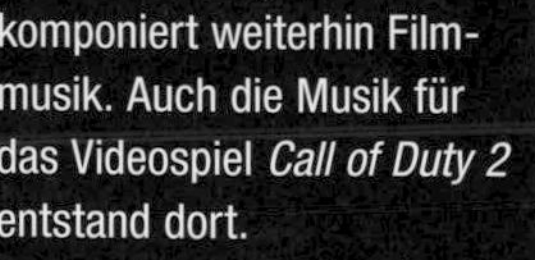

3 **Wer kann was?** Bilden Sie aus den Satzteilen Sätze im Komparativ. Achten Sie darauf, ob Sie **als (+/-)** oder **so... wie (=)** brauchen.

Beispiel **Hamid / lesen / schnell / Martin (+)**
Hamid liest schneller als Martin.

1. der Maler / zeichnen / objektiv / mein Freund (+)
2. ich / malen / viel / Aquarelle / die Malerin (-)
3. mein Freund / bildhauern / langsam / der Bildhauer (=)
4. der Liedermacher / komponieren / viel / der Filmkomponist (+)
5. die Oper / lang / die Operette (+)
6. das Meisterwerk / gut / die Skizze (+)
7. der Kriminalroman / interessant / die Poesie (=)
8. die Bühne / groß / das Zimmer (+)

 Practice more at **vhlcentral.com.**

Kommunikation

4 **Was ich am liebsten habe!** Vergleichen Sie alles auf der Liste. Verwenden Sie die Vokabeln unten. Arbeiten Sie zu zweit. Seien Sie kreativ!

Beispiel —Dein Lieblingsbuch hat 200 Seiten, meins hat 500 Seiten. Mein Lieblingsbuch ist länger als deins.
—Ja, dein Buch ist am längsten.

ästhetisch	einfallsreich	lebhaft	realistisch
attraktiv	genial	leidenschaftlich	satirisch
avantgardistisch	komisch	lustig	tragisch
begeistert	kreativ	preisgekrönt	unvergesslich

- dein(e) Lieblingsschriftsteller(in)
- dein Lieblingsfilm
- dein(e) Lieblingsschauspieler(in)
- dein Lieblingsmusical
- dein(e) Lieblingsmaler(in)
- dein(e) Lieblingskomponist(in)
- deine Lieblingsoper
- ?

5 **Die beste Show deines Lebens** Besprechen Sie zu zweit die beste Vorstellung, die Sie jemals im Leben gesehen haben. Verwenden Sie viele Superlative, um die Show zu beschreiben. Vergleichen Sie dann die zwei Vorstellungen. Verwenden Sie dafür den Komparativ.

6 **Das Meisterwerk der Kunst**

A. Sehen Sie sich die Bilder unten an. Wählen Sie das beste Kunstwerk aus. Erklären Sie zu zweit, warum Sie es für wichtig halten.

Der Wanderer über dem Nebelmeer
Caspar David Friedrich

Der Kuss
Gustav Klimt

B. Arbeiten Sie in Gruppen. Besprechen Sie beide Kunstwerke. Verwenden Sie Komparative und Superlative, um Ihre Entscheidung zu begründen. Zum Schluss entscheidet die ganze Gruppe, welches Bild das beste ist.

5.3 *Da-* and *wo-*compounds; prepositional verb phrases

*—Das einfach zu mischen und **davon** zu lernen, gibt zusätzlich eine ganz tolle Lebendigkeit.*

- In questions that begin with a question word and are answered with a prepositional phrase, German uses a **wo-**compound—the word **wo** combined with the appropriate preposition. **Wo-** and **da-**compounds are used only when the object of the preposition is a non-living thing. The English equivalent to **wovon** or **womit** is *what* with a preposition (*about what? with what?*).

Wovon redet er?
***What** is he talking **about**?*

Womit fährt er nach Hause?
***How (With what)** is he going home?*

- Questions made from prepositional verb phrases (phrases that couple a verb with a specific preposition, such as **sprechen über** or **handeln von**) also use **wo-**compounds. If the preposition starts with a vowel, the letter **r** is inserted before the preposition to make pronunciation easier.

Wovon handelt der Film?
***What** is the movie **about**?*

Worüber schreibt die Schriftstellerin?
***What** is the writer writing **about**?*

- **Da-**compounds are used to answer questions using **wo-**compounds or as a concise way to refer back to something previously mentioned. **Da-**compounds translate into English phrases such as *with it, about it, from that, by that.*

Wo- and *da-*compounds	
an → Woran? Daran.	mit → Womit? Damit.
auf → Worauf? Darauf.	nach → Wonach? Danach.
aus → Woraus? Daraus.	über → Worüber? Darüber
bei → Wobei? Dabei.	um → Worum? Darum.
durch → Wodurch? Dadurch.	unter → Worunter? Darunter.
für → Wofür? Dafür.	von → Wovon? Davon.
gegen → Wogegen? Dagegen.	vor → Wovor? Davor.
in → Worin? Darin.	zu → Wozu? Dazu.

Worüber ärgert sich der Mann? Über die Geräusche? Ja, **darüber** ärgert er sich.
***What** annoys the man? The noise?Yes, **that's what** annoys him.*

- **Da-**compounds are also used in combination with adjectives that require a specific preposition.

Der Dramatiker ist **stolz darauf**, dass sein neues Stück erfolgreich ist.
*The playwright is **proud (of the fact)** that his new play is successful.*

Die Zuschauer sind **dankbar dafür**, dass die Aufführung hervorragend war.
*The audience is **thankful** that the performance was outstanding.*

ACHTUNG!

To form a question with genitive prepositions and the prepositions **außer**, **gegenüber**, **ohne**, and **seit,** use the question word **was**. Questions with these prepositions are rare and are generally used to ask the speaker to repeat something.

Ich bin ganz ohne Geld gefahren.
I went totally without money.

Ohne was bist du gefahren?
You went without what?

ACHTUNG!

If the object of the preposition in a prepositional verb phrase is an animate object (i.e. a person, an animal), use the preposition and the question word or the preposition and the pronoun in the appropriate case.

An wen denkt sie?
About whom is she thinking?

Sie denkt an den Schauspieler.
She is thinking about the actor.

Ach so, an ihn denkt sie.
Oh, she's thinking about him.

- The prepositions below combine with certain verbs to form prepositional verb phrases. Some of them (**durch**, **für**, **gegen**, **ohne**, and **um**) will always have an object in the accusative case, while others (**aus**, **bei**, **mit**, **nach**, **seit**, **von**, and **zu**) always have a dative object. For prepositions not in these two groups, the case they require when combined with these verbs is shown in the table. **An**, for example, will always be followed by an accusative object when used with **denken.**

Some prepositional verb phrases		
an (+ Akk.)	**denken an** *to think about* **sich erinnern an** *to remember*	**sich gewöhnen an** *to get used to* **glauben an** *to believe in*
an (+ Dat.)	**arbeiten an** *to work on* **leiden an** *to suffer from* **sterben an** *to die of*	**teilnehmen an** *to participate in* **zweifeln an** *to doubt*
auf (+ Akk.)	**achten auf** *to pay attention to* **antworten auf** *to answer/to respond* **bestehen auf** *to insist on* **schwören auf** *to swear to*	**sich verlassen auf** *to depend on* **verzichten auf** *to do without* **sich vorbereiten auf** *to prepare (yourself) for* **warten auf** *to wait for*
aus (+ Dat.)	**bestehen aus** *to consist of*	**sich etwas machen aus** *to care about something*
bei (+ Dat.)	**bleiben bei** *to stay (at)*	**schwören bei** *to swear by*
für (+ Akk.)	**danken für** *to thank for* **sich entscheiden für** *to decide on* **halten für** *to consider; to take for*	**sich interessieren für** *to be interested in* **schwärmen für** *to be enthusiastic about* **sorgen für** *to take care of*
in (+ Akk.)	**sich verlieben in** *to fall in love with*	
mit (+ Dat.)	**aufhören mit** *to stop doing something* **sich begnügen mit** *to be content with*	**sich beschäftigen mit** *to be busy with* **sich verloben mit** *to become engaged to*
nach (+ Dat.)	**fragen nach** *to ask about* **riechen nach** *to smell of*	**sich sehnen nach** *to yearn for* **streben nach** *to strive for*
über (+ Akk.)	**sich beschweren über** *to complain about* **sich informieren über** *to find out about* **klagen über** *to complain about* **lachen über** *to laugh about*	**nachdenken über** *to ponder; to think about* **sprechen über** *to speak about* **streiten über** *to fight about* **sich wundern über** *to be amazed about*
um (+ Akk.)	**sich bewerben um** *to apply for* **bitten um** *to ask for* **gehen um** *to be about* **sich handeln um** *to have to do with*	**sich kümmern um** *to concern oneself with* **sich sorgen um** *to worry about* **streiten um** *to fight about*
von (+ Dat.)	**abhängen von** *to depend on* **halten von** *to think; to consider*	**handeln von** *to have to do with* **schwärmen von** *to be enthusiastic about*
vor (+ Dat.)	**sich fürchten vor** *to fear* **schützen vor** *to protect from*	**warnen vor** *to warn*

ACHTUNG!

The German preposition does not always correspond to the English word.

Ich interessiere mich für Kunst.
I am interested in art.

QUERVERWEIS

To review the dative and accusative with prepositions, see **Strukturen 2.2, pp. 56-57.**

Anwendung

1 

Das gestohlene Gemälde Ersetzen Sie die unterstrichenen Satzteile. Achten Sie darauf, ob es sich um eine Person oder ein Objekt handelt.

1. Jens arbeitet <u>an einem neuen Roman</u>. (darauf / daran)
2. Er schreibt <u>über die berühmten Künstler aus Deutschland</u>. (über sie / darüber)
3. Die Hauptfigur seines Romans muss sich <u>auf einen Vortrag (*lecture*) in einem Museum</u> vorbereiten. (davor / darauf)
4. Wenn er das Museum besucht, wird er vom Direktor des Museums <u>vor Kunstdieben</u> gewarnt. (davor / vor ihnen)
5. Bald <u>nach dem Vortrag</u> wird ein Gemälde gestohlen. (danach / dazu)
6. Der Direktor ist sehr verärgert <u>über den Diebstahl</u>. (darüber / darunter)

2 

Wir fahren nach Wien... Schreiben Sie **da-** oder **wo-**Wörter mit den richtigen Präpositionen in die Lücken.

DANIELA Morgen fahren wir nach Wien. Ich freue mich sehr auf die Reise.

JULIA Ich freue mich auch (1) ______! Wir sollten uns vorher gut über das Museum der Modernen Kunst informieren.

DANIELA Ich habe mich schon (2) ______ informiert. Meine letzte Seminararbeit handelte von der Kunstszene in Wien.

JULIA (3) ______ handelte die Arbeit? Warum hast du dich (4) ______ entschieden?

DANIELA Na ja, ich habe mich in die österreichische Kunst um 1900 verliebt. Ich musste unbedingt (5) ______ schreiben. (6) ______ hast du geschrieben?

JULIA Ich habe über die Musikszene recherchiert. Ich habe nicht lange (7) ______ nachdenken müssen. Die Wiener Staatsoper ist die schönste Oper der Welt. Deswegen habe ich mich (8) ______ beschäftigt.

DANIELA Na, also, (9) ______ können wir nicht verzichten (*cannot do without*). Wir gehen in die Oper und wir gehen in das Kunstmuseum!

3 

Was wir alles machen! Kombinieren Sie zu zweit die Satzteile aus den Listen. Bilden Sie Sätze, Fragen und Antworten. Achten Sie auf die richtigen Präpositionen und die richtigen Fälle.

Beispiel **die Schriftstellerin / sprechen / der Roman**
Die Schriftstellerin spricht über den Roman.
Sie spricht darüber. Worüber spricht sie?

der Bildhauer	danken	der Aufsatz
der Erzähler	fragen	der Beifall
der Journalist	sich fürchten	das Copyright
der Komponist	klagen	die Farben
die Malerin	sich kümmern	der Künstler
das Orchester	lachen	das Lampenfieber
das Publikum	streben	die Musiker
der Regisseur	sich verlieben	der Pinsel
der Schriftsteller	sich wundern	die Prosa

 Practice more at **vhlcentral.com.**

Kommunikation

4 **Wir warten** Im Bild sehen Sie Leute, die in einer Schlange warten müssen.

A. Stellen Sie einander Fragen zu diesen Personen: Was machen sie? Woran denken sie? Wie fühlen sie sich? Verwenden Sie die Verben aus der Liste.

achten auf	leiden an	schreiben über	sich beschäftigen mit	sorgen für
denken an	nachdenken über	schwärmen von	sich erinnern an	zweifeln an

B. Erfinden Sie jetzt zu jedem Bild eine Geschichte.

5 **Das Leben eines Studenten** Beenden Sie zu zweit jeden Satz auf interessante Weise. Achten Sie auf die richtigen Endungen und auf die Wortstellung.

Beispiel **Ich glaube daran, dass...**
Ich glaube daran, dass Studenten oft Romane lesen sollen.

1. Wenn ich im Kino bin, achte ich immer darauf, dass...
2. Wenn meine Eltern mich anrufen, fragen sie danach, ob...
3. Ich habe viele Hausaufgaben. Ich soll mich damit beschäftigen, damit...
4. Ich habe viele Freunde. Ich kann mich auf sie verlassen, weil...
5. Im Studium achten wir darauf, dass...

6 **Was meinen Sie?** Stellen Sie einander **wo**-Fragen mit den angegebenen Satzteilen und beantworten Sie sie. Eine Person in der Gruppe denkt sich selber eine Antwort aus.

Beispiel **ein Publikum / lachen über: ein satirisches Theaterstück**
Worüber lacht ein Publikum?
Es lacht über ein satirisches Theaterstück.
Ich lache über einen blöden Film.

- die Touristen / sich interessieren für: ein deutsches Meisterwerk
- der Kriminalroman / handeln von: eine leidenschaftliche Schauspielerin
- der Schriftsteller / sich sehnen nach: der Bestseller
- die Essayisten / streiten über: die avantgardistische Kunst
- das Publikum / sich freuen über: das lustige Musical
- die Kritik / abhängen von: die Zuschauer

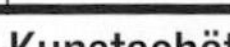

Synthese

1 **Sprechen wir** Beantworten Sie in Gruppen die Fragen.

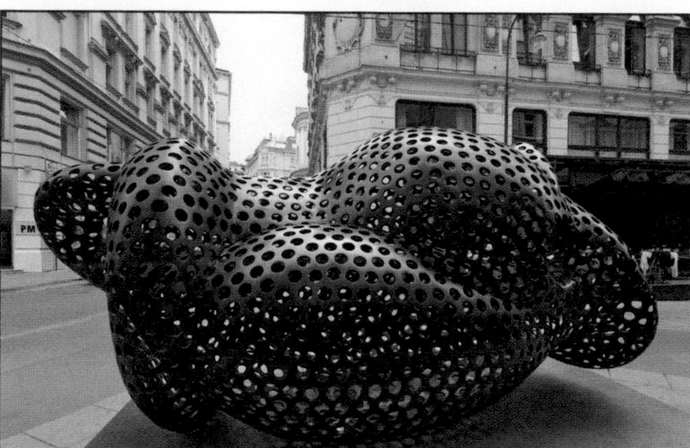

1. Woran denken Sie, wenn Sie dieses Kunstwerk sehen?
2. Was kann der Künstler damit gemeint haben?
3. Was halten Sie davon?
4. Können Sie es mit mehreren Adjektiven beschreiben?
5. Würden (*Would*) Sie es kaufen, wenn Sie könnten (*could*)? Warum, warum nicht?

Strategien für die Kommunikation

Wenn Sie Kunst beschreiben, erzählen Sie:

- was für Kunst das ist: eine Skulptur, ein Gemälde, ein Aquarell, eine Fotografie, ein Gebäude
- was der Künstler benutzt: Aquarellfarben, Ölfarben, Pinsel, Ton, Stifte
- welche Art von Kunst es ist: klassisch, modern, zeitgenössisch, surrealistisch, avantgardistisch

2 **Schreiben wir** **Wählen Sie ein Thema aus und schreiben Sie einen Aufsatz von einer Seite darüber. Verwenden Sie Modalverben, Komparativ- und Superlativformen, da- und wo-Konstruktionen und Verben mit Präpositionen.**

- Vor der Wiener Staatsoper soll eine moderne Skulptur aufgestellt werden (*be erected*). Sie sind total dagegen. Schreiben Sie einen Brief an die Verwaltung (*administration*), worin Sie Ihre Einstellung (*view*) dagegen erklären.
- Suchen Sie ein Gemälde von einem der folgenden Künstler aus: Gustav Klimt, Ferdinand Georg Waldmüller, Egon Schiele, Olga Wisinger-Florian, Hans Makart, Friedensreich Hundertwasser. Schreiben Sie einen Brief, worin Sie Ihre Universität davon überzeugen (*convince*), dieses berühmte Bild zu kaufen.
- Schreiben Sie eine Reaktion auf diese Aussage: Kunst in dieser Zeit zu fördern (*promote*), wo wir noch Armut (*poverty*) und Arbeitslosigkeit haben, ist unrealistisch.

Vorbereitung

Wortschatz der Lektüre

die Auferstehung, -en *resurrection*
der Kapellmeister, - *director of music*
kreieren *to create*
der Schlager, - *hit (mus.)*
unterlegen *to set words to a tune*
die Verknüpfung, -en *combination*
vermitteln *to convey*
der Vertreter, - *representative*

Nützlicher Wortschatz

anregen *to prompt; to stimulate*
die Beherrschung *mastery*
entwerfen *to design*
die Kammermusik *chamber music*
ungewöhnlich *unusual*

1 **Wiener Künstler** Schreiben Sie die richtigen Wörter in die Lücken.

Österreich ist sehr bekannt für seine Kunst. Man kann auf den Straßen Wiens die immer noch populären (1) ________ von Robert Stolz hören oder in Konzerte gehen, um (2) ________ oder Sinfonien zu genießen. Aber es gibt auch viele (3) ________ der bildenden Künste dort. Einer von ihnen hieß Hundertwasser. Er hat ein (4) ________ und fantastisches Haus (5) ________, das in Wien steht. Man erkennt es an der (6) ________ von Wohnräumen mit Natur. Das Bauwerk von Hundertwasser (7) ________ zum Nachdenken an, genauso wie die Filme, die Michael Haneke (8) ________ hat. Haneke ist nicht nur Regisseur, sondern arbeitet auch als Professor an der Wiener Filmakademie, wo er sein filmisches Können und Wissen an Studenten (9) ________.

2 **Musik in Ihrem Leben** Stellen Sie einander die folgenden Fragen.

1. Was für Musik hörst du gern und warum?
2. Was für Musik hören deine Eltern, deine Freunde?
3. Wer hat deinen Musikgeschmack beeinflusst?
4. Glaubst du, dass man etwas über das Leben eines Sängers/einer Sängerin wissen muss, um seine/ihre Musik verstehen zu können? Warum, warum nicht?
5. Warst du schon in klassischen oder anderen Konzerten? Wie war das? Was hat dir besonders gefallen? Was nicht so sehr?

3 **Ein klassisches Konzert** Beantworten Sie in Gruppen die Fragen zu dem Bild.

1. Was für ein Konzert wird hier wohl gespielt?
2. Beschreiben Sie die Musiker. Was tragen sie?
3. Was für Instrumente spielen sie? Ist es ein volles Orchester?
4. Wie sind die Zuhörer gekleidet?
5. Haben Sie Lust, in solch (*such*) ein Konzert zu gehen? Warum, warum nicht?

KULTURANMERKUNG

Das **Hundertwasserhaus**, entworfen von **Friedensreich Hundertwasser** (1928-2000), war schon 20 Jahre nach seiner Erbauung 1985 die viertgrößte Attraktion Wiens. Das Haus ist bunt, ungewöhnlich, uneben und üppig° bewachsen: 250 Bäume und Sträucher (*shrubberies*) bilden einen echten Park auf den Dächern des Hauses. Wenn Hundertwasser Österreich durch seine Kunstwerke berühmt gemacht hat, so vertritt **Michael Haneke** (geb. 1948) sein Land als preisgekrönter Regisseur. Er will mit seinen Filmen (z.B. *Das weiße Band* 2009) die Zuschauer irritieren° und zum Nachdenken anregen. Seit 2002 gibt er als Professor für Regie an der Wiener Filmakademie sein Wissen und seine Philosophie auch an Student(inn)en weiter.

üppig *lush* **irritieren** *confuse*

Musik Musik

Musik

Man kann eine andere Art von Reise durch Österreich machen – eine Reise mit den Ohren, durch die schallenden° Musikwelten des Landes. Auf dem Weg trifft man auf brillante Komponisten und epochale Werke. In die klassische Periode fallen Namen wie Joseph Haydn und Wolfgang Amadeus Mozart. Haydn hat von 1732 bis 1809 gelebt und die meiste Zeit seines Lebens als Kapellmeister auf dem Landsitz° der reichen Familie Esterházy verbracht°. Mozart (1756-1791) lebte hauptsächlich in Wien und gilt° als musikalisches Wunderkind. Beide Komponisten sind führende° Vertreter der Wiener Klassik, einem Musikstil, der in der zweiten Hälfte des 18. Jahrhunderts hauptsächlich in Wien aufgekommen ist. Bezeichnend° daran war die Vielfalt sowohl der Kompositionsarten als auch der Verarbeitung° von musikalischen Motiven und Themen. Haydn komponierte 1797 für Kaiser Franz II. die Kaiserhymne. Diese Melodie hat August Heinrich Hoffmann von Fallersleben 1841 mit einem neuen Text unterlegt, woraus dann das Deutschlandlied wurde, dessen dritte Strophe noch heute die deutsche Nationalhymne ist.

Von der Klassik kommen wir mit Franz Schubert (1797-1828) in die Zeit der Romantik. Diese musikalische Epoche zeichnet sich vor allem durch ihre Verarbeitung von literarischen Themen aus. So entstandenen durch die Vertonung° von romantischer Dichtung neue Bühnenwerke wie Sinfonien, Operetten oder das Ballett. Diese Art der Verknüpfung von Kunstformen wird in Schuberts musikalischer Interpretation des Goethe-Gedichtes „Erlkönig“ sehr deutlich. Schubert passt die Musik dem Text an°, und der Zuhörer kann sich durch die Klaviermusik das Galoppieren des Pferdes bildlich vorstellen. Der sehr produktive Komponist hat auch in Wien gewohnt und in seinem kurzen Leben 998 Werke geschaffen: 7 Messen, 9 Sinfonien und 606 Lieder.

Gustav Mahler (1860-1911) hat seine Sinfonien im romantischen Stil komponiert und in den 5 *Kindertotenliedern* (1901-1904), basierend auf Gedichten von Rückert, eine einzigartige° Verbindung von Text und Ton geschaffen, in dem die spätromantischen Lieder eine Mischung° der Gefühle von Angst, fantasievoller Auferstehung der Kinder und Resignation spiegeln, um dann im letzten Lied eine Stimmung von Transzendenz zu vermitteln.

Ganz andere Musik hat Johann Strauß (Sohn) (1825-1899) kreiert. Strauß' Vater, der auch Komponist war, wollte, dass der Sohn Bankier wird, nicht Musiker. Der junge Johann musste insgeheim Geige üben° und wurde bestraft°, als der Vater ihn dabei ertappte°. Er ließ sich aber nicht vom Musizieren abhalten° und ist später in die Musikgeschichte als der Walzerkönig eingegangen.

Der Komponist, Maler und Dichter Arnold Schönberg wurde 1874 in Wien geboren und starb 1951 in Los Angeles. Er entwickelte 1921 seine „Methode des Komponierens mit zwölf nur aufeinander bezogenen° Tönen“, die als „Zwölftonmusik“ bekannt geworden ist°.

Auf der leichteren Seite befindet sich Robert Stolz (1880-1975), der über 60 Operetten, zahlreiche Filmmusiken, Schlager, eine einaktige° Oper und einen Liederzyklus° in E-Musik geschrieben und komponiert hat. Seine Musik ist noch heute bekannt und beliebt.

Jetzt bleibt uns bei unserer Ohrenreise nur noch eine Aufgabe: Zuhören. ■

echoing · *country estate* · *spent* · *is considered* · *leading* · *Significantly* · *processing* · *setting* · *adapts the music to the text* · *unique* · *combination* · *secretly practice violin/punished* · *caught* · *hinder* · *related to* · *became known* · *one-act* · *cycle of songs*

Der Musikverein...

in Wien ist einmalig° und für Musikfreunde auf der ganzen Welt gleichbedeutend° mit erstklassigen Konzerten. Der klangvolle° Name bezeichnet sowohl das Gebäude am Karlsplatz in Wien als auch die Gesellschaft der Musikfreunde, der dieses Haus gehört. Und ganz besonders bekannt ist er für seine Neujahrskonzerte, die in die ganze Welt ausgestrahlt werden.

einmalig *unique* **gleichbedeutend** *synonymous* **klangvolle** *sounding*

Analyse

1 **Stimmt das?** Entscheiden Sie zu zweit, ob die folgenden Aussagen **richtig** oder **falsch** sind. Korrigieren Sie dann die falschen.

Richtig	Falsch	
☐	☐	1. Mozart und Haydn lebten im 20. Jahrhundert.
☐	☐	2. Haydn komponierte die Kaiserhymne für Kaiser Franz II.
☐	☐	3. In der Romantik findet man eine Verbindung von Musik und literarischen Motiven.
☐	☐	4. Schubert hat nicht viele Werke komponiert.
☐	☐	5. Johann Strauß (Sohn) entwickelte die Zwölftonmusik.
☐	☐	6. Robert Stolz schrieb Operetten, Filmmusik und Schlager.

KULTURANMERKUNG

Falco (1957-1998) hieß mit bürgerlichem Namen Johann Hölzel und war einer der erfolgreichsten österreichischer Musiker. Seine Single „*Rock me Amadeus*" schaffte es sogar auf Platz 1 in den US-amerikanischen Charts. Insgesamt° verkaufte er mehr als 60 Millionen Platten. Auch nach seinem Tod bleibt er für seine Fans in Österreich und der ganzen Welt als musikalische Legende unvergessen.

Insgesamt *Overall*

2 **Zitate** Besprechen Sie in Gruppen, was die Künstler mit den folgenden Aussprüchen (*sayings*) wohl gemeint haben.

Musik darf das Ohr nie beleidigen, sondern muss es vergnügen. (Wolfgang Amadeus Mozart)

Man muss die Menschen nehmen, wie sie sind, nicht wie sie sein sollten. (Franz Schubert)

Glücklich ist, wer vergisst, was nicht mehr zu ändern ist. (Johann Strauß (Sohn))

In Österreich wird jeder das, was er nicht ist. (Gustav Mahler)

Es bleibt einem im Leben nur das, was man verschenkt hat. (Robert Stolz)

Schau, ich habe das Wort Dekadenz recherchiert, und habe also ungefähr 200 Freunde befragt, was ihnen dazu einfällt... und keiner von den 200 hat dasselbe gesagt. Aber immer hat es irgendwie a bissel was mit mir zu tun gehabt. (Falco)

3 **Eine Reise in die Vergangenheit** Stellen Sie sich vor, Sie interviewen einen Künstler, Autor, Musiker oder Komponisten aus der Vergangenheit. Entscheiden Sie zu zweit, wen Sie interviewen wollen und stellen Sie einen Fragenkatalog zusammen. Spielen Sie dann das Interview in verteilten Rollen der Klasse vor.

4  **Was gefällt dir, was nicht?** Jede(r) wählt ein Kunstwerk, eine Komposition oder ein literarisches Werk, das er/sie entweder sehr oder überhaupt nicht mag, beschreibt es der Gruppe und begründet sein/ihr Urteil.

- der Stil
- die Epoche
- das Kunstwerk, die Komposition, das literarische Werk
- die Themen

 Practice more at **vhlcentral.com.**

Vorbereitung

Über den Schriftsteller

Rainer Maria Rilke (1875–1926) ist einer der bekanntesten und bedeutendsten Lyriker der deutschen Sprache. Neben Gedichten schrieb er Erzählungen, einen Roman und Aufsätze über Kunst und Kultur und übersetzte literarische Werke, vor allem aus dem Französischen. Außerdem stand er in einem regen (*active*) Briefwechsel mit seinen Zeitgenossen, der als Bestandteil (*part*) seines Werkes überliefert (transmitted) ist. Zu seinen Freunden zählten viele Künstler(innen) der Jahrhundertwende (*turn of the century*).

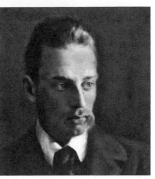

Wortschatz dem Brief

ablehnen *to reject*
die Absicht, -en *intention*
der Drang *urge*
fassbar *comprehensible*
die Last, -en *burden*
liebenswürdig *kind*
das Los *(here) fate*
die Notwendigkeit *necessity*
schildern *to describe*
zu etwas berufen sein *to have a vocation/ calling for something*

Nützlicher Wortschatz

basteln *to do handicrafts*
loben *to praise*
die Verehrung, -en *admiration; respect*
vergehen *to pass away*

1 **Definitionen** Ordnen Sie die Wörter der linken Spalte denen in der rechten Spalte zu.

_____ 1. wenn man etwas machen will
_____ 2. wenn man jemanden sehr bewundert und respektiert
_____ 3. etwas, was man machen oder haben muss
_____ 4. was man verstehen kann, ist
_____ 5. Pastoren und Priester fühlen so etwas

a. die Verehrung
b. fassbar
c. die Absicht
d. zu etwas berufen sein
e. die Notwendigkeit

2 **Vorbereitung** Schreiben Sie die richtigen Wörter in die Lücken.

Hattest du jemals den (1) ________, etwas ganz Besonderes zu tun? Ich wollte mal Schriftsteller werden. Meine Lehrerin im Gymnasium (2) ________ immer meine Aufsätze. Meine (3) ________ für sie war deshalb sehr groß. Sie war sehr (4) ________, und ich dachte, dass ich das ganz große (5) ________ gezogen hatte, als sie einen meiner Aufsätze an eine Zeitung schickte. Aber leider fiel mir nichts Originelles mehr ein und meine Lust am Schreiben (6) ________ so schnell, wie sie begonnen hatte.

3 **Gespräch** Besprechen Sie in Gruppen die folgenden Fragen.

1. Wie und wo kann man seine kreativen Werke veröffentlichen?
2. Ein Freund/Eine Freundin zeigt Ihnen ein Projekt (ein Gedicht, einen Kurzfilm, einen Liedertext, usw.) und bittet sich um Ihre Meinung. Ihnen gefällt das Projekt überhaupt nicht. Wie reagieren Sie?
3. Wie reagieren Sie auf scharfe Kritik?

Practice more at **vhlcentral.com.**

KULTURANMERKUNG

Der Kritiker Rilke

Rilke hat öfters über andere Künstler geschrieben und sich dabei an die Worte des Dichters Jens Peter Jacobsen gehalten: „Du sollst nicht gerecht sein gegen ihn; denn wohin kämen° die Besten von uns mit der Gerechtigkeit; nein; aber denke an ihn, wie er die Stunde war, da du ihn am tiefsten liebtest…" Früh erkannte er in Thomas Manns Erstlingswerk *Buddenbrooks* den großen Schriftsteller und schrieb: „Man wird sich diesen Namen unbedingt notieren müssen."

kämen *would come*

an einen jungen Dichter

AN FRANZ XAVER KAPPUS

Rainer Maria Rilke

Paris, am 17. Februar 1903

Sehr geehrter Herr,

Ihr Brief hat mich erst vor einigen Tagen erreicht. Ich will Ihnen danken für sein großes und liebes Vertrauen. Ich kann kaum mehr. Ich kann nicht auf die Art° Ihrer Verse eingehen°; denn mir liegt jede kritische Absicht zu fern. Mit nichts kann man ein Kunst-Werk so wenig berühren als mit kritischen Worten: es kommt dabei immer auf mehr oder minder glückliche Mißverständnisse heraus. Die Dinge sind alle nicht so faßbar und sagbar, als man uns meistens glauben machen möchte; die meisten Ereignisse sind unsagbar, vollziehen sich° in einem Raume, den nie ein Wort betreten° hat, und unsagbarer als alle sind die Kunst-Werke, geheimnisvolle Existenzen, deren Leben neben dem unseren, das vergeht, dauert.

nature/comment

take place

set foot

Wenn ich diese Notiz vorausschicke, darf ich Ihnen nur noch sagen, daß Ihre Verse keine eigene Art° haben, wohl aber stille und verdeckte Ansätze zu Persönlichem. Am deutlichsten fühle ich das in dem letzten Gedicht „Meine Seele". Da will etwas Eigenes zu Wort und Weise kommen. Und in dem schönen Gedicht „An Leopardi" wächst vielleicht eine Art Verwandtschaft mit diesem Großen, Einsamen auf. Trotzdem sind die Gedichte noch nichts für sich, nichts Selbständiges, auch das letzte und das an Leopardi nicht. Ihr gütiger Brief, der sie begleitet° hat, verfehlt° nicht, mir manchen Mangel° zu erklären, den ich im Lesen Ihrer Verse fühlte, ohne ihn indessen° namentlich nennen zu können.

(here) character

accompanied

misses/lack

however

Sie fragen, ob Ihre Verse gut sind. Sie fragen mich. Sie haben vorher andere gefragt. Sie senden sie an Zeitschriften. Sie vergleichen sie mit anderen Gedichten, und Sie beunruhigen sich, wenn gewisse Redaktionen Ihre Versuche ablehnen. Nun (da Sie mir gestattet haben, Ihnen zu raten) bitte ich Sie, das alles aufzugeben. Sie sehen nach außen, und das vor allem dürften Sie jetzt nicht tun. Niemand kann Ihnen raten und helfen, niemand. Es gibt nur ein einziges Mittel. Gehen Sie in sich. Erforschen Sie den Grund, der Sie schreiben heißt; prüfen Sie, ob er in der tiefsten Stelle Ihres Herzens seine Wurzeln ausstreckt, gestehen Sie sich ein, ob Sie sterben müßten, wenn es Ihnen versagt° würde zu schreiben. Dieses vor allem: fragen Sie sich in der stillsten Stunde Ihrer Nacht: muß ich schreiben? Graben Sie in sich nach einer tiefen Antwort. Und wenn diese zustimmend lauten sollte, wenn Sie mit einem starken und einfachen - Ich muß' dieser ernsten Frage begegnen dürfen, dann bauen Sie Ihr Leben nach dieser Notwendigkeit; Ihr Leben bis hinein

be denied

in seine gleichgültigste und geringste Stunde muß ein Zeichen und Zeugnis werden diesem Drange. Dann nähern Sie sich der Natur. Dann versuchen Sie, wie ein erster Mensch, zu sagen, was Sie sehen und erleben und lieben und verlieren. Schreiben Sie nicht Liebesgedichte; weichen° Sie zuerst denjenigen Formen aus, die zu geläufig° und gewöhnlich sind: sie sind die schwersten, denn es gehört eine große, ausgereifte° Kraft dazu, Eigenes zu geben, wo sich gute und zum Teil glänzende Überlieferungen in Menge einstellen. Darum retten Sie sich vor den allgemeinen Motiven zu denen, die Ihnen Ihr eigener Alltag bietet; schildern Sie Ihre Traurigkeiten und Wünsche, die vorübergehenden Gedanken und den Glauben an irgendeine Schönheit – schildern Sie das alles mit inniger, stiller, demütiger Aufrichtigkeit und gebrauchen Sie, um sich auszudrücken, die Dinge Ihrer Umgebung, die Bilder Ihrer Träume und die Gegenstände Ihrer Erinnerung. Wenn Ihr Alltag Ihnen arm scheint, klagen Sie ihn nicht an; klagen Sie sich an, sagen Sie sich, daß Sie nicht Dichter genug sind, seine Reichtümer zu rufen; denn für den Schaffenden gibt es keine Armut und keinen armen, gleichgültigen Ort. Und wenn Sie selbst in einem Gefängnis° wären, dessen Wände keines von den Geräuschen° der Welt zu Ihren Sinnen kommen ließen – hätten Sie dann nicht immer noch Ihre Kindheit, diesen köstlichen, königlichen Reichtum, dieses Schatzhaus der Erinnerungen? Wenden Sie dorthin Ihre Aufmerksamkeit. Versuchen Sie die versunkenen Sensationen dieser weiten Vergangenheit zu heben; Ihre Persönlichkeit wird sich festigen, Ihre Einsamkeit wird sich erweitern und wird eine dämmernde Wohnung werden, daran der Lärm der anderen fern vorüber geht. – Und wenn aus dieser Wendung nach innen, aus dieser Versenkung° in die eigene Welt Verse kommen, dann werden Sie nicht daran denken, jemanden zu fragen, ob es gute Verse sind. Sie werden auch nicht den Versuch machen, Zeitschriften für diese Arbeiten zu interessieren: denn Sie werden in ihnen Ihren lieben natürlichen Besitz, ein Stück und eine Stimme Ihres Lebens sehen. Ein Kunstwerk ist gut, wenn es aus Notwendigkeit entstand. In dieser Art seines Ursprungs liegt sein Urteil: es gibt kein anderes. Darum, sehr geehrter Herr, wußte ich Ihnen keinen Rat als diesen: in sich zu gehen

Darum, sehr geehrter Herr, wußte ich Ihnen keinen Rat als diesen: in sich zu gehen und die Tiefen zu prüfen, in denen Ihr Leben entspringt…

avoid
common
(here) mature
prison/noise
immersion

und die Tiefen zu prüfen, in denen Ihr Leben entspringt; an seiner Quelle werden Sie die Antwort auf die Frage finden, ob Sie schaffen müssen. Nehmen Sie sie, wie sie klingt, an, ohne daran zu deuten. Vielleicht erweist es sich°, daß Sie berufen sind, Künstler zu sein. Dann nehmen Sie das Los auf sich, und tragen Sie es, seine Last und seine Größe, ohne je nach dem Lohne zu fragen, der von außen kommen könnte. Denn der Schaffende muß eine Welt für sich sein und alles in sich finden und in der Natur, an die er sich angeschlossen hat.

Vielleicht aber müssen Sie auch nach diesem Abstieg° in sich und in Ihr Einsames darauf verzichten°, ein Dichter zu werden (es genügt, wie gesagt, zu fühlen, daß man, ohne zu schreiben, leben könnte, um es überhaupt nicht zu dürfen). Aber auch dann ist diese Einkehr°, um die ich Sie bitte, nicht vergebens gewesen. Ihr Leben wird auf jeden Fall von da ab eigene Wege finden, und daß es gute, reiche und weite sein mögen, das wünsche ich Ihnen mehr, als ich sagen kann.

...es genügt, wie gesagt, zu fühlen, daß man, ohne zu schreiben, leben könnte, um es überhaupt nicht zu dürfen...

Was soll ich Ihnen noch sagen? Mir scheint alles betont° nach seinem Recht; und schließlich wollte ich Ihnen ja auch nur raten, still und ernst durch Ihre Entwicklung durchzuwachsen; Sie können sie gar nicht heftiger stören, als wenn Sie nach außen sehen und von außen Antwort erwarten auf Fragen, die nur Ihr innerstes Gefühl in Ihrer leisesten Stunde vielleicht beantworten kann.

Es war mir eine Freude, in Ihrem Schreiben den Namen des Herrn Professor Horacek zu finden; ich bewahre diesem liebenswürdigen Gelehrten eine große Verehrung und eine durch die Jahre dauernde Dankbarkeit. Wollen Sie ihm, bitte, von dieser meiner Empfindung° sagen; es ist sehr gütig, daß er meiner noch gedenkt, und ich weiß es zu schätzen.

Die Verse, welche Sie mir freundlich vertrauen kamen, gebe ich Ihnen gleichzeitig wieder zurück. Und ich danke Ihnen nochmals für die Größe und Herzlichkeit Ihres Vertrauens, dessen ich mich durch diese aufrichtige, nach bestem Wissen gegebene Antwort ein wenig würdiger zu machen suchte, als ich es, als ein Fremder, wirklich bin.

Mit aller Ergebenheit und Teilnahme:

Rainer Maria Rilke... ■

- *it proves itself*
- *descent*
- *do without*
- *going into oneself*
- *points*
- *impression*

Analyse

1 **Richtig oder falsch?** Bestimmen sie, ob die folgenden Aussagen **richtig** oder **falsch** sind.

Richtig	Falsch	
☐	☐	1. In diesem Brief bespricht Rilke Gedichte von einem Autor.
☐	☐	2. Diese Gedichte gefallen Rilke sehr.
☐	☐	3. Der Autor soll noch mehr Liebesgedichte schreiben.
☐	☐	4. Rilke hält die Kindheit für ein Schatzhaus köstlicher Erinnerungen.
☐	☐	5. Nur Kritiker können erkennen, ob man gute Gedichte geschrieben hat.
☐	☐	6. Sein innerstes Gefühl wird Franz Xaver Kappus sagen, ob seine Gedichte gut sind.

2 **Synthese** Bestimmen Sie, welcher Absatz die Meinung des Autors am besten beschreibt.

1. Rilke ist total begeistert von Franz Xaver Kappus' Gedichten. Er kann Kappus gar nicht genug loben und rät ihm, weiterhin vor allem Liebesgedichte zu schreiben, weil er dadurch so berühmt werden könne wie die großen deutschen Meister.
2. Rilke gibt Franz Xaver Kappus den Rat, auf die Meinung der Kritiker zu hören, denn sie sind gute Beurteiler (*judges*) von literarischen Produkten. Ein Dichter muss immer seine Leser zufrieden stellen, um Erfolg zu haben.
3. Rilke ist vorsichtig mit seiner Kritik an Franz Xaver Kappus' Gedichten. Er rät ihm, festzustellen, ob er ohne Schreiben überhaupt leben kann, denn nur wenn das der Fall ist, soll er Dichter werden. Rilke meint, die Quelle seiner Kunst liegt im Autor selbst und nicht in seiner Umgebung.

3 **Interpretation** Verbinden Sie die richtigen Satzteile zu vollständigen Sätzen.

1. Rilke kann nicht auf die Art der Verse eingehen, weil…
   a. er sie nicht versteht. b. er sie nicht kritisieren mag. c. sie so gut sind.
2. Die Gedichte von Kappus…
   a. zeigen nur stille und verdeckte Ansätze zu Persönlichem.
   b. sind alle Liebesgedichte.
   c. sind hervorragend und ohne Mängel.
3. Kappus soll aufhören, nach außen zu sehen, weil…
   a. die Kritiker ihn immer nur loben.
   b. er nur in sich selbst die Wahrheit finden kann.
   c. nur Rilkes Meinung wichtig ist.
4. Schreiben wie ein großer begnadeter (*gifted*) Dichter…
   a. kann eigentlich jeder.
   b. kann nur jemand, der immer etwas Neues erlebt.
   c. kann nur jemand, für den Schreiben Lebensinhalt ist.
5. Rilke sagt am Ende seines Briefes, dass…
   a. er Professor Horacek nie verehrt hat.
   b. er Kappus' Vertrauen nicht würdig ist.
   c. er Kappus alle Ratschläge gegeben hat, die er ihm geben kann.

4 **Die Figuren** **Entscheiden Sie, auf wen die folgenden Aussagen verweisen (*point to*). Besprechen Sie dann Ihre Antworten miteinander.**

	Franz Xaver Kappus	Rainer Maria Rilke
1. Er dankt dem anderen für sein Vertrauen.	☐	☐
2. Er hat dem anderen Gedichte geschickt.	☐	☐
3. Er hat Gedichte an Zeitschriften geschickt.	☐	☐
4. Er hat Liebesgedichte geschrieben.	☐	☐
5. Er hat sich selber gefragt: Muss ich schreiben?	☐	☐
6. Er meint, Künstler zu sein kann eine große Last sein.	☐	☐
7. Nach außen zu sehen wird seine Entwicklung stören.	☐	☐
8. Er freut sich, dass Professor Horacek noch an ihn denkt.	☐	☐

5 **Ihrer Meinung nach** **Besprechen Sie zu zweit die folgenden Fragen.**

1. Warum, glauben Sie, schickt Franz Xaver Kappus seine Gedichte an Rilke?
2. Glauben Sie, dass Kappus ein guter, erfolgreicher Dichter werden wird?
3. Warum, meinen Sie, denkt Rilke, dass die Meinung der Kritiker nicht wichtig ist? Kritiker entscheiden doch, ob ein Werk veröffentlicht wird oder nicht?
4. Was meint Rilke, wenn er sagt, „für den Schaffenden gibt es keine Armut und keinen armen, gleichgültigen Ort"?
5. Welchen von Rilkes Ratschlägen finden Sie am besten? Warum?

6 **Ein literarisches Werk** **Wählen Sie in Gruppen ein literarisches Werk aus. Besprechen Sie dieses Werk dann unter Berücksichtigung (*consideration*) der folgenden Fragen.**

- Was für ein literarisches Werk ist das?
- Woher hat der Autor/die Autorin wohl die Inspiration, solch ein Stück zu schreiben?
- Wo und wann spielt dieses Stück? Sind der Ort und die Zeit wichtig für das Geschehen oder kann es auch woanders (*elsewhere*) spielen?
- Wovon handelt dieses Stück? Was passiert darin?
- Welche Figuren gibt es darin? Wie können Sie sie charakterisieren?
- Warum haben Sie dieses Stück ausgewählt? Welche Bedeutung hat es für Sie?

7 **Zum Thema** **Schreiben Sie einen Aufsatz von ungefähr 100 Wörtern über eins der folgenden Themen.**

- Erklären Sie, was der Autor mit diesem Satz wohl gemeint hat: „Ein Kunstwerk ist gut, wenn es aus Notwendigkeit entstand."
- Beschreiben Sie ein Projekt, an dem Sie arbeiten oder gearbeitet haben und das Sie gern veröffentlichen oder in einem Wettbewerb (*contest*) einreichen (*submit*) möchten bzw. veröffentlicht oder eingereicht haben.

Practice more at **vhlcentral.com.**

Anwendung

Vorbereitung: Arten von Essays und ihre Struktur

In den vorhergehenden Lektionen haben wir den argumentativen Essay, der eine These verteidigt, untersucht. Es gibt auch noch diese anderen Arten von Essays:

- **Der informative Essay:** Er erklärt ein Thema. Er muss objektiv sein, darf keine persönlichen Meinungen enthalten, gibt aber Informationen und den nötigen Zusammenhang, damit der Leser/die Leserin ihn verstehen kann.
- **Der überzeugende Essay:** Sein Ziel ist es, den Leser/die Leserin von der Meinung des Autors/der Autorin über ein Thema zu überzeugen. Er muss Argumente für und gegen seine/ihre Einstellung bringen und zeigen, dass die Meinung des Autors/der Autorin die richtige ist.
- **Der erzählende Essay:** Er erzählt eine Geschichte, die logisch vom Anfang bis zum Ende dargestellt werden muss.

Die Art des Essays und seine Länge hängen von der Intention des Autors/der Autorin und seinem/ihrem Lesepublikum ab. Hier ist ein Modell für einen typischen Essay:

- **Erster Absatz:** enthält die Einleitung oder These. Diese Einleitung kann die Kernaussage (*key message*) eines langes Essays andeuten bzw. vorwegnehmen;
- **Zweiter/Dritter/Vierter Absatz:** enthält den ersten/zweiten/dritten Hauptgedanken und die Argumente;
- **Fünfter Absatz:** enthält die Zusammenfassung und die Schlussfolgerung.

Anwendung **Schreiben Sie zu zweit einen informativen, einen überzeugenden oder einen erzählenden Essay über diese Aussage: „Deutsch zu lernen ist schwer aber wichtig."**

Aufsatz **Wählen Sie eins der folgenden Themen und schreiben Sie darüber einen Aufsatz.**

Voraussetzungen

1. Bevor Sie anfangen zu schreiben, wählen Sie, welche Art Essay zum Thema passt: informativ, überzeugend oder erzählend.
2. Der Essay muss sich auf mindestens zwei der vier Stücke beziehen, die in dieser und den vorherigen Lektionen besprochen worden sind. (**Kurzfilm**, **Stellen Sie sich vor**, **Kultur** und/oder **Literatur**).
3. Der Essay muss aus fünf Absätzen bestehen, wie im Modell angegeben.
4. Der Essay muss mindestens eine Seite lang sein.

1. Was macht jemanden zum Künstler? Muss man besonders unkonventionell oder provokant zu sein, um gute Kunst zu schaffen?

2. Ist Kunst etwas, dass in Galerien und Museen bestaunt werden muss, oder kann sie auch Einfluss auf unser tägliches Leben nehmen?

3. Was ist Ihrer Meinung nach die schönste aller Künste? Musik? Bildende Kunst? Literatur? Theater? Erklären Sie Ihre Wahl. Was unterscheidet diese Art von Kunst von den anderen und welche sind die herausragenden Werke in dieser Kategorie?

Kunst und Literatur

Literarische Werke

der Aufsatz, -¨e/der Essay, -s *essay*
die (Auto)biographie, -n *(auto)biography*
das Copyright, -s/das Urheberrecht, -e *copyright*
die Dichtung, -en *work of literature; poetic work*
der Erzähler, -/die Erzählerin, -nen *narrator*
die Figur, -en *character*
das Genre, -s *genre*
die Handlung, -en *plot*
der Kriminalroman, -e *mystery; crime novel*
die Novelle, -n *novella, short novel*
die Poesie/die Dichtkunst *poetry*
die Prosa *prose*
der Reim, -e *rhyme*
der Roman, -e *novel*
die Strophe, -n *stanza; verse*
die Zeile, -n *line*

sich entwickeln *to develop*
spielen *to take place (story, play)*
zitieren *to quote*

(frei) erfunden/fiktiv *fictional*
klassisch *classical*
komisch *comical*
lustig *humorous*
objektiv *objective*
preisgekrönt *award-winning*
realistisch *realistic*
satirisch *satirical*
subjektiv *subjective*
tragisch *tragic*

Die bildenden Künste

das Aquarell, -e *watercolor painting*
die Farbe, -n *paint*
das Gemälde, - *painting*
die schönen Künste *fine arts*
das Ölgemälde, - *oil painting*
der Pinsel, - *paintbrush*
das (Selbst)porträt, -s *(self-)portrait*
die Skulptur, -en *sculpture*
das Stilleben, - *still life*
der Ton *clay*

bildhauern *to sculpt*
malen *to paint*
skizzieren *to sketch*

ästhetisch *aesthetic*
avantgardistisch *avant-garde*

Musik und Theater

die Aufführung, -en *performance*
der Beifall *applause*
die Bühne, -n *stage*
der Chor, -¨e *choir*
der Konzertsaal, -säle *concert hall*
das Lampenfieber *stage fright*
das Meisterwerk, -e *masterpiece*
das Musical, -s *musical*
die Oper, -n *opera*
die Operette, -n *operetta*
das Orchester, - *orchestra*
die Probe, -n *rehearsal*
das Publikum/die Zuschauer *audience*
das (Theater)stück, -e *play, piece*

schildern *to narrate*
zeigen *to show*

leidenschaftlich *passionate*

Die Künstler

der Bildhauer, -/die Bildhauerin, -nen *sculptor*
der Dramatiker, -/die Dramatikerin, -nen *playwright*
der Essayist, -en/die Essayistin, -nen *essayist*
der (Kunst)handwerker, -/die (Kunst)handwerkerin, -nen *artisan; craftsman*
der Komponist, -en/die Komponistin, -nen *composer*
der Liedermacher, -/die Liedermacherin, -nen *songwriter*
der Maler, -/die Malerin, -nen *painter*
der Regisseur, -e/die Regisseurin, -nen *director*
der Schriftsteller, -/die Schriftstellerin, -nen *writer*

Kurzfilm

die Arbeitsmöglichkeit, -en *opportunity to work*
das Atelier, -s *studio*
der (Ideen)austausch *exchange (of ideas)*
der Filmemacher, -/die Filmemacherin, -nen *filmmaker*
der Fotograf, -en/die Fotografin, -nen *photographer*
die Galerie, -n *gallery*
die Inspiration, -en *inspiration*
die Institution, -en *institution*
das Kulturzentrum, -zentren *cultural center*
das Umfeld, -er *(personal) environment*

existieren *to exist*
mit j-m kommunizieren *to communicate/to interact with someone*
mischen *to mix*

Kultur

die Auferstehung, -en *resurrection*
die Beherrschung *mastery*
die Kammermusik *chamber music*
der Kapellmeister, - *director of music*
der Schlager, - *hit (mus.)*
die Verknüpfung, -en *combination*
der Vertreter, - *representative*

anregen *to prompt; to stimulate*
entwerfen *to design*
kreieren *to create*
unterlegen *to set words to a tune*
vermitteln *to convey*

ungewöhnlich *unusual*

Literatur

die Absicht, -en *intention*
der Drang *urge*
die Last, -en *burden*
das Los *(here) fate*
die Notwendigkeit *necessity*
die Verehrung, -en *admiration; respect*

ablehnen *to reject*
basteln *to do handicrafts*
loben *to praise*
schildern *to describe*
zu etwas berufen sein *to have a vocation/calling for something*
vergehen *to pass away*

fassbar *comprehensible*
liebenswürdig *kind*

LEKTION 6

Traditionen und Spezialitäten

Von außen betrachtet können Traditionen manchmal wirklich komisch erscheinen. Aber Feste und Bräuche sind von großer psychologischer Bedeutung. Sie geben den Menschen Halt (*security*), sie stärken die Werte und die Identität der Gemeinschaft und sie bringen Leute zusammen. Welche Feiertage sind Ihnen besonders wichtig und warum? Was sind Ihre Lieblingstraditionen? Es gibt natürlich kein richtiges Fest ohne Essen – Liebe geht ja schließlich durch den Magen. Welche Gerichte gehören für Sie an den verschiedenen Feiertagen unbedingt dazu?

194 **KURZFILM**
In **Annette Ernsts** Weihnachtssatire *Wer hat Angst vorm Weihnachtsmann?* engagiert eine Familie einen Weihnachtsmann als Überraschung für ihre Kinder. Begeistert vom Essen und den Getränken lädt dieser weitere Weihnachtsmänner ein, die das Haus einfach nicht mehr verlassen.

200 **STELLEN SIE SICH VOR**
Die Einwohner des flächenmäßig größten Bundeslandes, **Bayern**, sehen sich zuerst als Bayern, dann als Deutsche. Aber hat Bayern mehr zu bieten als nur stolze Patrioten und Dirndlkleider?

215 **KULTUR**
Feste mit Tradition stellt drei bekannte und beliebte Feste vor, die in Bayern gefeiert werden und die Besucher aus der ganzen Welt anziehen.

219 **LITERATUR**
In seiner Geschichte *Die Leihgabe* zeigt **Wolfdietrich Schnurre** auf liebevolle Weise, wie Not erfinderisch macht. Dass trotzdem keiner zu Schaden gekommen ist, liegt am Gerechtigkeitssinn (*sense of justice*) und der Gutherzigkeit seiner Figuren.

Reiseziel: Bayern

196

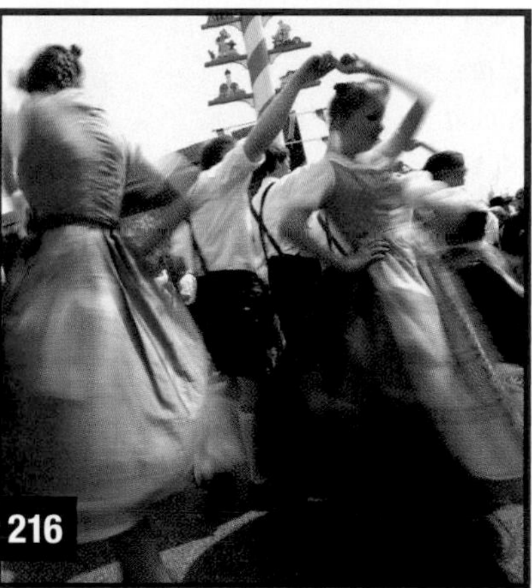
216

192 **ZU BEGINN**

202 **STRUKTUREN**

- **6.1** Reflexive verbs and accusative reflexive pronouns
- **6.2** Reflexive verbs and dative reflexive pronouns
- **6.3** Numbers, time, and quantities

228 **SCHREIBWERKSTATT**

229 **WORTSCHATZ**

Essen und feiern

In der Küche

der Blumenkohl, -köpfe *cauliflower*
der Braten, - *roast*
der Kartoffelbrei *mashed potatoes*
die Schlagsahne *whipped cream*

---

braten *to fry; to roast*
eine Kleinigkeit essen *to have a snack*
schälen *to peel*
(gut) schmecken *to taste (good)*
schneiden *to cut up; to chop*
zubereiten *to prepare*

---

frittiert *deep-fried*
gebraten *fried; roasted*
gedünstet *steamed*
gefroren *frozen*
selbst gemacht *homemade*

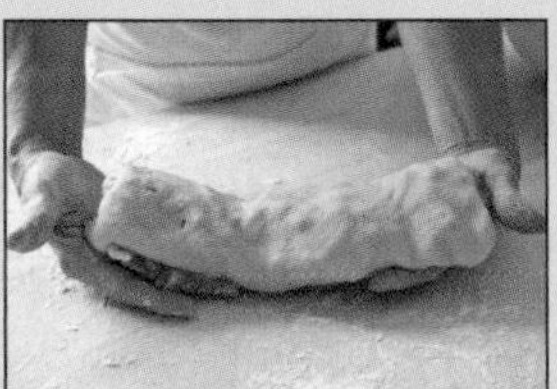

Im Restaurant

das Brathähnchen, - *roast chicken*

der Eintopf, -̈e *stew*
die Eisdiele, -n *ice-cream parlor*
die Imbissstube, -n/der Schnellimbiss, -e *snack bar*
die Kneipe, -n *pub; tavern*
die Köstlichkeit, -en *delicacy*
die Reservierung, -en *reservation*
das Schlückchen, - *sip*
das Selbstbedienungsrestaurant, -s *cafeteria*
der Veganer, -/die Veganerin, -nen *vegan*
der Vegetarier, -/die Vegetarierin, -nen *vegetarian*
die Wurstbude, -n *hot-dog/sausage stand*

---

bestellen *to order; to reserve*
empfehlen *to recommend*
gießen *to pour*

---

durchgebraten/gut durch *well done*
englisch/blutig *rare*
medium/halbgar *medium rare*
vegetarisch *vegetarian*
zum Mitnehmen *(food) to go*

Regionale Spezialitäten

die rote Grütze, -n *red berry pudding*
der/das Gulasch, -e *beef stew*

der eingelegte Hering, -e *pickled herring*
der Kartoffelpuffer, - *potato pancake*
der Knödel, - *dumpling*
der Sauerbraten, - *braised beef marinated in vinegar*
das Schnitzel, - *meat cutlet*
das Schweinekotelett, -s *pork chop*
die Spätzle *spaetzle; Swabian noodles*

Zum Beschreiben

fade *bland*
hervorragend *outstanding*
köstlich/lecker *delicious*
leicht *light*
pikant *tangy*
salzig *salty*
scheußlich *horrible*
schmackhaft *tasty*
schrecklich *terrible*
widerlich *disgusting*
würzig *spicy*
zart *tender*

Feiertage und Traditionen

der Brauch, -̈e *custom*
das Erbe *heritage; inheritance*
der Fastnachtsdienstag *Shrove Tuesday*
die Feier, -n/die Feierlichkeit, -en *celebration*

die Folklore/die Volkskunde *folklore*
der Heilige Abend/der Heiligabend *Christmas Eve*
der Karneval/der Fasching/die Fastnacht *carnival (Mardi Gras)*
der Ostermontag *Easter Monday*
Ostern *Easter*
Pfingsten *Pentecost*
der Pfingstmontag *Pentecost Monday*
Silvester *New Year's Eve*
die Volksmusik, -en *folk music*
der Volkstanz, -̈e *folk dance*
das Weihnachtsfest, -e/Weihnachten *Christmas*
der Weihnachtsmann, -̈er *Santa Claus*

---

feiern *to celebrate*
heiligen *to keep holy (tradition)*

---

kulturell *cultural*
traditionell *traditional*

Anwendung

1 **Die Küche** Finden Sie für jedes Wort die passende Definition.

_____ 1. frittiert	a. sehr, sehr kalt
_____ 2. lecker	b. in Öl gebraten
_____ 3. schneiden	c. etwas mit einem Messer zerkleinern
_____ 4. gefroren	d. der Abend vor Neujahr
_____ 5. Silvester	e. köstlich, schmackhaft
_____ 6. ein Veganer	f. eine Person, die keine Milchprodukte, keine Eier und kein Fleisch isst

2 **Wie macht man Käsespätzle?** Ergänzen Sie das Gespräch mit Wörtern aus der Liste.

braten	geschält	pikant	selbst gemacht	vegetarisch
fade	geschmeckt	schneiden	traditionell	zubereitet

ARLINDA Das Essen war hervorragend. Wie hast du die Spätzle (1) ________?

LUKAS Das geht ganz leicht. Zuerst habe ich eine Zwiebel (*onion*) (2) ________. Dann muss man die Zwiebel klein (3) ________ und in Öl (4) ________. Und den Käse muss man natürlich reiben (*grate*).

ARLINDA Aber wie hast du die Nudeln gemacht?

LUKAS Äh… ja… also… ehrlich gesagt waren die Spätzle nicht (5) ________. Ich habe sie im Supermarkt gekauft.

ARLINDA Ist schon gut, Lukas. Das Essen hat trotzdem super (6) ________. Und nächste Woche mache ich ein (7) ________ mexikanisches Essen für dich… mit vielen scharfen Peperoni (*hot peppers*).

LUKAS Gut! Ich liebe (8) ________ Speisen.

KULTURANMERKUNG

Selbst gemachte Spätzle

Spätzle sind kleine Nudeln, die aus Mehl, Eiern und etwas Wasser zubereitet werden. Oft isst man sie mit gerösteten Zwiebeln, mit überbackenem Käse oder mit Linsen°. Es ist nicht schwer, den Teig° selbst zu machen, aber man braucht einen „Spätzleschaber"; das ist ein besonderes Messer, mit dem man den Teig schneidet.

Linsen *lentils* **Teig** *dough*

3 **Geschmackssachen** Finden Sie Brokkoli schmackhaft oder schrecklich? Beantworten Sie die folgenden Fragen und sprechen Sie miteinander über Ihre Essgewohnheiten.

1. Was isst du zu einem typischen Abendessen?
2. Was sind deine Lieblingsgerichte? Und was isst du gar nicht gern? Warum? Isst du auch viel Gemüse?
3. Kochst du gern? Was kochst du am liebsten?
4. Welche Gerichte sind beliebt in der Region, aus der du kommst?
5. Was sind deine Lieblingsfeiertage?
6. Welche Gerichte verbindest (*associate*) du mit diesen Feiertagen?

4 **Jetzt wird gekocht!** Sie haben Freunde eingeladen. Sie möchten ein traditionelles deutsches Essen zubereiten. Planen Sie das Essen in Gruppen. Welche Gerichte werden Sie kochen und warum? Wie werden Sie sie zubereiten? Wie werden die Gerichte schmecken? Schreiben Sie auf, wer was kocht und wie die Gerichte zubereitet werden.

Practice more at **vhlcentral.com.**

Vorbereitung

Wortschatz des Kurzfilms

der Bärenhunger *ravenous appetite*
der Bengel, - *rascal*
die Bescherung, -en *gift giving*
j-n erwarten *to expect someone*
das (Lachs)häppchen, - *(salmon) appetizer*
die Kerze, -n *candle*
die Rute, -n *rod; switch*
schwanger *pregnant*

Nützlicher Wortschatz

ausufern *to get out of hand*
j-n bestechen *to bribe someone*
der Nebenjob, -s *part-time job*
das Plätzchen, - *(Christmas) cookie*
die Verkleidung, -en *disguise*
die Vorfreude, -n *anticipation*

AUSDRÜCKE

j-m ins Gewissen reden *to talk some sense into someone*
eine Heidenangst haben *to be scared stiff*
etwas nicht gerne sehen *to frown upon something*
einen weiten Weg hinter sich haben *to have traveled a long way*

1 **Was passt zusammen?** Suchen Sie für jede Definition die richtige Vokabel.

_____ 1. ein Stock, um Kindern Angst zu machen
_____ 2. ein Junge, der dumme Dinge macht
_____ 3. wenn man sehr viel essen will
_____ 4. man kann nicht mehr warten, bis etwas Besonderes passiert
_____ 5. wenn man an Weihnachten Geschenke öffnet
_____ 6. etwas Süßes in der Adventszeit
_____ 7. ein kleines Sandwich

a. die Vorfreude
b. das Häppchen
c. die Rute
d. das Plätzchen
e. die Bescherung
f. der Bärenhunger
g. der Bengel

2 **Welche Vokabel passt?** Suchen Sie für jeden Satz die Vokabel, die logisch passt.

1. Mein Freund kommt mich aus Australien besuchen. Er hat ____________ hinter sich.
2. Eine Frau, die ein Baby erwartet, ist ____________.
3. Politiker bekommen illegal Geld, wenn sie ____________ werden.
4. Es gibt viele Menschen, die während eines Horrorfilms ____________.
5. Kurz vor einer Feier ____________ man seine Gäste.
6. In Deutschland hat man oft echte ____________ aus Wachs am Weihnachtsbaum.

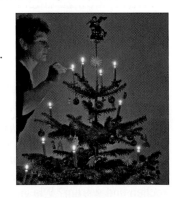

3 **Was denkst du?** Besprechen Sie zu zweit die folgenden Fragen.

1. Welche Traditionen und Bräuche pflegt (*cares for*) Ihre Familie an Weihnachten/am Ende des Jahres?
2. Hatten Sie Angst vor dem Weihnachtsmann? Warum, warum nicht?
3. Welche Feiertage feiert Ihre Familie und wie?
4. Sind Ihnen Bräuche und Traditionen wichtig? Welche und warum?
5. Sind Bräuche und Traditionen wichtiger für Kinder oder Erwachsene? Warum?
6. Was ist Ihnen wichtiger an den Feiertagen: Traditionen oder Geschenke? Warum?

4 **Feiertage und Traditionen** Schreiben Sie zu zweit mindestens fünf Feiertage in die Tabelle, die Sie feiern oder kennen. Schreiben Sie auch mindestens eine Tradition oder einen Brauch auf, die Sie mit jedem Feiertag verbinden.

Feiertag	Tradition(en)/Bräuche

5 **Was kann passieren?** Schauen Sie sich in Gruppen die folgenden Bilder an. Beschreiben Sie jedes Bild in zwei oder drei Sätzen. Überlegen Sie sich, was im Film passieren könnte (*could*).

- Warum telefoniert der Weihnachtsmann?
- Was macht der Weihnachtsmann im Wohnzimmer?
- Wer sind all die Menschen, die im Wohnzimmer sitzen?
- Warum feiern so viele Menschen im Wohnzimmer eine Party?
- Wie ist es zu dieser Situation gekommen?

Practice more at **vhlcentral.com.**

Wer hat Angst vorm Weihnachtsmann?

Regisseur Annette Ernst

Sonderpreis, Biberach 1996

Publikumspreis Würzburg 1997

Darsteller Rolf Becker, Joachim Jung, Gerit Kling, Rufus Beck, Rotraut Rieger, Dietmar Bär **Produzent** Annette Ernst **Drehbuch** Annette Ernst, Joachim Jung nach einer Kurzgeschichte von Robert Gernhardt **Kamera** Bernhard Häusle **Schnitt** Katrin Suhren **Musik** Klaus Doldinger

HANDLUNG *Eine Familie engagiert einen Weihnachtsmann, der die Kinder beschenken soll. Als der Weihnachtsmann andere Weihnachtsmänner einlädt, nimmt die ungeplante Party kein Ende.*

FRAU LEMM Also das hier ist für Max.
HERR LEMM Und das Rote für Tanja.
HERR LEMM Haben Sie keine Rute?
FRAU LEMM Walter! Du, die Kinder haben sowieso schon eine Heidenangst!

WEIHNACHTSMANN Und wer bin ich?
HERR LEMM Der Weihnachtsmann.
WEIHNACHTSMANN Der liebe Weihnachtsmann! Aber erst wollen wir ein Lied singen.
FRAU LEMM Ja! Stille Nacht, Heilige Nacht.
HERR LEMM Das einzige, was sie kann.

WEIHNACHTSMANN Max macht nicht immer das, was man ihm sagt. Ist das wahr?
MAX Manchmal.
WEIHNACHTSMANN Weiter so, Max. Nur dumme Kinder machen immer alles, was die Erwachsenen Ihnen erzählen. Wollten Sie was sagen?

WEIHNACHTSMANN Ich habe Durst!
FRAU LEMM Wasser?
WEIHNACHTSMANN Nee, Cognac. Den aus der Küche. Das wärmste Jäckchen° ist das Cognäcchen! Ich habe schließlich einen weiten Weg hinter mir.

KNECHT RUPRECHT Guten Abend, lieber Weihnachtsmann.
WEIHNACHTSMANN Guten Abend!
KNECHT RUPRECHT Hallo Kinder. Von tief von draußen komm ich her.
HERR LEMM Ich glaub, das habe ich heute schon mal irgendwo gehört.

ENGEL GABRIELA ...und eines Tages, da war Maria schwanger.
KNECHT RUPRECHT Sehr delikat, Frau Lemm.
FRAU LEMM Jetzt brauche ich einen Cognac!
NIKOLAUS Aber gerne Frau Lemm! Darf ich Sie Gisela nennen? Ich bin Nick!

Jäckchen *jacket*

KULTURANMERKUNG

Der Weihnachtsmann

Während in Amerika Santa Claus in der Nacht vom 24. auf den 25. Dezember Kindern Geschenke bringt, gibt es in Deutschland andere Traditionen. An Stelle vom Santa Claus bringt entweder das Christkind oder der Weihnachtsmann am Heiligen Abend (dem 24. Dezember) Geschenke. Sankt Nikolaus, der Santa Claus sehr ähnlich ist, bringt braven Kindern am 6. Dezember Schokolade und andere Süßigkeiten. Oft bringt er aber auch eine andere Person mit: den Knecht Ruprecht. Dieser trägt fast immer braune, zerrissene° Kleider und sieht angsteinjagend° aus. Oft bringt er eine Rute für Kinder mit, die während des Jahres nicht artig waren.

zerrissene *torn* **angsteinjagend** *frightening*

Beim ZUSCHAUEN

Was wissen Sie über die einzelnen Personen im Film?

_____ **1.** Engel
_____ **2.** Sankt Nikolaus
_____ **3.** Mutter
_____ **4.** Knecht Ruprecht
_____ **5.** Max
_____ **6.** Weihnachtsmann
_____ **7.** Tanja
_____ **8.** Vater

a. trägt braune Kleidung
b. die Tochter
c. bringt die Geschenke
d. ist schwanger
e. hat keinen Spaß
f. mag Kerzen
g. trinkt mit der Mutter
h. der Sohn

Analyse

1 **Verständnis** Markieren Sie, ob die folgenden Aussagen über den Film **richtig** oder **falsch** sind. Korrigieren Sie anschließend die falschen Sätze zu zweit.

Richtig	Falsch	
☐	☐	1. Vater und Mutter warten auf den Weihnachtsmann.
☐	☐	2. Der Weihnachtsmann kennt die Kinder gut.
☐	☐	3. Der Weihnachtsmann sagt alles, was er sagen soll.
☐	☐	4. Der Weihnachtsmann trinkt gerne Alkohol.
☐	☐	5. Der Vater ruft die Polizei an.
☐	☐	6. Die vier „Weihnachtspersonen" gehen am Ende nach Hause.

2 **Satzpuzzle** Welche Satzhälften passen zusammen?

____ 1. Bevor der Student zum Weihnachtsmann wird, …

____ 2. Die Kinder spionieren von oben, …

____ 3. Der Vater ärgert sich sehr, …

____ 4. Bevor die Kinder ihre Geschenke bekommen, …

____ 5. Als Knecht Ruprecht ins Zimmer kommt, …

____ 6. Mit Hilfe von 400 Mark will der Vater, …

a. weil der Weihnachtsmann erst noch mit Freunden telefoniert.

b. dass die Party ein schnelles Ende nimmt.

c. isst er schon Häppchen.

d. versucht die ganze Familie das Lied „Stille Nacht, Heilige Nacht" zu singen.

e. freut sich der Weihnachtsmann sehr.

f. weil sie sich auf die Geschenke freuen.

3 **Fragen** Vervollständigen Sie jeden Satz gemäß dem Film. Besprechen Sie anschließend Ihre Antworten zu zweit.

1. Am Anfang des Films sehen wir, dass die Eltern sehr ____ sind.
   a. verliebt b. gestresst c. entspannt
2. Der Weihnachtsmann macht ____, wie es den Eltern gefällt.
   a. einiges b. nichts c. alles
3. Der Vater telefoniert ohne Erfolg mit ____, um die Weihnachtsmänner los zu werden.
   a. dem Weihnachtsdienst b. einem Freund c. der Polizei
4. Die beiden Kinder wollen nicht, dass ____.
   a. sie mehr Geschenke bekommen
   b. sie singen c. die Weihnachtsmänner gehen
5. Die Mutter feiert am Ende ____ mit den Weihnachtsmännern.
   a. ihre Hochzeit b. gerne c. nicht
6. Am Ende des Films wissen wir, dass die vier Weihnachtsmänner ____.
   a. befreundet sind b. viel arbeiten c. betrunken sind

4 **Die Hauptfiguren** Besprechen Sie zu zweit die Figuren des Films.

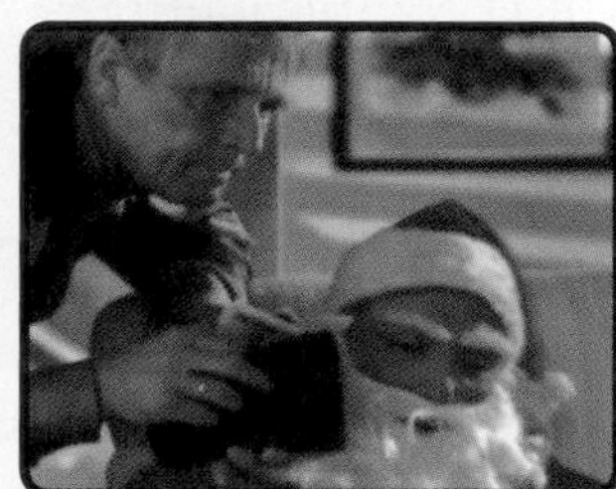

- Wer ist Ihre Lieblingsfigur? Warum?
- Wer ist die Figur, die Sie am wenigsten mögen? Warum?
- Haben Sie Mitleid mit einer der Figuren? Warum?
- Welche Figur feiert Weihnachten (im traditionellen Sinn)?
- Was passiert den einzelnen Figuren am Ende des Films?

5 **Fragen zum Film** Besprechen Sie die Fragen zum Film in Gruppen.

- Warum ignoriert der Weihnachtsmann das Geld des Vaters?
- Warum reagiert die Polizei nicht auf den Anruf des Vaters?
- Ist dieser Film eine Satire? Warum?
- Was verspottet (*mocks*) der Film?

6 **In deiner Familie** Stellen Sie einander die folgenden Fragen und begründen Sie Ihre Meinungen.

1. Was bedeutet es, in Feiertagsstimmung zu sein?
2. Bist du einmal vom Weihnachtsmann besucht worden? Was ist dabei passiert?
3. Wie unterscheiden sich die deutschen Weihnachtsbräuche im Film von amerikanischen Weihnachtsbräuchen?

7 **Zum Thema** Schreiben Sie über eines der folgenden Themen.

1. Ihre Eltern entscheiden sich, für das nächste Weihnachtsfest alle Familienbräuche und –traditionen zu ignorieren: Es wird kein Weihnachtsfest geben. Wie reagieren Sie?
2. Sie sollen für die Kinder deutscher Freunde den Weihnachtsmann spielen. Wie bereiten Sie sich auf diese Rolle vor? Was ziehen Sie an? Was sagen Sie? Wie verhalten Sie sich?

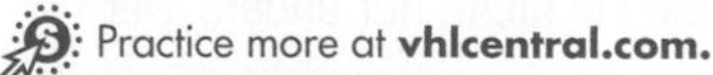

STELLEN SIE SICH VOR:
Bayern

Was ist ein Bayer?  Reading

Die Antwort wissen wir schon: Der Bayer ist ein gutmütiger° Kerl mit Lederhose und Filzhut°. In der rechten Hand hat er eine Maß Bier, in der linken eine große Brezel. Und die Bayerin, mit ihren blonden Zöpfen° und buntem Dirndl°, jodelt natürlich freudevoll vor sich hin, während sie ihre Kühe melkt. Oder?

Ja, man sieht hin und wieder eine Lederhose in Bayern (meistens auf Volksfesten oder bei Touristenstätten), aber heutzutage kleiden sich die meisten jungen Bayern so wie andere junge Menschen auf dem Globus – Jeans, Pullover, Sneaker. Blonde Zöpfe sieht man gelegentlich, aber auch blaue Irokesenschnitte° oder schöne, schwarze Locken. Eigentlich ist es unmöglich zu sagen, wer aus Bayern kommt und wer nicht – es sei denn°, man hört den unverkennbaren° Akzent. Also wollen wir uns fragen: „Wer sind die Bayern wirklich?"...und unseren Klischeevorstellungen° näher auf den Grund gehen°.

Klischee: Bayern ist ein Land mit Kühen und Bauern°. Fakt: In Bayern gibt es hervorragende Milchprodukte. Aber seit dem Ende des 2. Weltkrieges ist Bayern auch zu einem hochmodernen, führenden Industrieland geworden. Hier findet man die Bayerischen Motorwerke (BMW), den Sitz der Siemens AG und die europäische Leitstelle° von Microsoft. München hat übrigens das höchste Durchschnittseinkommen° unter den deutschen Metropolen.

Klischee: Der Durchschnittsbayer ist provinziell und ungebildet°. Fakt: Dieses Klischee ist einfach ungerecht°. Bayern hat Forschungsinstitute° von Weltklasse hervorgebracht, wie z.B. das Max-Planck-Institut, sowie erstrangige Universitäten – und Bayerns Schüler schneiden in den PISA-Studien besser ab als Schüler aus anderen Bundesländern.

Klischee: Die Bayern reden komisches Deutsch. Fakt: Der Gebrauch von Mundart° ist in Bayern nicht so verpönt° wie in anderen Teilen Deutschlands und die Bayern haben ihre eigene Sprache. Komisch reden sie nicht, nur anders. Der

Noch mehr...

Der „Weißwurstäquator" ist eine Art Grenze in Deutschland, die das Land in zwei Kulturzonen teilt: Bayern und *Nicht*bayern. Diese Grenze existiert allerdings nur im Kopf. Die Klischeevorstellung lautet°, die Bayern seien° einfältige°, konservative Bauern, die „Preißn°" hingegen seien ein wenig humorlos.

herzhafte Dialekt ist ein Bestandteil° der bayrischen Identität.

Klischee: Bayern ist gemütlich°. Fakt: Das stimmt! Ob in der Großstadt München, oder in einer Hütte auf der Zugspitze°, unter den (im Allgemeinen!) freundlichen und unkomplizierten Bayern fühlt man sich wohl.

Was also ist ein Bayer? Die Frage hat wohl so viele Antworten, wie es Bayern gibt. Das Bundesland hat Handwerker, Astronomen, Bodenständige°, Verträumte°, Erzkonservative, Linke, Olympia-Skifahrer, Unsportliche, alte Atheisten, junge Fromme°. Schließlich ist jeder Deutsche – ob aus Bayern oder Bielefeld – ein Individuum. Und es stellt sich oft heraus°, dass Menschen meistens völlig anders sind, als wir erwarten. Auf jeden Fall bietet der Freistaat Bayern viel mehr als Bier und Lederhosen.

gutmütiger *good-natured* **Filzhut** *felt hat* **Zöpfen** *braids* **Dirndl** *traditional Bavarian dress* **Irokesenschnitte** *mohawks* **es sei denn** *unless* **unverkennbaren** *unmistakable* **Klischeevorstellungen** *stereotypes* **auf den Grund gehen** *examine more closely* **Bauern** *farmers* **Leitstelle** *headquarters* **Durchschnittseinkommen** *average income* **ungebildet** *uneducated* **ungerecht** *unfair* **Forschungsinstitute** *research institutions* **Mundart** *dialect* **verpönt** *frowned upon* **Bestandteil** *integral part* **gemütlich** *comfortable* **Zugspitze** *name of the highest German peak* **Bodenständige** *down-to-earth types* **Verträumte** *sentimentalists* **Fromme** *devout* **stellt sich... heraus** *turns out* **lautet** *has it* **seien** *supposedly are* **einfältige** *simple* **Preißn** *non-Bavarians (Preußen)*

Entdecken wir...

Münchens Viktualienmarkt

Wo findet man Palmenzweige, argentinische Empanadas, handgemachte Holzmesser° und bayrischen Waldhonig? Auf dem Viktualienmarkt in der Altstadt Münchens! Der Viktualienmarkt, der 1807 als kleiner Kräutlmarkt° begann, hat mehr als 130 Händler und ist jeden Tag geöffnet. Ob man sich etwas Exotisches wünscht oder bayrischen Obatzda°, hier werden Essträume° wahr.

Des Märchenkönigs Burg Es war einmal ein verrückter bayerischer König, der gegen Preußen° Krieg führte und verlor. Der enttäuschte König plante ein fantastisches Schloss in den Bergen, in das er sich zurückziehen° wollte. Der Bau des Schlosses dauerte lange, die Wünsche des Königs wurden immer extravaganter, und bald war er hoch verschuldet°. Seine Kreditgeber kamen 1886 und warfen ihn aus seinem Schloss hinaus. Drei Tage später starb der König im Starnberger See – Todesursache ungeklärt°. Dieses Schloss, das meistfotografierte der Welt, ist **Schloss Neuschwanstein** in Füssen; der König war **König Ludwig II**.

Holz- *made of wood* **Kräutlmarkt** *herb/vegetable market* **Obatzda** *cheese dip made with Camembert* **Essträume** *food dreams* **Preußen** *Prussia* **zurückziehen** *withdraw* **verschuldet** *in debt* **Todesursache ungeklärt** *cause of death undetermined*

Was haben Sie gelernt?

Richtig oder falsch? Sind die Aussagen **richtig** oder **falsch?** Stellen Sie die falschen Aussagen richtig.

1. Man sieht öfter Jeans als Lederhosen in Bayern.
2. Bayerns Schulen haben bessere PISA-Testergebnisse als Schulen in anderen Teilen Deutschlands.
3. Im Durchschnitt verdienen Hamburger besser als Münchener.
4. Oft sagen Norddeutsche, dass die Bayern sehr konservativ seien (*are*).
5. Der Viktualienmarkt ist ein Markt in München mit mehr als 130 Händlern.
6. Die Händler auf dem Viktualienmarkt heißen Obatzda.
7. König Ludwig bekam genug Geld, um weiterzubauen.
8. König Ludwig ist in einem See gestorben.

Fragen Beantworten Sie die Fragen.

1. Welche Firmen kann man in Bayern finden?
2. Sind die Bayern ungebildet? Begründen Sie Ihre Antwort mit Beispielen aus dem Text.
3. Welche Vorurteile haben die Bayern gegenüber den Norddeutschen?
4. Was kann man auf dem Viktualienmarkt kaufen? Nennen Sie fünf Dinge.
5. Welches Gebäude ist das meistfotografierte Schloss der Welt?
6. Warum verliert König Ludwig II sein Schloss?

Projekt

Obatzda

Suchen Sie Informationen im Internet.

- Was ist die Geschichte von Obatzda?
- Finden Sie ein Rezept. Welche Zutaten braucht man? Ist es einfach oder schwierig zu machen?
- Finden Sie einige interessante Fakten über dieses Gericht.
- Vergleichen Sie Ihre Ergebnisse mit denen der anderen Student(inn)en.

6.1 Reflexive verbs and accusative reflexive pronouns

*—Ihr **bedankt euch** jetzt beim Weihnachtsmann!*

- Reflexive verbs are verbs whose actions reflect back to the subject of the sentence. The object of the verb is the subject itself. English uses the words *self* or *selves* to express this idea. German uses pronouns called reflexive pronouns.

  Er bereitet **sich** auf das Examen vor.
  ***He** prepares **(himself)** for the exam.*

  Die Kinder waschen **sich**, ehe sie zum Essen gehen.
  ***The children** wash **(themselves)** before going to dinner.*

- Reflexive verbs are conjugated like other verbs. In a simple sentence, the reflexive pronoun is placed directly after the conjugated verb. In dependent clauses, the reflexive pronoun comes directly after the subject of the sentence. Reflexive verbs use the auxiliary **haben** in the perfect tense.

  Ich entschied **mich** für selbst gemachte Spätzle.
  I decided on the homemade noodles.

  Sie fragte mich, wofür ich **mich** entschieden habe.
  She asked me what I decided on.

QUERVERWEIS

To learn about dative reflexive pronouns, see **Strukturen 6.2, pp. 206-207**.

- The accusative reflexive pronoun for the third person (singular and plural) and the formal **Sie** is **sich**. All the other accusative reflexive pronouns are the same as the accusative personal pronouns.

Pronouns in the accusative

Accusative personal pronouns	Accusative reflexive pronouns
mich	**mich** (*myself*)
dich	**dich** (*yourself*)
ihn	**sich** (*himself*)
sie	**sich** (*herself*)
es	**sich** (*itself*)
uns	**uns** (*ourselves*)
euch	**euch** (*yourselves*)
sie/Sie	**sich** (*themselves*)

- Reflexive verbs can be grouped into various categories. Verbs having to do with one's daily routine are often reflexive in German, and not in English.

  Er duscht **sich**.
  He's taking a shower.

  Sie schminkt **sich**.
  She's putting on makeup.

- Some verbs can be used either reflexively or non-reflexively, without changing the basic meaning of the verb. Reflexive verbs are more common in German than they are in English. When any verb is used reflexively, the reflexive pronoun must be used.

(sich) ausruhen	**(sich) duschen**	**(sich) schminken**
(sich) baden	**(sich) kämmen**	**(sich) waschen**

Die Frau **badet das Kind.**
The woman ***bathes the child.***

Die Frau **badet sich.**
The woman ***bathes (herself).***

- Reflexive verbs and pronouns are also used to show a reciprocal relationship. In English, this relationship is expressed by the phrase *each other.* Here are some reciprocal reflexive verbs.

sich unterhalten *to have a conversation*
sich treffen *to meet*
sich (gut) verstehen *to get along well; to understand each other*

Wir **treffen uns** vor dem Kino.
We ***will meet (each other)*** *in front of the movie theater.*

- Some prepositional verb phrases include reflexive verbs. Here, too, the English equivalent is not always reflexive. All the prepositions take the accusative.

sich ärgern über *to get annoyed about*	**sich interessieren für** *to be interested in*
sich erinnern an *to remember*	**sich kümmern um** *to take care of (someone)*
sich freuen über *to be happy about*	**sich sehnen nach** *to long for*

Wir **informieren uns über** die Preise im Restaurant.
We ***inform ourselves about*** *the prices at the restaurant.*

Der Kellner **kümmert sich um** seinen Gast.
The waiter ***takes care of*** *his guest.*

- In some cases, the meaning of the verb changes when it is used reflexively.

verlaufen *to run*	**sich verlaufen** *to get lost*
versprechen *to promise*	**sich versprechen** *to misspeak*

Der Karneval **verläuft** in diesem Jahr sehr gut.
Carnival ***is running*** *well this year.*

Ich habe **mich** in der Großstadt **verlaufen.**
I got lost *in the big city.*

- Reflexive pronouns can also be used with prepositions to express the idea of *oneself.*

Er interessiert sich nur **für sich.**
He is only interested ***in himself.***

Ich kann mich nur **auf mich** verlassen.
I can only depend ***on myself.***

ACHTUNG!

Note that many verbs are reflexive in German, but not in English. Here are some examples.

sich beeilen *to hurry*
sich benehmen *to behave*
sich entschuldigen *to apologize*
sich erholen *to recuperate*
sich erkälten *to catch a cold*
sich hinlegen *to lie down*
sich langweilen *to be bored*
sich setzen *to sit down*
sich überlegen *to think about*
sich umsehen *to look around*
sich umziehen *to change (one's) clothes*
sich verspäten *to be late*

QUERVERWEIS

For more reflexive verbs that are also prepositional verb phrases, see **Strukturen 5.3, pp. 172-173.**

ACHTUNG!

Reflexive pronouns are also found in impersonal phrases such as **sich verkaufen, sich lesen.**

Die warmen Semmeln verkaufen sich gut.
The warm rolls sell easily.

Das Buch über Traditionen liest sich leicht.
The book about traditions is easy to read.

Anwendung

1 **Karneval** Kreisen Sie die richtigen Reflexivpronomen ein.

1. Heute muss ich (sich / mich) beeilen. Ich will zum Karneval.
2. Ich habe meine Freunde angerufen und sie gefragt: „Sehnt ihr (wir / euch) auch nach dem Karneval? Wollt ihr mit mir feiern?“
3. Martina hat (sie / sich) entschuldigt.
4. Ich fragte sie: „Fühlst du (dich / dein) nicht wohl?“
5. Sie hat vergangene Nacht zu wenig geschlafen. Sie muss (sich / sie) hinlegen.

2 **Was passiert?** Beschreiben Sie, was die Leute auf den Bildern machen. Verwenden Sie die reflexiven Verben mit Pronomen.

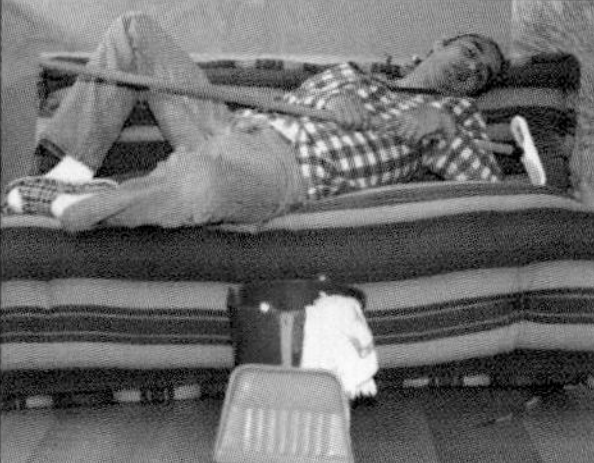

1. Markus ________ (sich erholen) auf dem Sofa.

2. Der Mann und die Frau ________ (sich streiten) auf der Straße.

3. Das Paar ________ (sich sonnen) im Schwimmbad.

4. Der Mann und die Frau ________ (sich treffen) im Café.

5. Der müde Student ________ (sich strecken) auf der Straße.

6. Der Tourist ________ (sich verlaufen) in der Stadt.

3 **Die Verabredung** Bilden Sie zu zweit mit den angebenen Satzteilen neue Sätze. Schreiben Sie dann die neuen Sätze ins Perfekt um.

Beispiel **meine Schwester / sich schminken / vor ihrer Verabredung**
Meine Schwester schminkt sich vor ihrer Verabredung.
Meine Schwester hat sich vor ihrer Verabredung geschminkt.

1. der Freund meiner Schwester / sich interessieren / für billiges Essen
2. meine Schwester / sich verspäten / immer
3. der Freund / sich langweilen / in ihrer kleinen Wohnung
4. er / sich umsehen / auf dem kleinen Balkon
5. er / sich setzen / auf den nassen Stuhl

Practice more at **vhlcentral.com.**

Kommunikation

4 **Ich habe Geburtstag** Besprechen Sie zu zweit die folgenden Fragen. Antworten Sie mit den selben reflexiven Verben.

1. Mit wem treffen Sie sich gern, um Ihren Geburtstag zu feiern?
2. Mit wem unterhalten Sie sich gern an Ihrem Geburtstag?
3. Amüsieren sich Ihre Freunde, wenn Sie Geburtstag haben? Warum? Wo treffen Sie sich?
4. Können Sie sich an den besten Geburtstag Ihres Lebens erinnern? Erzählen Sie davon.
5. Worüber ärgern Sie sich an Ihrem Geburtstag?

5 **Die Morgenroutine** Besprechen Sie zu zweit Ihre Morgenroutine.

Beispiel —Duschst du dich jeden Morgen?
—Ja, ich dusche mich jeden Morgen. Und du?

sich anziehen	sich beeilen	sich rasieren
sich baden	sich kämmen	sich waschen

6 **Die Feiertage** Besprechen Sie in Gruppen die Feiertage. Was muss jeder noch machen, um sich auf die Feiertage vorzubereiten?

Beispiel **sich informieren**
—Mein Vater muss sich informieren, wann das Restaurant geöffnet ist.
—Ich muss mich informieren, ob mein Freund kommen kann.

sich amüsieren	sich freuen auf	sich überlegen (+ Dat.)
sich beschäftigen mit	sich informieren	sich auf jemanden verlassen
sich entscheiden	sich interessieren	sich vorbereiten
sich erinnern an	sich treffen	sich über etwas wundern

7 **Die Kochkunst** Stellen Sie sich vor, Sie sind ein weltbekannter Koch. Sie haben gerade an einem Kochwettbewerb teilgenommen und haben den Preis für die beste Beilage (*side dish*) „Knödel" und für den besten Nachtisch „rote Grütze" bekommen. Spielen Sie zu zweit abwechselnd die Rolle des Kochs und die des Reporters, der das Interview führt.

Beispiel —Haben Sie sich schon als Kind fürs Kochen interessiert?
—Ja, ich habe mich schon immer fürs Kochen interessiert.

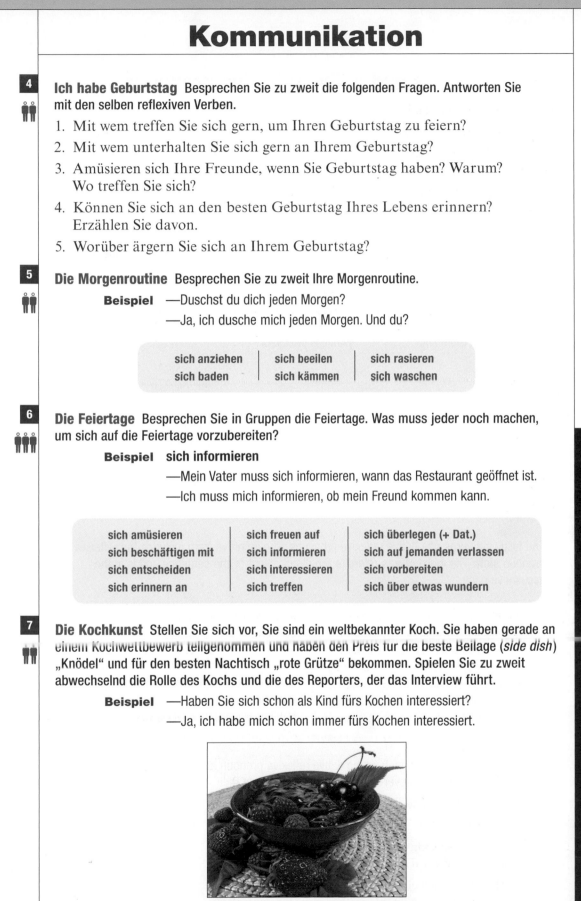

KULTURANMERKUNG

Knödel findet man häufig in Österreich und in Süddeutschland als Beilage zur Hauptspeise oder als Nachtisch. Der Teig° aus Kartoffeln oder aus Brot kann mit vielen anderen Zutaten° gemischt werden. Deswegen gibt es viele verschiedene Knödel. Zwetschkenknödel° oder Marillenknödel° schmecken süß. Speckknödel, welche oft als Beilage zu einem Braten serviert werden, sind würzig.
Rote Grütze ist ein leckerer Nachtisch aus Norddeutschland, der aus Beeren, Zucker, Saft und ein bisschen Speisestärke° besteht. Serviert wird die rote Grütze mit Vanillesoße oder Sahne. Das Wort Grütze bedeutet „grob gemahlen°".

Teig *dough* **Zutaten** *ingredients*
Zwetschkenknödel *plum dumplings*
Marillen- *with apricot*
Speisestärke *cornstarch*
grob gemahlen *coarsely ground*

6.2

Reflexive verbs and dative reflexive pronouns

—*Aber vorher will ich **mir** noch ein Lied **anhören**.*

- Dative reflexive pronouns are identical to the dative personal pronouns except for the third person singular and plural and the second person (formal) pronoun **Sie**.

Pronouns in the dative

Nominative personal pronouns	Dative personal pronouns	Dative reflexive pronouns
ich	mir	**mir** *(myself)*
du	dir	**dir** *(yourself)*
er	ihm	**sich** *(himself)*
sie	ihr	**sich** *(herself)*
es	ihm	**sich** *(itself)*
wir	uns	**uns** *(ourselves)*
ihr	euch	**euch** *(yourselves)*
sie/Sie	ihnen/Ihnen	**sich** *(themselves/yourself)*

- The following verbs use dative reflexive pronouns. The infinitive form includes the reflexive pronoun **sich**. The word **etwas** refers to the direct object of the sentence and is in the accusative case.

sich etwas anhören *to listen to something*
sich etwas anziehen *to put something on*
sich etwas ausleihen *to borrow something*
sich etwas aussuchen *to choose something*
sich etwas ausziehen *to take something off*
sich etwas einbilden *to imagine something about oneself*
sich etwas leisten *to afford something*
sich Sorgen um etwas machen *to worry about something*
sich etwas merken *to take note of something*
sich etwas überlegen *to think something over*
sich etwas vorstellen *to imagine something*
sich etwas wünschen *to wish for something*

- The following examples show how the dative reflexive pronoun and the accusative object (**etwas** in the infinitives above) are used together in a sentence.

Dative reflexive pronoun ↓ **Accusative direct object** ↓

Ich kann **mir** **ein Essen ohne Fleisch** nicht vorstellen.
I can't imagine a meal without meat.

Haben Sie **sich** **ein interessantes Buch** ausgesucht?
Have you chosen an interesting book (for yourself)?

ACHTUNG!

Notice that in these examples, and in all of the verbs in the list, the reflexive pronoun is used in German, but not in English.

- A number of verbs may be used either reflexively or non-reflexively. When they are reflexive, dative reflexive pronouns are used to indicate an indirect object. The person being referred to is in the dative and the object is in the accusative case. In these examples, the dative pronoun does not have to be mentioned, but it is very common in spoken German.

Kochen Sie **(sich)** jeden Morgen einen Kaffee?
*Do you make **(yourself)** coffee every morning?*

Er kauft **(sich)** ein Eis in der Eisdiele.
*He's buying **(himself)** an ice cream at the ice cream parlor.*

ACHTUNG!

Other verbs can also be used reflexively or non-reflexively in this way.

Ich bestelle immer ein Schnitzel. Er bestellt sich immer den Eintopf.
I always order a steak.
He always orders the stew.

- Using dative reflexive pronouns with verbs that can be used reflexively or non-reflexively clarifies the speaker's intent.

schenken	
reflexive	Ich **schenke mir** eine Mahlzeit zu einem Fünf-Sterne-Restaurant. *I'm **treating myself** to a meal in a five-star restaurant.*
non-reflexive	Ich **schenke ihnen** einen Gutschein zu einem Fünf-Sterne-Restaurant. *I'm **giving them** a gift certificate to a five-star restaurant.*

- Dative reflexive pronouns are often used when talking about parts of the body. In English expressions such as *I brush my teeth*, the possessive pronoun is used to indicate *whose teeth*. In German, such expressions use a dative reflexive pronoun to designate *whose teeth are being brushed*. The dative reflexive pronoun **mir** replaces the possessive adjective **mein**.

Ich putze **mir** die Zähne.
*I brush **my** teeth.*

Sie wäscht **sich** die Hände.
*She washes **her** hands.*

- Dative reflexive pronouns are also used with verbs that require the dative case, such as **widersprechen** and **helfen**.

Die Kritiker **widerspricht sich**.
*The critic **contradicts himself**.*

Ich konnte **mir** nicht **helfen**.
*I couldn't **help myself**.*

Anwendung

1 **Wir feiern Geburtstag** Bestimmen Sie, ob das unterstrichene Pronomen **Dativ** oder **Akkusativ** ist.

Akkusativ	Dativ	
☐	☐	1. Wir treffen uns heute, um Michaels Geburtstag zu feiern.
☐	☐	2. Zusammen gehen wir ins Restaurant, wo mein Freund sich einen Sauerbraten bestellt.
☐	☐	3. Alle freuen sich auf das Essen.
☐	☐	4. Ich habe mir auch etwas Leckeres ausgesucht, und zwar Gulasch!
☐	☐	5. Ich frage meine Freunde: "Habt ihr euch für ein Geschenk für Michael entschieden?"
☐	☐	6. Michael antwortet: „Keine Sorge! Ich habe mir selber ein Geschenk gekauft."

2 **Silvester** Schreiben Sie die richtigen Reflexivpronomen im Dativ oder Akkusativ in die Lücken.

Heute ist der 31. Dezember. Wir überlegen (1) ____________, wie wir Silvester feiern wollen. Stefanie stellt (2) ____________ vor, wir können den Abend in einer teuren Kneipe verbringen. Ich kann (3) ____________ das aber nicht leisten. Stattdessen laden wir ein paar Freunde ein und kaufen (4) ____________ leckeres Essen und ein paar Glücksbringer. Es wird also zu Hause gefeiert! Die Köche waschen (5) ____________ die Hände, bevor sie das Essen zubereiten. Danach bedient (6) ____________ jeder in der Küche. Leider schmeckt (7) ____________ das Essen nicht. Ich sage zu Stefanie: „Du hast (8) ____________ Sorgen gemacht, und du hattest Recht. Es ist (9) ____________ nichts gelungen." Stefanie sagt: „Merkt (10) ____________, nächstes Jahr feiern wir, wo ich will!"

3 **Was wir essen und trinken!** Ergänzen Sie den vorgegebenen Satz in Gruppen mit weiteren Details. Bilden Sie anschließend einen Satz mit Reflexivpronomen im Dativ.

Beispiel **Wir kochen zusammen. Ich mache Schnitzel und er macht Spätzle.**
Wir machen uns einen tollen Abend mit leckerem Essen.

1. Ich kaufe eine Kleinigkeit zu essen.
2. Sie hat den Braten serviert.
3. Wir werden Köstlichkeiten aus Frankreich bestellen.
4. Ihr kocht das Gemüse.
5. Die Student(inn)en kochen Tee.
6. Die Professoren machen ein tolles Abendessen für ihre Student(inn)en.

KULTURANMERKUNG

Glücksbringer

Zu Silvester werden kleine Glücksbringer auf den Märkten und in den Geschäften verkauft. Man verschenkt sie gern, da sie eben Glück bringen sollen. Beliebte Motive für die Glücksbringer sind Marienkäfer°, Schornsteinfeger° und Schweine. Manchmal werden sie aus Schokolade und Marzipan gemacht. Schweine sind schon lange ein Zeichen des Wohlstandes°. Schornsteinfeger bringen Glück, da man früher ohne einen Kamin° nichts zu essen gehabt hätte. Marienkäfter hat man ursprünglich als Botschaft der Mutter Gottes angesehen; sie sollten die Kinder beschützen. Heutzutage denkt man nicht mehr an die Ursprünge, sondern nur daran, dass man mit den Glücksbringern Schwein gehabt hat!

Marienkäfer *lady bug*
Schornsteinfeger *chimney sweep*
Wohlstandes *wealth*
Kamin *fireplace*

 Practice more at **vhlcentral.com.**

Kommunikation

4

Meine Familie Stellen Sie einander Fragen zu Ihren Familien.

Beispiel **deine Mutter / sich ansehen**

—Welche Sendungen sieht deine Mutter sich gern an?

—Sie sieht sich gern die Nachrichten an.

1. dein Vater / sich etwas leisten
2. deine Schwester / sich etwas kaufen
3. dein Opa / sich etwas ausleihen
4. deine Oma / sich etwas kochen
5. dein Bruder / sich etwas anhören
6. dein Hund / sich etwas wünschen

5

Was wollen wir tun? Was sehen Sie auf den Fotos? Erfinden Sie zu zweit zu jedem Bild ein Gespräch. Verwenden Sie die Vokabeln aus der Liste.

sich etwas zum Essen aussuchen	sich überlegen
sich etwas kaufen	sich vorstellen, in einem Schloss zu wohnen
sich Sorgen machen	sich etwas wünschen

6

Wir lernen uns kennen! Sie fahren im Zug nach Köln und lernen einige Leute kennen, die auch zum Karneval wollen. Bilden Sie Gruppen und fragen Sie einander, wie jede(r) sich auf den Karneval vorbereitet hat. Verwenden Sie die Verben aus der Liste.

sich anhören	sich etwas kaufen
sich ansehen	sich Sorgen um etwas machen
sich ausleihen	sich etwas überlegen
sich anziehen	sich etwas vorstellen
sich etwas aussuchen	sich etwas wünschen

6.3 Numbers, time, and quantities

—*Wir erwarten nämlich noch Gäste...* ***20 Uhr 30!***

Die Zahlen

- Cardinal numbers are used to tell time, price, or age; they take no endings. **Eins** drops the **s** when followed by **und**. **Sechs** and **sieben** drop the **s** or **en** when coupled with **–zehn** or **–zig**. Also note the difference between the English and German words for *billion* and *trillion*.

eins	**einundzwanzig**	**einhundert**
sechs	**sechzehn**	**sechzig**
sieben	**siebzehn**	**siebzig**
eine Million *a million*	**eine Milliarde** *a billion*	**eine Billion** *a trillion*

- Dates use cardinal numbers and are read in the following way.

1832: achtzehnhundertzweiunddreißig 1945: neunzehnhundertfünfundvierzig

- Ordinal numbers are adjectives that designate the order of things. In German, the ordinal numbers are formed by adding **–t** to the cardinal numbers 4–19 (**viert–**, **fünft–**) and adding **–st** to those from 20 (**zwanzigst–**) on. Since ordinal numbers are adjectives, the appropriate endings must be added.

Der **erste** Weihnachtstag ist am 25. Dezember.
*The **first** day of Christmas is the 25th of December.*

Der **zweite** Weihnachtstag ist am 26. Dezember.
*The **second** day of Christmas is the 26th of December.*

- When using numbers and not words, ordinal numbers are indicated by a period after the cardinal number: **der 1. Januar** for **der erste Januar**. When naming people, Roman numerals are used: **Kaiser Wilhelm II.** for **Kaiser Wilhelm der Zweite**.

ACHTUNG!

When writing dates in German, place the month after the day.

1.5.2015
5/01/2015 (May 1, 2015)

Die Zeit

- Use cardinal numbers with the appropriate preposition to express time.

Das Restaurant ist **um 6 Uhr** morgens geöffnet.
*The restaurant is open **at 6** a.m.*

Die Kaffeestube macht **um Viertel nach 3** auf.
*The coffee shop opens at **a quarter after 3**.*

Die Feier endet **gegen 24 Uhr**.
*The party ends **around midnight**.*

- Official time using a 24-hour clock is used for transportation, events, and official business. The expressions **Viertel**, **halb**, **vor**, or **nach** are not used with official time.

Der Zug wird **um 11 Uhr 45** abfahren.
*The train will leave **at 11:45 a.m.***

Das Programm beginnt **um 8 Uhr 30**.
*The program will start **at 8:30 p.m.***

QUERVERWEIS

In German, adverbs of time come before adverbs of manner and place. If using more than one adverb of a particular type, arrange them from general to specific.

Ich gehe heute Abend um 20 Uhr mit Freunden ins Restaurant.

See **Strukturen 1.1, p. 14**.

Time
Manner
Place

- Ordinal numbers are used to talk about dates and birthdates.

Heute ist **der erste** Mai.
*Today is **the first** of May.*

Ich habe **am siebzehnten** März Geburtstag.
*My birthday is **on the 17th** of March.*

- The following questions can be used when talking about the time at which an event happens.

Time	Date	Year
Wie viel Uhr ist es? *What time is it?*	**Der Wievielte ist heute?** *What is today's date?*	**In welchem Jahr** ist er geboren? *In which year was he born?*
Um wie viel Uhr beginnt das Konzert? *At what time does the concert begin?*	**An welchem Tag** beginnt das Fest? *On what day does the celebration begin?*	

Mengen

- The following phrases designate how much or how many of something is/are needed.

ein Glas *a glass of*	**ein Liter** *a liter of*	**eine Portion** *a portion of*
eine Flasche *a bottle of*	**eine Menge** *a bunch of*	**eine Scheibe** *a slice of*
ein Kilo *a kilo of*	**ein Paar** *a pair of*	**ein Stück** *a piece of*
eine Kiste *a box of*	**eine Packung** *a package of*	**eine Tasse** *a cup of*

- Masculine and neuter nouns that designate quantity do not take a plural, but feminine nouns do. Unlike in English, German does not use the connecting word **von** (*of*).

Singular	Plural
eine Tasse Kaffee *a cup of coffee*	**4 Tassen Kaffee** *4 cups of coffee*
ein Kilo Kartoffeln *a kilo of potatoes*	**2 Kilo Kartoffeln** *2 kilos of potatoes*
ein Liter Wasser *a liter of water*	**3 Liter Wasser** *3 liters of water*

- This table shows the equivalents for these quantities.

Wie viel ist denn das?	
ein Kilo	**2.2 Pfund**
ein Liter	**1.13** ***quart***
ein Kilometer	**0.62 Meilen**
eine Meile	**1.6 Kilometer**

- German uses **Stundenkilometer** or **km/h** to talk about the speed of vehicles.

Weil er sich zur Party verspätete, fuhr er mit 225 **km/h** auf der Autobahn.
*Because he was late to the party, he drove 140 **miles an hour** on the highway.*

ACHTUNG!

Remember that specific times are always in the accusative.

Den ganzen Tag warten die Kinder auf den Weihnachtsmann.
The children wait the whole day for Santa Claus.

ACHTUNG!

The Euro was fully integrated in Germany and Austria in January 2002.

€19,99 is read **19 Euro 99**.

Anwendung

1 

Karneval Kreisen Sie das Wort ein, das zum Satz passt.

1. Am (elften / elfter) November beginnt offiziell die Karnevalssaison.
2. Als ich das (eins / erste) Mal zum Kostümball in Köln ging, verkleidete ich mich als Narr.
3. Der Ball war erst um (dritte / drei) Uhr morgens zu Ende. Er hat uns allen gefallen.
4. In den (sieben / siebten) Tagen vor Aschermittwoch beginnen für uns die großen Feiertage.
5. Wir besuchen den Karnevalsumzug in Köln, der zum ersten Mal am Anfang des (neunzehnten / neunzehn) Jahrhunderts stattfand.
6. Dieser Umzug ist mehr als (sechster / sechs) Kilometer lang.
7. Jedes Jahr kommen ca. (eine Million / Million von) Zuschauer zu diesem Umzug nach Köln.
8. Kein Wunder, dass man Karneval „die (fünfte / fünf) Jahreszeit" nennt!

2

Wir kaufen ein Schreiben Sie die passenden Mengenangaben in die Lücken.

200 Gramm Aufschnitt	500 Gramm Käse
ein bisschen Blumenkohl	6 Stück Apfelstrudel
ein Pfund Kaffee	vier Dosen Thunfisch
ein halbes Kilo Karotten	eine Kiste Mineralwasser

Gestern bin ich mit meinen drei Zimmerkollegen einkaufen gegangen. Wir haben letzte Woche wegen Karneval immer in Kneipen gegessen und jetzt ist der Kühlschrank leer. Maria wollte unbedingt (1) ________ kaufen. Jasmin hat sich (2) ________ ausgesucht. Zum Trinken haben wir (3) ________ genommen. Wir haben auch (4) ________ gekauft, da viele von uns gern Fisch essen. Ich wünschte mir etwas Süßes, deswegen haben wir uns für (5) ________ aus einer Konditorei entschieden. Gemüse wollten wir auch und haben (6) ________ zum Kochen und (7) ________ zum Naschen (to munch on) gekauft. Gott sei Dank haben wir auch das Koffein (caffeine) nicht vergessen! Wir haben (8) ________ gekauft.

3

Feiern wir! Verwenden Sie zu zweit die Satzteile, um neue Sätze zu bauen.

Beispiel **wir / vorbereiten / an der Uni / ein großes Fest / alle zwei Jahre**
Wir bereiten alle zwei Jahre ein großes Fest an der Uni vor.

1. wir / einladen / zum Fest / jedes Jahr / 100 Freunde
2. das Fest / stattfinden / zum 10. Mal / dieses Jahr
3. wir / verlangen / €3 Eintrittsgeld / pro Person
4. mein Freund / kochen / 5 Stunden lang / in der Küche
5. alle / feiern / bei uns / das Fest / einmal im Jahr
6. selten / wir / gehen / ins Bett / vor 4 Uhr morgens

Practice more at **vhlcentral.com.**

KULTURANMERKUNG

Die Konditorei

Brot kauft man beim Bäcker, aber feine Torten und leckeres Feingebäck kauft man in einer Konditorei. Hier werden süßes Brot, Torten, Kuchen, und feines Teegebäck hergestellt. Zu Hausspezialitäten gehören oft Apfelstrudel, Linzer Torte, Baumkuchen und Marzipantorte. Dekoriert werden diese Köstlichkeiten° vom Konditor mit Marzipan, Schokolade und kandierten Früchten. Manchmal gibt es in einer Konditorei nicht nur ein Geschäft, sondern auch ein eigenes Café, wo man vor Ort ein leckeres Stück hausgemachte Torte und einen feinen Kaffee genießen kann.

Köstlichkeiten *delicacies*

Kommunikation

4 **Rezept** Sie haben Omas Rezept gefunden, und jetzt backen Sie zu zweit einen Apfelstrudel. Leider vergessen Sie immer, wie viel Sie von allem brauchen. Lesen Sie zuerst das Rezept, und dann stellen Sie einander Fragen zu den Mengen.

APFELSTRUDEL

Für den Teig (*dough*)
275 g Mehl (*flour*)
1 Prise (*pinch*) Salz
2 Esslöffel Öl
125 ml lauwarmes Wasser

Für die Füllung
1 Kilo Äpfel, geschnitten
75 g Rosinen (*raisins*)
50 g Walnüsse, gehackt (*chopped*)
100 g Zucker
1 Teelöffel Zimt (*cinnamon*)
100 g Butter, geschmolzen
50 g Semmelbrösel (*bread crumbs*)

Zubereitung Alle Zutaten für den Teig in eine Schüssel (*bowl*) geben und mit der Hand mischen. Anschließend 1 EL Öl darüber streichen und ½ Std. ruhen lassen. Die geschnittenen Äpfel mit den Rosinen, Nüssen, Zucker und Zimt in einer Schüssel zusammenrühren. Den Teig auf einem Tuch mit dem Nudelholz und etwas Mehl ausrollen. Die Hälfte der geschmolzenen Butter auf den Teig pinseln (*brush*). Darauf kommen nun die Semmelbrösel und dann die Mischung aus Äpfeln und Rosinen. Man soll mit Hilfe des Tuches den Teig sehr vorsichtig aufrollen. Dann legt man den Strudel auf ein geöltes Backblech und bepinselt ihn wieder mit Butter. In dem auf 200° Celsius vorgeheizten Backofen ca. 45-60 Min. backen. Nach dem Backen abkühlen lassen und mit Puderzucker bestäuben.

Beispiel —Wie viel Mehl brauchen wir?
—Wir brauchen 275 g Mehl.

5 **Unsere Essgewohnheiten** Besprechen Sie zu zweit, wie viel Sie kaufen, was Sie oft zu Hause haben, und was Sie nie zu Hause haben. Verwenden Sie Wörter aus der Liste.

Brathähnchen	Joghurt	Multivitaminsaft
Brokkoli	Kartoffeln	Salat
eingelegter Hering	Knödel	Schokolade
Eintopf	Milch	Wurst

Beispiel —Ich kaufe immer 5 Kilo Kartoffeln, weil ich jeden Tag Kartoffeln esse.
—Wirklich? Ich esse fast niemals Kartoffeln, aber ich habe immer zehn Eier im Kühlschrank.

6 **Das Geburtstagsessen** Sie feiern bald Geburtstag und wollen ein deutsches Abendessen für Ihre Freunde zubereiten. Besprechen Sie zu zweit, was Sie anbieten wollen und was Sie dafür kaufen müssen. Verwenden Sie die Zahlen, die Mengen und die Zeitausdrücke.

Beispiel —Heute machen wir einen köstlichen Sauerbraten.
—Was müssen wir zuerst machen?
—Zuerst kaufen wir 2 Kilo Fleisch.
—Was wollen wir außer dem Braten anbieten?

Synthese

Strategien für die Kommunikation

Der Verkäufer

Darf ich Ihnen helfen? *May I help you?*
Darf es noch etwas sein? *Is there anything else?*
Das kostet zusammen... *That comes to...*
Heute haben wir im Angebot... *Our special today is...*

Der Käufer

Darf ich bitte... *May I please...*
Das reicht. *That's enough.*
Das ist mir zu teuer/zu viel. *That is too expensive/too much.*
Haben Sie eine Tüte? einen Beutel? *Do you have a bag?*

1  **Sprechen wir** **Lesen Sie den Artikel und besprechen Sie die Fragen in Gruppen. Teilen Sie anschließend die Klasse in zwei Gruppen auf. Stellen Sie sich vor, die Hälfte der Student(inn)en arbeitet auf dem Viktualienmarkt, jede(r) an einem Stand. Sie wollen Ihre Produkte verkaufen. Die anderen Student(inn)en gehen einkaufen, und suchen sich etwas aus.**

Der Viktualienmarkt
Kulinarische Tipps

[...] Am Fuße des „Petersbergl" bietet der Markt zahlreiche Geschäfte mit Fleisch- und Wurstwaren, allen voran den einzigen Pferdemetzger Münchens. Käse und Milchprodukte sowie Brot und Backwaren komplettieren das sortenreiche Angebot auf dem Viktualienmarkt. [...]
Vervollständigt wird die kulinarische Vielfalt des Marktes von mehreren Fischgeschäften, zahlreichen Feinkostadressen, Tee- und Honigläden sowie einem ebenso umfangreichen wie vielfältigen Angebot an Weinen und Spirituosen. Überkommt den Marktbesucher spontan der Hunger, so hat er die Möglichkeit, an einem von über 20 Ständen einen Imbiss einzunehmen oder sich im idyllischen „Biergarten am Viktualienmarkt" niederzulassen. Durch sein Angebot, das von traditionellen Spezialitäten bis hin zu exotischen Seltenheiten reicht, ist der Viktualienmarkt zu Münchens erster Adresse für Feinschmecker aus aller Welt geworden.

Autorin: Stefanie H.
Quelle: www.muenchen.de

1. Wie vergleichen Sie das Angebot auf dem Viktualienmarkt mit Waren auf einem anderen Markt?
2. Was für Händler und Produkte gibt es auf dem Viktualienmarkt? Kreisen Sie alle ein, die im Text erscheinen.
3. Welchen Stand möchten Sie gern besuchen? Welchen nicht? Warum?
4. Gibt es in Ihrer Heimat einen Markt wie den Viktualienmarkt?

2 **Schreiben wir** **Schreiben Sie eine Seite über eines von diesen Themen. Verwenden Sie sowohl Reflexivverben mit Akkusativ und Dativ als auch Zahlen, Zeiten und Mengen.**

1. Bayern ist stolz auf sein Essen und seine Traditionen. Wie ist es in Ihrem Land? Gibt es ein Bundesland, das besonders stolz und berühmt ist?
2. Was sind Sie: Vegetarier, Fleischesser oder Veganer? Warum haben Sie sich dafür entschieden? Überlegen Sie sich gute Argumente für Ihre Lebensentscheidung.
3. Soll man Traditionen und Bräuchen folgen? Warum, warum nicht? Welchen, welchen nicht?

Vorbereitung

Wortschatz der Lektüre

anziehen *(here) to attract*
die Bude, -n *stall*
sich laben an (+ Dat.) *to refresh oneself*
taufen *to baptize*
veranstalten *to organize*
sich vermählen mit *to marry*
die Wiese, -n *meadow*

Nützlicher Wortschatz

die Achterbahn, -en *roller coaster*
Eintritt bezahlen *to pay admission*
sich einigen über *to come to an agreement about*
das Motto, -s *theme*
der Wettkampf, -¨e *competition*
zurückgehen auf (+ Akk.) *to date back to*

1 **Volksfest** Vervollständigen Sie die Sätze mit den passenden Wörtern aus den Vokabellisten.

Endlich ist es wieder so weit: Unsere Stadt (1) _______ das jährliche Volksfest. Wussten Sie eigentlich, dass unser Volksfest eine lange Tradition hat und auf die Hochzeit des ersten Bürgermeisters (2) _______? Auch dieses Jahr wird es wieder viele Besucher aus der ganzen Umgebung (3) _______. Es gibt 125 (4) _______, an denen man etwas zu essen, zu trinken, Lose (*lottery tickets*), Kleidung, Spielzeug und viel Kitsch kaufen kann. Und die Besucher können sich an (5) _______ beteiligen (*take part in*); wer bekommt dieses Jahr wohl die meisten Preise? Natürlich gibt es auch mehrere (6) _______ und Karussels für die kleinen Kinder. Es wird also wieder ein Riesenspaß!

2 **Feste** Beantworten Sie die folgenden Fragen zu zweit.

1. Gibt es in Ihrer Heimatstadt ein Fest, das Tradition hat und zu dem viele Menschen gehen? Beschreiben Sie es.
2. Gibt es in Ihrer Familie oder in Ihrer Heimatstadt ein Fest, zu dem man sich besonders anzieht? Beschreiben Sie es.
3. Gibt es im Laufe des Jahres ein Fest, das in Ihrer Familie besonders wichtig ist? Welches? Warum?
4. Gibt es bei Ihnen in der Nähe ein Oktoberfest, einen Weihnachtsmarkt oder ein Maifest? Waren Sie schon einmal dort? Wie war das?
5. Kennen Sie ein Fest, das einen ethnischen Ursprung hat? Welches? Was feiern die Menschen dort und wie?

3 **Traditionsfeste** Schauen Sie sich in Gruppen den Titel der Lektüre und die Bilder auf der nächsten Seite an. Besprechen Sie dann die folgenden Fragen.

1. Um was für Feste handelt es sich hier wohl? Wann finden sie statt?
2. Was können die Besucher dieser Feste alles machen?
3. Kennen Sie Feste, die in Deutschland zu einer bestimmten Zeit im Jahr gefeiert werden? Gibt es solche Feste auch in den USA?

KULTURANMERKUNG

Achterbahnen

Achterbahnen zählen zu den klassischen und größten Attraktionen auf Volksfesten und in Vergnügungsparks°. Sie kamen ursprünglich (im 16. Jahrhundert) aus Russland und waren aus Holz konstruiert. Die Abfahrten wurden mit Wasser übergossen°. Nachdem das Wasser gefroren war, konnten die Wagen darauf hinunter rutschen°. Die erste Achterbahn in Deutschland wurde 1908 in München vorgestellt. Die war aus Holz und hieß die *Riesen-Auto-Luftbahn.*

Vergnügungsparks *amusement parks* **übergossen** *covered* **hinunter rutschen** *slide down*

Feste mit Tradition

Was wäre° ein Jahr ohne Feste? Feiertage bringen Menschen zusammen und vertreiben° die Eintönigkeit° des Alltags. Die Bayern mögen es besonders bunt. Hier werden traditionsträchtige Feste das ganze Jahr über gefeiert – manchmal mit Humor, manchmal mit Besinnlichkeit°, aber immer mit großem Einfallsreichtum°.

Wenn man Ende September in München ist, erlebt man das Oktoberfest. Es ist viel mehr als nur das alljährliche, feuchtfröhliche Volksfest, für das es bekannt geworden ist. Es blickt auf eine 200-jährige Tradition zurück. Am 12. Oktober 1810 vermählte sich Kronprinz Ludwig mit Prinzessin Therese von Sachsen-Hildburghausen. Die offiziellen Feierlichkeiten zur Hochzeit dauerten fünf Tage und ganz München war beteiligt°. Es gab Umzüge, Essen und Trinken und viel Musik. Der krönende Abschluss° war ein Pferderennen auf der Wiese vor der Stadt, das das Bürgertum° veranstaltete. Diese Wiese wurde zu Ehren° der Braut „Theresienwiese" getauft. Der Name ist erhalten° geblieben und da man beschlossen° hat, von nun an jedes Jahr ein Pferderennen zu organisieren, entstand daraus eine bis heute lebendige Tradition der Oktoberfeste.

In den dunklen Dezemberwochen helfen die Traditionen der Adventszeit, den Winter zu überstehen. In Bayern kann man einen Christkindlmarkt besuchen. Weihnachtsmärkte gibt es in fast allen Städten Deutschlands; der von Nürnberg aber ist weit über die Grenzen Bayerns berühmt. Historiker wissen nicht ganz genau, wann der stimmungsvolle Nürnberger Christkindlmarkt seinen Ursprung hat, aber sie vermuten°, dass er sich aus den Wochenmärkten zwischen 1610 und 1639 entwickelt hat. Man feiert die Eröffnung des Marktes am Freitag vor dem 1. Advent auf dem Hauptmarkt in Nürnbergs Altstadt und er geht normalerweise bis zum 24. Dezember. Knapp zwei Millionen Besucher kommen jährlich, um die ca. 180 Verkaufsbuden zu bewundern. Hier kann man sich an weihnachtlichen Backwaren° wie Printen°, Lebkuchen, Spekulatius° und Christstollen° laben und sich mit Glühwein gegen die Kälte wärmen. Auch kann man Dekorationen wie Glaskugeln und Adventssterne für den Weihnachtsbaum und kunsthandwerkliche weihnachtliche Artikel wie Krippen° und Räucherfiguren° kaufen. Meistens gibt es rund um einen großen Weihnachtsbaum Krippenspiele und weihnachtliche Konzerte.

Und wenn die grüne Pracht° des Frühlings endlich wieder ausbricht, laden Maifeste mit Musik rund um den mit einem Blumenkranz° und Bändern° geschmückten° Maibaum zum Tanzen ein. Schon die alten Germanen und Kelten feierten Feste in der Nacht zum Maivollmond°, und literarisch eindrucksvoll wird dies als Walpurgisnacht in Goethes Faust beschrieben, wo Mephistopheles *Faust* am Jahreskreisfest der Hexen° und Naturgeister auf dem Brocken° im Harz teilnehmen lässt. Ursprünglich war auch dies ein Hochzeitsfest – für den germanischen Gott Wotan, der mit Freia den Frühling gezeugt° haben soll. Es war also eine Feier für den Beginn neuen Lebens. Heute ist von Hexen und Wotan keine Spur°, aber die Freude am Frühling ist noch groß und man amüsiert sich und tanzt rund um den Maibaum in den Wonnemonat° Mai.

Kein Zweifel: Traditionen machen das Leben bunter. ■

wäre would be; *vertreiben* drive off; *Eintönigkeit* monotony; *Besinnlichkeit* reflection; *Einfallsreichtum* imagination; *beteiligt* involved; *krönende Abschluss* crowning finale; *Bürgertum* citizenry; *zu Ehren* in honor; *erhalten* preserved; *beschlossen* decided; *vermuten* suspect; *Backwaren* baked goods; *Printen, Spekulatius* spicy Christmas cookies/ cinnamon, almond, and ginger buttery cookies; *Christstollen* Christmas cake with dried fruit, nuts and spices; *Krippen, Räucherfiguren* nativity scenes/ incense smokers; *Pracht* splendor; *Blumenkranz, Bändern* wreath of flowers/ ribbons; *geschmückten* decorated; *Maivollmond* full moon of May; *Hexen* witches; *Brocken* highest mountain in the Harz mountain range; *gezeugt* conceived; *keine Spur* no trace; *Wonnemonat* joyful month

Traditionelle deutsche Tracht°

Die traditionelle süddeutsche Tracht, Dirndl für Frauen und Lederhosen für Männer, sieht man oft als typisch „deutsche" Kleidung an. Lederhosen gibt es als „Kurze", ehemals für Arbeit und Jagd bestimmte Kleidungsstücke, und als „Kniebundhose", die man an Festtagen trug. Dirndl dagegen waren städtische Mode, die Frauen der bürgerlichen Oberschicht° im Sommer anzogen. Es lassen sich aber auch Verbindungen zur Dienstbotentracht° herstellen und das Binden der Schleife° der Schürze° ist symbolträchtig°.

Tracht *costume* **Oberschicht** *upper classes* **Dienstbotentracht** *servants' garb* **Schleife** *bow* **Schürze** *apron* **symbolträchtig** *full of symbolism*

Analyse

1 **Alles klar?** **Verbinden Sie die Satzanfänge der ersten Spalte mit sinnvollen Satzenden aus der zweiten.**

_____ 1. Das Oktoberfest in München geht auf...
_____ 2. Dem Ort für das Pferderennen gaben die Bürger...
_____ 3. Weihnachtsmärkte gibt es...
_____ 4. Der Nürnberger Christkindlmarkt ist wahrscheinlich...
_____ 5. Auf einem Weihnachtsmarkt kann man Backwaren...
_____ 6. Maifeste finden um einen mit...

a. in fast allen Städten Deutschlands.
b. im 17. Jahrhundert aus den Wochenmärkten entstanden.
c. und Weihnachtsdekorationen kaufen.
d. Blumenkränzen und Bändern geschmückten Maibaum statt.
e. die Hochzeit Ludwigs I. am 12. Oktober 1810 zurück.
f. zu Ehren der Braut den Namen „Theresienwiese".

2 **Feste** **Besprechen Sie zu zweit die folgenden Fragen.**

1. Ist es wichtig, dass Sitten und Bräuche erhalten bleiben? Warum, warum nicht?
2. Kennen Sie Feste, die einen geschichtlichen oder kirchlichen Hintergrund haben, jetzt aber hauptsächlich Volksfeste geworden sind? Welche?
3. Haben Sie schon einmal von anderen deutschen, österreichischen oder schweizerischen Festen gehört? Von welchen?
4. Was, glauben Sie, ist das traditionsreichste Fest in den USA? Warum?

3 **Fest-Planung**

A. Sie haben die Aufgabe, ein Fest zu planen, das an Ihrer Uni oder in Ihrer Heimatstadt gefeiert werden und viele Besucher anziehen soll. Einigen Sie sich in Gruppen über folgende Punkte.

- Unter welchem Motto soll das Fest stehen?
- Wo soll das Fest stattfinden? Drinnen oder draußen? Gibt es eine geeignete (*suitable*) Wiese oder Halle dafür? Denken Sie dabei auch an das Klima und die Jahreszeit!
- Was soll es zu essen und zu trinken geben? Kann man dort irgendetwas anderes kaufen?
- Soll es Aufführungen oder Wettkämpfe geben? Welche? Gibt es Preise und Auszeichnungen (*awards*)?
- Soll die Kleidung der Besucher zum Motto der Veranstaltung passen?
- Muss man Eintritt bezahlen? Gibt es Sponsoren für dieses Fest?

B. Präsentieren Sie dann der Klasse Ihren Vorschlag. Sie soll darüber abstimmen, welches Fest das attraktivste ist.

- Was für Unterschiede bzw. Gemeinsamkeiten gibt es zwischen den Vorschlägen?
- Welches Fest wird Ihrer Meinung nach die meisten Besucher anziehen? Warum?
- Wird es viel Geld kosten, so ein Fest zu veranstalten? Wer bezahlt das?

KULTURANMERKUNG

Die Dult

Seit 1310 feiern die Münchner die Dult, ursprünglich ein Kirchenfest, die bis heute ihren einzigartigen Charme aus Trödelmarkt° und authentischem Volksfest bewahrt° hat. Damals wurde sie auf dem Sankt-Jakobs-Platz veranstaltet; 1791 zog sie in die Kaufinger- und Neuhauser-Straße um. 1796 erlaubte Kurfürst Karl Theodor der Au, dem damaligen Vorort Münchens, zweimal jährlich eine Dult zu veranstalten. Seit 1905 findet die Dult dreimal jährlich auf dem Mariahilfplatz in der Au statt: Es gibt die Mai-, die Jakobi- und die Kirchweihdult°.

Trödelmarkt *flea market*
bewahrt *kept*
Kirchweih *church dedication*

Practice more at **vhlcentral.com.**

Vorbereitung

Über den Schriftsteller

Wolfdietrich Schnurre (1920-1989) war ein wichtiger Autor der westdeutschen Nachkriegsliteratur. Er wuchs in Frankfurt und Berlin auf, kämpfte unfreiwillig im 2. Weltkrieg und lebte ab 1946 wieder in Westberlin, wo er als Theater- und Filmkritiker für die *Deutsche Rundschau* arbeitete. Schnurre war Mitbegründer der Gruppe 47, eines literarischen Kreises im Deutschland der Nachkriegszeit. Sein Werk umfasst Erzählungen, Gedichte, Romane, Kurzgeschichten und vor allem auch Kinderbücher. Er wurde mit zahlreichen bedeutenden Literaturpreisen, darunter dem Georg-Büchner-Preis (1983) ausgezeichnet.

Wortschatz der Kurzgeschichte

ausgraben *to dig up*
(ein Fest) begehen *to celebrate*
(sich) (aus)borgen *to borrow*
die Heizung, -en *heating system*
heulen *to cry*
das Leihhaus, -̈er *pawn shop*
der Pfandleiher, - *pawn broker*
der Spaten, - *spade*

Nützlicher Wortschatz

künstlich *artificial*
das Mitleid *compassion*
unter der Hand *on the sly*
die Zuckerstange, -n *candy cane*

1 **Vorbereitung** Vervollständigen Sie den Text mit den passenden Wörtern aus der Liste in ihrer jeweils richtigen Form.

ausgraben	borgen	heulen	Leihhaus	Spaten
begehen	Heizung	künstlich	Mitleid	Zuckerstange

Weihnachten nach dem Krieg zu (1) ________ war nicht einfach für meine Familie. Die Wohnung war im Winter überhaupt nicht warm, weil meine Eltern fast kein Geld für die (2) ________ hatten. Mir war manchmal so kalt, dass ich nur noch (3) ________ konnte. Meine Eltern brachten viele ihrer Möbel ins (4) ________, damit wir überhaupt etwas zu Essen hatten. Aber es gab auch schöne Erinnerungen. Etwa als wir in den Wald gingen und eine Tanne (5) ________, weil wir keine kaufen konnten. Einen (6) ________ mussten wir dafür auch noch (7) ________. Aber wir hatten einen richtig schönen Tannenbaum, mit Lebkuchen und (8) ________ daran, die uns in dem Jahr besonders gut geschmeckt haben.

2 **Feste** Stellen Sie einander die folgenden Fragen.

1. Hast du ein Lieblingsfest? Welches? Warum?
2. Gibt es bestimmte Gebräuche oder Traditionen, die deine Familie an Festtagen pflegt? Beschreib' sie! Warum sind sie so wichtig für deine Familie?
3. Welche kirchlichen und politischen Feiertage kennst du? Was wird an ihnen gefeiert?
4. Was meinst du, sind kirchliche oder politische Feiertage in der heutigen Gesellschaft wichtiger als früher? Warum?

Practice more at **vhlcentral.com.**

KULTURANMERKUNG

Der Tannenbaum

Sich im Winter etwas Grünes ins Haus zu holen hat eine lange Geschichte. Grün steht für Treue, aber auch für das Leben. Damit wird die Hoffnung ausgedrückt°, einen kalten Winter überstehen° zu können. Auch die Farbe rot ist symbolträchtig°. Sie ist die Farbe des Blutes und steht demnach für Liebe und Freude. Damit ist die Grundlage der Farbsymbolik zu Weihnachten geschaffen: der grüne Tannenbaum oder Adventskranz wird häufig mit roten Kerzen oder roten Dekorationen geschmückt.

ausgedrückt *expressed*
überstehen *get through*
symbolträchtig *full of symbolism*

Die Leihgabe

Wolfdietrich Schnurre

Am meisten hat Vater sich jedesmal zu Weihnachten Mühe gegeben. Da fiel es uns allerdings auch besonders schwer, drüber wegzukommen, daß wir arbeitslos waren. Andere Feiertage, die beging man, oder man beging sie nicht; aber auf Weihnachten lebte man zu, und war es erst da, dann hielt man es fest… Weihnachten, sagte er, wäre das Fest der Freude; das Entscheidende wäre jetzt nämlich: nicht traurig zu sein, auch dann nicht, wenn man kein Geld hätte.

[…]

Vater selber gab sich auch immer große Mühe, nicht traurig zu sein um diese Zeit; doch er hatte es aus irgendeinem Grund da schwerer als ich; wahrscheinlich deshalb, weil er keinen Vater mehr hatte, der ihm dasselbe sagen konnte, was er mir immer sagte. Es wäre bestimmt auch alles leichter gewesen, hätte Vater noch seine Stelle gehabt. Er hätte jetzt sogar wieder als Hilfspräparator° gearbeitet; aber sie brauchten keine Hilfspräparatoren im Augenblick. Der Direktor hatte gesagt, aufhalten im Museum könnte Vater sich gern, aber mit Arbeit müßte er warten, bis bessere Zeiten kämen.

assistant taxidermist

„Und wann, meinen Sie, ist das?“ hatte Vater gefragt.

„Ich möchte Ihnen nicht weh tun“, hatte der Direktor gesagt.

[…]

Außerdem: so einen Baum, wie er ihn sich vorstellte, den verschenkte niemand, der wäre Reichtum, ein Schatz wäre der.

Aber im Grunde lebten auch wir nicht schlecht. Denn Frieda versorgte uns reichlich mit Essen, und war es zu Hause zu kalt, dann gingen wir ins Museum rüber; und wenn wir uns alles angesehen hatten, lehnten wir uns unter dem Dinosauriergerippe° an die Heizung, sahen aus dem Fenster oder fingen mit dem Museumswärter ein Gespräch über Kaninchenzucht° an.

dinosaur skeleton / *raising of rabbits*

An sich war das Jahr also durchaus dazu angetan, in Ruhe und Beschaulichkeit° zu Ende gebracht zu werden. Wenn Vater sich nur nicht solche Sorge um einen Weihnachtsbaum gemacht hätte.

tranquility

Es kam ganz plötzlich.

[...]

„Mir fällt eben ein“, sagte Vater, „wir brauchen ja einen Weihnachtsbaum.“ Er machte eine Pause und wartete meine Antwort ab.

„Findest du?“ sagte ich.

„Ja“, sagte Vater, „und zwar so einen richtigen, schönen; nicht so einen murkligen°, der schon umkippt°, wenn man bloß mal eine Walnuß° dranhängt.“

pathetic, puny/tips over/walnut

Bei dem Wort Walnuß richtete ich mich auf. Ob man nicht vielleicht auch ein paar Lebkuchen kriegen könnte zum Dranhängen?

Vater räusperte sich°. „Gott -“, sagte er, „warum nicht; mal mit Frieda reden.“

cleared his throat

„Vielleicht“, sagte ich, „kennt Frieda auch gleich jemand, der uns einen Baum schenkt.“

Vater bezweifelte das. Außerdem: so einen Baum, wie er ihn sich vorstellte, den verschenkte niemand, der wäre ein Reichtum, ein Schatz wäre der.

Ob er vielleicht eine Mark wert wäre, fragte ich.

„Eine Mark -?!“ Vater blies° verächtlich° die Luft durch die Nase: „Mindestens zwei.“

blew/contempuously

„Und wo gibt's ihn?“

„Siehst du“, sagte Vater, „das überleg' ich auch gerade.“

„Aber wir können ihn doch gar nicht kaufen“, sagte ich; „zwei Mark: wo willst du die denn jetzt hernehmen?“

Vater hob die Petroleumlampe auf und sah sich im Zimmer um. Ich wußte, er überlegte, ob sich vielleicht noch was ins Leihhaus bringen ließe; es war aber schon alles drin, sogar das Grammophon, bei dem ich so geheult hatte, als der Kerl hinter dem Gitter° mit ihm weggeschlurft° war.

bars/shuffled away

Vater stellte die Lampe wieder zurück und räusperte sich. „Schlaf mal erst; ich werde mir den Fall durch den Kopf gehen lassen.“

In der nächsten Zeit drückten wir uns bloß immer an den Weihnachtsbaumverkaufsständen herum. Baum auf Baum bekam Beine und lief weg; aber wir hatten noch immer keinen.

„Ob man nicht doch -?“ fragte ich am fünften Tag, als wir gerade wieder im Museum unter dem Dinosauriergerippe an der Heizung lehnten.

„Ob man was?“ fragte Vater scharf.

„Ich meine, ob man nicht doch versuchen sollte, einen gewöhnlichen Baum zu kriegen?“

„Bist du verrückt?!“ Vater war empört. „Vielleicht so einen Kohlstrunk°, bei dem man nachher nicht weiß, soll es ein Handfeger° oder eine Zahnbürste sein? Kommt gar nicht in Frage.“

Kohlstrunk: cabbage stalk; Handfeger: hand broom

Doch was half es; Weihnachten kam näher und näher. Anfangs waren die Christbaumwälder in den Straßen noch aufgefüllt worden; aber allmählich lichteten° sie sich, und eines Nachmittags waren wir Zeuge, wie der fetteste Christbaumverkäufer vom Alex, der Kraftriemen-Jimmy, sein letztes Bäumchen, ein wahres Streichholz von einem Baum, für drei Mark fünfzig verkaufte, aufs Geld spuckte°, sich aufs Rad schwang und wegfuhr.

lichteten: cleared; spuckte: spit

Nun fingen wir doch an traurig zu werden. Nicht schlimm; aber immerhin, es genügte, daß Frieda die Brauen° noch mehr zusammenzog, als sie es sonst schon zu tun pflegte, und daß sie uns fragte, was wir denn hätten.

Brauen: eyebrows

[...]

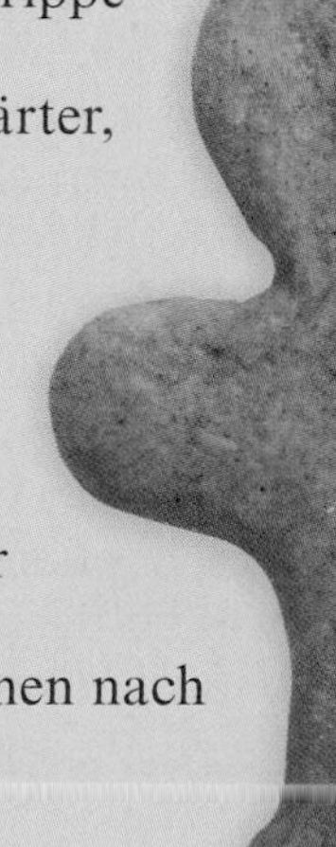

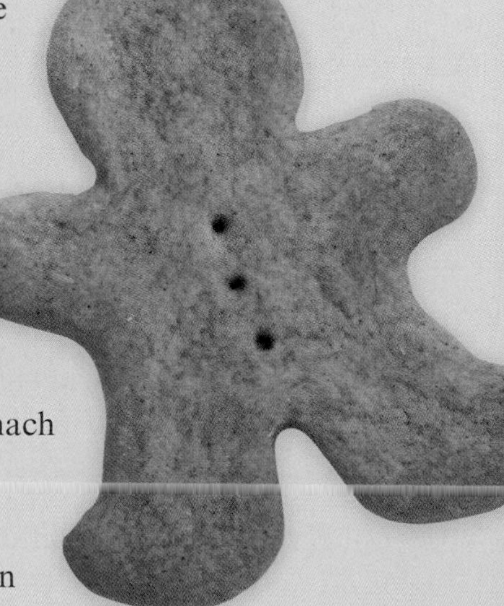

Aber dann – es war der 23. Dezember, und wir hatten eben wieder unseren Stammplatz unter dem Dinosauriergerippe bezogen – hatte Vater die große Erleuchtung°.

Erleuchtung: enlightenment

„Haben Sie einen Spaten?“ fragte er den Museumswärter, der neben uns auf seinem Klappstuhl° eingenickt war.

Klappstuhl: folding chair

„Was?!“ rief der und fuhr auf, „was habe ich?!“

„Einen Spaten, Mann“, sagte Vater ungeduldig; „ob Sie einen Spaten haben.“

Ja, den hätte er schon.

Ich sah unsicher an Vater empor. Er sah jedoch leidlich° normal aus; nur sein Blick schien mir eine Spur unsteter° zu sein als sonst.

leidlich: tolerably; unsteter: restless

„Gut“, sagte er jetzt; „wir kommen heute mit zu Ihnen nach Hause, und Sie borgen ihn uns.“

Was er vorhatte, erfuhr ich erst in der Nacht.

„Los“, sagte Vater und schüttelte mich, „steh auf.“

Ich kroch schlaftrunken über das Bettgitter. „Was ist denn bloß los?“

„Paß auf“, sagte Vater und blieb vor mir stehen: „Einen Baum stehlen, das ist gemein; aber sich einen borgen, das geht.“

„Borgen -?“ fragte ich blinzelnd.

„Ja“, sagte Vater. „Wir gehen jetzt in den Friedrichshain und graben eine Blautanne° aus. Zu Hause stellen wir sie in die Wanne mit Wasser, feiern morgen dann Weihnachten mit ihr, und nachher pflanzen wir sie wieder am selben Platz ein. Na -?“ Er sah mich durchdringend° an.

Blautanne: Blue Spruce; durchdringend: piercingly

„Eine wunderbare Idee“, sagte ich.

Summend und pfeifend gingen wir los; Vater den Spaten auf dem Rücken, ich einen Sack unter dem Arm. Hin und wieder hörte Vater auf zu pfeifen, und wir sangen zweistimmig „Morgen, Kinder, wird’s was geben“

und „Vom Himmel hoch, da komm' ich her". Wie immer bei solchen Liedern, hatte Vater Tränen in den Augen, und auch mir war schon ganz feierlich zumute.

Dann tauchte vor uns der Friedrichshain auf, und wir schwiegen.

Die Blautanne, auf die Vater es abgesehen hatte, stand inmitten eines strohgedeckten Rosenrondells. Sie war gut anderthalb Meter hoch und ein Muster an ebenmäßigem° Wuchs.

well-proportioned

Da der Boden nur dicht unter der Oberfläche gefroren war, dauerte es auch gar nicht lange, und Vater hatte die Wurzeln freigelegt. Behutsam kippten wir den Baum darauf um, schoben ihn mit den Wurzeln in den Sack, Vater hing seine Joppe° über das Ende, das raussah, wir schippten° das Loch zu, Stroh wurde drübergestreut, Vater lud sich den Baum auf die Schulter, und wir gingen nach Hause. Hier füllten wir die große Zinkwanne° mit Wasser und stellten den Baum rein.

jacket/shoveled
tin tub

Als ich am nächsten Morgen aufwachte, waren Vater und Frieda schon dabei, ihn zu schmücken. Er war jetzt mit Hilfe einer Schnur an der Decke befestigt, und Frieda hatte aus Stanniolpapier° allerlei Sterne geschnitten, die sie an seinen Zweigen aufhängte; sie sah sehr hübsch aus. Auch einige Lebkuchenmänner sah ich hängen. Ich wollte den beiden den Spaß nicht verderben; daher tat ich so, als schliefe ich noch. Dabei überlegte ich mir, wie ich mich für ihre Nettigkeit revanchieren könnte.

tinfoil

Schließlich fiel es mir ein: Vater hatte sich einen Weihnachtsbaum geborgt, warum sollte ich es nicht fertigbringen, mir über die Feiertage unser verpfändetes° Grammophon auszuleihen? Ich tat also, als wachte ich eben erst auf, bejubelte° vorschriftsmäßig° den Baum, und dann zog ich mich an und ging los.

in pawn
rejoiced about
according to the rules

Der Pfandleiher war ein furchtbarer Mensch, schon als wir zum erstenmal bei ihm gewesen waren und Vater ihm seinen Mantel gegeben hatte, hätte ich dem Kerl sonst was zufügen° mögen; aber jetzt mußte man freundlich zu ihm sein.

cause

Ich gab mir auch große Mühe. Ich erzählte ihm was von zwei Großmüttern und „gerade zu Weihnachten" und „letzter Freude auf alte Tage" und so, und plötzlich holte der Pfandleiher aus und haute mir eine herunter und sagte ganz ruhig: „Wie oft du sonst schwindelst, ist mir egal; aber zu Weihnachten wird die Wahrheit gesagt, verstanden?" Darauf schlurfte er in den Nebenraum und brachte das Grammophon an. „Aber wehe, ihr macht was an ihm kaputt! Und nur für drei Tage! Und auch bloß, weil du's bist!"

Ich machte einen Diener°, daß ich mir fast die Stirn an der Kniescheibe° stieß; dann nahm ich den Kasten unter den einen, den Trichter unter den anderen Arm und rannte nach Hause.

bowed down/kneecap

Ich versteckte beides erst mal in der Waschküche°. Frieda allerdings mußte ich einweihen°, denn die hatte die Platten°; aber Frieda hielt dicht°.

laundry room
let know/records/ kept her mouth shut

Mittags hatte uns Friedas Chef, der Destillenwirt°, eingeladen. Es gab eine tadellose° Nudelsuppe, anschließend Kartoffelbrei mit Gänseklein°. Wir aßen, bis wir uns kaum noch erkannten; darauf gingen wir, um Kohlen zu sparen, noch ein bißchen ins Museum zum Dinosauriergerippe; und am Nachmittag kam Frieda und holte uns ab.

pub owner
faultless (excellent)/ goose giblets

Den Baum haben wir noch häufig besucht; er ist wieder angewachsen. Die Stanniolpapiersterne hingen noch eine ganze Weile in seinen Zweigen, einige sogar bis in den Frühling.

Zu Hause wurde geheizt. Dann packte Frieda eine Riesenschüssel voll übriggebliebenem Gänseklein, drei Flaschen Rotwein und einen Quadratmeter Bienenstich° aus, Vater legte für mich seinen Band „Brehms Tierleben" auf den Tisch, und im nächsten unbewachten Augenblick lief ich in die Waschküche runter, holte das Grammophon rauf und sagte Vater, er sollte sich umdrehen.

type of cream-filled pastry

Er gehorchte auch; Frieda legte die Platten raus und steckte die Lichter an, und ich machte den Trichter fest und zog das Grammophon auf.

[...]

Aber da ging es schon los. Es war „Ihr Kinderlein kommet"; es knarrte zwar etwas, und die Platte hatte wohl auch einen Sprung, aber das machte nichts. Frieda und ich sangen mit, und da drehte Vater sich um. Er schluckte erst und zupfte sich an der Nase, aber dann räusperte er sich und sang auch mit.

Als die Platte zu Ende war, schüttelten wir uns die Hände, und ich erzählte Vater, wie ich das mit dem Grammophon gemacht hätte.

Er war begeistert. „Na -?" sagte er nur immer wieder zu Frieda und nickte dabei zu mir rüber: „na -?"

Es wurde ein sehr schöner Weihnachtsabend. Erst sangen und spielten wir die Platten durch; dann spielten wir sie noch mal ohne Gesang; dann sang Frieda noch mal alle Platten allein; dann sang sie mit Vater noch mal, und dann aßen wir und tranken den Wein aus, und darauf machten wir noch ein bißchen Musik; dann brachten wir Frieda nach Hause und legten uns auch hin.

Am nächsten Morgen blieb der Baum noch aufgeputzt stehen. Ich durfte liegenbleiben, und Vater machte den ganzen Tag Grammophonmusik und pfiff zweite Stimme° dazu.

whistled the accompanying part

Dann, in der folgenden Nacht, nahmen wir den Baum aus der Wanne, steckten ihn, noch mit den Stanniolpapiersternen geschmückt, in den Sack und brachten ihn zurück in den Friedrichshain.

Hier pflanzten wir ihn wieder in sein Rosenrondell. Darauf traten wir die Erde fest und gingen nach Hause. Am Morgen brachte ich dann auch das Grammophon weg.

Den Baum haben wir noch häufig besucht; er ist wieder angewachsen. Die Stanniolpapiersterne hingen noch eine ganze Weile in seinen Zweigen, einige sogar bis in den Frühling.

Vor ein paar Monaten habe ich mir den Baum wieder mal angesehen. Er ist jetzt gute zwei Stock hoch und hat den Umfang eines mittleren Fabrikschornsteins. Es mutet merkwürdig an, sich vorzustellen, daß wir ihn mal zu Gast in unserer Wohnküche hatten. ■

Analyse

1 Verständnis Verbinden Sie die Satzteile aus der linken Spalte logisch mit denen aus der rechten.

____ 1. Der Vater wollte an Weihnachten nicht traurig sein, aber
____ 2. Sie brauchten einen Weihnachtsbaum,
____ 3. Je näher Weihnachten rückte,
____ 4. Vater und Sohn gingen nach Friedrichshain und
____ 5. Es wurden doch noch schöne Weihnachten,

a. an den man auch Lebkuchen und Walnüsse hängen konnte.
b. gruben eine Blautanne aus.
c. weil sie die Platten auf dem Grammophon abspielten und die Lieder mitsangen.
d. er hatte es schwerer als der Sohn.
e. desto weniger Weihnachtsbäume gab es bei den Verkaufsständen.

2 Interpretation Markieren Sie die richtige Aussage.

1. a. Vater und Sohn waren oft unter dem Dinosauriergerippe, weil der Vater wieder als Hilfspräparator im Museum arbeitete.
   b. Vater und Sohn waren oft unter dem Dinosauriergerippe, weil es bei ihnen zu Hause so kalt war.
2. a. Der Vater war schon öfter ins Leihhaus gegangen, weil er Geld brauchte.
   b. Der Vater war ins Leihhaus gegangen, weil er ein Gammophon kaufen wollte.
3. a. Der Sohn wusste erst nicht, warum sein Vater den Museumswärter um einem Spaten bat.
   b. Der Sohn wusste sofort, wofür der Vater den Spaten haben wollte.
4. a. Der furchtbare Pfandleiher hatte kein Mitleid mit dem Sohn.
   b. Der furchtbare Pfandleiher hatte ein gutes Herz.
5. a. Vater und Sohn wollten den Baum schnell vergessen, damit er sie nicht an Weihnachten in einer schlechten Zeit erinnerte.
   b. Der Sohn geht immer wieder gern zu dem Baum, weil er ihn daran erinnert, wie schön das Weihnachtsfest in der schlechten Zeit gewesen war (*had been*).

3 Die Figuren Wählen Sie die richtige Adjektive für jede Figure.

a. arbeitslos	e. erfindungsreich	i. furchtbar	m. begeistert
b. traurig	f. freundlich	j. verschwiegen	n. musikalisch
c. fürsorglich	g. ungeduldig	k. arm	o. gutherzig
d. schön	h. ebenmäßig	l. nett	p. hoch

- der Sohn
- der Vater
- Frieda
- der Pfandleiher
- der Baum

4 **Fragen zur Geschichte** Stellen Sie einander die folgenden Fragen.

1. Was ist die (finanzielle, berufliche) Situation des Vaters und warum wohl?
2. Was machen der Vater und sein Sohn alles im Museum?
3. Wer ist Frieda?
4. Was, glaubst du, symbolisieren der „Kraftriemen-Jimmy" und der Pfandleiher in der Geschichte?
5. Findest du die Geschichte sentimental? Warum, warum nicht?

5 **Der Geburtstag** Improvisieren Sie zu zweit ein Gespräch: Vater und Sohn reden darüber, wie sie den Geburtstag des Sohnes feiern wollen.

6 **Diskussion** Besprechen Sie in Gruppen die folgenden Fragen.

1. Hat es in Ihrer Familie Zeiten gegeben, in denen es nicht genug Geld für Heizung, Geschenke, vielleicht sogar für Essen gab? Was haben Ihre Familienmitglieder in solchen Zeiten gemacht?
2. Erzählen Sie von einem Fest, dass Sie aus einem bestimmten Grund nicht vergessen können. Was war daran so besonders, dass Sie sich immer daran erinnern werden?
3. Haben Sie schon einmal etwas ins Leihhaus gebracht, oder kennen Sie jemanden, der sowas gemacht hat? Warum?
4. In der Geschichte „Die Leihgabe" erklärt der Vater seinem Sohn, dass es schon in Ordnung ist, die Blautanne aus Friedrichshain auszuborgen. Was halten Sie davon? Darf man sich einfach etwas aus einem öffentlichen Park oder Wald ausleihen?
5. Der Text „Die Leihgabe" wird oft unter dem Thema „Geschichten zu Weihnachten" veröffentlicht. Kennen Sie Geschichten, die zu Weihnachten immer wieder erzählt werden? Welche?
6. Was ist der Sinn solcher Geschichten? Warum werden sie erzählt?

7 **Zum Thema** Schreiben Sie einen Aufsatz von ungefähr 100 Wörtern zu einem der folgenden Themen.

- Mussten Sie schon einmal ein Auge zudrücken, weil jemand etwas getan hat, was eigentlich nicht so ganz legal war? Haben Sie selbst einmal so was gemacht? Beschreiben Sie die Situation. Würden (*Would*) Sie wieder so handeln?
- Der Sohn in der Geschichte ist ins Leihhaus gegangen, um zu versuchen das Grammophon über Weihnachten auszuleihen. Er hasst den Pfandleiher und hat große Angst vor ihm. Aber er hat seinem Vater damit eine riesige Freude gemacht. Haben Sie schon einmal große Widerstände (*resistance*) überwunden, um jemanden eine Freude machen zu können? Wie? Warum?
- Beschreiben Sie ein Fest oder einen Brauch, das/der Ihnen aus Ihrer Kindheit als besonders in Erinnnerung geblieben ist. Was hat Sie damals so beeindruckt (*impressed*)?

KULTURANMERKUNG

Pfandhaus

Hier kann man für Wertgegenstände Kredit bekommen, bis zu 50% des aktuellen Wertes, nicht des Kaufpreises. Dieses Geschäft ist rechtlich verankert°. Wenn der Schuldner° den Kredit und die Zinsen nach einer festgelegten Frist° nicht zurückzahlen kann, darf der Gegenstand nach zehn Monaten versteigert° werden. Wenn der Pfandleiher bei der Versteigerung mehr Geld bekommt als er Kredit gegeben hat, bekommt der Schuldner die Differenz. Wenn er den Gegenstand nicht versteigern konnte, darf der Pfandleiher ihn verkaufen.

rechtlich verankert *anchored in the law* **Schuldner** *debtor* **festgelegten Frist** *predetermined time period* **versteigert** *auctioned*

 Practice more at **vhlcentral.com.**

Anwendung

Vorbereitung: Widerlegung

In **Lektion 1** haben Sie Strategien erlernt, um gute Argumente zur Verteidigung einer These zu schreiben. Eine weitere Strategie ist die der Widerlegung (*refutation*). Hierbei verteidigt man seinen Standpunkt indirekt, in dem man die Position des Gegenarguments untersucht. Anstatt also Argumente zu finden, mit der man seine eigene These verteidigt, versucht man, die Schwächen der Gegenargumente herauszuarbeiten. In einem guten Essay sollten solche Widerlegungen jedoch nur in Verbindung mit anderen Argumenten verwendet werden. Sie dürfen nie das einzige Argument sein. Eine gute Widerlegung:

- soll kein Angriff auf das Gegenargument sein.
- muss auf Beweisen beruhen.

Beispiel

- **These:** Manchmal darf man ein Auge zudrücken, solange kein anderer durch das, was geschieht, zu Schaden kommt.
- **Gegenargument:** Der Zweck heiligt niemals die Mittel (*the ends never justify the means*), selbst wenn es zwingende Gründe geben mag, ein Auge zuzudrücken.
- **Hauptthese:** Es gibt Leute, die argumentieren, dass man niemals ein Auge zudrücken darf. Diese Position ist jedoch extrem unflexibel und berücksichtigt in keiner Weise mildernde Umstände (*extenuating circumstances*), die eingetreten sein können.
- **Beispiel einer Widerlegung:** In der Vergangenheit lassen sich viele Beispiele dafür finden, dass Leute ein Auge zugedrückt oder sogar Gesetze überschritten haben, um ein ehrenwertes Ziel (*honorable goal*) zu erreichen, z.B....

Anwendung **Sehen Sie sich zu zweit Abschnitte der vorhergehenden Lektionen an. Welche Argumente werden implizit oder explizit gemacht? Was wäre (*would be*) ein Gegenargument zu einer dieser Behauptungen (*assertions*)? Welche Argumente ließen sich finden, das Gegenargument zu widerlegen?**

Aufsatz **Wählen Sie eines der folgenden Themen und schreiben Sie darüber einen Aufsatz.**

Voraussetzungen

1. Ihr Aufsatz soll sich inhaltlich mindestens auf einen der vier Teile dieser Lektion (**Kurzfilm**, **Stellen Sie sich vor**, **Kultur** und/oder **Literatur**) beziehen.
2. Ihr Aufsatz soll mindestens zwei Beispiele von Widerlegungen enthalten.
3. Ihr Aufsatz muss mindestens eine Seite lang sein.

1. Sind die Feste heutzutage zu kommerzialisiert? Haben die Menschen vergessen, was an den Festen wirklich gefeiert werden soll?

2. Kann man Traditionen am Leben erhalten und gleichzeitig Fortschritt (progress) und Wandel mit einschließen und begrüßen?

3. Können Stereotype nützlich sein oder führen sie nur zu falschen Spekulationen?

Essen und feiern

In der Küche

der Blumenkohl, -köpfe *cauliflower*
der Braten, - *roast*
der Kartoffelbrei *mashed potatoes*
die Schlagsahne *whipped cream*

braten *to fry; to roast*
eine Kleinigkeit essen *to have a snack*
schälen *to peel*
(gut) schmecken *to taste (good)*
schneiden *to cut up; to chop*
zubereiten *to prepare*

frittiert *deep-fried*
gebraten *fried; roasted*
gedünstet *steamed*
gefroren *frozen*
selbst gemacht *homemade*

Im Restaurant

das Brathähnchen, - *roast chicken*
der Eintopf, -¨e *stew*
die Eisdiele, -n *ice-cream parlor*
die Imbissstube, -n/der Schnellimbiss, -e *snack bar*
die Kneipe, -n *pub; tavern*
die Köstlichkeit, -en *delicacy*
die Reservierung, -en *reservation*
das Schlückchen, - *sip*
das Selbstbedienungsrestaurant, -s *cafeteria*
der Veganer, -/die Veganerin, -nen *vegan*
der Vegetarier, -/die Vegetarierin, -nen *vegetarian*
die Wurstbude, -n *hot-dog/sausage stand*

bestellen *to order; to reserve*
empfehlen *to recommend*
gießen *to pour*

durchgebraten/gut durch *well done*
englisch/blutig *rare*
medium/halbgar *medium rare*
vegetarisch *vegetarian*
zum Mitnehmen *(food) to go*

Regionale Spezialitäten

die rote Grütze, -n *red berry pudding*
der/das Gulasch, -e *beef stew*
der eingelegte Hering, -e *pickled herring*
der Kartoffelpuffer, - *potato pancake*
der Knödel, - *dumpling*
der Sauerbraten, - *braised beef marinated in vinegar*
das Schnitzel, - *meat cutlet*
das Schweinekotelett, -s *pork chop*
die Spätzle *spaetzle; Swabian noodles*

Zum Beschreiben

fade *bland*
hervorragend *outstanding*
köstlich/lecker *delicious*
leicht *light*
pikant *tangy*
salzig *salty*
scheußlich *horrible*
schmackhaft *tasty*
schrecklich *terrible*
widerlich *disgusting*
würzig *spicy*
zart *tender*

Feiertage und Traditionen

der Brauch, -¨e *custom*
das Erbe *heritage; inheritance*
der Fastnachtsdienstag *Shrove Tuesday*
die Feier, -n/die Feierlichkeit, -en *celebration*
die Folklore/die Volkskunde *folklore*
der Heilige Abend/der Heiligabend *Christmas Eve*
der Karneval/der Fasching/die Fastnacht *carnival (Mardi Gras)*
der Ostermontag *Easter Monday*
Ostern *Easter*
Pfingsten *Pentecost*
der Pfingstmontag *Pentecost Monday*
Silvester *New Year's Eve*
die Volksmusik, -en *folk music*
der Volkstanz, -¨e *folk dance*
das Weihnachtsfest, -e/Weihnachten *Christmas*
der Weihnachtsmann, -¨er *Santa Claus*

feiern *to celebrate*
heiligen *to keep holy (tradition)*

kulturell *cultural*
traditionell *traditional*

Kurzfilm

der Bärenhunger *ravenous appetite*
der Bengel, - *rascal*
die Bescherung, -en *gift giving*
das (Lachs)häppchen, - *(salmon) appetizer*
die Kerze, -n *candle*
der Nebenjob, -s *part-time job*
das Plätzchen, - *(Christmas) cookie*
die Rute, -n *rod; switch*
die Verkleidung, -en *disguise*
die Vorfreude, -n *anticipation*

ausufern *to get out of hand*
j-n bestechen *to bribe someone*
j-n erwarten *to expect someone*

schwanger *pregnant*

Kultur

die Achterbahn, -en *roller coaster*
die Bude, -n *stall*
das Motto, -s *theme*
der Wettkampf, -¨e *competition*
die Wiese, -n *meadow*

anziehen *(here) to attract*
Eintritt bezahlen *to pay admission*
sich einigen über *to come to an agreement about*
sich laben an (+ Dat.) *to refresh oneself*
taufen *to baptize*
veranstalten *to organize*
sich vermählen mit *to marry*
zurückgehen auf (+ Akk.) *to date back to*

Literatur

die Heizung, -en *heating system*
das Leihhaus, -¨er *pawn shop*
das Mitleid *compassion*
der Pfandleiher, - *pawn broker*
der Spaten, - *spade*
die Zuckerstange, -n *candy cane*

ausgraben *to dig up*
(ein Fest) begehen *to celebrate*
(sich) (aus)borgen *to borrow*
heulen *to cry*

künstlich *artificial*
unter der Hand *on the sly*

LEKTION 7

Wissenschaft und Technologie

Die Technologie entwickelt sich blitzschnell und unser Leben ändert sich demgemäß (*accordingly*) rapide. Nicht nur können Eltern ihre Kinder per GPS überwachen, auch können unsere Autos uns sagen, wo die nächste Eisdiele ist. Fragen zu den Vorteilen und Nachteilen wissenschaftlichen Fortschritts (*progress*) gibt es viele und sie sind gar nicht so einfach zu beantworten. Ist es moralisch richtig, ein geliebtes Haustier zu klonen? Machen Videospiele und Chatten süchtig (*addicted*)? Verursacht unsere Handy-Leidenschaft das Aussterben der Bienen (*bees*)? Fragen, Fragen und noch mehr Fragen. Was denken Sie?

234 **KURZFILM**
In dem Film *Roentgen* von **Michael Venus** glaubt ein Arzt, dass Röntgenstrahlen eine neue medizinische Wunderwaffe sind. Bei der Arbeit mit der neuen Technologie ignoriert er den Verhaltenskodex medizinischer Forschung.

240 **STELLEN SIE SICH VOR**
Die Römer kommen: Im 1. Jahrhundert waren die Römer drauf und dran (*on the verge*), ganz Europa zu erobern. Natürlich wollten sie auch Germanien. Aber waren die Germanen damit einverstanden?

255 **KULTUR**
Baden-Württemberg: Land des Autos handelt von der Entwicklung des ersten Benzinmotors durch **Karl Friedrich Benz** und seine Konkurrenz mit **Gottlieb Daimler** bis zur heutigen Daimler AG und der Fabrikation des **VW**s bis hin zu **Porsche**.

259 **LITERATUR**
In **Egon Friedells** Geschichte *Ist die Erde bewohnt?* machen sich die Einwohner des Doppelplaneten Cygni darüber Gedanken, ob Leben außerhalb ihres Sonnensystems überhaupt möglich ist.

Reiseziel: Südwest-deutschland

236

256

232 **ZU BEGINN**

242 **STRUKTUREN**

7.1 **Passive voice and alternatives**

7.2 **Imperative**

7.3 **Adverbs**

264 **SCHREIBWERKSTATT**

265 **WORTSCHATZ**

Fortschritt und Forschung

Die Wissenschaftler

der Astronaut, -en/die Astronautin, -nen *astronaut*
der Astronom, -en/die Astronomin, -nen *astronomer*
der Biologe, -n/die Biologin, -nen *biologist*
der Forscher, -/die Forscherin, -nen *researcher*

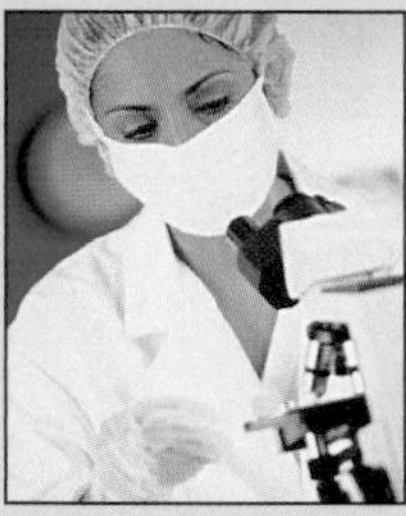

der Geologe, -n/die Geologin, -nen *geologist*
der Informatiker, -/die Informatikerin, -nen *computer scientist*
der (Kern/Nuklear)physiker, -/ die (Kern/Nuklear)physikerin, -nen *(nuclear) physicist*
der Mathematiker, -/die Mathematikerin, -nen *mathematician*
der Zoologe, -n/die Zoologin, -nen *zoologist*

Wissenschaftliche Forschung

die DNS *DNA*
die Entdeckung, -en *discovery*
die Entwicklung, -en *development*
das Experiment, -e *experiment*

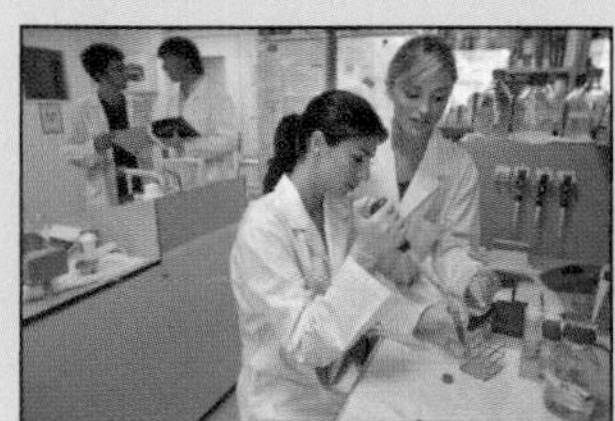

die Forschung, -en *research*
der Fortschritt, -e *progress*
das Gen, -e *gene*
der Impfstoff, -e *vaccine*
das Ziel, -e *aim; goal*

---

beweisen *to prove*
heilen *to cure; to heal*
impfen *to vaccinate*

---

außergewöhnlich *exceptional*
bedeutend *significant*
bemerkenswert *remarkable*

Die Technologie

das (Analog/Digital)signal, -e *(analog/digital) signal*
der Code, -s *code*
die Informatik *computer science*
die Datenbank, -en *database*
das Netzwerk, -e *network*
die Elektronik *electronics*
die Telekommunikation, -en *telecommunication*

das Gerät, -e *device*
die künstliche Intelligenz, -en *artificial intelligence*
die Nanotechnologie, -n *nanotechnology*
die Technik, -en *engineering; technology*
die Robotertechnik, -en *robotics*

---

kabellos *wireless*

Die Elektronikwelt

das Attachment, -s *attachment*
das E-Book, -s *e-book*
die (unerwünschte(n)) E-Mail, -s *(spam) e-mail*
der Rechner, - *computer; PC*
der USB-Stick, -s *flash drive*

---

aktualisieren *to update*
anhängen *to attach*
(he)runterladen *to download*

Probleme und Herausforderungen

die Herausforderung, -en *challenge*
der Moralkodex, -e/-dizes *code of ethics*
die Stammzelle, -n *stem cell*
der Verhaltenskodex, -e/-dizes *code of conduct*

---

klonen *to clone*

---

ethisch *ethical*
umstritten *controversial*
unmoralisch *unethical*
unrecht *wrong*

Anwendung

1

Kategorisch betrachtet Finden Sie das Wort rechts, das am besten zu jeder Gruppe Wörter links passt.

_____ 1. der Code, die Datenbank, das Netzwerk
_____ 2. ethisch, moralisch, richtig
_____ 3. das Experiment, die Entdeckung, die Entwicklung
_____ 4. die künstliche Intelligenz, die Technik, die mechanischen Geräte
_____ 5. der Impfstoff, heilen, die DNS
_____ 6. die Geologin, die Physikerin, die Biologin

a. Wissenschaftlerin
b. Computerwissenschaften
c. Forschung
d. Medizin
e. Moralkodex
f. Robotertechnik

2

Vokabeln unseres Zeitalters Ergänzen Sie jeden Satz mit dem passenden Wort aus der Vokabelliste.

1. Viele Leute streiten über die moralische Richtigkeit von Forschung mit Stammzellen. Das komplexe Thema ist sehr ________.
2. Damit kann man viele schlimme Krankheiten vorbeugen (*prevent*): ________.
3. Die doppelhelixförmige ________ trägt die genetische Information unserer Zellen.
4. Ein ________ ist das Ende, das man erreichen will.
5. Um ihre Hypothese zu verifizieren, muss eine Forscherin ________ machen.
6. Die ________ bestimmen, ob ein Kind grüne oder braune Augen haben wird.

3

Umstrittene Themen

A. **Markieren Sie die Aussagen, die Sie für richtig halten. Zeigen Sie dann zu zweit Ihre Resultate und erklären Sie Ihre Meinungen.**

☐ 1. Moderne Technologie hat unser Leben leichter gemacht.
☐ 2. Die Vorteile von Computern überwiegen die Nachteile.
☐ 3. Technologische Fortschritte sind eigentlich schlecht für die Menschheit.
☐ 4. Für einen Arzt ist es moralisch falsch, einem todkranken Menschen beim Suizid zu helfen.
☐ 5. Wir sollen Stammzellen benutzen, um kranken Menschen zu helfen.
☐ 6. Das Klonen von menschlichen Zellen ist moralisch falsch.

B. **Gehen Sie jetzt alle Aussagen noch einmal durch und stimmen Sie als ganze Klasse ab, ob Sie sie für richtig halten. Danach nehmen Sie das umstrittenste Thema und führen Sie eine Debatte darüber.**

Practice more at **vhlcentral.com.**

Vorbereitung

Wortschatz des Kurzfilms

der Apparat, -e *machine; instrument*
etwas durchdringen *to penetrate something*
einsetzen *to employ*
sich entscheiden *to decide, to make up one's mind*
die Flitterwochen (*pl.*) *honeymoon*
die Menschheit *mankind*
die Schmerzfreiheit *free of pain*
der Strahl, -en *beam, ray*
die Sucht, -¨e *addiction*

Nützlicher Wortschatz

die Behandlung, -en *treatment*
besessen *possessed*
gesundheitsgefährdend *harmful to one's health*
sich herausstellen als *to turn out to be*
der Knochen, - *bone*
das Opfer, - *victim*
röntgen *to X-ray*
zielstrebig *determined*

AUSDRÜCKE

diese Strahlen taugen zur Diagnose *these rays provide a diagnosis*
eine biologische Wirkung hervorrufen *to produce a biological effect*
der wissenschaftliche Beweis *scientific proof*
die Strahlentherapie *radiation therapy*

1 **Was passt zusammen?** Suchen Sie die Wörter, die zu den Definitionen passen.

____ 1. notwendig, um das Skelett zu formen
____ 2. alle Personen der Erde
____ 3. das Licht von der Sonne
____ 4. der Urlaub nach der Hochzeit
____ 5. was man hat, wenn man ohne eine Substanz kaum leben kann
____ 6. die Therapie
____ 7. die Maschine
____ 8. was man fühlt, wenn nichts weh tut

a. die Schmerzfreiheit
b. die Flitterwochen
c. der Knochen
d. die Behandlung
e. die Strahlen
f. der Apparat
g. die Menschheit
h. die Sucht

2 **Vokabelübung** Ergänzen Sie jeden Satz mit dem richtigen Wort oder Ausdruck.

1. Experimente können einen ____________ produzieren.
2. Menschen, die nur ein Ziel haben, arbeiten manchmal wie ____________.
3. Sowohl extremer Drogenkonsum als auch Extremsportarten können ____________ sein.
4. Wenn man eine Wahl trifft, ____________ man sich entweder für eine Möglichkeit oder für eine andere.
5. Die ____________ der Sonne sind warm und können gesund sein.

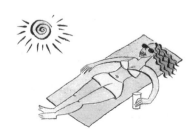

3 **Technik und du** Stellen Sie einander die folgenden Fragen. Besprechen Sie dann die Antworten.

1. Bist du schon einmal geröntgt worden? Warum?
2. Hast du schon einmal an einem medizinischen oder einem anderen Experiment teilgenommen? Warum? Beschreibe es.
3. Glaubst du Ärzten alles, was sie dir sagen? Warum, warum nicht?
4. Wird dein Leben durch neue Technologien immer besser? Warum, warum nicht?
5. Willst du neue Technologien sofort ausprobieren, sobald man sie kaufen kann? Oder wartest du lieber, bis sie etabliert sind? Warum?
6. Hast du schon einmal eine schlechte Erfahrung mit einer neuen Technologie gemacht? Wann? Welche?

4 **Erfindungen in Technik und Medizin** Füllen Sie die Tabelle zu zweit aus. Schreiben Sie positive und negative Aspekte jeder technischen oder medizinischen Erfindung auf.

Erfindungen	Vorteile	Nachteile
das Handy		
die Pestizide (*pl.*)		
das Auto		
die Mikrowelle		
die Antibiotika (*pl.*)		
das Internet		
die Atomenergie		

5 **Was könnte passieren?** Sehen Sie sich in Gruppen die folgenden Bilder aus dem Film an und beantworten Sie dann die Fragen.

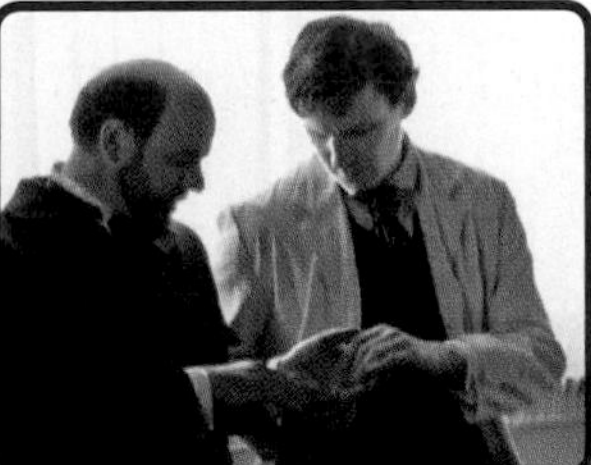

- Wie sehen die Personen aus (physisches Aussehen)?
- Was für Persönlichkeiten können die einzelnen Personen haben?
- Wie können die Beziehungen zwischen den einzelnen Personen sein?
- Denken Sie, dass es sich um private Beziehungen handelt oder dass die Personen Arbeitskollegen sind?
- Wie werden die Personen in dem Film verbunden (*connected*) sein?

Practice more at **vhlcentral.com.**

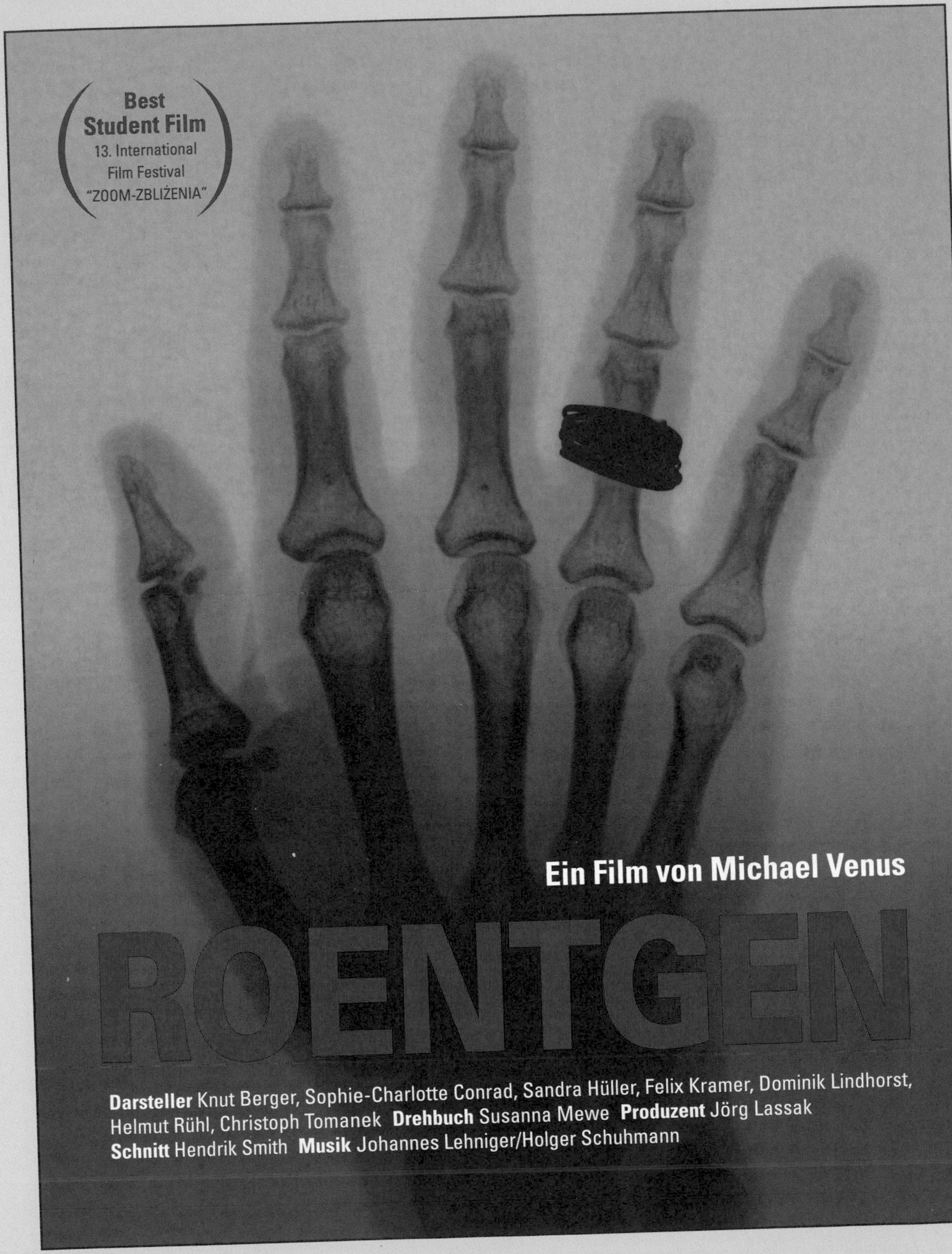

Best Student Film
13. International Film Festival
"ZOOM-ZBLIŻENIA"

Ein Film von Michael Venus

ROENTGEN

Darsteller Knut Berger, Sophie-Charlotte Conrad, Sandra Hüller, Felix Kramer, Dominik Lindhorst, Helmut Rühl, Christoph Tomanek **Drehbuch** Susanna Mewe **Produzent** Jörg Lassak **Schnitt** Hendrik Smith **Musik** Johannes Lehniger/Holger Schuhmann

HANDLUNG *Im Jahr 1896, weniger als ein Jahr nach der Entdeckung der Röntgenstrahlen, fängt ein junger Arzt an, mit dieser neuen Technologie Patienten zu behandeln.*

GEORG Die Zeit wird mir lang werden ohne dich.
CHARLOTTE Dann lass mich dich begleiten.
GEORG Dazu bist du etwas zu dünn angezogen.

GEORG Und das soll er also sein.
GUSTAV Seine Strahlen durchdringen Holz, Kupfer und den menschlichen Körper, als ob derselbe von kristallhellem Spiegelglas wäre°.

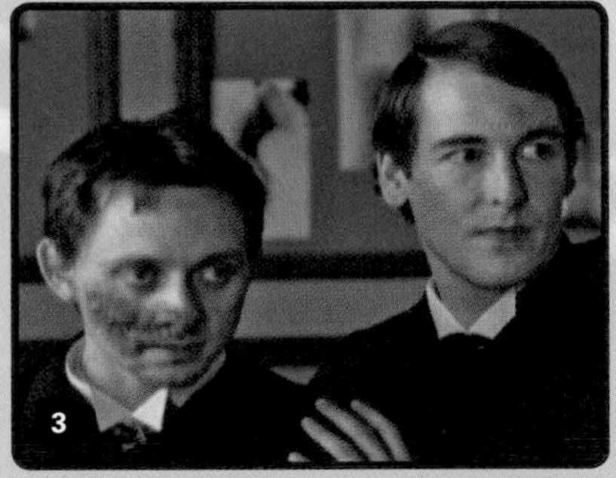

GEORG Infolgedessen haben wir den Patienten über einen Zeitraum von 4 Wochen zweimal täglich bestrahlt, jeweils 15 bis 33 Minuten bei maximaler Annäherung° der Röhre° an die zu bestrahlende Körperpartie bis zu einem Abstand von 6 Zentimetern, wobei ich die Expositionszeit graduell erhöht habe.

GEORG Die Röntgentherapie hat sich als erfolgreich erwiesen bei Erkrankungen der äußeren Haut wie Ekzemen, Schuppenflechten°, Karzinomen, ... Problemen körperlicher wie seelischer° Natur. In den meisten Fällen konnte Heilung, in allen Fällen aber Schmerzfreiheit erreicht werden.

FRIEDRICH Gustav war täglich den Strahlen ausgesetzt und jetzt frisst ihn der Krebs°. Wenn ich an Georgs Stelle wäre, würde ich seine Zauberstrahlen eine Weile ruhen lassen.
CHARLOTTE Sie sind nicht an Georgs Stelle und Sie werden nie an seiner Stelle sein.

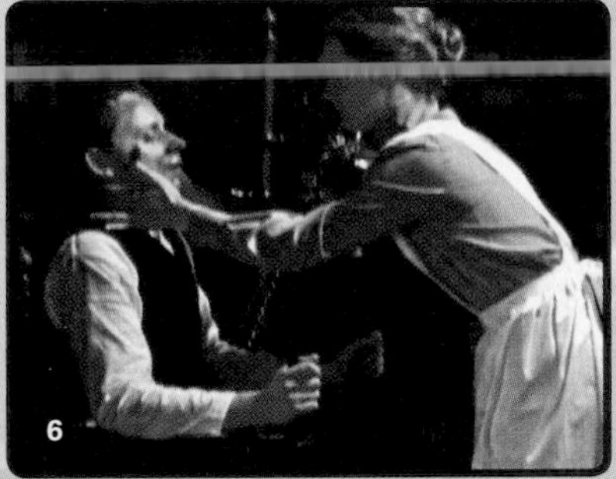

CHARLOTTE Wie geht es Ihnen, Herr Gross?
GROSS Meine Heilung schreitet gut voran. Aber da gibt es so Leute, die sagen, dass die Strahlen gefährlich sind. Dass sie einen vergiften können.
CHARLOTTE Aber wir wissen es besser, nicht wahr?

wäre *would be* **Annäherung** *convergence* **Röhre** *tube* **Schuppenflechten** *psoriasis* **seelischer** *psychological* **Krebs** *cancer*

KULTURANMERKUNG

Röntgen

Am 8. November 1895 entdeckte der deutsche Physiker Wilhelm Conrad Röntgen in Würzburg unsichtbare° Strahlen, die er anfangs X-Strahlen nannte, bevor sie in Röntgenstrahlen umbenannt wurden. Für seine Erfindung wurde Röntgen 1901 mit dem ersten Nobelpreis für Physik ausgezeichnet. Besonders bekannt ist eine seiner ersten Röntgenaufnahmen, ein Bild von der Hand seiner Frau, auf dem der Ehering noch klar zu sehen ist. Nach seinem Tod wurden Röntgens wissenschaftliche Notizen auf seinen eigenen Wunsch hin vernichtet°.

unsichtbare *invisible* **vernichtet** *destroyed*

Beim **ZUSCHAUEN**

Sind die folgenden Sätze **richtig** oder **falsch**?

1. Charlotte und Georg sind sehr verliebt.
2. Georg, Friedrich und Gustav sind Kollegen.
3. Friedrich wird Georgs neuer Assistent.
4. Herr Gross ist Georgs Patient.
5. Es gibt keine Probleme mit den Röntgenstrahlen.
6. Charlotte wird immer einsamer.
7. Georg stirbt wegen der Röntgenstrahlen.
8. Charlotte wird Georgs neue Assistentin.

Analyse

1 **Was passiert wann?** **Bringen Sie die folgenden Sätze in die richtige Reihenfolge.**

____ a. Friedrich hat einen Patienten mit Lupus.
____ b. Gustav wird schwer krank und hört auf, für Georg zu arbeiten.
____ c. Georg versucht, Herrn Gross mit Röntgenstrahlen zu heilen.
____ d. Charlotte wird Georgs Assistentin.
____ e. Friedrich warnt Charlotte, dass Georgs Experiment tödlich ist.
____ f. Georg präsentiert seinen Kollegen das Röntgenexperiment als Erfolg.
____ g. Georg beginnt seine Arbeit mit dem Röntgengerät.

2 **Welcher Satz ist richtig?** **Wählen Sie aus jedem Satzpaar den korrekten Satz. Vergleichen und besprechen Sie dann miteinander Ihre Antworten.**

1. a. Georg und Charlotte sind schon länger verheiratet.
   b. Georg und Charlotte haben gerade erst geheiratet.
2. a. Georg glaubt, dass Gustav ein besserer Arzt ist als Friedrich.
   b. Georg will eigentlich mit Friedrich an dem Röntgenprojekt arbeiten.
3. a. Georg glaubt, dass man mit Röntgenstrahlen fast alles heilen kann.
   b. Georg heilt nur Hautkrankheiten mit Röntgenstrahlen.
4. a. Georgs Arbeit passt in den Verhaltenskodex eines Arztes.
   b. Georg ignoriert alles, was gegen den Erfolg der Röntgentherapie spricht.
5. a. Prof. Klinger bemerkt, dass Georgs Röntgenforschung problematisch ist.
   b. Prof. Klinger redet nicht mit Georg über die Röntgentherapie.
6. a. Herr Gross will mit der Behandlung aufhören.
   b. In der Bevölkerung wird erzählt, dass Röntgenstrahlen problematisch sind.

3 **Fragen** **Vervollständigen Sie jeden Satz gemäß dem Film. Besprechen Sie anschließend Ihre Antworten miteinander.**

1. Georg ist ein Forscher, dem ____ wichtiger ist als alles andere.
   a. der Patient   b. der Fortschritt   c. die Technik   d. die Heilung
2. Friedrich ist als Forscher viel ____ als Georg.
   a. lustiger   b. wissenschaftlicher   c. intelligenter   d. skeptischer
3. Charlotte wird wegen Georgs Arbeit immer ____.
   a. wichtiger   b. verliebter   c. glücklicher   d. einsamer
4. Gustav wird ____.
   a. ein Opfer der Röntgenstrahlen   b. ein berühmter Arzt
   c. ein Morphiumjunkie   d. besser
5. Prof. Klinger ____.
   a. weiß nie, was Georg macht   b. hilft bei den Experimenten
   c. mag Georg nicht   d. wählt die falsche Person
6. Das Experiment mit Gross beweist, dass ____.
   a. Georg ein Genie ist   b. Fortschritt gefährlich sein kann
   c. Röntgenstrahlen immer heilen   d. Georg ein ethischer Arzt ist

4

Die Hauptfiguren

A. Wählen Sie die Wörter aus der Liste, die die Hauptfiguren am besten beschreiben.

besessen	einsam	gemein	umstritten	verrückt
besorgt	ethisch	progressiv	unmoralisch	zielstrebig

B. Vergleichen Sie Ihre Antworten miteinander und besprechen Sie eventuelle Unterschiede.

5

Personenbeschreibungen Besprechen Sie in Gruppen die Szenen der Bilder, indem Sie die Fragen beantworten.

- Warum wählt Prof. Klinger Georg und nicht Friedrich für die Arbeit mit dem Röntgenapparat?
- Warum macht Georg mit den Experimenten trotz der offensichtlich negativen Folgen weiter?
- Warum hilft Charlotte ihrem Mann bei den Experimenten?
- Warum akzeptiert Herr Gross die Behandlung am Ende des Films immer noch?
- Wie verändern sich die Personen im Laufe des Films?
- Was passiert mit den Personen am Ende des Films?

6

Menschen und Forschung Besprechen Sie in Gruppen Ihre Meinung zu den folgenden Fragen.

1. Gibt es andere Beispiele wichtiger wissenschaftlicher Erfindungen, die auch gefährlich waren (und sind)?
2. Was sind Vor- und Nachteile, wenn man zielstrebig ist?
3. Darf man so zielstrebig sein, dass man wichtige Warnsignale ignoriert?
4. Welche Beispiele von medizinischen Behandlungsmethoden gibt es, die anfangs als positiv und harmlos galten, sich aber später als gesundheitsgefährdend herausstellten?

7

Zum Thema Schreiben Sie über eines der folgenden Themen.

1. Es gibt eine seltene Krankheit, über die die Ärzte sehr wenig wissen, aber auch ein Experiment, um die Krankheit zu erforschen und sie eventuell zu heilen. Was sind Vor- und Nachteile einer Teilnahme an einem solchen Experiment?
2. Sie sind Wissenschaftler und machen eine Entdeckung, die aber auch extrem gefährlich ist und den Tod einiger Menschen bedeuten kann. Sie müssen entscheiden, ob Sie heimlich weiter machen oder Ihre Entdeckung bekannt geben. Was sind Argumente dafür oder dagegen?

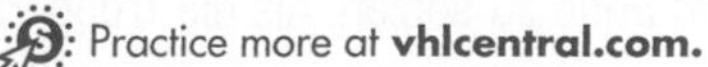
Practice more at **vhlcentral.com.**

STELLEN SIE SICH VOR:

Rheinland-Pfalz, das Saarland und Baden-Württemberg

Die Römer kommen!

Noch mehr…

Bis zur Mitte des 3. Jahrhunderts blieben wesentliche° Teile von der Gegend, die heute Rheinland-Pfalz ausmacht, in römischer Hand. Dort blühten römische Städte auf°, inklusive Augusta Treverorum. Heute heißt diese Stadt **Trier**, die Römer sind verschwunden°, aber die **Porta Nigra**, ein großes Sandsteintor, steht noch heute als Erinnerung an das römische Kapitel der deutschen Geschichte.

Europa, 55 v. Chr.: Die Parole° der Zeit war „veni, vidi, vici°". **Julius Caesar** war Führer der römischen Armee. **Das römische Imperium** hatte sich wie ein Lauffeuer° durch Europa verbreitet°. Es erstreckte sich um das Mittelmeer und nun fiel auch **Gallien**° den Römern in die Hände.

Aber östlich des **Rheins** trafen die Römer auf fürchterliche Krieger und großen Widerstand. Der Fluss fungierte° als eine Barriere, die die Ausbreitung des Reiches eindämmte°. Die Wälder im Osten waren bevölkert von „barbarischen" Stämmen°, zumeist groß gewachsenen° Germanen, die aus dem Norden gekommen waren und in kleinen Siedlungen lebten. Die Römer sahen sie als Wilde; sie waren aber meisterhafte Landwirte, Hirten und Handwerker mit eigenem Wertesystem°.

Zu jener Zeit stifteten die Stämme gern Unruhe° in Caesars Gallien. Und als Antwort darauf legte Caesar eine grandiose Machtdemonstration ab. Er ließ in nur 10 Tagen nahe **Koblenz** die erste Brücke über den Rhein bauen – eine technische Hochleistung°, denn das Wasser ist dort stellenweise° mehr als 9 m tief. Caesar kam, er sah, er ging nach Hause – auf der östlichen Rheinseite setzten die Soldaten ein paar Dörfer in Brand°, kehrten aber bald nach Gallien zurück und zerstörten die Brücke.

Im Jahr 44 v. Chr. starb Caesar in Rom, aber sein Nachfolger° Augustus eroberte° schließlich das Land jenseits° des Rheins. Bis 9 v. Chr. fiel Germania Magna in römische Hände. Die Barbaren – vereint in ihrem Wunsch, die Römer zu vertreiben – akzeptierten ihre römischen Herrscher allerdings nicht. Immer wieder gab es Aufstände°.

In der berühmten **Schlacht° im Teutoburger Wald** (9 n. Chr.) gelang° es den Germanen, der römischen Besatzung° in Germania Magna ein Ende zu setzen. Als die Truppen

von General **Varus** in den Wald marschierten, warteten dort bereits versteckte° germanische Krieger. Etwa 20.000 römische Soldaten starben; viele wurden in Gefangenschaft genommen° und den germanischen Göttern geopfert°. Die unschlagbaren° Römer waren geschlagen; sie zogen sich gedemütigt° aus Germania Magna zurück°. Das war zwar noch lange nicht die letzte Schlacht zwischen den Römern und den Germanen, aber die **Donau** und der **Rhein** waren von nun an mehr oder weniger als Grenzen des römischen Reiches etabliert.

Die Römer kamen und gingen. Ihr Einfluss ist noch heute spürbar°. Zahlreiche Errungenschaften wie Weinbau, Christentum und medizinisches Wissen wurden von den Römern nach Deutschland gebracht, und zerbröckelte° Ruinen verweisen auf° eine komplexe, längst vergangene Geschichte voller Austausch und Intrigen.

Parole *slogan* **veni vidi vici** *I came, I saw, I conquered (Latin)* **Lauffeuer** *wildfire* **verbreitet** *spread* **Gallien** *Gaul* **fungierte** *functioned* **Ausbreitung… eindämmte** *contained the spreading* **Stämmen** *tribes* **groß gewachsenen** *tall* **eigenem Wertesystem** *own value system* **stifteten… Unruhe** *caused trouble* **Hochleistung** *great achievement* **stellenweise** *in places* **setzten… in Brand** *set fire to* **Nachfolger** *successor* **erorberte** *conquered* **jenseits** *beyond* **Aufstände** *insurrections* **Schlacht** *battle* **gelang** *succeeded* **Besatzung** *occupation* **versteckte** *hidden* **in Gefangenschaft genommen** *taken prisoner* **geopfert** *sacrificed* **unschlagbaren** *unbeatable* **gedemütigt** *humiliated* **zogen sich… zurück** *withdrew* **spürbar** *can be felt* **zerbröckelte** *crumbling* **verweisen auf** *point to* **wesentliche** *significant* **blühten… auf** *flourished* **verschwunden** *disappeared*

Entdecken wir…

Die allererste Autofahrt Im Jahre 1888 gab es keine Autobahn und keine Tankstellen, aber **Bertha Benz** fuhr die 105 Kilometer von **Mannheim** nach **Pforzheim**. Der Motorwagen, erfunden von Berthas Mann **Karl Benz** und 1885 patentiert, war bis dahin° immer nur sehr kurze Strecken gefahren, aber Bertha wollte zeigen, was man mit einem Automobil alles machen kann. Heute kann man auf der *„Bertha Benz Memorial Route“* den Spuren° der mutigen und technisch begabten° Frau folgen.

Eine Alhambra für Tiere Im **Wilhelma** Zoo in **Stuttgart**, sind die ca. 8.000 Tiere nicht die einzigen Sehenswürdigkeiten. Der Zoo steht in einer Parkanlage mit botanischen Gärten und Gebäuden im maurischen Stil – ein Nachlass° von König **Wilhelm I.** (1781-1864) von Baden-Württemberg. Der Zoo hat die einzige Aufzuchtstation° Europas für Menschenaffen°. Menschenaffenbabys, die in anderen Zoos von ihren Müttern abgelehnt° worden sind, werden hier liebevoll großgezogen°.

bis dahin *up till then* **den Spuren** *in her tracks* **begabten** *gifted* **Nachlass** *estate* **Aufzuchtstation** *nursery* **Menschenaffen** *apes* **abgelehnt** *rejected* **werden… großgezogen** *are raised*

Was haben Sie gelernt?

Richtig oder falsch? Sind die Aussagen **richtig** oder **falsch**? Stellen Sie die falschen Aussagen richtig.

1. Die Römer besaßen (*possessed*) im Jahre 55 vor Christus ganz Germanien.
2. Die Germanen gewannen die Schlacht im Teutoburger Wald.
3. Die Römer hatten einen großen Einfluss auf die deutsche Kultur.
4. Bertha Benz hat den ersten Motorwagen geschaffen.
5. Karl Benz ist bei Berthas Reise von Mannheim nach Pforzheim nicht mitgefahren.
6. Die Wilhelma hat den einzigen Menschenaffen in Europa.

Fragen Beantworten Sie die Fragen.

1. Wer lebte zu Caesars Zeiten östlich des Rheins?
2. Was war eine Folge (*consequence*) der Schlacht vom Teutoburger Wald?
3. Was ist die Porta Nigra?
4. Wofür ist Bertha Benz bekannt?
5. Warum war Berthas Reise etwas wagemutig (*daring*)?
6. Was kann man in der Wilhelma sehen, außer Tiere?
7. Welche Menschenaffenbabys kommen aus anderen Zoos nach Stuttgart?

Projekt

Das Saarland hat eine abwechslungsreiche Geschichte. Suchen Sie Antworten im Internet auf die folgenden Fragen.

- An welche Länder und Bundesländer grenzt das Saarland?
- Zu welchem Königreich gehörte das Saargebiet in den Jahren 1680-1697?
- Was war die offizielle Währung (*currency*) des Saarlands in der Nachkriegszeit?
- Wann wurde das Saarland schließlich Teil der Bundesrepublik Deutschland? Wie kam das zustande?
- Können Sie andere interessante Infos zum Saargebiet finden?

Teilen Sie Ihre Suchergebnisse mit der Klasse.

7.1

Passive voice and alternatives

*—**Ist** denn das schon mal **gemacht worden**?*

Passive voice

- Most statements use the active voice to indicate that someone is performing an action (*John paints the house.*). The passive voice is also commonly used in German to express an action that is being done, without necessarily indicating who is performing the action (**Das Haus wird [von Hans] angestrichen.**). In a passive voice sentence, the preposition **von** is used if the person performing the action is designated.

Active	Passive
Der Wissenschaftler **erfand** einen Impfstoff. *The scientist **discovered** a vaccine.*	Ein Impfstoff **wurde** (von dem Wissenschaftler) **erfunden**. *A vaccine **was discovered** (by the scientist).*
Die Geologin **findet** Erdöl in der Wüste. *The geologist **finds** oil in the desert.*	Erdöl **wird** (von der Geologin) **gefunden**. *Oil **is found** (by the geologist).*

- To transform an active sentence into a passive sentence, use the direct object of the active sentence as the subject of the passive sentence.

Der Zoologe füttert **die Tiere**.
*The zoologist feeds **the animals**.*

Die Tiere werden von dem Zoologen gefüttert.
***The animals** are fed by the zoologist.*

- The passive voice is formed using the appropriate form of **werden** with the past participle of the active sentence's main verb. In the present perfect tense, the past participle **geworden** drops the **ge–** in the passive.

Werden + Partizip	
Präsens	Die Webseite **wird** aktualisiert. *The website is (being) updated.*
Perfekt	Die Datei ist heruntergeladen **worden**. *The file has been downloaded.*
Präteritum	Das Gerät **wurde** repariert. *The device was (being) repaired.*
Futur	Das Gen **wird** entdeckt **werden**. *The gene will be discovered.*
Plusquamperfekt	Der Artikel **war** geschrieben **worden**. *The article had been written.*
Modalverben	Die Datenbank **muss** aktualisiert **werden**. *The database has to be updated.*

ACHTUNG!!

A sentence using a predicate adjective in the past uses **war**. A passive action in the past uses **wurde** [+ *participle*].

Das Problem war schwierig.
The problem was difficult.

Das Problem wurde gelöst.
The problem was solved.

QUERVERWEIS

For more on the past perfect tense (**Plusquamperfekt**), see **Strukturen 10.1, pp. 354-355**. For more on modal verbs, see **Strukturen 8.2, pp. 282-283**.

- When used in subordinating clauses, the conjugated verb is in the last position of the clause.

Der Forscher hofft, **dass** das Gen bald entdeckt werden **wird**.
The researcher hopes that the gene will be discovered soon.

Die Kernphysikerin glaubt daran, **dass** Kernenergie erforscht werden **muss**.
The nuclear scientist believes that atomic energy has to be researched.

- **Von** is used in a passive sentence to designate *who* is performing the action. **Durch** is used to designate *what* causes the action or how it is accomplished.

Die Patienten wurden **von** dem Arzt geheilt.
*The patients were healed **by** the doctor.*

Die Patienten wurden **durch** den Impfstoff gerettet.
*The patients were saved **by** the vaccine.*

- The subject of the passive sentence is in the nominative *unless* the verb requires the dative.

Der Mann wird geheilt.
The man is (being) cured.

Dem Mann wird gratuliert.
The man is (being) congratulated.

- The impersonal passive is used to describe actions when the agents are not known or are not important. In this case, the word **es** is used as a neutral subject. This is equivalent to the English use of a generic subject like *people*, *they*, or *one*, or the phrase *there is/are*.

Es wird im Labor viel gearbeitet.
People work hard in the lab.

Es wurde über den Moralkodex diskutiert.
They discussed the code of ethics.

Alternatives to passive

- German has several forms that are considered alternatives to passive. As in true passive, it is not always clear who is doing the action.

Alternatives to passive

	Alternatives	Passive voice
man	**Man** arbeitet mit Nanotechnologie. *One is working with nanotechnology.*	Hier wird mit Nanotechnologie gearbeitet. *They work with nanotechnology here.*
sich + verb	Das E-Book **verkauft sich** gut. *The e-book sells well.*	Das E-Book wird von den Studenten gekauft. *The e-book is bought by the students.*
sich lassen + infinitive	Die künstliche Intelligenz **lässt sich** nicht leicht erklären. *Artificial intelligence is not easy to explain.*	Die künstliche Intelligenz wird nicht leicht erklärt. *Artificial intelligence is not easily explained.*
sein + zu + infinitive	Die Robotertechnik **ist** schwer **zu** verstehen. *Robotics is difficult to understand.*	Die Robotertechnik wird nur schwer verstanden. *Robotics is understood with difficulty.*

Anwendung

1 **Das Krankenhaus** Sehen Sie sich das unterstrichene Verb an und entscheiden Sie, ob das Verb in einer **Passiv**- oder **Aktivkonstruktion** vorkommt.

Aktiv	Passiv	
☐	☐	1. Gestern bin ich hingefallen.
☐	☐	2. Ich musste zum Krankenhaus gebracht werden.
☐	☐	3. Dort hat der Arzt mich untersucht.
☐	☐	4. Es wurde viel über mein Bein diskutiert.
☐	☐	5. Endlich sind wir in ein dunkles Zimmer gegangen.
☐	☐	6. Dort bin ich geröntgt worden.
☐	☐	7. Ich hatte mir tatsächlich das Bein gebrochen!
☐	☐	8. Das werde ich nie vergessen.

2 **Das Weltall** Schreiben Sie den Satz ins Passiv um.

1. Die Menschen sehen den Mond.
2. Die Astronauten beobachten die Erde.
3. Man macht Fotos.
4. Die Medien veröffentlichen die Bilder.
5. Die Journalisten schreiben einen Bericht über das Ereignis.
6. Die Leute streiten über das Leben auf dem Mond.
7. Das Raumschiff (*spaceship*) umkreist dreimal die Erde.
8. Die Astronauten planen eine zweite Mondreise.

3 **Unsere Elektronik** Kombinieren Sie in Gruppen die Satzteile, indem Sie neue Sätze im Passiv bilden.

der USB-Stick	finden	von den Wissenschaftlern
die E-Mail	kaufen	von den Studenten
das Attachment	schicken	durch Wasser
der Rechner	verlieren	von meinem kleinen Bruder
der iPod	zerstören	durch das Netzwerk

Practice more at **vhlcentral.com.**

Kommunikation

4 **Berühmte Deutsche** Verwenden Sie zu zweit die Beschreibungen unten, um einander Fragen zu diesen wichtigen Ereignissen zu stellen. Verwenden Sie das Passiv und **man**.

Beispiel —Wann hat man die erste Bibel gedruckt?
—Man hat sie im Jahre 1456 gedruckt.
—Von wem wurde sie gedruckt?
—Sie wurde von Johannes Gutenberg gedruckt.

1456: Johannes Gutenberg druckt die erste Bibel.
1885: Karl Benz baut das erste Benzinauto.
1895: Wilhelm C. Röntgen entdeckt unsichtbare Strahlen.
1900: Graf Ferdinand von Zeppelin erfindet das Luftschiff, das später Zeppelin heißt.
1905: Albert Einstein entwickelt die Relativitätstheorie.
1963: Rudolf Hell stellt den ersten Scanner vor.
1969: Jürgen Dethloff erfindet zusammen mit Helmut Gröttrup die Mikroprozessor-Karte (*microchip card*), die für die Bankindustrie und für den Mobilfunk sehr wichtig wird.
1987: Wissenschaftler am Fraunhofer-Institut entwickeln ein neues Audioformat, das mp3-Verfahren.

5 **Bedeutende Erfindungen** Besprechen Sie in Gruppen Erfindungen, die in Ihrem Leben von großer Bedeutung waren. Erklären Sie auch warum. Verwenden Sie das Passiv und Alternativen zum Passiv.

6 **Nachrichten**

A. Arbeiten Sie zu zweit, wählen Sie eines der Themen aus und schreiben Sie einen Artikel darüber. Verwenden Sie die angegebenen Wörter und Passivformen.

Ein Leben ohne Technologie?
das Internet, Kontakt aufrechterhalten (*to stay in touch*), aktualisieren, die Entwicklung, stressig, bedeutend
Stammzellforschung: Ethisch oder unmoralisch?
die DNS, das Gen, die Forschung, ethisch, unmoralisch, umstritten, heilen, klonen
Lebewesen auf anderen Planeten
das Weltall, die Planeten, die künstliche Intelligenz, die Entdeckung, überleben, vermehren, außergewöhnlich

B. Arbeiten Sie jetzt in Gruppen. Stellen Sie sich vor, Sie sind Reporter(innen) im Fernsehen. Jede Gruppe berichtet über ihr Thema. Einige Student(inn)en arbeiten als Live-Reporter(innen), die ein Interview zum Thema führen.

KULTURANMERKUNG

Die Fraunhofer-Gesellschaft

Die Fraunhofer-Gesellschaft besteht aus mehr als 80 Instituten weltweit, wovon 59 in Deutschland sind. Die Gesellschaft wurde kurz nach dem zweiten Weltkrieg in München gegründet, im Jahre 1949. Das Ziel der Gesellschaft war, der wissenschaftlichen Forschung Geld und Unterstützung zu geben. Heute gehören zur Mission der Fraunhofer-Gesellschaft die praktische Anwendung der Wissenschaft und internationale Zusammenarbeit.

7.2

Imperative

—***Hab*** *dich nicht so!* ***Zeig*** *her!*

- The imperative is used to give commands or suggestions. In German, there are two types of second-person commands, formal and informal, and there are singular and plural forms of each.

Such dir ein interessantes Buch aus!
Pick out *an interesting book for yourself!*

Findet ein Heilmittel gegen Krebs!
Find *a cure for cancer!*

Fliegen Sie hoch in den Himmel!
Fly *high in the sky!*

- The imperative for the formal **Sie**, whether singular or plural, is the inverted **Sie**-form of the present indicative.

Sie warten.	**Warten Sie!** *Wait!*
Sie fahren.	**Fahren Sie!** *Drive!*
Sie sprechen leise.	**Sprechen Sie leise!** *Speak softly!*

- The imperative form for **ihr** is the **ihr**-form of the verb without the pronoun **ihr**.

Ihr amüsiert euch.	**Amüsiert euch!** *Have fun!*
Ihr wartet.	**Wartet!** *Wait!*
Ihr seht fern.	**Seht fern!** *Watch TV!*

- To form the **du**-form of verbs whose stems end in **–s** or **–t** (such as **lesen** or **arbeiten**), drop the **–st** or the **–t** from the present indicative **du**-form. If the **du**-form has an **Umlaut** in the present tense, drop the **Umlaut**. As with the **ihr**-form, the pronoun is not used for the imperative of **du**.

du lachst	lach~~st~~	**Lach!** *Laugh!*
du wartest	wartes~~t~~	**Warte!** *Wait!*
du fährst	fährst (Umlaut and ~~st~~ struck)	**Fahr!** *Drive!*
du liest	lies~~t~~	**Lies!** *Read!*
du arbeitest	arbeite~~st~~	**Arbeite schneller!** *Work faster!*

- Verbs whose stem ends in **–d**, **–t**, **–ig**, **–m**, and **–n** preceded by a consonant other than **-l-** or **-r-**, keep the **–e** in the imperative. Also, if the infinitive of the verb ends in **–eln**, the imperative ending **–e** must be maintained. With all other verbs, the final **–e** in the imperative is optional.

entschuldigen	**Entschuldige mich!** *Excuse me!*
impfen	**Impf(e) die Kinder!** *Vaccinate the children!*
klingeln	**Klingle laut!** *Ring loudly!*
ändern	**Änd(e)re deine Meinung!** *Change your opinion!*
kommen	**Komm(e)!** *Come!*
stören	**Stör(e) mich nicht!** *Don't bother me!*

- German expresses the first person plural command (*Let's…*) by inverting the first person plural present indicative form.

Wir gehen. > **Gehen wir!** *Let's go!*
Wir beeilen uns. > **Beeilen wir uns!** *Let's hurry up!*

- The verb **sein** is irregular in the imperative. Its forms derive from the infinitive of the verb and not from the conjugations.

du: **Sei** endlich pünktlich!
Sie: **Seien** Sie endlich pünktlich! > ***Be*** *on time for once!*
ihr: **Seid** endlich pünktlich!

wir: **Seien** wir endlich pünktlich! > ***Let's be*** *on time for once!*

- The verbs **haben** and **werden** are irregular in the **du**-form of the imperative.

Du hast keine Angst. > **Hab(e) keine Angst!** *Don't be afraid!*
Du wirst gesund. > **Werde gesund!** *Get healthy!*

- Impersonal commands are used to convey messages in signs and advertising. Impersonal commands use the **du**-form of the imperative, the infinitive or the participle of the verb.

Impersonal commands	
du-form	**Trink** fettarme Milch! *Drink skim milk!* **Kauf(e)** beim Bioladen! *Shop at the natural foods store!*
infinitive	Bitte nicht **rauchen**! *Please do not smoke!* Rasen nicht **betreten**! *Do not walk on the grass!*
participle	**Aufgepasst**! *Pay attention!* Schnell **eingestiegen**! *Get in quickly!*

- In negative commands, the word **nicht** directly follows the verb and/or the personal pronoun.

Geh weg! > Geh **nicht** weg! *Don't go away!*
Kommen Sie! > Kommen Sie **nicht**! *Don't come!*
Gehen Sie nach Hause! > Gehen Sie **nicht** nach Hause! *Don't go home!*
Bleiben wir zu Hause! > Bleiben wir **nicht** zu Hause! *Let's not stay at home!*

- In commands formed from separable prefix verbs, the prefix goes to the end of the phrase.

Rufen Sie nicht **an!**
Don't call!

Kommt gut **an!**
Arrive safely!

Geh schnell **zurück!**
Go back quickly!

- Commands in German are often coupled with **mal** or **doch mal**. **Mal** softens the command when it would otherwise consist of one single word and would sound too harsh. **Doch**, used alone with a command, conveys friendly encouragement. But when combined with **mal**, the tone is more pleading. The word **bitte** is often used in conversational commands.

Komm **mal!**
Come!

Komm **doch** mit!
Come on!

Komm **doch mal** mit!
Why don't you come along this time?

Komm **bitte** vor 8 Uhr an!
Please *come before 8 o'clock!*

Anwendung

1 **Im Labor** Setzen Sie das Verb in die richtige Imperativform.

Beispiel **du / sein: Sei ruhig!**

1. Sie / arbeiten: ________________ mit den freundlichen Kollegen.
2. ihr / sprechen: ________________ langsam mit den Ausländern.
3. du / schreiben: ________________ einen wichtigen Bericht.
4. Sie / haben: ________________ Geduld mit den neuen Leuten.
5. ihr / sein: ________________ nett zu den Studenten.
6. du / nehmen: ________________ alle Kollegen auf die Konferenz mit.

2 **Im Elektrogeschäft** Sie gehen zusammen mit Ihren Freunden und Ihren Eltern ins Elektrogeschäft, um sich neue Geräte anzusehen. Verwenden Sie den Imperativ mit Ihrer Familie und Ihren Freunden.

Beispiel **Sag deiner Schwester, sie soll sich einen Laptop kaufen.**
Kauf dir einen Laptop!

1. Sag deinem Freund, er soll sich die teuren Plasmafernseher ansehen.
2. Sag deiner Freundin, sie soll viel Geld mitbringen.
3. Sag deiner Mutter, sie darf die Kreditkarte nicht vergessen.
4. Sag dem Verkäufer, er soll dir die Geräte billiger verkaufen.
5. Der Verkäufer sagt Ihnen, Sie sollen realistischer sein.
6. Sag deinen Freunden, ihr wollt jetzt alle zusammen weitergehen.

3 **Martins neue Entdeckung** Bilden Sie zu zweit aus den folgenden Satzteilen Ratschläge für Ihren guten Freund Martin, der eine neue Entdeckung machen will.

Beispiel **mit anderen Kollegen sprechen**
Sprich mit anderen Kollegen.

1. an der Universität arbeiten ________________
2. sich etwas überlegen ________________
3. ein Experiment machen ________________
4. die Idee ausprobieren ________________
5. ethisch sein ________________
6. die Theorie beweisen ________________
7. das Patent anmelden ________________
8. erfolgreich werden ________________

4 **Unsere Vorschläge** Geben Sie zu zweit den folgenden Leuten Rat. Verwenden Sie **mal** oder **doch** in Ihrer Antwort.

1. Wissenschaftler
2. Zoologin
3. Astronaut
4. das junge Nachbarkind
5. ein neuer Student
6. der Weihnachtsmann

Practice more at **vhlcentral.com.**

Kommunikation

5 **Die Angst überwinden** Ihre Familie hat Angst vor neuer Technologie. Geben Sie den verschiedenen Familienmitgliedern zu zweit Hilfestellung.

Beispiel **ein E-Book herunterladen**
Lade ein E-Book herunter! Das ist leicht und praktisch.

alles im Rechner oft speichern	keine Angst haben
den USB-Stick immer mitnehmen	neugierig sein
High-Speed-Internet bestellen	das Netzwerk in dein Leben integrieren
ein E-Book lesen	viele Fragen stellen
einen neuen Rechner kaufen	die Schreibmaschine verkaufen
Familienfotos heraufladen	mit Skype telefonieren

6 **Was wird gesagt?**

A. Schauen Sie sich die Bilder an. Denken Sie sich zu zweit für jedes Foto ein Gespräch aus. Verwenden Sie den Imperativ so oft wie möglich.

B. Wählen Sie zu zweit eines von den Gesprächen aus und üben Sie es. Spielen Sie anschließend der ganzen Klasse das Gespräch vor.

7 **Die Werbung** Erfinden Sie in Gruppen einen Werbespruch für eine neue Version eines der Produkte auf der Liste. Geben Sie diesem neuen Produkt einen Namen. Verwenden Sie unpersönliche Imperativformen.

Beispiel Probiere unseren neuesten mp3-Spieler! Aber aufgepasst!
Du wirst nachher keine andere Musik hören können!

das Auto	der Impfstoff
der Rechner	der Kugelschreiber
der Fernseher	der mp3-Spieler
das Handy	der USB-Stick

7.3 Adverbs

*—Er ist **bereits** eingetroffen.*

Adverbs modify verbs and adjectives and answer the questions **wann** (*when*), **wie** (*how*) and **wo** (*where*). Adverbs fall into the following categories: adverbs of **time**, **manner**, and **place**.

Adverbs		
Zeit	**Art und Weise**	**Ort**
Wann? *When?*	**Wie?** *How?*	**Wo?** *Where?*
heute *today*	**glücklich** *happily*	**drüben** *over there*
um 20 Uhr *at 8 p.m.*	**langsam** *slowly*	**nach Hause** *at home*

Adverbs of time

ACHTUNG!

When using the preposition **seit**, use the present tense of the verb. This is unlike English which uses the present perfect tense.

Wir wohnen seit drei Jahren im Ausland.
We have been living abroad for three years.

- Adverbs of time give information about the time of an event. They answer specific questions such as: **Wann**? **Bis wann**? **Seit wann**? **Wie lange? Wie oft**?

Die Ausstellung dauert **drei Monate lang**.
*The exhibition lasts **for three months**.*

Der Bericht wird **täglich** geschrieben.
*The report is written **every day**.*

- Adverbs of time can be organized to correspond with the past, present or future.

Some adverbs of time		
Vergangenheit	**Gegenwart/allgemein**	**Zukunft**
bereits *already*	**abends** *evenings*	**bald** *soon*
danach *after that*	**heutzutage** *nowadays*	**danach** *after that*
damals *back then*	**manchmal** *often*	**demnächst** *soon thereafter*
früher *earlier*	**morgens** *mornings*	**gleich** *right away*
gestern *yesterday*	**nachmittags** *afternoons*	**morgen** *tomorrow*
vorgestern *the day before yesterday*	**nie** *never*	**später** *later*
vorher *before that*	**oft** *often*	**übermorgen** *the day after tomorrow*
	selten *rarely*	

- The adverbs of time **heute**, **morgen**, and **gestern** can be combined with other time expressions to be more precise.

Heute in einem Monat fliegen wir zur Konferenz.
***A month from today** we will fly to the conference.*

Adverbs of manner

- Adverbs of manner describe how an action is done. Adverbs of manner do not differ from the adjective. In English, the ending *–ly* often signifies the adverb. In German there is no such ending.

Der Wissenschaftler geht **schnell** durchs Labor.
*The scientist is walking **quickly** through the lab.*

- Adverbs of manner also include attributes, intensifiers, or negations used as adverbs.

Some adverbs of manner		
äußerst *extremely*	**kaum** *hardly*	**sehr** *very*
doch *indeed*	**keineswegs** *by no means*	**sicherlich** *certainly*
fast *almost*	**leider** *unfortunately*	**umso mehr** *even more*
genau *exactly*	**nicht** *not*	**vielleicht** *perhaps*
gern *with pleasure*	**noch** *still*	**wirklich** *really*
gewiss *certainly*	**noch nicht** *not yet*	**ziemlich** *rather*
ja *definitely*	**schon** *already*	**zu** *too*

Kabellose Elektronik ist **äußerst** praktisch.
*Wireless electronics are **extremely** practical.*

- Adverbs of manner are used in the comparative and superlative form.

Er liest **gern** Sachliteratur.
*He **likes to** read theoretical texts.*

Ich lese **lieber** Romane.
*I **prefer** reading novels.*

Adverbs of place

Adverbs of place indicate location or direction and answer the questions **wo?**, **wohin?**, and **woher?**. They may include prepositional phrases that define location or direction.

QUERVERWEIS

For more on **da**- and **wo**-compounds, see **Strukturen 5.3, pp. 172-173**.

Some adverbs of place		
Wo?	**Wohin?**	**Woher?**
dahinten *over there; back there*	**dorthin** *to there*	**daher** *from there*
dort *there*	**nach Hause** *to (go) home*	**von drüben** *from over there*
zu Hause *at home*	**hinauf** *up*	**aus dem Labor** *from the lab*
hier *here*	**hinunter** *down*	**aus den USA** *from the US*
im Seminar *at the seminar*		

Der Rechner **da hinten** ist leider kaputt.
*The computer **back there** is unfortunately broken.*

- German adverbs are usually used in a specific order: the adverb of time first, then manner and then place.

Er geht **heute allein ins Labor**.
*He's going **to the lab alone today**.*

Heute gehen die Mathematiker **mit den Biologen in die Bibliothek**.
*The mathematicians are going **with the biologists to the library today**.*

Anwendung

1 **Mein Rechner!** Vervollständigen Sie die Sätze mit den richtigen Adverbien aus der Liste.

bald	gut	schnell	schwer	unpraktisch
gern	heute	schon immer	toll	zu mir

Liebe Christine!

Ich habe mir (1) ______ einen neuen Rechner gekauft. Er rechnet (2) ______ und sieht (3) ______ aus! Ich wollte (4) ______ einen neuen und jetzt habe ich ihn. Ich habe (5) ______ gearbeitet, um das Geld dafür zu sparen. Ich werde (6) ______ aufpassen, damit ihm nichts passiert. Meine Eltern finden ihn (7) ______, aber ich nicht. Willst du am Montag Nachmittag (8) ______ kommen? Ich kann dir (9) ______ den neuen Rechner zeigen. Ruf mich (10) ______ an!

Gruß
Sabine

2 **Die Arbeitsgruppe** Machen Sie aus den Satzteilen einen neuen Satz. Fangen Sie den Satz mit dem angegebenen Wort an. Achten Sie auf die Wortstellung.

1. der Professor / einladen / seine Studenten / jedes Jahr / zu einem Abschiedsfest
   Jedes Jahr ______
2. sie / arbeiten / schwer / im Labor / während des Semesters
   Sie ______
3. sie / entdecken / glücklicherweise / letztes Jahr / ein neuer Impstoff
   Glücklicherweise ______
4. sie / bekommen / bald danach / eine Einladung zu einer Konferenz
   Eine Einladung zu einer Konferenz ______
5. sie / akzeptieren / die Einladung / gern
   Gern ______
6. sie / fliegen / schnell / dorthin / damals
   Sie ______

3 **Rechnerfreund oder –feind?** Ferda ist Rechnerexpertin aber Markus mag Technologie überhaupt nicht. Verwenden Sie zu zweit die Adverbien aus der Liste, um das Benehmen von Ferda und Markus zu vergleichen.

Beispiel —Ferda liest gern die Zeitung im Internet.
—Ja, aber Markus liest immer nur eine echte Zeitung.

Internet-Radio anhören	digitale Fotos machen
bloggen	eine Webseite machen
einen eigenen mp3-Spieler haben	eine SMS schicken

 Practice more at **vhlcentral.com.**

Kommunikation

4

Was wir machen! Stellen Sie einander die Frage, wie oft diese Aktivitäten gemacht werden. Der Partner/Die Partnerin muss mit mehr als einem Satz die Frage beantworten. Denken Sie sich einige Aktivitäten selber aus. Teilen Sie die Resultate vom Interview mit der Klasse.

Beispiel **ins Kino gehen**

—Gehst du oft ins Kino?

—Nein, ich gehe selten ins Kino. Ich sehe lieber zu Hause fern.

	immer	oft	manchmal	selten	nie
1. die Eltern anrufen					
2. mit Freunden streiten					
3. eine unerwünschte E-Mail bekommen					
4. ein E-Book lesen					
5. Dokumente herunterladen					
6. ein Experiment machen					
7. ?					
8. ?					

5

Die Zukunft Wie wird unser Leben vielleicht in der Zukunft aussehen? Besprechen Sie zu zweit, was in 40 Jahren wahrscheinlich anders sein wird und was nicht.

Beispiel —Wie wird das Reisen in 40 Jahren sein?

—Gewiss gibt es fliegende Autos.

gewiss	keineswegs	noch nicht	sicherlich
in 40 Jahren	leider	schon	vielleicht

6

Das Leben auf einem fernen Planeten

A. Stellen Sie sich in Gruppen vor, Sie sind Astronaut(inn)en, die gerade Lebewesen auf einem fernen Planeten entdeckt haben. Schreiben Sie einen Bericht, in dem Sie diese Lebewesen beschreiben. Verwenden Sie Adverbien von Zeit, Art und Weise und Ort.

- das Aussehen
- das Verhalten
- die Religion
- die Gesellschaft
- die Freizeit
- das Essen

B. Die Außerirdischen (*extraterrestrials*) haben ein außergewöhnliches Gerät entdeckt, das ihnen erlaubt, mit anderen Lebewesen in allen Sprachen zu kommunizieren. Erstellen Sie in Ihrer Gruppe ein Sketch, in der die Astronaut(inn)en mit den Außerirdischen sprechen. Verwenden Sie Adverbien.

Synthese

1 

Sprechen wir Besprechen Sie zu zweit die folgenden Fragen.

1. Schauen Sie sich das Bild an. Was wird auf dem Bild dargestellt? Identifizieren Sie sich mit den Figuren auf dem Bild? Warum, warum nicht?
2. Sie fahren für zwei Wochen in Urlaub in einen Ferienort, wo es keinen Internetzugang gibt und wo ein Handy kein Signal empfangen kann. Wenn Sie daran denken, werden Sie eher entspannt oder nervös? Warum?
3. Ist der moderne Mensch zu abhängig von der Technologie? Hängt unser ganzes Leben zu sehr von der Technologie ab? Inwiefern (*To what extent*)?
4. Wenn Sie mit Ihrer Familie und Ihren Freunden kommunizieren wollen, wie machen Sie das? Ist es für beide unterschiedlich? Warum?
5. Wie reagieren Sie, wenn Leute bei einer öffentlichen Veranstaltung oder in einem öffentlichen Verkehrsmittel mit dem Handy telefonieren? Stört Sie das? Sollten diese Unterhaltungen privat bleiben oder nicht?
6. Glauben Sie, dass Wissenschaftler einem Moralkodex folgen sollen? Wer entscheidet, was moralisch oder unmoralisch ist?

Strategien für die Kommunikation

entweder… oder *either… or*
weder… noch *neither… nor*
Es hängt davon ab. *It depends.*
Das ist mir egal. *It doesn't matter to me.*
Das kann ich mir nicht vorstellen. *I can't imagine that.*
sowohl… als auch *as well as*

2

Schreiben wir **Wählen Sie ein Thema aus und schreiben Sie einen Aufsatz von ungefähr einer Seite. Verwenden Sie Passivkonstruktionen, Imperative und Adverbien.**

1. Sie wollen bei einem Team von Wissenschaftlern ein Sommerpraktikum machen. Schreiben Sie einen Bewerbungsbrief, in dem Sie sich vorstellen und erklären, warum Sie die geeignete (*appropriate*) Person für dieses Praktikum sind.
2. Schreiben Sie einen Brief an Ihre Universitätsverwaltung (*administration*). Überzeugen Sie sie, mehr Geld in Technologie zu investieren. Geben Sie Beispiele, was gemacht werden muss.
3. Schreiben Sie einen Leitartikel für eine Internet-Zeitung. Sie drücken Ihre Meinung zur Forschung heutzutage aus. Welche Forschungsprojekte sollen mit privatem Geld und welche mit öffentlichen Mitteln unterstützt werden? Was soll erforscht (*researched*) werden? Was nicht?

Vorbereitung

Wortschatz der Lektüre

das Ansehen *reputation*
befördern *(here) to transport*
das Gefährt, -e *vehicle*
verfügen über (+ Akk.) *to have at one's disposal*
verklagen *to take to court*
verspotten *to make fun of*
der Wohlstand *prosperity*

Nützlicher Wortschatz

beitragen zu (+ Dat.) *to add to*
beseitigen *to eliminate*
sich gestalten *to turn out*
revolutionär *revolutionary*
die Werbekampagne, -n *advertising campaign*

1 **Definitionen** Verbinden Sie die Wörter in der ersten Spalte mit den Synonymen oder Definitionen in der zweiten.

____ 1. verspotten	a. transportieren
____ 2. das Ansehen	b. Reklame, die man überall sieht
____ 3. beitragen	c. sich über jemanden lustig machen
____ 4. die Werbekampagne	d. der Reichtum
____ 5. befördern	e. der Ruf, der Respekt
____ 6. der Wohlstand	f. hinzufügen

2 **Wissenschaft und Technik** Stellen Sie einander die folgenden Fragen und beantworten Sie sie.

1. Was sind deiner Meinung nach die wichtigsten Erfindungen der modernen Zeit?
2. Sind alle diese Erfindungen für die Menschheit gut, oder gibt es auch welche, die uns schaden können?
3. Glaubst du, dass es Dinge gibt, die man besser nicht erfunden hätte? Welche? Warum meinst du das?
4. Kennst du eine(n) Erfinder(in)? Welche(n)? Was hat er/sie erfunden?
5. Wolltest du mal, vielleicht als Kind, was erfinden oder bauen? Was?
6. Gibt es in den USA Firmen, die multinational und weltweit operieren, wie die Robert Bosch GmbH in Deutschland? Welche? Würdest (*Would*) du gern bei so einer Firma arbeiten? Warum, warum nicht?

3 **Ein Oldtimer** Sehen Sie sich das Bild in Gruppen an und beantworten Sie dann die Fragen.

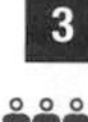

1. Wie sieht das Auto aus? Beschreiben Sie es genau.
2. Was ist anders als bei unseren heutigen Autos?
3. Möchten Sie so ein altes Auto haben? Warum, warum nicht?
4. Woran muss man alles denken, wenn man ein Auto besitzt?
5. Ist ein Auto Ihr Haupttransportmittel? Oder fahren Sie Fahrrad, Motorrad, mit öffentlichen Verkehrsmitteln oder gehen Sie zu Fuß?

KULTURANMERKUNG

Die Robert Bosch GmbH

Robert Bosch (1861-1942) war ein deutscher Ingenieur und Erfinder. Als 25-Jähriger eröffnete der Mechaniker eine kleine Werkstatt° in Stuttgart, in der Magnetzünder° für Gasmotoren hergestellt° wurden. Heute ist sein Unternehmen eine riesige, multinationale Firma. Die Robert Bosch GmbH ist weltweit der größte Zulieferer° für die Kraftfahrzeugindustrie° und ein angesehener Hersteller von Gebrauchsgütern°. Sie ist ebenfalls bekannt in der Industrie- und Gebäudetechnik und darüber hinaus der größte Verpackungsmaschinenhersteller° der Welt. Die Geschäftsführung° befindet sich in Gerlingen bei Stuttgart.

Werkstatt *workshop* **Magnetzünder** *magnetic fuses* **hergestellt** *produced* **Zulieferer** *supplier* **Kraftfahrzeugindustrie** *automobile industry* **Gebrauchsgütern** *household goods* **Verpackungsmaschinenhersteller** *producer of packaging machines* **Geschäftsführung** *business management*

Baden-Württemberg: Land des Autos

Audio: Reading

Anscheinend° sind die Menschen in Baden-Württemberg sehr talentierte Ingenieure, denn ob Volkswagen, Mercedes oder Porsche, alle drei Autos kommen ursprünglich aus diesem Teil Deutschlands. Man kann wohl sagen, dass alles mit Karl Benz (1844-1929) anfing, dem Pionier der Automobilindustrie. Nach seiner Ausbildung zum Maschinenbauingenieur machte Benz diverse Versuche mit Motoren und so gelang° es ihm 1885, das erste Benzinauto zu bauen. Benz' Auto hatte drei Räder und 0,8 PS°, und man konnte es mit der atemberaubenden° Höchstgeschwindigkeit von 18 km/h durch Mannheim fahren sehen. Damals verspottete die Öffentlichkeit dieses Gefährt als „Wagen ohne Pferde". Aber schon 1889 wurden die neuen Benz-Modelle auf der Pariser Weltausstellung° vorgestellt und weil Frankreich damals die besten Straßen hatte, eroberte° der Wagen von dort aus die Welt.

Nicht weit weg, in Stuttgart und zur selben Zeit, waren zwei andere Ingenieure fleißig dabei, immer bessere Motoren zu bauen. Sie hießen Wilhelm Maybach und Gottlieb Daimler. 1885 entwickelten die zwei Freunde das erste fahrfähige Motorrad; andere Erfindungen folgten schnell.

Benz und Daimler, die beiden großen Geister der deutschen Autogeschichte, haben sich nie persönlich kennen gelernt. Sie waren ja eigentlich Konkurrenten°. Daimler hat Benz sogar verklagt, weil Benz Daimlers Glührohrzündungspatent° verletzt hatte. Aber trotzdem kam es dazu, dass ihre Firmen sich 1926 infolge der Wirtschaftskrise vereinten, und somit wurde die *Daimler-Benz-AG* geboren. Man beschloss für die hergestellten Autos den Namen Mercedes-Benz zu verwenden. Damit ehrte° man die erfolgreichste Serie der Daimler-Motoren-Gesellschaft, Mercedes, und ihren Konstrukteur Wilhelm Maybach. Obwohl für Autoherstellung am besten bekannt, produzierte die Daimler-Benz AG während des 2. Weltkriegs Flugzeuge, Panzer° und sogar Motoren für U-Boote.

1998 fusionierte die Daimler-Benz-AG mit der amerikanischen Chrysler Corporation und gründete die *Daimler-Chrysler AG*. Die Partnerschaft war nicht besonders erfolgreich, deshalb wurde die Chryslergruppe 2007 an Cerberus Capital Management verkauft.

In Deutschland galt der Besitz eines Mercedes lange als Statussymbol und signalisierte den Wohlstand der Familie. Wenn man allerdings schnelle Sportwagen bevorzugt und über das nötige Kleingeld verfügt, wird man sich vielleicht einen Porsche kaufen. Der flinke° Wagen, der sogar im Autorennsport seine Erfolge hatte, kam auch in Stuttgart auf die Welt. Sein Erfinder, Ferdinand Porsche, gründete dort 1931 die *Dr. Ing. h.c. F. Porsche GmbH*. Heute beruht das Ansehen der schnittigen° Porsche Modelle auf den Höchstleistungen ihrer Motoren und der Alltagstauglichkeit° des Wagens. Übrigens hat auch der süße VW Käfer° seinen Beginn bei der Firma Porsche. 1934 erhielt das Büro von dem Reichsverband° der Automobilindustrie den Auftrag°, einen Wagen für das Volk zu bauen. Das wurde der Käfer. In seiner neuesten Inkarnation rollt der VW Käfer als New Beetle noch immer über die Straßen der Welt.

Ja, wer kann sich unsere Welt ohne Autos vorstellen? Durch ihre Erfindungen haben diese visionären Männer Geschichte geschrieben, Zukunft gestaltet und die Welt für immer verändert. ■

Apparently · *succeeded* · *(Pferdestärke) horse power* · *breathtaking* · *World Exposition* · *conquered* · *competitors* · *patent for the hot-tube ignition* · *honored* · *tanks* · *speedy* · *sleek* · *everyday usefulness* · *beetle* · *an organization of the Third Reich* · *mission*

Der Zeppelin

Ferdinand Graf von Zeppelin (1838-1917) beschäftigte sich seit den 1880er Jahren mit dem Problem des lenkbaren° Ballons. Dann, im Jahre 1900, kam der große Erfolg. Graf von Zeppelin machte in diesem Jahr drei Aufstiege° über dem Bodensee. Die Bevölkerung war natürlich begeistert und unterstützte ihn mit Spenden°. Von 1909 bis 1914 machten Zeppelins besondere Ballons mehr als 1.500 Fahrten und beförderten dabei fast 35.000 Personen.

lenkbaren *steerable* **Aufstiege** *flying over* **Spenden** *donations*

Analyse

1 **Stimmt das?** Markieren Sie, ob die folgenden Aussagen **richtig** oder **falsch** sind. Berichtigen Sie dann die falschen Aussagen zu zweit.

Richtig	Falsch	
☐	☐	1. Karl Friedrich Benz galt als Pionier der Autoindustrie.
☐	☐	2. Benz entwickelte das erste Motorrad.
☐	☐	3. Damals gab es in Deutschland die besten Straßen.
☐	☐	4. Der Name Mercedes ehrt den Konstrukteur Wilhelm Maybach.
☐	☐	5. Die Firma Porsche konstruierte ab 1934 auch Volkswagen.
☐	☐	6. Der Porsche hatte als Rennwagen keinen Erfolg.

2 **Das Auto, ein Problem?** Besprechen Sie in Gruppen die folgenden Fragen über diese Aussage.

Das Auto ist der Deutschen liebstes Kind.

- Wie, glauben Sie, ist dieser Spruch (*saying*) entstanden?
- Inwiefern kann man ein Auto mit einem Kind vergleichen?
- Was impliziert diese Aussage alles in Bezug auf (*relating to*) die Wartung (*maintenance*) eines Autos?
- Glauben Sie, dass es den Menschen ohne Autos besser ginge (*they'd be better off*)? Warum, warum nicht?
- Wie gestaltet sich ein Leben ohne Auto? Können Sie sich das überhaupt vorstellen?
- Lässt sich der Spruch auch auf die amerikanische Gesellschaft beziehen? Warum, warum nicht?

3 **Ab in die Zukunft!** Stellen Sie sich vor, sie haben eine Zeitmaschine gebaut, mit der Sie eine der in der Lektüre erwähnten Personen in die Gegenwart befördern können. Bereiten Sie zu zweit einen Sketch vor, worin Sie zeigen, wie diese Person auf die neuesten Erfindungen der heutigen Zeit reagiert und auch darauf, wie seine damalige Erfindung heutzutage benutzt wird.

4 **Eine Erfindung und ihre Vermarktung** Überlegen Sie sich in Gruppen eine neue Erfindung oder eine Verbesserung einer existierenden Technologie (z.B. ein „Smart" Auto). Entwickeln Sie dann eine Werbekampagne, mit der sie Ihre neue Erfindung/Verbesserung erfolgreich vermarkten können. Alle Gruppen präsentieren ihre Projekte der ganzen Klasse und diese stimmt über die beste Erfindung/Verbesserung und die genialste Werbestrategie ab.

KULTURANMERKUNG

Smart Car

Smart, eine Automarke der Daimler AG, ist ein Hersteller von Kleinwagen, die in Hambach, Frankreich, produziert werden. Wussten Sie, dass es sich bei dem Namen um das Akronym für **S**watch **M**ercedes **Art** handelt? Und das kommt daher, dass Nicolas Hayek, damaliger Geschäftsführer des Swatch Uhren Konzerns, in den späten 80er Jahren mit der Entwicklung eines kleinen, gestylten Cityflitzers° begann. Ab 1998 war das Smart Car dann in Deutschland zu haben und seit 2008 auch in den USA.

Cityflitzers *sporty city car*

 Practice more at **vhlcentral.com.**

Vorbereitung

Über den Schriftsteller

Egon Friedell wurde 1878 als Egon Friedmann in Wien geboren. Er war Philosoph und Historiker, arbeitete aber auch Zeit seines Lebens als Theaterkritiker, Schauspieler und Kabarettist. Während der Nazizeit waren seine Werke verboten. Neben Aufsätzen für Zeitschriften publizierte er Theaterstücke und Kulturgeschichten. Sein Motto war, das Leben nicht zu ernst zu nehmen, sondern es, wie Kinder, als Spiel zu betrachten.

Wortschatz der Kurzgeschichte

die Befugnis, -se *permission*
beträchtlich *considerable*
das Eisen, - *iron*
sich erledigen *(here) to be done with*
ernähren *to nourish*
der/die Gelehrte, -n *scholar*
das Gleichgewicht, -e *equilibrium, balance*
das Lebewesen, - *living creature*
das Lichtjahr, -e *light-year*
müßig *idle*
der Sauerstoff *oxygen*

Nützlicher Wortschatz

vorhanden sein *to exist*
etwas in Frage stellen *to question something*
verwerten *to use*
das Weltall *universe*
der Zeitgenosse, -n / die Zeitgenossin, -nen *contemporary*

1 **Definitionen** Ordnen Sie die Begriffe der linken Spalte denen in der rechten Spalte zu.

____ 1. sich erledigen	a. etwas nicht glauben
____ 2. Sauerstoff	b. existieren
____ 3. etwas in Frage stellen	c. die Erlaubnis
____ 4. die Befugnis	d. etwas tun/zu Ende bringen
____ 5. vorhanden sein	e. braucht man zum Atmen

2 **Vorbereitung** Vervollständigen Sie zu zweit den Text mit den passenden Wörtern.

beträchtlich	ernähren	Gleichgewicht	verwerten
Eisen	Gelehrte	Lebewesen	Weltall

Menschen sind (1) ________, die auf der Erde leben. Sie (2) ________ sich von Pflanzen und Tieren. Eine (3) ________ Anzahl von ihnen isst jedoch kein Fleisch. In ihrem Blut ist (4) ________, damit sie den Sauerstoff aus der Luft (5) ________ können. Die (6) ________ unter ihnen glauben, dass es Leben auf anderen Planeten gibt. Deshalb erforschen sie das (7) ________.

3 **Gespräch** Beantworten Sie in Gruppen die folgenden Fragen.

1. Mögen Sie Science Fiction? Warum, warum nicht?
2. Glauben Sie, dass es Lebewesen auf anderen Planeten gibt? Wie, glauben Sie, sehen diese Lebewesen aus?
3. Man kann heutzutage ins Weltall reisen, ohne Astronaut zu sein. Würden (*Would*) Sie das machen? Wohin würden Sie reisen? Wie lange?

Practice more at **vhlcentral.com.**

KULTURANMERKUNG

Ein deutscher Astronaut

Thomas Reiter (1958 in Frankfurt-am-Main geboren) studierte Luft- und Raumfahrttechnik° an der Universität der Bundeswehr bei München und erwarb seinen Abschluss als Diplom-Ingenieur im Dezember 1982. Danach wurde er auf der Sheppard Air Force Base in Texas zum Jet-Piloten ausgebildet. Später ging er zum Europäischen Astronautenzentrum in Köln und nahm 1995 an der Mission EUROMIR teil. Im April 2006 wurde er als erster Europäer Astronaut einer Langzeitmission auf der Internationalen Raumstation°. Er verbrachte insgesamt 171 Tage im All.

Luft- und Raumfahrttechnik *aerospace technology*
Raumstation *space station*

Ist die Erde bewohnt?

Egon Friedell

In ihrer genaueren Formulierung lautete diese Frage, die vor zwei Lichtjahren auf dem innersten Planeten des Sternpaars Cygni („Die Schwäne"), eines der uns zunächst gelegenen Sonnensysteme, gestellt wurde: Sind die Trabanten° des Fixsterns Sol bewohnt oder wenigstens bewohnbar? Sie wurde von den Gelehrten einstimmig verneint. Sie erklärten:

satellites

1. Nur Planeten von Doppelsonnen sind bewohnbar, weil nur sie durch die einander aufhebenden Anziehungskräfte der beiden Gegensonnen in Gleichgewicht und Ruhe erhalten werden. Sol ist jedoch ein Einzelstern und seine Planeten daher Drehsterne. Die hierdurch bewirkte grauenvolle° Bewegung läßt jeden Gedanken an dortiges Leben als Wahnwitz° erscheinen.

horrible
madness

2. In der Atmosphäre der Soltrabanten wurden beträchtliche Mengen des Sauerstoffs festgestellt, jenes bösartigen° Giftgases, von dem schon geringe Spuren genügen, um alle Lebenskeime zu vernichten.

malignant

3. Es steht völlig außer Zweifel, daß auf keinem Soltrabanten die Durchschnittswärme 500 Grad übersteigt, ja auf manchen sinkt sie bis zu 100 Grad! In einer Temperatur, die so weit davon entfernt ist, Violettglut° zu erzeugen, vermag Leben nicht zu entstehen, geschweige denn° sich zu höheren Formen zu entwickeln.

red-hot heat
let alone

4. Sol ist einer der lichtschwächsten Fixsterne. Die gesamte Lichtmenge, die er während eines Solarjahrs produziert, würde grade noch genügen, um die Bewohner des nächsten seiner Planeten eine Cygnalsekunde lang zu ernähren! Selbst wenn man also einen Augenblick lang die absurde Hypothese annehmen wollte, daß auf einem sauerstoffverpesteten, in blitzschneller Rotation befindlichen Ball „Lebewesen" existieren können, so könnten diese eben nur einen Augenblick lang leben, denn im nächsten wären sie bereits an Lichthunger elend zugrunde gegangen°.

died miserably

5. Sämtliche Solplaneten sind ungeheuer schwer. Selbst der leichteste von ihnen, der dreiundzwanzigste, wiegt noch immer etwa vierzigtausendmal soviel wie beide Cygni zusammen. Infolgedessen müssen diese Monstra° eine Gravitationskraft besitzen, die die Existenz luftartiger Geschöpfe völlig ausschließt. Da Leben nur in Gasform möglich ist, so erledigt sich schon durch diese Tatsache die ganze Frage nach der Bewohnbarkeit dieser Weltkörper.

monsters

6. Da Sol eine immerhin mehrtausendfach höhere Temperatur und eine viel geringere Dichte als seine Planeten besitzt, so wäre die Möglichkeit, daß er selbst bewohnt ist, theoretisch denkbar. Aber auch sie muß verneint werden. Denn die Spektralanalyse hat festgesetzt, daß er einen hohen Prozentsatz an Eisen enthält. Von diesem furchtbaren Gas würde ein Milligramm ausreichen, um Myriaden von Cygnoten durch die Kraft seines Magnetismus auf der Stelle zu töten. Die ehernen° Naturgesetze, die die Wissenschaft entschleiert° hat, gelten auch für die Lebenserscheinungen und umspannen unerbittlich den ganzen Kosmos, weshalb man müßige Spekulationen über die Bewohnbarkeit unserer benachbarten Liliputsonne und ihrer toten Drehsterne den Romanschriftstellern überlassen sollte.

iron / unveiled

Nur ein verrückter Privatdozent der Philosphie erklärte: Selbstverständlich sind alle Solplaneten bewohnt, wie überhaupt alle Weltkörper. Ein toter Stern: das wäre ein Widerspruch in sich selbst. Jeder Weltkörper stellt eine Stufe der Vollkommenheit dar, einen der möglichen Grade der Vergeistigung°. Jeder ist ein Gedanke Gottes: also lebt er und ist er belebt, wenn auch seine Bewohner vielleicht nicht immer so aussehen wie ein Professor der cygnotischen Astronomie.

spirituality

Worauf ihm wegen Verhöhnung° der Fakultät die Befugnis zur öffentlichen Gedankenübertragung° entzogen wurde. ■

mockery
thought transfer

Analyse

1 **Verständnis** Verbinden Sie die Satzteile zu logischen Sätzen.

____ 1. Nur Planeten von Doppelsonnen sind bewohnbar,
____ 2. Leben kann nur auf Planeten entstehen,
____ 3. Die Gelehrten auf Cygni bezweifeln,
____ 4. Eisen ist ein furchtbares Gas,
____ 5. Dass alle Solplaneten bewohnt sind,

a. dass es auf sauerstoffverpesteten Planeten Lebewesen geben kann.
b. deren Durchschnittswärme über 500 Grad liegt.
c. glaubt nur ein verrückter Privatdozent.
d. weil die Gegensonnen sie im Gleichgewicht erhalten.
e. das die Cygnoten durch seinen Magnetismus tötet.

2 **Was stimmt?** Entscheiden Sie, welche Aussagen richtig sind.

1. a. Die Gelehrten auf Cygni interessieren sich nicht für ihre benachbarten Sonnensysteme.
   b. Die Gelehrten auf Cygni sind sich einig, dass es kein Leben auf dem benachbarten Sonnensystem geben kann.
2. a. Für die Lebewesen auf Cygni ist Sauerstoff tödlich.
   b. Die Lebewesen auf Cygni können ohne Sauerstoff nicht leben.
3. a. Auf dem Doppelplaneten Cygni ist es sehr kalt.
   b. Die Cygnoten können nur in großer Hitze (*extreme heat*) existieren.
4. a. Die Cygnoten glauben, dass Sol bewohnbar ist, weil es dort warm ist.
   b. Die Cygnoten sind der Meinung, dass auch Sol nicht bewohnbar ist.

3 **Interpretation** Vervollständigen Sie die Satzanfänge logisch.

1. Laut den Cygnoten ist Leben auf Drehsternen…
   a. vorhanden. b. unmöglich. c. eine gute Alternative.
2. Die gesamte Lichtmenge eine Jahres von Sol…
   a. ist heißer als die von Cygni.
   b. erwärmt die Soltrabanten auf über 500 Grad.
   c. kann die Bewohner eines Planeten eine Cygnalsekunde lang ernähren.
3. Sämtliche Solplaneten sind…
   a. ungeheuer schwer. b. unbeschreiblich leicht.
   c. bestehen aus Gas.
4. Die Cygnoten glauben, dass Leben…
   a. ohne Sauerstoff unmöglich ist. b. durch Eisen erst möglich wird.
   c. nur in Gasform möglich ist.
5. Auf Cygni gibt es…
   a. sogar Romanschriftsteller. b. keine verrückten Leute.
   c. kein Verständnis für Naturgesetze.
6. Der verrückte Privatgelehrte…
   a. stimmt mit den Gelehrten von Cygni überein.
   b. glaubt an Gott.
   c. wird von seinen Kollegen bewundert.

4 **Die Figuren** Bestimmen Sie, auf wen sich die folgenden Aussagen beziehen. Besprechen Sie dann Ihre Antworten miteinander.

	die cygnotischen Wissenschaftler	der Privatdozent der Philosophie
1. Sie denken logisch.	☐	☐
2. Sauerstoffverpestete, sich blitzschnell drehende Planeten sind unbewohnbar.	☐	☐
3. Ein toter Stern ist ein Widerspruch in sich selbst.	☐	☐
4. Jeder Weltkörper ist ein Gedanke Gottes.	☐	☐
5. Sie vertragen kein Eisen.	☐	☐
6. Alle Lebewesen sehen so aus wie sie selbst.	☐	☐
7. Lebewesen können anders aussehen als die Cygnoten.	☐	☐
8. Sie sind autoritär.	☐	☐

5 **Fragen zur Geschichte** Besprechen Sie die folgenden Fragen zu zweit.

1. Glauben Sie, dass die Cygnoten wie Menschen denken? Warum, warum nicht?
2. Warum, glauben Sie, hat Egon Friedell diese Geschichte geschrieben?
3. Was will er mit seiner Geschichte sagen?
4. Was, glauben Sie, sagt Friedells Geschichte über die menschliche Natur aus?

6 **Was meinen Sie?** Besprechen Sie in Gruppen die folgenden Fragen.

1. Gibt es heutzutage allgemein akzeptierte Theorien oder Meinungen, die Ihrer Ansicht nach nicht richtig sind? Wenn ja, welche, und warum ist das so?
2. Welche Personen der Weltgeschichte haben wissenschaftliche Grundsätze ihrer Zeit in Frage gestellt? Was dachten sie?
3. Welche wissenschaftlichen Erkenntnisse der heutigen Zeit sind kontrovers? Warum?
4. Wie sehen Lebewesen aus dem All in Ihrer Vorstellung aus?
5. Glauben Sie, dass die Lebewesen, die wir aus Science-Fiction-Filmen und Literatur kennen, ähnlich „menschbezogen" sind wie die aus Friedells Geschichte „cygnotenbezogen"? Warum ist das wohl so?

7 **Zum Thema** Schreiben Sie einen Aufsatz von ungefähr 100 Wörtern über eines der folgenden Themen.

- Sie machen eine Reise zum Planeten Cygni. Beschreiben Sie a) die Vorbereitungen, die Sie getroffen haben, um die Bedingungen auf dem Planeten zu überleben; b) Ihre Erfahrungen auf der Reise und c) Ihre ersten Eindrücke von dem Planeten und seinen Einwohnern.
- Cygnoten sind in der Nähe Ihrer Heimatstadt gelandet. Wie reagieren Ihre Mitbürger(innen) und Sie darauf?

KULTURANMERKUNG

Nikolaus Kopernikus (1473-1543) war Astronom und erschütterte° die Gelehrten seiner Zeit mit der These, dass die Erde um die Sonne kreist. Sein heliozentrisches Denken wurde später von Galileo Galilei (1564-1642) unterstützt. Friedrich Johannes Kepler (1571-1630) war u.a. Astrologe, Naturphilosoph und Optiker. Die nach ihm benannten Keplerschen Gesetze beschreiben den Verlauf der Planetenbewegungen. Außerdem half er, die Entdeckungen seines Zeitgenossen Galileo Galilei zu beweisen. Der Physiker Albert Einstein (1879-1955) entdeckte Atome, formulierte die Relativitätstheorie und wurde 1921 mit dem Nobelpreis für Physik ausgezeichnet.

erschütterte *shattered*

 Practice more at **vhlcentral.com.**

Anwendung

Vorbereitung: Teilweise Widerlegung

In Lektion 6 (S. 228) haben wir dargestellt, wie Widerlegungen eingesetzt werden können, um eine These zu verteidigen. Einen Einwand (*objection*), den wir gegen eine Argumentation haben, betrifft jedoch manchmal nur einen Teil der Argumentation.

Es ist eine sehr geläufige (*common*) Strategie argumentativer Essays, das gegnerische Argument nur teilweise zu widerlegen und dabei den Wert gewisser Aspekte anzuerkennen.

Der Gebrauch dieser Strategie wird durch bestimmte Satzelemente angekündigt, wie z.B. durch die Konjunktionen aber, jedoch, obwohl, (an)statt, trotz(dem), ohne Zweifel (zweifelsohne), usw.

Beispiele

- Obwohl ich mit der Ansicht der Forscher übereinstimme, denke ich, dass ihre Folgerungen, die sie aus dem Experiement gezogen haben, zu weit gehen. Erstens...
- Die Ansicht, die der/die Autor(in) über die zukünftige Welt präsentiert (hat), ist faszinierend, aber seine/ihre Vorhersagungen sind nicht sehr objektiv, weil...

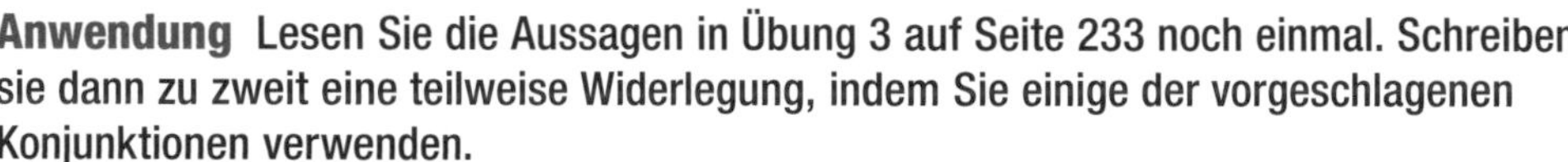

Anwendung **Lesen Sie die Aussagen in Übung 3 auf Seite 233 noch einmal. Schreiben sie dann zu zweit eine teilweise Widerlegung, indem Sie einige der vorgeschlagenen Konjunktionen verwenden.**

Aufsatz **Wählen Sie eines der folgenden Themen und schreiben Sie darüber einen Aufsatz.**

Voraussetzungen

1. Ihr Aufsatz soll sich inhaltlich auf mindestens zwei der bis jetzt behandelten Stücke in allen Lektionen beziehen (**Kurzfilm**, **Stellen Sie sich vor**, **Kultur** und/oder **Literatur**).
2. Der Aufsatz muss mindestens zwei Teilwiderlegungen von gegnerischen Ideen enthalten.
3. Ihr Aufsatz muss mindestens eine Seite lang sein.

1. Gibt es Ihrer Meinung nach eine ethische Schwelle (*threshold*), die von Wissenschaft und Technologie nicht überschritten (*exceeded*) werden darf? Erklären Sie Ihre Antwort.

2. Kann Technologie zu sozialen Veränderungen führen? Was sind positive und negative Auswirkungen technologischen Fortschritts?

3. Ist es trotz aller wissenschaftlichen Erkundungen (*explorations*) und unserer Erforschung des Universums noch möglich, dass andere Welten oder Lebensformen existieren, die wir noch nicht entdeckt haben?

Fortschritt und Forschung

Audio: Vocabulary Flashcards

Die Wissenschaftler

der Astronaut, -en/die Astronautin, -nen *astronaut*
der Astronom, -en/die Astronomin, -nen *astronomer*
der Biologe, -n/die Biologin, -nen *biologist*
der Forscher, -/die Forscherin, -nen *researcher*
der Geologe, -n/die Geologin, -nen *geologist*
der Informatiker, -n/die Informatikerin, -nen *biologist*
der (Kern/Nuklear)physiker, -/die (Kern/Nuklear)physikerin, -nen *(nuclear) physicist*
der Mathematiker, -/die Mathematikerin, -nen *mathematician*
der Zoologe, -n/die Zoologin, -nen *zoologist*

Wissenschaftliche Forschung

die DNS *DNA*
die Entdeckung, -en *discovery*
die Entwicklung, -en *development*
das Experiment, -e *experiment*
die Forschung, -en *research*
der Fortschritt, -e *progress*
das Gen, -e *gene*
der Impfstoff, -e *vaccine*
das Ziel, -e *aim; goal*

beweisen *to prove*
heilen *to cure; to heal*
impfen *to vaccinate*

außergewöhnlich *exceptional*
bedeutend *significant*
bemerkenswert *remarkable*

Die Technologie

das (Analog/Digital)signal, -e *(analog/digital) signal*
der Code, -s *code*
die Informatik *computer science*
die Datenbank, -en *database*
das Netzwerk, -e *network*
die Elektronik *electronics*
die Telekommunikation, -en *telecommunication*
das Gerät, -e *device*
die künstliche Intelligenz, -en *artificial intelligence*
die Nanotechnologie, -n *nanotechnology*
die Technik, -en *engineering; technology*
die Robotertechnik, -en *robotics*

kabellos *wireless*

Die Elektronikwelt

das Attachment, -s *attachment*
das E-Book, -s *e-book*
die (unerwünschte(n)) E-Mail, -s *(spam) e-mail*
der Rechner, - *computer; PC*
der USB-Stick, -s *flash drive*

aktualisieren *to update*
anhängen *to attach*
(he)runterladen *to download*

Probleme und Herausforderungen

die Herausforderung, -en *challenge*
der Moralkodex, -e/-dizes *code of ethics*
die Stammzelle, -n *stem cell*
der Verhaltenskodex, -e/-dizes *code of conduct*

klonen *to clone*

ethisch *ethical*
umstritten *controversial*
unmoralisch *unethical*
unrecht *wrong*

Kurzfilm

der Apparat, -e *machine; instrument*
die Behandlung, -en *treatment*
die Flitterwochen (*pl.*) *honeymoon*
der Knochen, - *bone*
die Menschheit *mankind*
das Opfer, - *victim*
die Schmerzfreiheit *free of pain*
der Strahl, -en *beam, ray*
die Sucht, -̈e *addiction*

etwas durchdringen *to penetrate something*
einsetzen *to employ*
sich entscheiden *to decide, to make up one's mind*
sich herausstellen als *to turn out to be*
röntgen *to X-ray*

besessen *possessed*
gesundheitsgefährdend *harmful to one's health*
zielstrebig *determined*

Kultur

das Ansehen *reputation*
das Gefährt, -e *vehicle*
die Werbekampagne, -n *advertising campaign*
der Wohlstand *prosperity*

befördern *(here) to transport*
beitragen zu (+ Dat.) *to add to*
beseitigen *to eliminate*
sich gestalten *to turn out*
verfügen über (+ Akk.) *to have at one's disposal*
verklagen *to take to court*
verspotten *to make fun of*

revolutionär *revolutionary*

Literatur

die Befugnis, -se *permission*
das Eisen, - *iron*
der/die Gelehrte, -n *scholar*
das Gleichgewicht, -e *equilibrium, balance*
das Lebewesen, - *living creature*
das Lichtjahr, -e *light year*
der Sauerstoff *oxygen*
das Weltall *universe*
der Zeitgenosse, -n/die Zeitgenossin, -nen *contemporary*

sich erledigen *(here) to be done with*
ernähren *to nourish*
vorhanden sein *to exist*
etwas in Frage stellen *to question something*
verwerten *to use*

beträchtlich *considerable*
müßig *idle*

Recht und Umwelt

Kahle (*Bare*) Wälder, Klimachaos, Plastikinseln im Meer – ist das die Zukunft, auf die wir zusteuern (*are heading*)? Wir Menschen sind eine hochgeschäftige, intelligente, kreative Spezies. Doch vielleicht ist das zu viel des Guten, denn durch unsere durchaus brillanten Fortschritte gefährden (*are endangering*) wir die zerbrechlichen (*fragile*) Lebensnetze auf Erden. Ist es schon zu spät oder können wir unseren schönen blauen Erdball noch retten? Was können Regierungen tun, um unsere Zukunft zu sichern? Kann der Einzelne (*individual*) etwas ändern?

270 **KURZFILM**

Der preisgekrönte animierte Trickfilm *Spelunkers*, entstanden unter der Regie von **Daniel Haude** und **Jim Tracy**, ist eine Satire der aktuellen Diskussion über Umwelt und insbesondere den Grünen Punkt in Deutschland.

276 **STELLEN SIE SICH VOR**

Der Euro ist eine weltweit wichtige Währung, und eine stabile deutsche Wirtschaft ist wohl das Rückgrat (*backbone*) des vereinten Europas. Deswegen hat **Frankfurt** – als Finanzzentrum des europäischen Kontinents – einen besonderen Stellenwert.

291 **KULTUR**

Grün reisen, Grün schützen handelt von Naturparks in **Hessen**, Naturschutzgebieten im Harz und Biosphärenreservaten in der Region Mittelelbe. Außerdem geht es darum, wie man in diesen Gebieten im Einklang mit der Natur leben und Urlaub machen kann.

295 **LITERATUR**

In *Die Natur* sagt **Goethe**, dass sie allumfassend (*embracing*) ist. Sie spricht durch den Menschen, aber er muss sich ihren Gesetzen unterordnen (*be subordinated*).

268 **ZU BEGINN**

278 **STRUKTUREN**

8.1 **Der Konjunktiv II and würde with infinitive**

8.2 **Der Konjunktiv II of modals**

8.3 **Demonstratives**

302 **SCHREIBWERKSTATT**

303 **WORTSCHATZ**

Natur- und Ideenwelt

Audio: Vocabulary

Umwelt und Umweltprobleme

das Atomkraftwerk, -e *nuclear power plant*

das Aussterben *extinction*
die Bodenschätze *natural resources*
das Gift, -e *poison*
die Klimaerwärmung, -en *global warming*
die Naturkatastrophe, -n *natural disaster*
der Naturlehrpfad, -e *nature trail*
die Ökologie *ecology*
der Umweltschutz *environmental conservation*
die (Umwelt)verschmutzung *pollution*

---

erhalten *(here) to conserve*
recyceln *to recycle*
verbrauchen *to consume*
zerstören *to destroy*

---

friedlich *peaceful*
ruhig/still *quiet*
trinkbar *drinkable*
umweltfreundlich *environmentally friendly*
wiederverwertbar *recyclable, reusable*

Gesetze und Anrechte

die Erziehung *education*
die Freiheit, -en *freedom, liberty*
die Gerechtigkeit, -en *justice*
das Gewissen, - *conscience*
die Gleichheit, -en *equality*
die Grausamkeit, -en *cruelty*
der Machtmissbrauch, -¨e *abuse of power*
das Menschenrecht, -e *human right*
die Unmenschlichkeit, -en *inhumanity*
das Verbrechen, - *crime*

---

einschätzen *to gauge*
einsperren *to imprison*
missbrauchen *to abuse*
schützen *to protect*

ein Gesetz verabschieden *to pass a law*
verteidigen *to defend*
verurteilen *to condemn*

(un)gerecht *(un)fair; (un)just*
(un)gleich *(un)equal*
(il)legal *(il)legal*
(un)schuldig *(not) guilty*
unterdrückt *oppressed*

Fragen und Meinungen

die Angst, -¨e *fear*
die Drohung, -en *threat*
die Gewalt, -en *violence*
die Politik *politics*
die Sicherheit, -en *security; safety*
der Terrorismus *terrorism*
die Wahl, -en *election*

---

erreichen *to achieve*
fördern *to promote; to encourage*
kämpfen *to fight*
retten *to save; to rescue*
sich streiten *to verbally fight; to argue*

sich widmen *to dedicate oneself*

---

friedlich *peaceful*
gemäßigt *moderate*
konservativ *conservative*
liberal *liberal*
pazifistisch *pacifist*

Die Leute

der Aktivist, -en/die Aktivistin, -nen *activist*
die Geschworenen (*pl.*) *jury*
der/die Kriminelle, -n *criminal*
der Naturschützer, -/die Naturschützerin, -nen *conservationist*
das Opfer, - *victim*
der Rechtsanwalt, -¨e/die Rechtsanwältin, -nen *lawyer*
der Richter, -/die Richterin, -nen *judge*
der Terrorist, -en/die Terroristin, -nen *terrorist*
der Zeuge, -n/die Zeugin, -nen *witness*

Anwendung

1 **Gegensätze** Markieren Sie das Wort mit der gegenteiligen Bedeutung.

1. legal:	a. rechtlich	b. illegal
2. Gerechtigkeit:	a. Menschlichkeit	b. Machtmissbrauch
3. Drohung:	a. Sicherheit	b. Terrorismus
4. Krimineller:	a. Verbrecher	b. Opfer
5. kämpfen:	a. friedlich reden	b. einsperren
6. erhalten:	a. zerstören	b. recyceln

2 **Definitionen** Finden Sie das Wort rechts, das zu der Definition links passt.

____ 1. der Mensch im Gerichtssaal, der das Urteil fällt
____ 2. jemand, der ein Verbrechen gesehen hat
____ 3. wenn etwas Altes noch einmal gebraucht wird
____ 4. wenn eine Spezies von der Erde ganz verschwindet
____ 5. die innere Stimme, die uns sagt, was richtig und falsch ist
____ 6. jemand, der ein Verbrechen begeht

a. der Richter
b. der Kriminelle
c. das Aussterben
d. das Gewissen
e. das Recycling
f. der Zeuge

3 **Retten wir die Erde!** Ein 18-jähriger Schüler hat einen kurzen Aufsatz über Umweltschutz im Alltag geschrieben. Vervollständigen Sie ihn mit den passenden Vokabeln.

Aussterben	recyceln	verbrauchen
Gesetze	Umwelt	zerstören

Manchmal habe ich Angst um unsere Zukunft, denn unsere Erde hat gigantische Gesundheitsprobleme. Menschen (1) ________ den Regenwald, unsere Flüsse werden verschmutzt, viele Tiere und Pflanzen sind vom (2) ________ bedroht. Ich tue mein Bestes, um die (3) ________ zu retten. Meine Familie fährt zum Beispiel nur selten mit dem Auto. Ich dusche nur kurz, um weniger Wasser zu (4) ________. Ich (5) ________ alte Zeitungen und Getränkedosen und all meine Verpackungen. Und wenn ich das Badezimmer putzen muss, benutze ich nur giftfreie Putzmittel. Aber wie viel kann ein einziger Mensch ändern? Die Regierungen der ganzen Welt müssen doch auch gemeinsam neue (6) ________ verabschieden, die die Umwelt schützen.

4 **Meinungen zum Thema Umwelt** Besprechen Sie die Fragen in Gruppen.

1. Finden Sie, dass Umweltschutz für die Regierung eine Priorität sein soll? Oder glauben Sie, dass die Umweltprobleme etwas übertrieben (*exaggerated*) werden? Erklären Sie Ihre Antwort.
2. Oft möchten Menschen umweltfreundlicher leben, machen es aber nicht. Warum nicht?

Practice more at **vhlcentral.com.**

KULTURANMERKUNG

Deutsche Umweltpioniere

Seit 1994 steht Naturschutz im deutschen Grundgesetz° als ein offizielles Staatsziel und die Deutschen exportieren ihr ausgeprägtes° Umweltbewusstsein° in der Form von Umwelttechnik. Aus Deutschland kommen sowohl fast jedes zweite Windrad° als auch jede dritte Solarzelle°.

Grundgesetz *the German constitution* **ausgeprägtes** *highly developed* **Umweltbewusstsein** *environmental consciousness* **Windrad** *wind turbine* **Solarzelle** *solar cell*

Vorbereitung

Wortschatz des Kurzfilms

die Dose, -n *(aluminum) can*
die Einwegflasche, -n *disposable bottle*
die Förderung, -en *promotion; sponsorship*
die Gesetzgebung, -en *law; legislation*
die Glasflasche, -n *glass bottle*
heuchlerisch *hypocritical*
das Pfand *deposit*
die Pfandflasche, -n *returnable bottle*
etwas verschlingen *to devour something*

Nützlicher Wortschatz

die Müllentsorgung *waste management*
der Mülltourismus *waste exportation*
die Mülltrennung *waste separation*
die Umweltpolitik *environmental policy*

AUSDRÜCKE

eine Verpackungsverordnung beschließen *to adopt a packaging ordinance*
sich etwas leisten können *to be able to afford something*
die Müllvermehrung *waste increase*
die Müllvermeidung *waste avoidance*
ein dubioser Kreislauf *a dubious cycle*

1 **Im Supermarkt** Zwei Nachbarn treffen sich beim Einkaufen im Supermarkt vor dem Pfandautomaten. Schreiben Sie die richtigen Vokabeln in die Lücken.

FRAU HEINRICH Oh, hallo Frau Müller. Sie bringen auch mal wieder Ihre (1) ________ zurück?

FRAU MÜLLER Jaja. Das zusätzliche Geld für diese (2) ________ möchte ich schon ganz gerne wieder zurück bekommen.

FRAU HEINRICH Da gebe ich Ihnen voll und ganz Recht. Auch wenn das (3) ________ nur 15 Cent pro Flasche beträgt: Geld ist Geld.

FRAU MÜLLER Und man beteiligt sich auch noch an der (4) ________, wenn man weniger (5) ________ kauft.

FRAU HEINRICH Jetzt hören Sie sich an wie mein Sohn. Der ist der größte Fan der (6) ________ in meiner Familie. Ich muss immer aufpassen, dass ich die (7) ________ und den Plastikmüll in den Gelben Sack werfe.

FRAU MÜLLER Dann geht es also nicht nur mir so! Aber wahrscheinlich ist es gut, dass sich unsere Kinder für Umweltschutz und (8) ________ interessieren.

FRAU HEINRICH Genau! Na, dann wünsche ich Ihnen noch einen schönen Einkauf.

FRAU MÜLLER Ihnen auch! Tschüss!

2 **Frau Müller und Frau Heinrich** Besprechen Sie zu zweit die folgenden Fragen.

1. Können Sie beschreiben, was die beiden Frauen machen, wann und warum?
2. Was erfahren Sie zum Thema Recycling in Deutschland?
3. Was ist die Meinung der beiden Frauen zum Thema Umweltschutz?
4. Wem scheint Recyceln in den beiden Familien wichtig zu sein? Warum?

3 **Was machst du?** Stellen Sie einander die folgenden Fragen und besprechen Sie dann die Antworten.

1. Was machst du, um die Umwelt zu schützen?
2. Recycelst du? Warum, warum nicht?
3. Bist du ein(e) Aktivist(in) für die Umwelt oder ein(e) Naturschützer(in)? Warum, warum nicht?
4. Was sollten (*should*) Menschen unbedingt machen, um die Umwelt zu schützen?
5. Was kann in der Politik gemacht werden, um die Umwelt zu schützen?

4 **Umweltverschmutzung** Füllen Sie zu zweit die folgende Tabelle aus. Schreiben Sie die beste(n) Lösung(en) für jedes Problem auf. Besprechen Sie auch, welches Problem am gravierendsten ist und welche Probleme nicht so ernst sind.

Umweltproblem	Lösung
Klimaerwärmung	
Luftverschmutzung	
Lärmverschmutzung	
Ölpest	
Wasserverschmutzung	
Mülldeponien (*pl.*)	
Atommüll	

5 **Was kann passieren?** Schauen Sie sich in Gruppen die drei Bilder an. Beschreiben Sie jedes Bild in drei Sätzen. Überlegen Sie sich, was im Film passieren könnte (*could*).

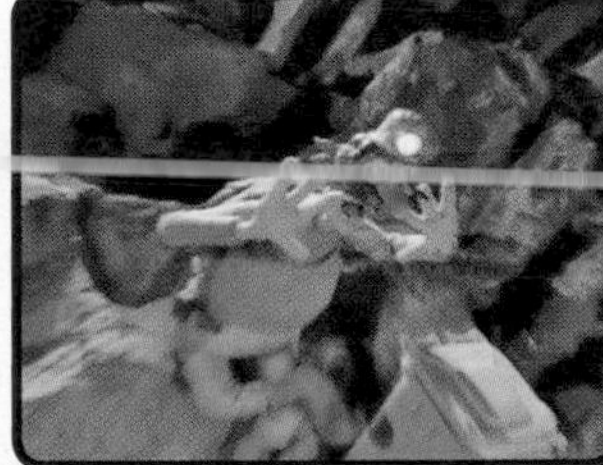

- Warum gehen die Höhlenforscher (*cave explorers*) in eine Höhle?
- Wen oder was können die Höhlenforscher suchen?
- Handelt es sich um eine gefährliche Aktion? Warum?
- Was kann mit den Forschern passieren?
- Warum sitzt der Forscher neben einer Mülltonne?

 Practice more at **vhlcentral.com.**

Spelunkers

Ein Film von Jim Lacy/Daniel Haude/Kathrin Albers

Drehbuch Jim Lacy **Kamera** Daniel Haude **Musik** Paul Goodyear

Publikumspreis
International Kurz-FilmFestival Hamburg
2002

HANDLUNG *Drei Höhlenforscher, Repräsentanten der deutschen Bevölkerung, suchen ein Monster, den Grünen Punkt, um es zu eliminieren, und werden am Ende verschlungen.*

LEITERIN Halt das Maul, Idiot. Ein Wort zuviel und wir kommen hier nie wieder raus!

SCHLÄGER Gibt es ein Problem?
PÄDAGOGE Toll gemacht, du Schwachkopf°. Soviel zum Thema Überraschungsangriff.

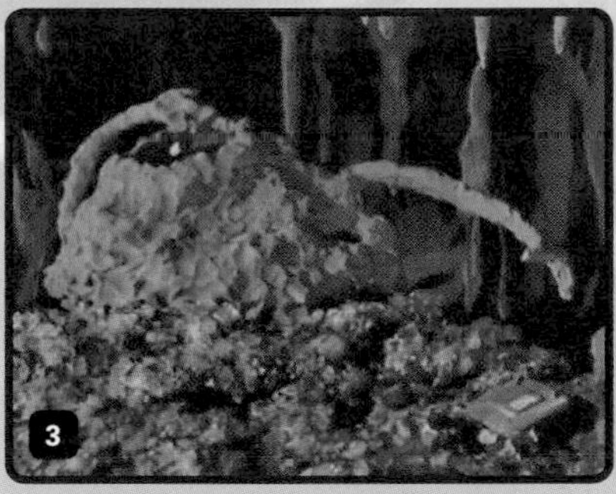

SCHLÄGER Was ist das denn?
PÄDAGOGE Das ist der Grüne Punkt. Die Folge der heuchlerischen Umweltgesetzgebung der letzten Jahre.

HAUSFRAU Seit ich mit dem Rauchen aufgehört habe, kann ich mir die Milch in der Pfandflasche für 3 Mark 79 leisten.

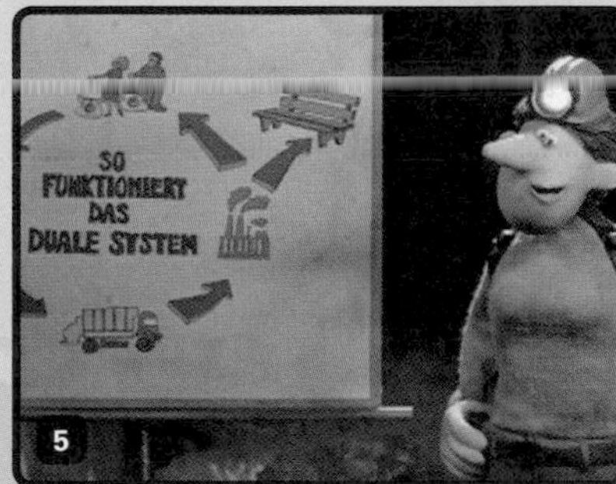

LEITERIN 1991 hat die damalige Bundesregierung eine neue Verpackungsverordnung beschlossen, die zum Ziel hatte, einen möglichst geringen Anteil° des deutschen Mülls möglichst teuer und kompliziert zu entsorgen°.

LEITERIN Das ganze System entpuppt sich beim näheren Betrachten° als hohler° Versuch, Bürgerinnen und Bürger zeitlich derart einzuspannen, dass sie keine Zeit mehr haben, sich in Gorleben° unter den Bahngleisen einzubetonieren°.

Schwachkopf *idiot* **geringen Anteil** *small proportion* **entsorgen** *dispose* **näheren Betrachten** *closer look* **hohler** *hollow, stupid* **Gorleben** *German site for nuclear waste disposal* **sich... einzubetonieren** *to set oneself in concrete*

KULTURANMERKUNG

Der Grüne Punkt

Dieses Symbol wurde 1991 in Deutschland eingeführt, um Verpackungsmüll zu reduzieren. Die Neuerung war Teil des Dualen Systems: Normaler und recycelter Müll werden getrennt, aber zur selben Zeit durch die Müllabfuhr abgeholt°. Für Produkte, die einen Grünen Punkt haben, müssen Firmen eine Lizenzgebühr° bezahlen. Dabei gilt, dass weniger Verpackungsmaterial weniger kostet. Den Grünen Punkt gibt es mittlerweile in über 20 europäischen Ländern. Wichtig zu wissen ist auch, dass Verpackung, die mit dem Grünen Punkt gekennzeichnet° ist, nicht immer komplett wiederverwertet werden kann. Außerdem, dass einige europäische Länder nicht sehr streng reagieren, wenn Firmen gesetzeswidrig° handeln.

abgeholt *collected* **Lizenzgebühr** *license fee* **gekennzeichnet** *marked* **gesetzeswidrig** *illegally*

Beim ZUSCHAUEN

Welche Figuren gibt es in dem Film?

____ **1.** die Leiterin
____ **2.** der Pädagoge
____ **3.** der Schläger
____ **4.** der Grüne Punkt
____ **5.** die Hausfrau
____ **6.** der Mann im Supermarkt

a. ein dickes Monster
b. ein Mann mit Brille
c. eine Raucherin
d. ein Waffenfan
e. ein Mann ohne Auto
f. eine kritische Frau

Analyse

1

Verständnis Markieren Sie, ob die folgenden Aussagen über den Film **richtig** oder **falsch** sind. Korrigieren Sie die falschen Sätze anschließend zu zweit.

Richtig	Falsch	
☐	☐	1. Die Forscher sind die ersten Menschen in dieser Höhle.
☐	☐	2. Die Forscher suchen Dosen und Müll in der Höhle.
☐	☐	3. Die Forscher finden den Grünen Punkt.
☐	☐	4. Die Forscher wollen den Grünen Punkt töten.
☐	☐	5. Der Mann mit der Brille erklärt das Duale System.
☐	☐	6. Am Ende stirbt das Grüne-Punkt-Monster.

2

Assoziationen Was machen die einzelnen Personen? Welche Satzhälfte passt zu welcher Person? Suchen Sie die richtigen Antworten und vergleichen Sie anschließend Ihre Antworten miteinander.

_____ 1. Die Leiterin
_____ 2. Der Pädagoge
_____ 3. Der Schläger
_____ 4. Der Grüne Punkt
_____ 5. Die Hausfrau
_____ 6. Der Mann im Supermarkt

a. frisst alles.
b. verkauft sein Auto, um Joghurt in Gläsern kaufen zu können.
c. erklärt die Probleme des Dualen Systems.
d. schießt gerne und trinkt viel Bier.
e. sagt, dass sie teurere Milch kaufen kann, weil sie nicht mehr raucht.
f. weiß nicht genau, wie der Aluminiumdeckel des Joghurts recycelt wird.

3

Wählen Vervollständigen Sie jeden Satz gemäß dem Film. Besprechen Sie anschließend zu zweit Ihre Antworten.

1. Der Film beginnt mit ____________.
   a. dem Tod eines Forschers b. der Diskussion des Dualen Systems
   c. der Suche nach dem Grünen Punkt
2. Der Schläger wirft die Bierdose weg, ____________.
   a. weil es keine Mülltonne gibt b. weil er den Grünen Punkt ärgern will
   c. weil man keinen Pfand für Dosen bekommt
3. Die drei Höhlenforscher sind ____________, die die Wahrheit über den Grünen Punkt suchen.
   a. nicht die Ersten b. die Intelligentesten c. die Friedlichsten
4. Die Hausfrau ____________.
   a. raucht nicht mehr, damit Sie Milch in Glasflaschen kaufen kann
   b. lügt c. fördert das Duale System
5. Der Pädagoge demonstriert, wie ____________.
   a. das Duale System funktioniert b. man Joghurt isst
   c. man den Grünen Punkt tötet
6. Die Leiterin kritisiert den Grünen Punkt, weil ____________.
   a. er nicht teuer ist b. Bürger dagegen demonstrieren
   c. zu wenig Abfall recycelt wird

4 **Personenbeschreibungen** Sehen Sie sich in Gruppen die Bilder an. Welche Wörter beschreiben die einzelnen Figuren? Beschreiben Sie dann in mindestens sechs Sätzen die Unterschiede zwischen den Figuren. Wie sehen sie aus? Welche Persönlichkeiten haben sie? Geben Sie Beispiele aus dem Film an, um die Unterschiede zwischen den Figuren zu illustrieren.

blöd	engagiert	intelligent	lehrerhaft
destruktiv	friedlich	kritisch	naiv

5  **Diskussion** Besprechen Sie die folgenden Fragen in Gruppen und überlegen Sie sich für Ihre Antworten konkrete Beispiele.

1. Was ist die Botschaft (*message*) des Films? Sind Sie der gleichen Meinung?
2. Warum wird der Grüne Punkt als Monster dargestellt?
3. Warum haben die Produzenten ein Horrorfilm- bzw. Abenteuerfilmformat gewählt, um die deutschen Recycling- und Umweltschutzverordnungen satirisch darzustellen?
4. Im Film werden deutsche Umweltverordnungen beschrieben. Kennst du ähnliche Verordnungen oder kennst du andere Modelle? Wo gibt es diese Verordnungen?
5. Glauben Sie, dass Gesetze wirklich Umweltschutz fördern können? Warum?
6. Wie könnte (*could*) eine effektivere Alternative zum Dualen System aussehen?

6 **Zum Thema** Schreiben Sie einen vollständigen Absatz über eine der folgenden Situationen.

1. In Ihrer Heimatstadt soll ein neues Recyclingprogramm eingeführt werden. Wie soll dieses neue Programm aussehen? Weisen Sie dabei auf die Erfolge/Misserfolge des deutschen bzw. europäischen Dualen Systems hin.
2. In einer Talkshow im Fernsehen besprechen Politiker und Umweltaktivisten den Grünen Punkt und das Duale System. Welche Argumente haben beide Seiten?

 Practice more at **vhlcentral.com.**

KULTURANMERKUNG

Stoptrick

Es handelt sich hier um eine sehr zeitintensive Methode, um animierte Trickfilme mit Plastilinfiguren oder Lego-Steinen zu produzieren. Berühmte Filme, die teilweise so produziert wurden, sind *King Kong* (1933) und Alfred Hitchcocks *The Birds* (1963). Neben der deutschen Produktionsfirma **Stoptrick** ist vor allem Aardman Studios mit Filmen wie *Wallace and Gromit* und *Chicken Run* für die Verwendung dieser Methode bekannt.

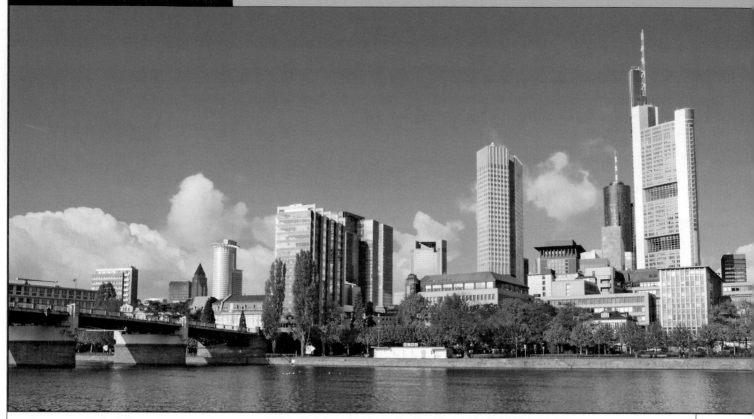

STELLEN SIE SICH VOR:
Sachsen-Anhalt, Thüringen und Hessen

Die Bankenmetropole am Main

In unserer globalisierten Wirtschaft gibt es bestimmte Städte, die als besonders wichtige ökonomische Knoten° gelten°. Offiziell heißen sie „**Alphastädte**" und **Frankfurt am Main**, das größte Finanzzentrum auf dem europäischen Kontinent, ist so eine Stadt.

Was macht Frankfurt zu einer Alphastadt? Die Liste führender Unternehmen° in der Stadt ist lang. Man findet hier *Wikimedia Deutschland, Crytek* (die Firma, die Rechnerspiele entwickelt und u.a. die „Far-Cry"-Spiele herausgebracht hat), den deutschen Sitz der Autohersteller° *Fiat* und *Kia*, etliche Telekommunikationsfirmen, Bauunternehmen° und Werbeagenturen. Und damit haben wir nur an der Oberfläche gekratzt°.

Internationale und deutsche Banken sind zahlreich° vorhanden, und zwei unentbehrliche° europäische Banken befinden sich ebenfalls in Frankfurt: Die **Deutsche Bundesbank** („Buba"), die Zentralbank der Bundesrepublik, bestimmt die Geldpolitik des Landes, d.h. die Geldmenge° und die Zinsraten°. Die **Europäische Zentralbank** wiederum ist *die* Bank der Europäischen Union, und diese ist die Heimat des Euros.

Hinzu kommt, dass Frankfurt seit dem Mittelalter eine bedeutende Messestadt° ist, vor allem wegen seiner zentralen Lage° in Europa, am Main und nahe dem Rhein. Zu Beginn der Messe-Entwicklung kamen Händler jeden Herbst nach Frankfurt und handelten° mit Juwelen, Leder, Lebensmitteln und sogar mit Geld. Die Messezeit war immer etwas Besonderes. Es gab Zollbefreiungen°, reisenden Kaufleuten wurde Schutz gewährt und der Papst° lockerte° sogar die Fastengebote°. Heute zieht die **Frankfurter Messe** jährlich mehr als 50 Messen und 2 Millionen Besucher an. Fachleute° kommen aus aller Welt, um Ideen und Güter auszutauschen° und für ihre Produkte zu werben°. Die größte Buchmesse der Welt, die 1485 entstandene

Noch mehr...

Frankfurt ist ein wichtiger europäischer Verkehrsknotenpunkt° mit dem größten Flughafen Deutschlands, einem belebten Bahnhof und dem **Frankfurter Kreuz**°. Hier kommen drei wichtige Straßen zusammen – die 10-spurige° A 5, die 10-spurige A 3 und die B 43. Ungefähr 310.000 Fahrzeuge befahren jeden Tag das kleeblattförmige° Kreuz.

Frankfurter Buchmesse, ist besonders beliebt.

Auch das Herz der deutschen „*Wall Street*" schlägt in Frankfurt, eben wegen jener Geschichte als Messestadt. Die großen Messen bedeuteten Münzwechsel° und Kreditverkäufe, und daraus wuchs schon im späten Mittelalter eine Börse°. Ihre heutige Form ist die **Frankfurter Wertpapierbörse**. In der Neuen Börse, hinter Bulle & Bär (zwei Skulpturen, die das Steigen und Fallen der Börsenkurse° symbolisieren), werden Aktien° gehandelt.

Nicht zuletzt sichert die internationale Prägung° von Frankfurts Wirtschaft seine Relevanz als Finanzzentrum Europas. Außerdem gibt es in der Stadt Konsulate aus 99 Ländern, und wegen der vielen Touristen hat Frankfurt eine knisternde° Atmosphäre. Die Welt schaut auf Frankfurt. Und die global denkenden Frankfurter schauen zurück.

Knoten *nodes* **als... gelten** *considered as* **Unternehmen** *companies* **Autohersteller** *auto manufacturers* **Bauunternehmen** *construction firms* **an der Oberfläche gekratzt** *scratched the surface* **zahlreich** *numerous* **unentbehrliche** *indispensable* **bestimmt** *determines* **Geldmenge** *money supply* **Zinsraten** *interest rates* **Messestadt** *trade fair city* **Lage** *location* **handelten** *traded* **Zollbefreiungen** *liftings of tolls* **Papst** *Pope* **lockerte** *loosened* **Fastengebote** *fasting commandments* **Fachleute** *Professionals* **auszutauschen** *to exchange* **werben** *advertise* **Münzwechsel** *coin exchange* **Börse** *stock exchange* **Börsenkurse** *market prices* **Aktien** *stocks* **Prägung** *nature* **knisternde** *sizzling* **Verkehrsknotenpunkt** *traffic junction* **Frankfurter Kreuz** *the Frankfurt Intersection* **10-spurige** *10-laned* **kleeblattförmige** *clover-shaped*

Entdecken wir...

Die noble Bücherstadt Weimar ist ein Star in der Literaturgeschichte Deutschlands. Hier trieben nämlich die erlauchten° Geister der **Weimarer Klassik** – vor allem Goethe und Schiller – ihre geniale Kunst voran°. Und auch eine der ältesten Bibliotheken Europas, die **Herzogin°-Anna-Amalia-Bibliothek**, befindet sich in Weimar. Die Bibliothek wurde „geboren", als Herzog Johann Wilhelm 1691 der Öffentlichkeit Zugang zu seinen 1.400 Büchern gewährte°. Von 1797 bis 1832 hat Goethe in der Bibliothek als Oberaufseher° gedient. Und heute ist die elegante HAAB ein UNESCO-Weltkulturerbe.

Trogbrücke° Magdeburg Das hätte selbst John Roebling imponiert°: Das Wasserstraßenkreuz Magdeburg ist wohl nicht die schönste Brücke der Welt, aber als technische Hochleistung absolut bewundernswert°. Die Trogbrücke führt über die Elbe... soweit klingt alles ganz banal, oder? Aber mitten durch die Brücke hindurch fließt ein Strom mit 4,25 m Tiefe. Hier können Schiffe vom Elbe-Havel-Kanal zum Mittellandkanal fahren.

erlauchten *noble* **trieben... voran** *impelled forward* **Herzogin** *duchess* **Zugang gewährte** *allowed access* **Oberaufseher** *supervisor* **Trogbrücke** *bridge with a trough* **imponiert** *impressed* **bewundernswert** *admirable*

Was haben Sie gelernt?

Richtig oder falsch? Sind die Aussagen **richtig** oder **falsch**? Stellen Sie die falschen Aussagen richtig.

1. Die Europäische Zentralbank bestimmt die Zinsraten der Bundesrepublik.
2. Frankfurt hatte schon im Mittelalter eine große Messe.
3. Der Bulle und der Bär sind Skulpturen, die vor der Frankfurter Buchmesse stehen.
4. Frankfurt ist ein wichtiger Verkehrsknotenpunkt.
5. Die elegante Herzogin-Anna-Amalia-Bibliothek ist eine der ältesten Bibliotheken Europas.
6. Goethe hat der Herzogin-Anna-Amalia-Bibliothek 1.400 Bücher gespendet (*donated*).
7. Die Magdeburger Trogbrücke ist eine Brücke für Autos, die über die Elbe fahren müssen.

Fragen Beantworten Sie die Fragen.

1. Was ist eine „Alphastadt"?
2. Welche Bank bestimmt die Geldpolitik der Bundesrepublik?
3. Was macht man in der Neuen Börse?
4. Warum ist Frankfurt eine Alphastadt? Nennen Sie mindestens drei Gründe.
5. Was ist das Frankfurter Kreuz?
6. Was machte Goethe in der Anna-Amalia-Bibliothek?
7. Was ist das Besondere an der Magdeburger Trogbrücke?

Projekt

Auch das **Bauhaus** kommt aus Weimar. Verwenden Sie das deutsche Internet, um Folgendes herauszufinden:

- Was war das „Staatliche Bauhaus"?
- Welche bedeutenden Künstler haben da gelehrt?
- Wann und warum wurde die Schule aufgelöst?
- Wie kam das Bauhaus nach Chicago?
- Finden Sie Bilder von Bauhaus-Kunstwerken und machen Sie eine Liste von Adjektiven, die Ihres Erachtens (*considerations*) die Kunstrichtung am besten beschreiben. Vergleichen Sie Ihre Antworten mit denen Ihrer Mitstudent(inn)en.

8.1 *Der Konjunktiv II* and *würde* with infinitive

—*Ja, aber ich **würde** ihn vorher **ablecken**.*

- **Der Konjunktiv II** (*the subjunctive*) is used to express probability or possibility. It expresses ideas or concepts that are contrary to fact and reality. Although there are two ways to make the present tense of the **Konjunktiv II** (**würde** [+ *infinitive*] or the **Konjunktiv II** forms), **würde** [+ *infinitive*] is the form used most frequently in conversation. In this case, the **würde** form is in second position and the infinitive is at the end of the sentence.

Würde	
ich würde	
du würdest	
er/sie/es würde	die Zeitung lesen
wir würden	
ihr würdet	
sie/Sie würden	

Wenn ich Geld hätte, **würde** ich einen Porsche **kaufen**.
*If I had money, I **would buy** a Porsche.*

- The present tense forms of the **Konjunktiv II** are based on the **Präteritum** forms of the verb. The **Konjunktiv II** forms of regular verbs are identical to the **Präteritum** forms in German. To avoid confusion, the **würde** construction mentioned above (**würde** [+ *infinitive*]) is often used.

Präteritum	Konjunktiv II
Letztes Jahr **arbeitete** er im Kernkraftwerk. *Last year he **worked** (used to work) in the nuclear power plant.*	Er **arbeitete** im Kernkraftwerk, wenn er Geld brauchte. Er **würde** im Kernkraftwerk **arbeiten**, wenn er Geld **brauchte**. *He **would work** at the nuclear power plant, if he needed money.*

- To form the **Konjunktiv II** of irregular verbs, start with the **Präteritum** form of the verb, add an **Umlaut** if the verb stem contains the vowels **a**, **o**, or **u**, and add appropriate endings: **–e**, **–est**, **–e**, **–en**, **–et**, or **–en**. Here are some common irregular verbs in this category.

denken	**dachte**	**dächte**
finden	**fand**	**fände**
geben	**gab**	**gäbe**
haben	**hatte**	**hätte**
nehmen	**nahm**	**nähme**
sehen	**sah**	**sähe**

Wenn ich ihn **träfe**, **gäbe** ich ihm sein Buch zurück.
*If I **met** him, I **would give** him his book back.*

Sie **nähmen** den gleichen Weg, wenn sie ihn noch einmal **fänden**.
*They **would take** the same way, if they **found** it again.*

- If an irregular verb does not have a vowel that takes an **Umlaut**, then, as with the regular verbs, the verb stem in the **Konjunktiv II** is identical to the **Präteritum** form.

Präteritum	Konjunktiv II
ich ging	ich ginge
du gingst	du gingest
er ging	er ginge
wir gingen	wir gingen
ihr gingt	ihr ginget
sie/Sie gingen	sie/Sie gingen

Ich **ginge** den gleichen Weg, wenn sich das Wetter **hielte**.
*I **would walk** the same way, if the weather **kept up**.*

Wenn ihr unterwegs **anhieltet**, **vermiedet** ihr zu viel Stress.
*If you **stopped** on the way, you **would avoid** too much stress.*

- The conjunction **wenn** in German expresses the idea of *if* in English. If the sentence expresses an idea as a statement of fact, use **wenn** with the indicative to convey the sense of the English word *whenever*. If the sentence expresses an idea that is improbable or contrary to fact, use **wenn** with either the **Konjunktiv II** form or the **würde** form.

Wenn wir das Glas recyceln, helfen wir der Umwelt.
***Whenever** we recycle glass, we help the environment.*

Wenn wir das Glas **recycelten**, **würden** wir der Umwelt **helfen**.
***If** we **recycled** glass, we **would help** the environment.*

QUERVERWEIS

See **Strukturen 9.1**, **pp. 316-317** for the past subjunctive (**der Konjunktiv II der Vergangenheit**) which is used to express the idea of likelihood or probability for an event in the past.

Anwendung

1 

Angst vor Gewalt Setzen Sie die folgenden Sätze in den **Konjunktiv II.**

Beispiel **Wenn ich die Drohung auch ignoriere, kämpft der Aktivist.**
Wenn ich die Drohung auch ignorierte, würde der Aktivist kämpfen.

1. Wenn ich Gewalt sehe, habe ich Angst.
2. Wenn der Kriminelle etwas Schlimmes tut, rufe ich die Polizei an.
3. Wenn die Polizei den Anruf bekommt, kommt der Polizeiwagen sofort.
4. Wenn sie den Kriminellen festnehmen, leben wir friedlicher.
5. Ohne Gewalt schlafe ich ruhiger.
6. Wenn das Leben so ruhig ist, freue ich mich.

2 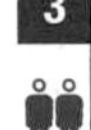

Rettet die Umwelt Dieser Blogger schreibt einen Aufruf, um die Umwelt zu retten. Schreiben Sie die richtige Form des **Konjunktiv II** in die Lücken.

Greif zur Feder! Jetzt ist es Zeit, der Welt zu helfen. Wie (1) _______ (sein) es, wenn die Welt in 40 Jahren keine grünen Flächen mehr (2) _______ (haben)? (3) _______ (Leben) du dann gern hier? Wenn du jetzt einen Brief an die Politiker (4) _______ (schreiben), (5) _______ (geben) es viel Hoffnung für unsere Welt. Wenn du nur (6) _______ (wissen), wie sehr die Klimaerwärmung allem schadet! Wenn ihr euch jetzt der Erhaltung unserer Erde (7) _______ (widmen), (8) _______ (sehen) alles in der Zukunft viel besser aus! Wenn es auf die Politiker (9) _______ (ankommen), (10) _______ (gehen) alles kaputt. Schnell! Rettet die Umwelt!

3

Was würdest du tun? Besprechen Sie zu zweit Ihre Reaktion auf diese beiden Situationen. Erzählen Sie, was Sie in jeder Situation tun würden. Verwenden Sie die Verben aus der Liste.

meine Meinung ändern	**nichts Illegales tun**	**stolz sein**
mein Ziel erreichen	**die Situation retten**	**sich streiten**
Angst haben	**der Regierung einen Brief schreiben**	**mich verteidigen**

 Practice more at **vhlcentral.com.**

Kommunikation

4 **Der lange Prozess** Was würden diese Personen machen? Arbeiten Sie zu zweit. Eine(r) stellt die Frage und der/die andere beantwortet sie. Wechseln Sie sich ab.

Beispiel **die Naturschützer / die Wälder sterben aus**

—Was würden die Naturschützer machen, wenn die Wälder ausstürben?

—Sie würden sehr böse werden.

1. die Aktivistin / Gift in das Wasser kommt
2. der Naturschützer / die Bodenschätze werden zerstört
3. die Geschworenen / der Prozess zwei Monate dauern
4. die Rechtsanwältin / die Geschworenen sich streiten
5. der Terrorist / der Richter ihn einsperren
6. der Zeuge / alles zu Ende sein

5 **Das Interview**

A. Sie und Ihr(e) Partner(in) sind Journalisten, die mit den folgenden Personen ein Interview durchführen. Denken Sie gemeinsam darüber nach, welche Fragen Sie stellen würden. Verwenden Sie **Konjunktiv II.**

Beispiel **der Präsident der Vereinigten Staaten**

—Würden Sie gern noch vier Jahre im Weißen Haus bleiben?

der Präsident der Vereinigten Staaten	eine Person, die vom Meer lebt
der Leiter von Greenpeace	eine Person, die eine Packung Zigaretten am Tag raucht
ein ehemaliger Kernkraftwissenschaftler	der Besitzer einer Windfarm
Wernher von Braun	die Touristen, die gern neben der Windfarm Urlaub machen

B. Suchen Sie eine dieser Personen aus. Spielen Sie zu zweit das Interview mit vielen Fragen durch.

6 **Der neue Präsident** Sie sind Mitglied in einer Umweltgruppe. Einer ihrer Kollegen ist Top-Kandidat für den Posten des Landespräsidenten der Partei „die Grünen". Erfinden Sie in Gruppen das Profil eines solchen fiktiven Kandidaten. Besprechen Sie, was er/sie machen würde, wenn er/sie Präsident(in) wäre, und wie er/sie die folgenden Probleme lösen würde. Jede Gruppe stellt dann die einzelnen Kandidaten vor. Die Klasse stimmt ab, wer der/die nächste Präsident(in) sein soll.

- Luftverschmutzung
- Klimaerwärmung
- terroristischer Angriff
- Naturkatastrophe
- hohe Benzinpreise
- veraltete Atomkraftwerke
- Erhaltung der Bodenschätze
- Menschenrechte in fremden Ländern

KULTURANMERKUNG

Wernher von Braun (1912-1977) war ein deutsch-amerikanischer Wissenschaftler. 1945 kam er in die USA und wurde 1955 amerikanischer Staatsbürger. Er führte u.a. das Team, das die erste atomare Kurzstreckenrakete° entwickelte. Später, als Mitarbeiter der NASA, war sein größter Erfolg die bemannte° Mondlandung im Jahr 1969. Von 1970 bis 1972 war Wernher von Braun stellvertretender° Direktor der NASA und setzte sich für eine Fortführung deren Projekte ein, darunter auch für eine bemannte Marsmission.

Kurzstreckenrakete *short-range missile* **bemannte** *manned* **stellvertretender** *deputy*

8.2

Der Konjunktiv II of modals

—*Wir **sollten** uns alle die Milch in der Pfandflasche für drei Mark neunundsiebzig **leisten**.*

- To form the present tense **Konjunktiv II** of all modal verbs except **mögen**, the endings **–te**, **–test**, **–te**, **–ten**, **–tet**, or **–ten** are added to the stem of the verb. With **mögen**, the stem changes to **möch-** in the **Konjunktiv II** before the endings are added.

Modals in *Konjunktiv II*

	können	dürfen	müssen	wollen	sollen	mögen
ich	könnte	dürfte	müsste	wollte	sollte	möchte
du	könntest	dürftest	müsstest	wolltest	solltest	möchtest
er/sie/es	könnte	dürfte	müsste	wollte	sollte	möchte
wir	könnten	dürften	müssten	wollten	sollten	möchten
ihr	könntet	dürftet	müsstet	wolltet	solltet	möchtet
sie/Sie	könnten	dürften	müssten	wollten	sollten	möchten

- In standard word order, the conjugated modal verb is in second position and the accompanying infinitive is in last position. Modal verbs do not generally use **würde** [+ *infinitive*] to form the **Konjunktiv II**.

Wir **sollten** die Geschworenen **fragen**.
*We **should ask** the jury.*

Ihr **könntet** das mit gutem Gewissen **tun**.
*You **could do** that in good conscience.*

- The modal verbs in the **Konjunktiv II** express less certainty than they do in the indicative.

Ich **kann** das tun.
*I **can** do that.*
> Ich **könnte** das auch tun.
*I **could** do that too.*

Er **darf** ins Kino gehen.
*He's **allowed** to go to the movies.*
> Er **dürfte** liberal sein.
*He **might** be liberal.*

Das **muss** ein Vorteil sein.
*That **has to** be an advantage.*
> Das andere **müsste** ein Nachteil sein.
*The other **would** have to be a disadvantage.*

Ich **will** friedlich reagieren.
*I **want to** react peacefully.*
> Er **wollte** auch friedlich reagieren.
*He **would like to** react peacefully too.*

Ihr **sollt** um 8 Uhr da sein.
*You **are supposed to** be there at 8 o'clock.*
> Wir **sollten** mehr wiederverwerten.
*We **ought to** recycle more.*

Ich **mag** die schöne Landschaft Deutschlands.
*I **like** Germany's beautiful countryside.*
> Ich **möchte** sie gern sehen.
*I **would like** to see it.*

- The verb **können** is used when a person *could* or *would be capable of* performing a task. In English, **ich könnte** (**Konjunktiv II**) and **ich konnte** (**Präteritum**) can both be translated as *I could*, **ich könnte** in the sense of *I would be able to* and **ich konnte** in the sense of *I was able to*.

  Der Wissenschaftler **konnte** das Problem lösen.
  *The scientist **could (was able to)** solve the problem.*

  Könnte ich bitte den neuen Taschenrechner benutzen?
  ***Could** I please use the new calculator?*

- The verb **dürfen** in the **Konjunktiv II** implies the idea of *may* or *might* in English.

  Der Richter **dürfte** mit seinem Urteil recht haben.
  *The judge **should** be right with his verdict.*

  Wollen Sie ein eigenes Schlafzimmer? Ja, wenn ich **dürfte**!
  *Do you want your own bedroom? Yes, if I **may**.*

- Though **dürfen** and **können** are used in both the indicative and the **Konjunktiv II** to make polite requests, the **Konjunktiv II** is a more polite way of asking.

***Können* and *dürfen* in polite requests**	
Können wir bitte mit ihm sprechen? ***Can** we please speak with him?*	**Könnten** wir bitte mit ihm sprechen? ***Could** we please speak with him?*
Darf ich Sie eine Minute sprechen? ***May** I speak to you for a minute?*	**Dürften** wir Sie vielleicht eine Minute sprechen? ***May** we **perhaps** speak to you for a minute?*

- The verb **müssen** in the indicative means *must* or *to have to*. In the **Konjunktiv II**, it means someone *would have to* do something.

  Sie **mussten** ihn einsperren, weil er schuldig war.
  *They **had to** imprison him because he was guilty.*

  Sie **müssten** ihn einsperren, wenn sie ihn schuldig fänden.
  *They **would have to** imprison him, if they found him guilty.*

- The verb **sollen** shows a sense of obligation. In the **Konjunktiv II**, it implies that a person *ought to* or *should* do something. It can also be used in a hypothetical sense for something that *is supposed to happen* (*is rumored to happen*).

  Ich **sollte** heute für die große Chemieprüfung lernen.
  *I **ought to** study today for the big chemistry exam*

  Sollte die Stadt nächstes Jahr Geld haben, könnte sie einen Naturlehrpfad bauen.
  *If the city **were to** have money next year, they would be able to build a nature trail.*

- Since the **Konjunktiv II** is used in statements that are contrary to fact, the conjunction **wenn** is often used with modal verbs in the **Konjunktiv II**.

  Wenn ich **müsste**, würde ich meine Meinung verteidigen.
  ***If** I **had to**, I would defend my opinion.*

  Wenn die Politiker es **wollten**, könnten sie viel erreichen.
  ***If** the politicians **wanted to**, they could achieve a lot.*

ACHTUNG!

As with **sollen**, the **Präteritum** form and the **Konjunktiv II** form of **wollen** are identical.

Wenn wir Bargeld wollten, mussten wir es von der Bank holen.
When we wanted cash, we had to get it from the bank.

Wenn die Naturschützer es wollten, könnten sie Klimaerwärmung stark reduzieren.
If the environmentalists wanted to, they could reduce global warming drastically.

Anwendung

1 **Wie wir sein sollten** Kreisen Sie die richtige Konjunktivform ein.

1. Der Aktivist (sollen / sollte / solltet) gegen die Klimaerwärmung kämpfen.
2. Eine Naturschützerin (wollte / wollen / will) sich der Erhaltung der Umwelt widmen.
3. Der Kriminelle (müssen / musste / müsste) friedlicher leben.
4. Der Rechtsanwalt (mag / möchte / möchtet) die Kriminellen verteidigen.
5. Der Richter (dürfte / darf / durfte) die Terroristen einsperren.
6. Die Leute (können / konnten / könnten) einer Meinung sein.
7. Das Opfer (muss / müsste / müsstet) man immer schützen.
8. Die Geschworenen (will / wollt / wollten) eigentlich die Wahrheit hören.

2 **Verbessern wir die Uni!** Schreiben Sie die richtige Form des **Konjunktivs** in die Lücken.

JOHANNES Wir (1) __________ (sollen) mehr für die Umwelt an unserer Uni tun.

ULRIKE (2) __________ (Dürfen) ich dich daran erinnern, dass wir jetzt schon einiges machen?

JOHANNES Wir (3) __________ (können) aber viel mehr tun! Du (4) __________ (müssen) dich nur mal umsehen.

ULRIKE Vielleicht (5) __________ (sollen) du mit anderen Studenten reden?

JOHANNES Aber warum? Du (6) __________ (mögen) immer überall dabei sein.

ULRIKE Wenn du nächste Woche zu viel zu tun haben (7) __________ (sollen), (8) __________ (können) ich eventuell helfen.

JOHANNES Das (9) __________ (sein) schön. Ich danke dir! (10) __________ (Können) du morgen schon anfangen?

3 **Eine Katastrophe** Arbeiten Sie zu zweit. Bilden Sie aus den Satzteilen einen Satz im **Konjunktiv II**. Achten Sie auf alle Endungen.

Beispiel **ich / mögen / haben / keine Angst / vor / eine Katastrophe**
Ich möchte keine Angst vor einer Katastrophe haben.

1. Umweltverschutzung / müssen / sein / gesetzwidrig
2. wir / sollen / aufpassen / auf unsere Welt / besser
3. die wertvollen Bodenschätze / können / gehen / kaputt
4. die Klimaerwärmung / dürfen / viel Schlimmes / verursachen
5. die Politiker / wollen / verabschieden / ein Gesetz / bald
6. alle / mögen / die Umwelt / retten
7. jeder Mensch / sollen / vernünftiger / leben
8. die Luft / das Wasser / müssen / wir / sauber halten

Practice more at **vhlcentral.com.**

Kommunikation

4 **Wir helfen der Umwelt** Denken Sie zu zweit darüber nach, wie Sie der Umwelt helfen könnten. Verwenden Sie die Modalverben und andere Verben, um höfliche Vorschläge zu machen.

Beispiel **Sollten wir die Bodenschätze erhalten?**

du	nicht so oft Auto fahren
ich	einen Naturlehrpfad bauen
die Studenten	Glas wiederverwerten
die Einwohner der Stadt	mit eigenen Einkaufstaschen einkaufen gehen
die Politiker	immer beide Seiten vom Papier benutzen
die Leute	kein Wasser aus Plastikflaschen trinken

5 **Was sollten wir machen?**

A. Schauen Sie sich zu zweit die Bilder an. Verwenden Sie die Konjunktivform von Modalverben, um Lösungen für jedes Problem zu finden.

Beispiel **Wir sollten mit der Bahn und nicht mit dem Auto fahren.**

B. Wählen Sie ein Bild von oben aus. Schreiben Sie einen Leitartikel für die Uni-Zeitung, worin Sie erklären, was man machen sollte, müsste und könnte, um das Problem zu lösen.

6 **Der Tag der Erde** Sie sind Mitglied einer Umweltorganisation. Ihre Gruppe soll für die anderen Student(inn)en einen Vortrag über die Wichtigkeit von Umweltschutz halten. Bereiten Sie in Gruppen eine Präsentation vor, worin Sie darüber diskutieren, was Student(inn)en, die Universität und die Politiker(innen) machen sollten, um die Umwelt zu schützen. Verwenden Sie den **Konjunktiv II** mit Modalverben.

KULTURANMERKUNG

Atomkraftwerke

Deutschland, Österreich und die Schweiz haben alle unterschiedliche Regelungen° zur Atomenergie. In Deutschland gibt es 17 Kernkraftwerke, die 25% der in Deutschland benötigten Energie produzieren. Die Zukunft dieser Werke ist allerdings unklar. Im Jahre 2000 beschloss die Regierung, alle Kernkraftwerke bis 2020 stillzulegen. Als aber 2009 eine neue Regierung ins Amt kam°, wurde dieser Entschluss rückgängig gemacht und neu diskutiert. Die Schweiz bekommt 40% der Energie von den 5 Kernkraftwerken im Lande. Österreich ist ein Land ohne Kernkraftwerke. 1978 verabschiedete das Parlament ein Gesetz gegen Atomkraftwerke in Österreich.

Regelungen *regulations*
ins Amt kam *entered into office*

8.3

Demonstratives

*—**Das** ist der grüne Punkt.*

- Demonstratives put emphasis on something or someone that is already known. They can be used to replace a pronoun, or as a limiting adjective.

Demonstrative pronoun	Demonstrative as limiting adjective
Der da ist ein bekannter Aktivist. ***That one** there is a well-known activist.*	Ist **dieses** Wasser trinkbar? *Is **this** water drinkable?*

- Unlike in English, demonstrative pronouns in German are usually the first element in the sentence, which helps to emphasize the person or object. They replace the regular pronouns.

Noun	Personal pronoun	Demonstrative
Die ausländische Zeugin ist nervös. ***The foreign witness** is nervous.*	Ich möchte nicht **sie** sein. *I wouldn't like to be **her**.*	**Die** möchte ich nicht sein. *I wouldn't like to be **her (that one)**.*
Siehst du **den Kriminellen**? *Do you see **the criminal**?*	**Er** ist total schuldig. ***He** is totally guilty.*	**Der** ist total schuldig. ***He (That one)** is totally guilty.*

- The demonstrative pronouns and adjectives include the following.

der/die/das *that one*	**jen–** *that*	**der/die/dasselbe** *the same*
dies– *this*	**solch–** *such a*	**der/die/dasjenige** *that one/those ones*

QUERVERWEIS

To review relative pronouns, see **Strukturen 3.3, pp. 96-97**.

- Demonstrative pronouns agree in number and gender with the object or person to which they refer. The case of the demonstrative pronoun depends on its role in the sentence. Demonstrative pronouns are identical to the relative pronouns.

Er ist ein bekannter Aktivist. Mit **dem** möchte ich mich nicht streiten.
***He**'s a well-known activist. I wouldn't like to argue with **him (that one)**.*

Demonstrative Pronouns

Nominative	**der**	**die**	**das**	**die**
Accusative	**den**	**die**	**das**	**die**
Dative	**dem**	**der**	**dem**	**denen**
Genitive	**dessen**	**deren**	**dessen**	**deren**

- When a demonstrative is used as a limiting adjective to modify a noun, it follows the same rules for adjective endings as **der**-words.

Ich finde **diese** hoch bezahlten Rechtsanwälte äußerst talentiert.
*I think **these** highly paid attorneys are extremely talented.*

Ich mag **solche** pazifistischen Leute. Mit **denen** kommen ich gut zu recht.
*I like **such** pacifistic people. I get along well with **them**.*

- Unlike English, which uses *this/these* and *that/those* with equal frequency, German tends to use **dies**– more than **jen**–. When two things are compared using *this* and *that*, then German uses **jen**– with **dies**–.

Diese Bücher hier vorne sind teuer.
***These** books at the front are expensive.*

Jene in der Ecke sind billiger.
***Those** in the corner are less expensive.*

- The adverbs **hier** and **da** can be used in conjunction with the demonstrative to give additional emphasis.

Welcher Kandidat hat bei der Wahl gewonnen? Es ist **der hier** neben mir.
*Which candidate won in the election? It's **this one here** next to me.*

Wer ist die neue Politikerin? Es ist **die da**!
*Who is the new female politician? It is **that one**!*

- The demonstratives **derselbe**, **dieselbe**, and **dasselbe** as well as **derjenige**, **diejenige**, and **dasjenige** are written as one word but are treated as if they were two words. The first part has the same endings as **der/die/das**, whereas the second half has regular adjective endings.

Wir kennen **dasselbe** Problem in den USA.
*We are familiar with **the same** problem in the United States.*

Wir haben **denselben** Machtmissbrauch in unserem Land.
*We have **the same** misuse of power in our country.*

- **Derselbe**, **dieselbe**, and **dasselbe** are used to define a particular person or thing. They are placed before the noun and have the same endings as the **derjenige** group.

Das ist nicht **dieselbe** Kritik wie vom letzten Jahr.
*That is not **the same** criticism as last year.*

Hier sind **dieselben** Drohungen zu spüren.
***The same** threats are found here.*

- **Derjenige**, **diejenige**, and **dasjenige** can be used in conjunction with a relative clause. They represent the object pronoun that is referred to in the relative clause.

Ich finde **diejenigen**, die ruhig bleiben, schuldig.
*I think **those** who remain quiet are guilty.*

Ich kann **denjenigen** empfehlen, der die Menschenrechte verteidigt.
*I can recommend **that one** who defends human rights.*

- **Selbst** and **selber** (regarded as synonyms) are also used to provide emphasis. They are not declined and are placed after the noun or pronoun. They correspond to any English words with *self*, such as *myself*, *himself*, *herself*.

Ich habe ihn **selbst** verteidigt.
*I defended him **myself**.*

Sie **selber** hat den Impfstoff erfunden.
*She invented the vaccine **herself**.*

ACHTUNG!

In American English, it is perfectly acceptable to say, *It's him* instead of *It is he*. However, this is not acceptable in German; German always adheres to the correct case: **Da ist er.**

ACHTUNG!

Derselbe is not the same as **gleich** even though both are translated as *same* in English. **Derselbe** refers to exact identity. **Gleich** refers to things or people similar to each other.

Sie hat jeden Tag dasselbe Kleid an.
She wears the same dress every day.

Ich habe das gleiche Kleid.
I have the same dress.

Anwendung

1

Die Nachhaltigkeit Schreiben Sie die richtigen Endungen in die Lücken.

1. Wenn es nach mir ginge, gäbe es in dies____ Welt viel mehr Wind- und Solarenergie.
2. Jen____ Energiequellen, die der Umwelt schaden, müssten abgeschafft werden.
3. Nur diejenig____ Energiequellen, die umweltfreundlich sind, dürften weiter existieren.
4. Mit solch____ umweltschädlichen Autos würde man nicht mehr fahren.
5. Damit wir nicht immer wieder die____ alten Probleme haben, müssten alle Leute engagiert sein.
6. Dies____ Gesetzgebung (*legislation*) und nicht jen____ alte Lebensweise fördert die Nachhaltigkeit der Erde.

2

Wir fahren in die Natur Ersetzen Sie die unterstrichenen Wörter mit der richtigen Form der Demonstrativpronomen und schreiben Sie diese in die Lücken des zweiten Satzes. Achten Sie auf den Kasus.

1. Hier ist der Naturlehrpfad. Auf ______ möchte ich Rad fahren.
2. Wo ist der Anfang vom Pfad? ______ findest du hier links.
3. Sind das neue Fahrräder? Nein, das sind ______, die wir schon letztes Jahr hatten.
4. Sehen wir uns die Tierwelt näher an! ______ gefällt uns sehr.
5. Ich kenne die Namen der unterschiedlichen Tiere nicht. Mit ______ kenne ich mich auch nicht aus.
6. Wo ist der Volleyballstrand? ______ ist dort neben dem Hundestrand.
7. Legen wir uns hin. Wo ist das Buch, das ich mitgebracht habe? ______ habe ich.
8. Der Tag war sehr schön. ______ werde ich nie vergessen!

KULTURANMERKUNG

Die Strände in Deutschland

Wenn man eine Küste in Deutschland besucht, findet man viele verschiedene Strände. Es gibt für jeden etwas Passendes. Wollen Sie aktiv sein, dann besuchen Sie mal den Sportstrand. Können Sie ohne Ihren Hund das Haus nicht verlassen? Dann kommen Sie mit dem Hund zum Hundestrand.

3

Wie wir sind Denken Sie sich zu zweit eine Identität für diese Personen aus. Könnten sie miteinander etwas zu tun haben? Schreiben Sie mindestens drei Sätze mit drei Demonstrativpronomen pro Person auf.

Beispiel **Der da ist ein liberaler Politiker. Die Studentin möchte ein Interview mit ihm führen.**

 Practice more at **vhlcentral.com.**

Kommunikation

4 **Unterschiedlich oder ähnlich?** Sehen Sie sich die Bilder zu zweit an. Besprechen Sie die Unterschiede zwischen ihnen. Verwenden Sie mindestens fünf Demonstrativpronomen.

Beispiel **Auf diesem Bild sieht man viele Bäume, aber auf jenem gibt es keine Bäume.**

5 **Die Entdeckung**

A. Stellen Sie sich vor, Sie und Ihr Partner/Ihre Partnerin sind Ökologen, die neulich eine neue Art Pflanze oder Tier entdeckt haben. Niemand vorher hat diese Pflanze/dieses Tier gesehen. Schreiben Sie einen Bericht über Ihre Entdeckung. Beschreiben Sie das Aussehen, das Verhalten (*behavior*), die Gegend, wo Sie sie/es gefunden haben und wie man sie/es vor dem Aussterben schützen kann. Malen Sie auch ein Bild von Ihrem Fund. Verwenden Sie viele Demonstrativpronomen.

B. Arbeiten Sie mit einer anderen Gruppe. Zeigen Sie einander Ihre Bilder, erklären Sie sie und seien Sie darauf vorbereitet, Fragen zu beantworten.

Beispiel **Diese Pflanzen haben rote Blätter. Diejenigen, die wir gefunden haben, lagen immer unter Bäumen im Schatten.**

6 **Das Gericht** Arbeiten Sie zu dritt. Eine Person ist die Geschäftsperson, die wegen illegalen Verhaltens angeklagt wird. Er/Sie soll gegen die Gesetze gegen Umweltverschmutzung verstoßen haben. Eine Person ist der/die Rechtsanwalt/Rechtsanwältin, der/die die Anklage vorbringt. Der/Die Dritte ist der/die Richter(in). Verwenden Sie Vokabeln aus der Liste und Demonstrativpronomen, um eine Szene aus dieser Gerichtsverhandlung vorzuspielen. Bereiten Sie sich darauf vor, Ihre Szene vor der Gruppe zu präsentieren.

jemanden anklagen (*to accuse*)	missbrauchen
die Drohung	ungerecht
einsperren	verbrauchen
das Gesetz	das Verbrechen
das Gewissen	verteidigen
die Klimaerwärmung	verurteilen

Synthese

1 

Sprechen wir Sehen Sie sich die Fotos in Gruppen an und beantworten Sie die Fragen.

1. Welches Problem wird auf dem Bild dargestellt (*is presented*)?
2. Was könnten diese Autofahrer tun, um der Umwelt zu helfen?
3. Gibt es diese Probleme in Ihrer Stadt? Sind solche Probleme überall auf der Welt zu fnden?
4. Der Bürgermeister Ihrer Stadt will Autos im Stadtzentrum verbieten. Wie finden Sie diese Idee? Wäre es gut für Ihre Universität oder für Ihre Stadt? Wäre es gut für die Geschäfte in der Innenstadt?
5. Was könnte getan werden, um die Lebensqualität in Ihrer Stadt zu verbessern?
6. Was könnten Sie selbst tun, um umweltfreundlicher zu leben?

Strategien für die Kommunikation

Etwas beschreiben

Im Vordergrund steht... *In the foreground is...*
Links/Rechts im Bild sieht man... *On the left side of the picture you see...*

Eine These vertreten

Soweit ich weiß, ... *As far as I know, ...*
Es wäre gut, wenn... *It would be good if...*
Es könnte besser sein, wenn... *It could be better if...*
Ich möchte gern den Vorschlag machen, (dass)... *I'd like to suggest that...*
Wir sollten ihn überzeugen, (dass)... *We should convince him to...*

2

Schreiben wir Wählen Sie eines der Themen aus. Schreiben Sie ungefähr eine Seite darüber. Verwenden Sie Konjunktiv, Modalverben und Demonstrativpronomen.

- Ihre Universität will Wasserflaschen aus Plastik verbieten. Jeder soll seine eigene Wasserflasche haben, die man immer wieder verwenden kann. Was meinen Sie? Stimmen Sie damit überein? Schreiben Sie einen Brief an den Dekan/die Dekanin, der/die den Plan ausführen will. Schreiben Sie entweder dafür oder dagegen.

- Im Urlaub gehen Sie sehr gern ans Meer. Der Staat will einen Windpark in Ihrem Lieblingsferienort bauen. Man würde den Park vom Strand aus sehen. Sind Sie dafür oder dagegen? Schreiben Sie einen Leitartikel für die Stadtzeitung, worin Sie Ihre Meinung vertreten.

Vorbereitung

Wortschatz der Lektüre	**Nützlicher Wortschatz**
die Anleitung, -en *guideline*	**gefährdet** *endangered*
die Aufzucht, -en *raising (of animals)*	**der Lebensraum, -¨e** *habitat*
der Luchs, -e *lynx*	**die Nachhaltigkeit** *sustainability*
das Mittelgebirge, - *low mountain range*	**das Schlagwort, -¨er** *slogan*
der Nachwuchs *offspring*	**der Sonnenkollektor, -en** *solar pannel*
der Pfad, -e *trail*	**das Versagen** *failure (person)*
der Storch, -¨e *stork*	**die Verwaltung, -en** *administration*
die Umweltbildung *environmental education*	**die Windmühle, -n** *windmill*

1 **Nachhaltigkeit** **Vervollständigen Sie den Text mit Wörtern aus der Liste.**

Anleitungen	Luchs	Nachhaltigkeit	Versagen
gefährdet	Mittelgebirge	Schlagwort	Verwaltungen

Heute sagt man nicht mehr einfach nur Naturschutz, sondern (1) ________ – d.h. so zu leben, dass unsere Lebensräume auch zukunftsfähig sind und sich regenerieren können. Es ist das (2) ________ unserer Zeit. Das Konzept ist deshalb so wichtig, weil menschliches (3) ________ die Umwelt immer wieder bedroht. Und deshalb findet man auch überall (4) ________ dafür. Egal, ob es sich um (5) ________ Pflanzenarten handelt oder um fast ausgestorbene Tierarten auf der Welt. Dieses Problem gibt es auch im Harz, einem (6) ________ in Deutschland. Hier existiert seit ungefähr elf Jahren ein erfolgreiches Aufzuchtsprojekt für (7) ________, das von den Behörden und den Landes-(8) ________ von Niedersachsen und Sachsen-Anhalt unterstützt wird.

2 **Naturschutz** **Stellen Sie einander die folgenden Fragen.**

1. Welche Gebiete/Regionen der Erde kennst du, die durch menschliches Verhalten oder Versagen bedroht (*threatened*) sind?
2. Von welchen gefährdeten bzw. ausgestorbenen Tier- und Pflanzenarten hast du schon mal gehört?
3. Seit wann gibt es in den USA eine Institution oder Behörde, die sich mit der Konservation von Naturlandschaften befasst? Wie heißt sie? Wie funktioniert sie?
4. Glaubst du, dass Menschen in Harmonie mit der Natur leben können? Welche Kompromisse müssen sie dann schließen?
5. Wie effektiv sind Naturlehrpfade für Kinder und Erwachsene? Welche kennst du?
6. Was sollten (*should*) Menschen beachten, wenn sie in Naturparks Ferien machen?

KULTURANMERKUNG

Nationalparks in Deutschland

Anders als in den USA, wo die Erschaffung° von Nationalparks schon Mitte des 19. Jahrhundert umgesetzt wurde, weil man die Natur vor der westwärtigen° Ausbreitung der Siedler schützen wollte, ist die Idee der Naturparks in Deutschland erst ein gutes halbes Jahrhundert alt. Dr. Alfred Toepfer, ein Hamburger Großkaufmann, entwarf 1956 ein Programm für mindestens 25 Naturparks im Westen Deutschlands. Wörter wie „Biosphärenreservat" allerdings sind Neuschöpfungen° der Gegenwart.

Erschaffung *creation*
westwärtigen *westward*
Neuschöpfungen *new creations*

Grün reisen,

Die Bahamas sind ja himmlisch, aber haben Sie jemals darüber nachgedacht, wie viele Ressourcen für so eine Reise ins Paradies verbraucht werden?

Denn auch im Urlaub kann man umweltfreundlich denken. In Deutschland ist der Ökotourismus absolut in. Möglichkeiten für solch einen Urlaub gibt es da einige, z.B. den Geo-Naturpark Bergstraße-Odenwald in Hessen. Hier geht es darum, die Natur unmittelbar° zu erleben. Mehr als 20 thematische Geopark-Pfade winden sich durch den Park und informieren über die geologischen und kulturgeschichtlichen Besonderheiten der Region. Im Odenwald warten viele schöne Überraschungen auf neugierige Naturentdecker – Burgruinen, idyllische Täler, geheimnisvolle Tropfsteinhöhlen° und eine Geschichte voll von Feuer speienden° Vulkanen und kriegenden Germanen. Sogar ein erdgeschichtlicher Ausflug für Kinder mit Anleitungen und Übersichtskarten ist hier möglich.

directly
caves with stalagtites
fire-spitting

Oder man fährt in den Harz, eine Mittelgebirgsregion in Niedersachsen und Sachsen-Anhalt mit großen Naturparks. Vom Brockenplateau° aus kann man tiefe Täler, wilde Flussläufe und Bergwiesen bewundern oder durch Laub-, Misch- und Nadelwälder° wandern. Man sieht dort auch wieder seltene Tiere, wie z.B. schwarze Störche, europäisch-asiatische Wildkatzen und seit 1999 auch wieder Luchse. Dies ist eine besondere Sensation, denn der letzte Luchs des Harzes ist 1818 geschossen worden. Aber seit 2002 haben mehrere wilde Luchse durch ein spezielles Aufzuchtsprojekt wieder Nachwuchs.

highest plateau in the Harz mountains
deciduous, mixed and coniferous forests

Ein anderes interessantes Naturschutzgebiet ist das Biosphärenreservat Mittelelbe, ein Lieblingsziel von

Audio: Reading

Grün schützen

Fahrradtouristen. 1979 wurde es von der UNESCO als Reservat ausgewiesen°, und im Jahre 2006 hat es sich auf 125.743 Hektar° vergrößert. Es ist eins von 15 Biosphärenreservaten in Deutschland und umfasst die Urstromtäler° der norddeutschen Altmoränenlandschaft°. Biosphärenreservate sind großflächige, geschützte Natur- und Kulturlandschaften. Sie dienen der Erforschung von Mensch-Umwelt-Beziehungen, der Umweltbeobachtung und der Umweltbildung.

Zu den Aufgaben der in Biosphären lebenden° Menschen gehören u.a. die Erhaltung der typischen Pflanzen und Tiere der Region und das *Man and Biosphere*-Programm. Dies besagt, dass die Natur nicht nur erhalten werden soll, sondern die wirtschaftenden° Menschen sich auch bemühen° sollen, zu einem harmonischen Miteinander mit der Natur zu gelangen.

designated; approx. 312,357 acres; glacial valleys; old moraine region; living; working; endeavour

In den Naturschutz fließen also neben ökonomischen und ökologischen Aspekten auch soziale, kulturelle und ethische ein. Endgültiges Ziel dieser Projekte ist ein weltumspannendes Netz von Biosphärenreservaten, das die verschiedenen Ökosysteme der Erde verbindet. Biosphärenreservate sind Orte der Hoffnung – der Hoffnung eben, dass auch die Luchse der Zukunft und die Kinder unserer Kinder eines Tages Deutschlands Wälder werden genießen können. ■

Die Sonnenenergie

Die Q-Cells SE wurde im Jahre 1999 gegründet und ist der weltweit größte Hersteller° von Solarzellen. 2001 nahm der Betrieb° seine Arbeit in Thalheim, Sachsen, auf. Er beliefert 67 Kunden in 32 Ländern, u.a. in Europa, Asien, den USA und Südafrika. Da das Unternehmen so innovativ und kreativ arbeitet, hat es seit 2005 diverse Preise und Auszeichnungen° der deutschen Wirtschaft und Presse bekommen.

Hersteller *producer* **Betrieb** *company* **Auszeichnungen** *awards*

Analyse

1 **Mensch und Natur** Verbinden Sie zu zweit die Satzteile der linken Spalte sinnvoll mit denen in der rechten Spalte.

____	1. Es gibt mittlerweile auch in Deutschland...	a. in Niedersachsen und Sachsen-Anhalt.
____	2. Der Geo-Naturpark Bergstraße-Odenwald...	b. in Harmonie mit der Natur zu leben.
____	3. Der Harz ist eine Mittelgebirgsregion...	c. von Natur- und Kulturlandschaften.
____	4. Wegen eines speziellen Aufzuchtsprojekts...	d. einige Möglichkeiten für den Ökotourismus.
____	5. Biosphärenreservate sind geschützte Teile...	e. gibt es seit 2002 wieder Luchse im Harz.
____	6. In den Biosphärenreservaten sollen Menschen lernen, ...	f. befindet sich im Bundesland Hessen.

2 **Naturparks und Ökotourismus** Besprechen Sie in Gruppen die folgenden Fragen.

1. Welche Naturparks haben Sie schon besucht? Sind die Naturparks, die Sie besucht haben, alle in den USA? Beschreiben Sie sie.
2. Finden Sie es gut, wenn in den Naturparks nach Bodenschätzen gebohrt (*drilled*) oder gegraben wird? Warum, warum nicht?
3. Haben Sie schon einmal bei einem Naturschutzprojekt mitgemacht? Bei welchem? Was sollte (*should*) erhalten bleiben bzw. wieder neu belebt werden?
4. Was halten Sie vom Ökotourismus?

3 **Projekt Umweltschutz**

A. Die lokale Regierung wird den besten Vorschlag für ein Nachhaltigkeitsprojekt subventionieren (*fund*), das entweder den natürlichen Lebensraum und/oder natürliche Rohstoffe Ihrer Gegend erhält. Beschließen Sie in Gruppen, mit welchem Problem Sie sich beschäftigen wollen und entwerfen Sie dann ein Projekt, das dieses Problem ansprechen/lösen soll.

- Mit welchem Problem wollen Sie sich beschäftigen?
- Wie wollen Sie die Öffentlichkeit für dieses Problem interessieren? (Flugblätter (*fliers*), Vorträge, Unterschriftensammlungen (*petitions*) usw.)
- Wie viele Leute brauchen Sie für die Lösung des Problems?
- Wie soll dieses Projekt finanziert/subventioniert werden?
- Welche Vorteile wird die Lösung des Problems für die Region und die darin wohnenden Menschen haben?

B. Präsentieren Sie nun Ihren Vorschlag der Klasse, die dann abstimmt, welches Projekt die Regierungsgelder (*government grants*) bekommen soll.

- Wie gleichen bzw. unterscheiden sich die verschiedenen Projekte?
- Welches Projekt handelt von dem dringendsten (*most urgent*) Problem?
- Welche Idee ist am innovativsten, welche verspricht den größten Erfolg?
- Welcher Vorschlag benötigt die meisten Gelder?

 Practice more at **vhlcentral.com.**

KULTURANMERKUNG

B.A.U.M.

1984 haben Hamburger Unternehmer einen neuen umweltfreundlichen Arbeitskreis gegründet, den **B**undesdeutschen **A**rbeitskreis für **U**mweltbewusstes **M**anagement. Der Arbeitskreis umfasst jetzt mehr als 500 Unternehmen unterschiedlicher Größe aus allen Sektoren der Wirtschaft. Mittlerweile ist B.A.U.M. zur umfassendsten Umweltinitiative Europas geworden. Seine Aufgabe° ist, das Bewusstsein° von Unternehmen, lokalen Regierungen und Privathaushalten in Bezug auf Umweltschutz und Nachhaltigkeitskonzepte zu erhöhen°. Unter anderem ermöglicht B.A.U.M. den Dialog zwischen der Geschäftswelt°, Wissenschaftlern, Politikern und uneigennützigen° Organisationen.

Aufgabe *(here) purpose*
Bewusstsein *consciousness*
erhöhen *raise*
Geschäftswelt *business community*
uneigennützigen *nonprofit*

Vorbereitung

Über den Schriftsteller

Johann Wolfgang von Goethe (1749–1832) ist einer der berühmtesten Dichter Deutschlands und einer der wichtigsten Denker der westlichen Kultur. Er war Jurist, Philosoph und Wissenschaftler. Goethe wuchs in Frankfurt auf und lebte später in Weimar am Hof des Herzogs, wo ihn die Schriftsteller seiner Zeit besuchten. Zwei seiner bekanntesten Werke sind *Die Leiden des jungen Werther* und das Drama *Faust*. Er hat noch viele weitere Dramen geschrieben, aber auch Romane, Erzählungen und bestimmt hunderte von Gedichten.

Wortschatz der Kurzgeschichte

es auf etwas anlegen *to aim at something*
beständig *constant(ly)*
quälen *to torture*
der Schutz *protection*
(hervor)spritzen *to squirt (out)*
unentbehrlich *indispensable*
unvermögend *unable*
weiterrücken *to move on*
wirken auf (etwas) *to have an effect on something*

Nützlicher Wortschatz

ehrfürchtig *reverent*
eitel *vain*
erstaunt *surprised*
stumm *silent*
vertrauensvoll *trusting*
die Wüste, -n *desert*

1 **Vokabelübung** Verbinden Sie die Wörter der linken Spalte mit den Ausdrücken in der rechten.

_____ 1. beständig	a. überrascht
_____ 2. unentbehrlich	b. was man immer braucht
_____ 3. erstaunt	c. wenn man nicht sprechen kann oder will
_____ 4. eine Wüste	d. immer, konstant
_____ 5. stumm	e. ein „Meer" aus Sand

2 **Vorbereitung** Vervollständigen Sie zu zweit den Dialog mit Wörtern aus der Liste.

KARL Emma, ich habe eine Überraschung für dich! Willst du raten, was es ist?

EMMA Immer (1) ____________ du es darauf an, mich mit deinen Überraschungen zu (2) ____________. Sag schon, was es ist!

KARL Ich habe eine Reise nach Weimar gebucht.

EMMA Was willst du da denn machen? Etwa Goethes Gartenhaus auf dich (3) ____________ lassen? Möchtest du im (4) ____________ der Natur an deinen Gedichten arbeiten?

KARL Genau! Allerdings bin ich nicht so (5) ____________ zu glauben, dass ich so gut wie Goethe bin.

EMMA Na ja, aber so ganz (6) ____________ bist du auch nicht. Das hat mir dein Verleger gesagt, als ich mich (7) ____________ an ihn gewandt habe.

KARL Das freut mich sehr!

3 **Gespräch** Beantworten Sie in Gruppen die folgenden Fragen.

1. Woran denken Sie, wenn Sie das Wort Natur hören?
2. Was für Natur mögen Sie am liebsten und warum? Berge, Wälder, Wüsten...?
3. Hätten Sie gern einen Garten? Warum, warum nicht?

KULTURANMERKUNG

Obwohl das Fragment *Die Natur* vielfach J.W. von Goethe zugesprochen wird, konnte bis heute nicht eindeutig° geklärt werden, wer der eigentliche Autor ist. Nachforschungen° haben ergeben°, dass der Schweizer Theologe Georg Christoph Tobler als Verfasser° in Frage kommt. Festzustehen scheint, dass Goethe in jungen Jahren regen Kontakt zu jenem Tobler hatte. Während einer ihrer Spaziergänge soll Goethe seine Idee zu dem Werk mit ihm besprochen haben. Ob Goethe selbst diese Zeilen geschrieben hat, oder ob er nur die Idee dazu geliefert hat; als „geistigen Vater" des Fragments kann man ihn wohl mit Sicherheit bezeichnen.

eindeutig *clear* **Nachforschungen** *Researches* **ergeben** *indicated* **Verfasser** *author*

Die Natur

Johann Wolfgang von Goethe
Georg Christof Tobler

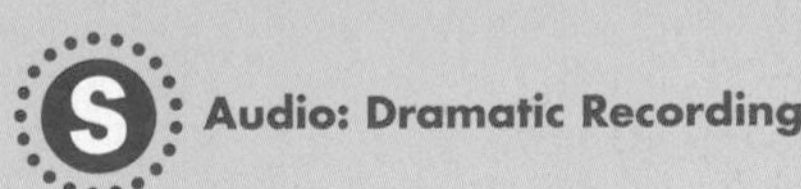

Natur! Wir sind von ihr umgeben und umschlungen° – unvermögend, aus ihr herauszutreten, und unvermögend, tiefer in sie hineinzukommen. Ungebeten und ungewarnt nimmt sie uns in den Kreislauf ihres Tanzes auf und treibt sich mit uns fort, bis wir ermüdet sind und ihrem Arme entfallen.

embraced

Sie schafft ewig° neue Gestalten; was da ist, war noch nie; was war, kommt nicht wieder – alles ist neu und doch immer das alte.

eternally

Wir leben mitten in ihr und sind ihr fremd. Sie spricht unaufhörlich mit uns und verrät uns ihr Geheimnis nicht. Wir wirken beständig auf sie und haben doch keine Gewalt° über sie.

control

Sie scheint alles auf Individualität angelegt zu haben und macht sich nichts aus den Individuen. Sie baut immer und zerstört immer, und ihre Werkstätte° ist unzugänglich.

workshop

Sie lebt in lauter Kindern; und die Mutter, wo ist sie? – Sie ist die einzige Künstlerin: Aus dem simpelsten Stoff zu den größten Kontrasten; ohne Schein der Anstrengung zu der größten Vollendung – zur genausten Bestimmtheit°, immer mit etwas Weichem überzogen. Jedes ihrer Werke hat ein eigenes Wesen, jede ihrer Erscheinungen den isoliertesten Begriff, und doch macht alles eins aus.

certainty

Sie spielt ein Schauspiel; ob sie es selbst sieht, wissen wir nicht, und doch spielt sie's für uns, die wir in der Ecke stehen.

Es ist ein ewiges Leben, Werden und Bewegen in ihr, und doch rückt sie nicht weiter. Sie verwandelt sich ewig, und ist kein Moment Stillestehen in ihr. Fürs Bleiben hat sie keinen Begriff, und ihrem Fluch° hat sie ans Stillestehen gehängt. Sie ist fest. Ihr Tritt° ist gemessen°, ihre Ausnahmen selten, ihre Gesetze unwandelbar°.

Gedacht hat sie und sinnt° beständig; aber nicht als ein Mensch, sondern als Natur. Sie hat sich einen eigenen allumfassenden Sinn vorbehalten, den ihr niemand abmerken° kann.

Die Menschen sind all in ihr und sie in allen. Mit allen treibt sie ein freundliches Spiel und freut sich, je mehr man ihr abgewinnt. Sie treibt's mit vielen so im Verborgenen°, dass sie's zu Ende spielt, ehe sie's merken.

Auch das Unnatürlichste ist die Natur. Wer sie nicht allenthalben° sieht, sieht sie nirgendwo recht.

Sie liebt sich selber und haftet ewig mit Augen und Herzen ohne Zahl an sich selbst. Sie hat sich auseinandergesetzt, um sich selbst zu genießen. Immer lässt sie neue Genießer erwachsen, unersättlich°, sich mitzuteilen.

Sie freut sich an der Illusion. Wer diese in sich und andern zerstört, den straft° sie als der strengste Tyrann. Wer ihr zutraulich folgt, den drückt sie wie ein Kind an ihr Herz.

curse · step · measured · unchangeable · ponders · observe · hidden · everywhere · unsatiable · punishes

Sie baut immer und zerstört immer, und ihre Werkstätte ist unzugänglich.

Ihre Kinder sind ohne Zahl. Keinem ist sie überall karg°, aber sie hat Lieblinge, an die sie viel verschwendet und denen sie viel aufopfert. Ans Große hat sie ihren Schutz geknüpft.

Sie spritzt ihre Geschöpfe aus dem Nichts hervor und sagt ihnen nicht, woher sie kommen und wohin sie gehen. Sie sollen nur laufen. Die Bahn kennt sie.

Sie hat wenige Triebfedern°, aber nie abgenutzte, immer wirksam, immer mannigfaltig°.

Ihr Schauspiel ist immer neu, weil sie immer neue Zuschauer schafft. Leben ist ihre schönste Erfindung, und der Tod ist ihr Kunstgriff, viel Leben zu haben.

Sie hüllt den Menschen in Dumpfheit ein° und spornt° ihn ewig zum Licht. Sie macht ihn abhängig zur Erde, träg und schwer und schüttelt ihn immer wieder auf.

Sie gibt Bedürfnisse, weil sie Bewegung liebt. Wunder, dass sie alle diese Bewegung mit so Wenigem erreicht. Jedes Bedürfnis ist Wohltat°. Schnell befriedigt, schnell wieder erwachsend. Gibt sie eins mehr, so ist's ein neuer

scanty · motivating forces · varied · wraps in darkness/spurs (on) · relief

Quell der Lust; aber sie kommt bald ins Gleichgewicht.

Sie setzt alle Augenblicke zum längsten Lauf an und ist alle Augenblicke am Ziele.

Sie ist die Eitelkeit° selbst; aber nicht für uns, denen sie sich zur größten Wichtigkeit gemacht hat.

Sie lässt jedes Kind an sich künsteln, jeden Toren° über sich richten, tausend stumpf° über sich hingehen und nichts sehen und hat an allen ihre Freude und findet bei allen ihre Rechnung.

Man gehorcht° ihren Gesetzen, auch wenn man ihnen widerstrebt°; man wirkt mit ihr, auch wenn man gegen sie wirken will.

Auch das Unnatürlichste ist die Natur. Wer sie nicht allenthalben sieht, sieht sie nirgendwo recht.

Sie macht alles, was sie gibt, zur Wohltat; denn sie macht es erst unentbehrlich. Sie säumt°, dass man sie verlange; sie eilt, dass man sie nicht satt werde.

Sie hat keine Sprache noch Rede; aber sie schafft Zungen° und Herzen, durch die sie fühlt und spricht.

Ihre Krone ist die Liebe. Nur durch sie kommt man ihr nahe. Sie macht Klüfte° zwischen allen Wesen, und alles will sich verschlingen. Sie hat alles isoliert, um alles zusammen zu ziehen. Durch ein paar Züge aus dem Becher der Liebe hält sie für ein Leben voll Mühe schadlos°.

Sie ist alles. Sie belohnt sich selbst und bestraft sich selbst, erfreut und quält sich selbst. Sie ist rau° und gelinde°, lieblich und schrecklich, kraftlos und allgewaltig°. Alles ist immer da in ihr. Vergangenheit und Zukunft kennt sie nicht. Gegenwart ist ihr Ewigkeit°. Sie ist gütig. Ich preise sie mit allen ihren Werken. Sie ist weise und still. Man reißt ihr keine Erklärung vom Leibe, trutzt° ihr kein Geschenk ab, das sie nicht freiwillig gibt. Sie ist listig, aber zu gutem Ziele, und am besten ist's, ihre List nicht zu merken.

Sie ist ganz, und doch immer unvollendet. So wie sie's treibt, kann sie's immer treiben.

Jedem erscheint sie in einer eigenen Gestalt. Sie verbirgt sich in tausend Namen und Termen und ist immer dieselbe.

Sie hat mich hereingestellt, sie wird mich auch herausführen. Ich vertraue mich ihr. Sie mag mit mir schalten. Sie wird ihr Werk nicht hassen. Ich sprach nicht von ihr. Nein, was wahr ist, und was falsch ist, alles hat sie gesprochen. Alles ist ihre Schuld, alles ist ihr Verdienst°. ■

(here) ephemerality — Eitelkeit
fool — Toren
blunt — stumpf
obeys — gehorcht
resists — widerstrebt
hesitates — säumt
tongues — Zungen
chasms — Klüfte
without damage — schadlos
rough — rau
mild — gelinde
all-powerful — allgewaltig
eternity — Ewigkeit
wrests… from — trutzt … ab
merit — Verdienst

Analyse

1 **Richtig oder falsch?** Sind die folgenden Aussagen **richtig** oder **falsch**?

Richtig	Falsch	
☐	☐	1. Wir sind immer und überall von Natur umgeben.
☐	☐	2. Die Natur verändert sich nie.
☐	☐	3. Jedes Werk der Natur ist individuell und bleibt deshalb isoliert.
☐	☐	4. Die Natur denkt und sinnt immer.
☐	☐	5. Illusion ist Teil der Natur.
☐	☐	6. Für die Natur ist nur die Zukunft wichtig.
☐	☐	7. Die Natur ist voller Gegensätze.
☐	☐	8. Der Autor sieht die Natur als etwas Einfaches.

2 **Synthese** Welcher Absatz beschreibt den Standpunkt des Schriftstellers am besten?

1. In Goethes Text erscheint die Natur als Gegner (*adversary*) des Menschen. Sie hat zwar ihre eigenen Gesetze, aber der Mensch hat Macht über die Natur und kann sie langfristig verändern und neu gestalten.
2. Goethe beschreibt die Natur als etwas, was sich immer wandelt, immer wieder neu aussehen kann und trotzdem gleich bleibt. Sie besteht aus totalen Gegensätzen, die sich jedoch immer wieder ausgleichen. Der Mensch muss den Gesetzen der Natur gehorchen, ob er will oder nicht.
3. Da die Natur so hedonistisch ist und immer nur an sich selbst denkt, mag Goethe sie überhaupt nicht. Er sieht sie als schrecklich und zerstörerisch an und würde sie deshalb in seinen Werken nie loben (*praise*). Sie ist der Feind (*enemy*) des Menschen.

3 **Interpretation** Welcher Satzanfang passt zu welchem Satzende?

_____ 1. Die Natur spricht unaufhörlich zum Menschen,
_____ 2. Der Mensch kann die Werkstätte
_____ 3. Obwohl alles in der Natur individuell erscheint,
_____ 4. Wenn man Vertrauen zur Natur hat,
_____ 5. Auch wenn die Natur nicht selbst reden kann,
_____ 6. Der Mensch spricht nicht über die Natur,

a. der Natur nicht betreten.
b. dann drückt sie einen wie ein Kind ans Herz.
c. sondern die Natur spricht durch ihn.
d. ohne ihm ihr Geheimnis zu verraten.
e. spricht sie durch die Zungen und Herzen der Menschen.
f. ist es doch Teil eines Ganzen.

4 **Die Figuren** Ordnen Sie die folgenden Adjektive gemäß (*according to*) Goethes Aufsatz der Natur oder dem Menschen zu.

a. abhängig	f. gütig	k. stumm
b. allumfassend	g. kraftlos	l. unersättlich
c. beständig	h. lieblich	m. unvermögend
d. einsam	i. neugierig	n. weise
e. eitel	j. schön	o. zerstörerisch

Die Natur	Der Mensch

5 **Ihrer Meinung nach** Besprechen Sie zu zweit die folgenden Fragen.

1. Was meint Goethe, wenn er sagt: „was da ist, war noch nie; was war, kommt nicht wieder – alles ist neu und doch immer das alte"?
2. Wieso ist die Natur ein Schauspiel, und wir stehen in der Ecke und schauen zu?
3. Was ist Illusion in der Natur? Warum darf man die Illusion in sich und in der Natur nicht zerstören?
4. Wie kann Natur eitel sein? Was meint Goethe damit?
5. Was ist die Aufgabe des Menschen in der Natur?

6 **Natur im Wandel** Goethe hat diesen Text gegen Ende des 18. Jahrhunderts geschrieben. Besprechen Sie in Gruppen, ob sich die Einstellung des Menschen zur Natur seit Goethes Zeit verändert hat oder ob sie gleich geblieben ist.

- Glauben Sie, dass die Menschen zur Zeit Goethes der Natur näher waren, als wir es heute sind? Warum, warum nicht?
- Glauben Sie, dass die Natur für Goethes Zeitgenossen geheimnisvoller war, als sie es für uns heutzutage ist? Warum, warum nicht?
- Seit wann reden die Menschen vom Umweltschutz? Warum ist dieses Konzept überhaupt entstanden?

- Im Text wird wiederholt von Wandel (*change*) und Beständigkeit (*constancy*) geschrieben. Wie verbindet Goethe diese beiden gegenteiligen Konzepte und was meint er damit?
- Zum Ende des Textes taucht ein „ich" auf. Beschreiben Sie es und seine Einstellung zur Natur. Denken Sie auch so?

7 **Zum Thema** Schreiben Sie einen Aufsatz von ungefähr 100 Wörtern zu einem der folgenden Themen.

- Erklären Sie, was der Schriftsteller mit dieser Aussage meint: „Man gehorcht ihren Gesetzen, auch wenn man ihnen widerstrebt; man wirkt mit ihr, auch wenn man gegen sie wirken will." Sind Sie Goethes Meinung, dass wir bei allem, was wir tun, mit der Natur arbeiten, selbst wenn wir versuchen, gegen sie zu wirken?
- Ohne die „Früchte" der Natur können die Menschen nicht leben. Was müssen wir machen, damit wir auch weiterhin von und mit der Natur leben können?

Practice more at **vhlcentral.com.**

KULTURANMERKUNG

Als Goethe 1776 zum ersten Mal nach Ilmenau kam, war er nicht nur von der Natur begeistert, sondern zeigte auch Interesse am Bergbau° und besichtigte die halb verfallenen° Bergbauanlagen. Unter seiner Anleitung wurden sie wieder errichtet, und 1784 nahm der Schacht° „Neuer Johannes" seine Arbeit erneut auf. Zwölf Jahre später allerdings überflutete° ein Stollen° und die Kohleförderung musste abgebrochen werden. Goethe war darüber so deprimiert, dass er erst 1831, zu seinem 82. Geburtstag, nach Ilmenau zurückkehrte.

Bergbau *mining*
verfallenen *dilapidated*
Schacht *shaft* **Stollen** *tunnel*
überflutete *flooded*

Anwendung

Vorbereitung: Revisionen und Korrekturen

Um einen guten Aufsatz abliefern (*deliver*) zu können, müssen Sie lernen, Ihr Werk zu revidieren (*revise*) und zu korrigieren. Nach Fertigstellung des ersten Entwurfs (*draft*) sollten die folgenden Fragen helfen, den Aufsatz zu revidieren und nötige Verbesserungen (*necessary improvements*) zu machen.

- **Inhalt:** Haben Sie wirklich das angegebene Thema bearbeitet? Brauchen Sie noch mehr Beispiele oder Argumente? Gibt es Teile, die sich wiederholen oder die nicht relevant sind?
- **Organisation:** Ist der Aufbau klar? Gibt es eine gute Einleitung und einen guten Schluss? Ist die Verbindung zwischen den Absätzen logisch und deutlich?
- **Rechtschreibung und Grammatik:** Sind die Verben richtig konjugiert? Sind die Adjektiv- und Kasusendungen richtig? Gibt es Rechtschreibfehler? Lesen Sie jeden Satz mindestens zweimal durch und überprüfen Sie alles sorgfältig. Achten Sie darauf, dass Ihre Sprache (und Wortwahl) klar und genau ist.

Lesen Sie Ihren Aufsatz so, als ob jemand anders ihn geschrieben hätte. Ist er überzeugend (*convincing*)? Gibt es irgendwelche Probleme? Können Sie die Reaktionen der Leser(innen) vorhersehen, wenn Sie Ihre eigenen Argumente objektiv betrachten?

Anwendung **Sehen Sie sich zu zweit die Kommentare an, die Ihr(e) Professor(in) zu Ihrem letzten Aufsatz gemacht hat. Auf welche der drei oben angegebenen Kategorien müssen Sie besonders achten? Wo haben Sie die meisten Fehler gemacht?**

Aufsatz **Wählen Sie eines der folgenden Themen und schreiben Sie darüber einen Aufsatz.**

Voraussetzungen

1. Ihr Aufsatz soll sich inhaltlich auf mindestens zwei der vier in dieser und der in den vorherigen Lektionen behandelten Stücke beziehen (**Kurzfilm**, **Stellen Sie sich vor**, **Kultur** und/oder **Literatur**).
2. Ihr Aufsatz muss mindestens eine Seite lang sein.
3. Wenn der erste Entwurf fertig ist, revidieren und korrigieren Sie Ihren Aufsatz gemäß den Richtlinien, die Sie in den obigen (*above*) Kategorien Inhalt, Aufbau, Rechtschreibung und Grammatik finden. Weitere Punkte für Verbesserungen finden Sie unter **Hinweise zum Überarbeiten eines Aufsatzes** auf S. 381.

1. Was ist am wichtigsten für den Umweltschutz: Der Erhalt der Rohstoffquellen (*natural ressources*), die Regulierung der Wirtschaft oder eine staatliche Umweltpolitik?

2. Sollte Wiederverwertung Pflicht (*mandatory*) werden? Ist Recyceln ein wichtiger Schritt (*step*) zur Rettung der Umwelt oder ein unrentables (*inefficient*) System, das mehr Energie verbraucht als es spart und von wichtigeren Problemen ablenkt (*distracts*)?

3. Können Menschen heutzutage in Harmonie mit der Natur leben? Können Industrie und Ökologie friedlich koexistieren?

Natur- und Ideenwelt

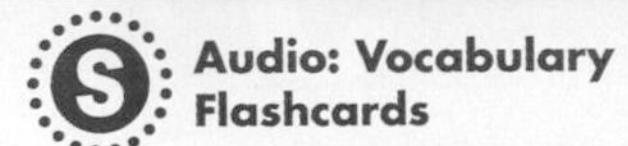

Umwelt und Umweltprobleme

das Atomkraftwerk, -e *nuclear power plant*
das Aussterben *extinction*
die Bodenschätze *natural resources*
das Gift, -e *poison*
die Klimaerwärmung, -en *global warming*
die Naturkatastrophe, -n *natural disaster*
der Naturlehrpfad, -e *nature trail*
die Ökologie *ecology*
der Umweltschutz *environmental conservation*
die (Umwelt)verschmutzung *pollution*

erhalten *(here) to conserve*
recyceln *to recycle*
verbrauchen *to consume*
zerstören *to destroy*

friedlich *peaceful*
ruhig/still *quiet*
trinkbar *drinkable*
umweltfreundlich *environmentally friendly*
wiederverwertbar *recyclable, reusable*

Gesetze und Anrechte

die Erziehung *education*
die Freiheit, -en *freedom*
die Gerechtigkeit, -en *justice*
das Gewissen, - *conscience*
die Gleichheit, -en *equality*
die Grausamkeit, -en *cruelty*
der Machtmissbrauch, -¨e *abuse of power*
das Menschenrecht, -e *human right*
die Unmenschlichkeit, -en *inhumanity*
das Verbrechen, - *crime*

einschätzen *to gauge*
einsperren *to imprison*
missbrauchen *to abuse*
schützen *to protect*
ein Gesetz verabschieden *to pass a law*
verteidigen *to defend*
verurteilen *to condemn*

(un)gerecht *(un)fair; (un)just*
(un)gleich *(un)equal*
(il)legal *(il)legal*
(un)schuldig *(not) guilty*
unterdrückt *oppressed*

Fragen und Meinungen

die Angst, -¨e *fear*
die Drohung, -en *threat*
die Gewalt, -en *violence*
die Politik *politics*
die Sicherheit, -en *security; safety*
der Terrorismus *terrorism*
die Wahl, -en *election*

erreichen *to achieve*
fördern *to promote; to encourage*
kämpfen *to fight*
retten *to save; to rescue*
sich streiten *to verbally fight; to argue*
sich widmen *to dedicate oneself*

friedlich *peaceful*
gemäßigt *moderate*
konservativ *conservative*
liberal *liberal*
pazifistisch *pacifist*

Die Leute

der Aktivist, -en/die Aktivistin, -nen *activist*
die Geschworenen *jury*
der/die Kriminelle, -n *criminal*
der Naturschützer, -/die Naturschützerin, -nen *conservationist*
das Opfer, - *victim*
der Rechtsanwalt, -¨e/die Rechtsanwältin, -nen *lawyer*
der Richter, -/die Richterin, -nen *judge*
der Terrorist, -en/die Terroristin, -nen *terrorist*
der Zeuge, -n/die Zeugin, -nen *witness*

Kurzfilm

die Dose, -n *(aluminum) can*
die Einwegflasche, -n *disposable bottle*
die Förderung, -en *promotion; sponsorship*
die Gesetzgebung, -en *law; legislation*
die Glasflasche, -n *glass bottle*
die Müllentsorgung *waste management*
der Mülltourismus *waste exportation*
die Mülltrennung *waste separation*
das Pfand *deposit*
die Pfandflasche, -n *returnable bottle*
die Umweltpolitik *environmental policy*

etwas verschlingen *to devour something*

heuchlerisch *hypocritical*

Kultur

die Anleitung, -en *guideline*
die Aufzucht, -en *raising (of animals)*
der Lebensraum, -¨e *habitat*
der Luchs, -e *lynx*
das Mittelgebirge, - *low mountain range*
die Nachhaltigkeit *sustainability*
der Nachwuchs *offspring*
der Pfad, -e *trail*
das Schlagwort, -¨er *slogan*
der Sonnenkollektor, -en *solar pannel*
der Storch, -¨e *stork*
die Umweltbildung, -en *environmental education*
das Versagen *failure (person)*
die Verwaltung, -en *administration*
die Windmühle, -n *windmill*

subventionieren *to fund*

gefährdet *endangered*

Literatur

der Schutz *protection*
die Wüste, -n *desert*

es auf etwas anlegen *to aim at something*
quälen *to torture*
(hervor)spritzen *to squirt (out)*
weiterrücken *to move on*
wirken auf (etwas) *to have an effect on (something)*

beständig *constant(ly)*
ehrfürchtig *reverent*
eitel *vain*
erstaunt *surprised*
stumm *silent*
unentbehrlich *indispensable*
unvermögend *unable*
vertrauensvoll *trusting*

LEKTION 9

Wirtschaft und Berufsaussichten

Wirtschaftskrise, Jobsuche, Arbeitslosigkeit... Irgendwie scheint unsere heutige Berufswelt viel komplizierter geworden zu sein, nicht zuletzt wegen der Globalisierung. Autos werden importiert; Jobs werden exportiert. Welche Nachteile hat diese Globalisierung für unsere Wirtschaft, unsere Welt, unsere Umwelt? Was sind dagegen die positiven Auswirkungen der Globalisierung? Welche spannenden Möglichkeiten verbergen sich in ihr? Und... wie wird Ihr Berufsleben ausschauen, in unserer vernetzten (*interconnected*) Welt? Was würden Sie tun (bzw. nicht tun), um eine Stelle zu bekommen und zu behalten?

308 **KURZFILM**

Nico Zingelmanns Wirtschaftsthriller *15 Minuten Wahrheit* zeigt den Konflikt zwischen dem Geschäftsführer einer Firma und einem entlassenen Angestellten. Die beiden diskutieren 15 Minuten lang über die Firma. Wer gewinnt wohl am Ende?

314 **STELLEN SIE SICH VOR**

Klein aber fein: **Liechtenstein** und **die Schweiz** sind reiche Nicht-EU-Staaten, die ihre traditionelle Unabhängigkeit (*independence*) sorgfältig pflegen. Hier findet man einen Überfluss an Schönheit sowie unzählige Banken.

329 **KULTUR**

Schweizer Bankwesen erläutert (*explains*) kurz die Ursprünge der Geldwirtschaft im mittleren Europa, und erzählt, wie es dazu kam, dass die Schweiz zum international führenden Bankenplatz geworden ist.

333 **LITERATUR**

In ihrem humorvollen Text *Berufsberatung* kritisiert **Christa Reinig** die Berufswahl in der DDR, indem sie das Regime als sturen (*stubborn*), einfältigen Rechner darstellt.

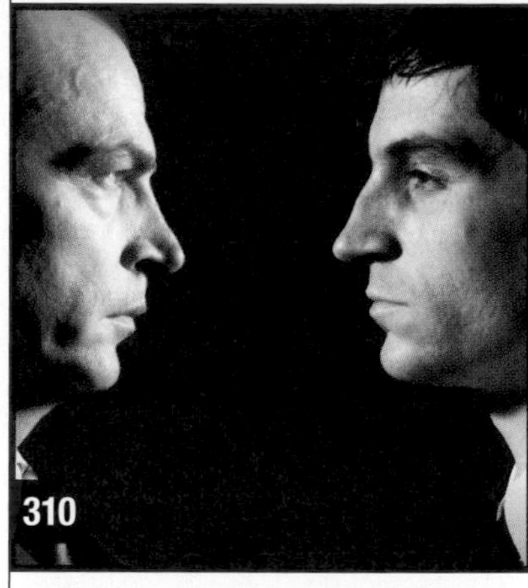

310

330

306 **ZU BEGINN**

316 **STRUKTUREN**

9.1 **Der Konjunktiv II der Vergangenheit**

9.2 **Plurals and compound nouns**

9.3 **Two-part conjunctions**

340 **SCHREIBWERKSTATT**

341 **WORTSCHATZ**

Reiseziel: Die Schweiz und Liechtenstein

Arbeit und Finanzen

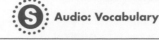

Audio: Vocabulary

Die Arbeitsplatzsuche

das Amt, -¨er *position; office*
das Arbeitsamt, -¨er *employment agency*
die Ausbildung, -en *training; education*
der Beruf, -e *job*
die (Berufs)erfahrung, -en *(professional) experience*
die Beschäftigung, -en *occupation*
das Gewerbe, - *trade; business*
das Vorstellungsgespräch, -e *job interview*

der Personalmanager, -/ die Personalmanagerin, -nen *personnel manager*
die Karriere, -n *career*
der Lebenslauf, -¨e *résumé*
der Praktikant, -en/die Praktikantin, -nen *intern; trainee*
die Qualifikation, -en *qualification(s)*
die Stelle, -n *position*

---

beschäftigen/einstellen *to employ*
sich (bei j-m) um etwas bewerben *to apply (somewhere) for a job*

Die Leute am Arbeitsplatz

der/die Angestellte, -n *employee*
der Berater, -/die Beraterin, -nen *consultant*
der (Bilanz)buchhalter, -/die (Bilanz) buchhalterin, -nen *accountant*
der Chef, -s/die Chefin, -nen *boss*
der Geschäftsführer, -/ die Geschäftsführerin, -nen *executive; manager*
der Inhaber, -/die Inhaberin, -nen *owner*
der Kollege, -n/die Kollegin, -nen *colleague*

der Sekretär, -e/die Sekretärin, -nen *secretary*

Auf der Arbeit

die Arbeitszeit, -en *work hours*
die Beförderung, -en *promotion*
die Ganztagsarbeit/die Ganztagstelle, -n *full-time job*
die Gewerkschaft, -en *labor union*
der (Mindest)lohn, -¨e *(minimum) wage*
der Streik, -s *strike*
die Teilzeitarbeit/die Teilzeitstelle, -n *part-time job*
der Urlaubstag, -e *day off*

---

entlassen *to lay off*
feuern *to fire*
in Rente gehen *to retire*
kündigen *to quit*
leiten *to manage*
Überstunden machen *to work overtime*

verdienen *to earn*

Die Finanzen

die Börse, -n *stock exchange*
das Darlehen, - *loan*
die Ersparnis, -se *savings*
der Immobilienmarkt, -¨e *real estate market*
der Konjunkturrückgang, -¨e *recession*
der Konkurs, -e *bankruptcy*
die Schulden (*pl.*) *debt*
die Steuer, -n *tax*
die Währung, -en *currency*

die Wirtschaftskrise, -n *economic crisis*
die Zahl, -en *figure; number*
der (Zins)satz, -¨e *(interest) rate*

---

anlegen (in + Dat.) *to invest (in)*
eine Hypothek aufnehmen *to take out a mortgage*
(etwas/j-n) ausnutzen *to take advantage of (something/someone)*
Schulden haben *to be in debt*
(Geld) leihen *to borrow (money)*
sparen *to save*

---

erfolgreich *successful*
finanziell *financial*
kurzfristig *short-term*
langfristig *long-term*

Anwendung

1 **Bei der Arbeit belauscht** Ergänzen Sie diese Gespräche mit den passenden Vokabeln aus der Liste.

Beförderung	Börse	Rente	Streik
bewerben	feuern	Stelle	Vorstellungsgespräch

1. —Frau Niesen, ich habe eine gute Nachricht für Sie. Wir sind sehr zufrieden mit Ihrer Arbeit als Praktikantin und möchten Ihnen eine __________ anbieten.
   —Super! Um was für eine __________ handelt es sich denn?
2. —Kollegen! Die nutzen uns hier nur aus! Obwohl wir gute Arbeit leisten, behandelt der Chef uns schlecht, und wir verdienen seit Jahren nur den Mindestlohn. Lasst uns doch endlich mal einen __________ organisieren!
   —Ach nein, Maurizio, das kann ich nicht. Wenn wir streiken, dann werden sie uns nur __________ und neue Arbeiter einstellen. Ich brauche diesen Job.
3. —Guten Tag, Frau Bergermann. Ich bin David Mirzer. Letzte Woche habe ich mich um eine Stelle als Finanzberater bei Ihnen __________. Haben Sie meinen Lebenslauf bekommen?
   —Ja, schön, dass Sie da sind, Herr Mirzer. Ich wollte Sie gerade anrufen. Ihr Lebenslauf hat uns sehr gefallen. Könnten Sie morgen zu einem __________ kommen?

2 **Auf Jobsuche** Ergänzen Sie die Anzeigen mit den passenden Wörtern.

Können Sie gut zeichnen? Sind Sie kreativ und engagiert? Innovative Frankfurter Werbeagentur sucht Praktikant(in) mit erfolgreich abgeschlossener (1) __________ in Grafik. Wir bieten flexible (2) __________, eine tolle Arbeitsatmosphäre und einen fairen (3) __________. Mailen Sie Ihren (4) __________ an max@drawteam.de.

Sind Sie mit Ihrem (5) __________ unzufrieden? Möchten Sie Ihr eigener (6) __________ sein, zu Hause arbeiten, nie wieder (7) __________ machen und 4.000 Euro im Monat (8) __________? Wir bilden Sie aus!

3 **Probleme und Lösungen** Lara und Julius sind leider in Geldschwierigkeiten geraten. Hätten Sie nicht ein paar Tipps? Geben Sie Lara und Julius in Gruppen finanziellen Rat.

1. Lara: Ich bin eine erfolgreiche technische Beraterin in Berlin. Ich verdiene sehr gut, habe aber leider teure Hobbys. Ich trage gern Designerkleidung, besitze eine teure Eigentumswohnung (*condominium*), und sammle moderne Kunst.
2. Julius: Ich habe von meinem Opa ein bisschen Geld bekommen, das ich in Immobilien angelegt habe. Zunächst lief es super. Ich habe im ersten Jahr so viel Geld verdient, dass ich meine Ausbildung als Handwerker abgebrochen habe. Aber jetzt sind meine Häuser nichts mehr wert, ich kann meine Hypotheken nicht bezahlen, und ich finde keine Arbeit.

Vorbereitung

Wortschatz des Kurzfilms

abschieben *(here) to consign*
der Arbeitskampf, -¨e *labor dispute*
der Aufschwung, -¨e *boom; recovery*
das Entgegenkommen, - *courtesy; concession*
das Konto, Konten *account*
die Lohnfortzahlung, -en *wage continuation*
die Spielregeln (*pl.*) *rules (of the game)*
verlockend *tempting, enticing*
die Vermutung, -en *guess; speculation*
die Vorruhestandsregelung, -en *early retirement plan*

Nützlicher Wortschatz

austricksen *to outsmart/ to fool someone*
der Betrug *fraud; scam*
betrügen *to cheat*
die Erpressung, -en *blackmail*
die Falle, -n *trap*
die Wirtschaftskorruption *corporate corruption*

AUSDRÜCKE

die Identität bleibt unbekannt *the identity remains anonymous*
in einer offiziellen Bilanz auftauchen *to appear in an official financial statement*
jemanden fallen lassen *to drop someone like a hot potato*
Ich mach' dich fertig! *I'll get you!*

1 **Vokabel** Schreiben Sie Wörter oder Ausdrücke aus der Liste in die Lücken.

In der Wirtschaft, wie in anderen Bereichen des Lebens, gibt es (1) __________, an die sich jeder halten muss. Wenn es um viel Geld geht, ist es sehr (2) __________, gegen diese Regeln zu verstoßen. Wenn Personen in der Wirtschaft versuchen, andere (3) __________, begehen sie oftmals eine Form der (4) __________. Beste Beispiele hierfür sind (5) __________, wenn man bestimmte Infomationen über eine andere Person hat, oder einfach nur (6) __________.

2 **Stellenanzeigen** Lesen Sie sich zu zweit die Stellenanzeigen durch und beantworten Sie dann die Fragen.

HERZOG vermietet seit über 30 Jahren erfolgreich Arbeitsbühnen. Wir expandieren und suchen für unsere Niederlassung eine Vollzeit-**BÜROKRAFT** m/w (männlich/weiblich *male/female*).

Ihre Aufgaben:
- Kundenberatung (*Customer support*) persönlich, telefonisch und vor Ort
- Auftragsberatung (*Contract consulting*), Disposition (*arrangement*), Fakturierung (*invoicing*)

Sie bringen mit:
- technisches Verständnis, Freude im Umgang mit Kunden
- wirtschaftliches Denken, das wir gerne honorieren

Bitte senden Sie Ihre Bewerbungsunterlagen an jobs@herzog.de.

Elektronische Datenverarbeitung (*data processing*) / IT – Administrator

EDV-Systembetreuer(in) mit fundierten Grundkenntnissen zur Verstärkung (*reinforcement*) unseres Teams in Festanstellung gesucht.

Bewerbung unter: jobs@wallner.de, z.Hd. (zu Händen *to the attention of*) Frau Jäger, Tel. (0 84 50) 92 76-0.

- Welche Stellenbeschreibung finden Sie am interessantesten? Warum?
- Wie würden Sie sich auf diese Stellen bewerben?

3 **Berufe** Füllen Sie die Tabelle zu zweit aus. Schreiben Sie erst Berufe auf, die Sie kennen, und nennen Sie dann Qualifikationen, die man für diese Berufe haben muss.

Berufe	Voraussetzungen, Fähigkeiten

4 **Deine Meinung zur Arbeit** Stellen Sie einander die folgenden Fragen.

1. Welchen Beruf möchtest du ausüben, wenn du mit der Uni/dem College fertig bist?
2. Kennst du jemanden, der im Augenblick Arbeit sucht? Warum sucht diese Person Arbeit? Wie geht sie dabei vor?
3. Kennst du jemanden, der schon einmal entlassen wurde? Warum?
4. Was ist dir am wichtigsten, wenn du Arbeit suchst?
5. Eine Firma sucht einen neuen Angestellten. Was sind wichtige Qualitäten, die der neue Angestellte haben sollte?
6. Was passiert, wenn es eine Wirtschaftskrise gibt?

5 **Was könnte passieren?** Schauen Sie sich in Gruppen die folgenden Bilder an. Beschreiben Sie jedes Bild mit drei Sätzen. Überlegen Sie sich, was im Film passieren könnte.

- Wie sehen die Personen auf den Bildern aus? Seien Sie genau.
- Wer könnten diese Personen sein?
- Was könnten die Personen (beruflich) machen?
- Was für Persönlichkeiten könnten diese Menschen haben?
- Was könnten die Beziehungen zwischen diesen Personen sein?

Practice more at **vhlcentral.com.**

15 MINUTEN WAHRHEIT

Ein Film von Nico Zingelmann

Darsteller: Christoph Bach, Herbert Knaup, Martin Rother

Drehbuch: Nico Zingelmann
Produzent: Birke Birkner / Jean-Young Kwak
Schnitt: Marco Baumhof
Musik: Christopher Bremus

1. Preis
Publikumspreis
Kinofest Lünen

SZENEN

HANDLUNG *Eine Firma entlässt die Angestellen einer ganzen Abteilung. Einer dieser Angestellten bittet seinen Chef um ein Gespräch, weil er und seine Kollegen einen Plan haben.*

KOMANN Wie geht's ihm?
MARTHA Wir müssen umziehen, Georg. Ich bin doch noch kein Rentner°.
KOMANN Noch ist nichts entschieden.
MARTHA Bei dir vielleicht. Aber bei mir?

BERG Sieh es als persönliches Entgegenkommen.
KOMANN Ich danke dir. Aber was bekommen die anderen?
BERG Du bekommst eine Vorruhestandsregelung. Mehr als fair, wenn du mich fragst.
KOMANN Du schiebst sie einfach ab.

BERG Sie haben für uns gearbeitet und Geld dafür bekommen. Das sind auch schon alle Spielregeln.
KOMANN Als ob du dich an Regeln hältst.
BERG Habe ich da irgendwas verpasst°?
KOMANN Ich weiß es. Ich weiß von TANOS.

KOMANN Was, wenn jemand wüsste, dass dieses Unternehmen Millionen verdient, die in keiner offiziellen Bilanz auftauchen?
BERG So gefällst du dir, ne?! Was soll der Scheiß°?
KOMANN Was, wenn dieser Jemand wüsste, wo dieses Geld liegt?

BANKANGESTELLTER Dieses Konto verfügt über zahlreiche Sicherheitsmechanismen°. Der wichtigste: Ihre Identität bleibt im Außenverkehr unbekannt. Ihrer statt erscheint° lediglich die Nummer des Kontos. Daher der Name. Sogar der Bank bleibt Ihre Identität weitgehend unbekannt.

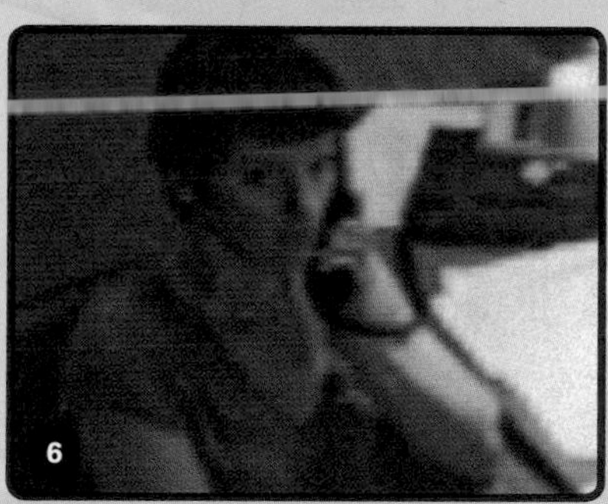

ANNA Credit Zürich, guten Tag!

Rentner *retiree* **verpasst** *missed* **Scheiß** *crap* **Sicherheitsmechanismen** *security features* **erscheint** *appears*

KULTURANMERKUNG

Arbeitskampf°

In Deutschland hat der Arbeitskampf zwischen Arbeitgebern und Arbeitnehmern eine lange Tradition. Dabei diskutieren Vertreter° beider Parteien Aspekte wie Lohn, Arbeitszeit und Sozialleistungen, die für Arbeitsverträge° wichtig sind. Wenn die Diskussionen und Verhandlungen keine positiven Ergebnisse produzieren, kann es zu Streiks (durch die Arbeitnehmer) oder Ausschließungen° (durch die Arbeitgeber) kommen. Ziel dieser Arbeitskämpfe ist vor allem, den Arbeitsfrieden langfristig zu sichern, damit Arbeitnehmer und Arbeitgeber sich auf die Arbeit konzentrieren können. Mit diesem System gibt es allerdings in den letzten Jahren durch die wachsende Globalisierung immer mehr Probleme.

Arbeitskampf *labor dispute*
Vertreter *representatives*
Arbeitsverträge *labor contracts*
Ausschließungen *lockouts*

Beim ZUSCHAUEN

Was wissen Sie über die einzelnen Personen im Film?

_____ 1. Ralf...
_____ 2. Der Pförtner (*gateman*)...
_____ 3. Komann...
_____ 4. Die Sekretärin...
_____ 5. Die entlassene Kollegin...
_____ 6. Berg...

a. telefoniert viel.
b. gibt seinen Partnern ein Diktiergerät.
c. ist ein junger Mann mit viel Macht.
d. schreibt Informationen auf einen gelben Zettel.
e. packt ihre Sachen.
f. führt ein Gespräch mit seinem Chef.

Analyse

1 **Was passt zusammen?** Wählen Sie das passende Ende für jeden Satz.

____ 1. In einer Firma namens Jaffcorp	a. macht Komann ein großzügiges Angebot.
____ 2. Der entlassene Komann	b. Komann, Anna und Ralf.
____ 3. Geschäftsführer Berg	c. seine Bank an, um sein Konto zu überprüfen.
____ 4. In dem Gespräch	d. werden viele Arbeitnehmer entlassen.
____ 5. Herr Berg ruft aus Angst	e. manipulieren Herrn Bergs Telefonat mit seiner Bank.
____ 6. Die Sekretärin Anna und Ralf	f. führt ein letztes Gespräch mit seinem Chef.
____ 7. Am Ende kündigen	g. erzählt Komann, dass er von Bergs Betrug weiß.

2 **Was ist richtig?** Lesen Sie die Satzpaare und suchen Sie die richtige Antwort. Besprechen Sie Ihre Antworten zu zweit.

1. a. Am Anfang erfahren wir, dass es der Firma Jaffcorp gut geht.
   b. Am Anfang erfahren wir, dass es der deutschen Wirtschaft gut geht.
2. a. Für die Angestellten ist es schwer, eine neue Arbeitsstelle zu finden.
   b. Für über 50-Jährige ist es besonders schwer, eine neue Arbeitsstelle zu finden.
3. a. Berg bietet den entlassenen Angestellen eine Vorruhestandsregelung an.
   b. Berg bietet Herrn Komann eine Vorruhestandsregelung an.
4. a. Komann erzählt Berg Details, die er über dessen Betrug weiß.
   b. Komann erzählt Berg, wie viel Geld er ihm weggenommen hat.
5. a. Die Bank erklärt Berg, dass kein Geld von seinem Konto fehlt.
   b. Die Bank erklärt Berg, dass sehr viel Geld von seinem Konto fehlt.
6. a. Berg spricht nach der Festnahme Komanns mit seiner Bank.
   b. Anna und Ralf imitieren Bankangestellte, als Berg die Bank anruft.

3 **Fragen** Vervollständigen Sie jeden Satz und besprechen Sie Ihre Antworten zu zweit.

1. Komann will von Berg ______________ bekommen.
   a. Informationen über sein Konto   b. bessere Abfindungen (*compensation*)
   c. eine Vorruhestandsregelung
2. Komann weiß, dass Berg ______________ hat.
   a. ein geheimes Konto   b. eine neue Stelle   c. beides
3. Berg schwitzt (*sweats*), weil ______________.
   a. Komann blufft   b. sein Konto leer ist
   c. Komann Details des Betrugs kennt
4. Ralf ruft ______________ an, um Geld zu transferieren.
   a. bei Herrn Berg   b. beim Pförtner
   c. bei der Credit Suisse
5. Der Pförtner hilft auch mit, Berg ______________.
   a. einzustellen   b. auszutricksen   c. zu entlassen

4

Die Hauptfiguren Besprechen Sie in Gruppen die Figuren des Films.

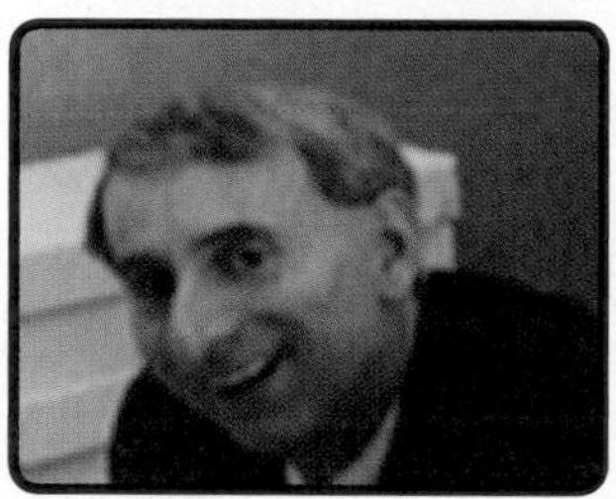

- Welche Figur mögen Sie am liebsten? Welche am wenigsten? Warum?
- Haben Sie Mitleid (*sympathy*) mit einer der Figuren? Warum?
- Welche Figur ist am skrupellosesten und sollte ins Gefängnis (*prison*) kommen? Warum?
- Was passiert den einzelnen Figuren nach Ende des Films? Seien Sie kreativ.

5

Der Plan Schreiben Sie in Gruppen ein Gespräch zwischen Herrn Komann, der Sekretärin Anna, Ralf und dem Pförtner, in dem diskutiert wird, wie man Herrn Berg austricksen könnte.

Geld abheben	**aufnehmen**	**das Notizbuch**
ein Telefonat abhören (*to intercept*)	**das Intranet kopieren**	**die Sicherheitskamera**
		ein Gespräch simulieren

6

Herrn Komanns und Herrn Bergs Zukunft Überlegen Sie sich zu zweit, was den beiden Hauptfiguren in der unmittelbaren (*near*) und fernen (*far*) Zukunft passieren wird.

- Was wird Herr Komann mit dem Geld machen?
- Wie reagiert Herr Berg auf den Betrug?
- Wie wird Herr Berg sein Verhalten als Chef verändern?
- Wo werden Herr Komann und Herr Berg arbeiten?

7

Fragen zum Film Besprechen Sie in Gruppen die Fragen zum Film.

1. Wie wichtig ist das Alter, wenn man Arbeit sucht? Waren Sie schon einmal zu jung oder zu alt für eine Arbeitsstelle? Erzählen Sie davon.
2. Kennen Sie Menschen, die ihre Arbeit verloren haben? Wie haben diese Menschen darauf reagiert?
3. Ist der Kapitalismus ein gutes System für Arbeiter? Warum, warum nicht?
4. Kennen Sie Beispiele skrupelloser Wirtschaftspraktiken? Was passiert „normalen" Angestellten dabei?
5. Darf man jemanden betrügen, wenn man betrogen worden ist?

8

Zum Thema Stellen Sie sich vor, Sie sind entlassen worden, nachdem Sie viele Jahre für eine Firma gearbeitet haben. Sie haben zwar keine Arbeit mehr, aber Ihr Arbeitgeber bietet Ihnen eine großzügige Vorruhestandsregelung inklusive Lohnfortzahlung an. Was würden Sie in dieser Situation machen: Das Geld sparen, investieren oder ausgeben? Ihre eigene Firma gründen? Beschreiben Sie in zwei Absätzen, was Sie tun würden.

Practice more at **vhlcentral.com.**

STELLEN SIE SICH VOR:
Die Schweiz und Liechtenstein

Ins Herz der Alpen  Reading

Schokoladenfans, freut euch°! Wir fliegen nun in **die Schweiz**, um die Reize° dieses schönen Alpenlands zu entdecken. Kulturelle Vielfalt, eine reiche Geschichte, tiefe, saubere Seen, fantastische Berge – die Schweiz bietet das alles und noch viel mehr.

Zuerst müssen wir zur Wechselstube°, denn die Schweiz hat eine eigene Währung – den Schweizer Franken. Sie ist der EU nicht beigetreten° und bewahrt noch heute ihre Tradition von Unabhängigkeit°.

Zürich, die geschäftige Bankenstadt, hat ein pulsierendes Nachtleben und internationales Flair. Sie ist mit rund 380.000 Einwohnern die größte Stadt der Schweiz und das Wirtschaftszentrum in einem Land, dessen Bankenbranche den wichtigsten Wirtschaftssektor bildet.

Unser nächster Halt, das charmante **Basel**, hat einen ganz anderen Charakter. Die Universitätsstadt hat eine besondere Geschichte als Hochburg° des Humanismus. Hier hat Philosoph **Friedrich Nietzsche** (1844–1900) seine *Geburt der Tragödie* verfasst. Wir machen einen Rundgang auf den Münsterhügel° und besichtigen dabei Überbleibsel° aus Basels vielseitiger Geschichte. In der Eisenzeit lebten Kelten auf dem Hügel; später haben erst die Römer und dann die Reformation ihre Spuren hinterlassen°.

Im Schatten des Pilatus° und im Spiegelbild des Vierwaldstätter Sees funkelt° die Leuchtenstadt° **Luzern**. Man kann den **Wasserturm**° bewundern und auch das **Löwendenkmal**, das Mark Twain als „das traurigste und bewegendste Stück Stein der Welt" bezeichnet hat.

Wir können unsere Erkundung° aller deutschsprachigen Länder nicht abschließen°, ohne **Liechtenstein** besucht zu haben. Dieses Fürstentum° hat weniger als 40.000 Einwohner, ist dafür aber das reichste Land Europas und liegt außerdem

Noch mehr...

Im Dreiländereck° existiert seit Jahren eine ökonomische Symbiose. Man lebt vielleicht in Deutschland, arbeitet in Basel und kauft Brot von seinem Lieblingsbäcker auf der französischen Seite der Grenze. Wegen der Staatsgrenzen° müssen infrastrukturelle Einzelheiten° gut koordiniert werden – z.B. Straßenzüge. Deswegen wurde der **Trinationale Eurodistrict Basel** gegründet. Alle drei Länder regeln die Angelegenheiten° des Distrikts gemeinsam und gedeihen wirtschaftlich° nicht durch Konkurrenz, sondern durch Kooperation.

mitten in einer der schönsten Landschaften der Welt.

Vaduz ist Liechtensteins Hauptstadt und der Sitz des Fürstenhauses°. Das Land hat ein demokratisches Parlament, aber der beliebte Fürst Hans-Adam II. ist Staatsoberhaupt° und hat erhebliche° Rechte. Die adelige° Familie bewohnt noch das mittelalterliche **Schloss Vaduz**, das oben auf dem Felsen° das Stadtbild dominiert. Außerdem besichtigen wir das Rote Haus aus dem 14. Jahrhundert und bummeln° durch die Innenstadt, das so genannte Städtle – hier befinden sich zahlreiche Straßencafés, kleine Boutiquen und Galerien.

In diesen Ländern gibt es selbstverständlich noch viel mehr, was sehenswert ist, besonders für Naturliebhaber. Vielleicht können Sie eines Tages hierher reisen und die Erhabenheiten° der Schweiz und Liechtensteins selbst kennen lernen.

freut euch *rejoice* **Reize** *charms* **Wechselstube** *exchange office* **beigetreten** *joined* **bewahren** *to maintain* **Unabhängigkeit** *independence* **Hochburg** *stronghold* **Münsterhügel** *a hill in Basel* **Überbleibsel** *remnant* **Spuren hinterlassen** *leave traces* **Pilatus** *mountain outside of Lucerne* **funkelt** *glitters* **Leuchtenstadt** *city of lights* **Wasserturm** *tower in Lake Lucerne, emblem of the city* **Erkundung** *exploration* **abschließen** *finish* **Fürstentum** *principality* **Fürstenhauses** *dynasty* **Staatsoberhaupt** *head of state* **erhebliche** *considerable* **adelige** *noble* **Felsen** *cliff* **bummeln** *stroll* **Erhabenheiten** *sublimities* **Dreiländereck** *three-country point* **Staatsgrenzen** *national borders* **Einzelheiten** *particulars* **Angelegenheiten** *affairs* **gedeihen wirtschaftlich** *thrive economically*

Entdecken wir...

Gemütlich in die Schönheit Man sagt, dass der **Glacier Express** der langsamste Schnellzug der Welt sei°. Der Zug bringt einen über 291 Brücken und durch 91 Tunnel durch die Alpen von St. Moritz nach Zermatt. Die ca. 270 km lange Fahrt dauert 7,5 Stunden, aber dafür kann man sich an der Bergpracht° satt sehen°, denn die Aussicht° ist atemberaubend° und die Wagen sind mit besonders großen Fenstern ausgestattet. Nichts für Menschen mit Höhenangst°!

Das Edelweiß Hoch in den Alpen, an einsamen° steilen° Hängen°, blüht eine edle weiße Blume, das Leontopodium alpinum. Das seltene beliebte **Edelweiß** ist die nationale Blume der **Schweiz** und gilt als Symbol der Reinheit°, aber es wächst nur an trockenen° Berghängen mit viel Sonne. Weil Edelweiß zu pflücken° gefährlich sein kann, war es früher ein Beweis der Tapferkeit°, von einer Bergtour mit einer solchen Blume zurückzukehren.

sei *is* **Bergpracht** *mountain splendor* **satt sehen** *get an eyeful* **Aussicht** *view* **atemberaubend** *breathtaking* **Höhenangst** *fear of heights* **einsamen** *lonely* **steilen** *steep* **Hängen** *slopes* **Reinheit** *purity* **trockenen** *dry* **pflücken** *pick* **Tapferkeit** *bravery*

Was haben Sie gelernt?

Richtig oder falsch? Sind die Aussagen **richtig** oder **falsch?** Stellen Sie die falschen Aussagen richtig.

1. Die Schweiz gehört zur Europäischen Union.
2. Zürich hat mehr Einwohner als ganz Liechtenstein.
3. Nietzsche hat *Die Geburt der Tragödie* in Luzern geschrieben.
4. Der Präsident von Liechtenstein heißt Hans-Adam II.
5. Der Glacier Express ist ein Zug, der durch die Schweizer Alpen fährt.
6. Der Glacier Express fährt sehr schnell.
7. Edelweiß ist selten.
8. In der Schweiz symbolisiert Edelweiß die Reinheit.

Fragen Beantworten Sie die Fragen.

1. Welche Schweizer Sehenswürdigkeiten erwähnt der Text?
2. Welcher berühmte Philosoph hat in Basel gelebt?
3. Welches Denkmal in Luzern fand Mark Twain sehr rührend (*touching*)?
4. Welche Sprache spricht man in Liechtenstein?
5. Wer wohnt im Schloss Vaduz?
6. Warum kann es sich lohnen, mit dem Glacier Express zu fahren, obwohl der Zug so langsam fährt?
7. Wo wächst Edelweiß?

Projekt

Die Schweiz hat nicht eine offizielle Sprache, sondern vier! Suchen Sie im Internet Antworten auf die folgenden Fragen und teilen Sie Ihre Befunde mit der Klasse.

- Was sind die vier offiziellen Sprachen der Schweiz?
- In welchen Regionen werden sie gesprochen?
- Wie viel Prozent der Bevölkerung sprechen Rätoromanisch?
- Wie viel Prozent der Bevölkerung sind dagegen deutschsprachig?
- Wie verständigen sich die Schweizer untereinander, wenn sie nicht aus demselben Sprachgebiet stammen?

9.1 Der Konjunktiv II der Vergangenheit

—*Du **hättest** mich fast **gehabt**.*

- In German, to express probability, wish, or regret about an event that happened in the past, or to express a hypothetical condition that would have occurred in the past, use the **Konjunktiv II der Vergangenheit** (past subjunctive).

Letztes Jahr **wäre** ich nach Vaduz **gefahren**, wenn ich Zeit **gehabt hätte**.
*Last year I **would have gone** to Vaduz, if I **had had** the time.*

Als Kind **hätte** ich das wahrscheinlich nicht **gemacht**.
*I probably **would** not **have done** that as a child.*

ACHTUNG!

Remember that, even though the **Konjunktiv II** is based on the **Präteritum** verb forms (**war** → **wäre**, **hatte** → **hätte**, **blieb** → **bliebe**, etc.), it refers to present time or to an event in the future. The **Konjunktiv II der Vergangenheit** uses the past participle and refers to events that have *already* happened.

- To form the **Konjunktiv II der Vergangenheit**, use the present **Konjunktiv II** of either **haben** or **sein** as the auxiliary verb, along with the past participle of the main verb.

Konjunktiv II der Vergangenheit			
ich **hätte**		ich **wäre**	
du **hättest**		du **wärest**	
er/sie/es **hätte**	mehr Geld **investiert**	er/sie/es **wäre**	zu Hause **geblieben**
wir **hätten**		wir **wären**	
ihr **hättet**		ihr **wäret**	
sie/Sie **hätten**		sie/Sie **wären**	

Wenn wir das Projekt besser **präsentiert hätten**, **hätten** sie mehr Geld **investiert**.
*If we **had presented** the project better, they **would have invested** more money.*

Wenn ich heute zu Hause **geblieben wäre**, **hätte** ich den Unfall nicht **gehabt**.
*If I **had stayed** home today, I **would** not **have had** the accident.*

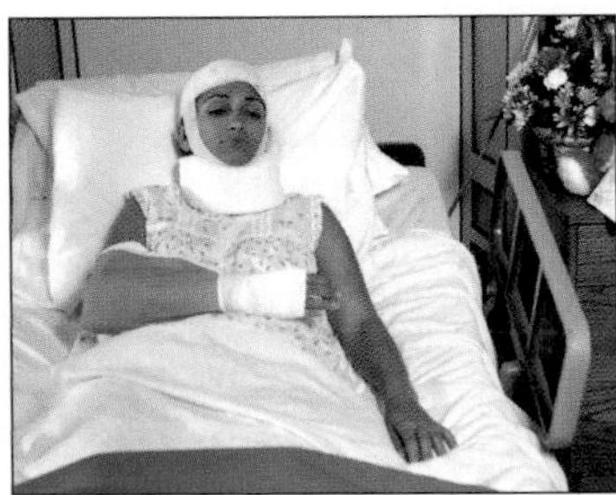

- Unlike English, which uses three words to express the **Konjunktiv II der Vergangenheit** (would + have + participle), German uses only two: the auxiliary verb in the **Konjunktiv II** [+ *participle*].

Konjunktiv II der Vergangenheit with *haben* and *sein*	
haben	**sein**
hätte gehabt *would have had*	**wäre gewesen** *would have been*
hätte gekündigt *would have quit*	**wäre geworden** *would have become*
hätte gespart *would have saved*	**wäre gegangen** *would have gone*
hätte gesehen *would have seen*	**wäre gekommen** *would have come*
hätte geliehen *would have borrowed*	**wäre geblieben** *would have stayed*

Ich **hätte** mich um die Stelle **beworben**.
I ***would have applied*** *for that job.*

Ein Berater **wäre** hilfreich **gewesen**.
An advisor ***would have been*** *helpful.*

- The auxiliary verb for modals in the **Konjunktiv II der Vergangenheit** is always **haben**. The main verb and the modal appear as double infinitives at the end of the sentence.

Konjunktiv II **of *haben* + main verb infinitive + infinitive of modal**
hätte **kommen** **müssen**

Der Inhaber **hätte** mehr Geld **verdienen können**.
The owner ***could have earned*** *more money.*

Der Praktikant **hätte** nicht zu spät zur Arbeit **kommen sollen**.
The intern ***should*** *not* ***have come*** *late to work.*

- When sentences in the **Konjunktiv II der Vergangenheit** are introduced by a **wenn**-clause, the conjugated auxiliary verbs come at the end of the **wenn**-clause and the beginning of the main clause. In this case, the two verbs sit side by side, separated by a comma.

Wenn ich keine Teilzeitarbeit **gehabt hätte**, **hätte** ich mehr Zeit mit Lernen **verbracht**.
If I ***had*** *not* ***had*** *a part-time job, I* ***would have spent*** *more time studying.*

Wenn die Firma in Konkurs **gegangen wäre**, **hätten** die Arbeiter ihre Stellen **verloren**.
If the company ***had gone*** *bankrupt, the workers* ***would have lost*** *their jobs.*

- When two **Konjunktiv II der Vergangenheit** phrases are used with modals in a sentence, the conjugated verb comes before the double infinitive in both the main clause and the dependent clause.

Der Buchhalter **hätte** wissen sollen, dass er genau **hätte** rechnen müssen.
The accountant should have known to calculate precisely.

Die Interviewerin **hätte** sagen sollen, wo das Interview **hätte** stattfinden sollen.
The interviewer should have said where the interview was to take place.

ACHTUNG!

Both the present and past subjunctive translate into *would* in English, but only the present subjunctive uses **würde**.

ACHTUNG!

When there are three verbs in a verbal phrase, the conjugated verb precedes the double infinitive in a dependent clause.

Ich weiss nicht, ob ich das hätte machen können.
I don't know if I could have done that.

Depending on the speaker's intent, a sentence can include both the past and the present subjunctive.

Wenn die Chefin mich entlassen hätte, wäre ich jetzt arbeitslos.
If the boss had fired me, I would be jobless now.

Anwendung

1

Die neue Stelle Sie haben eine neue Stelle und haben Ihrer besten Freundin Melanie erzählt, was Sie alles gemacht hat. Melanie sagt, wie sie alles anders gemacht hätte. Schreiben Sie den Satz in den **Konjunktiv II der Vergangenheit** um. Der neue Satz muss sinnvoll sein.

Beispiel **ich / auf den nächsten Tag / sich freuen**
Ich hätte mich nicht auf den nächsten Tag gefreut.

1. ich / neue Kleidung / tragen
2. ich / keine privaten Emails / schreiben
3. ich / nur 15 Minuten / beim Mittagsessen / verbringen
4. ich / nicht / telefonieren
5. ich / viele nette Kollegen / kennen lernen

2

Jetzt und früher Was hätten Ihre Großeltern früher gemacht, als sie noch jung waren? Schreiben Sie den neuen Satz im **Konjunktiv II der Vergangenheit.** Verwenden Sie die Wörter in Klammern für den neuen Satz.

Beispiel **Wenn ich genug Geld hätte, würde ich eine Wohnung kaufen. (Großeltern: Einfamilienhaus kaufen)**
Wenn die Großeltern genug Geld gehabt hätten, hätten sie ein Einfamilienhaus gekauft.

1. Wenn ich einen neuen Beruf suchte, würde ich im Internet einen suchen. (Großvater: Annoncen (*ads*) in der Zeitung)
2. Wenn ich etwas brauchen würde, würde ich die Sekretärin danach fragen. (Großvater: den Chef fragen)
3. Ich würde der Gewerkschaft nicht beitreten (*join*). (Großvater: gern in die Gewerkschaft eintreten)
4. Wenn eine Wirtschaftskrise ausbräche, wären alle sehr nervös. (Großvater: Geld unter dem Bett hervorholen (*to get out*))
5. Wenn ich nicht genug Ersparnisse für ein Haus hätte, würde ich eine Hypothek aufnehmen. (Großeltern: länger Geld sparen)
6. Wenn meine Familie in Urlaub fahren würde, würde sie mit dem Flugzeug fliegen. (Großeltern: mit dem Auto fahren)

3

Die Leute am Arbeitsplatz Kombinieren Sie in Gruppen die Satzteile, um neue Sätze im **Konjunktiv II der Vergangenheit** zu bilden.

Beispiel **Wenn die Sekretärin die Arbeit nicht so gut gemacht hätte, wäre das Projekt nicht erfolgreich gewesen.**

wenn + der Interviewer	nicht pünktlich sein	(nicht) erfolgreich sein
wenn + die Angestellte	die Arbeit gut machen	entlassen werden
wenn + die Praktikanten	sich bewerben	Fragen stellen
wenn + der Geschäftsführer	feuern	mehr Geld verdienen
wenn + die Sekretärin	Schulden haben	müde werden
wenn + die Kollegen	Überstunden machen	sich ärgern

 Practice more at **vhlcentral.com.**

Kommunikation

4 **Der schlechteste Tag**

A. Heute hatte Daniela einen schlechten Tag bei der Arbeit. Lesen Sie den Text unten. Besprechen Sie zu zweit, was Daniela, ihr Chef und ihre Kollegen anders hätten machen können, damit Danielas Tag besser gewesen wäre.

Heute hat der Wecker nicht funktioniert. Daniela ist zu spät aufgestanden. Trotzdem ist sie mit dem Fahrrad zur Arbeit gefahren und ist eine Stunde zu spät ins Büro gekommen. Der Chef ist böse geworden, da sein Bericht nicht pünktlich fertig war. Zu Mittag hat Daniela nichts gegessen. Am Nachmittag war sie sehr müde und schlief sogar am Schreibtisch ein! Ihre Kollegen haben sie nicht aufgeweckt. Nach der Arbeit ging Daniela sofort nach Hause, wo sie den Abend vor dem Fernseher verbrachte. Sie hat um 10 Uhr abends ein Stück Kuchen gegessen und ist dann leider sehr spät ins Bett gegangen.

Beispiel **Daniela hätte ihr Handy als Wecker benutzen sollen.**

B. Haben Sie schon einmal einen so schlechten Tag wie Daniela gehabt? Erzählen Sie einander von einem Tag, an dem alles schief gelaufen ist. Verwenden Sie den Konjunktiv II der Vergangenheit, um einander Vorschläge zu machen, was sie anders hätten machen können.

5 **Das Vorstellungsgespräch** Im Vorstellungsgespräch für eine neue Stelle stellt der/die Interviewer(in) schwierige Fragen. Spielen Sie abwechselnd die Rolle des Interviewers/der Interviewerin und des Kandidaten/der Kandidatin, der/die sich um den Beruf bewirbt. Der Interviewer möchte gern von drei Problemen erfahren, die der/die Kandidat(in) im letzten Beruf hatte. Der/Die Kandidat(in) soll auch erklären, was er/sie hätte machen können oder sollen, um diese Probleme zu vermeiden (*avoid*) oder zu lösen. Der/Die Kandidat(in) soll den **Konjunktiv II der Vergangenheit** verwenden.

6 **Es hätte anders sein können** Besprechen Sie in Gruppen die folgenden Situationen. Was hätten Sie in diesen Situationen gemacht? Wie wäre Ihr Leben anders verlaufen?

- Sie haben nicht an der Universität studiert.
- Sie haben an einer anderen Uni studiert.
- Sie haben als Teenager ein Jahr in Deutschland verbracht und haben bei einer deutschen Familie gelebt.
- Sie haben nicht Deutsch studiert.
- Sie waren mit 15 Jahren Inhaber einer erfolgreichen Firma.
- Ihre Eltern haben im Lotto viel Geld gewonnen, als Sie 16 Jahre alt waren.
- Sie haben ein Semester in Europa studiert und die Student(inn)en an der Uni haben gestreikt.

KULTURANMERKUNG

Bildungsstreik

In Deutschland wird gestreikt! Immer wieder kommen Studenten und auch Schüler zusammen, um für eine Bildungsreform zu demonstrieren. Die so genannten *Bildungsstreiks* finden oft im Monat Juni statt. Es geht bei den Streiks vor allem um die Studiengebühren°. Studenten wollen aber auch mehr Flexibilität im Studium und mehr studentische Vertretung° im Senat. In Berlin springen die Student(inn)en sogar in die Spree, um auf Ihre Forderungen aufmerksam zu machen!

Studiengebühren *tuition fees*
Vertretung *representation*

9.2 Plurals and compound nouns

*—Inoffiziell gesteigerte Produktion und ein gehöriger **Nebenverdienst** ohne Abzug von **Steuern**.*

- In English, nouns often add **–s**, **–es**, or **–ies** to make the plural (*strike* → *strikes*, *tax* → *taxes*, *party* → *parties*) and some have irregular plural forms (*mouse* → *mice*). In German, there are several ways to form plurals. Nouns can have no change in the plural or they can add **–e**, **–en**, **–n**, **–er**, or **–s**. Some nouns add an **Umlaut** in the plural. Nouns can be grouped into categories according to how they form the plural.

- The simplest plural form is that of nouns ending in –e. These nouns add an –n to form the plural.

der Beschäftigte	die Beschäftigte**n**
der Kollege	die Kollege**n**
die Börse	die Börse**n**
die Krise	die Krise**n**
das Auge	die Auge**n**
das Ende	die Ende**n**

- All feminine nouns that end in **–in** add **–nen** to form the plural.

die Kollegin	die Kollegin**nen**
die Sekretärin	die Sekretärin**nen**
die Geschäftsführerin	die Geschäftsführerin**nen**

- All feminine nouns that end in **–el** or **–er** add **–n** for the plural. All other feminine nouns add **–en** for the plural.

die Schwest**er**	die Schwester**n**
die Steu**er**	die Steuer**n**
die Vokab**el**	die Vokabel**n**
die Gab**el**	die Gabel**n**
die Arbeit	die Arbeit**en**
die Zahl	die Zahl**en**

- Nouns that end in **–ung**, **–heit**, **–keit**, **–schaft**, **–ei**, and **–ion** are always feminine and form the plural by adding **–en**.

die Währung	die Währung**en**
die Berufserfahrung	die Berufserfahrung**en**
die Gewerkschaft	die Gewerkschaft**en**
die Freundschaft	die Freundschaft**en**
die Freiheit	die Freiheit**en**
die Gleichheit	die Gleichheit**en**
die Qualifikation	die Qualifikation**en**
die Rezession	die Rezession**en**

ACHTUNG!

Dative plural nouns require an –**n**, if the plural form does not already end in –**n**.

Er spricht mit den Arbeitern.
He talks to the workers.

- Masculine and neuter nouns ending in –**er**, –**en**, and –**el**, and the diminutives –**chen** and –**lein** are the same in the singular and plural. They require no endings. Some of these nouns do add an **Umlaut** to the stem vowel in the plural.

der Inhaber	> die Inhaber		das Darlehen	> die Darlehen
der Vater	> die V**ä**ter		das Mädchen	> die Mädchen
der Mantel	> die M**ä**ntel			

- Masculine nouns that end in –**ent** and –**ist** add –**en** to form the plural.

der Präsident > die Präsident**en**
der Polizist > die Polizist**en**
der Aktivist > die Aktivist**en**

- In many masculine and feminine one-syllable nouns, –**e** is added to form the plural. Here, too, an **Umlaut** is often added to the stem vowel, but not consistently.

der Platz > die Pl**ä**tz**e**
die Stadt > die St**ä**dt**e**
das Ziel > die Ziel**e**

- Many masculine and neuter one-syllable words add –**er** to form the plural and take an **Umlaut** over the stem vowel. Some one-syllable masculine nouns also add –**er** in the plural and take an **Umlaut** when possible.

das Amt > die **Ä**mt**er** | der Mann > die M**ä**nn**er**
das Buch > die B**ü**ch**er** | der Leib > die Leib**er**

- Nouns ending in –**nis** form the plural by adding –**se**.

das Bildnis > die Bildnis**se** | die Erlaubnis > die Erlaubnis**se**

- Loan words from other languages often add –**s** to the plural. They do not take an **Umlaut**.

das Interview > die Interview**s** | das Auto > die Auto**s**
der Streik > die Streik**s** | das Taxi > die Taxi**s**

- The last word in compound nouns determines both the gender and the plural form of the compound noun.

der Arbeits**platz** > die Arbeits**plätze** | die Heimat**stadt** > die Heimat**städte**

- Most nouns that end in –**um** and –**us** delete the endings and add –**en** to form the plural.

das Visum > die Vis**en** | der Rhythmus > die Rhythm**en**

- Some nouns that designate materials and concrete or abstract concepts do not have a plural.

der Zement | das Wasser | die Liebe
die Milch | der Durst | das Glück

- German collective nouns that begin with **Ge**– are considered singular and have no plural form.

das Gebirge | das Gefüge | das Gewerbe

Anwendung

1 **Mein Lebenslauf** Kreisen Sie die richtige Pluralform ein.

1. Als Berater arbeitete ich zwei (Jahre / Jahren) im Ausland.
2. Ich organisierte viele (Tagunge / Tagungen) für die Angestellten.
3. Ich war verantwortlich für die (Interviewe / Interviews) mit ausländischen Praktikanten.
4. Ich musste mich um die (Überstunden / Überstunde) der (Angestellte / Angestellten) kümmern.
5. Ich las einige (Lebenslaufs / Lebensläufe) und gab den entlassenen Angestellten Feedback darüber.
6. Viele (Arbeiter / Arbeiteren) kamen zu mir und suchten Rat.

2 **Das Vorstellungsgespräch** Schreiben Sie die richtigen Pluralformen in die Lücken. Achten Sie auf die Dativform.

ROBERT Danke, dass Sie gekommen sind. Seit wie vielen (1) __________ (Woche) sind Sie schon arbeitslos?

DORIS Ich suche schon seit 14 (2) __________ (Tag) eine neue Stelle.

ROBERT Was für (3) __________ (Qualifikation) haben Sie als Buchhalterin?

DORIS Ich musste die (4) __________ (Zahl) aller (5) __________ (Rechnung) vergleichen. Ich musste auch die ausländischen (6) __________ (Währung) für unsere (7) __________ (Darlehen) errechnen.

ROBERT Ich sehe, Sie haben viel Erfahrung. Kennen Sie sich auch auf den (8) __________ (Immobilienmarkt) aus?

DORIS Damit hatte ich bei meiner letzten Stelle nichts zu tun.

ROBERT Haben Sie (9) __________ (Frage) an mich?

DORIS Sind die (10) __________ (Arbeitszeit) flexibel?

ROBERT Ja, wir sind eine sehr freundliche Firma.

DORIS Dann vielen Dank für dieses Gespräch.

3 **Das Arbeitsklima** Formen Sie die Sätze um. Machen Sie aus den unterstrichenen Vokabeln Pluralformen und auch andere Änderungen, wenn nötig.

Beispiel **Der Angestellte will den Streik beenden.**
Die Angestellten wollen die Streiks beenden.

1. Der Chef will den Arbeitstag verlängern.
2. Der Arbeiter möchte mit dem Geschäftsführer diskutieren.
3. Die Gewerkschaft organisiert das Gespräch.
4. Der Kollege versteht die Regel nicht.
5. Es gibt seit einem Jahr keine Beförderung.
6. Der Mindestlohn muss erhöht werden.

Practice more at **vhlcentral.com.**

Kommunikation

4 **Eine neue Stelle** Sie und Ihr(e) Partner(in) wollen gern Stellen tauschen (*exchange*). Sie interessieren sich für die Stelle, die Ihr(e) Partner(in) hat. Verwenden Sie die Pluralformen der angegebenen Beispiele. Stellen Sie Fragen und entscheiden Sie, welche Stelle besser ist.

Beispiel **wie / Kollege**
—Wie sind deine Kollegen?
—Meine Kollegen sind ziemlich freundlich.

1. welch- / Qualifikation
2. wie viel- / Urlaubstag
3. wie oft entlassen / der Angestellte
4. wie sympathisch / Chef
5. wo / die Firma
6. wie viel- / Überstunde

5 **Es wird gestreikt!**

A. Genau wie Ihre Kollegen sind Sie mit den Arbeitsbedingungen (*conditions*) unzufrieden. Sie wollen streiken. Arbeiten Sie in Gruppen. Machen Sie eine Liste von fünf Änderungen, die Sie vom Geschäftsführer verlangen. Verwenden Sie die Pluralformen der Wörter aus der Liste.

Beispiel Die Angestellten sollen nicht jeden Tag Überstunden machen müssen!

der Angestellte
das Büro
der Chef
der Feiertag
der Mindestlohn
die Pausenzeit
der Praktikant
die Steuer
die Überstunde
der Urlaubstag

B. Bereiten Sie in der Gruppe ein Rollenspiel vor, worin die Gewerkschaft den Chef mit den Forderungen (*demands*) konfrontiert. Der Chef muss auch Vorschläge machen, damit es zum Kompromiss kommt. Verwenden Sie Pluralformen.

6 **Der Traumjob** Besprechen Sie zu zweit Ihren Traumjob. Verwenden Sie viele Pluralformen.

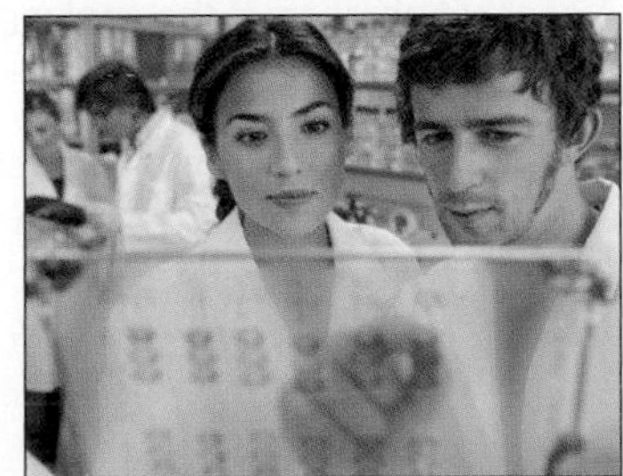

9.3

Two-part conjunctions

- You have learned about coordinating, adverbial, and subordinating conjunctions that connect words, phrases or sentences. In addition, German also has two-part conjunctions and double conjunctions.

Der Buchhalter versteht **weder** Englisch **noch** Spanisch.
*The accountant understands **neither** English **nor** Spanish.*

Die Sekretärin erledigt viel, **so dass** die Chefin nicht mehr so viel Arbeit hat.
*The secretary takes care of a lot **so that** the boss doesn't have so much work.*

- The two-part conjunctions come in pairs and connect parallel phrases, words, or sentences. Often the two components are being compared or contrasted to each other. Most two-part conjunctions (such as **weder... noch**) are made up of two adverbial conjunctions. Some incorporate coordinating conjunctions (**entweder... oder**) and subordinating conjunctions (**angenommen**, **dass**).

QUERVERWEIS

For more on coordinating and subordinating conjunctions, see **Strukturen 3.2, pp. 92-93**.

Zweiteilige Konjunktionen
einerseits... andererseits *on the one hand... on the other hand*
entweder... oder *either... or*
je mehr... desto *the more... the...*
mal... mal *sometimes... sometimes*
nicht nur... sondern auch *not only... but rather*
sowohl... als auch *as well as*
teils... teils *partly... partly*
weder... noch *neither... nor*
zwar... aber *indeed... but*

Der Praktikant ist **zwar** gut ausgebildet, **aber** leider nicht sehr motiviert.
*The trainee is **indeed** well trained, **but** unfortunately not very motivated.*

- When two-part conjunctions combine sentences, they use either standard word order or inverted word order. Adverbial conjunctions are always followed by inverted word order. In two-part conjunctions where one conjunction is a coordinating one, the clause with the coordinating conjunction uses standard word order.

Nicht nur der Boss ist qualifiziert, **sondern auch** alle Angestellten sind hervorragend.
***Not only** is the boss qualified, **but** all the workers are outstanding, **too**.*

- Two-part conjunctions can also connect phrases. If the conjunction connects two subjects, the verb is plural.

Ich habe **mal** Schulden, **mal** Ersparnisse.
***Sometimes** I have debts, **sometimes** savings.*

Sowohl die Sekretärin **als auch** die Praktikanten **können** fließend Deutsch.
*The secretary **as well as** the trainees **can speak** German fluently.*

- When two subjects are combined with **weder... noch** or **entweder... oder**, the verb is singular if the subjects are both singular and plural if the subjects are both plural. If **weder... noch** is used with one singular and one plural subject, the verb remains plural. With **entweder... oder**, the verb is conjugated according to the subject closest to it.

Weder die Angestellten **noch** der Inhaber **machen** Überstunden.
***Neither** the employees **nor** the owner **work** overtime.*

Entweder die Geschäftsführer **oder** die Chefin **stellt** neuen Leute ein.
***Either** the managers **or** the female boss **hires** the new people.*

- In two-part conjunctions with **je**, **je** is combined with a comparison (Ex.: **je mehr**, **je kürzer**, **je interessanter**) plus one of the following conjunctions: **desto**, **umso**, or **je**.

Je mehr Geld ich verdiene, **desto mehr** Ersparnisse habe ich.
***The more** money I earn, **the more** savings I have.*

Double conjunctions

- The subordinating conjunction **dass** can be combined with another conjunction to form a double conjunction. These combinations include **als dass**; **anstatt dass; so dass**; **ausgenommen, dass**; **angenommen, dass; dadurch, dass**. They do not show comparisons or form parallels like two-part conjunctions do.

Angenommen, dass die Firma in Konkurs geht, dann werden die Angestellten arbeitslos.
***Assuming that** the company goes bankrupt, the employees will be without work.*

- The subordinating conjunction **wenn** also combines with other words: **nur wenn**, **außer wenn**, **bloß wenn**.

Nur wenn das Vorstellungsgespräch gut läuft, bekommt sie die Stelle.
***Only if** the interview goes well, will she get the job.*

- The subordinating conjunction **als** combines with **ob** and **wenn** to form a double conjunction. In these situations, the verb is usually in the **Konjunktiv II**.

Er tut so, **als ob** das Gewerbe nicht gerade in Konkurs **gegangen wäre**.
*He acts **as if** the business hadn't just gone bankrupt.*

- Typically in English, two conjunctions can be placed next to each other, as in *He thinks **that if** he tries, he will win.* As you learned in **Lektion 3**, this normally does not happen in German, where the two conjunctions are separated. One clause is completed before the other begins.

Er meint, **dass** er erfolgreich wird, **wenn** er eine bessere Ausbildung hat.
*He says **that** he will be successful **if** he has a better training.*

Anwendung

1

Die Karriere Schreiben Sie die richtigen zweiteiligen Konjunktionen in die Lücken.

entweder... oder	weder... noch
je mehr... desto	zwar... aber
nicht nur... sondern auch	

Was soll ich machen?

Ich weiss nicht, was ich nach der Uni machen will. Ich will (1) ________ glücklich sein, (2) ________ genug Geld verdienen. Meine Eltern meinen, ich soll (3) ________ bei ihnen wohnen (4) ________ meine eigene Wohnung finden. Ich will aber (5) ________ bei ihnen (6) ________ allein wohnen. Ich will ins Ausland reisen! (7) ________ ist es gut, eine richtige Arbeit zu haben, (8) ________ ich bin noch so jung. Kann ich nicht zuerst reisen und später arbeiten? (9) ________ ich darüber nachdenke, (10) ________ schwieriger wird meine Entscheidung!

2

Meine erste Arbeitsstelle Machen Sie aus zwei Sätzen einen Satz. Verwenden Sie die Konjunktion in Klammern. Machen Sie auch andere Änderungen wenn nötig.

Beispiel **Ich arbeite mehr. Also verdiene ich mehr Geld. (je... desto)**
Je mehr ich arbeite, desto mehr Geld verdiene ich.

1. Ich habe mit 14 Jahren angefangen zu arbeiten. Ich hatte früh mein eigenes Geld. (dadurch, dass)
2. Ich musste auf meine Geschwister aufpassen. Ich konnte als Rettungsschwimmer arbeiten. (einerseits... andererseits)
3. Das Wetter ist sehr schlecht. Ich bin gern im Schwimmbad. (außer wenn)
4. Ich wollte mit Kleinkindern arbeiten. Ich wollte im Schwimmbad arbeiten. (sowohl... als auch)
5. Ich war mit der Arbeit als Rettungsschwimmer zufrieden. Es war mir sehr langweilig. (mal... mal)
6. Die Kinder waren echt lieb. Sie waren richtig fies (*nasty*). (teils... teils)
7. Ich bekomme nächsten Sommer die Stelle. Ich werde wieder im Schwimmbad jobben. (angenommen dass)

3

Urlaubstage Besprechen Sie zu zweit Ihre Urlaubstage. Beenden Sie die angegebenen Satzteile.

1. Heute müssen wir nicht arbeiten. Willst du entweder... oder...?
2. Wenn ich einen Urlaubstag habe, will ich weder... noch...
3. Anstatt dass wir heute früh aufstehen müssen, ...
4. An einem Urlaubstag können wir nicht nur... sondern auch...
5. Einerseits ist es schwer, am Tag nach dem Urlaubstag zur Arbeit zu gehen, andererseits...
6. Je mehr Urlaub ich habe, desto...

 Practice more at **vhlcentral.com.**

Kommunikation

4 **Die Rente** Jeder muss oder darf mal aufhören zu arbeiten und in Rente gehen. In jedem Land ist das Rentenalter (*retirement age*) anders. Machen Sie sich zu zweit Gedanken über das Leben als Rentner. Besprechen Sie zu zweit diese Fragen. Verwenden Sie in Ihren Antworten zweiteilige Konjunktionen.

1. Was wollen Sie machen, wenn Sie in Rente gehen? Wollen Sie entweder eine Teilzeitarbeit annehmen oder gar nicht mehr arbeiten?
2. Dadurch, dass Sie noch 45 Jahre bis zur Rente haben, können Sie sich überlegen, wie Sie sich auf das Rentenalter vorbereiten. Welche Vorbereitungen treffen Sie?
3. Viele Leute wollen weder bis 65 arbeiten noch bei einer einzigen Firma beschäftigt sein. Was meinen Sie? Wollen Sie so lange arbeiten? Wollen Sie bei einer Firma oder bei verschiedenen Firmen arbeiten?
4. „Je mehr Geld man verdient, desto glücklicher ist man." Stimmen Sie mit dieser Aussage überein? Ist es am allerwichtigsten, Geld zu verdienen?
5. Stellen Sie sich vor, Sie stehen kurz vor der Rente. Anstatt dass Sie in der Stadt bleiben, wo Sie jetzt wohnen, haben Sie vor, in eine andere Stadt zu ziehen. Möchten Sie dort wohnen, wo das Wetter immer warm und schön ist? Möchten Sie endlich weg aus der Heimat?

KULTURANMERKUNG

Ab 2012 ist das jetzige Rentenalter in Deutschland auf 67 gestiegen. Allerdings dürfen die Leute, die schon 45 Jahre lang gearbeitet und die ganze Zeit den Rentenbeitrag eingezahlt haben, schon nach 45 Jahren in Rente gehen. Dieses Gesetz ist vor allem für die Arbeiter wichtig, die schon als Teenager angefangen haben zu arbeiten.

5 **Der Arbeitsplatz**

A. Sehen Sie sich das Foto in Gruppen an und geben Sie jeder Person einen Namen. Erfinden Sie eine Geschichte zu jeder Person. Schreiben Sie mindestens drei Sätze zu jeder Person. Verwenden Sie Konjunktionen. Seien Sie kreativ!

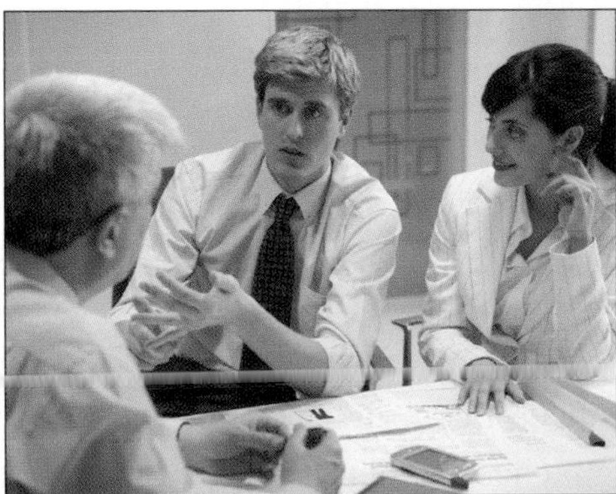

B. Erfinden Sie mit Ihrer Gruppe ein Gespräch zwischen den Leuten auf dem Foto. Üben Sie dieses Gespräch und führen Sie es vor Ihrer Klasse auf. Das Gespräch soll mindestens vier zweiteilige Konjunktionen beinhalten (*contain*).

6 **Jobsuche** Arbeiten Sie zu zweit. Stellen Sie sich vor, Sie sind Geschäftsführer(in) für eine Firma, die großen Zuwachs hat. Sie brauchen mehr Angestellte und wollen neue Leute einstellen. Entscheiden Sie zuerst, bei welcher Firma Sie arbeiten. Danach schreiben Sie eine Annonce, in der Sie die Stelle und die Qualifikationen der Bewerber(innen) beschreiben. Verwenden Sie die zweiteiligen Konjunktionen.

Beispiel Der/Die neue Angestellte muss nicht nur intelligent sein, sondern auch kreativ.

Synthese

Strategien für die Kommunikation

Der eine Student behauptet, dass... *One student maintains that...*
Der andere Student vertritt die These, dass... *The other student represents the idea that...*
Die Studentin liefert die Begründung, dass... *The female student offers the proof that...*
Der eine argumentiert..., der andere kritisiert... *One argues, the other criticizes*
Er/Sie betont, dass... *He/She emphasizes that...*
Anstatt dass die den Studenten helfen, eine Stelle zu finden... *Instead of helping the students find a job...*
Dadurch, dass die Firmen... *By [verb], the company...*
Entweder arbeiten die Firmen und Unversitäten zusammen oder... *Either the companies and the universities work together or...*

1 **Sprechen wir** Lesen Sie in Gruppen die vier Texte und beantworten Sie die Fragen.

Norbert, 24, Bern

Es war immer schwer für uns Jugendliche, Arbeit zu finden. Für mich war es wichtig, richtig Karriere zu machen, und ich wollte auch im Ausland studieren. Ich möchte auch gern eine Zeit lang im Ausland arbeiten und dann zurück nach Bern kommen. Ich wollte immer hier eine interessante Arbeit finden, bei der ich meine Auslandserfahrungen gut anwenden kann.

Jildez, 25, Basel

Letztes Jahr bin ich mit dem Studium fertig geworden. Ich habe immer noch keine Arbeit gefunden. Die Hälfte der Studenten aus meinem Jahrgang hat auch noch keine Arbeit. Deshalb müssen wir manchmal Jobs annehmen, für die wir überqualifiziert sind. Oft ist die Bezahlung nicht sehr gut. Ich verstehe nicht, warum ich in eine andere Stadt oder sogar in ein anderes Land umziehen soll. Ich wäre gern unabhängig, aber das schaffe ich nicht.

Johann, 23, Luzern

Ich meine, Jugendliche können Arbeit finden. Man muss eben schon während des Studiums ein Praktikum machen und nicht erst nach dem Studium Berufserfahrungen sammeln. Ich habe jeden Sommer jeden Job angenommen, den ich finden konnte, nur damit ich Berufserfahrungen machen konnte. Nach dem Studium habe ich dann meine Traumstelle bekommen, da ich so viel Berufserfahrung hatte.

Sarah, 26, Genf

Leider befinden wir uns in einem Teufelskreis. Die Firmen wollen immer junge Leute mit Erfahrung, sind aber nicht bereit dazu, Leute ohne Erfahrung einzustellen. Aber woher sollen wir jungen Leute diese Erfahrung bekommen? Meiner Meinung nach sollten die Firmen mit den Universitäten zusammenarbeiten, um den jungen Leuten beim Einstieg in die Arbeitswelt zu helfen.

1. Was meinen diese jungen Leute zu der Arbeitssituation in der Schweiz?
2. Welche Vorschläge machen sie, um die Situation zu verbessern?
3. Was hätten diese Leute anders machen müssen, um sich besser auf die Arbeitswelt vorzubereiten?
4. Denken Sie, dass die Situation in der Schweiz anders oder ähnlich der Situation in Ihrem Land ist?

2 **Schreiben wir** Wählen Sie ein Thema aus und schreiben Sie einen Aufsatz von ungefähr einer Seite. Verwenden Sie den Konjunktiv der Vergangenheit, Pluralformen und zweiteilige Konjunktionen.

1. Schreiben Sie über die Vor- und Nachteile vom Älterwerden und in Rente gehen.
2. Sie haben eine Annonce für Ihren Traumjob im Internet gefunden. Schreiben Sie einen Bewerbungsbrief an die Firma, worin Sie über Ihren Lebenslauf und Ihre Qualifikationen berichten.

Vorbereitung

Wortschatz der Lektüre

betragen *(here) to amount to*
die Buchhaltung *accounting*
das Gut, -¨er *wares, goods*
der Kreditnehmer, - *borrower*
die Säule, -n *pillar*
das Verbot, -e *prohibition, ban*
die Verpfändung, -en *pledge (of goods)*

Nützlicher Wortschatz

belegen *to reserve*
sich selbstständig machen *to set up/ to start one's own business*
die Stellungnahme, -n *comment; position*
das Vermögen, - *asset*
die Wechselstube, -n *money exchange office*

1 **Definitionen** Verbinden Sie die Wörter der ersten Spalte mit den Definitionen in der zweiten.

_____ 1. die Stellungnahme	a. nennt etwas, was man nicht machen darf
_____ 2. sich selbstständig machen	b. was man besitzt: Gelder, Aktien usw.
_____ 3. das Verbot	c. wenn man einen Kommentar abgibt oder seine Meinung sagt
_____ 4. die Wechselstube	d. wenn man einen Platz reserviert oder einnimmt
_____ 5. belegen	e. ein eigenes Unternehmen gründen
_____ 6. das Vermögen	f. wo man z.B. Dollar in Euro umtauschen kann

2 **Arbeitsplatzwünsche** Stellen Sie einander die folgenden Fragen und beantworten Sie sie.

1. In welchem Sektor der Wirtschaft würdest du am liebsten arbeiten und warum?
2. Würdest du gerne in einem Land wie der Schweiz oder Liechtenstein arbeiten? Warum, warum nicht?
3. Was erwartest du von deinem Beruf?
4. Möchtest du lieber irgendwo angestellt sein oder dich selbstständig machen? Was sind die Vor- und Nachteile eines selbstständigen Berufes?
5. Welche Kriterien sind für deine Berufswahl wichtig?
6. Was für ein Image oder Prestige haben Bankiers heutzutage?

3 **Banken** Sehen Sie sich zu zweit das Bild auf S. 330 an und beantworten Sie dann die folgenden Fragen.

- Was sehen Sie auf dem Bild?
- Was wissen Sie über Nummernkonten? Wo gibt es sie? Was verbinden Sie damit?
- Was für Informationen, glauben Sie, erhalten Sie in diesem Text?
- Was wissen Sie über die Geschichte des Bankwesens?
- Was für eine Rolle spielen Banken in der Wirtschaft eines Landes?

KULTURANMERKUNG

Arbeitsmarkt Liechtenstein

Mehr als die Hälfte von Liechtensteins Arbeitern kommen aus anderen Ländern! Das winzige° Land hat besonders viele High-Tech-Firmen, und hochqualifizierte Spezialisten sind gefragt°. Aber der nationale Arbeitsmarkt kann den Bedarf natürlich nicht decken°. Deswegen rekrutieren Liechtensteins Unternehmen verstärkt° in anderen europäischen Ländern und auch im Mittleren Osten. Besonders viele der Gastarbeiter kommen aus den Nachbarstaaten Österreich und der Schweiz und pendeln° jeden Tag hin und her. Ende Januar 2010 lag die Arbeitslosenrate bei 3,1%. Das bedeutet, dass nur 567 Einwohner Liechtensteins keine Arbeit hatten.

winzige *tiny* **gefragt** *in high demand* **den Bedarf decken** *meet the need* **verstärkt** *intensively* **pendeln** *commute*

Schweizer Bankwesen

Die Schweiz, Banken und eine stabile Währung werden oft in einem Satz genannt. Wie aber ist es dazu gekommen, dass die Schweiz zum „Land des Geldes“ wurde?

Um das herauszufinden müssen wir weit in die Geschichte zurückgreifen°, bis ins späte 13. und 14. Jahrhundert. Die Anfänge des Kreditwesens befinden sich in Italien, bei den Lombarden, also bei den italienischen Kaufleuten. Diese erfolgreichen Händler durften trotz des kanonischen Zinsverbots° Geld leihen und trieben damit „Wucher°“. Weil die Lombarden ihre Buchhaltung stetig° verbesserten und ihre Finanzkenntnisse ausbildeten, gewannen sie eine gewisse Überlegenheit° anderen europäischen Händlern gegenüber.

Es dauerte also nicht lange, bis die Lombarden auch im Norden die führende° Rolle im Fernhandel einnahmen. Sie beherrschten im 13. Jahrhundert Handelsplätze in England, Frankreich und auch im schweizerischen und oberrheinischen Gebiet.

Die damals häufigste° Geldoperation der Lombarden war das Kreditgeschäft. Das ging so: Die Kaufleute boten ihren Kunden ein Darlehen an, allerdings mit Zinsen und gegen die Verpfändung von wertvollen Gütern. Die Zinssätze im Mittelalter waren übrigens sehr hoch; sie betrugen zwischen 20 und 40 Prozent im Jahr! Stellen Sie sich vor, Sie würden von einem Lombarden 1.000 Euro leihen. Wie viel Geld müssten Sie am Ende des Jahres zurückzahlen? Der Verkauf von Geld kann sehr rentabel° sein.

Die Lombarden, auch Kawertschen genannt, kreierten ein Monopol für das Kreditgeschäft und bekamen das Privileg, Banken zu eröffnen; dies taten sie u.a. in Luzern, Zürich, Bern und Basel. Das „Haus der Kawerschen“, die Bank der Lombarden im Zentrum von Luzern, wird demnach schon Ende des Mittelalters urkundlich erwähnt°. Auch in Zürich gab es einen „Turm der Kawertschen“. Und dort erscheint 1409 zum ersten Mal das Wort „Bank“. Schon im frühen 15. Jahrhundert war Zürich also eine Bankenstadt!

Im 17. Jahrhundert hatten die schweizerischen Banken so viel Geld angesammelt, dass sie sich in Europa nach Kreditnehmern umsahen. Unter ihren ersten ausländischen Kunden waren französische Könige, die Kredite aufnehmen wollten ohne befürchten° zu müssen, dass ihre Untertanen° davon wussten. Das konnten sie in der Schweiz, denn das Bankgeheimnis bestand schon damals.

Heute zählt das Schweizer Bankwesen mit seinem ausgezeichneten Ruf° zu den bedeutendsten der Welt. Auch ist der Schweizer Franken eine äußerst stabile Währung. Der Grund für diese beiden Tatsachen liegt wohl in der Neutralität und wirtschaftlichen Stabilität des Landes. Obwohl im Jahre 2009 nur ungefähr 4% der Schweizer in Banken arbeiteten, bezeichnet man diesen Sektor als eine tragende Säule der Wirschaft. Es gibt zwei Großbanken im Lande, *UBS* und *Credit Suisse*, die zusammen noch Tausende Mitarbeiter in der ganzen Welt beschäftigen. Ende 2008 wurden noch 327 weitere Bankinstitute gezählt, einschließlich Filialen° von ausländischen Instituten in der Schweiz. So gibt es seit 2006 u.a. die *Faisal Private Bank* in Genf, die bei ihren Transaktionen die Richtlinien der islamischen Religion berücksichtigt.

Die Schweizer von heute haben also den schlauen° Lombarden aus alten Zeiten viel zu verdanken°! ■

reach back · *canonical ban on lending money for interest* · *profiteering* · *steadily* · *superiority* · *leading* · *most common* · *profitable* · *mentioned* · *fear* · *subjects* · *reputation* · *branches* · *clever* · *to be indebted to*

Schweizer Exportgüter

Seit 2008 ist Kaffee der Exportschlager Nr. 1 der Schweiz: Nespresso-Kapseln im Wert von rund einer Milliarde Franken wurden exportiert. 95% der „*Swiss made*“ Uhren werden ins Ausland verkauft und 53% der im Lande produzierten Schokolade. Der Konzern° Victorinox (1884 von Karl Elsener gegründet) ist Hersteller der Schweizer Taschenmesser und erwirtschaftete° 2008 einen Umsatz° von 485 Millionen Schweizer Franken.

Konzern *group* **erwirtschaftete** *generated* **Umsatz** *sales*

Analyse

1

Alles klar? Entscheiden Sie, welche Aussagen **richtig** oder **falsch** sind und korrigieren Sie dann die falschen Aussagen zu zweit.

Richtig	Falsch	
☐	☐	1. Im 13. und 14. Jahrhundert konnten nur die Lombarden und Kawertschen Geld verleihen.
☐	☐	2. Damals war die häufigste Geldtransaktion der Austausch von Bargeld.
☐	☐	3. Die Zinssätze im Mittelalter waren viel niedriger als heute.
☐	☐	4. Das deutsche Wort „Bank" ist mit dem italienischen Wort „*banca*" verwandt.
☐	☐	5. Über die Hälfte aller Arbeitsplätze der Schweiz befinden sich im Bankwesen.
☐	☐	6. In der Schweiz gibt es über 300 Bankinstitute.

2

Arbeitsplatz Schweiz Besprechen Sie in Gruppen die folgenden Fragen.

1. Würden Sie gern in der Schweiz arbeiten? Warum, warum nicht?
2. Welche Schwierigkeiten müssten Sie überwinden, um in der Schweiz arbeiten zu können?
3. Welche Industriezweige der Schweiz sind Ihrer Meinung nach am wichtigsten für den globalen Markt?
4. Welche Schweizer Produkte kennen Sie? Machen Sie eine Liste. Welche dieser Produkte konsumieren oder gebrauchen Sie?
5. Welche dieser Produkte werden auch in der Zukunft noch populär sein, welche vielleicht weniger? Warum?

3

Debatte

A. Bilden Sie Gruppen und finden Sie Argumente für und gegen diese beiden Aussagen.

Das Schweizer Bankgeheimnis schützt gegen ungerechte Beschlagnahme (*confiscation*) privaten Vermögens.

Die Tatsache, dass nur reiche und einflussreiche Kunden ein Konto in der Schweiz eröffnen können, fördert Ungerechtigkeit und Ungleichheit in der globalen Gesellschaft.

B. Nach der Debatte soll die Klasse entscheiden, welchem Argument sie zustimmt. Hat jemand aus der Klasse seine/ihre Meinung auf Grund der Debatte geändert? Besprechen Sie alle gemeinsam Ihre Stellungnahmen.

KULTURANMERKUNG

Das Schweizer Bankgeheimnis...

...hat seit Jahrhunderten einen festen Platz in der Schweizer Verfassung. Ein Nummernkonto, das man nur auf Empfehlung° eröffnen kann, ist das sicherste von allen. In der Schweiz muss man sein Einkommen oder Vermögen nicht melden°. Bankiers dürfen über ihre Kunden ohne deren Einwilligung keine Auskünfte geben, weder bei Scheidungen noch bei Erbschaften oder Steuerhinterziehungen°. Falls sie es dennoch tun, müssen sie mit einer Gefängnisstrafe° rechnen. Die einzige Ausnahme: Wenn der Bankier weiß, dass man das Geld durch Waffenschmuggel oder Drogenhandel erworben° hat, dann muss er es melden.

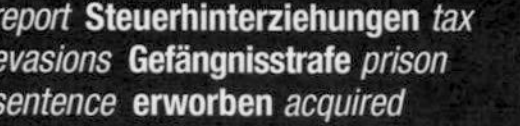

Empfehlung *recommendation* **melden** *report* **Steuerhinterziehungen** *tax evasions* **Gefängnisstrafe** *prison sentence* **erworben** *acquired*

Practice more at **vhlcentral.com.**

Vorbereitung

Über die Schriftstellerin

Christa Reinig (1926–2008) arbeitete nach dem Krieg in Ostberlin bei der satirischen Zeitschrift *Eulenspiegel*, bekam aber wegen ihrer antiautoritären Haltung 1951 Publikationsverbot in der DDR. Sie kehrte nach der Vergabe des Bremer Literaturpreises 1964 nicht in die DDR zurück, sondern lebte anschließend in München. Sie hat Gedichte, Prosa und Hörspiele geschrieben.

Wortschatz der Kurzgeschichte

austreten *(here) to use the bathroom*
durchkreuzen *to thwart; to frustrate*
eine berufliche Laufbahn einschlagen *to choose a career path*
fälschen *to falsify*
Spießruten laufen *to run the gauntlet*
vermengen *to mix (up)*
verschreiben *(here) to prescribe*

Nützlicher Wortschatz

einen Beruf ausüben *to practice a profession*
die Einstellung, -en *attitude; opinion*
krass *stark; extreme*
(sich) verkleiden *to disguise*
der Wahrsager, -/die Wahrsagerin, -nen *fortune-teller*
der Zug, -¨e *(here) character trait*

1 **Definitionen** Ordnen Sie die Wörter der linken Spalte den Definitionen in der rechten Spalte zu.

_____ 1. einen Beruf ausüben	a. sich für einen Beruf entscheiden
_____ 2. die Einstellung	b. eine Karriere haben
_____ 3. austreten	c. extrem
_____ 4. krass	d. das Orakel
_____ 5. eine berufliche Laufbahn einschlagen	e. die Meinung; die Haltung
_____ 6. der Wahrsager	f. zur Toilette gehen

2 **Vorbereitung** Vervollständigen Sie den Text mit den passenden Wörtern oder Ausdrücken aus der Liste.

Kennen Sie den Film *Big*? Da gibt es einen Wahrsagerautomaten, der Wünsche erfüllt. Der Hauptdarsteller wird groß, behält aber seine kindlichen (1) _________. Als Erwachsener muss er seine Papiere (2) _________ und sich als Geschäftsmann (3) _________. In seinem „Beruf" (4) _________ er Arbeit mit Spiel und (5) _________ auch seinen Mitarbeitern, wie Kinder zu denken und zu handeln. Nur die Sehnsucht nach seiner Mutter (6) _________ seine beginnende Karriere und er wird wieder zum Kind, bevor er beruflich Schiffbruch (*shipwreck*) erleidet (*fails*).

3 **Gespräch** Stellen Sie einander die folgenden Fragen.

1. Was wolltest du werden, als du ein Kind warst? Willst du diese Laufbahn immer noch einschlagen? Warum, warum nicht?
2. Hast du dir schon mal deine Zukunft vorhersagen lassen, im Ernst oder zum Spaß? Oder liest du Horoskope? Warum, warum nicht?

KULTURANMERKUNG

hochschulstart.de

In Deutschland bewerben sich die meisten Studenten für ihren Studiengang direkt an der Universität oder Fachhochschule, an der sie studieren möchten. Für einige wenige Studienrichtungen läuft die Bewerbung aber über *hochschulstart.de*, eine zentrale Einrichtung° zur Vergabe° von Studienplätzen. Da die Fülle° der Bewerbungen in den Fächern° Medizin, Tiermedizin, Zahnmedizin und Pharmazie die Anzahl der verfügbaren° Plätze weit übersteigt, entscheidet *hochschulstart.de* bei diesen Fächern über die Zulassung° zum Studium. Für diese Studiengänge ist es daher besonders wichtig, einen guten Notendurchschnitt° im Abitur oder Fachabitur zu haben, damit man nicht zu lange auf seinen Studienplatz warten muss.

Einrichtung *institution* **Vergabe** *allocation* **Fülle** *abundance* **Fächern** *fields* **verfügbaren** *available* **Zulassung** *admittance* **Notendurchschnitt** *grade point average*

Berufsberatung

Christa Reinig

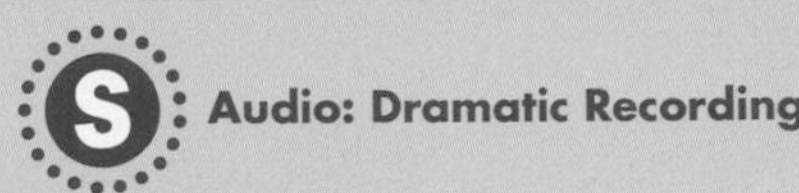

Ich war noch ein Kind, „redete wie ein Kind, war klug wie ein Kind und hatte kindliche Anschläge°“. Aber für den Staat war ich ein Schulabgänger und würde nächstes Jahr ins Leben hinaustreten°, in den Staat hinein. Wir standen in Schlangen vor den weißen Türen, Knaben und Mädchen getrennt. Wir lasen die Zettel, die man uns am Eingang in die Hand gedrückt hatte:

traits · *step out*

> „In der Testkabine hat absolute Ruhe zu herrschen. Konzentrieren Sie sich. Wenn Sie die Frage nicht verstanden haben, drücken Sie auf den blauen Knopf°. Sie haben eine Minute Zeit, Ihre Antwort zu formulieren. Wenn es klingelt, stehen Sie auf und verlassen den Raum.“

button

Daß ich mich plötzlich mit „Sie“ angeredet fand, war mir kein Trost°. Es vergrößerte meine Schrecken. Als ich Ihm endlich gegenüberstand, allein in einem summenden Raum, schlotterte° ich und drückte auf den roten Knopf. Auf den roten Knopf an der linken Seite. Aber ich bekam es gar nicht mit, daß ich mich als Linkshänder entlarvt° hatte. Ich konnte mich nicht richtig hinsetzen. Mein Kinderpo flatterte° auf dem Schemel°. Ich mußte austreten. Eine Sekunde später hatte ich es vergessen.

consolation · *trembled* · *exposed* · *wobbled/stool*

Der Computer sprach mit gutturaler Elektronenstimme:

> Genossin° Reinig! Erinnerst du dich daran, wann du zum erstenmal bewußt das Wort „Arbeit“ vernommen hast und welche Emotionen es in dir ausgelöst hat?

Comrade

Reinig: Ich vernahm das Wort zum erstenmal bewußt in der Verbindung „Arbeits-los“, und es hat in mir angenehme Emotionen ausgelöst.

Computer: Weißt du Erinnerungsbilder?

Reinig: Es war im Humboldt-Hain°. Da saßen die Männer dicht an dicht auf Bänken, Klappstühlen oder auf Raseneinfassungen. Vor sich auf den Knien hatten sie Zigarrenkisten und Schuhkartons voller Zigarettenbildchen. Sie besuchten einander und tauschten die Bildchen hin und her. 1 Greta Garbo gegen 1 Emil Jannings, 1 französisches Kampfflugzeug gegen 1 Focke-Wulf°, 1 chinesischen Mandarin gegen 1 Huronenkrieger im Festgewand. Der ganze Humboldt-Hain war ein einziger wimmelnder Markt dieser bildchentauschenden Männer. Später hieß es dann, die Schreckenszeit der Arbeitslosigkeit sei vorüber, wir können alle wieder froh in die Zukunft blicken. Ich dachte bei mir, diese Erwachsenen sind doch Spinner, und nahm mir insgeheim vor, einmal arbeitslos zu werden.

park in Berlin · *WWII bomber*

Computer: Von was für Gefühlen wirst du beherrscht, wenn dich frühmorgens das Klingeln des Weckers aus dem Schlaf reißt?

Reinig: Ich empfinde großes Herzeleid°.

sorrow

Computer: Empfindest du dann im Laufe des Tages noch mehrfach großes Herzeleid?

Reinig: Nein, wenn ich es geschafft habe, mich aus dem Bett zu bringen, habe ich das Schlimmste des Tages hinter mir.

Computer: Was ist deine Lieblingsbeschäftigung?

Reinig: Lesen.

Computer: Was ist deine Lieblingslektüre?

Reinig: Karl May, John Kling, Billy Jenkins, Rolf Torring, Jörn Farrow, Tom Mix.

Computer: Welches ist dein Lieblingsbuch?

Reinig: Olaf K. Abelsen, „An den Feuern der Ewigkeit“. Ich habe es schon ein dutzendmal gelesen und kann es auswendig° erzählen.

by heart

Computer: Gib eine kurze Zusammenfassung des Inhaltes.

Reinig: Also, die Reisegesellschaft: wird von Gangstern verfolgt, warum, weiß man nicht, weil es eine Fortsetzungserzählung ist. Die Gangster sprengen° die Insel in die Luft. Dadurch gerät die Reisegesellschaft unter die Erde in eine düstere vulkanische Landschaft, die durch ein fernes Feuer schwach erhellt° wird. Es finden sich dort auch Tiere vor, Krokodile, Fledermäuse°. Diese Tiere sind blind, ihre Augen sind verkümmert°, weil sie schon so lange in der Finsternis° leben. Dann entdeckt die Reisegesellschaft die Überreste einer alten Mayakultur. Gerade als sie dabei sind, die Schätze zu heben, werden sie von Giftpfeilen beschossen. Es sind aber keine Indianer, sondern die Gangster, die sie verfolgen. Dann verändert sich das Feuer der Ewigkeit, und es gibt einen Vulkanausbruch. Die Reisegesellschaft wird aus der Tiefe empor und ins Meer geschleudert. Dort findet sie sich mit den Wogen kämpfend wieder zusammen. Damit schließt es. Der Fortsetzungsband fehlt mir, aber ich glaube, sie werden gerettet°.

blow up / illuminated / bats / atrophied/darkness / saved

Computer: Hast du einmal versucht, ein klassisches Werk von Goethe oder Schiller zu lesen?

Reinig: Ja, ich habe einmal versucht, ein Seefahrerdrama von Goethe oder Schiller zu lesen.

Das vertraute Summen° setzte aus. Plötzlich war es ganz still. Dann begann ein leises, rauhes Hüsteln°, das nicht mehr aufhörte. Eigentlich war es bis hierher ganz gemütlich gewesen. Aber nun überfiel mich die Erkenntnis, daß ich keiner mitfühlenden Seele mein Herzensfutter° aufgeschlitzt hatte, sondern einer Maschine, die mindestens viele Millionen Dollarrubel gekostet hatte. Und ich hatte sie kaputt gemacht. Schlimmer! Gleich würde sie explodieren und mich in Stücke reißen. Um so besser. Dann brauchte ich sie wenigstens nicht zu bezahlen. Wie viele Jahre man so etwas abarbeiten muß? Ich bereitete mich lieber auf den Tod vor. Dann kam wieder das Summen. Vaterunser - Gott sei dank.

hum / harsh cough / innermost feelings

Computer: Hast du einmal versucht, ein klassisches Werk von Goethe oder Schiller zu lesen?

Reinig: Torquato Tasso.

Je verrückter diese exotischen Namen sind, desto besser kann man sie sich merken. Schimborassotschomolungmakilimandscharo! Warum fragt er mich nicht so was?

Computer: Schildere die künstlerischen Eindrücke, die du empfangen hast.

Reinig: Das Buch geriet auf irgendeine Weise zwischen unsere Wohnklamotten. Es fuhr darin herum und tauchte bald hier, bald da auf. Schließlich erbarmte ich mich. Ich lese als erstes immer die letzte Seite. Es war die Rede von einem Schiffsuntergang. Der Held°, mit den Wogen° kämpfend, wollte sich an einem Felsen festhalten°. Dann fehlte auch wieder die Fortsetzung. Möglicherweise ist er nicht gerettet worden, denn wenn der Schiffbrüchige° an die Felsen gerät, ist er erledigt. Er wird einfach zerschmettert°. Ich las dann noch den Anfang. Es handelte von irgendwelchen Leuten, die im Museum herumliefen und Figuren betrachteten. Da war ich schnell satt, und wie es zu dem Schiffbruch kam, habe ich dann nicht mehr erfahren.

hero/waves / hold / shipwrecked person / crushed

Computer: Deine guten Leistungen in der Schule stehen im Widerspruch zu deiner unvernünftigen° Lektüre. Wie erklärst du dir diesen Widerspruch?

unreasonable

Reinig: Meine Mutti schenkte mir zu Weihnachten ein Realienbuch für die Mittelschule. Da ich aber die Volksschule besuche, war es ein ganz und gar unnützes Buch. Es stimmte überhaupt nicht mit unserem Lehrplan überein, und ich habe es nie gebraucht. Und darum hab ich es dann doch gelesen.

Computer: Hast du besondere Berufswünsche?

Reinig: Ursprünglich wollte ich in den Trojanischen Krieg ziehen. Aber dann erfuhr ich, daß er schon zu Ende war, und die Leute meinten, Krieg würde es nie mehr geben. Da bin ich dann in die Odyssee umgestiegen. Ich vermengte die Bildungsinformationen und bereitete mich seelisch darauf vor, Amerika zu entdecken. Mit der Zeit wurde ich heller und überlegte mir, daß es Dinge gibt, die nicht geschehen können, weil sie schon geschehen sind. Ich konzentrierte mich auf die Antarktis, ob da vielleicht etwas für mich auftauchen° würde. Wo ich doch die Beste im Rodeln° bin. In den Reisebeschreibungen stand zu lesen, die moderne Seefahrt bestünde nur noch im Rostabklopfen° und Mennigestreichen°. So geriet ich in eine Existenzkrise, die sich noch verstärkte, weil ich mir langsam klarmachen mußte, daß ich doch ein Mädchen sei, und damit waren alle meine bisherigen° Berufswünsche sowieso durchkreuzt. Zum Glück bekam ich wenig später eine Brille verschrieben. Damit waren alle meine Probleme gelöst, einschließlich der Sexualprobleme. Denn die Jungens ließen mich förmlich Spießruten laufen und krähten° in sadistischem Vergnügen: „Mein Letzter Wille, eene mit ner Brille." Wo ich auftauchte, ging es los. Dann aber kam der Winter, und die Jungens deckten alle Mädchen wie gewöhnlich mit Schneebällen ein. Nur ich blieb ungeschoren°. Wo ich erschien, warnten sie einander: „Vorsicht, die nicht, die hat 'ne Brille!" Da faßte ich neuen Lebensmut und beschloß Professorin zu werden und Mayapyramiden auszugraben. Und dabei bin ich eigentlich bis heute verblieben...

arise · *sledding* · *brushing down of rust* · *painting with red lead paint* · *previous* · *crowed* · *unscathed*

Computer: Du wirst Schriftstellerin. - Du kannst innerhalb von zwei Minuten Einspruch° anmelden und drückst zu diesem Zwecke auf den grünen Knopf.

objection

Ich drückte innerhalb von zwei Sekunden auf den Knopf.

Computer: Gegenvorschlag°?

Counter-proposal

Reinig: Ach bitte, darf ich nicht wenigstens Politikerin werden? Ich könnte mich bis zur Reichskanzlerin emporarbeiten und die Erste Dienerin meines Volkes werden. Reden hab ich immer gut gekonnt.

Computer: Faulheit° in Verbindung mit Ehrgeiz° läßt beide Möglichkeiten zu. Man kann damit ebensogut eine politische Karriere begründen wie auch eine literarische Laufbahn einschlagen. In deinem Fall kommt allein der zweite Weg in Frage, denn deine Intelligenz reicht nicht aus für die Politik.

laziness/ambition

Und dann erschien es mir, als hörte ich plötzlich eine Menschenstimme, liebevoll, besorgt, persönlich. Aber das kann nicht wahr sein. Es war und blieb eine Maschine. Es ist wohl nur die dankbare Erinnerung, die hier etwas gefälscht hat.

Computer: Und übrigens bin ich für dein weiteres Wohlergehen° verantwortlich. Wenn dir etwas Unangenehmes zustieße, würde man mir Vorwürfe° machen und behaupten, ich sei falsch programmiert. - Einspruch abgelehnt.

well-being · *allegations*

Dreißig Jahre später hatte ich eine neuerliche Begegnung mit einem Computer. Ich trat in den Testraum, drückte mit wurstiger° Gelassenheit auf den roten Knopf an der rechten Seite und setzte mich hin.

couldn't-care-less

Computer: Genossin Reinig, warum schreiben Sie?

Reinig: Ich schreibe, weil es mir der Genosse Computer verordnet hat.

Es klingelte, und ich verließ den Raum. ■

Analyse

1 **Verständnis** Verbinden Sie die Satzteile logisch.

_____ 1. In einer Testkabine muss man

_____ 2. Das Wort „Arbeits-los“ löste bei Reinig

_____ 3. Als das vertraute Summen aussetzte,

_____ 4. Von einem Buch las Reinig

_____ 5. Weil sie als Mädchen eine Brille trug,

a. angenehme Emotionen aus.

b. immer zuerst den Schluss.

c. ließen die Jungen sie in Ruhe.

d. sich konzentrieren.

e. dachte Reinig, sie hätte den Computer kaputt gemacht.

2 **Interpretation** Markieren Sie die jeweils richtige Aussage.

1. a. Reinig war anfangs ganz fürchterlich nervös, als sie allein in der summenden Kabine war.
   b. Die gutturale Computerstimme tröstete Reinig.
2. a. Im Humboldt-Hain tauschten die Kinder ihre Sammelbilder aus.
   b. Arbeitslose Männer verbringen ihre Zeit mit dem Austauschen (*exchange*) von Zigarettenbildern.
3. a. Die schlimmste Zeit des Tages ist, wenn der Wecker klingelt.
   b. Reinig empfindet den ganzen Tag lang großes Herzeleid.
4. a. Reinig hat einmal versucht, ein Werk von Goethe zu lesen.
   b. Torquato Tasso ist ein Seefahrerroman.
5. a. Weil Reinig so intelligent ist, hat der Genosse Computer ihr verordnet, Schriftstellerin zu werden.
   b. Um Politikerin werden zu können, müsste Reinig viel intelligenter sein.

3 **Die Figuren** Welche Aussage passt zu wem? Besprechen Sie Ihre Antworten zu zweit.

Reinig	Der Computer	
☐	☐	1. ist klug.
☐	☐	2. hat eine künstliche Stimme.
☐	☐	3. wird plötzlich gesiezt.
☐	☐	4. hat witzige Gedanken.
☐	☐	5. räuspert sich plötzlich .
☐	☐	6. hat kein Mitgefühl.
☐	☐	7. gerät in eine Existenzkrise.
☐	☐	8. hat menschliche Züge.

4 **Fragen zur Geschichte** Beantworten Sie die folgenden Fragen zu zweit.

1. Wann und warum änderten sich Reinigs Berufswünsche?
2. Warum meint der Computer, dass Reinigs Lektüre unvernünftig ist?
3. Warum nimmt der Computer Reinigs Gegenvorschlag nicht an? Glauben Sie, dass er überhaupt Gegenvorschläge annehmen kann?
4. Was meinen Sie, ist der Computer überhaupt ein Computer oder ist er ein verkleideter Mensch, der mit verstellter Stimme spricht?

5 **Berufsberatung** Improvisieren Sie zu zweit einen Dialog zwischen dem Computer und einem/einer anderen Studenten(in), der/die ganz anders ist als Reinig. Welchen Beruf empfiehlt der Computer dem/der Studenten(in)? Stimmt er/sie der Empfehlung zu?

6 **Meinungen** Besprechen Sie in Gruppen Ihre Einstellungen zu den folgenden Fragen.

- Kann eine Berufsberatung durch einen Computer kompetent und effektiv sein? Warum, warum nicht? Was wären mögliche Vor- und Nachteile einer solchen anonymen Beratung? Würden Sie so einen Test machen wollen?

- Haben Sie schon einmal einen Test auf dem Computer gemacht? Was waren Ihre Erfahrungen dabei?
- Können Sie sich mit Reinig zu irgendeinem Zeitpunkt der Geschichte identifizieren? Warum, warum nicht?
- Der Computer in der Geschichte scheint zu sagen, dass Reinig Schriftstellerin werden soll, weil sie gerne liest. Glauben Sie auch, dass viel lesen einen dazu prädestiniert, Schriftsteller zu werden? Warum?
- Reinig wollte als Kind einen „Männerberuf" ausüben. Was denken Sie darüber? Gibt es heutzutage noch so krasse Unterschiede in den Berufen, dass sie entweder nur von Frauen oder nur von Männern ausgeübt werden können?
- Weil sie eine Brille trägt, hat Reinig mit ihren Mitschülern schlechte Erfahrungen gemacht. Haben Sie ähnliche Erinnerungen an Ihre Schulzeit? Waren Sie einmal Zielscheibe (*target*) von Spott (*ridicule*) oder haben sich über jemanden lustig gemacht?

7 **Zum Thema** Schreiben Sie einen Aufsatz von ungefähr 100 Wörtern über eines der folgenden Themen.

- Haben Sie schon einmal eine Entscheidung treffen müssen, die Ihre Zukunft nachhaltig beeinflusst hat? Oder hat jemand anders für Sie so eine Entscheidung getroffen? Beschreiben Sie, was passiert ist. Bedauern Sie (*Do you regret*) Ihre Entscheidung oder ist alles gut geworden?
- Für welchen Beruf werden Sie sich nach Ihrem Studium entscheiden und warum? Welche Faktoren beeinflussen Ihre Entscheidung?

KULTURANMERKUNG

Berufswahl in der DDR

Den Jugendlichen in der DDR war nicht unbedingt freie Berufswahl gewährt, obwohl die Verfassung sie garantierte. Da die gesamte Wirtschaft staatlich gesteuert war, sollten die Schulen die Schulabgänger(innen) zu bestimmten Arbeitsplätzen hinführen, für die die Betriebe gerade Arbeitskräfte brauchten. Ob man seinen Traumberuf ausüben konnte oder nicht, hing auch noch von der politischen Zuverlässigkeit°, der sozialen Herkunft°, dem gesundheitlichen Zustand, guten Noten in vielen Fächern und dem eingeschätzten° Leistungswillen der Bewerber(innen) für die Kollektivwirtschaft ab.

Zuverlässigkeit *dependability*
Herkunft *origin*
eingeschätzten *estimated*

 Practice more at **vhlcentral.com.**

Anwendung

Vorbereitung: Verallgemeinerungen und Mangel an Kontinuität

Verallgemeinerungen (*Generalizations*) und Mangel (*lack*) an Kontinuität sind zwei verbreitete Probleme in Aufsätzen. Verallgemeinerungen lassen mögliche Ausnahmen außer Acht, die dem Leser bewusst sein können; fehlende logische Verbindungen zwischen den einzelnen Absätzen des Aufsatzes bedeuten Mangel an Kontinuität. Um diese Probleme zu vermeiden, sollten Sie beim Lesen jedes Satzes und Absatzes die folgenden Fragen berücksichtigen:

- **Ist das, was ich geschrieben habe, unter allen Umständen so richtig?** Wenn Ihnen Ausnahmen einfallen, sollten Sie sie berücksichtigen, um keine falschen Verallgemeinerungen aufzustellen.
- **Ist jeder Satz und jeder Absatz logisch mit dem vorherigen verbunden?** Wenn die Übergänge nicht schlüssig sind, sollten Sie Ihre Ideen logischer an- oder umordnen, um dadurch einen Mangel an Kontinuität zu vermeiden.

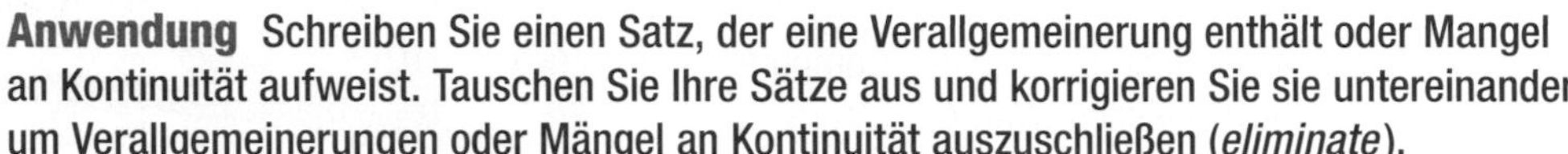

Anwendung **Schreiben Sie einen Satz, der eine Verallgemeinerung enthält oder Mangel an Kontinuität aufweist. Tauschen Sie Ihre Sätze aus und korrigieren Sie sie untereinander, um Verallgemeinerungen oder Mängel an Kontinuität auszuschließen (*eliminate*).**

Beispiele

Verallgemeinerung: Eine Arbeit zu verrichten, die einem keinen Spaß macht, ist Zeitverschwendung (*waste of time*).

Korrektur: Es gibt viele Gründe, warum jemand beschließt, seine Stelle zu behalten, auch wenn die Arbeit keinen Spaß macht. Im Allgemeinen aber sind die Leute glücklicher, denen ihre Arbeit gefällt, als die, die einen Beruf ausüben, den sie eigentlich hassen.

Mangel an Kontinuität: Ich hatte auf eine Beförderung gehofft. Am Ende beschloss ich, meine Stelle zu kündigen.

Korrektur: Ich hatte auf eine Beförderung gehofft. Da ich aber am Ende des Jahres keinen Bonus bekam, beschloss ich, meine Stelle zu kündigen.

Aufsatz Wählen Sie eines der folgenden Themen und schreiben Sie darüber einen Aufsatz.

Voraussetzungen

1. Ihr Aufsatz soll sich inhaltlich mindestens auf einen der vier Teile dieser Lektion (**Kurzfilm**, **Stellen Sie sich vor**, **Kultur** und/oder **Literatur**) beziehen.
2. Sie müssen mindestens zwei verschiedene Arten von Argumenten und Beispielen aus diesen vier Teilen in Ihrem Aufsatz verarbeiten.
3. Sie müssen Ihre persönliche Einstellung klar und deutlich darstellen.

1. Welche Verantwortlichkeiten (*responsibilities*) hat ein Betrieb seinen Angestellten gegenüber?

2. Ist es besser, schon früh im Leben eine Berufswahl zu treffen oder sollte man für verschiedene Möglichkeiten offen bleiben?

3. Stimmen Sie folgender Aussage zu: "Bei Geld hört alle Freundschaft auf"? Warum, warum nicht?

Arbeit und Finanzen

Die Arbeitsplatzsuche

das Amt, -¨er *position; office*
das Arbeitsamt, -¨er *employment agency*
die Ausbildung, -en *training; education*
der Beruf, -e *job*
die (Berufs)erfahrung, -en *(professional) experience*
die Beschäftigung, -en *occupation*
das Gewerbe, - *trade; business*
das Vorstellungsgespräch, -e *job interview*
der Personalmanager, -/ die Personalmanagerin, -nen *personnel manager*
die Karriere, -n *career*
der Lebenslauf, -¨e *résumé*
der Praktikant, -en/die Praktikantin, -nen *intern; trainee*
die Qualifikation, -en *qualification(s)*
die Stelle, -n *position*

beschäftigen/einstellen *to employ*
sich (bei j-m) um etwas bewerben *to apply (somewhere) for a job*

Die Leute am Arbeitsplatz

der/die Angestellte, -n *employee*
der Berater, -/die Beraterin, -nen *consultant*
der (Bilanz)buchhalter, -/die (Bilanz) buchhalterin, -nen *accountant*
der Chef, -s/die Chefin, -nen *boss*
der Geschäftsführer, -/ die Geschäftsführerin, -nen *executive; manager*
der Inhaber, -/die Inhaberin, -nen *owner*
der Kollege, -n/die Kollegin, -nen *colleague*
der Sekretär, -e/die Sekretärin, -nen *secretary*

Auf der Arbeit

die Arbeitszeit, -en *work hours*
die Beförderung, -en *promotion*
die Ganztagsarbeit/die Ganztagstelle, -n *full-time job*
die Gewerkschaft, -en *labor union*
der (Mindest)lohn, -¨e *(minimum) wage*
der Streik, -s *strike*
die Teilzeitarbeit/die Teilzeitstelle, -n *part-time job*
der Urlaubstag, -e *day off*

entlassen *to lay off*
feuern *to fire*
in Rente gehen *to retire*
kündigen *to quit*
leiten *to manage*
Überstunden machen *to work overtime*
verdienen *to earn*

Die Finanzen

die Börse, -n *stock exchange*
das Darlehen, - *loan*
die Ersparnis, -se *savings*
der Immobilienmarkt, -¨e *real estate market*
der Konjunkturrückgang, -¨e *recession*
der Konkurs, -e *bankruptcy*
der (Zins)satz, -¨e *(interest) rate*
die Schulden (*pl.*) *debt*
die Steuer, -n *tax*
die Währung, -en *currency*
die Wirtschaftskrise, -n *economic crisis*
die Zahl, -en *figure; number*

anlegen (in + Dat.) *to invest (in)*
eine Hypothek aufnehmen *to take out a mortgage*
(etwas/j-n) ausnutzen *to take advantage of (something/someone)*
Schulden haben *to be in debt*
(Geld) leihen *to borrow (money)*
sparen *to save*

erfolgreich *successful*
finanziell *financial*
kurzfristig *short-term*
langfristig *long-term*

Kurzfilm

der Arbeitskampf, -¨e *labor dispute*
der Aufschwung, -¨e *boom; recovery*
der Betrug *fraud; scam*
das Entgegenkommen, - *courtesy; concession*
die Erpressung, -en *blackmail*
die Falle, -n *trap*
das Konto, Konten *account*
die Lohnfortzahlung, -en *wage continuation*
die Spielregeln (*pl.*) *rules (of the game)*
die Vermutung, -en *guess; speculation*
die Vorruhestandsregelung, -en *early retirement plan*
die Wirtschaftskorruption *corporate corruption*

abschieben *(here) to consign*
austricksen *to outsmart/to fool someone*
betrügen *to cheat*

verlockend *tempting, enticing*

Kultur

die Buchhaltung *accounting*
das Gut, -¨er *wares, goods*
der Kreditnehmer, - *borrower*
die Säule, -n *pillar*
die Stellungnahme, -n *comment; position*
das Verbot, -e *prohibition, ban*
das Vermögen, - *asset*
die Verpfändung, -en *pledge (of goods)*
die Wechselstube, -n *money exchange office*

belegen *(here) to reserve*
betragen *(here) to amount to*
sich selbstständig machen *to set up/ to start one's own business*

Literatur

die Einstellung, -en *attitude; opinion*
der Wahrsager, -/die Wahrsagerin, -nen *fortune-teller*
der Zug, -¨e *(here) character trait*

austreten *(here) to use the bathroom*
einen Beruf ausüben *to practice a profession*
durchkreuzen *to thwart; to frustrate*
eine berufliche Laufbahn einschlagen *to choose a career path*
fälschen *to falsify*
Spießruten laufen *to run the gauntlet*
(sich) verkleiden *to disguise*
vermengen *to mix (up)*
verschreiben *(here) to prescribe*

krass *stark; extreme*

LEKTION 10

Geschichte und Gesellschaft

Ein Staat ist immer untrennbar (*inextricably*) mit seiner Geschichte verbunden. Aber wie gehen seine Einwohner am besten mit dieser Geschichte um? Sollen wir uns mit vergangenen Fehlern beschäftigen? Oder lieber konsequent nach vorne schauen? Ja, wie wichtig ist die Geschichte? Die amerikanische Geschichte ist zuletzt eine Geschichte der Einwanderung. Aber wie sieht das heute aus: Haben wir keinen Platz mehr für die Müden, Armen, vom Sturme Getriebenen? Was gewinnt ein Land, wenn Einwanderer kommen?

346 **KURZFILM**

Jochen Alexander Freydanks Film *Spielzeugland* thematisiert die Judenverfolgung (*persecution of the Jews*) im Dritten Reich. Er zeigt, wie Menschen sich gegen die Hitlerdiktatur gewehrt haben.

352 **STELLEN SIE SICH VOR**

Noch heute ist es höchst lebenswert, in **Hellerau** zu wohnen, einem Stadtteil **Dresdens** mit sich windenden (*meandering*) Straßen und schöner Architektur. Die Siedlung fing als revolutionäre, sozialreformerische Idee an – als Gartenstadt.

367 **KULTUR**

Wiedervereinigung beschreibt die Geschichte **Brandenburgs** und **Sachsens** vor der Wende. Die Stadt **Leipzig** war der Ausgangspunkt der Montagsdemonstrationen, in denen die DDR-Bürger ihren Unmut (*discontent*) mit der SED-Regierung ausdrückten.

371 **LITERATUR**

In dem Gedicht *An die Nachgeborenen* beschreibt **Bertolt Brecht** seine Gefühle während des Exils und hofft, dass die folgenden Generationen verstehen, was er erreichen wollte.

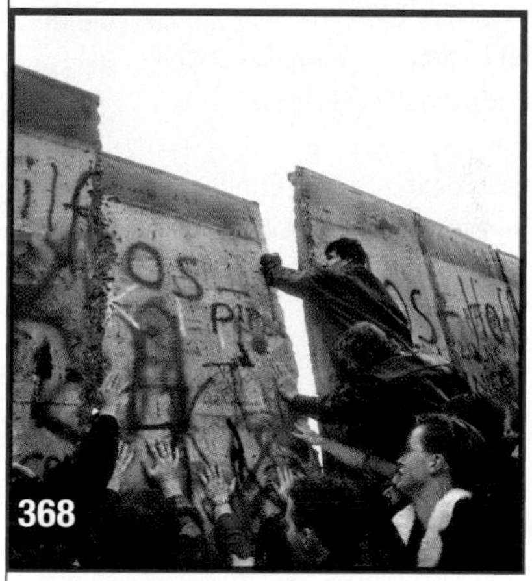

344 **ZU BEGINN**

354 **STRUKTUREN**

- 10.1 **Das Plusquamperfekt**
- 10.2 **Uses of the infinitive**
- 10.3 **Der Konjunktiv I and indirect speech**

378 **SCHREIBWERKSTATT**

379 **WORTSCHATZ**

Geschichte und nationales Selbstverständnis

Audio: Vocabulary Flashcards

Politik

der Demokrat, -en/die Demokratin, -nen *Democrat*
die Demokratie, -n *democracy*
die Diktatur, -en *dictatorship*
der (Bundes)kanzler, -/die (Bundes) kanzlerin, -nen *(federal) chancellor*
der/die Kongressabgeordnete, -n *member of congress*
der/die Konservative, -n *Conservative*
der/die Liberale, -n *Liberal*
die (politische) Partei, -en *(political) party*
der Politiker, -/die Politikerin, -nen *politician*
der (Bundes)präsident, -en/die (Bundes) präsidentin, -nen *(federal) president*
das Regierungssystem, -e *system of government*
die (Bundes)republik, -en *(federal) republic*
der Republikaner, -/ die Republikanerin, -nen *Republican*
der Sozialdemokrat, -en/ die Sozialdemokratin, -nen *Social Democrat*
die Wahlniederlage, -n *election defeat*
der Wahlsieg, -e *election victory*

---

führen *to lead*
regieren *to govern*
wählen *to elect; to vote*
gewählt werden *to be elected*

---

demokratisch *democratic*
faschistisch *fascist*
liberal *liberal*
monarchisch *monarchic*

republikanisch *republican*

Geschichte

die Armee, -n *armed forces*
der Frieden *peace*
das Heer, -e *army*
das Jahrhundert, -e *century*
das Jahrzehnt, -e *decade*
der Kaiser, -/die Kaiserin, -nen *emperor/empress*
der König, -e/die Königin, -nen *king/queen*
das Königreich, -e *kingdom*
der (Bürger/Welt)krieg, -e *(civil/world) war*
die Niederlage, -n *defeat*
der Sieg, -e *victory*
die Sklaverei *slavery*
die Waffe, -n *weapon*
die Zivilisation, -en *civilization*

---

befreien *to liberate*
besiegen *to defeat*
einfallen in (+ Akk.) *to invade*
erobern *to conquer*
kapitulieren *to surrender*
kolonisieren *to colonize*
stürzen *to overthrow*
unterdrücken *to oppress*
vertreiben *to expel*

---

siegreich *victorious*
stark/kräftig *powerful*

---

v. Chr. (vor Christus), v. u. Z. (vor unserer Zeit(rechnung)) *B.C., B.C.E.*
n. Chr. (nach Christus) *A.D., C.E.*

Nationen und nationale Identität

die Auswanderung, -en *emigration*
die Bevölkerung, -en *population*
die Einwanderung, -en *immigration*

die (Unter)entwicklung, -en *(under)development*
die Globalisierung, -en *globalization*
die Integration, -en *integration*
die Muttersprache, -n *native language*
der Rassismus *racism*
die Staatsbürgerschaft, -en *citizenship*
die Übervölkerung, -en *overpopulation*

---

bedauern *to regret*
erscheinen *to appear*
kämpfen *to struggle*
protestieren (gegen) *to protest*

überwinden *to overcome*
verschwinden *to disappear*

---

mehrsprachig *multilingual*
multikulturell *multicultural*

Anwendung

1 **Vokabeln** **Vervollständigen Sie jeden Satz mit dem richtigen Wort.**

1. Wenn man eine Schlacht gewinnt, ist das (ein Sieg / eine Niederlage).
2. Wenn Menschen ihre Heimat verlassen und in ein neues Land ziehen, heißt es (Einwanderung / Politik).
3. Wenn etwas hier war, aber auf einmal weg ist, ist es (erschienen / verschwunden).
4. Wenn man sich wünscht, dass etwas nicht passiert wäre, (bedauert / überwindet) man das.
5. Wenn es zu viele Menschen auf der Erde gibt, nennt man das (Globalisierung / Übervölkerung).
6. Wenn Länder gegeneinander kämpfen, spricht man von (Krieg / Frieden).

2 **Sarahs Referat** **Sarah muss im Deutschkurs ein Referat (*lecture*) über die Geschichte Westdeutschlands halten. Vervollständigen Sie ihren Text.**

besiegt	demokratische	gewählt	Niederlage
Bundeskanzler	Diktatur	Jahrzehnten	Weltkrieg

„Der Zweite (1) ________ endete im Jahre 1945. Die faschistische (2) ________ unter Hitler war beendet, die Deutschen waren (3) ________ und das Land lag in Trümmern. Nach dem Krieg wurde in Westdeutschland eine (4) ________ Regierung installiert und Konrad Adenauer wurde zum ersten (5) ________ der neuen Bundesrepublik (6) ________. In den folgenden (7) ________ wurde Deutschland schnell wieder aufgebaut und die Wirtschaft erlebte einen Boom. Diese Zeit nennt man das ‚Wirtschaftswunder'. Staatsangehörige aus der Türkei, Italien und Griechenland kamen als Gastarbeiter nach Deutschland…"

3 **Alle sind Ausländer, fast überall** **Besprechen Sie zu zweit Einwanderung und Integration.**

1. Wissen Sie, wo Ihre Vorfahren herkommen? Wann sind sie in die USA eingewandert?
2. Was sollen Einwanderer tun, um sich in ihrer neuen Heimat anzupassen (*to fit in*)? Ist es wichtig, die Sprache des neuen Landes zu lernen? Warum?
3. Wie können Ausländer eine Gesellschaft bereichern (*enrich*)?
4. Die USA werden oft als „Schmelztiegel" (*melting pot*) bezeichnet. Wie haben Einwanderer die Geschichte der USA beeinflusst?

4 **Die wichtigsten Momente aller Zeiten** **In der Geschichte gab es bestimmte Tage, Epochen oder Geschehnisse (*events*), die besonders viele Nachwirkungen (*aftereffects*) auslösten. Welches Zeitalter (*age*) hat uns Ihrer Meinung nach am meisten beeinflusst? Besprechen Sie in Gruppen, welche Epoche das sein mag, und geben Sie Gründe und Beispiele an.**

Practice more at **vhlcentral.com.**

Vorbereitung

Wortschatz des Kurzfilms

der Bengel, - *rascal*
etwas erlauben *to allow something*
der Judenstern, -e *Yellow Star*
das Malheur, -s *mishap*
die Noten (*pl.*) *sheet music*
sich schwören *to vow*
das Spielzeugland *toyland*
etwas verraten *to reveal something*

Nützlicher Wortschatz

die Gestapo (Geheime Staatspolizei) *secret police in the Third Reich*
die Judenverfolgung, -en *persecution of Jews*
das Konzentrationslager, - (das KZ) *concentration camp*
die Lüge, -n *lie*
die Rettung, -en *rescue, saving*

AUSDRÜCKE

das Geheimnis für sich behalten *to keep a secret*
alles für etwas geben *to give everything for something*
einen schlechten Einfluss haben auf *to have a bad influence on*
etwas geht schief *something goes wrong*
Versteckenspielen *to play hide and seek*

1 **Was passt zusammen?** Suchen Sie für jede Vokabel die richtige Definition.

_____ 1. wo viele Juden getötet wurden
_____ 2. etwas, was nicht wahr ist
_____ 3. wenn man etwas nicht erzählt
_____ 4. wenn ein Problem entsteht
_____ 5. „Buchstaben“ für Musik
_____ 6. ein Problem
_____ 7. sich etwas versprechen

a. die Lüge
b. ein Geheimnis für sich behalten
c. die Noten
d. das Malheur
e. etwas geht schief
f. sich schwören
g. das Konzentrationslager

2 **Welche Vokabel passt?** Suchen Sie für jeden Satz die Vokabel, die logisch passt.

1. Im Dritten Reich wurden viele Juden in Deutschland wegen der von Hitler initiierten ____________ getötet.
2. Kleine Jungen werden oft auch ____________ genannt.
3. ____________ eine Person bedeutet, dass man kein positives Beispiel für jemanden ist.
4. ____________ heißt, dass man einer Person etwas erzählt, was sie vorher nicht gewusst hat.
5. Wenn man jemandem ____________, darf er oder sie das machen.
6. ____________ war eine besondere Polizeieinheit im Dritten Reich.
7. Wenn es für Menschen, die in großer Gefahr waren, eine ____________ gab, steht das in der Zeitung.

3 **Was denkst du?** Stellen Sie einander die folgenden Fragen.

1. Interessierst du dich für Geschichte? Warum?
2. Was ist deine nationale Identität?
3. Musstest du schon einmal eine schwierige Entscheidung treffen? Welche?
4. Hast du schon einmal gelogen? Wann? Warum?
5. Gibt es einen Helden/eine Heldin (*hero/heroine*) in deinem Leben? Wer ist das?
6. Hast du Freunde, die du schon dein ganzes Leben lang kennst?

4 **Ereignisse und Personen** Füllen Sie die Tabelle zu zweit aus. Schreiben Sie zuerst wichtige geschichtliche Ereignisse oder Perioden auf und eine Person, die Sie damit assoziieren. Wählen Sie dann ein Ereignis oder eine Periode aus und überlegen Sie sich, wie das Leben für viele Menschen in dieser Zeit gewesen sein muss.

Geschichtliche Ereignisse	Personen aus der Geschichte	das Leben für viele Menschen
der Burgerkrieg in den USA	Abraham Lincoln	Viele Menschen haben viel gelitten. Sie hatten zu wenig zu essen und haben Familie und Freunde verloren.

5 **Was könnte passieren?** Sehen Sie sich in Gruppen die folgenden Bilder aus dem Film an und beantworten Sie dann die Fragen. Schreiben Sie auf, was im Film alles passieren könnte.

- Wie sehen die Personen aus?
- Was für Persönlichkeiten haben die einzelnen Personen?
- Was ist die Beziehung zwischen den einzelnen Personen?
- Was passiert im Polizeiauto und am Zug?
- Wie sind die Personen in dem Film miteinander verbunden (*connected*)?

 Practice more at **vhlcentral.com.**

SPIELZEUGLAND

Ein Film von Jochen Alexander Freydank

OSCAR WINNER 2009
Best Short Film, Live Action

Darsteller Julia Jäger, Cedric Eich, Tamay Bulut Özvatan, Torsten Michaelis, Claudia Hübschmann, David C. Bunners **Produzenten** David C. Bunners/Jochen Alexander Freydank/Christoph "Cico" Nicolaisen **Drehbuch** Johann A. Bunners/ Jochen Alexander Freydank **Schnitt** Anna Kappelmann **Musik** Ingo Frenzel

HANDLUNG *Die Freundschaft zweier Jungen im Dritten Reich hat unerwartete Folgen. Als einer der beiden mit seiner Familie ins „Spielzeugland" abtransportiert wird, will sein Freund mitkommen.*

1

FRAU SILBERSTEIN Ich würde alles dafür geben, wenn David sein Lebtag so weiterspielen könnte! Man redet von morgen!

2

HEINRICH Warum war Frau Silberstein vorhin so traurig?
MARIANNE Weil die Silbersteins vielleicht bald verreisen müssen.
HEINRICH Verreisen? Wohin fahren sie denn?
MARIANNE Ins Spielzeugland!

3

MARIANNE Haben Sie einen kleinen, sechsjährigen Jungen gesehen?
SCHUTZPOLIZIST Meinen Sie, ich kann die ganzen Bengel noch auseinanderhalten?
MARIANNE Er ist mein Sohn!
SCHUTZPOLIZIST Jude?
MARIANNE Nein, kein Jude.

4

HEINRICH Warum hast du mir nicht gesagt, dass ihr verreist?
DAVID Vergessen.
HEINRICH Wir sind doch Blutsbrüder°! Wir haben uns geschworen, dass wir immer alles zusammen machen!

5

HEINRICH Ich will aber zu meinem Freund! Ich will mit ins Spielzeugland!
DAVID Es gibt doch gar kein Spielzeugland.

6

STURMFÜHRER FALKE Das nächste Mal erschreckst du deine Mama aber nicht mehr so, versprochen? Wir brauchen dich noch! Und jetzt ab nach Hause. Auf Wiedersehen, gnädige Frau, und entschuldigen Sie bitte die Unannehmlichkeiten°.

Blutsbrüder *blood brothers* **Unannehmlichkeiten** *inconveniences*

KULTURANMERKUNG

Holocaust

Die Verfolgung der Juden und der Antisemitismus sind kein Phänomen, das erst mit Hitler begonnen hat, sondern es lässt sich auf etwa 1800 zurückverfolgen. Insgesamt hat die Massenvernichtung der Juden im Dritten Reich zwischen 1941 und 1945, auch Holocaust genannt, ungefähr 6 Millionen Juden das Leben gekostet. Außer Frage steht auch, dass dieser Genozid von allen Organen des nationalsozialistischen Staates mit präziser Organisation durchgeführt wurde. Neben Juden wurden auch andere Gruppen von Menschen als Staatsfeinde° gesehen und in Ghettos zusammengetrieben°, bevor sie hauptsächlich per Bahn in Konzentrationslager abtransportiert wurden. Hier mussten sie entweder arbeiten oder wurden in Gaskammern° getötet.

Staatsfeinde *enemies of the state*
zusammengetrieben *rounded up*
Gaskammern *gas chambers*

Beim ZUSCHAUEN

Was erfahren Sie über die einzelnen Personen im Film?

_____ **1.** Herr Silberstein ist
_____ **2.** Heinrich ist
_____ **3.** Der Obersturmführer
_____ **4.** Frau Silberstein ist
_____ **5.** Der Polizist
_____ **6.** Marianne
_____ **7.** Der Blockwart
_____ **8.** David ist

a. Davids Mutter.
b. will Marianne den Teddy zurückgeben.
c. hat am Ende 2 Söhne.
d. der Klavierlehrer.
e. der Sohn der Silbersteins.
f. findet den Sohn im Zug.
g. Mariannes Sohn.
h. hilft Marianne nicht.

Analyse

1 **Verständnis** Markieren Sie die folgenden Aussagen über den Film als **richtig** oder **falsch**. Korrigieren Sie anschließend zu zweit die falschen Aussagen.

Richtig	Falsch	
☐	☐	1. Silbersteins sind Nazis.
☐	☐	2. David und Heinrich sind gute Freunde.
☐	☐	3. David weiß nicht, dass die Silbersteins bald verreisen.
☐	☐	4. Marianne sagt dem Obersturmführer, dass sie David sucht.
☐	☐	5. David und seine Eltern kommen ins Konzentrationslager.
☐	☐	6. David und Heinrich überleben am Ende.

2 **Was passt zusammen?** Welche Satzhälften passen zusammen? Suchen Sie die richtigen Antworten und korrigieren Sie anschließend zu zweit Ihre Antworten.

____ 1. Marianne und ihr Sohn sind zwar „arische" Deutsche,

____ 2. Heinrich und David spielen am Anfang des Films Klavier

____ 3. Marianne erzählt Heinrich,

____ 4. Marianne sucht Heinrich,

____ 5. Die Polizisten wollen Marianne anfangs nicht helfen,

____ 6. Die Silbersteins sind traurig,

a. weil sie Angst hat, dass er mit den Juden im Zug ist.

b. und sie spielen auch am Ende des Films Klavier.

c. dass die Silbersteins ins Spielzeugland verreisen werden.

d. weil sie David wahrscheinlich nie mehr sehen werden.

e. aber sie sind trotzdem Freunde der Familie Silberstein.

f. weil sie glauben, dass Marianne Jüdin ist.

3 **Fragen** Vervollständigen Sie jeden Satz gemäß dem Film. Besprechen Sie anschließend zu zweit Ihre Antworten.

1. Am Anfang des Films sind David und Heinrich schon ____.
   a. gute Freunde b. Feinde c. Brüder

2. Marianne weiß nicht, ____.
   a. was mit den Silbersteins passieren wird
   b. dass Heinrich mit David Klavier spielt
   c. dass die Silbersteins Juden sind

3. Heinrich packt einen Koffer ____.
   a. für David b. für seine Reise c. für seinen Teddy

4. Heinrich darf nicht ins Polizeiauto, ____.
   a. weil er keine Lust hat b. weil er keinen Koffer hat
   c. weil er kein Jude ist

5. Die beiden SS-Leute glauben, ____.
   a. dass sie einen Fehler gemacht haben b. dass Marianne Jüdin ist
   c. dass der Junge David ist

4 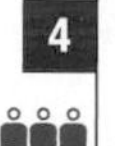 **Personenbeschreibungen** Beschreiben Sie in Gruppen die Personen des Films und beantworten Sie anschließend die Fragen.

- Warum erzählt Marianne Heinrich die Lüge über das Spielzeugland?
- Finden Sie es richtig, dass sie diese Lüge erzählt? Warum, warum nicht?
- Warum erzählt Herr Silberstein Heinrich, dass er mit einem Nashorn zusammengestoßen ist? Was ist tatsächlich passiert?
- Was wäre passiert, wenn die Personen in dem Film die Wahrheit gesagt hätten?
- Was passiert den einzelnen Personen nach der letzten Szene am Bahnhof? Seien Sie kreativ.

5 **Improvisierte Dialoge** Schreiben Sie als Gruppe ein Gespräch, das zu einem der folgenden Szenarien passt. Führen Sie es vor der Klasse auf.

- Nach dem Krieg kommen die Silbersteins, die das Konzentrationslager überlebt haben, zurück und treffen Marianne, Heinrich und David wieder.
- Heinrich und David erzählen ihren Enkelkindern, was ihnen während des Krieges passiert ist.

6 **Meinungen** Besprechen Sie die folgenden Fragen in Gruppen und drücken Sie dabei Ihre Meinungen aus.

1. Wie gefährlich ist es für Marianne, den jüdischen Sohn David zu retten?
2. In welchen Situationen ist es besser, Lügen zu erzählen? Warum?
3. Sollte man Kindern immer die Wahrheit sagen? Warum, warum nicht?
4. Darf, muss oder soll man sich gegen Ungerechtigkeiten wehren (*to fight back*)? Warum? Wie?
5. Was würdest du für einen Freund/eine Freundin machen oder was hast du schon einmal gemacht?

7 **Zum Thema** Schreiben Sie über eines der folgenden Themen.

1. Sind Sie jemals in einer Situation gewesen, in der Sie lügen mussten, weil Sie eine andere Person schützen wollten? Was ist passiert? War es gerechtfertigt (*justified*), dass Sie gelogen haben?
2. Marianne erzählt ihrem Sohn, dass die Familie Silberstein ins Spielzeugland verreisen wird: Wie könnte dieser Ort aussehen in Heinrichs Fantasie, vor allem im Vergleich mit Deutschland während des Dritten Reiches?

 Practice more at **vhlcentral.com.**

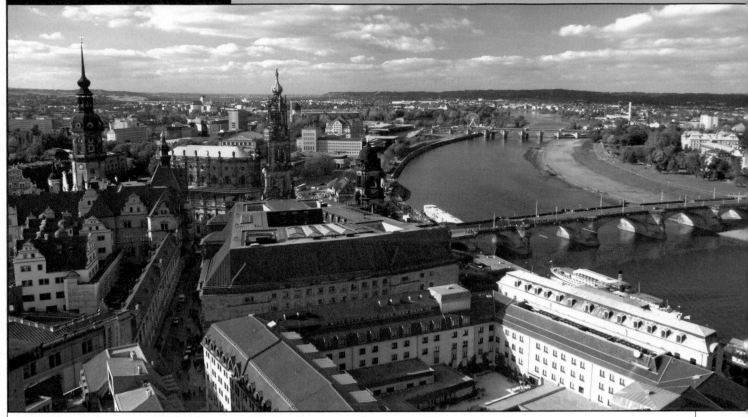

STELLEN SIE SICH VOR:
Brandenburg und Sachsen

Die perfekte Stadt  Reading

Hat Ihre Umgebung° Einfluss auf Sie? Auf Ihre Gesundheit, Ihre Beziehungen, Ihre Produktivität?

Am Anfang des 20. Jahrhunderts war London stark industrialisiert, verschmutzt und übervölkert. Viele lebten in Armut°, und Krankheit und Hunger waren Alltag°. Mitten in diesem Elend° träumte Ebenezer Howard von einem menschengerechten° Zusammenleben. Howard entwickelte die Idee der **Gartenstadt**, die er in seinem Buch *Garden Cities of Tomorrow* beschrieb. In dieser Gartenstadt mit maximal 32.000 Einwohnern sollte niemand ausgebeutet° werden. Sie lag mitten im Grünen, wo jeder sich ein Haus mit Garten leisten° konnte. Natur, Bildung, Mensch und Arbeit harmonierten.

Das Konzept traf auf große Resonanz°; mehr als dreißig Gartenstädte sprossen in Europa hervor°. Die erste Gartensiedlung Deutschlands wurde 1909 von dem Möbelfabrikanten° **Karl Schmidt** unter Mithilfe gleichgesinnter° Architekten geplant. **Hellerau** war die einzige Gartenstadt, in der Howards Ideen wirklich vollständig in die Praxis umgesetzt wurden°. Alles war da, was die Bewohner sich wünschen konnten – ein Badehaus, schöne Landhäuser, eine Schule, Geschäfte und menschenfreundliche Arbeitsbedingungen° in Schmidts Möbelwerkstätten°.

In der spannenden Atmosphäre von Hellerau begann es innovativ und freudevoll zu knistern°, und schnell entwickelte sich die Siedlung zu einem Treffpunkt für Intellektuelle. Emile-Jacques Dalcroze, Begründer der **Rhythmischen Gymnastik**, zog nach Hellerau, und mit ihm wurde die Stadt zum Zentrum des modernen Tanzes. Mittelpunkt all dieses Geschehens war das **Hellerauer Festspielhaus**, das als Bildungsanstalt° extra für° Dalcroze gebaut worden war.

Aber wie jede deutsche Stadt hat auch Hellerau harte Zeiten hinter sich. Die Nationalsozialisten waren keine Fans von Helleraus Tänzern und wandelten das schöne Festspielhaus in eine Kaserne° um. Und die DDR hatte andere Prioritäten als Howards utopische Grundsätze°. Die Gartenstadt

Noch mehr...

Weltbekannte Wunderarchitekten hinterlassen ihre Spuren° im „Florenz an der Elbe". So findet man nebst den luxuriösen Barockpalästen auch höchstmoderne, innovative Unikate°, wie etwa die schlichte° Sächsische Landesbibliothek und ein schräg stehendes° Kino, den UFA-Kristallpalast. Und dank Daniel Libeskind bekam das Militärhistorische Museum einen total neuen Look.

vermoderte°. Bis 1990 war Schmidts Nachlass° ein vergrauter Stadtteil von Dresden, deren Bewohner andere Sorgen hatten, als ein utopisches Buch zu lesen und sich um das zerfallene° Festspielhaus zu kümmern.

Aber ganz vergessen waren Schmidts Ideen nicht. Der Künstlergeist Helleraus erhob sich phönixartig° aus der Asche. Dresden hat seinen Status als weltklassiger Nährboden° für zeitgenössische Kunst neu errungen° und das Hellerauer Festspielhaus ist wieder Kern° jenes Treibens°. Das Gebäude wurde saniert° und das **Dresdener Zentrum für Zeitgenössische Musik** hat sich darin eingerichtet°. Spannende Zeiten warten auf Hellerau.

Und... wie würde Ihre Utopie aussehen? Nur wer träumt, kann was ändern...

Umgebung *surroundings* **Armut** *poverty* **Alltag** *everyday occurrences* **Elend** *misery* **menschengerechten** *humane* **ausgebeutet** *exploited* **sich... leisten** *afford* **traf auf... Resonanz** *struck a chord* **sprossen... hervor** *sprang up* **Möbelfabrikanten** *furniture factory owner* **gleichgesinnter** *like-minded* **in die Praxis umgesetzt wurden** *were being put into practice* **Arbeitsbedingungen** *working conditions* **Möbelwerkstätten** *furniture workshops* **knistern** *crackle* **Bildungsanstalt** *educational facility* **extra für** *especially for* **Kaserne** *barracks* **Grundsätze** *principles* **vermoderte** *rotted* **Nachlass** *legacy* **zerfallene** *crumbling* **phönixartig** *like a phoenix* **Nährboden** *hotbed* **neu errungen** *regained* **Kern** *core* **jenes Treibens** *of this activity* **saniert** *renovated* **eingerichtet** *established* **hinterlassen... Spuren** *are leaving their trail* **Unikate** *unique specimens* **schlichte** *plain* **schräg stehendes** *leaning*

Entdecken wir...

Turm der Wissenschaft Seit 1924 steht ein witzig aussehender Turm oben auf dem Telegrafenberg in Potsdam. Der **Einsteinturm** und sein Solarteleskop wurden gebaut, um Einsteins Relativitätstheorie zu überprüfen. Noch heute ist der Turm wissenschaftlich im Einsatz° als Teil des Astrophysikalischen Instituts Potsdam. Vor allem solare magnetische Felder werden dort erforscht°.

Der Leipziger Hauptbahnhof 1944 bekam der größte Kopfbahnhof° Europas (sozusagen) eine schwere Gehirnerschütterung°. In Europa wütete° Krieg, und 46,2 Tonnen Bomben regneten auf den **Leipziger Hauptbahnhof**. Das Dach stürzte ein° und hunderte Reisende kamen ums Leben. Nach dem Krieg wurde der Bahnhof wieder aufgebaut, aber 1990 stand das Gebäude ziemlich erbärmlich° da, geschwärzt° von Luftverschmutzung, die relative Armut der DDR bezeugend°. Heute erzählt der vollständig sanierte Bahnhof eine andere Geschichte: Er ist einer der schönsten Bahnhöfe der Welt in einer blühenden° Stadt.

im Einsatz *in action* **werden... erforscht** *are studied* **Kopfbahnhof** *terminus* **Gehirnerschütterung** *concussion* **wütete** *raged* **stürzte ein** *collapsed* **erbärmlich** *pathetically* **geschwärzt** *blackened* **Armut... bezeugend** *testifying to the relative poverty* **blühenden** *thriving*

Was haben Sie gelernt?

Richtig oder falsch? Sind die Aussagen **richtig** oder **falsch?** Stellen Sie die falschen Aussagen richtig.

1. Karl Schmidt war ein Möbelfabrikant, der die erste Gartenstadt in England gründete.
2. Das Hellerauer Festspielhaus wurde von den Nazis niedergebrannt (*burned to the ground*).
3. Hellerau wird heute wieder zum Zentrum der modernen Künste.
4. Man findet in Dresden sowohl schöne alte Barockgebäude als auch innovative, moderne Architektur.
5. Heute werden die magnetischen Felder der Sonne im Einsteinturm erforscht.
6. Nach der Wiedervereinigung wurde der Leipziger Hauptbahnhof saniert.

Fragen Beantworten Sie die Fragen.

1. Was konnte man alles in Hellerau, der ersten Gartenstadt Deutschlands, finden?
2. Warum wurde das Hellerauer Festspielhaus gebaut?
3. Welche Kultureinrichtung befindet sich heute im Hellerauer Festspielhaus?
4. Welches Gebäude in Dresden bekam von Daniel Libeskind ein neues Aussehen?
5. Warum wurde der Einsteinturm gebaut?
6. Warum ist die Geschichte vom Leipziger Bahnhof eine sehr „deutsche Geschichte"? Was denken Sie?

Projekt

Leipzigs Max-Planck-Institut

Die Frage, wie intelligent Tiere wirklich sind, hat uns Menschen schon immer fasziniert. Im Max-Planck-Institut in Leipzig sucht das Team für evolutionäre Anthropologie nach Antworten auf viele Fragen. Suchen Sie Informationen im Internet.

- Was ist die Max-Planck-Gesellschaft?
- Vor hundert Jahren gab es in Berlin ein pfiffiges Pferd namens Hans, das rechnen konnte! Aber was sagen Max-Planck-Forscher dazu? Konnte Hans wirklich rechnen?
- Max-Planck-Forscher haben Schimpansen im Kongo im Umgang mit Werkzeugen (*handling of tools*) beobachtet. Wie haben die Tiere Honig gesammelt?

10.1 Das Plusquamperfekt

—*Wir **hatten** uns doch **geschworen**, dass wir immer zusammen halten!*

- When talking about two events that happened at different times in the past, use the **Plusquamperfekt** (*past perfect*) to refer to the event that happened first.

  Die Deutschen **hatten** in Stalingrad **verloren**, bevor sie 1945 kapitulierten.
  *The Germans **had lost** at Stalingrad before capitulating in 1945.*

  Nachdem die Königin **abgedankt hatte**, freuten sich die Menschen.
  *After the queen **had abdicated**, the people were happy.*

- The following time line shows two events that were completed before the present time, one of which was completed before the other. To describe this sequence of events use the **Plusquamperfekt** for the earlier of the two events and the **Perfekt** or the **Präteritum** for the later event.

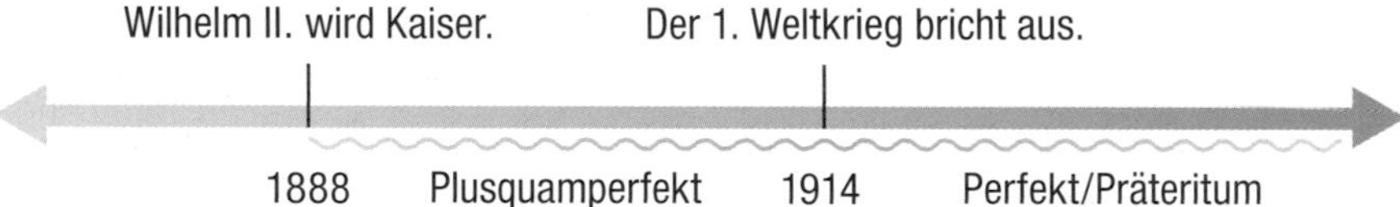
Wilhelm II. wird Kaiser.
Der 1. Weltkrieg bricht aus.
1888
Plusquamperfekt
1914
Perfekt/Präteritum

  Nachdem Wilhelm II. Kaiser **geworden war**, brach der Krieg aus.
  *After Wilhelm II **had become** emperor, the war broke out.*

- To make the **Plusquamperfekt**, use the **Präteritum** form of **sein** or **haben** that is required by the main verb, plus the past participle of the main verb.

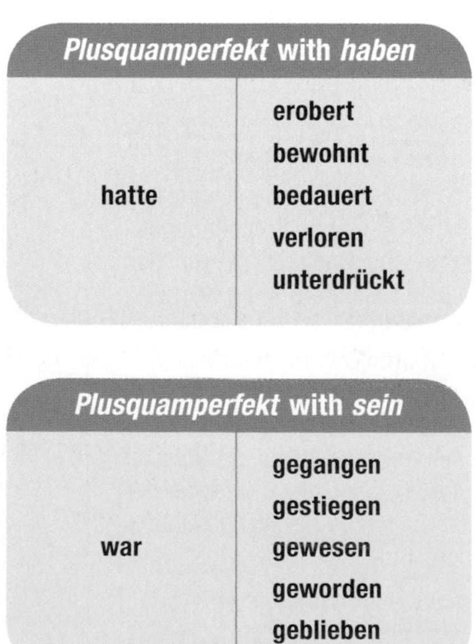

Plusquamperfekt* with *haben	
hatte	**erobert** **bewohnt** **bedauert** **verloren** **unterdrückt**

Plusquamperfekt* with *sein	
war	**gegangen** **gestiegen** **gewesen** **geworden** **geblieben**

- The **Plusquamperfekt** is often used with the conjunctions **bevor** and **nachdem**, since it indicates the earlier of two activities that happened in the past.

Nachdem die Sozialdemokraten eine Niederlage **erlitten hatten**, kamen die Konservativen an die Macht.
*After the social democrats **had suffered** defeat, the conservatives came to power.*

Der Mann **hatte** als Rechtsanwalt **gearbeitet**, **bevor** er Kongressabgeordneter wurde.
*The man **had worked** as a lawyer **before** he became a member of Congress.*

- The word order for the **Plusquamperfekt** follows that of other compound verbs. The past participle comes at the end of the sentence, unless the clause is introduced by a subordinating conjunction. In this case, the conjugated auxiliary verb must move to the end. Otherwise, the auxiliary verb comes immediately before or after the subject of the main clause, depending on the other elements in the sentence.

Sie regierten das Land, nachdem sie es **kolonisiert hatten**.
*They governed the country after they **had colonized** it.*

Bevor die Armee den Krieg gewonnen hat, **waren** viele Soldaten **gestorben**.
*Before the army won the war, many soldiers **had died**.*

Ehe die Globalisierung anfing, **hatte** es nicht so viele Produkte **gegeben**.
*Before globalization started, there **had** not **been** so many products.*

Die Kanzlerin war sehr froh: Sie **hatte** die Wahl **gewonnen**.
*The chancellor was happy: she **had won** the election.*

- Modals in the **Plusquamperfekt** use the **Präteritum** of **haben** [+ *double infinitive*] (the infinitive of the main verb with the infinitive of the modal).

Bevor sie gewählt wurde, **hatte** sie viel **überwinden müssen**.
*Before she was elected, she **had had to overcome** a lot.*

Sie **hatten** die Einwohner **befreien können**, bevor die Situation sich verschlechterte.
*They **had been able to liberate** the citizens before the situation grew worse.*

- When stating the year in which a past event occurred, use the date by itself, or the phrase **im Jahr(e)** [+ *date*]. Unlike English, German does not use the preposition **in** with the year.

Kaiser Franz Josef ist **1830** zur Welt gekommen.
*Emporer Franz Joseph was born **in 1830**.*

Als der Krieg **im Jahre 1918** endete, war der Mann schon nach Hause gefahren.
*When the war ended **in 1918**, the man had already gone home.*

Anwendung

1 **Die bedingungslose Kapitulation** Schreiben Sie die richtige Form von **sein** oder **haben** für das **Plusquamperfekt** in die Lücken.

Als die Deutschen 1945 kapitulierten, wohnten meine Eltern in Karlshorst. Nachdem sie geheiratet (1) _______, bekamen sie das Elternhaus von meiner Oma geschenkt. Meine Eltern sahen damals die Russen, die zum Unterschreiben des Vertrags gekommen (2) _______. Bevor sie im Auto vorbeifuhren, (3) _______ die Nachbarn sich auf der Straße getroffen. Alle (4) _______ gewartet und (5) _______ still geblieben. Einige Männer, die im Krieg gekämpft (6) _______, (7) _______ schon zurück nach Hause gekommen. Nachdem die Politiker gegangen (8) _______ und es nichts mehr zu sehen gegeben (9) _______, wurde gefeiert.

KULTURANMERKUNG

Schloss Sanssouci

Das Schloss Sanssouci befindet sich in Potsdam, im Park gleichen Namens. Friedrich der Große ließ es im 18. Jahrhundert als seine Sommerresidenz errichten°. Das Schloss, gebaut im Rokoko-Stil, steht auf einem Weinberg mit herrlichem Blick auf den Park Sanssouci. Die Zimmer sind elegant und prachtvoll°. Der Name des Schlosses bedeutet „ohne Sorgen" auf Französisch. Hier verweilte° Friedrich der Große gern und lud die Prominenten der Zeit zu sich ein. Und hier liegt er neben seinen treuen° Hunden begraben.

errichten *erect* **prachtvoll** *splendid* **verweilte** *stayed* **treuen** *faithful*

2 **Der alte Fritz** Bilden Sie aus den zwei Sätzen einen neuen Satz, indem Sie das **Plusquamperfekt** mit der angegebenen Konjunktion verwenden.

Beispiel **Das Kämpfen hörte auf. Die Leute freuten sich. (weil)**
Die Leute freuten sich, weil das Kämpfen aufgehört hatte.

1. Friedrich der Große ist 1712 zur Welt gekommen. Er war der Lieblingsenkel seines Großvaters. (als)
2. Er wollte vor seinem strengen Vater nach Frankreich fliehen. Er hat die Hinrichtung (*execution*) seines engen (*close*) Freundes von Katte mit ansehen müssen. (weil)
3. Er heiratete. Er zog ohne seine Frau nach Sanssouci um. (nachdem)
4. Er lernte viel über das Militär von Prinz Eugen. Er konnte die preußische Armee gut führen. (da)
5. Er starb im Schloss Sanssouci. Er wollte neben seinen Hunden begraben werden. (nachdem)

3 **Die Herrscher** Kombinieren Sie in Gruppen Elemente aus allen Kategorien, um mindestens vier neue Sätze im **Plusquamperfekt** zu bilden. Verwenden Sie auch mehr Wörter, wenn nötig.

Beispiel Nachdem der Kaiser an die Macht gekommen war, unterdrückte er die Leute im Land.

als	**die Bundeskanzlerin**	**die Waffen benutzen**
bevor	**die Einwohner**	**sich verschuldet haben**
dass	**das Heer**	**die Niederlage herbeiführen**
denn	**der Kaiser**	**kämpfen**
nachdem	**die Kaiserin**	**an die Macht kommen**
weil	**die Kongressabgeordneten**	**regieren**
	der König	**retten**
	die Königin	**sich streiten**
	der Politiker	**die Leute unterdrücken**
	die Soldaten	**ein Gesetz verabschieden**
	das Volk	**das Land verteidigen**

Practice more at **vhlcentral.com.**

Kommunikation

4 **Die Geschichte Deutschlands** Sehen Sie sich die Zeittafel zu zweit an. Bilden Sie dann Sätze im **Plusquamperfekt.** Verwenden Sie die Konjunktion **nachdem.**

Beispiel Nachdem Bismarck Deutschland vereinigt hatte, verbündete sich (*allied*) Deutschland mit anderen europäischen Ländern.

1. a. 1871: Otto von Bismarck vereinigte Deutschland.
   b. 1890: Deutschland verbündete sich mit anderen europäischen Ländern.
2. a. 1914: Der erste Weltkrieg begann.
   b. 1915: Ein deutsches U-Boot versenkte das britische Schiff Lusitania, wobei 128 Amerikaner ums Leben kamen.
3. a. 1917: Die USA erklärten Deutschland den Krieg.
   b. 1918: Der erste Weltkrieg endete.
4. a. 1933: Hitler kam an die Macht.
   b. 1938: Deutschland griff Polen an.
5. a. 1941: Die deutsche Armee marschierte in Russland ein und litt sehr wegen des russischen Winters.
   b. 1945: Deutschland kapitulierte.
6. a. 1949: Die BRD und die DDR wurden gegründet.
   b. 1961: Eine Mauer wurde gebaut, die Ost- und Westberlin teilte.
7. a. 1989: Bürger aus der DDR fingen an, nach Österreich zu fliehen.
   b. 1989: Die Mauer fiel am 9. November.
8. a. 1993: Die Europäische Union entstand.
   b. 2002: Der Euro ersetzte die D-Mark.

5 **Unsere Regierung** Was halten Sie von der jetzigen Regierung in Ihrem Land? Ist sie besser als die vorherige? Besprechen Sie in Gruppen, welche Regierung die bessere oder die schlechtere war. Verwenden Sie **Plusquamperfekt.**

Beispiel —Viele Leute haben jetzt keine Arbeit.
—Als der letzte Präsident die Wahl verloren hatte, hatten die Leute auch keine Arbeit.

- die Wirtschaft
- die Arbeitslosigkeit
- der Krieg
- der Lebensstandard
- die Vielfalt im Lande
- die Umwelt

6 **Unsere Geschichte** Machen Sie eine Liste von mindestens sechs wichtigen historischen Ereignissen, die im zwanzigsten Jahrhundert passierten. Besprechen Sie die Ereignisse. Verwenden Sie **Plusquamperfekt.** Arbeiten Sie in Gruppen.

Beispiel **eine Landung auf dem Mond machen**
Nachdem die NASA 1969 ein Raumschiff dafür entwickelt hatte, landete sie auf dem Mond.

den Krieg bedauern	in fremden Ländern kämpfen
neue Energiequellen entwickeln	gegen etwas protestieren
eine Umweltkatastrophe erleben	einen neuen Präsidenten wählen

10.2

Uses of the infinitive

- The basic form of any verb is the infinitive. In German, the infinitive ends in **–en** or in **–n**.

führen	**wählen**	**verschwinden**	**wandern**
to lead	*to choose*	*to disappear*	*to hike*

ACHTUNG!

Though in English one says *to want to*, in German, **wollen** and **mögen**, like all the modals, are never used with **zu**.

Peter will nicht ins Kino gehen. Er möchte früh ins Bett gehen.
Peter doesn't want to go to the movie theater. He wants to go to bed early.

- In the future tense and with modals, the helping verb **werden** and the modal verbs are conjugated, but the main verb stays in the infinitive.

Er **will** den Frieden **feiern**.
*He **wants to celebrate** peace.*

Sie **wird** den Skandal **bedauern**.
*She **will regret** the scandal.*

- In certain situations, the verb is used in the infinitive with **zu**. Depending on the German phrase used, the English translation may also use an infinitive with *to*, but not always. Commas between the main clause and the infinitive clause are used to help clarify the meaning of the sentence.

Die Bevölkerung ist bereit, einen neuen Präsidenten **zu wählen**.
*The people are prepared **to elect** a new president.*

Die Armee hat vor, das Land **zu erobern**.
*The army is planning **to conquer** the land.*

- The initial phrase **es ist** [+ *adjective*] can be combined with **zu** [+ *infinitive*] to create new sentences. This initial phrase with **sein** is followed by a clause with **zu** [+ *infinitive*].

Es ist schwer **zu kapitulieren**.
*It is difficult **to surrender**.*

Es ist wichtig, gegen Rassismus **zu kämpfen**.
*It's important **to fight** against racism.*

- The infinitive with **zu** follows certain other phrases in German as well. These phrases may be followed by a comma. However, according to the latest spelling reform, the comma is optional. The second part of the sentence is the infinitive clause that ends with the preposition **zu** [+ *infinitive*]. Infinitive clauses never have a nominative subject.

Ich habe die Absicht, … *I intend to…*
Ich freue mich, … *I am looking forward to…*
Es macht mir Spaß, … *It's fun for me to…*
Ich habe (keine) Lust, … *I have (no) desire to…*
Ich habe (keine) Zeit, … *I have (no) time to…*
Es dauert lange, … *It takes a long time to…*

Der König hat nicht die Absicht, ein neues Schloss **zu bauen**.
The king does not intend to build *a new castle.*

Sie freute sich, endlich die Staatsangehörigkeit **zu haben**.
She was happy to *finally* ***have*** *citizenship.*

- The infinitive with **zu** is also used as a dependent infinitive: the sentence begins with a phrase and is followed by **zu** [+ *infinitive*], to complete the meaning of the sentence. In such a construction, there is no comma between the initial phrase and the dependent infinitive.

Er versucht zu arbeiten.
He's trying *to work.*

Es fängt an zu regnen.
It's beginning *to rain.*

- If the infinitive clause has a separable prefix verb, **zu** goes between the prefix and the infinitive.

Der Präsident hatte vor, die Sklaverei **abzuschaffen**.
The president intended ***to abolish*** *slavery.*

Die Liberalen bitten uns, eine Stimme für sie **abzugeben**.
The liberals are asking us ***to cast*** *a vote for them.*

- The infinitive with **um... zu** is used to express the English phrase *in order to*.

Sie kolonisierten ein Land, **um** mehr Macht **zu** haben.
They colonized a country ***in order to*** *have more power.*

Sie wählten eine neue Regierung, **um** einen höheren Lebensstandard **zu** haben.
They elected a new government ***in order to*** *have a higher standard of living.*

- Some constructions with **zu** in German are rendered in English using the gerund.

ohne... zu *without*	Kann ein Land erobert werden, **ohne** das Volk **zu** unterdrücken? *Can a country be conquered* ***without*** *oppressing its people?*
(an)statt... zu *instead of*	**Anstatt** die Leute im Ghetto zu befreien, kämpften sie weiter mit den Soldaten. ***Instead of*** *liberating the people in the ghetto, they continued to fight with the soldiers.*

- Prepositional phrases with **zu** can begin a sentence or be the second part of the sentence. If they start the sentence, then the conjugated verb is the first element in the second, main clause.

Ein Land zu regieren **ist** nicht immer leicht.
It ***is*** *not always easy to rule a country.*

Anstatt die Stadt siegreich zu betreten, **kamen** sie ruhig und gelassen an.
Instead of entering the city victoriously, they ***arrived*** *calmly and quietly.*

- In German, like in English, there are two similar phrases: **um... zu** (*in order to*) and **damit** (*so that*). Generally, if both parts of the sentence refer to the same subject, **um... zu** is used. If the subject of the first part of the sentence and that of the second are different, the conjunction **damit** is used.

Die Partei kämpfte, **um zu** überleben.
The party fought ***in order to*** *survive.*

Die Gewaltherrschaft wurde überwunden, **damit** die Leute in Frieden leben konnten.
The dictatorship was overthrown ***so that*** *people could live in peace.*

- An infinitive phrase with **zu** is sometimes used to give further explanation about something stated in the introductory phrase.

Der Bundeskanzler beginnt, das Land zu regieren.
The chancellor starts *to rule the country.*

Die Königin hilft, die neuen Einwohner anzusiedeln.
The queen helps *to settle the new citizens.*

ACHTUNG!

If you can say *in order to* in English, then the German must use the phrase **um... zu**, not just **zu** alone.

Um die Stelle zu bekommen, hat er schwer gearbeitet.
He worked hard (in order) to get the position.

QUERVERWEIS

Some of these require the dative. See **Strukturen 2.2, pp. 56-57** to review prepositions.

Anwendung

1

Mein Leben als Politiker

Schreiben Sie die passenden Wörter aus der Liste in die Lücken.

bekommen	haben	müssen	tun	wählen
finden	helfen	sein	vermeiden	werden

Ich habe die Absicht, Politiker zu (1) ________. Ich habe große Lust, allen Leuten in meinem Land zu (2) ________. Ich finde es wichtig, so viel wie möglich für die Menschheit zu (3) ________. Ich werde immer versuchen, vernünftige Arbeit für die Bürger zu (4) ________. Ich werde alles tun, um einen Krieg zu (5) ________. Anstatt hohe Steuern bezahlen zu (6) ________, und wenig dafür zu (7) ________, sollen die Menschen ein besseres Leben (8) ________. Wenn es Zeit ist, neu gewählt zu (9) ________, werde ich die Leute daran erinnern, mich noch einmal zu (10) ________, weil ich so viel für sie getan habe.

2

Der Kaiser und die Kaiserin

Bilden Sie aus den zwei Sätzen einen Satz, indem Sie in dem neuen Satz die Ausdrücke **um… zu, ohne… zu** oder **(an)statt… zu** mit einem Infinitiv verwenden.

Beispiel **Sie lebte viele Jahre in einem anderen Land. Sie hat ihre Muttersprache nie vergessen.**

Sie lebte viele Jahre in einem anderen Land, ohne ihre Muttersprache zu vergessen.

1. Der Kaiser heiratete. Er liebte seine neue Frau nicht.
2. Er bewohnte ein Schloss außerhalb der Stadt. Er wohnte nicht mit ihr zusammen.
3. Die Kaiserin lernte viele Sprachen. Sie wollte gebildet sein.
4. Sie waren lange verheiratet. Sie hatten keine Kinder.
5. Sie reiste viel. Sie lernte Europa kennen.
6. Er lernte militärische Strategien. Er wollte ein erfolgreicher Kaiser und Herrscher sein.

3

Was alle wollen!

Formen Sie aus den Satzteilen einen neuen Satz. Machen Sie Änderungen wenn nötig.

Beispiel **der König / vorhaben / besiegen / der Kaiser**

Der König hat vor, den Kaiser zu besiegen.

1. der Sozialdemokrat / haben / die Absicht / die Leute / helfen
2. die Republikaner / sein / wichtig / konservativ / sein
3. der Bundespräsident / sich / freuen / im Ausland / andere Politiker / besuchen
4. die Königin / haben / keine Lust / das Volk / ins Schloss / einladen
5. die Studenten / Spaß / machen / gegen / die Politiker / protestieren

 Practice more at **vhlcentral.com.**

Kommunikation

4

Mein Leben Arbeiten Sie zu zweit. Beenden Sie die Sätze mit Beispielen aus Ihrem Leben. Verwenden Sie **zu** wenn nötig.

1. Es ist Zeit, …
2. Findest du es schwer, …?
3. Ich versuche immer…
4. Mein Zimmergenosse bittet mich oft, …
5. Bald fangen wir an, …
6. Hast du Lust…?
7. Es macht mir Spaß…
8. Ich habe die Absicht…

5

Der Studentenrat Verwenden Sie Infinitivkonstruktionen, um Folgendes miteinander zu besprechen: Was für Reformen soll es an der Universität geben? Was wollen die Student(inn)en? Was soll die Uni machen, um das Leben der Student(inn)en zu verbessern?

Beispiel —Die jungen Leute wollen auf Rassismus aufmerksam machen.
—Vielleicht sollten wir eine Vortragsreihe zur Geschichte des Rassismus veranstalten.

sollen anfangen	Zeit haben
zu lange dauern	keine Zeit haben
die Absicht haben	allen Student(inn)en helfen
Lust haben	mit dem Senat sprechen, um… zu
den Mut haben	vorhaben

6

Meiner Meinung nach Besprechen Sie in Gruppen die Aussagen. Stimmen Sie damit überein oder nicht? Verwenden Sie die **zu**-Konstruktionen in Ihrer Diskussion.

Beispiel **Es gibt zu viele Leute in unserem Land.**
Aber es ist schwierig, die Geburtenrate zu kontrollieren.

- In unserer Generation wird es auf der Welt nie Frieden geben.
- Die Einwanderung muss streng kontrolliert werden.
- Unser Lebensstandard muss erhöht werden, egal was es kostet.
- Die reichen Länder sollen den unterentwickelten Ländern helfen.
- Nur mit einer Diktatur kann man ein Land regieren.

10.3

Der Konjunktiv I and indirect speech

*—Ich komme mit euch ins Spielzeugland. Auch wenn meine Mama sagt, es **sei** verboten.*

- To report what someone else has said, when *speaking* German, use the **Konjunktiv II** or **würde**-form of the verb, or use indirect speech. In *written* German, use quotation marks with an exact quote, or use indirect speech. The **Konjunktiv I**, used to report indirect speech, is often found in the news and in informative articles.

Indirect Speech	
Direct Quotation	Der König sagte: „Die Königin wird kommen.“ *The king said, “The queen will come.”*
***Konjunktiv II* or *würde* + infinitive**	Der König sagte, dass die Königin **kommen würde**. *The king said that the queen would come.*
Konjunktiv I	Der König sagte, die Königin **werde kommen**. *The king said the queen will come.*

- The **Konjunktiv I** is formed from the stem of the infinitive and the appropriate endings: **–e**, **–(e)st**, **–e**, **–en**, **–et**, **–en**. In the **Konjunktiv I**, stem-changing verbs do not change; they, too, are formed using the infinitive.

- Modals in the **Konjunktiv I** add the appropriate endings to the infinitive stem.

***Konjunktiv I* of modals**

	wollen	sollen	können	mögen	dürfen	müssen
ich	wolle	solle	könne	möge	dürfe	müsse
du	wollest	sollest	könnest	mögest	dürfest	müssest
er/sie/es	wolle	solle	könne	möge	dürfe	müsse
wir	wollen	sollen	können	mögen	dürfen	müssen
ihr	wollet	sollet	könnet	möget	dürfet	müsset
sie/Sie	wollen	sollen	können	mögen	dürfen	müssen

- The conjugation of **sein** is irregular in the **Konjunktiv I**. It is based on the stem of the infinitive, but it does not add endings in the **ich** and **er** form.

ich sei	**wir seien**
du seiest	**ihr seiet**
er/sie/es sei	**sie/Sie seien**

- If the original sentence has a modal in the past tense, the sentence is reported using a double infinitive.

  Max: „Ich **musste** mit 18 zur Armee **gehen**."
  Max sagte, er **habe** mit 18 zur Armee **gehen müssen**.
  *Max said he **had to join** the army at 18.*

- If the **Konjunktiv I** form of the verb is identical to the **Indikativ**, the **Konjunktiv II** form or the **würde**-form [+ *infinitive*] is used for clarity.

Indikativ	Konjunktiv I	Konjunktiv II (*preferred*)
ich mache	ich mache	ich machte / würde machen
du machst	du machest	du machtest / würdest machen
er/sie/es macht	er/sie/es mache	er/sie/es machte / würde machen
wir machen	wir machen	wir machten / würden machen
ihr macht	ihr machet	ihr machtet / würdet machen
sie/Sie machen	sie/Sie machen	sie/Sie machten / würden machen

- If the original sentence is in the past tense, the reported speech sentence must also be in the past tense. There is only one **Konjunktiv I** form of the past tense. The past tense form of the **Konjunktiv I** requires the **Konjunktiv I** of either **haben** or **sein** [+ *past participle*].

Past tense	*Konjunktiv I*
Der liberale Student hat protestiert. Der liberale Student protestierte. *The liberal student protested.*	Sie sagte, der liberale Student **habe protestiert**. *She said that the liberal student **had protested**.*

- The **Konjunktiv I** can also be used to report questions. The introductory phrase can include such verbs as **fragen** and **sich fragen**.

  Lola: „Wann wurde die Sklaverei abgeschafft?"
  Lola **fragte**, wann die Sklaverei abgeschafft worden sei.
  *Lola **asked** when slavery had been abolished.*

- Commands can be rendered in indirect speech by using the modal **sollen** in the **Konjunktiv I** with the infinitive of the verb from the original command.

  Der Soldat: „Kämpft mit uns!"
  Der Soldat sagte, wir **sollen** mit ihnen **kämpfen**.
  *The soldier said we **should fight** with them.*

  Die Königin: „**Singen** Sie die Nationalhymne!"
  Die Königin sagte, wir **sollen** die Nationalhymne **singen**.
  *The queen said we **should sing** the national anthem.*

- The **Konjunktiv I** can also be found with certain commands.

  Es lebe der Frieden! *Long live peace!*
  Gott sei Dank! *Thank God!*
  Es werde Licht! *Let there be light!*

QUERVERWEIS

To review the **Konjunktiv II**, see **Strukturen 8.1, pp. 278-279** and **8.2, pp. 282-283**.

ACHTUNG!

Sentences using reported or indirect speech are often introduced by such verbs as **meinen**, **denken**, **glauben**, **erörtern** (*to expand on*), **behaupten** (*to maintain*), **antworten**, **wiederholen**.

Anwendung

1 **Unsere Meinung zur Politik** Vervollständigen Sie den Zeitungsartikel mit dem **Konjunktiv I** der angegebenen Verben.

Die Deutschen heute stehen der Politik und den Politikern immer noch skeptisch gegenüber. Eine vor kurzem abgehaltene Umfrage erbrachte folgende Meinungen von unterschiedlichen Einwohnern einer Kleinstadt. Gerhilde Frankel meinte, man (1) ________ (können) sich nicht auf die Politiker verlassen. Ihr Nachbar Ludwig Holz stimmte ihr zu, der Machtmissbrauch (2) ________ (herrschen) in allen Ländern. Andere Einwohner waren weniger pessimistisch. Die Frau des Bürgermeisters behauptete, eine Regierung (3) ________ (tun) immer sehr viel für die Einwohner. Der Bürgermeister selbst betonte, eine Regierung (4) ________ (sollen) alles machen, um einen hohen Lebensstandard zu sichern. Ursula Kramer betonte, ein Bundeskanzler (5) ________ (haben) die Pflicht, den Leuten zu helfen. Ihr Mann, Peter Kramer, sagte wiederum, ein Mensch (6) ________ (wissen) nicht immer, was er (7) ________ (brauchen). Er dachte, ein Politiker (8) ________ (sein) gewählt worden, um die Probleme zu lösen. Die Jugendlichen meinten, Politiker zu werden, (9) ________ (kosten) viel Zeit. Als ein Junge gefragt wurde, ob er gern Politiker sein (10) ________ (wollen), antwortete er mit *nein*.

2 **Wie wir wählen** Geben Sie die Meinungen in indirekter Rede wieder.

Beispiel **Daniela: „Das Regierungssystem braucht Hilfe!“**
Rainer: „Jeder Bürger soll sich mehr mit Politik beschäftigen.“
Daniela sagte, dass das Regierungssystem Hilfe brauche.
Rainer antwortete, dass jeder Bürger sich mehr mit Politik beschäftigen solle.

1. Monika: „Ich wähle immer die Sozialdemokraten.“
   Jens: „Ich meine, sie sind auch eine gute Wahl.“
2. Larisa: „Ich habe letztes Jahr zum ersten Mal gewählt.“
   Lukas: „Ich darf schon seit zwei Jahren wählen.“
3. Kurt: „Nach dem Wahlsieg war ich total froh!“
   Katerina: „Nach der Niederlage meines Kandidaten wollte ich nur weinen.“
4. Sarah: „Ich habe großen Respekt für die Kongressabgeordneten.“
   Stefan: „Ich finde die meisten auch ehrlich und fleißig.“

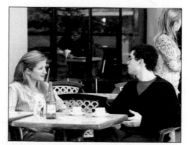

KULTURANMERKUNG

In Deutschland darf man mit 18 Jahren wählen, solange man die deutsche Staatsangehörigkeit hat. Die Wahl ist geheim und wird nicht überwacht. Die Wahl zum neuen Bundeskanzler erfolgt alle vier Jahre. In der Schweiz ist man auch mit 18 Jahren wahlberechtigt°. In Österreich darf man seit 2007 schon mit 16 Jahren wählen.

wahlberechtigt *entitled to vote*

Practice more at **vhlcentral.com.**

Kommunikation

3

Unser Land Sie schreiben einen Zeitungsartikel zum Thema „nationale Identität". Sie haben einige Zitate von verschiedenen Leuten und müssen sie jetzt in Ihren Artikel integrieren. Schreiben Sie zu zweit die Zitate in den **Konjunktiv I** um. Ändern Sie die Pronomen und sonstiges, wenn nötig.

Beispiel **Johann Streng, Student: „Unsere Nationalmannschaft führte uns zum Sieg."**

Der Student sagte, ihre Nationalmannschaft habe sie zum Sieg geführt.

1. Lutz Fragnach, Professor: „Ich bin froh, Deutscher zu sein."
2. Juliana Lewitski, Studentin: „Unsere Unis sind multikulturell!"
3. Gertrud Kloch, Politikerin: „Ein Wahlsieg für mich wird das Beste für unser Land sein."
4. Fritz Schmidt, Arbeiter: „Heben Sie die Fahnen hoch!"
5. Anna, Rechtsanwältin: „Unsere Geschichte mag kompliziert sein, aber wir sind es nicht."

4

Ein Telefonat Besprechen Sie zu zweit ein Telefongespräch, das Sie neulich hatten. Verwenden Sie den **Konjunktiv I**.

Beispiel —Gestern habe ich mit meiner Schwester, die in der Hauptstadt wohnt, telefoniert. Sie erzählte viel von den Skandalen um die Politiker dort.

—Was erzählte sie denn?

—Na ja, der eine Politiker habe viel Geld für ein Auto ausgegeben. Alle meinen, das Geld sei von Steuergeldern gekommen.

5

Eine Bildgeschichte Stellen Sie sich vor, was die Personen sagen. Arbeiten Sie in Gruppen. Schreiben Sie den Text in jede Sprechblase (*speech bubble*). Verwenden Sie danach den **Konjunktiv I**, um den anderen zu erzählen, was jeder sagt.

6

Die neue Politik

A. Stellen Sie sich vor, Sie gründen eine neue politische Partei. Arbeiten Sie in Gruppen. Denken Sie darüber nach, was Ihre politischen Meinungen zu Ihrem Land sind. Schlagen Sie mindestens drei Parolen (*slogans*) vor, die Ihre Wünsche für Ihr Land zeigen. Verwenden Sie den **Konjunktiv I**.

B. Ihre neue politische Partei hat bei der Wahl gewonnen! Sie gehören jetzt dem Parlament an. Besprechen Sie mit einer anderen Gruppe, was die Einwohner Ihres Landes von der Regierung wollen. Bilden Sie Sätze im **Konjunktiv I**, in denen Sie erklären, was die Wähler Ihres Landes gesagt haben.

Beispiel —Die Wähler haben gesagt, der Krieg müsse bald zu Ende sein.

—Mag sein, aber die meisten Politiker meinen, das sei unmöglich.

KULTURANMERKUNG

Im deutschen Bundestag gibt es folgende politische Parteien: CDU (Christlich-Demokratische Union Deutschlands), SPD (Sozialdemokratische Partei Deutschlands), Bündnis 90/Die Grünen, FDP (Freie Demokratische Partei) und Die Linke.

Synthese

1 **Sprechen wir** Lesen Sie die Schlagzeilen und beantworten Sie die Fragen. Arbeiten Sie in Gruppen.

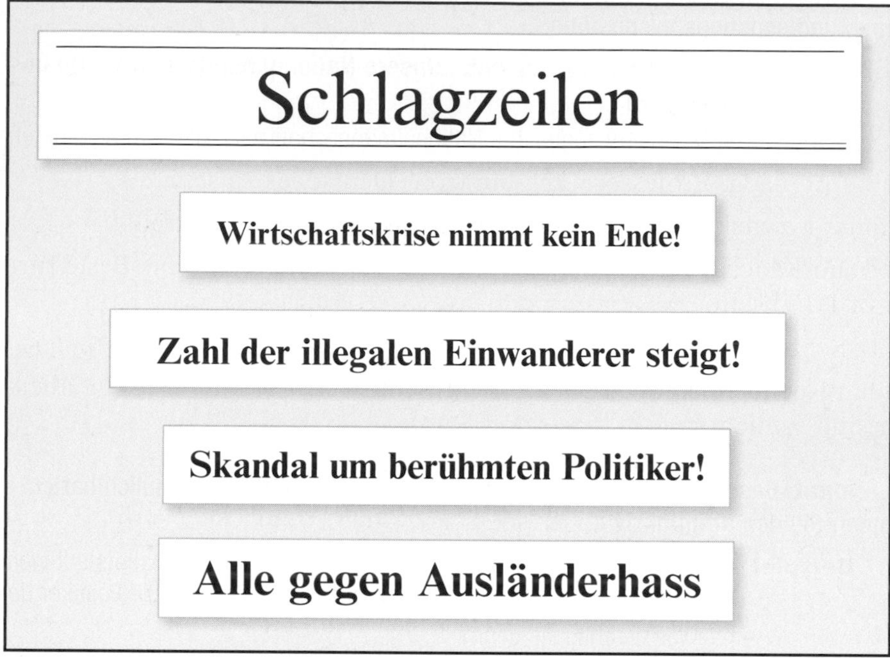

Schlagzeilen
Wirtschaftskrise nimmt kein Ende!
Zahl der illegalen Einwanderer steigt!
Skandal um berühmten Politiker!
Alle gegen Ausländerhass

1. Welches Thema macht Ihnen am meisten Sorgen? Warum?
2. Welche Lösungen oder Vorschläge haben Sie für diese Probleme?
3. Sind Sie mit Ihrer Regierung zufrieden? Macht sie alles, was sie soll?
4. Wenn Sie mit den Politikern reden könnten, was würden Sie ihnen sagen?
5. Was können die Einwohner des Landes machen, um die Situation zu verbessern?

2 **Schreiben wir** Wählen Sie eines der folgenden Themen. Schreiben Sie ungefähr eine Seite darüber. Verwenden Sie das **Plusquamperfekt, Infinitivformen mit zu** und **Konjunktiv I.**

- Schreiben Sie einen Text für einen Vortrag, durch den Sie andere Student(inn)en davon überzeugen wollen, politisch aktiv zu werden. Besprechen Sie die Probleme in Ihrer Stadt, was schon gemacht wurde und was die Student(inn)en noch tun könnten.
- Schreiben Sie eine politische Rede, in der Sie eine(n) Kandidat(in) unterstützen. Geben Sie gute Argumente dafür, warum Sie ihn/sie unterstützen. Was hat er/sie schon geleistet? Was wird er/sie noch tun?

Strategien für die Kommunikation

Eine Rede halten

Meine sehr geehrten Damen und Herren!
Liebe Zuhörer und Zuhörerinnen!
Ich danke für Ihre Aufmerksamkeit (*attention*).
Wörter aus dieser Lektion, z.B.: bedauern, beeindrucken, beeinflussen, das Gesetz, leiten, missbrauchen, regieren, überwinden, verteidigen, wählen, widmen

Vorbereitung

Wortschatz der Lektüre

- **das Abkommen, -** *agreement*
- **auflösen** *to dissolve*
- **das Gebet, -e** *prayer*
- **die Schautafel, -n** *information boards; posters*
- **subventionieren** *to subsidize*
- **der Unmut** *discontent*
- **unterteilen** *to subdivide*
- **(j-m etwas) zusprechen** *to award (something to someone)*

Nützlicher Wortschatz

- **damalig** *of that time*
- **der Gedenktag, -e** *commemoration day*
- **gewalttätig** *violent*

1 **Welches Wort passt?** Vervollständigen Sie die Sätze mit passenden Wörtern aus der Liste.

1. An einem ________ erinnert man sich an ein wichtiges Ereignis.
2. Wenn eine Regierung mit Geldern Lebensmittel, Wohnungen und Theater unterstützt, dann werden diese Dinge ________.
3. Nach dem Krieg haben alle Länder ________ unterschrieben.
4. Sonntags in der Kirche sprechen die Leute ________.
5. In Nationalparks gibt es ________, die die Wege, Tiere und Pflanzen zeigen.
6. Demonstrationen können ________ oder friedlich verlaufen.

2 **Bedeutende Ereignisse** Lesen Sie das Zitat zu zweit durch und besprechen Sie dann die folgenden Fragen.

> Eines Tages – vielleicht in Jahren, vielleicht erst in Jahrzehnten – wird hoffentlich die deutsche Einheit so selbstverständlich sein, dass es uns merkwürdig (*odd*) vorkommen mag, sie eigens (*expressly*) zu feiern. (Johannes Rau)

1. Die Vereinigung Deutschlands war ein wichtiges Ereignis in der Geschichte Deutschlands. Warum wohl wünschte sich der damalige Bundespräsident, dass man dieses Ereignis irgendwann nicht mehr feiern würde?
2. Kennen Sie andere politische Gedenktage in der deutschen Geschichte? Woran sollen sie erinnern?

3 **Mauern und Tore** Sehen Sie sich das Bild in Gruppen an und besprechen Sie die Fragen.

1. Wie heißt das Tor auf dem Foto und was wissen Sie über seine geschichtliche Bedeutung?
2. Vor der Mauer bilden die Leute eine Menschenkette. Warum wohl?
3. Was symbolisieren Mauern, was Tore? Warum ist die Verbindung von beiden auf diesem Foto so wirksam?

KULTURANMERKUNG

Der 8. Bundespräsident Deutschlands

Johannes Rau (1931-2006) war Politiker von Beruf. Er gehörte der SPD an und hat viele verschiedene Ämter in der Bundesrepublik bekleidete. So war er von 1969-1970 Oberbürgermeister von Wuppertal und wurde danach Minister für Wissenschaft und Forschung in Nordrhein-Westfalen. Während seiner Amtszeit° wurden dort zahlreiche Universitäten gegründet. Danach war er 20 Jahre lang Ministerpräsident von Nordrhein-Westfalen und 1999 wurde er schließlich Bundespräsident. Dieses Amt bekleidete er bis 2004. Eine seiner letzten Amtshandlungen° war die Einweihung° der Frauenkirche in Dresden am 30. Oktober 2005.

Amtszeit *term in office*
Amtshandlungen *acts carried out while in office*
Einweihung *inaugural ceremony*

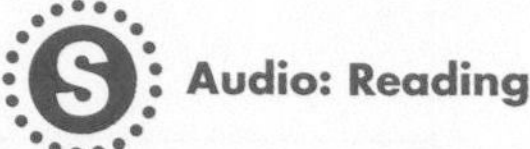

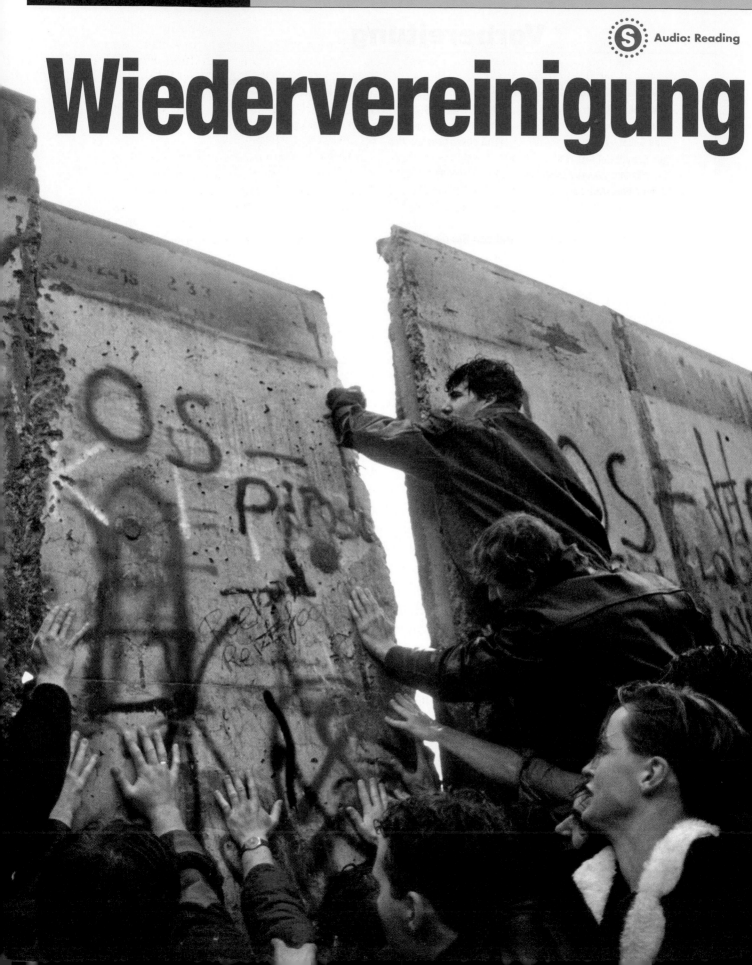

Wiedervereinigung

Man sagt, dass Menschen sich mit ihrer Heimat identifizieren. Eine Heimat ist de facto auch immer Teil eines Staates, einer politischen Einheit. Im politischen Denken des 19. Jahrhunderts war der Staat die Heimat einer Nation, die sich durch eine gemeinsame Sprache, Kultur und Geschichte definierte. Heutzutage, in unserer globalisierten Welt ist das nicht mehr wirklich der Fall, weil Menschen unterschiedlicher Herkunft, Kultur und Religion sich überall auf der Welt ansiedeln und weil staatliche Grenzen durch politische Abkommen neu geschaffen wurden. Gute Beispiele für solch einen Umdefinierungsprozess° in der deutschen Geschichte sind Brandenburg und Sachsen.

Brandenburg war Teil von Preußen, gehörte zur Weimarer Republik und später zum Dritten Reich. Nach Ende des 2. Weltkrieges wurde der östliche Teil Polen zugesprochen. Der Rest wurde zu DDR-Zeiten aufgelöst und in mehrere Bezirke° unterteilt. Seit der Vereinigung Deutschlands existiert Brandenburg als Bundesland und ein Zusammenschluss mit Berlin zu einem neuen Bundesland namens Berlin-Brandenburg wurde 1996 durch einen Volksentscheid° abgelehnt°.

Wie Brandenburg hat auch Sachsen viele politische Wandlungen° durchgemacht. Es war ein mittelalterliches Herzogtum°, ein Kurfürstentum°, ein Königreich, eine Republik und im Dritten Reich dann ein Gau°. Als Teil des Abkommens der Potsdamer Konferenz, die 1945 im Cecilienhof in Potsdam stattfand, fiel Sachsen der Sowjetunion zu°. 1952 wurde es durch die kommunistische Regierung der DDR in Bezirke aufgeteilt. Aber seit 1990 besteht es als eins der 16 Bundesländer der Bundesrepublik Deutschland.

Offiziell gab es in der DDR keine Arbeitslosigkeit, dafür staatlich subventionierte Lebensmittel und Wohnungen sowie eine Wahlbeteiligung° von beinahe 100%. Nicht schlecht, oder? Aber das Leben der DDR-Bürger war sehr durchstrukturiert und wurde ab 1950 durch das Ministerium für Staatssicherheit, die Stasi, überwacht°. Die Bürger der DDR wurden immer unzufriedener mit ihrer Regierung.

In der Nikolaikirche in Leipzig tauchte im November 1982 erstmals ein neues Symbol auf einer Schautafel auf: „Schwerter zu Pflugscharen". Dieses biblische Zitat ermahnte zum Frieden und wurde zum Slogan für die kommende gewaltfreie Bürgerrechtsbewegung, die damals noch keimte°, dann aber die DDR weniger als ein Jahrzehnt später stürzte°. Seit Mitte der 80er Jahre äußerten die Menschen hier ihren Unmut in Friedensgebeten.

Daraus entwickelten sich ab dem 4. September 1989 die friedlichen Montagsdemonstrationen. Die Leute protestierten u.a. mit dem Ruf „Wir sind das Volk". Sie demonstrierten gegen die SED-Herrschaft und besonders für Demokratie, freie Wahlen, Reisefreiheit und die Einheit Deutschlands. Bald fanden die Montagsdemonstrationen auch in vielen anderen Städten wie z.B. Dresden, Halle, Rostock und Schwerin statt – und sie waren nicht mehr aufzuhalten°. Was mit ein paar Kerzen, Blumen, Gebeten und Aufklebern angefangen hatte, war zu einer gigantischen Bewegung geworden. Ende Oktober 1989 flohen Einwohner der DDR über Ungarn und Österreich in den Westen, am 9. November 1989 fiel dann endlich die Mauer und die Grenze wurde geöffnet.

Nicht zuletzt dank der Bemühungen° jener mutigen Demonstranten von 1989 sind Brandenburg und Sachsen heute zwei von 16 Bundesländern des vereinten Deutschlands. Seit dem 3. Oktober 1990 schmelzen Ost und West immer mehr zusammen° und eines Tages geht Johannes Raus Wunsch wohl wirklich in Erfüllung: Die Vereinigung wird zur Selbstverständlichkeit°, die Ungleichheiten zwischen Ost und West werden verschwinden und auch die Kopfmauern° werden fallen. ein Volk. ■

- process of redefining itself
- districts
- referendum/rejected
- changes
- medieval duchy
- electorate
- district in the 3rd Reich
- fell to the jurisdiction of
- poll
- spied upon
- was still germinating
- toppled
- there was no stopping them
- efforts
- melt together
- a given
- mental walls

Die Frauenkirche

Der Architekt Georg Bähr erbaute um 1730 die barocke Frauenkirche in Dresden. Sie war und ist ein Wahrzeichen° der Stadt. Mitte Februar 1945 fiel die Kirche dem Bombardement Dresdens zum Opfer und stürzte ein°. Fast 50 Jahre lag sie da, ein Haufen Steine°. Neben der Ruine fanden 1989 Dresdens friedliche Demonstrationen gegen die SED-Regierung statt. Und heute steht die wieder aufgebaute Frauenkirche als Symbol der Versöhnung° der Krieg führenden° Nationen von damals.

Wahrzeichen *symbol* **stürzte ein** *collapsed* **Haufen Steine** *pile of rocks* **Versöhnung** *reconciliation* **Krieg führenden** *war faring*

Analyse

1

Wie endet der Satz? Wählen Sie das richtige Wort oder Satzende.

1. Zu DDR-Zeiten wurde Brandenburg ____.
   a. in mehrere Bezirke aufgeteilt b. Teil von Polen
   c. mit Berlin zu einem Staat verschmolzen
2. Wegen des Potsdamer Abkommens ____.
   a. wurde Sachsen ein Königreich b. fiel Sachsen der Sowjetunion zu
   c. wurde Sachsen ein westdeutsches Bundesland
3. Die Regierung der DDR ____.
   a. wurde durch freie Wahl gewählt
   b. subventionierte weder Wohnungen noch Lebensmittel
   c. war sozialistisch
4. Die Nikolaikirche ____.
   a. war der Ort, wo die Menschen für Frieden beteten b. steht in Dresden
   c. wurde von Bomben zerstört
5. Die Montagsdemonstrationen ____.
   a. fanden nur in Leipzig statt
   b. gingen aus den Friedensgebeten in der Nikolaikirche hervor
   c. unterstützten die SED-Herrschaft

KULTURANMERKUNG

Das Potsdamer Abkommen

Durch das Potsdamer Abkommen nach dem Ende des 2. Weltkrieges wurde Deutschland in vier Zonen geteilt und die NS-Kriegsverbrecher° sollten bestraft° werden. Außerdem sollte in Deutschland hauptsächlich Agrarwirtschaft betrieben° werden und seine Exporte sollten auf Kohle, Bier, Spielzeuge und Textilien beschränkt° bleiben. Die Sowjetunion konnte Reparationen aus ihrer Zone beziehen.

Kriegsverbrecher *war criminals* **bestraft** *punished* **betrieben** *pursued* **beschränkt** *limited*

2

Geschichte Besprechen Sie in Gruppen die folgenden Fragen.

1. Was wissen Sie über die Geschichte Deutschlands vor dem 20. Jahrhundert?
2. Was genau passierte nach dem 2. Weltkrieg mit Deutschland (und Österreich)?
3. Was wissen Sie über die Geschichte der DDR und der Bundesrepublik?
4. Welche politischen Slogans kennen Sie? Sind Sie für oder gegen etwas?
5. Wofür/Wogegen haben Sie schon einmal demonstriert? Warum, warum nicht?
6. Sie können eine Reise durch die Geschichte machen und an einem historischen Ereignis teilnehmen. Welches würden Sie auswählen und warum?

3

Konfliktlösungen

A. Füllen Sie die Tabelle in Gruppen aus. Besprechen Sie Lösungen für politische, religiöse, ideologische, medizinische und gesellschaftliche Konflikte der heutigen Zeit.

	Konflikt	Lösung(en)
Land/Staat (Außenpolitik?)	Staatsgrenzen	
Religion	Gottesdienste verschiedener Religionen an demselben geheiligten Ort	
Ideologie	Demokraten oder Republikaner	
Medizin	Stammzellenforschung mit Embryos	
Gesellschaft	Raucher oder Nichtraucher	

B. Dann präsentiert jede Gruppe eine ihrer Lösungen der Klasse. Die Klasse wählt einen der Konflikte für eine Plenardiskussion aus.

 Practice more at **vhlcentral.com.**

Vorbereitung

Über den Schriftsteller

Bertolt Brecht (1898–1956) war ein bedeutender deutscher Dichter, Dramatiker und Theaterregisseur. Sein Konzept des Verfremdungseffekts (*alienation effect*) hat viele spätere Autoren nachhaltig beeinflusst. Während des Dritten Reiches musste er ins Exil und lebte anfangs in skandinavischen Ländern und später in Kalifornien. Nach dem Krieg kehrte er nach Berlin zurück und gründete dort sein eigenes Theater. Viele seiner Werke werden weiterhin in aller Welt aufgeführt.

Wortschatz des Gedichts

achtlos *careless*
der Aufruhr, -e *uprising, revolt*
finster *dark, grim*
die Nachsicht *leniency*
die Unempfindlichkeit, -en *insensitivity*
die Untat, -en *atrocious deed*
vergelten *to repay*
verzerren *to distort*

Nützlicher Wortschatz

(sich) einschätzen (als) *to assess*
der/die Obdachlose, -n *homeless person*
vergehen (vor) *to be dying (of)*
verrichten *to perform, to carry out*

1 **Was passt zusammen?** Suchen Sie für jedes Wort die richtige Definition oder das richtige Synonym.

____ 1. verrichten	a. jemand, der kein Zuhause hat
____ 2. der Aufruhr	b. ein grausames Verbrechen
____ 3. der Obdachlose	c. machen, tun
____ 4. die Unempfindlichkeit	d. ohne Aufmerksamkeit oder Liebe
____ 5. die Untat	e. die Revolution
____ 6. achtlos	f. das Gegenteil von Sensibilität

2 **Auf der Bühne** Vervollständigen Sie den Text mit passenden Wörtern aus der Liste.

Oh, Bruder! Wohin führst du mich in dieser (1) ________ Nacht? Wir laufen (2) ________ durch die Straßen und ich (3) ________ fast vor Hunger. Ins Theater willst du mich leiten, wo die Bilder die Realität (4) ________? Wo Helden kämpfen, anstatt (5) ________ mit ihren Feinden zu haben? Wo die Guten die (6) ________ der Bösen (7) ________? Auf, Bruder! Führ mich ins Theater!

3 **Gespräch** Beantworten Sie in Gruppen die folgenden Fragen.

1. Schauen Sie sich den Titel der Kurzgeschichte an. Wer sind die Nachgeborenen?
2. In seinem Gedicht macht Brecht sich Gedanken über Menschen, die hungern müssen und nicht genug zu trinken haben. Wo gibt es heutzutage noch Menschen mit solchen Problemen, und wie wird ihnen geholfen?
3. Waren Sie schon einmal in einer Situation, in der Sie eigentlich nicht viel tun konnten? Was haben Sie trotzdem getan?

KULTURANMERKUNG

Seit 1892 steht das vielleicht prächtigste Theatergebäude in Berlin am Schiffbauerdamm. Die bedeutendsten Theaterregisseure Deutschlands haben hier Stücke deutscher klassischer und zeitgenössischer Dramatiker inszeniert. 1949 gründete Brecht, zusammen mit seiner Frau Helene Weigel, das *Berliner Ensemble*. Es zog 1954 in das Gebäude am Schiffbauerdamm und gab ihm seinen bleibenden Namen: *Berliner Ensemble*. Brecht erlebte noch die Aufführung seines Dramas *Der kaukasische Kreidekreis*, verstarb dann aber während der Arbeit an seinem Stück *Leben des Galilei*.

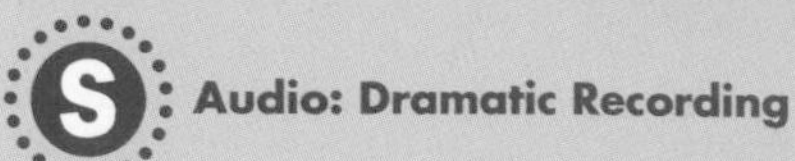

An die Nach

geborenen

Bertolt Brecht

I

Wirklich, ich lebe in finsteren Zeiten!
guileless/absurd Das arglose° Wort ist töricht°. Eine glatte Stirn
Deutet auf Unempfindlichkeit hin. Der Lachende
Hat die furchtbare Nachricht
Nur noch nicht empfangen.

Was sind das für Zeiten, wo
Ein Gespräch über Bäume fast ein Verbrechen ist
Weil es ein Schweigen über so viele Untaten einschließt!
Der dort ruhig über die Straße geht
Ist wohl nicht mehr erreichbar für seine Freunde
Die in Not sind?

earn my living Es ist wahr: ich verdiene noch meinen Unterhalt°
Aber glaubt mir: das ist nur ein Zufall. Nichts
entitles Von dem, was ich tue, berechtigt° mich dazu, mich sattzuessen.
spared/breaks off Zufällig bin ich verschont°. (Wenn mein Glück aussetzt°,
bin ich verloren.)

Man sagt mir: Iß und trink du! Sei froh, daß du hast!
Aber wie kann ich essen und trinken, wenn
Ich dem Hungernden entreiße, was ich esse, und
Mein Glas Wasser einem Verdurstenden fehlt?
Und doch esse und trinke ich.

Ich wäre gerne auch weise.
In den alten Büchern steht, was weise ist:
Sich aus dem Streit der Welt halten und die kurze Zeit
Ohne Furcht verbringen
Auch ohne Gewalt auskommen
Böses mit Gutem vergelten
Seine Wünsche nicht erfüllen, sondern vergessen
Gilt für weise.
Alles das kann ich nicht:
Wirklich, ich lebe in finsteren Zeiten!

II

In die Städte kam ich zur Zeit der Unordnung
Als da Hunger herrschte.
Unter die Menschen kam ich zu der Zeit des Aufruhrs
Und ich empörte mich mit ihnen.
passed So verging° meine Zeit
Die auf Erden mir gegeben war.

Mein Essen aß ich zwischen den Schlachten
Schlafen legte ich mich unter die Mörder
Der Liebe pflegte ich achtlos
Und die Natur sah ich ohne Geduld.
So verging meine Zeit
Die auf Erden mir gegeben war.

Die Straßen führten in den Sumpf zu meiner Zeit.
slaughterer Die Sprache verriet mich dem Schlächter°.
could do Ich vermochte° nur wenig. Aber die Herrschenden
Saßen ohne mich sicherer, das hoffte ich.
So verging meine Zeit
Die auf Erden mir gegeben war.

low Die Kräfte waren gering°. Das Ziel
Lag in großer Ferne
Es war deutlich sichtbar, wenn auch für mich
Kaum zu erreichen.
So verging meine Zeit
Die auf Erden mir gegeben war.

III

Ihr, die ihr auftauchen werdet aus der Flut
In der wir untergegangen sind
Gedenkt
weaknesses Wenn ihr von unseren Schwächen° sprecht
Auch der finsteren Zeit
escaped Der ihr entronnen° seid.

Gingen wir doch, öfter als die Schuhe die Länder wechselnd
Durch die Kriege der Klassen, verzweifelt
resistance Wenn da nur Unrecht war und keine Empörung°.

Dabei wissen wir doch:
meanness Auch der Haß gegen die Niedrigkeit°
features Verzerrt die Züge°.
Auch der Zorn über das Unrecht
hoarse Macht die Stimme heiser°. Ach, wir
Die wir den Boden bereiten wollten für Freundlichkeit
Konnten selber nicht freundlich sein.

Ihr aber, wenn es so weit sein wird
Daß der Mensch dem Menschen ein Helfer ist
Gedenkt unsrer
Mit Nachsicht ■

Analyse

1 **Verständnis** Markieren Sie die folgenden Aussagen über den Text als **richtig** oder **falsch**. Korrigieren Sie anschließend zu zweit die falschen Aussagen.

Richtig	Falsch	
☐	☐	1. Nur unempfindliche Menschen haben eine glatte Stirn.
☐	☐	2. Gespräche über die Natur sind gut.
☐	☐	3. Wer ruhig über die Straße geht, sorgt sich um seine Freunde.
☐	☐	4. Der Ich-Erzähler hat zufällig genug zu essen.
☐	☐	5. Weise ist der, der nicht ohne Gewalt leben kann.
☐	☐	6. Die Nachgeborenen sollen nicht ungerecht über den Ich-Erzähler und seine Generation urteilen.
☐	☐	7. Die Zeitgenossen des Ich-Erzählers blieben immer in einem Land.
☐	☐	8. Die Zeitgenossen des Ich-Erzählers sprachen mit freundlichen Stimmen.

2 **Interpretation** Verbinden Sie die Satzanfänge mit den richtigen Satzenden.

1. Der Ich-Erzähler
   a. lebte in finsteren Zeiten. b. sprach oft über Bäume.
2. Der Ich-Erzähler konnte sich satt essen,
   a. was er als gerecht empfand. b. weil er Glück hatte.
3. Weise ist,
   a. wer ohne Streit in der Welt lebt.
   b. wer furchtlos seine Wünsche erfüllt.
4. Der Ich-Erzähler
   a. war ein guter Liebhaber.
   b. kam unter die Menschen, als Aufruhr herrschte.
5. Der Ich-Erzähler hatte ein Ziel,
   a. das er auf jeden Fall leicht erreichen konnte.
   b. das fern, aber deutlich sichtbar war.
6. Der Ich-Erzähler hofft, dass die Nachgeborenen in einer Zeit leben,
   a. in der der Mensch seinen Mitmenschen hilft.
   b. die ähnlich finster ist wie seine eigene.

3 **Der Ich-Erzähler** Beantworten Sie zu zweit die folgenden Fragen über den Ich-Erzähler des Gedichts.

1. In welcher Zeit lebte der Ich-Erzähler und was ist damals passiert?
2. Warum schätzt der Ich-Erzähler sich als glücklich ein? Und warum hat er gleichzeitig ein schlechtes Gewissen?
3. Wie definieren die alten Bücher einen weisen Menschen? Was bedeutet das für den Ich-Erzähler? Warum gibt er diese Definition in diesem Gedicht?
4. Was meint der Ich-Erzähler, wenn er sagt, dass seine Sprache ihn verrät?
5. Welche Hoffnungen und Wünsche hat der Ich-Erzähler für die Nachgeborenen?

4 **Meinungen** Besprechen Sie in Gruppen die folgenden Aussagen. Stimmen Sie ihnen zu? Warum, warum nicht? Präsentieren Sie dann als Gruppe Ihre Meinungen der Klasse.

	Ja	Nein
1. Brecht schätzt viele seiner Zeitgenossen falsch ein.	☐	☐
2. Wenn Brecht weise gewesen wäre, hätte er dieses Gedicht nicht geschrieben.	☐	☐
3. Brecht vergeht vor Selbstmitleid.	☐	☐
4. Die Zeit, in der Brecht lebte, war viel aufregender und abwechslungsreicher als die heutige.	☐	☐
5. Brecht hat völlig richtig auf die Probleme seiner Zeit reagiert.	☐	☐
6. Brecht sieht die Zukunft viel zu optimistisch.	☐	☐

5 **Gespräch** Stellen Sie einander die folgenden Fragen.

1. Was weißt du über die Ereignisse der 1930er und 1940er Jahre in Deutschland?
2. Auf welche historische Situation bezieht sich dieses Gedicht? Warum? Könnte es sich für heutige Leser auch auf andere Zeiten beziehen? Warum?
3. Glaubst du, dass wir, die heutigen Leser(innen), die Nachgeborenen sind, die Brecht mit seinem Gedicht anspricht? Warum, warum nicht?
4. Glaubst du, dass die Zeit „danach" schon vorüber ist, schon da ist, oder vielleicht erst noch kommt? Welche Argumente stützen deine Meinung?
5. Inwiefern ist dieses Gedicht zeitlos?

6 **Ein Interview mit Brecht** Stellen Sie sich vor, Sie machen eine Zeitreise in die Vergangenheit und führen ein Gespräch mit Bertolt Brecht. Entscheiden Sie zu zweit, welche Fragen Sie ihm stellen wollen und wie er antworten würde. Führen Sie dann das Gespräch mit verteilten Rollen vor der Klasse auf. Eine(r) spielt Brecht, der/die andere den/die Interviewer(in) aus der heutigen Zeit. Beachten Sie die folgenden Fragen bei der Vorbereitung.

- Was war wohl Brechts Motivation, ein solches Gedicht zu schreiben?
- Was würden Sie Brecht über seine Erfahrungen im Exil fragen?
- Welche Fragen hätte Brecht an die Menschen von heute?

7 **Zum Thema** Schreiben Sie einen Aufsatz von ungefähr 100 Wörtern zu einem der folgenden Themen.

- Was meinte Brecht wohl, wenn er sagt: „...die Herrschenden saßen ohne mich sicherer, das hoffte ich?" Wer waren die Herrschenden? Warum hoffte er, dass sie ohne ihn „sicherer saßen"? Was hätte er gegen sie machen können? Hätte er Erfolg gehabt?
- Schreiben Sie Ihren eigenen Aufruf (in Form eines Aufsatzes, eines Briefes oder eines Gedichts) an Ihre Nachgeborenen. Beschreiben Sie Ihre Gefühle über die Zeit, in der Sie leben, was Ihre Generation erreicht oder nicht erreicht hat, und was Ihre Hoffnungen für die Zukunft sind.

KULTURANMERKUNG

Wie viele andere deutsche Autoren verbrachte Brecht die Jahre des Dritten Reiches bis nach der Aufteilung Deutschlands in Besatzungszonen° im Exil. Er lebte zuerst in Norwegen und Schweden, dann eine Weile in der Sowjetunion und ging schließlich in die USA. Während dieser gesamten Zeit schrieb er weiterhin Theaterstücke und verhielt sich Hitler und seinem Regime gegenüber äußerst kritisch. Angeregt° durch seine Studien über den Marxismus zog er 1948 nach Ostberlin.

Besatzungszonen *occupation zones*
Angeregt *Animated*

Practice more at **vhlcentral.com.**

Anwendung

Vorbereitung: Hauptpunkte eines guten Aufsatzes

Es gibt natürlich keine unfehlbare Formel, wie man einen guten Aufsatz schreibt. Man verbessert seine Schreibfähigkeiten durch ständige Übung und durch das Lesen gut geschriebener Texte. Achten Sie auf folgende Aspekte:

Präzision: Vermeiden Sie Redundanzen in Sprache und Gedanken. Streichen Sie (*Delete*) unnötige Wörter und schreiben Sie so klare und einfache Sätze wie möglich.

Ton: Verwenden Sie einen Ton, der angemessen ist für die Leserschaft, die Sie ansprechen wollen und für den Inhalt, den Sie vermitteln wollen.

Sprache: Gebrauchen Sie eine klare und konkrete Ausdrucksweise. Achten Sie auf die wichtigsten Wörter in jedem Satz und fragen Sie sich, welche Assoziationen diese bei dem Leser/der Leserin hervorrufen könnten.

Flüssiger Stil: Ihre Argumente sollen sich logisch und klar vom Anfang bis zum Ende des Aufsatzes entwickeln. Schreiben Sie Sätze oder Absätze um, die den Lesen/die Leserin verwirren könnten. Ihre Ideen müssen deutlich miteinander verbunden sein.

Anwendung Lesen Sie den folgenden Absatz über Bertolt Brecht und vergleichen Sie ihn zu zweit mit dem auf S. 371. Wo liegen die Probleme in der folgenden Version?

Wie wir alle wissen, schrieb Bertolt Brecht die *Dreigroschenoper*. Er war ein deutscher Dichter, der auch Dramen geschrieben hat. Nach dem Krieg gründete er sein eigenes Theater. Er war im Exil in Skandinavien und Kalifornien. Der Verfremdungseffekt von Brecht beeinflusste andere Autoren. Er lebte von 1898 bis 1956 und seine Werke werden immer noch aufgeführt. Er war auch ein Theaterregisseur.

Aufsatz Wählen Sie eins der folgenden Themen und schreiben Sie darüber einen Aufsatz.

Voraussetzungen

1. Ihr Aufsatz soll sich inhaltlich auf mindestens einen der vier Teile dieser Lektion (**Kurzfilm**, **Stellen Sie sich vor**, **Kultur** und/oder **Literatur**) beziehen.
2. Ihr Aufsatz muss mindestens eine Seite lang sein.
3. Revidieren und korrigieren Sie Ihren Aufsatz, um sicher zu sein, dass er präzise und flüssig geschrieben ist und dass der Ton und die Sprache angemessen sind.

1. Können die politischen Auseinandersetzungen der Vergangenheit uns helfen, in Zukunft eine harmonischere Gesellschaft zu gestalten?

2. Welche Bedeutung kommt einer nationalen Identität in einer Welt zu, in der Staatsgrenzen sich dauernd ändern und Menschen immer mobiler werden? Hat Patriotismus noch einen Platz in der heutigen Gesellschaft?

3. Die Ereignisse des 2. Weltkrieges haben die Welt nachhaltig verändert, aber Krieg und Völkermord sind immer noch alltägliche Begebenheiten (*occurrences*) in vielen Teilen der Erde. Haben die Lektionen der vergangenen Kriege irgendetwas am menschlichen Verhalten geändert? Was können wir tun, um Konflikte und Verfolgungen in der Welt zu beenden?

Geschichte und nationales Selbstverständnis

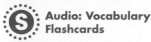

Audio: Vocabulary Flashcards

Politik

der Demokrat, -en/die Demokratin, -nen *Democrat*
die Demokratie, -n *democracy*
die Diktatur, -en *dictatorship*
der (Bundes)kanzler, -/die (Bundes) kanzlerin, -nen *(federal) chancellor*
der/die Kongressabgeordnete, -n *member of congress*
der/die Konservative, -n *Conservative*
der/die Liberale, -n *Liberal*
die (politische) Partei, -en *(political) party*
der Politiker, -/die Politikerin, -nen *politician*
der (Bundes)präsident, -en/die (Bundes) präsidentin, -nen *(federal) president*
das Regierungssystem, -e *system of government*
die (Bundes)republik, -en *(federal) republic*
der Republikaner, -/ die Republikanerin, -nen *Republican*
der Sozialdemokrat, -en/die Sozialdemokratin, -nen *Socio-Democrat*
die Wahlniederlage, -n *election defeat*
der Wahlsieg, -e *election victory*

führen *to lead*
regieren *to govern*
wählen *to elect; to vote*
gewählt werden *to be elected*

demokratisch *democratic*
faschistisch *fascist*
liberal *liberal*
monarchisch *monarchic*
republikanisch *republican*

Geschichte

die Armee, -n *armed forces*
der Frieden *peace*
das Heer, -e *army*
das Jahrhundert, -e *century*
das Jahrzehnt, -e *decade*
der Kaiser, -/die Kaiserin, -nen *emperor/empress*
der König, -e/die Königin, -nen *king/queen*
das Königreich, -e *kingdom*
der (Bürger/Welt)krieg, -e *(civil/world) war*
die Niederlage, -n *defeat*
der Sieg, -e *victory*
die Sklaverei *slavery*
die Waffe, -n *weapon*
die Zivilisation, -en *civilization*

befreien *to liberate*
besiegen *to defeat*
einfallen in (+ Akk.) *to invade*
erobern *to conquer*
kapitulieren *to surrender*
kolonisieren *to colonize*
stürzen *to overthrow*
unterdrücken *to oppress*
vertreiben *to expel*

siegreich *victorious*
stark/kräftig *powerful*

v. Chr. (vor Christus), v. u. Z. (vor unserer Zeit(rechnung)) *B.C., B.C.E.*
n. Chr. (nach Christus) *A.D., C.E.*

Nationen und nationale Identität

die Auswanderung, -en *emigration*
die Bevölkerung, -en *population*
die Einwanderung, -en *immigration*
die (Unter)entwicklung, -en *(under)development*
die Globalisierung, -en *globalization*
die Integration, -en *integration*
die Muttersprache, -n *native language*
der Rassismus *racism*
die Staatsbürgerschaft, -en *citizenship*
die Übervölkerung, -en *overpopulation*

bedauern *to regret*
erscheinen *to appear*
kämpfen *to struggle*
protestieren (gegen) *to protest*
überwinden *to overcome*
verschwinden *to disappear*

mehrsprachig *multilingual*
multikulturell *multicultural*

Kurzfilm

der Bengel, - *rascal*
die Gestapo (Geheime Staatspolizei) *secret police in the Third Reich*
der Judenstern, -e *Yellow Star*
die Judenverfolgung, -en *persecution of Jews*
das Konzentrationslager, - (das KZ) *concentration camp*
die Lüge, -n *lie*
das Malheur, -s *mishap*
die Noten (*pl.*) *sheet music*
die Rettung, -en *rescue, saving*
das Spielzeugland *toyland*

etwas erlauben *to allow something*
sich schwören *to vow*
etwas verraten *to reveal something*

Kultur

das Abkommen, - *agreement*
das Gebet, -e *prayer*
der Gedenktag, -e *memorial day*
die Schautafel, -n *information boards; posters*
der Unmut *discontent*

auflösen *to dissolve*
subventionieren *to subsidize*
unterteilen *to subdivide*
(j-m etwas) zusprechen *to award (something to someone)*

damalig *of that time*
gewalttätig *violent*

Literatur

der Aufruhr, -e *uprising, revolt*
die Nachsicht *leniency*
der/die Obdachlose, -n *homeless person*
die Unempfindlichkeit, -en *insensitivity*
die Untat, -en *atrocious deed*

(sich) einschätzen (als) *to assess*
vergehen (vor) *to be dying (of)*
vergelten *to repay*
verrichten *to perform, to carry out*
verzerren *to distort*

achtlos *careless*
finster *dark, grim*

Schreibwerkstatt: Hinweise zum Überarbeiten eines Aufsatzes

pages 381-382

Verb conjugation tables

pages 383-397

Declension tables

pages 398-399

Vocabulary

pages 400-408 Deutsch-Englisch
pages 409-418 Englisch-Deutsch

Index

pages 419-421

Credits

pages 422-423

About the Authors

page 424

Hinweise zum Überarbeiten eines Aufsatzes

Um Ihren Aufsatz zu korrigieren, müssen Sie objektiv sein und ein gutes, kritisches Auge haben.

Versuchen Sie Ihren Aufsatz so zu lesen, als habe ihn ein anderer geschrieben: Ist er überzeugend (*convincing*)? Gibt es Teile, die Sie stören oder verwirren (*confuse*)? Diese Liste hilft Ihnen, alle Aspekte Ihres Aufsatzes zu überarbeiten, von den allgemeinen Merkmalen bis zu den Details.

Erster Schritt: ein grober Überblick

Thema

Bezieht sich (*Refer*) der Aufsatz auf das Thema oder die Fragestellung?

These

Haben Sie Ihre These klar formuliert?

Die These ist nicht dasselbe wie das Thema: Sie ist ein wesentlicher Baustein, die die Struktur des Aufsatzes bestimmt.

Die Grundidee der These muss im ersten Abschnitt klar werden, im Laufe des Aufsatzes bekräftigt werden und in der Schlussfolgerung nicht einfach wiederholt, sondern untermauert werden.

Logik und Aufbau

Lesen Sie Ihren Aufsatz vom Anfang bis zum Ende und konzentrieren Sie sich auf die Gliederung (*structure*) Ihrer Gedanken.

Bezieht sich jeder Gedanke auf den vorhergehenden? Vermeiden Sie Sprünge in der Abfolge.

Gibt es Passagen, die weggelassen oder geändert werden sollten?
Haben Sie Ihre Thesen mit genügend Argumenten untermauert oder brauchen Sie weitere Beispiele?

Leser

Der Aufsatz muss auf den Leser abgestimmt (*adapted*) werden.

Falls der Leser nicht genug Vorwissen (*knowledge*) zum Thema besitzt, erklären Sie ihm die Zusammenhänge, damit er Ihrer Argumentation folgen kann. Erklären Sie alle Begriffe, die ihm unklar sein könnten.

Passen Sie Ihre Sprache und Ihre Wortwahl an ihre Leserschaft an. Denken Sie daran, dass Ihr Leser intelligent und skeptisch ist: Sie müssen ihn durch Ihre Darlegung (*presentation*) überzeugen (*convince*). Ihr Schreibstil sollte weder umgangssprachlich (*colloquial*) noch leidenschaftlich (*passionate*) noch unsachlich (*irrelevant*) sein.

Ziel

Wenn Sie einen Zusammenhang erklären wollen, seien Sie präzise und sorgfältig. Ein schlüssiger Aufsatz sollte sich durch seine Objektivität auszeichnen: Vermeiden Sie (*Avoid*) persönliche und subjektive Meinungen. Versuchen Sie Ihre Leser nur dann mit persönlichen Anschauungen oder Werturteilen zu überzeugen, wenn Sie diese auch durch eine logische Argumentation stützen (*support*) können.

Zweiter Schritt: der Absatz

Untersuchen Sie jeden Absatz im Hinblick auf diese Fragen:

Absatz	Hat jeder Abschnitt einen Einleitungssatz? Der Leitgedanke sollte dem Abschnitt nicht nur Geschlossenheit (*unity*) und Stimmigkeit (*coherence*) verleihen, sondern sich auch auf die Hauptthesen des Aufsatzes beziehen. Wie steht es um die Überleitungen zwischen den Absätzen? Wenn sie verständlich sind, verhelfen sie dem Aufsatz zu einem angenehmen Fluss; wenn sie zusammenhanglos sind, können sie den Leser verunsichern oder durcheinander bringen. Wie beginnt und wie endet der Aufsatz? Die Einleitung sollte den Leser fesseln (*attract*) und muss die Thesen des Aufsatzes klar herausstellen. Der Schluss darf nicht einfach wiederholen. Genau wie die anderen Absätze sollte auch er ein echtes Konzept besitzen. Wenn möglich, lesen Sie jeden Abschnitt laut und achten Sie auf den Sprachrhythmus. Lesen kann schnell langweilig und monoton werden, wenn alle Sätze die gleiche Länge haben. Versuchen Sie den Rhythmus und die Länge Ihrer Sätze zu variieren.

Dritter Schritt: der Satz

Lesen Sie im letzten Durchgang jeden Satz sorgfältig.

Sätze	Suchen Sie für jede Situation den passenden Begriff. Gebrauchen Sie Synonyme. Verwenden sie eine präzise, direkte und genaue Sprache. Entfernen Sie alle überflüssigen Wörter und Sätze, die vom Thema ablenken (*distract*) oder etwas wiederholen, was bereits gesagt wurde. Überprüfen Sie die Grammatik. Kontrollieren Sie die Kongruenz zwischen Subjekt und Verb, zwischen Substantiven und Adjektiven und zwischen Pronomen und ihren Bezugselementen (*related items*). Vergewissern Sie sich, dass Sie die richtigen Präpositionen benutzt haben. Prüfen Sie die Rechtschreibung. Achten Sie besonders auf Groß- und Kleinschreibung.

Beurteilung und Fortschritt

Überprüfung	Wenn möglich, tauschen Sie Aufsätze mit Mitschülern aus und schlagen sich gegenseitig Verbesserungen vor. Überlegen Sie sich, was Sie ändern würden, aber auch, was Ihnen am Aufsatz Ihres Mitschülers gefallen hat.
Berichtigung	Lesen Sie die Kommentare und Verbesserungen Ihres Lehrers, wenn Sie Ihren Aufsatz zurückbekommen. Erstellen Sie eine Liste mit Ihren häufigsten Fehlern und wählen Sie **Hinweise zur Verbesserung schriftlicher Arbeiten** als Überschrift. Bewahren Sie die Liste im gleichen Ordner wie Ihre Aufsätze auf und nehmen Sie sie regelmäßig zur Hand. So können Sie Ihre Fortschritte einschätzen und vermeiden, die gleichen Fehler immer wieder zu machen.

Verb conjugation tables

Here are the infinitives of all verbs introduced as active vocabulary in **DENK MAL!**, as well as other model verbs. Each verb is followed by a model verb that follows the same conjugation pattern. The number in parentheses indicates where in the verb tables, pages **385-394**, you can find the conjugated forms of the model verb. The word (*sein*) after a verb means that it is conjugated with **sein** in the **Perfekt** and **Plusquamperfekt** compound tenses. For reflexive verbs, the list may point to a non-reflexive model, if the verb is irregular. A full conjugation of the simple forms of a reflexive verb is presented in Verb table 6 on page **386**. Verbs followed by an asterisk (*) have a separable prefix.

(sich) abgewöhnen* like machen (1)
abhängen* like machen (1)
ablehnen* like machen (1)
abonnieren like studieren (3)
abschaffen* like machen (1)
abschieben* like biegen (18)
abstimmen* like machen (1)
achten auf like arbeiten (2)
aktualisieren like studieren (3)
(sich) amüsieren like studieren (3)
anbeten* like arbeiten (2)
anbieten* like biegen (18)
anfeuern* like feiern (4)
anhalten* like fallen (23)
anhängen* like machen (1)
anhören* like machen (1)
ankommen* like kommen (30)
anlegen* like machen (1)
annehmen* like nehmen (34)
(sich) anpassen* like machen (1)
anpöbeln* like sammeln (5)
anregen* like machen (1)
anrufen* like rufen (35)
(sich) ansiedeln* like sammeln (5)
anspielen* like machen (1)
antworten like arbeiten (2)
anziehen* like biegen (18)
anzweifeln* like sammeln (5)
(sich) ärgern like feiern (4)
arbeiten (2)
atmen like arbeiten (2)
aufhören* like machen (1)
auflösen* like machen (1)
aufnehmen* like nehmen (34)
aufwachen* like machen (1)
aufzeichnen* like arbeiten (2)
ausborgen* like machen (1)
ausgehen* like gehen (26)
ausgraben* like fahren (22)
aushalten* like fallen (23)
ausleihen* like bleiben (20)
ausnutzen* like machen (1)
(sich) ausruhen* like sich freuen (6)
ausscheiden* like bleiben (20)
aussteigen* like bleiben (20)
aussterben* (*sein*) like helfen (29)
ausstrahlen* like machen (1)
aussuchen* like machen (1)
austreten* (*sein*) like geben (25)
austricksen* like machen (1)
ausüben* like machen (1)
auswandern* (*sein*) like feiern (4)
ausziehen* like biegen (18)
(sich) baden like arbeiten (2)
basteln like sammeln (5)
sich bedanken like sich freuen (6)
bedauern like feiern (4)
bedeuten like arbeiten (2)
bedrücken like machen (1)
sich beeilen like sich freuen (6)
befestigen like machen (1)
befördern like feiern (4)
befreien like machen (1)
begehen like gehen (26)
beginnen like schwimmen (38)
sich begnügen like sich freuen (6)
behandeln like sammeln (5)
beitragen like fahren (22)
bekommen like kommen (30)
belegen like machen (1)
(sich) benehmen like nehmen (34)
beneiden like arbeiten (2)
beobachten like machen (1)
berichten like arbeiten (2)
berufen like rufen (35)
sich beschäftigen like sich freuen (6)
beschützen like machen (1)
(sich) beschweren like machen (1)
beschwören like schwören (39)
beseitigen like machen (1)
besiegen like machen (1)
bestechen like sprechen (42)
bestehen like stehen (43)
bestellen like machen (1)
besuchen like machen (1)
beteuern like feiern (4)
betragen like fahren (22)
betreiben like bleiben (20)
betrügen like lügen (33)
beurteilen like machen (1)
bevölkern like feiern (4)
beweisen like bleiben (20)
(sich) bewerben like helfen (29)
bewohnen like machen (1)
bewundern like feiern (4)
bezahlen like machen (1)
bezeugen like machen (1)
beziehen like biegen (18)
(sich) bieten like biegen (18)
bildhauern like feiern (4)
bitten (19)
bleiben (*sein*) (20)
braten like schlafen (37)
brennen like kennen (16)
bringen (15)
bummeln like sammeln (5)
danken like machen (1)
dauern like feiern (4)
denken like bringen (15)
diskutieren like studieren (3)
drehen like machen (1)
drucken like machen (1)
durchdringen* like singen (40)
durchkreuzen* like machen (1)
dürfen (9)
(sich) duschen like sich freuen (6)
einbilden* like arbeiten (2)
einchecken* like machen (1)
einfallen* like fallen (23)
(sich) einigen like machen (1)
einkaufen* like machen (1)
einladen* like fahren (22)
einschätzen* like machen (1)
einschlagen* like fahren (22)
einsetzen* like machen (1)
einspannen* like machen (1)
einsperren* like machen (1)
einsteigen* like bleiben (20)
einstellen* like machen (1)
einstürzen* like machen (1)
einwandern* like feiern (4)
empfehlen like stehlen (44)
engagieren like studieren (3)
entfachen like machen (1)
sich entpuppen like sich freuen (6)
entlassen like fallen (23)
(sich) entscheiden like bleiben (20)
sich entschuldigen like sich freuen (6)
(sich) entspannen like sich freuen (6)
entwerfen like helfen (29)
(sich) entwickeln like sammeln (5)
erfahren like fahren (22)
ergehen like gehen (26)
erhalten like fallen (23)
sich erholen like sich freuen (6)
(sich) erinnern like feiern (4)
sich erkälten like arbeiten (2)
erkennen like kennen (16)
erkunden like arbeiten (2)
erlauben like machen (1)
erledigen like machen (1)
ernähren like machen (1)
erobern like feiern (4)
erreichen like machen (1)
erscheinen (*sein*) like bleiben (20)
erwarten like arbeiten (2)
erzählen like arbeiten (2)
essen (21)
existieren like studieren (3)
fahren (*haben/sein*) (22)
fallen (*sein*) (23)
fälschen like machen (1)
fechten like flechten (24)
feiern (4)
fernsehen* like geben (25)
festlegen* like machen (1)
festnehmen* like nehmen (34)
feuern like feiern (4)
finden like singen (40)
fliegen like biegen (18)
fliehen like biegen (18)
fördern like feiern (4)
sich fortpflanzen* like sich freuen (6)
fragen like machen (1)
sich freuen (6)
fühlen like machen (1)
führen like machen (1)
sich fürchten like arbeiten (2)
geben (25)
gefallen like fallen (23)
gehen (*sein*) (26)
gelingen (*sein*) like singen (40)
geraten (*sein*) like schlafen (37)
geschehen (*sein*) like geben (25)
gestalten like arbeiten (2)
gewähren like fallen (23)
sich gewöhnen like sich freuen (6)

gießen like schießen (36)
glauben like machen (1)
haben (7)
(sich) halten like fallen (23)
(sich) handeln like sammeln (5)
hassen like machen (1)
heilen like machen (1)
heiligen like machen (1)
heiraten like arbeiten (2)
heißen (28)
helfen (29)
herausgeben* like geben (25)
(sich) herausstellen* like machen (1)
(he)runterladen* like fahren (22)
heulen like machen (1)
sich hinlegen* like machen (1)
hören like machen (1)
impfen like machen (1)
(sich) informieren like studieren (3)
(sich) interessieren like studieren (3)
(sich) kämmen like machen (1)
kämpfen like machen (1)
kapitulieren like studieren (3)
kennen (16)
klagen like machen (1)
klonen like machen (1)
kolonisieren like studieren (3)
kommen (*sein*) (30)
kommunizieren like studieren (3)
können (10)
kreieren like studieren (3)
krönen like machen (1)
(sich) kümmern like feiern (4)
kündigen like machen (1)
laben like machen (1)
lachen like machen (1)
(sich) langweilen like machen (1)
lassen like fallen (23)
laufen (*sein*) (31)
leiden like greifen (27)
leihen like bleiben (20)
sich leisten like arbeiten (2)
leiten like arbeiten (2)
lernen like machen (1)
lesen like geben (25)
lieben like machen (1)
liegen (32)
loben like machen (1)
(sich) lohnen like machen (1)
lösen like machen (1)
lügen (33)
machen (1)
malen like machen (1)
merken like machen (1)
mieten like arbeiten (2)
missbrauchen like machen (1)
mögen (11)
müssen (12)

nachdenken* like bringen (15)
nachgehen* (*sein*) like gehen (26)
nehmen (34)
nennen like kennen (16)
organisieren like studieren (3)
parken like machen (1)
passieren like studieren (3)
pflegen like machen (1)
plaudern like feiern (4)
preisen like bleiben (20)
protestieren like studieren (3)
prügeln like sammeln (5)
quälen like machen (1)
räuspern like feiern (4)
regieren like studieren (3)
regnen like arbeiten (2)
reisen like machen (1)
retten like arbeiten (2)
riechen like schießen (36)
röntgen like machen (1)
rücken like machen (1)
rufen (35)
runterladen like fahren (22)
sagen like machen (1)
schälen like machen (1)
(sich) schämen like sich freuen (6)
(sich) scheiden (lassen) (*sein*) like bleiben (20)
schildern like feiern (4)
schlafen (37)
(sich) schlagen like fahren (22)
schlendern like feiern (4)
schmecken like machen (1)
(sich) schminken like machen (1)
schneiden like greifen (27)
schreiben like bleiben (20)
schützen like machen (1)
schwärmen like machen (1)
schwelgen like machen (1)
schwimmen (*sein*) (38)
schwören (39)
segeln like sammeln (5)
sehen like geben (25)
sich sehnen like sich freuen (6)
sein (*sein*) (8)
senden (17)
(sich) setzen like machen (1)
siedeln like sammeln (5)
singen (40)
sitzen (41)
skizzieren like studieren (3)
sollen (13)
sonnenbaden like arbeiten (2)
(sich) sorgen like sich freuen (6)
sparen like machen (1)
spielen like machen (1)
sprechen (42)
sprengen like machen (1)

spritzen like machen (1)
stehen (43)
sterben (*sein*) like helfen (29)
stoppen like machen (1)
stören like machen (1)
streben like machen (1)
(sich) streiten like greifen (27)
subventionieren like studieren (3)
stürzen like machen (1)
suchen like machen (1)
surfen like machen (1)
synchronisieren like studieren (3)
tanzen like studieren (3)
taufen like studieren (3)
täuschen like studieren (3)
teilen like studieren (3)
teilnehmen* like nehmen (34)
tragen like fahren (22)
träumen like machen (1)
(sich) treffen like sprechen (42)
treiben like bleiben (20)
(sich) trennen like machen (1)
trinken like singen (40)
überlegen like machen (1)
übernachten like arbeiten (2)
überqueren like machen (1)
übertragen like fahren (22)
übertreiben like bleiben (20)
überwältigen like machen (1)
überwinden like singen (40)
umarmen like machen (1)
(sich) ummelden* like arbeiten (2)
sich umsehen* like geben (25)
(sich) umziehen* like biegen (18)
unterdrücken like machen (1)
(sich) unterhalten like fallen (23)
unterlegen like machen (1)
unterteilen like machen (1)
verabschieden like arbeiten (2)
veranstalten like arbeiten (2)
verbergen like helfen (29)
verbessern like feiern (4)
verbrauchen like machen (1)
verbringen like bringen (15)
verdienen like machen (1)
verehren like machen (1)
sich verfahren like fahren (22)
verfügen like machen (1)
vergehen (*sein*) like gehen (26)
vergelten like helfen (29)
vergessen like essen (21)
(sich) verheiraten like arbeiten (2)
verklagen like machen (1)
verkleiden like arbeiten (2)
verlangen like machen (1)
verlängern like feiern (4)
(sich) verlassen like fallen (23)
sich verlaufen like laufen (31)

sich verlieben like sich freuen (6)
verlieren like biegen (18)
sich verloben like sich freuen (6)
sich vermählen like sich freuen (6)
vermengen like machen (1)
vermissen like machen (1)
vermitteln like sammeln (5)
verpassen like machen (1)
(ver)prügeln like sammeln (5)
verraten like schlafen (37)
verrichten like arbeiten (2)
verschlingen like singen (40)
verschmelzen (sein) like flechten (24)
verschonen like machen (1)
verschreiben like bleiben (20)
verschwinden (*sein*) like singen (40)
sich verspäten like arbeiten (2)
verspotten like arbeiten (2)
sich versprechen like sprechen (42)
(sich) verstehen like stehen (43)
verstummen (*sein*) like machen (1)
verteidigen like machen (1)
(sich) vertrauen like machen (1)
vertreiben like bleiben (20)
verurteilen like machen (1)
verwerten like arbeiten (2)
verzerren like machen (1)
verzichten like arbeiten (2)
vorbeifahren* (*sein*) like fahren (22)
vorbeigehen* (*sein*) like gehen (26)
(sich) vorbereiten* like arbeiten (2)
(sich) vorstellen* like machen (1)
wählen like machen (1)
wandern (*sein*) like feiern (4)
warnen like machen (1)
warten like arbeiten (2)
(sich) waschen (46)
wenden like senden (17)
werden (9)
werfen like helfen (29)
(sich) widmen like arbeiten (2)
wiederverwerten* like arbeiten (2)
wirken like machen (1)
wissen (47)
wohnen like machen (1)
wollen (14)
sich wundern like feiern (4)
wünschen like machen (1)
zeigen like machen (1)
zerschlagen like fahren (22)
zerstören like machen (1)
ziehen (*haben/sein*) like biegen (18)
zischen like machen (1)
zitieren like studieren (3)
zubereiten like arbeiten (2)
zudrücken like machen (1)
zusprechen* like sprechen (42)
zweifeln like sammeln (5)

Regular verbs: simple tenses

	Infinitiv Partizip I Partizip II Perfekt	INDIKATIV Präsens	 Präteritum	 Plusquamperfekt	KONJUNKTIV I Präsens	KONJUNKTIV II Präsens	 Perfekt	IMPERATIV
1	**machen**	mache	machte	hatte gemacht	mache	machte	hätte gemacht	
	(to make; to do)	machst	machtest	hattest gemacht	machest	machtest	hättest gemacht	mache/mach
	machend	macht	machte	hatte gemacht	mache	machte	hätte gemacht	
	gemacht	machen	machten	hatten gemacht	machen	machten	hätten gemacht	machen wir
	gemacht haben	macht	machtet	hattet gemacht	machet	machtet	hättet gemacht	macht
		machen	machten	hatten gemacht	machen	machten	hätten gemacht	machen Sie
2	**arbeiten**	arbeite	arbeitete	hatte gearbeitet	arbeite	arbeitete	hätte gearbeitet	
	(to work)	arbeitest	arbeitetest	hattest gearbeitet	arbeitest	arbeitetest	hättest gearbeitet	arbeite
	arbeitend	arbeitet	arbeitete	hatte gearbeitet	arbeite	arbeitete	hätte gearbeitet	
	gearbeitet	arbeiten	arbeiteten	hatten gearbeitet	arbeiten	arbeiteten	hätten gearbeitet	arbeiten wir
	gearbeitet haben	arbeitet	arbeitetet	hattet gearbeitet	arbeitet	arbeitetet	hättet gearbeitet	arbeitet
		arbeiten	arbeiteten	hatten gearbeitet	arbeiten	arbeiteten	hätten gearbeitet	arbeiten Sie
3	**studieren**	studiere	studierte	hatte studiert	studiere	studierte	hätte studiert	
	(to study)	studierst	studiertest	hattest studiert	studierest	studiertest	hättest studiert	studier/studiere
	studierend	studiert	studierte	hatte studiert	studiere	studierte	hätte studiert	
	studiert	studieren	studierten	hatten studiert	studieren	studierten	hätten studiert	studieren wir
	studiert haben	studiert	studiertet	hattet studiert	studieret	studiertet	hättet studiert	studiert
		studieren	studierten	hatten studiert	studieren	studierten	hätten studiert	studieren Sie
4	**feiern**	feiere	feierte	hatte gefeiert	feiere	feierte	hätte gefeiert	
	(to celebrate)	feierst	feiertest	hattest gefeiert	feierest	feiertest	hättest gefeiert	feiere
	feiernd	feiert	feierte	hatte gefeiert	feiere	feierte	hätte gefeiert	
	gefeiert	feiern	feierten	hatten gefeiert	feiern	feierten	hätten gefeiert	feiern wir
	gefeiert haben	feiert	feiertet	hattet gefeiert	feiert	feiertet	hättet gefeiert	feiert
		feiern	feierten	hatten gefeiert	feiern	feierten	hätten gefeiert	feiern Sie
5	**sammeln**	sammle	sammelte	hatte gesammelt	sammle	sammelte	hätte gesammelt	
	(to collect)	sammelst	sammeltest	hattest gesammelt	sammlest	sammeltest	hättest gesammelt	sammle
	sammelnd	sammelt	sammelte	hatte gesammelt	sammle	sammelte	hätte gesammelt	
	gesammelt	sammeln	sammelten	hatten gesammelt	sammlen	sammelten	hätten gesammelt	sammeln wir
	gesammelt haben	sammelt	sammeltet	hattet gesammelt	sammlet	sammeltet	hättet gesammelt	sammelt
		sammeln	sammelten	hatten gesammelt	sammlen	sammelten	hätten gesammelt	sammeln Sie

Reflexive verbs

	Infinitiv Partizip I Partizip II Perfekt	INDIKATIV			KONJUNKTIV I	KONJUNKTIV II		IMPERATIV
		Präsens	Präteritum	Plusquamperfekt	Präsens	Präsens	Perfekt	
6	**sich freuen**	freue mich	freute mich	hatte mich gefreut	freue mich	freute mich	hätte mich gefreut	
	(to be happy)	freust dich	freutest dich	hattest dich gefreut	freuest dich	freutest dich	hättest dich gefreut	freue/freu dich
	sich freuend	freut sich	freute sich	hatte sich gefreut	freue sich	freute sich	hätte sich gefreut	
	sich gefreut	freuen uns	freuten uns	hatten uns gefreut	freuen uns	freuten uns	hätten uns gefreut	freuen wir uns
	sich gefreut haben	freut euch	freutet euch	hattet euch gefreut	freuet euch	freutet euch	hättet euch gefreut	freut euch
		freuen sich	freuten sich	hatten sich gefreut	freuen sich	freuten sich	hätten sich gefreut	freuen Sie sich

Auxiliary verbs

	Infinitiv Partizip I Partizip II Perfekt	INDIKATIV			KONJUNKTIV I	KONJUNKTIV II		IMPERATIV
		Präsens	Präteritum	Plusquamperfekt	Präsens	Präsens	Perfekt	
7	**haben**	habe	hatte	hatte gehabt	habe	hätte	hätte gehabt	
	(to have)	hast	hattest	hattest gehabt	habest	hättest	hättest gehabt	habe/hab
	habend	hat	hatte	hatte gehabt	habe	hätte	hätte gehabt	
	gehabt	haben	hatten	hatten gehabt	haben	hätten	hätten gehabt	haben wir
	gehabt haben	habt	hattet	hattet gehabt	habet	hättet	hättet gehabt	habt
		haben	hatten	hatten gehabt	haben	hätten	hätten gehabt	haben Sie
8	**sein**	bin	war	war gewesen	sei	wäre	wäre gewesen	
	(to be)	bist	warst	warst gewesen	seiest/seist	wärst	wärest gewesen	sei
	seiend	ist	war	war gewesen	sei	wäre	wäre gewesen	
	gewesen	sind	waren	waren gewesen	seien	wären	wären gewesen	seien wir
	gewesen sein	seid	wart	wart gewesen	seiet	wäret/wärt	wäret gewesen	seid
		sind	waren	waren gewesen	seien	wären	wären gewesen	seien Sie
9	**werden**	werde	wurde	war geworden	werde	würde	wäre geworden	
	(to become)	wirst	wurdest	warst geworden	werdest	würdest	wärest geworden	werde
	werdend	wird	wurde	war geworden	werde	würde	wäre geworden	
	geworden	werden	wurden	waren geworden	werden	würden	wären geworden	werden wir
	geworden sein	werdet	wurdet	wart geworden	werdet	würdet	wäret geworden	werdet
		werden	wurden	waren geworden	werden	würden	wären geworden	werden Sie

Compound tenses

Hilfsverb	NDIKATIV				KONJUNKTIV I		KONJUNKTIV II	
	Perfekt		Plusquamperfekt		Perfekt		Perfekt	
haben	habe hast hat haben habt haben	gemacht gearbeitet studiert gefeiert gesammelt	hatte hattest hatte hatten hattet hatten	gemacht gearbeitet studiert gefeiert gesammelt	habe habest habe haben habet haben	gemacht gearbeitet studiert gefeiert gesammelt	hätte hättest hätte hätten hättet hätten	gemacht gearbeitet studiert gefeiert gesammelt
sein	bin gegangen bist gegangen ist gegangen sind gegangen seid gegangen sind gegangen		war gegangen warst gegangen war gegangen waren gegangen wart gegangen waren gegangen		sei gegangen seiest/seist gegangen sei gegangen seien gegangen seiet gegangen seien gegangen		wäre gegangen wärest/wärst gegangen wäre gegangen wären gegangen wäret/wärt gegangen wären gegangen	

	Futur I/II	Futur I/II	Futur I/II
werden	werde machen/gemacht haben wirst machen/gemacht haben wird machen/gemacht haben werden machen/gemacht haben werdet machen/gemacht haben werden machen/gemacht haben	werde machen/gemacht haben werdest machen/gemacht haben werde machen/gemacht haben werden machen/gemacht haben werdet machen/gemacht haben werden machen/gemacht haben	würde machen/gemacht haben würdest machen/gemacht haben würde machen/gemacht haben würden machen/gemacht haben würdet machen/gemacht haben würden machen/gemacht haben

Modal verbs

	Infinitiv Partizip I Partizip II Perfekt	INDIKATIV Präsens	INDIKATIV Präteritum	INDIKATIV Plusquamperfekt	KONJUNKTIV I Präsens	KONJUNKTIV II Präsens	KONJUNKTIV II Perfekt	IMPERATIV
9	**dürfen** *(to be permitted to)* dürfend gedurft/dürfen gedurft haben	darf darfst darf dürfen dürft dürfen	durfte durftest durfte durften durftet durften	hatte gedurft hattest gedurft hatte gedurft hatten gedurft hattet gedurft hatten gedurft	dürfe dürfest dürfe dürfen dürfet dürfen	dürfte dürftest dürfte dürften dürftet dürften	hätte gedurft hättest gedurft hätte gedurft hätten gedurft hättet gedurft hätten gedurft	*Modal verbs are not used in the imperative.*
10	**können** *(to be able to)* könnend gekonnt/können gekonnt haben	kann kannst kann können könnt können	konnte konntest konnte konnten konntet konnten	hatte gekonnt hattest gekonnt hatte gekonnt hatten gekonnt hattet gekonnt hatten gekonnt	könne könnest könne können könnet können	könnte könntest könnte könnten könntet könnten	hätte gekonnt hättest gekonnt hätte gekonnt hätten gekonnt hättet gekonnt hätten gekonnt	*Modal verbs are not used in the imperative.*
11	**mögen** *(to like)* mögend gemocht/mögen gemocht haben	mag magst mag mögen mögt mögen	mochte mochtest mochte mochten mochtet mochten	hatte gemocht hattest gemocht hatte gemocht hatten gemocht hattet gemocht hatten gemocht	möge mögest möge mögen möget mögen	möchte möchtest möchte möchten möchtet möchten	hätte gemocht hättest gemocht hätte gemocht hätten gemocht hättet gemocht hätten gemocht	*Modal verbs are not used in the imperative.*
12	**müssen** *(to have to)* müssend gemusst/müssen gemusst haben	muss musst muss müssen müsst müssen	musste musstest musste mussten musstet mussten	hatte gemusst hattest gemusst hatte gemusst hatten gemusst hattet gemusst hatten gemusst	müsse müssest müsse müssen müsset müssen	müsste müsstest müsste müssten müsstet müssten	hätte gemusst hättest gemusst hätte gemusst hätten gemusst hättet gemusst hätten gemusst	*Modal verbs are not used in the imperative.*
13	**sollen** *(to be supposed to)* sollend gesollt/sollen gesollt haben	soll sollst soll sollen sollt sollen	sollte solltest sollte sollten solltet sollten	hatte gesollt hattest gesollt hatte gesollt hatten gesollt hattet gesollt hatten gesollt	solle sollest solle sollen sollet sollen	sollte solltest sollte sollten solltet sollten	hätte gesollt hättest gesollt hätte gesollt hätten gesollt hättet gesollt hätten gesollt	*Modal verbs are not used in the imperative.*
14	**wollen** *(to want to)* wollend gewollt/wollen gewollt haben	will willst will wollen wollt wollen	wollte wolltest wollte wollten wolltet wollten	hatte gewollt hattest gewollt hatte gewollt hatten gewollt hattet gewollt hatten gewollt	wolle wollest wolle wollen wollet wollen	wollte wolltest wollte wollten wolltet wollten	hätte gewollt hättest gewollt hätte gewollt hätten gewollt hättet gewollt hätten gewollt	*Modal verbs are not used in the imperative.*

Mixed verbs

	Infinitiv Partizip I Partizip II Perfekt	INDIKATIV Präsens	INDIKATIV Präteritum	INDIKATIV Plusquamperfekt	KONJUNKTIV I Präsens	KONJUNKTIV II Präsens	KONJUNKTIV II Perfekt	IMPERATIV
15	**bringen**	bringe	brachte	hatte gebracht	bringe	brächte	hätte gebracht	
	(to bring)	bringst	brachtest	hattest gebracht	bringest	brächtest	hättest gebracht	bringe/bring
	bringend	bringt	brachte	hatte gebracht	bringe	brächte	hätte gebracht	
	gebracht	bringen	brachten	hatten gebracht	bringen	brächten	hätten gebracht	bringen wir
	gebracht haben	bringt	brachtet	hattet gebracht	bringet	brächtet	hättet gebracht	bringt
		bringen	brachten	hatten gebracht	bringen	brächten	hätten gebracht	bringen Sie
16	**kennen**	kenne	kannte	hatte gekannt	kenne	kennte	hätte gekannt	
	(to know)	kennst	kanntest	hattest gekannt	kennest	kenntest	hättest gekannt	kenne
	kennend	kennt	kannte	hatte gekannt	kenne	kennte	hätte gekannt	
	gekannt	kennen	kannten	hatten gekannt	kennen	kennten	hätten gekannt	kennen wir
	gekannt haben	kennt	kanntet	hattet gekannt	kennet	kenntet	hättet gekannt	kennt
		kennen	kannten	hatten gekannt	kennen	kennten	hätten gekannt	kennen Sie
17	**senden**	sende	sandte/sendete	hatte gesandt/gesendet	sende	sendete	hätte gesandt/gesendet	
	(to send)	sendest	sandtest/sendetest	hattest gesandt/ gesendet	sendest	sendetest	hättest gesandt/ gesendet	sende
	sendend	sendet	sandte/sendete	hatte gesandt/gesendet	sende	sendete	hätte gesandt/gesendet	
	gesandt/gesendet	senden	sandten/sendeten	hatten gesandt/gesendet	senden	sendeten	hätten gesandt/gesendet	senden wir
	gesandt/gesendet haben	sendet	sandtet/sendetet	hattet gesandt/gesendet	sendet	sendetet	hättet gesandt/gesendet	sendet
		senden	sandten/sendeten	hatten gesandt/gesendet	senden	sendeten	hätten gesandt/gesendet	senden Sie

Irregular verbs

	Infinitiv Partizip I Partizip II Perfekt	INDIKATIV Präsens	INDIKATIV Präteritum	INDIKATIV Plusquamperfekt	KONJUNKTIV I Präsens	KONJUNKTIV II Präsens	KONJUNKTIV II Perfekt	IMPERATIV
18	**biegen**	biege	bog	hatte gebogen	biege	böge	hätte gebogen	
	(to bend)	biegst	bogst	hattest gebogen	biegest	bögest	hättest gebogen	biege, bieg
	biegend	biegt	bog	hatte gebogen	biege	böge	hätte gebogen	
	gebogen	biegen	bogen	hatten gebogen	biegen	bögen	hätten gebogen	biegen wir
	gebogen haben	biegt	bogt	hattet gebogen	bieget	böget	hättet gebogen	biegt
		biegen	bogen	hatten gebogen	biegen	bögen	hätten gebogen	biegen Sie
19	**bitten**	bitte	bat	hatte gebeten	bitte	bäte	hätte gebeten	
	(to ask)	bittest	batest	hattest gebeten	bittest	bätest	hättest gebeten	bitte
	bittend	bittet	bat	hatte gebeten	bitte	bäte	hätte gebeten	
	gebeten	bitten	baten	hatten gebeten	bitten	bäten	hätten gebeten	bitten wir
	gebeten haben	bittet	batet	hattet gebeten	bittet	bätet	hättet gebeten	bittet
		bitten	baten	hatten gebeten	bitten	bäten	hätten gebeten	bitten Sie

	Infinitiv Partizip I Partizip II Perfekt	INDIKATIV Präsens	INDIKATIV Präteritum	INDIKATIV Plusquamperfekt	KONJUNKTIV I Präsens	KONJUNKTIV II Präsens	KONJUNKTIV II Perfekt	IMPERATIV
20	**bleiben**	bleibe	bliebe	war geblieben	bleibe	bliebe	wäre geblieben	
	(to stay)	bleibst	bliebst	warst geblieben	bleibest	bliebest	wärest geblieben	bleibe, bleib
	bleibend	bleibt	blieb	war geblieben	bleibe	bliebe	wäre geblieben	
	geblieben	bleiben	blieben	waren geblieben	bleiben	blieben	wären geblieben	bleiben wir
	geblieben sein	bleibt	bliebt	wart geblieben	bleibet	bliebet	wäret geblieben	bleibt
		bleiben	blieben	waren geblieben	bleiben	blieben	wären geblieben	bleiben Sie
21	**essen**	esse	aß	hatte gegessen	esse	äße	hätte gegessen	
	(to eat)	isst	aßest	hattest gegessen	essest	äßest	hättest gegessen	iss
	essend	isst	aß	hatte gegessen	esse	äße	hätte gegessen	
	gegessen	essen	aßen	hatten gegessen	essen	äßen	hätten gegessen	essen wir
	gegessen haben	esst	aßt	hattet gegessen	esset	äßet	hättet gegessen	esst
		essen	aßen	hatten gegessen	essen	äßen	hätten gegessen	essen Sie
22	**fahren**	fahre	fuhr	war/hatte gefahren	fahre	führe	wäre/hätte geblieben	
	(to drive)	fährst	fuhrst	warst/hattest gefahren	fahrest	führest	wärest/hättest geblieben	fahre, fahr
	fahrend	fährt	fuhr	war/hatte gefahren	fahre	führe	wäre/hätte geblieben	
	gefahren	fahren	fuhren	waren/hatten gefahren	fahren	führen	wären/hätten geblieben	fahren wir
	gefahren sein/haben	fahrt	fuhrt	wart/hattet gefahren	fahret	führet	wäret/hättet geblieben	fahrt
		fahren	fuhren	waren/hatten gefahren	fahren	führen	wären/hätten geblieben	fahren Sie
23	**fallen**	falle	fiel	war gefallen	falle	fiele	wäre gefallen	
	(to fall)	fällst	fielst	warst gefallen	fallest	fielest	wärest gefallen	falle, fall
	fallend	fällt	fiel	war gefallen	falle	fiele	wäre gefallen	
	gefallen	fallen	fielen	waren gefallen	fallen	fielen	wären gefallen	fallen wir
	gefallen sein	fallt	fielt	wart gefallen	fallet	fielet	wäret gefallen	fallt
		fallen	fielen	waren gefallen	fallen	fielen	wären gefallen	fallen Sie
24	**flechten**	flechte	flocht	hatte geflochten	flechte	flöchte	hätte geflochten	
	(to braid)	flichtst	flochtest	hattest geflochten	flechtest	flöchtest	hättest geflochten	flicht
	flechtend	flicht	flocht	hatte geflochten	flechte	flöchte	hätte geflochten	
	geflochten	flechten	flochten	hatten geflochten	flechten	flöchten	hätten geflochten	flechten wir
	geflochten haben	flechtet	flochtet	hattet geflochten	flechtet	flöchtet	hättet geflochten	flechtet
		flechten	flochten	hatten geflochten	flechten	flöchten	hätten geflochten	flechten Sie
25	**geben**	gebe	gab	hatte gegeben	gebe	gäbe	hätte gegeben	
	(to give)	gibst	gabst	hattest gegeben	gebest	gäbest	hättest gegeben	gib
	gebend	gibt	gab	hatte gegeben	gebe	gäbe	hätte gegeben	
	gegeben	geben	gaben	hatten gegeben	geben	gäben	hätten gegeben	geben wir
	gegeben haben	gebt	gabt	hattet gegeben	gebet	gäbet	hättet gegeben	gebt
		geben	gaben	hatten gegeben	geben	gäben	hätten gegeben	geben Sie

#	Infinitiv Partizip I Partizip II Perfekt	INDIKATIV Präsens	INDIKATIV Präteritum	INDIKATIV Plusquamperfekt	KONJUNKTIV I Präsens	KONJUNKTIV II Präsens	KONJUNKTIV II Perfekt	IMPERATIV
26	**gehen**	gehe	ging	war gegangen	gehe	ginge	wäre gegangen	
	(to go)	gehst	gingst	warst gegangen	gehest	gingest	wärest gegangen	gehe, geh
	gehend	geht	ging	war gegangen	gehe	ginge	wäre gegangen	
	gegangen	gehen	gingen	waren gegangen	gehen	gingen	wären gegangen	gehen wir
	gegangen sein	geht	gingt	wart gegangen	gehet	ginget	wäret gegangen	geht
		gehen	gingen	waren gegangen	gehen	gingen	wären gegangen	gehen Sie
27	**greifen**	greife	griff	hatte gegriffen	greife	griffe	hätte gegriffen	
	(to grasp)	greifst	griffst	hattest gegriffen	greifest	griffest	hättest gegriffen	greife, greif
	greifend	greift	griff	hatte gegriffen	greife	griffe	hätte gegriffen	
	gegriffen	greifen	griffen	hatten gegriffen	greifen	griffen	hätten gegriffen	greifen wir
	gegriffen haben	greift	grifft	hattet gegriffen	greifet	griffet	hättet gegriffen	greift
		greifen	griffen	hatten gegriffen	greifen	griffen	hätten gegriffen	greifen Sie
28	**heißen**	heiße	hieß	hatte geheißen	heiße	hieße	hätte geheißen	
	(to be called)	heißt	hießest	hattest geheißen	heißest	hießest	hättest geheißen	heiß, heiße
	heißend	heißt	hieß	hatte geheißen	heiße	hieße	hätte geheißen	
	geheißen	heißen	hießen	hatten geheißen	heißen	hießen	hätten geheißen	heißen wir
	geheißen haben	heißt	hießt	hattet geheißen	heißet	hießet	hättet geheißen	heißt
		heißen	hießen	hatten geheißen	heißen	hießen	hätten geheißen	heißen Sie
29	**helfen**	helfe	half	hatte geholfen	helfe	hülfe/hälfe	hätte geholfen	
	(to help)	hilfst	halfst	hattest geholfen	helfest	hülfest/hülfst/hälfest/hälfst	hättest geholfen	hilf
	helfend	hilft	half	hatte geholfen	helfe	hülfe/hälfe	hätte geholfen	
	geholfen	helfen	halfen	hatten geholfen	helfen	hülfen/hälfen	hätten geholfen	helfen wir
	geholfen haben	helft	halft	hattet geholfen	helfet	hülfet/hülft/hälfet/hälft	hättet geholfen	helft
		helfen	halfen	hatten geholfen	helfen	hülfen/hälfen	hätten geholfen	helfen Sie
30	**kommen**	komme	kam	war gekommen	komme	käme	wäre gekommen	
	(to come)	kommst	kamst	warst gekommen	kommest	kämest	wärest gekommen	komme, komm
	kommend	kommt	kam	war gekommen	komme	käme	wäre gekommen	
	gekommen	kommen	kamen	waren gekommen	kommen	kämen	wären gekommen	kommen wir
	gekommen sein	kommt	kamt	wart gekommen	kommet	kämet	wäret gekommen	kommt
		kommen	kamen	waren gekommen	kommen	kämen	wären gekommen	kommen Sie
31	**laufen**	laufe	lief	war gelaufen	laufe	liefe	wäre gelaufen	
	(to run)	läufst	liefst	warst gelaufen	laufest	liefest	wärest gelaufen	laufe, lauf
	laufend	läuft	lief	war gelaufen	laufe	liefe	wäre gelaufen	
	gelaufen	laufen	liefen	waren gelaufen	laufen	liefen	wären gelaufen	laufen wir
	gelaufen sein	lauft	lieft	wart gelaufen	laufet	liefet	wäret gelaufen	lauft
		laufen	liefen	waren gelaufen	laufen	liefen	wären gelaufen	laufen Sie

	Infinitiv Partizip I Partizip II Perfekt	INDIKATIV			KONJUNKTIV I	KONJUNKTIV II		IMPERATIV
		Präsens	Präteritum	Plusquamperfekt	Präsens	Präsens	Perfekt	
32	**liegen**	liege	lag	hatte gelegen	liege	läge	hätte gelegen	
	(to lie; to be lying)	liegst	lagst	hattest gelegen	liegest	lägest	hättest gelegen	liege, lieg
	liegend	liegt	lag	hatte gelegen	liege	läge	hätte gelegen	
	gelegen	liegen	lagen	hatten gelegen	liegen	lägen	hätten gelegen	liegen wir
	gelegen haben	liegt	lagt	hattet gelegen	lieget	läget	hättet gelegen	liegt
		liegen	lagen	hatten gelegen	liegen	lägen	hätten gelegen	liegen Sie
33	**lügen**	lüge	log	hatte gelogen	lüge	löge	hätte gelogen	
	(to lie)	lügst	logst	hattest gelogen	lügest	lögest	hättest gelogen	lüge, lüg
	lügend	lügt	log	hatte gelogen	lüge	löge	hätte gelogen	
	gelogen	lügen	logen	hatten gelogen	lügen	lögen	hätten gelogen	lügen wir
	gelogen haben	lügt	logt	hattet gelogen	lüget	löget	hättet gelogen	lügt
		lügen	logen	hatten gelogen	lügen	lögen	hätten gelogen	lügen Sie
34	**nehmen**	nehme	nahm	hatte genommen	nehme	nähme	hätte genommen	
	(to take)	nimmst	nahmst	hattest genommen	nehmest	nähmest	hättest genommen	nimm
	nehmend	nimmt	nahm	hatte genommen	nehme	nähme	hätte genommen	
	genommen	nehmen	nahmen	hatten genommen	nehmen	nähmen	hätten genommen	nehmen wir
	genommen haben	nehmt	nahmt	hattet genommen	nehmet	nähmet	hättet genommen	nehmt
		nehmen	nahmen	hatten genommen	nehmen	nähmen	hätten genommen	nehmen Sie
35	**rufen**	rufe	rief	hatte gerufen	rufe	riefe	hätte gerufen	
	(to call)	rufst	riefst	hattest gerufen	rufest	riefest	hättest gerufen	rufe, ruf
	rufend	ruft	rief	hatte gerufen	rufe	riefe	hätte gerufen	
	gerufen	rufen	riefen	hatten gerufen	rufen	riefen	hätten gerufen	rufen wir
	gerufen haben	ruft	rieft	hattet gerufen	rufet	riefet	hättet gerufen	ruft
		rufen	riefen	hatten gerufen	rufen	riefen	hätten gerufen	rufen Sie
36	**schießen**	schieße	schoss	hatte geschossen	schieße	schösse	hätte geschossen	
	(to shoot)	schießt	schossest/schosst	hattest geschossen	schießest	schössest	hättest geschossen	schieße, schieß
	schießend	schießt	schoss	hatte geschossen	schieße	schösse	hätte geschossen	
	geschossen	schießen	schossen	hatten geschossen	schießen	schössen	hätten geschossen	schießen wir
	geschossen haben	schießt	schosst	hattet geschossen	schießet	schösset	hättet geschossen	schießt
		schießen	schossen	hatten geschossen	schießen	schössen	hätten geschossen	schießen Sie
37	**schlafen**	schlafe	schlief	hatte geschlafen	schlafe	schliefe	hätte geschlafen	
	(to sleep)	schläfst	schliefst	hattest geschlafen	schlafest	schliefest	hättest geschlafen	schlafe, schlaf
	schlafend	schläft	schlief	hatte geschlafen	schlafe	schliefe	hätte geschlafen	
	geschlafen	schlafen	schliefen	hatten geschlafen	schlafen	schliefen	hätten geschlafen	schlafen wir
	geschlafen haben	schlaft	schlieft	hattet geschlafen	schlafet	schliefet	hättet geschlafen	schlaft
		schlafen	schliefen	hatten geschlafen	schlafen	schliefen	hätten geschlafen	schlafen Sie

	Infinitiv Partizip I Partizip II Perfekt	INDIKATIV			KONJUNKTIV I	KONJUNKTIV II		IMPERATIV
		Präsens	Präteritum	Plusquamperfekt	Präsens	Präsens	Perfekt	
38	**schwimmen**	schwimme	schwamm	war geschwommen	schwimme	schwömme	wäre geschwommen	
	(to swim)	schwimmst	schwammst	warst geschwommen	schwimmest	schwömmest	wärest geschwommen	schwimme, schwimm
	schwimmend	schwimmt	schwamm	war geschwommen	schwimme	schwömme	wäre geschwommen	
	geschwommen	schwimmen	schwammen	waren geschwommen	schwimmen	schwömmen	wären geschwommen	schwimmen wir
	geschwommen sein	schwimmt	schwammt	wart geschwommen	schwimmet	schwömmet	wäret geschwommen	schwimmt
		schwimmen	schwammen	waren geschwommen	schwimmen	schwömmen	wären geschwommen	schwimmen Sie
39	**schwören**	schwöre	schwor	hatte geschworen	schwöre	schwüre	hätte geschworen	
	(to swear)	schwörst	schworst	hattest geschworen	schwörest	schwürest/schwürst	hättest geschworen	schwöre/schwör
	schwörend	schwört	schwor	hatte geschworen	schwöre	schwüre	hätte geschworen	
	geschworen	schwören	schworen	hatten geschworen	schwören	schwüren	hätten geschworen	schwören wir
	geschworen haben	schwört	schwort	hattet geschworen	schwöret	schwüret	hättet geschworen	schwört
		schwören	schworen	hatten geschworen	schwören	schwüren	hätten geschworen	schwören Sie
40	**singen**	singe	sang	hatte gesungen	singe	sänge	hätte gesungen	
	(to sing)	singst	sangst	hattest gesungen	singest	sängest	hättest gesungen	singe, sing
	singend	singt	sang	hatte gesungen	singe	sänge	hätte gesungen	
	gesungen	singen	sangen	hatten gesungen	singen	sängen	hätten gesungen	singen wir
	gesungen haben	singt	sangt	hattet gesungen	singet	sänget	hättet gesungen	singt
		singen	sangen	hatten gesungen	singen	sängen	hätten gesungen	singen Sie
41	**sitzen**	sitze	saß	hatte gesessen	sitze	säße	hätte gesessen	
	(to sit)	sitzt	saßest	hattest gesessen	sitzest	säßest	hättest gesessen	sitze, sitz
	sitzend	sitzt	saß	hatte gesessen	sitze	säße	hätte gesessen	
	gesessen	sitzen	saßen	hatten gesessen	sitzen	säßen	hätten gesessen	sitzen wir
	gesessen haben	sitzt	saßet	hattet gesessen	sitzet	säßet	hättet gesessen	sitzt
		sitzen	saßen	hatten gesessen	sitzen	säßen	hätten gesessen	sitzen Sie
42	**sprechen**	spreche	sprach	hatte gesprochen	spreche	spräche	hätte gesprochen	
	(to speak)	sprichst	sprachst	hattest gesprochen	sprechest	sprächest	hättest gesprochen	sprich
	sprechend	spricht	sprach	hatte gesprochen	spreche	spräche	hätte gesprochen	
	gesprochen	sprechen	sprachen	hatten gesprochen	sprechen	sprächen	hätten gesprochen	sprechen wir
	gesprochen haben	sprecht	spracht	hattet gesprochen	sprechet	sprächet	hättet gesprochen	sprecht
		sprechen	sprachen	hatten gesprochen	sprechen	sprächen	hätten gesprochen	sprechen Sie
43	**stehen**	stehe	stand	hatte gestanden	stehe	stünde/stände	hätte gestanden	
	(to stand)	stehst	standest/standst	hattest gestanden	stehest	stündest/ständest	hättest gestanden	stehe, steh
	stehend	steht	stand	hatte gestanden	stehe	stünde/stände	hätte gestanden	
	gestanden	stehen	standen	hatten gestanden	stehen	stünden/ständen	hätten gestanden	stehen wir
	gestanden haben	steht	standet	hattet gestanden	stehet	stündet/ständet	hättet gestanden	steht
		stehen	standen	hatten gestanden	stehen	stünden/ständen	hätten gestanden	stehen Sie

	Infinitiv Partizip I Partizip II Perfekt	INDIKATIV Präsens	INDIKATIV Präteritum	INDIKATIV Plusquamperfekt	KONJUNKTIV I Präsens	KONJUNKTIV II Präsens	KONJUNKTIV II Perfekt	IMPERATIV
44	**stehlen**	stehle	stahl	hatte gestohlen	stehle	stähle/stöhle	hätte gestohlen	
	(to steal)	stiehlst	stahlst	hattest gestohlen	stehlest	stählest/stöhlest	hättest gestohlen	stiehl
	stehlend	stiehlt	stahl	hatte gestohlen	stehle	stähle/stöhle	hätte gestohlen	
	gestohlen	stehlen	stahlen	hatten gestohlen	stehlen	stählen/stöhlen	hätten gestohlen	stehlen wir
	gestohlen haben	stehlt	stahlt	hattet gestohlen	stehlet	stählet/stöhlet	hättet gestohlen	stehlt
		stehlen	stahlen	hatten gestohlen	stehlen	stählen/stöhlen	hätten gestohlen	stehlen Sie
45	**tun**	tue	tat	hatte getan	tue	täte	hätte getan	
	(to do)	tust	tatest	hattest getan	tuest	tätest	hättest getan	tue, tu
	tuend	tut	tat	hatte getan	tue	täte	hätte getan	
	getan	tun	taten	hatten getan	tuen	täten	hätten getan	tun wir
	getan haben	tut	tatet	hattet getan	tuet	tätet	hättet getan	tut
		tun	taten	hatten getan	tuen	täten	hätten getan	tun Sie
46	**waschen**	wasche	wusch	hatte gewaschen	wasche	wüsche	hätte gewaschen	
	(to wash)	wäschst	wuschest/wuschst	hattest gewaschen	waschest	wüschest/wüschst	hättest gewaschen	wasche, wasch
	waschend	wäscht	wusch	hatte gewaschen	wasche	wüsche	hätte gewaschen	
	gewaschen	waschen	wuschen	hatten gewaschen	waschen	wüschen	hätten gewaschen	waschen wir
	gewaschen haben	wascht	wuscht	hattet gewaschen	waschet	wüschet/wüscht	hättet gewaschen	wascht
		waschen	wuschen	hatten gewaschen	waschen	wüschen	hätten gewaschen	waschen Sie
47	**wissen**	weiß	wusste	hatte gewusst	wisse	wüsste	hätte gewusst	
	(to know)	weißt	wusstest	hattest gewusst	wissest	wüsstest	hättest gewusst	wisse
	wissend	weiß	wusste	hatte gewusst	wisse	wüsste	hätte gewusst	
	gewusst	wissen	wussten	hatten gewusst	wissen	wüssten	hätten gewusst	wissen wir
	gewusst haben	wisst	wusstet	hattet gewusst	wisset	wüsstet	hättet gewusst	wisst
		wissen	wussten	hatten gewusst	wissen	wüssten	hätten gewusst	wissen Sie

Irregular verbs

The following is a list of verbs that have irregular **Präteritum** and **Partizip II** forms. For the complete conjugations of these verbs, consult the verb list on pages **383-384** and the verb charts on pages **385-394**.

Infinitiv		**Präteritum**	**Partizip II**
backen	*to bake*	backte	gebacken
beginnen	*to begin*	begann	begonnen
bergen	*to salvage*	barg	geborgen
beweisen	*to prove*	bewies	bewiesen
bieten	*to bid, to offer*	bot	geboten
binden	*to tie, to bind*	band	gebunden
bitten	*to request*	bat	gebeten
bleiben	*to stay*	blieb	geblieben
braten	*to fry, to roast*	briet	gebraten
brechen	*to break*	brach	gebrochen
brennen	*to burn*	brannte	gebrannt
bringen	*to bring*	brachte	gebracht
denken	*to think*	dachte	gedacht
dürfen	*to be allowed to*	durfte	gedurft
empfehlen	*to recommend*	empfahl	empfohlen
essen	*to eat*	aß	gegessen
fahren	*to go, to drive*	fuhr	gefahren
fallen	*to fall*	fiel	gefallen
fangen	*to catch*	fing	gefangen
fechten	*to fence*	focht	gefochten
finden	*to find*	fand	gefunden
flechten	*to plait*	flocht	geflochten
fliegen	*to fly*	flog	geflogen
fließen	*to flow, to pour*	floss	geflossen
fressen	*to devour*	fraß	gefressen
frieren	*to freeze*	fror	gefroren
geben	*to give*	gab	gegeben
gehen	*to go, to walk*	ging	gegangen
gelingen	*to succeed*	gelang	gelungen
gelten	*to be valid*	galt	gegolten
genießen	*to enjoy*	genoss	genossen
geschehen	*to happen*	geschah	geschehen
gewinnen	*to win*	gewann	gewonnen
gleichen	*to resemble*	glich	geglichen
graben	*to dig*	grub	gegraben
haben	*to have*	hatte	gehabt
halten	*to hold, to keep*	hielt	gehalten
hängen (*intr.*)	*to hang*	hing	gehangen
heißen	*to be called, to mean*	hieß	geheißen
helfen	*to help*	half	geholfen
kennen	*to know*	kannte	gekannt

Infinitiv		Präteritum	Partizip II
klingen	*to sound, to ring*	klang	geklungen
kommen	*to come*	kam	gekommen
können	*to be able to, can*	konnte	gekonnt
laden	*to load, to charge*	lud	geladen
lassen	*to let, to allow*	ließ	gelassen
laufen	*to run, to walk*	lief	gelaufen
leiden	*to suffer*	litt	gelitten
leihen	*to lend*	lieh	geliehen
lesen	*to read*	las	gelesen
liegen	*to lie, to rest*	lag	gelegen
lügen	*to lie, to tell lies*	log	gelogen
meiden	*to avoid*	mied	gemieden
messen	*to measure*	maß	gemessen
mögen	*to like*	mochte	gemocht
müssen	*to must, to have to*	musste	gemusst
nehmen	*to take*	nahm	genommen
nennen	*to name, to call*	nannte	genannt
preisen	*to praise*	pries	gepriesen
raten	*to guess*	riet	geraten
reiben	*to rub, to grate*	rieb	gerieben
riechen	*to smell*	roch	gerochen
rufen	*to call, to shout*	rief	gerufen
schaffen	*to accomplish*	schuf	geschaffen
scheiden	*to divorce, to depart*	schied	geschieden
scheinen	*to shine, to appear*	schien	geschienen
schieben	*to push, to shove*	schob	geschoben
schießen	*to shoot*	schoss	geschossen
schlafen	*to sleep*	schlief	geschlafen
schlagen	*to beat, to hit*	schlug	geschlagen
schließen	*to close*	schloss	geschlossen
schlingen	*to loop, to gulp*	schlang	geschlungen
schneiden	*to cut*	schnitt	geschnitten
schreiben	*to write*	schrieb	geschrieben
schreiten	*to stride*	schritt	geschritten
schwimmen	*to swim*	schwamm	geschwommen
schwinden	*to fade, to disappear*	schwand	geschwunden
schwören	*to swear*	schwor	geschworen
sehen	*to see*	sah	gesehen
sein	*to be*	war	gewesen
senden	*to send*	sandte	gesendet
singen	*to sing*	sang	gesungen
sitzen	*to sit*	saß	gesessen
sollen	*to be supposed to*	sollte	gesollt
sprechen	*to speak*	sprach	gesprochen
stehen	*to stand*	stand	gestanden
stehlen	*to steal*	stahl	gestohlen

Infinitiv		Präteritum	Partizip II
steigen	*to climb, to rise*	stieg	gestiegen
sterben	*to die*	starb	gestorben
stoßen	*to push, to thrust*	stieß	gestoßen
streichen	*to paint, to cancel*	strich	gestrichen
streiten	*to argue*	stritt	gestritten
tragen	*to carry*	trug	getragen
treffen	*to hit, to meet*	traf	getroffen
treiben	*to drive, to float*	trieb	getrieben
treten	*to kick*	trat	getreten
trinken	*to drink*	trank	getrunken
tun	*to do*	tat	getan
vergessen	*to forget*	vergaß	vergessen
verlieren	*to lose*	verlor	verloren
wachsen	*to grow*	wuchs	gewachsen
waschen	*to wash*	wusch	gewaschen
weisen	*to indicate, to show*	wies	gewiesen
wenden	*to turn, to flip*	wandte/wendete	gewendet
werben	*to advertise*	warb	geworben
werden	*to become*	wurde	geworden
werfen	*to throw*	warf	geworfen
wiegen	*to weigh*	wog	gewogen
winden	*to wind*	wand	gewunden
wissen	*to know*	wusste	gewusst
wollen	*to want*	wollte	gewollt
ziehen	*to pull, to draw*	zog	gezogen

Declension of articles

Definite articles				
	Masculine	**Feminine**	**Neuter**	**Plural**
Nominative	der	die	das	die
Accusative	den	die	das	die
Dative	dem	der	dem	den
Genitive	des	der	des	der

Der-words				
	Masculine	**Feminine**	**Neuter**	**Plural**
Nominative	dieser	diese	dieses	diese
Accusative	diesen	diese	dieses	diese
Dative	diesem	dieser	diesem	diesen
Genitive	dieses	dieser	dieses	dieser

Indefinite articles				
	Masculine	**Feminine**	**Neuter**	**Plural**
Nominative	ein	eine	ein	-
Accusative	einen	eine	ein	-
Dative	einem	einer	einem	-
Genitive	eines	einer	eines	-

Ein-words				
	Masculine	**Feminine**	**Neuter**	**Plural**
Nominative	mein	meine	mein	meine
Accusative	meinen	meine	mein	meine
Dative	meinem	meiner	meinem	meinen
Genitive	meines	meiner	meines	meiner

Declension of nouns and adjectives

Nouns and adjectives with *der*-words				
	Masculine	**Feminine**	**Neuter**	**Plural**
Nominative	der gute Rat	die gute Landschaft	das gute Brot	die guten Freunde
Accusative	den guten Rat	die gute Landschaft	das gute Brot	die guten Freunde
Dative	dem guten Rat	der guten Landschaft	dem guten Brot	den guten Freunden
Genitive	des guten Rates	der guten Landschaft	des guten Brotes	der guten Freunde

Nouns and adjectives with *ein*-words				
	Masculine	**Feminine**	**Neuter**	**Plural**
Nominative	ein guter Rat	eine gute Landschaft	ein gutes Brot	meine guten Freunde
Accusative	einen guten Rat	eine gute Landschaft	ein gutes Brot	meine guten Freunde
Dative	einem guten Rat	einer guten Landschaft	einem guten Brot	meinen guten Freunden
Genitive	eines guten Rates	einer guten Landschaft	eines guten Brotes	meiner guten Freunde

Unpreceded adjectives				
	Masculine	**Feminine**	**Neuter**	**Plural**
Nominative	guter Rat	gute Landschaft	gutes Brot	gute Freunde
Accusative	guten Rat	gute Landschaft	gutes Brot	gute Freunde
Dative	gutem Rat	guter Landschaft	gutem Brot	guten Freunden
Genitive	guten Rates	guter Landschaft	guten Brotes	guter Freunde

Vocabulary

This glossary contains the words and expressions listed on the **WORTSCHATZ** page found at the end of each lesson in **DENK MAL!**, as well as other useful vocabulary. A numeral following an entry indicates the lesson where the word or expression was introduced. The forms of the words in this glossary reflect the forms presented on the **WORTSCHATZ** page.

Abbreviations used in this glossary

adj.	adjective	*form.*	formal	*p.p.*	past participle
adv.	adverb	*indef.*	indefinite	*pl.*	plural
conj.	conjunction	*invar.*	invariable	*prep.*	preposition
f.	feminine	*m.*	masculine	*pron.*	pronoun
fam.	familiar	*n.*	neuter	*v.*	verb

Deutsch-Englisch

A

Abfahrtszeit, -en *f.* departure time **4**
Abfall, -¨e *m.* decline, drop **1**
Abflughalle, -n *f.* departure hall/lounge **4**
Abflugzeit, -en *f.* departure time **4**
abgelaufen *v.* expired **4**
abgelegen *adj.* remote **4**
sich (etwas) abgewöhnen *v.* to give (something) up **3**
ablehnen *v.* to reject **5**
Heilige Abend *m.* Christmas Eve **6**
Abkommen, - *n.* agreement **10**
abonnieren *v.* to subscribe **3**
abschieben *v.* to deport **4**
Absicht, -en *f.* intension **5**
abstimmen *(über) v.* to vote/to take a vote about **9**
Achterbahn, -en *f.* roller coaster **6**
achtlos *adj.* careless **10**
Agentur, -en *f.* agency **3**
Aktivist, -en/Aktivistin, -nen *m./f.* activist **8**
aktualisieren *v.* to update **7**
aktuellen Ereignisse (die) *pl.* current events **3**
Allee, -n *f.* avenue **2**
Ampel, -n *f.* traffic light **2**
Amt, -¨er *n.* position, office **9**
sich amüsieren *v.* to have fun; to enjoy oneself **2**
Analogsignal, -e *n.* analog signal **7**
j-n anbeten *v.* to adore someone **2**
anbieten *v.* to offer **4**
angenehm *adj.* pleasant **4**
Angestellte, -n *m./f.* employee **9**
Angst, -¨e *f.* fear **8**
anhalten *v.* to stop **2**
anhängen *v.* to attach **7**
anhänglich *adj.* attached **1**
Ankunftshalle, -n *f.* arrival(s) terminal **4**
anlegen (in + Dat.) *v.* to invest (in) **9**
es auf etwas anlegen *v.* to aim at something **8**
Anleitung, -en *f.* guideline **8**
es auf etwas anlegen *v.* to aim at something **8**
Anleitung, -en *f.* guideline **8**
annehmen *v.* to accept **1**
(sich) anpassen *v.* to adjust to **2**
j-n anpöbeln *v.* to harass someone **2**
anregen *v.* to prompt; to stimulate **5**
Anschluss, -¨e *m.* connection **4**
Ansehen *n.* reputation **7**
(sich) ansiedeln *v.* to settle **10**
anspielen auf *v.* to allude to **4**
anstrengend *adj.* stressful **4**
Antrag, -¨e *m.* application **4**
Anzeige, -n *f.* newspaper ad **3**
anziehen *v.* to attract **6**
Apparat, -e *m.* machine; instrument **7**
Aquarell, -e *n.* watercolor painting **5**
Arbeitsamt, -¨er *n.* employment agency **9**
arbeitsfreie Tag, -e *m.* day off **9**
Arbeitskampf, -¨e *m.* labor dispute **9**
Arbeitsmöglichkeit, en *f.* opportunity to work **5**
Arbeitszeit, -en *f.* work hours **9**
ärgern *v.* to annoy **1**
Armee, -n *f.* armed forces **10**
artgerecht species-appropriate **5**
ästhetisch *adj.* aesthetic **5**
Astronaut, -en/Astronautin, -nen *m./f.* astronaut **7**
Astronom, -en/Astronomin, -nen *m./f.* astronomer **7**
Atelier, -s *n.* studio **5**
Atomkraftwerk, -e *n.* nuclear power plant **8**
Attachment, -s *n.* attachment **7**
attraktiv *adj.* attractive **1**
Auferstehung, -en *f.* resurrection **5**
Aufführung, -en *f.* performance **5**
aufgeregt *adj.* excited **1**
aufgezeichnet *adj.* (pre-)recorded **3**
auflösen *v.* to dissolve **10**
aufnehmen *v.* to record (audio) **3**
eine Hypothek aufnehmen *v.* to take out a mortgage **9**
aufregend *adj.* exciting **2**
Aufruhr, -e *m.* uprising, revolt **10**
Aufsatz, -¨e *m.* essay **5**
Aufschwung, -¨e *m.* boom; recovery **9**
Aufruhr, -e *m.* uprising, revolt **10**
aufzeichnen *v.* to record (video) **5**
Aufzucht, -en *f.* raising (of animals) **8**
augenscheinlich *adj.* obvious **2**
Ausbildung, -en *f.* training; development **9**
(sich) ausborgen *v.* to borrow **6**
Ausflug, -¨e *m.* excursion **4**
ausgehen *v.* to go on a date **1**
ausgraben v. to dig up **6**
Ausländer, -/Ausländerin, -nen *m./f.* foreigner **2**
ausnutzen *v.* to take advantage of **9**
ausscheiden *v.* to eliminate **3**
aussteigen *v.* to get out; to get off (bus, train) **2**
aussterben *v.* to become extinct **8**
ausstrahlen *v.* to broadcast **3**
Austausch *m.* exchange **5**
austreten *v.* to use the bathroom **9**
austricksen *v.* to outsmart/ to fool someone **9**
einen Beruf ausüben *v.* to practice a profession **9**
auswandern *v.* to emigrate **1**
Auswanderung, -en *f.* emigration **10**
außergewöhnlich *adj.* exceptional **7**
Autobiographie, -n *f.* autobiography **5**
Autovermietung *f.* car rental **4**
avantgardistisch *adj.* avant-garde **5**

B

Badetuch, -¨er *n.* towel; beach towel **4**
Bahnsteig, -e *m.* platform **4**
basteln *v.* to do handicrafts **5**
Bärenhunger *m.* ravenous appetite **6**
Bearbeitung, -en *f.* adaptation **3**
sich (bei j-m) bedanken *v.* to thank (someone) **6**
bedauern *v.* to regret **10**
bedeuten *v.* to mean **2**

bedeutend *adj.* significant **7**
etwas befestigen *v.* to secure something **3**
Beförderung, -en *f.* promotion **9**
Befugnis, -se *f.* permission **7**
befreien *v.* to liberate **10**
befördern *v.* to transport **7**
(ein Fest) begehen *v.* to celebrate **6**
begeistert *adj.* enthusiastic **1**
behandeln *v.* to deal with **2**
Behandlung, -en *f.* treatment **7**
Beherrschung *f.* mastery **5**
Behörde, -n *f.* administrative body **4**
Beifall *m.* applause **5**
beitragen zu (+ Dat.) *v.* to add to **7**
belegt *adj.* full; no vacancy **4**
beneiden *v.* to envy **3**
Bengel, -m. rascal **6**
beobachten *v.* to observe; to spy **2**
bemerkenswert *adj.* remarkable **7**
Berater, -/Beraterin, -nen *m./f.* consultant **9**
Bergsteigen *n.* mountain climbing **4**
berichten *v.* to report **3**
Beruf, -e *m.* job **9**
einen Beruf ausüben *v.* to practice a profession **9**
eine berufliche Laufbahn (-en) einschlagen *v.* to choose a career path **9**
zu etwas berufen sein *v,* to have a vocation /calling for something **5**
Berufserfahrung, -en *f.* professional experience **9**
beschäftigen *v.* to employ **9**
Beschäftigungsverhältnis, -se *n.* employment relationship **1**
Beschäftigung, -en *f.* job; pursuit **4**
bescheiden *adj.* modest **1**
j-m Bescheid sagen *v.* to let someone know **1**
Bescherung, -en *f.* gift giving **6**
Beschluss, -¨e, *m.* resolution; ruling **1**
beschwören *v.* to invoke; to conjure (up) **4**
beseitigen *v.* to eliminate **7**
besessen *adj.* possessed **7**
besiegen *v.* to defeat **10**
besorgt *adj.* anxious; worried **1**
Besprechung, -en *f.* meeting **3**
beständig *adj.* constant(ly) **8**
j-n bestechen *v.* to bribe someone **6**
ein Zimmer bestellen *v.* to book a room **4**
bestellen *v.* to book **4**; to order; to reserve **6**
bestürzt *adj.* upset **1**
Besucher,-/Besucherin, -nen *m./f.* visitor **1**
beträchtlich *adj.* considerable **7**
betragen *v.* to amount to **9**
betreiben *v.* to operate **2**
Betrug *f.* fraud, scam **9**
betrügen *v.* to cheat **9**
beurteilen *v.* to judge **8**
beträchtlich *adj.* considerable **7**
betragen *v.* to amount to **9**
betreiben *v.* to operate **2**
Betrug f. fraud, scam 9
betrügen v. to cheat 9
Bevölkerung, -en *f.* population **10**
beweisen *v.* to prove **7**
sich (bei j-m) um etwas bewerben *v.* to apply (somewhere) for a job **9**
Bewerbung, -en *f.* bid, application **3**
bewohnen *v.* to inhabit **10**
bewohnt *adj.* inhabited **4**
bewundern *v.* to admire **4**
Eintritt bezahlen *v.* to pay admission **6**
bezaubernd *adj.* charming **1**
beziehen *v.* to get **3**
eine Beziehung führen *v.* to be in a relationship **1**
eine Beziehung haben *v.* to be in a relationship **1**
Bilanzbuchhalter, -/Bilanzbuchhalterin, -nen *m./f.* accountant **9**
Bildhauer, -/Bildhauerin, -nen *m./f.* sculptor **5**
bildhauern *v.* to sculpt **5**
Bildschirm, -e *m.* (TV) screen **3**
Biographie, -n *f.* biography **5**
Biologe, -n/Biologin, -nen *m./f.* biologist **7**
auf dem Laufenden bleiben *v.* to keep up with (news) **3**
auf dem neuesten Stand bleiben *v.* to keep up-to-date **3**
Blumenkohl, -kohlköpfe *m.* cauliflower
blutig *adj.* rare **6**
Bodenschätze *pl.* natural resources **8**
Boot, -e *n.* boat **4**
an Bord *prep.* on board **4**
an Bord des Flugzeuges gehen *v.* to board the plane **4**
Bordkarte, -n *f.* boarding pass **4**
(sich) borgen *v.* to borrow **6**
Börse, -n *f.* stock exchange **9**
böse werden *v.* to get angry **1**
braten *v.* to fry; to roast **6**
Braten, - *m.* roast **6**
Brathähnchen, -*n.* roast chicken **6**
Brauch, -¨e *m.* custom **6**
Buchhalter, -/Buchhalterin, -nen *m./f.* accountant **9**
Buchhaltung, -en *f.* accountancy **9**
Bude, -n *f.* booth **6**
Bühne, -n *f.* stage **5**
bummeln *v.* to stroll **1**
Bummelzug, -¨e *m.* slow train **4**
Bundeskanzler, -/Bundeskanzlerin, -nen *m./f.* federal chancellor **10**
Bundespräsident, -en/Bundespräsidentin, -nen *m./f.* federal president **10**
Bundesrepublik, -en *f.* federal republic **10**
bundesweit *adj.* nationwide **3**
Bürger, -/Bürgerin, -nen *m./f.* citizen **2**
Bürgerkrieg, -e *m.* civil war **10**
Bürgermeister, -/Bürgermeisterin, -nen *m./f.* mayor **2**
Bürgersteig, -e *m.* sidewalk **2**
Bushaltestelle, -n *f.* bus stop **2**

C

Campingplatz, -¨e *m.* campground **4**
chaotisch *adj.* disorganized **4**
charmant *adj.* charming **1**
Chef, -s/Chefin, -nen *m./f.* boss **9**
Chor, -¨e *m.* choir **5**
Code, - *m.* code **7**
Comicheft, -e *n.* comic book **3**
Computerwissenschaft, -en *f.* computer science **7**
Copyright, -s *n.* copyright **5**

D

damalig *adj.* of that time **10**
Darlehen, - *n.* loan **9**
Datenbank, -en *f.* database **7**
Demokrat, -en/Demokratin, -nen *m./f.* Democrat **10**
Demokratie, -n *f.* democracy **10**
demokratisch *adj.* democratic **10**
deprimiert *adj.* depressed **1**
Dichtkunst *f.* poetry **5**
Dichtung, -en *f* work of literature; poetic work **5**
Digitalsignal, -e *n.* digital signal **7**
Diktatur, -en *f.* dictatorship **10**
direkt *adj.* live **3**
DNS *f.* DNA **7**
Dokumentarfilm, -e *m.* documentary **3**
Dose, -n *f.* (aluminum) can **8**
Dramatiker, -/Dramatikerin, -nen *m./f.* playwright **5**
Drang *f.* urge **5**
Drehbuch, -¨er *n.* script **3**
drehen *v.* to film **3**
Drohung, -en *f.* threat **8**
drucken *v.* to print **3**
etwas durchdringen *v.* to penetrate something, pierce **7**
durchgebraten *adv.* well done **6**
durchkreuzen *v.* to thwart; to frustrate **9**
gut durch *adv.* well done **6**

E

E-Book, -s *n.* e-book **7**
E-Mail, -s *f.* e-mail **7**
Echtheit *f.* authenticity **4**
Effektivität *f.* effectiveness **1**
Ecke, -n *f.* corner; confined, very typical area of a city **2**
Ehepaar, -e *n.* married couple **1**
ehrfürchtig *adj.* reverent **8**
ehrlich *adj.* honest **1**
eifersüchtig *adj.* jealous **2, 1**
eifrig *adj.* eager **2**
einchecken *v.* to check in **4**
einfallen in (+ Akk.) *v.* to invade **10**
einfallsreich *adj.* imaginative **1**
einfältig *adj.* simple(-minded) **3**

Einfluss, -¨e *m.* influence **1**
einflussreich *adj.* influential **3**
eingelegte Hering, -e *m.* pickled herring **6**
sich einigen über *v.* to come to an agreement about **6**
Einkaufszentrum, -zentren *n.* shopping mall **2**
Einsamkeit *f.* loneliness **2**
einschätzen *v.* to gauge ; to evaluate; to assess **8**
einsetzen *v.* to employ **7**
eine berufliche Laufbahn (-en) einschlagen *v.* to choose a career path **9**
einsperren *v.* to imprison **8**
einsteigen *v.* to get on; to get in (bus, train) **2**
einstellen *v.* to employ **9**
Einstellung, -en *f.* attitude; opinion **9**
einstimmig *adj.* unanimous **1**
einstürzen *v.* to collapse **3**
Eintritt bezahlen *v.* to pay admission **6**
Eintopf, -¨e *m.* stew **6**
Eintritt bezahlen *v.* to pay admission **6**
einwandern *v.* to immigrate **1**
Einwanderung, -en *f.* immigration **10**
eitel *adj.* vain **8**
Einwegflasche, -n *f.* disposable bottle **8**
Eisdiele, -n *f.* ice-cream parlor **6**
Eisen, -n. iron **7**
Elektronik *f.* electronics **7**
Elfenbein *n.* ivory **4**
E-Mail *f.* e-mail **7**
unerwünschte E-Mail *f.* spam e-mail **7**
empfehlen *v.* to recommend **6**
empfindlich *adj.* sensitive **1**
engagieren *v.* to hire **3**
englisch *adj.* rare **6**
Entdeckung, -en *f.* discovery **7**
entfachen *v.* to light (a fire) **6**
Entgegenkommen *n.* courtesy; concession **9**
entlassen *v.* to lay off **9**
sich entpuppen *v.* to turn out to be **2**
sich entspannen *v.* to relax **4**
enttäuscht *adj.* disappointed **1**
entwerfen *v.* to design **5**
sich entwickeln *v.* to develop **5**
Entwicklung, -en *f.* development **7**
Erbe *n.* heritage; inheritance **6, 1**
aktuellen Ereignisse (die) *pl.* current events **3**
etwas erfahren *v.* to find out something **3**
Erfahrung, -en *f.* experience **9**
erfolgreich *adj.* successful **9**
(frei) erfunden *adj.* fictional **5**
ergehen (+ Dat.) *v.* to fare; to get on **10**
erhalten *v.* to conserve, to preserve **8**
erkunden *v.* to explore **4**
etwas erlauben *v.* to permit something, to allow something **10**
sich erledigen *v.* to be done with **7**
ernähren *v.* to nourish **7**
erobern *v.* to conquer **10**
Erpressung, -en *f.* blackmail **9**
erreichen *v.* to achieve **8**
erscheinen *v.* to come out; to appear; to be published **3**
Erscheinung, -en *f.* appearance; phenomenon **10**
Ersparnis, -se *f.* savings **9**
erstaunt *adj.* surprised **8**
j-n erwarten *v.* to expect someone **6**
(sich) erweisen *v.* to prove **2**
Erzähler, -/Erzählerin, -nen *m./f.* narrator **5**
Erziehung, -en *f.* education **8**
Essay, -s *m./n.* essay **5**
Essayist, -en/Essayistin, -nen *m./f.* essayist **5**
eine Kleinigkeit essen *v.* to have a snack **6**
ethisch *adj.* ethical **7**
existieren *v.* to exist **5**
exotisch *adj.* exotic **4**
Experiment, -e *n.* experiment **7**

F

Fachsprache, -n *f.* technical language, terminology **3**
fade *adj.* bland **6**
Fahrer, -/Fahrerin, -nen *m./f.* driver **2**
Fahrspur, -en *f.* lane; track **2**
Falle, -n *f.* trap **9**
fälschen *v.* to falsify **9**
Familienrat, -¨e *m.* family council **1**
Familienrolle, -n *f.* role in the family **1**
Farbe, -n *f.* paint **5**
Fasching *f.* carnival (Mardi Gras) **6**
faschistisch *adj.* fascist **10**
fassbar *adj.* comprehensible **5**
Fastnacht *f.* Shrove Tuesday (Mardi Gras) **6**
Fastnachtsdienstag *m.* Shrove Tuesday (Mardi Gras) **6**
fechten *v.* to fence **8**
Feier, -n *f.* celebration **6**
Feierlichkeit, -en *f.* festivity **1**; celebration **6**
feiern *v.* to celebrate **6**
Fensterplatz, -¨e *m.* window seat **4**
Ferienort, -e *m.* vacation resort **4**
Ferienwohnung, -en *f.* vacation rental **4**
Fernsehserie, -n *f.* TV series **3**
Fernsehwerbung, -en *f.* TV advertisement **3**
ein Fest begehen *v.* to celebrate **6**
festlegen *v.* to determine **10**
j-n festnehmen *v.* to arrest someone **2**
feuern *v.* to fire **9**
Feuerwache, -n *f.* fire station **2**
Figur, -en *f.* character **5**
fiktiv *adj.* fictitious, fictional **4**
Filmemacher, -/Filmemacherin, -nen *m./f.* filmmaker **5**
finanziell *adj.* financial **9**
finster *adj.* dark; grim **10**
Fischen *n.* fishing **4**
fliehen *v.* to flee, to escape **3**
Flitterwochen *(pl.) f.* honeymoon **7**
Flugbegleiter, -/Flugbegleiterin, -nen *m./f.* flight attendant **4**
Flugsteig, -e *m.* departure gate **4**
an Bord des Flugzeuges gehen *v.* to board the plane **4**
die Folge, -n *f.* episode **3**
Folklore *f.* folklore **6**
fördern *v.* to promote; to encourage **8**
Förderung, -en *f.* promotion; sponsorship **8**
Forscher, -/Forscherin, -nen *m./f.* researcher **7**
Forschung, -en *f.* research **7**
sich fortpflanzen *v.* to multiply **1**
Fortschritt, -e *m.* progress **7**
Fotograf, -en /Fotografin, -nen *m./f.* photographer **5**
etwas in Frage stellen *v.* to question something **7**
Zimmer frei *exp.* vacancy **4**
freie Tag, -e *m.* day off **9**
Freiheit, -en *f.* freedom **8**
Fremde, -n *m./f.* stranger **2**
Freundschaft, -en *f.* friendship **1**
Frieden *m.* peace **10**
friedlich *adj.* peaceful **8**
frittiert *adj.* deep-fried **6**
frustriert *adj.* frustrated **4**
fühlen *v.* to feel **1**
führen *v.* to lead **10**
eine Beziehung führen *v.* to be in a relationship **1**
Fünf-Sterne *adj.* five-star **4**
Fußgänger, -/Fußgängerin, -nen *m./f.* pedestrian **2**

G

Galerie, -n *f.* gallery **5**
Gangplatz, -¨e *m.* aisle seat **4**
Ganztagsarbeit, -en *f.* full-time job **9**
Gastfreundschaft *f.* hospitality **1**
Gebäude, - *n.* building **2**
Gebet, -e *n.* prayer **10**
eine Wegbeschreibung geben *v.* to give directions **2**
Gebet, -e *n.* prayer **10**
gebraten *adj.* fried; roasted **6**
Geburtenrate, -n *f.* birth rate **10**
Gedenktag, -e *m.* commemoration day **10**
gedünstet *adj.* steamed **6**
gefährlich *adj.* dangerous **2**
gefährdet *adj.* endangered **8**
Gefährt, -e *n.* vehicle **7**
gefroren *adj.* frozen **6**
Gegend, -en *f.* neighborhood **2**
Geheimnis, -se *n.* secret **1**
an Bord des Flugzeuges gehen *v.* to board the plane **1**
in Rente gehen *v.* to retire **9**
Geld leihen *v.* to borrow money **9**
Geldwechsel *m.* currency exchange **4**
Gelehrte, -n *m./f.* scholar **7**

Gemälde, - *n.* painting **5**
gemäßigt *adj.* moderate **8**
Gemeinde, -n *f.* community **2**
Gen, -e *n.* gene **7**
genial *adj.* brilliant; ingenious **1**
Genre, -s *n.* genre **5**
Geologe, -n/Geologin, -nen *m./f.* geologist **7**
Gepäckausgabe *f.* baggage claim **4**
Gerät, -e *n.* device **7**
außer Kontrolle geraten *v.* to get out of control **2**
gerecht *adj.* fair; just **8**
Gerechtigkeit, -en *f.* justice **8**
Gerichtsgebäude, - *n.* courthouse **2**
gerührt sein *v.* to be touched; to be moved **4**
Geschäftsführer, - /Geschäftsführerin, -nen *m./f.* executive; manager **9**
geschieden *adj.* divorced **1**
Geschmack, -¨er *m.* taste **4**
Geschworenen *f.* jury **8**
gesellig *adj.* cozy, comfortable **1**
Gesetz *n.* law **8**
Gesetzgebung, -en *f.* law; legislation **8**
ein Gesetz verabschieden *v.* to pass a law **8**
gestalten *v.* to create **3**
sich gestalten *v.* to turn out **7**
Gestapo (Geheime Staatspolizei) *f.* secret police in the 3rd Reich **10**
gestrichen *adj.* canceled **4**
gesundheitsgefährdend *adj.* harmful to one's health **7**
gewählt werden *v.* to be elected **10**
gewähren *v.* to grant **2**
Gewalt, -en *f.* violence **8**
Gewaltherrschaft, -en *f.* dictatorship **10**
gewalttätig *adj.* violent **10**
Gewerbe, - *n.* trade; business **9**
Gewerkschaft, -en *f.* labor union **9**
Gewissen, - *n.* conscience **8**
schlechte Gewissen (das) *n.* bad/guilty conscience **2**
gießen *v.* to pour **6**
Gift, -e *n.* poison **8**
Glasflasche, -n *f.* glass bottle **8**
gleich *adj.* equal **8**
Gleichheit, -en *f.* equality **8**
Gleitzeit *f.* flextime; flexible working hours **4**
Globalisierung, -en *f.* globalization **10**
Grausamkeit, -en *f.* cruelty **8**
Grund, -¨e *m.* reason **1**
gründlich *adj.* thorough **1**
rote Grütze, -n *f.* red berry pudding **6**
Gut, ¨-er *n.* wares, goods **9**
Gulasch, -e *m./n.* beef stew **6**

H

eine Beziehung haben *v.* to be in a relationship **1**
(j-n/etwas) satt haben *v.* to be fed up (with someone/something) **1**
Schulden haben *v.* to be in debt **9**
Spaß (an etwas) haben *v.* to have fun; to enjoy oneself **2**
Halbpension *f.* half board **4**
halten *v.* to stop **2**
Haltestelle, -n *f.* stop **2**
Handlung, -en *f.* plot **5**
Handwerker, -/Handwerkerin, -nen *m./f.* artisan; craftsman **5**
Häppchen, -n. appetizer **6**
hassen *v.* to hate **1**
Heer, -e *n.* army **10**
heilen *v.* to cure; to heal **7**
Heiligabend *m.* Christmas Eve **6**
Heilige Abend (der) *m.* Christmas Eve **6**
heiligen *v.* to keep holy (tradition) **6**
Heimat *f.* homeland **1**
heimlich *adj.* secretly **3**
heiraten *v.* to marry **1**
Heizung, -en *f.* heating system **6**
Herausforderung, -en *f.* challenge **7**
herausgeben *v.* to publish **3**
sich herausstellen als *v.* to turn out to be **7**
eingelegte Hering, -e *m.* pickled herring **6**
herunterladen *v.* to download **7**
hervorragend *adj.* outstanding **6**
hervorspritzen *v.* to squirt out **8**
heuchlerisch *adj.* hypocritical **8**
heulen *v.* to cry **6**
Hochzeit, -en *f.* wedding **1**
Radio hören *v.* to listen to the radio **3**
Horoskop, -e *n.* horoscope **3**
Hürde, -n *f.* hurdle **4**
eine Hypothek aufnehmen *v.* to take out a mortgage **9**

I

Ichling, -e *m.* me-generation, self-centered person **3**
Ideenaustausch *m.* exchange of ideas **5**
Identität, -en *f.* identity **1**
illegal *adj.* illegal **8**
Illustrierte, -n *f.* magazine **3**
Imbiss, -e *m.* snack **2**
Imbissstube, -n *f.* snack bar **6**
Immobilienmarkt, -¨e *m.* real estate market **9**
impfen *v.* to vaccinate **7**
Impfstoff, -e *m.* vaccine **7**
sich informieren (über + Akk.) *v.* to get/ to stay informed (about) **3**
Informatik *f.* computer science **7**
Informatiker, -/Informatikerin, -nen *m./f.* computer scientist **7**
Inhaber, -/Inhaberin, -nen *m./f.* owner **9**
Inspiration, -en *f.* inspiration **5**
Institution, -en f. institution **5**
Integration, -en *f.* integration **10**
Intelligenz *f.* intelligence **7**
Interview, -s *n.* interview (newspaper, TV, radio) **3**; job interview **9**
Interviewer, -/Interviewerin, -nen *m./f.* interviewer **9**
irreführend *adj.* misleading, false **4**

J

Jahrhundert, -e *n.* century **10**
Jahrzehnt, -e *n.* decade **10**
Journalist, -en/Journalistin, -nen *m./f.* journalist **3**
Judenstern, -e *m.* Yellow Star (worn by Jews in the 3rd Reich **10**
Judenverfolgung, -en *f.* persecution of Jews **10**
Jugendkriminalität *f.* youth crime, juvenile delinquency **2**

K

Kabelfernsehen *n.* cable TV **3**
kabellos *adj.* wireless **7**
Kaiser, -/Kaiserin, -nen *m./f.* emperor/ empress **10**
Kammermusik *f.* chamber music **5**
kämpfen *v.* to fight **8**
Kanufahren *n.* canoeing **4**
Kanzler, -/Kanzlerin, -nen *m./f.* chancellor **10**
Kapellmeister, - *m.* director of music **5**
kapitulieren *v.* to surrender **10**
Karneval *m.* carnival (Mardi Gras) **6**
Karriere, -n *f.* career **9**
Kartoffelbrei, -e/-s *m.* mashed potatoes **6**
Kartoffelpuffer, - *m.* potato pancake **6**
Katastrophe, -n *f.* natural disaster **8**
Kernphysiker, -/Kernphysikerin, -nen *m./f.* nuclear physicist **7**
Kerze, -n *f.* candle **6**
klassisch *adj.* classical **5**
Klatsch *m.* gossip **1**
Kleinanzeige, -n *f.* classified ad **3**
eine Kleinigkeit essen *v.* to have a snack **6**
Klimaerwärmung, -en *f.* global warming **8**
klonen *v.* to clone **7**
der Knochen, - m. bone **7**
Kollege, -n/Kollegin, -nen *m./f.* colleague **9**
kolonisieren *v.* to colonize **10**
komisch *adj.* comical **5**
mit j-m kommunizieren *v.* to communicate /to interact with someone **5**
Komponist, -en/Komponistin, -nen *m./f.* composer **5**
Kongressabgeordnete, -n *m./f.* member of congress **10**
König, -e/Königin, -nen *m./f.* king/queen **10**
Königreich, -e *n.* kingdom **10**
Konjunkturrückgang, -¨e *m.* recession **9**
Konkurs, -e *m.* bankruptcy **9**
konservativ *adj.* conservative **8**
Konto, -ten *n.* account **9**
Konservative, -n *m./f.* Conservative **10**

außer Kontrolle geraten *v.* to get out of control **2**
Konzentrationslager, - (KZ) *n.* concentration camp **10**
Konzertsaal, -säle *m.* concert hall **5**
Korrespondent, -en/Korrespondentin, -nen *m./f.* correspondent **3**
Kneipe, -n *f.* pub; tavern **6**
Knödel, - *m.* dumpling **6**
köstlich *adj.* delicious **6**
Köstlichkeit, -en *f.* delicacy **6**
kräftig *adj.* powerful **10**
krass *adj.* crass, extreme, stark, glaring **9**
kreativ *adj.* creative **3**
Kreis, -e *m.* county **1**
Kreisverkehr, -e *m.* rotary; roundabout **2**
Kreuzfahrt, -en *f.* cruise **4**
Kreuzung, -en *f.* intersection **2**
Krieg, -e *m.* war **10**
Kriminalroman, -e *m.* mystery; crime novel **5**
Kriminelle, -n *m./f.* criminal **8**
kulturell *adj.* cultural **6**
Kulturzentrum, -zentren *n.* cultural center **5**
kündigen *v.* to terminate; to fire **1**; to quite **9**
Kündigung, -en *f.* written notice **1**
schönen Künste *pl.* fine arts **5**
Kunsthandwerker, -/Kunsthandwerkerin, -nen *m./f.* artisan; craftsman **5**
künstlich *adj.* artificial **6**
künstliche Intelligenz *f.* artificial intelligence **7**
kurzfristig *adj.* short-term **9**

L

sich laben an (+ Dat.) *v.* to refresh oneself **6**
Lachshäppchen, - *n.* salmon appetizer **6**
Lampenfieber *n.* stage fright **5**
Landschaft, -en *f.* countryside; scenery **8**
Landung, -en *f.* landing **4**
langfristig *adj.* long-term **9**
Langlauf *m.* cross-country skiing **4**
auf dem Laufenden bleiben *v.* to keep up with (news) **3**
locker lassen *v.* to give up **2**
sich scheiden lassen (von j-m) *v.* to get divorced (from) **1**
Last, -en *f.* burden **5**
laut *adj.* loud; noisy **2**
Spießruten laufen *v.* to run the gauntlet **9**
eine berufliche Laufbahn (-en) einschlagen *v.* to choose a career path **9**
Lebenslauf, -¨e *m.* résumé **9**
Lebensstandard, -e *m.* standard of living **10**
Lebensraum, -¨e habitat **8**
Lebewesen, - *n.* living creature **7**
lebhaft *adj.* lively **2**
lecker *adj.* delicious **6**
ledig *adj.* single (unmarried) **1**
leer *adj.* empty **2**
legal *adj.* legal **8**
leicht *adj.* light **6**
leicht durchgebraten *adv.* medium rare **6**
leicht zu vergessen *exp.* forgettable **1**
leidenschaftlich *adj.* passionate **5**
leihen *v.* to borrow **9**
Leihhaus, -¨er *n.* pawn shop **6**
Leinwand, -¨e *f.* movie screen **3**
leiten *v.* to manage **9**
lecker *adj.* delicious **6**
liberal *adj.* liberal **8**
Liberale, -n *m./f.* Liberal **10**
Lichtjahr, -e *n.* light-year **7**
Liebe *f.* love **1**
Liebe auf den ersten Blick *exp.* love at first sight **1**
lieben *v.* to love **1**
liebebedürftig *adj.* in need of affection **1**
liebenswürdig *adj.* kind **5**
liebevoll *adj.* affectionate **1**
Liedermacher, -/Liedermacherin, -nen *m./f.* songwriter **5**
liegen *v.* to be located **2**
live *adj.* live **3**
Liveübertragung, -en/Livesendung, -en *f.* live broadcast **3**
loben *v.* to praise **5**
Lohn, -¨e *m.* wage **9**
sich lohnen *v.* to be worth it **4**
Lohnfortzahlung, -en *f.* wage continuation **9**
Lokalzeitung, -en *f.* local paper **3**
lösen *v.* to solve
lügen *v.* to lie, to tell lies **1**
Lüge, -n *f.* lie **10**
lustig *adj.* humorous **5**
luxuriös *adj.* luxurious **4**

M

sich selbstständig machen *v.* to set up/start one's own business **9**
Überstunden machen *v.* to work overtime **9**
Machtmissbrauch, -¨e *m.* abuse of power **8**
malen *v.* to paint **5**
Maler, -/Malerin, -nen *m./f.* painter **5**
Malheur, -s *n.* mishap **10**
Mangel, -¨ *m.* lack; deficit **1**
Märchen, - n. fairy tale **4**
Mathematiker, -/Mathematikerin, -nen *m./f.* mathematician **7**
medium halbgar *adv.* medium rare **6**
mehrsprachig *adj.* multilingual **10**
Meinung, -en *f.* opinion **8**
Meinungsumfrage *f.* opinion poll; survey **3**
Meisterwerk, -e *n.* masterpiece **5**
Menschengeschlecht *n.* humankind **1**
Menschenrechte *f.* human rights **8**
Menschheit *f.* mankind **7**
Merkmal, -e *n.* characteristic **2**
mieten *v.* to rent (house, car) **4**
Mieter, -/Mieterin, -nen *m./f.* tenant **2**
Mindestlohn, -¨e *m.* minimum wage **9**
mischen *v.* to mix **5**
missbrauchen *v.* to abuse **8**
Mitbewohner, -/Mitbewohnerin, -nen *m./f.* apartment-mate **2**
zum Mitnehmen *adj.* (food) to go **6**
Mitleid *n.* compassion **6**
Mittelgebirge, - *n.* low mountain range **8**
monarchisch *adj.* monarchic **10**
Monatsschrift, -en *f.* monthly magazine **3**
Moralkodex, -e *m.* code of ethics **7**
Motto, -s *n.* theme **6**
Müllentsorgung *f.* waste management **8**
Mülltourismus *m.* garbage tourism **8**
Mülltrennung *f.* waste separation **8**
multikulturell *adj.* multicultural **10**
Musical, -s *n.* musical **5**
müßig *adj.* idle **7**
Muttersprache, -n *f.* native language **10**

N

Nachbarschaft *f.* neighborhood **2**
n. Chr. (nach Christus) A.D., C.E. **10**
Nachfahr, -en/Nachfahrin, -nen *m./f.* descendant **1**
nachhaltig *adj.* sustainable **8**
Nachhaltigkeit *f.* sustainability **8**
Nachrichten *pl.* (radio/television) news **3**
Nachrichten beziehen *v.* to get the news **3**
Nachrichtensendung, -en *f.* news program; newscast **3**
Nachsicht *f.* leniency **10**
Nachsynchronisation, -en *f.* dubbing **3**
Nachteil, -e *m.* disadvantage **8**
Nachtleben *n.* nightlife **2**
Nanotechnologie, -n *f.* nanotechnology **7**
Nashorn, -¨er *n.* rhino(ceros) **10**
Naturlehrpfad, -e *m.* nature trail **8**
Naturschützer, -/Naturschützerin, -nen *m./f.* conservationist **8**
Nebenbuhler, -/Nebenbuhlerin, -nen *m./f.* rival (in love) **2**
Netzwerk, -e *n.* network **7**
Neuigkeit, -en *f.* news story ; news item **3**
Niederlage, -n *f.* defeat **10**
Niedriglohn, -¨e *m.* low wage **1**
Noten (pl.) sheet music **10**
Notwendigkeit *f.* necessity **5**
Novelle, -n *f.* novella, short novel **5**
Nuklearphysiker, -/Nuklearphysikerin, -nen *m./f.* nuclear physicist **7**

O

der/die Obdachlose, -n *m./f.* homeless person **10**
objektiv *adj.* impartial; unbiased **3**
öffentliche Personennahverkehr (ÖPNV) *m.* public transportation **2**
öffentlichen Verkehrsmittel *f.* public transportation **2**
Ökologie, - *f.* ecology **8**

Ölgemälde, - *n.* oil painting **5**
Olympia-Bewerbung, -en *f.* bid for Olympic Games **3**
Oper, -n *f.* opera **5**
Operette, -n *f.* operetta **5**
Opfer, - *n.* victim **7**
ÖPNV (öffentliche Personennahverkehr) *m.* public transportation **2**
optimistisch *adj.* optimistic **1**
Orchester, - *n.* orchestra **5**
Ordnung *f.* order **1**
organisieren *v.* to organize **4**
organisiert *adj.* organized **4**
Ostermontag *m.* Easter Monday **6**
Ostern *f.* Easter **6**

P

Paar, -e *n.* couple **1**
parken *v.* to park **2**
(politische) Partei, -en *f.* (political) party **10**
pazifistisch *adj.* pacifist **8**
Pension, -en *f.* guest house **4**
Personalausweis, -e *m.* ID card **4**
Personalmanager, -/Personalmanagerin, -nen *m./f.* personnel manager **9**
öffentliche Personennahverkehr (ÖPNV) *m.* public transportation **2**
persönlich *adj.* personal **2**
pessimistisch *adj.* pessimistic **1**
Pfand n. deposit 8
Pfandleiher, - *m.* pawn broker **6**
pfeilschnell *adj.* as swift as an arrow **3**
Pfingsten *f.* Pentecost **6**
Pfingstmontag *m.* Pentecost Monday **6**
pflegen *v.* to foster, to cultivate **1**
Physiker, -/Physikerin, -nen *m./f.* physicist **7**
pikant *adj.* tangy **6**
Pinsel, - *m.* paintbrush **5**
Platz, -¨e *m.* seat **4**
Plätzchen, - *n.* (Christmas) cookie **6**
plaudern *v.* to chat **2**
Poesie *f.* poetry **5**
Politik, - *f.* politics **8**
Politiker, -/Politikerin, -nen *m./f.* politician **10**
Polizeibeamte, -n/Polizeibeamtin, -nen *m./f.* police officer **2**
Polizeirevier, -e *n.* police station **2**
Polizeiwache, -n *f.* police station **4**
Porträt, -s *n.* portrait **5**
Praktikant, -en/Praktikantin, -nen *m./f.* intern; trainee **3, 9**
Präsident, -en/Präsidentin, -nen *m./f.* president **10**
preisen *v.* to praise **2**
preisgekrönt *adj.* award-winning **5**
Preisklasse, -n *f.* price category **4**
preiswert *adj.* good value **4**
Pressefreiheit *f.* freedom of the press **3**
Pressemitteilung, -en *f.* press release **2**
Pressenotiz, -en *f.* news story; news item **3**
privat *adj.* private **2**
Probe, -n *f.* rehearsal **5**
Prosa *f.* prose **5**
Prospekt, -e *m.* brochure **4**
protestieren (gegen) *v.* to protest **10**
j-n prügeln *v.* to beat up someone **2**
Publikum *n.* audience **5**

Q

Qualifikation, -en *f.* qualification(s) **9**
quälen *v.* to torture **8**
Qualitätskontrolle, -n *f.* quality control **1**
Quelle, -n *f.* source

R

Radio, -s *n.* radio **3**
Radiosender, - *m.* radio station **3**
Radio hören *v.* to listen to the radio **3**
Rampenlicht, -er *n.* limelight **3**
Rassismus *m.* racism **10**
Rathaus, -¨er *n.* city/town hall **2**
ratsam *adj.* advisable **4**
realistisch *adj.* realistic **5**
Rechner, - *m.* computer; PC **7**
Rechtsanwalt, -¨e/Rechtsanwältin, -nen *m./f.* lawyer **8**
Rechtschreibung, -en *f.* correct spelling **3**
recyceln *v.* to recycle **8**
Redakteur, -e/Redakteurin, -nen *m./f.* editor
Regel, -n *f.* rule **1**
regieren *v.* to govern **10**
Regierung, -en *f.* government **2**
Regierungssystem, -e *n.* system of government **10**
Regisseur, -e/Regisseurin, -nen *m./f.* director **5**
reif *adj.* mature **1**
Reim, -e *m.* rhyme **5**
Reklame, -n *f.* TV ad(vertisement) **3**
Reklametafel, -n *f.* billboard **2**
renommiert *adj.* reputable **3**
rentabel *adj.* profitable, cost-efficient **1**
in Rente gehen *v.* to retire **9**
Reporter, -/Reporterin, -nen *m./f.* reporter **3**
Republik, -en *f.* republic **10**
Republikaner, -/Republikanerin, -nen *m./f.* Republican **10**
republikanisch *adj.* republican **10**
Reservierung, -en *f.* reservation **6**
retten *v.* to save; to rescue **8**
Rettung, -en *f.* rescue, saving **10**
Richter, -/Richterin, -nen *m./f.* judge **8**
Richtung, -en *f.* direction **2**
Robotertechnik, -en *f.* robotics **7**
Roman, -e *m.* novel **5**
röntgen *v.* to X-ray **7**
ruhig *adj.* calm; quiet **1**
Rundfunk *m.* radio; broadcasting **3**
runterladen *v.* to download **7**
Rute, -n *f.* rod; switch **6**

S

Sachverhalt *m.* fact; circumstance **4**
j-m Bescheid sagen *v.* to let someone know **1**
salzig *adj.* salty **6**
Sanierungskonzept, -e *n.* recovery plan **1**
satirisch *adj.* satirical **5**
(j-n/etwas) satt haben *v.* to be fed up (with someone/something) **1**
Satz, -¨e *m.* rate **9**
Sauerbraten, - *m.* braised beef marinated in vinegar **6**
Sauerstoff *m.* oxygen **7**
missing: Säule, -n *f.* pillar **9**
Schaf, -e *n.* sheep **1**
Schaffner, -/Schaffnerin, -nen *m./f.* ticket collector/conductor **4**
schälen *v.* to peel **6**
Schallplatte, -n *f.* (vinyl) record **3**
sich schämen (wegen + Gen.) *v.* to be ashamed of **1**
Schauspieler, -/Schauspielerin, -nen *m./f.* actor/actress
Schautafel, -n *f.* information boards, posters **10**
sich scheiden lassen (von j-m) *v.* to get divorced (from) **1**
scheußlich *adj.* horrible **6**
Schicksal, -e *n.* fate **2**
schildern *v.* to narrate; to describe **5**
Schlacht, -en *f.* battle **10**
Schlafsack, -¨e *m.* sleeping bag **4**
sich schlagen *v.* to beat each other (up) **8**
Schlager, - *m.* hit (mus.) **5**
Schlagsahne *f.* whipped cream **6**
Schlagwort, -¨er *n.* slogan **8**
Schlagzeile, -n *f.* headline **2**
Schlange *f.* line **4**
  in der Schlange stehen *v.* to stand in line **4**
schlechte Gewissen (das) bad/guilty conscience **2**
schlendern *v.* to walk leisurely; to stroll **1**
Schlückchen, - *n.* sip **6**
schmackhaft *adj.* tasty **6**
Schmerzfreiheit *f.* to be free of pain **7**
schneiden *v.* to cut up; to chop **6**
Schnellimbiss, -e *m.* snack bar **6**
Schnitzel, - *n.* meat cutlet **6**
Schnorchel, - *m.* snorkel **4**
schrecklich *adj.* terrible **6**
Schriftsteller, -/Schriftstellerin, -nen *m./f.* writer **5**
schüchtern *adj.* shy **1**
Schulden *pl.* debt **9**
Schulden haben *v.* to be in debt **9**
Schuldgefühl, -e *n.* remorse **2**
schuldig *adj.* guilty **8**
Schutz *m.* protection **8**
schützen *v.* to protect **8**
schwanger *adj.* pregnant **6**
Schweinekotelett, -s *n.* pork chop **6**

Seebad, -¨er *n.* seaside resort **4**
Seele, -n *f.* soul **1**
Seelenverwandte, -n *m./f.* soul mate **1**
Segelboot, -e *n.* sailboat **4**
segeln *v.* to sail **4**
Seifenoper, -n *f.* soap opera **2**
gerührt sein *v.* to be touched; to be moved **4**
auf dem neuesten Stand sein *v.* to be up-to-date **3**
verheiratet sein (mit j-m) *v.* to be married (to) **1**
Sekretär, -/Sekretärin, -nen *m./f.* secretary **9**
Selbstbedienungsrestaurant, -s *n.* cafeteria **6**
Selbstmitleid *n.* self pity **10**
selbstgemacht *adj.* homemade **6**
Selbstporträt, -s *n.* self-portrait **5**
sich selbstständig machen *v.* to set up/ start one's own business **9**
senden *v.* to broadcast **3**
Sendung, -en *f.* TV program **2**
sicher *adj.* safe **2**
Sicherheit, -en *f.* security; safety **8**
Sicherheitsbedienstete, -n *m.* security guard **2**
Sicherheitskontrolle, -n *f.* security check **4**
siedeln *v.* to settle; to live (somewhere) **1**
Siedlung, -en *f.* settlement **1**
Sieg, -e *m.* victory **10**
siegreich *adj.* victorious **10**
Signal, -e *n.* signal **7**
Silvester *m.* New Year's Eve **6**
Sitz, -e *m.* headquarters **3**
Skandal, -e *m.* scandal **10**
Skiausrüstung, -en *f.* ski equipment **4**
Skihang, -¨e *m.* ski slope **4**
Skilanglauf *m.* cross-country skiing **4**
Skilift, -e/-s *m.* ski lift **4**
Skipass, -¨e *m.* ski pass **4**
Skiurlaubsort, -e *m.* ski resort **4**
skizzieren *v.* to sketch **5**
Sklaverei *f.* slavery **10**
Skulptur, -en *f.* sculpture **5**
sonnenbaden *v.* to sunbathe **4**
Sonnenbrand, -¨e *m.* sunburn **4**
Sonnencreme, -s *f.* sunblock **4**
Sonnenschirm, -e *m.* beach umbrella/ parasol **4**
Sonnenschutzcreme, -s *f.* sunblock **4**
sorgfältig *adj.* careful, diligent **1**
Soundtrack, -s *m.* soundtrack **2**
Sozialdemokrat, -en/Sozialdemokratin, -nen *m./f.* Socio-Democrat **10**
sparen *v.* to save **9**
Spaß (an etwas) haben *v.* to have fun; to enjoy oneself **2**
Spaten, - *m.* spade **6**
Spätzle *f.* spaetzle; Swabian noodles **6**
Special Effects *f.* special effects **2**
spielen *v.* to take place (story, play) **5**
Spielregeln (*pl.*) *f.* rules (of the game) **9**
Spielzeugland *n.* toyland **10**
Spießruten laufen *v.* to run the gauntlet **9**
spritzen *v.* to squirt **8**
Spruch, -¨e *m.* saying **7**
Spur, -en *f.* lane; track **2**
SS (Schutzstaffel) *f.* personal guard unit for Adolf Hitler **10**
Staatsangehörigkeit, -en *f.* citizenship **2**
Staatsangehörigkeit, -en *f.* nationality **10**
Staatsbürgerschaft, -en *f.* citizenship **10**
Stadtplanung, -en *f.* city/town planning **2**
Stadtrand, -¨er *m.* outskirts **2**
Stadtzentrum, -zentren *n.* city/town center; downtown **2**
Stammzelle, -n *f.* stem cell **7**
auf dem neuesten Stand sein *v.* to be up-to-date **3**
stark *adj.* powerful **10**
Stau, -s *m.* traffic jam **2**
in der Schlange stehen *v.* to stand in line **4**
Stelle, -n *f.* position **9**
etwas in Frage stellen *v.* to question something **7**
Stellungnahme, -n *f.* comment, position **9**
Fünf-Sterne *adj.* five-star **4**
Steuer, -n *f.* tax **9**
still quiet **8**
Stillleben, - *n.* still life **5**
stimmen *v.* to vote **10**
stolz *adj.* proud **1**
stoppen *v.* to stop **2**
Storch, -¨e *m.* stork **8**
stoßen (auf) to hit; to run into **2**
Strandsonnenschirm, -e *m.* beach umbrella/parasol **4**
Strandtuch, -¨er *n.* towel; beach towel **4**
Streik, -s *m.* strike **9**
(sich) streiten *v.* to fight (verbally); to argue **1**
stressig *adj.* stressful **4**
Strophe, -n *f.* stanza; verse **5**
Stück, -e *n.* play, piece **5**
stumm *adj.* silent **8**
Stundennachweis, -e *m.* hourly timesheet **1**
stürzen *v.* to overthrow **10**
subktiv *adj.* partial; biased **3**
subventionieren *v.* to fund **8**
Sucht, -¨e *f.* addiction **7**
Surfbrett, -er *n.* surfboard **4**
surfen *v.* to surf **4**
Synchronisation, -en *f.* dubbing **3**
synchronisieren *v.* to dub (a film) **3**

T

arbeitsfreie Tag, -e *m.* day off **9**
freie Tag, -e *m.* day off **9**
taufen *v.* to baptize **6**
täuschen *v.* to deceive **4**
Technik, -en *f.* engineering; technology **7**
Teil, -e *m.* section **3**
teilen *v.* to divide **2;**
mit j-m *v.* to share (with) **1**
Teilzeitarbeit, -en *f.* part-time job **9**
Teilzeitstelle, -n *f.* part-time job **9**
Telekommunikation, -en *f.* telecommunication **7**
Terrorismus, - *m.* terrorism **8**
Terrorist, -en/Terroristin, -nen *m./f.* terrorist **8**
Theaterstück, -e *n.* play, piece **5**
Ton *m.* clay **5**
traditionell *adj.* traditional **6**
tragisch *adj.* tragic **5**
träumen *v.* to dream **1**
treiben *v.* to do **1**
sich (von j-m) trennen *v.* to break up (with) **1**
treu *adj.* faithful **1**
trinkbar *adj.* drinkable **8**

U

U-Bahnhof, -¨e *m.* subway station **2**
U-Bahn-Station, -en *f.* subway station **2**
überfüllt *adj.* crowded **2**
überparteilich *adj.* impartial; unbiased **2**
überqueren *v.* to cross (road, river, ocean) **2**
Überraschungsangriff, -e *m.* sneak attack **8**
Überstunden machen *v.* to work overtime **9**
übertragen *v.* to broadcast **2**
übertreiben *v.* to exaggerate **1**
Übervölkerung, -en *f.* overpopulation **10**
überwältigen *v.* to overwhelm **4**
überwinden *v.* to overcome **10**
Umfeld, -er *n.* (personal) environment **5**
Umfrage *f.* opinion poll; survey **3**
sich ummelden *v.* to register one's change of address **4**
umstritten *adj.* controversial **7**
umweltfreundlich *adj.* environmentally friendly **8**
Umweltpolitik *f.* environmental policy **8**
Umweltschutz *m.* environmental conservation **8**
Umweltverschmutzung, -en *f.* pollution **8**
umziehen *v.* to move **2**
unehrlich *adj.* dishonest **1**
Unempfindlichkeit, -en *f.* insensitivity **10**
unentbehrlich *adj.* indispensible **8**
unerwartet *adj.* unexpected **2**
unerwünschte E-Mail *f.* spam e-mail **7**
ungerecht *adj.* unfair; unjust **8**
ungewöhnlich *adj.* unusual **5**
ungleich *adj.* unequal **8**
Unmenschlichkeit, -en *f.* inhumanity **8**
unmoralisch *adj.* unethical **7**
Unmut *m.* discontent **10**
unparteilich *adj.* impartial; unbiased **3**
unrecht *adj.* wrong **7**
unreif *adj.* immature **1**
unschuldig *adj.* innocent **8**
Untat, -en *f.* atrocious deed **10**
unterdrücken *v.* to oppress **10**

unterdrückt *adj.* oppressed **8**
Unterentwicklung, -en *f.* under-development **10**
Unterbringung, -en *f.* accommodations **2**
sich unterhalten *v.* to converse **2**
Unterkunft, -̈e *f.* lodging, accommodation **4**
unterlegen *v.* to set words to a tune **5**
unterschiedlich *adj.* different **8**
unterteilen *v.* to subdivide **10**
Untertitel, - *m.* subtitle **3**
untreu *adj.* unfaithful **1**
unvergesslich *adj.* unforgettable **1**
unvermögend *adj.* unable **8**
Urheberrecht, -e *n.* copyright **5**
Urlaubsziel, -e *n.* vacation destination **4**
Urlaubstag, -e *m.* day off **9**
Ursprung, -̈e *m.* origin **1**
urteilen (über) *v.* to judge **10**
USB-Stick, -s *m.* flash drive **7**

V

Veganer, -/Veganerin, -nen *m./f.* vegan **6**
Vegetarier, -/Vegetarierin, -nen *m./f.* vegetarian **6**
vegetarisch *adj.* vegetarian **6**
Verabredung, -en *f.* date **1**
ein Gesetz verabschieden *v.* to pass a law **8**
veranstalten *v.* to organize **6**
(sich) verbergen *v.* to hide **2**
verbessern *v.* to improve **2**
Verbot, -e *n.* prohibition, ban **9**
verbrauchen *v.* to consume **8**
Verbrechen, - *n.* crime **8**
verdienen *v.* to earn **9**
verehren *v.* to adore **1**
Verehrung, -en *f.* admiration; respect **5**
Vereinigung, -en *f.* unification **2**
sich verfahren *v.* to get/to be lost (by car) **2**
verfügen über (+ Akk.) *v.* to have at one's disposal **7**
vergehen *v.* to pass away **5**
vergehen vor (+ Dat.) *v.* to be dying of **10**
vergelten *v.* to repay **10**
leicht zu vergessen *exp.* forgettable **1**
vergesslich *adj.* forgetful **1**
Verhaltenskodex *m.* code of conduct **7**
sich verheiraten (mit j-m) *v.* to get married (to) **1**
verheiratet sein (mit j-m) *v.* to be married (to) **1**
Verkaufsstand, -̈e *n.* booth **6**
Verkehr *m.* traffic **2**
Verkehrsampel, -n *f.* traffic light **2**
Verkehrsmittel, - *n.* means of transportation **4**
öffentlichen Verkehrsmittel *f.* public transportation **2**
Verkehrsschild, -er *n.* road sign; traffic sign **2**
Verkehrsstau, -s *m.* traffic jam **2**
Verkehrszeichen, - *n.* road sign; traffic sign **2**
verklagen *v.* to take to court **7**
sich verkleiden *v.* to disguise **9**
Verkleidung, -en *f.* disguise **6**
Verknüpfung, -en *f.* combination **5**
Verlagshaus, -̈er *n.* publishing house **3**
verlängern *v.* to extend **4**
verlassen *v.* to leave **1**
(sich) verlassen (auf + Akk.) *v.* to rely on **1**
sich verlaufen *v.* to get/to be lost (by foot) **2**
Verleger, -/Verlegerin, -nen *m./f.* publisher **3**
sich verlieben (in + Akk.) *v.* to fall in love (with) **1**
verliebt (in + Akk.) *adj.* in love (with) **1**
sich verloben (mit j-m) *v.* to get engaged (to) **1**
verlobt *adj.* engaged **1**
Verlobte, -n *m./f.* fiancé(e) **1**
sich vermählen mit *v.* to marry **6**
vermengen *v.* to mix (up) **9**
Vermietung *f.* rental **4**
vermitteln *v.* to convey **5**
Vermögen, - n. assets 9
Vermutung, -en *f.* guess; speculation **9**
verlockend *adj.* tempting, enticing **9**
Verpfändung, -en *f.* pledge (of goods) **9**
verrichten *v.* to perform, to carry out **10**
j-n verprügeln *v.* to beat up someone **2**
etwas verraten *v.* to reveal something **10**
Versagen *n.* failure **8**
verschmelzen *v.* to merge **10**
verschieden *adj.* various **4**
Verschmutzung, -en *f.* pollution **8**
verschonen *v.* to spare **10**
verschreiben *v.* to prescribe **9**
verschwinden *v.* to disappear **10**
Verschwinden *n.* disappearance **10**
verspätet *adj.* delayed **4**
Verspätung, -en *f.* delay; late arrival **4**
verspotten *v.* to make fun of **7**
verständnisvoll *adj.* understanding **1**
verteidigen *v.* to defend **8**
vertrauen (+ Dat.) *v.* to trust **1**
vertrauensvoll *adj.* trusting **8**
vertreiben *v.* to expel **10**
Vertreter, - *m.* representative **5**
Verwandtschaft *f.* relatives **1**
Verwaltung, -en *f.* administration **8**
Verwechslung, -en *f.* mistaken identity **4**
verwitwet *adj.* widowed **1**
verzerren *v.* to distort **10**
Videoüberwachungssystem, -e *n.* video security system **2**
Vielfalt *f.* variety **2**
Volkskunde *f.* folklore **6**
Volksmusik, -en *f.* folk music **6**
Volkstanz, -̈e *m.* folk dance **6**
volkstümlich *adj.* folksy **2**
voll *adj.* full **2**
voll belegt *adj.* full; no vacancy **4**
vollkommen *adv.* completely **1**
Vollpension *f.* full board **4**
vorbeigehen v. to pass; to go past 2 v. Chr. (vor Christus) B.C., B.C.E. 10
Vorfahr ancestors **1**
Vorfreude, -n *f.* anticipation **6**
vorhanden sein *v.* to exist **7**
vorläufig *adj.* temporary **4**
Vorort, -e *m.* suburb **2**
Vorruhestandsregelung, -en *f.* early retirement plan **9**
vorsichtig *adj.* careful; cautious **1**
Vorstellungsgespräch, -e *f.* job interview **9**
Vorteil, -e *m.* advantage **8**
v. u. Z. (vor unserer Zeit(rechnung)) B.C., B.C.E. **10**

W

Wache, -n *f.* police station **4**
Waffe, -n *f.* weapon **10**
wagemutig *adj.* daring **3**
Wahl, -en *f.* election **8**
wählen *v.* to elect; to vote **10**
Wahlniederlage, -n *f.* election defeat **10**
Wahrsager, -/Wahrsagerin, -nen *m./f.* fortune teller **9**
Wahlsieg, -e *m.* election victory **10**
Wahrsager, -/Wahrsagerin, -nen *m./f.* fortune teller **9**
Währung, -en *f.* currency **9**
Wanderer, -/Wanderin, -nen *m./f.* hiker **4**
wandern *v.* to go hiking **4**
Wanderweg, -e *m.* hiking trail **4**
Wechsel *m.* exchange **4**
Wechselstube *f.* money exchange office **9**
Wechselstube *f.* money exchange office **9**
eine Wegbeschreibung geben *v.* to give directions **2**
Weihnachten *n./pl.* Christmas **6**
Weihnachtsfest, -e *n.* Christmas **6**
Weihnachtsmann, -̈er *m.* Santa Claus **6**
weiterrücken *v.* to move on **8**
Weltall *n.* universe **7**
wenden *v.* to turn (around) **2**
Werbekampagne, -n *f.* advertising campaign **7**
Werbespot, -s *m.* commercial
Werbung, -en *f.* advertisement **3**
böse werden *v.* to get angry **1**
gewählt werden *v.* to be elected **10**
Wert, -e *m.* value, worth **1**
Wettkampf, -̈e *m.* competition **6**
widerlich *adj.* disgusting **6**
sich widmen *v.* to dedicate oneself **8**
Wiedervereinigung, -en *f.* reunification **2**
wiederverwertbar *adj.* recyclable **8**
wiederverwerten *v.* to recycle **8**
Wiese, -n *f.* meadow **6**
wirken auf etwas *v.* to have an effect on something **8**

Wirtschaftskorruption *f.* corporate corruption **9**
Wirtschaftskrise, -n *f.* economic crisis **9**
Wirtshaus, -¨er *n.* inn **4**
Witwer, -/Witwe, -n *m./f.* widower/widow **1**
Wochenzeitschrift, -en *f.* weekly magazine **3**
Wochenzeitung, -en *f.* weekly newspaper **3**
Wohlstand *m.* prosperity **7**
Wohnmobil, -e *n.* RV, motor home **4**
Wolkenkratzer, - *m.* skyscraper **2**
Wurstbude, -n *f.* hot-dog/sausage stand **6**
würzig *adj.* spicy **6**
Wüste, -n *f.* desert **8**
wütend *adj.* angry **1**

Z

Zahl, -en *f.* figure; number **9**
zart *adj.* tender **6**
Zebrastreifen, - *m.* crosswalk **2**
Zeichentrickfilm, -e *m.* cartoon(s) **3**
zeigen *v.* to show **5**
Zeile, -n *f.* line **5**
Zeit, -en *f.* age; time **10**
Zeitgenosse, -n /Zeitgenossin, -nen *m./f.* contemporary **7**
Zeitschrift, -en *f.* magazine **3**
Zeitung, -en *f.* newspaper **3**
Zeitungskiosk, -e *m.* newsstand **2**
Zelt, -e *n.* tent **4**
Zensur *f.* censorship **3**
zerschlagen *v.* to shatter **3**
zerstören *v.* to destroy **8**
Zeuge, -n/Zeugin, -nen *m./f.* witness **8**
Ziel, -e *n.* aim; goal **7**
zielstrebig *adj.* determined **7**
Zimmer frei *exp.* vacancy **4**
Zimmergenosse, -n/Zimmergenossin, -nen *m./f.* roommate **2**
Zinssatz, -¨e *m.* interest rate **9**
zischen *v.* to whiz **3**
zitieren *v.* to quote **5**
Zivilisation, -en *f.* civilization **10**
zollfrei *adj.* duty-free **4**
Zoologe, -n/Zoologin, -nen *m./f.* zoologist **7**
zubereiten *v.* to prepare **6**
Zuckerstange, -n *f.* candy cane **6**
der Zug, -¨e *m.* character trait **9**
Zugehörigkeit, -en *f.* sense of belonging **1**
Zuhörer, -/Zuhörerin, -nen *m./f.* (radio) listener **3**
Zündung, -en *f.* fuse, ignition **7**
Zuneigung, -en *f.* affection **1**
zurückgehen auf (+ Akk.) *v.* to date back to **6**
zurückhaltend *v.* diffident **1**
Zuschauer *f.* audience **5**
Zuschauer, -/Zuschauerin, -nen *m./f.* (television) viewer **3**
(j-m etwas) zusprechen *v.* to award something to somebody **10**
zuverlässig *adj.* dependable

Englisch-Deutsch

A

to abuse missbrauchen *v.* **8**

abuse of power Machtmissbrauch, -¨e *v.* **8**

to accept annehmen *v.* **1**

accommodations Unterbringung, -en *f.* **2**, Unterkunft, -¨e *f.* **4**

account Konto, -ten *n.* **9**

accountancy Buchhaltung, -en *f.* **9**

accountant Bilanzbuchhalter, -/ Bilanzbuchhalterin, -nen *m./f.* Buchhalter, -/Buchhalterin, -nen *m./f.* **9**

to achieve erreichen *v.* **8**

activist Aktivist, -en/Aktivistin, -nen *m./f.* **8**

actor Schauspieler, - *m.* **3**

actress Schauspielerin, -nen *f.* **3**

A.D. n. Chr. (nach Christus) **10**

classified ad Kleinanzeige, -n *f.* **3**

adaptation Bearbeitung, -en *f.*

to add beitragen zu (+ Dat) *v.* **7**

addiction Sucht, -¨e *f.* **7**

to adjust to (sich) anpassen *v.* **2**

administration Verwaltung, -en *f.* **8**

admiration Verehrung, -en *f.* **5**

administrative body Behörde, -n *f.* **4**

admiration Verehrung, -en *f.* **5**

administration Verwaltung, -en *f.* **8**

to admire bewundern *v.* **4**

to pay admission Eintritt bezahlen *v.* **6**

to adore verehren *v.* **1**, j-n anbeten *v.* **2**

advantage Vorteil, -e *m.* **8**

to take advantage to ausnutzen *v.* **9**

advertisement Werbung, -en *f.* **3**

newspaper ad Anzeige, -n *f.* **3**

TV ad(vertisement) Fernsehwerbung, -en *f.*, die Reklame, -n *f.* **3**

advertising campaign Werbekampagne, -n *f.* **7**

advisable ratsam *adj.* **4**

aesthetic ästhetisch *adj.* **5**

affection Zuneigung, -en *f.* **1**

in need of affection liebebedürftig *adj.* **1**

affectionate liebevoll *adj.* **1**

age Zeit, -en *f.* **10**

agency Agentur, -en *f.* **3**

employment agency Arbeitsamt, -¨er *n.* **9**

agreement Abkommen, - *n.* **10**

aim Ziel, -e *n.* **7**

to aim at something es auf etwas anlegen *v.* **8**

agreement Abkommen, - *n.* **10**

to aim at something es auf etwas anlegen *v.* **8**

aisle seat Gangplatz, -¨e *m.* **4**

to allow something etwas erlauben *v.* **10**

to allude to anspielen auf *v.* **4**

amount betragen *v.* **9**

analog signal Analogsignal, -e *n.* **7**

ancestor Vorfahr, -en *m./f.* **1**

angry wütend *adj.* **1**

to get angry böse werden *v.* **1**

to annoy ärgern *v.* **1**

anticipation Vorfreude, -n *f.* **6**

anxious besorgt *adj.* **1**

apartment-mate Mitbewohner, -/ Mitbewohnerin, -nen *m./f.* **2**

to appear erscheinen *v.* **3**

appearance Erscheinung, -en *f.* **10**

appetizer Häppchen, - *n.* **6**

applause Beifall *m.* **5**

application Antrag, -¨e *m.* **4**, Bewerbung, -en *f.* **3**

to apply (somewhere) for a job sich (bei j-m) um etwas bewerben *v.* **9**

area of a city (confined, very typical) Ecke, -n *f.* **2**

to argue sich streiten *v.* **8**

to argue (sich) streiten *v.* **1**

armed forces Armee, -n *f.* **10**

army Heer, -e *n.* **10**

to arrest someone j-n festnehmen *v.* **2**

late arrival Verspätung, -en *f.* **4**

arrival(s) terminal Ankunftshalle, -n *f.*

as swift as an arrow pfeilschnell *adj.* **3**

artificial künstlich *adj.* **6**

artificial intelligence künstliche Intelligenz *f.* **7**

artisan Handwerker, -/Handwerkerin, -nen *m./f.*, Kunsthandwerker, -/ Kunsthandwerkerin, -nen *m./f.* **5**

fine arts die schönen Künste *pl.* **5**

assets Vermögen, - *n.* **9**

to be ashamed of sich schämen (wegen + Gen.) *v.* **1**

astronaut Astronaut, -en/ Astronautin, -nen *m./f.* **7**

astronomer Astronom, -en/ Astronomin, -nen *m./f.* **7**

atrocious deed Untat, -en *f.* **10**

to attach anhängen *v.* **7**

attached anhänglich *adj.* **1**

attachment Attachment, -s *n.* **7**

sneak attack Überraschungsangriff, -e *m.* **8**

flight attendant Flugbegleiter, -/ Flugbegleiterin, -nen *m./f.* **4**

attitude Einstellung, -en *f.* **9**

to attract anziehen *v.* **6**

attractive attraktiv *adj.*

audience Publikum *n.*, Zuschauer *f.* **5**

authenticity Echtheit *f.* **4**

autobiography Autobiographie, -n *f.* **5**

avant-garde avantgardistisch *adj.*

avenue Allee, -n *f.* **2**

to award something somebody (j-m etwas) zusprechen *v.* **10**

award-winning preisgekrönt *adj.* **5**

B

bad conscience das schlechte Gewissen *n.* **2**

sleeping bag Schlafsack, -¨e *m.* **4**

baggage claim Gepäckausgabe *f.* **4**

balance Gleichgewicht *n.* **7**

ban Verbot, -e *n.* **9**

bankruptcy Konkurs, -e *m.* **9**

to baptize taufen *v.* **6**

snack bar Imbissstube, -n *f.* **6** Schnellimbiss, -e *m.* **6**

battle Schlacht, -en *f.* **10**

B.C. v. Chr. (vor Christus), v. u. Z. (vor unserer Zeit(rechnung)) **10**

B.C.E. v. Chr. (vor Christus), v. u. Z. (vor unserer Zeit(rechnung)) **10**

to be ashamed of sich schämen (wegen + Gen.) *v.* **1**

to be in debt Schulden haben *v.* **9**

to be done with sich erledigen *v.* **7**

to be dying of vergehen vor (+ Dat.) *v.* **10**

to be elected gewählt werden *v.* **10**

to be fed up (with someone/something) (j-n/etwas) satt haben *v.* **1**

to be free of pain Schmerzfreiheit *f.* **7**

to be located liegen *v.* **2**

to be lost sich verfahren *v.*, sich verlaufen *v.* **2**

to be married (to) verheiratet sein (mit j-m) *v.* **1**

to be moved gerührt sein *v.* **4**

to be published erscheinen *v.* **3**

to be in a relationship eine Beziehung führen/haben *v.* **1**

to be touched gerührt sein *v.* **4**

to be up-to-date auf dem neuesten Stand sein *v.* **3**

to be worth it sich lohnen *v.* **4**

beach parasol (Strand)sonnenschirm, -e *m.* **4**

beach towel Badetuch, -¨er *n.* **4**

beach umbrella (Strand)sonnenschirm, -e *m.* **4**

beam Strahl, -en *m.* **7**

to beat each other (up) sich schlagen *v.* **8**

to beat up someone j-n (ver)prügeln *v.* **2**

to become extinct aussterben *v.* **8**

braised beef Sauerbraten, - *m.* **6**

beef stew Gulasch, -e *m./n.* **6**

sense of belonging Zugehörigkeit, -en *f.* **1**

red berry pudding rote Grütze, -n *f.* **6**

biased subjektiv *adj.* **3**

bid Bewerbung, -en *f.* **3**

billboard Reklametafel, -n *f.* **2**

biography Biographie, -n *f.* **5**

biologist Biologe, -n/Biologin, -nen *m./f.* **7**

birth rate Geburtenrate, -n *f.* **10**

blackmail Erpressung, -en *f.* **9**

bland fade *adj.* **6**

boarding pass Bordkarte, -n *f.* **4**

boat Boot, -e *n.* **3**

full board Vollpension *f.* **4**

on board an Bord *exp.* **4**

to board the plane an Bord des Flugzeuges gehen *v.* **4**

administrative body Behörde, -n *f.* **4**
bone der Knochen, - *m.* **7**
comic book Comicheft, -e *n.* **3**
boom Aufschwung, -¨e *m.* **9**
booth Bude, -n *f.* **6**, Verkaufsstand, -¨e. **6**
to borrow (money) (Geld) leihen *v.* **9**, (sich) ausborgen *v.* **6**, (sich) borgen *v.* **6**
boss Chef, -s/Chefin, -nen *m./f.* **9**
braised beef Sauerbraten, - *m.* **6**
to break up (with) sich (von j-m) trennen *v.* **1**
to bribe someone j-n bestechen *v.* **6**
brilliant genial *adj.* **1**
to broadcast ausstrahlen, senden, übertragen *v.* **3**
broadcasting Rundfunk *m.* **3**
live broadcast Liveübertragung, -en/ Livesendung, -en *f.* **3**
brochure Prospekt, -e *m.* **4**
building Gebäude, - *n.* **2**
burden Last, -en *f.* **5**
bus stop Bushaltestelle, -n *f.* **2**
business Gewerbe, - *n.* **9**

C

cable TV Kabelfernsehen *n.* **3**
cafeteria Selbstbedienungsrestaurant, -s *n.* **6**
calm ruhig *adj.* **1**
campground Campingplatz, -¨e *m.* **4**
canceled gestrichen *adj.* **4**
candle Kerze, -n *f.* **6**
candy cane Zuckerstange, -n *f.* **6**
canoeing Kanufahren *n.* **4**
ID card Personalausweis, -e *m.* **4**
career Karriere, -n *f.* **9**
carnival (Mardi Gras) Fasching *f.*, Karneval *m.* **6**
careful sorgfältig, vorsichtig *adj.* **1**
careless achtlos *adj.* **10**
to choose a career path eine berufliche Laufbahn (-en) einschlagen *v.* **9**
car rental Autovermietung *f.*
to carry out verrichten *v.* **10**
cartoon(s) Zeichentrickfilm, -e *m.* **3**
price category Preisklasse, -n *f.* **4**
cauliflower Blumenkohl, -kohlköpfe *m.* **6**
cautious vorsichtig *adj.* **1**
C.E. n. Chr. (nach Christus) **10**
to celebrate feiern *v.* **6**, ein Fest begehen *v.* **6**
celebration Feier, -n *f.*, Feierlichkeit, -en *f.* **6**
stem cell Stammzelle, -n *f.* **7**
censorship Zensur *f.* **3**
city/town center Stadtzentrum, -zentren *n.* **2**
cultural center Kulturzentrum, -zentren *n.* **5**
century Jahrhundert, -e *n.* **10**
challenge Herausforderung, -en *f.* **7**
chamber music Kammermusik *f.* **5**
concentration camp Konzentrationslager, - (KZ) *n.* **10**
chancellor Kanzler, -/ Kanzlerin, -nen *m./f.* **10**
federal chancellor Bundeskanzler, -/ Bundeskanzlerin, -nen *m./f.* **10**
character Figur, -en *f.* **5**
characteristic Merkmal, -e *n.* **2**
character trait der Zug, -¨e *m.* **9**
charming charmant, bezaubernd *adj.* **1**
to chat plaudern *v.* **2**
to cheat betrügen *v.* **9**
to check in einchecken *v.* **4**
security check Sicherheitskontrolle, -n *f.* **4**
roast chicken Brathähnchen, - *n.* **6**
choir Chor, -¨e *m.* **5**
to chop schneiden *v.* **6**
pork chop Schweinekotelett, -s *n.* **6**
to choose a career path eine berufliche Laufbahn (-en) einschlagen *v.* **9**
Christmas Weihnachten *n./pl.*, Weihnachtsfest, -e *n.* **6**
Christmas Eve der Heilige Abend *m.*, Heiligabend *m.* **6**
circumstance Sachverhalt *m.* 4
citizen Bürger, -/Bürgerin, -nen *m.,f.* **2**
citizenship Staatsangehörigkeit, -en *f.* **2**, Staatsbürgerschaft, -en *f.* **10**
city center Stadtzentrum, -zentren *n.* **2**
city hall Rathaus, -¨er *n.* **2**
city planning Stadtplanung, -en *f.* **2**
civil war Bürgerkrieg, -e *m.* **10**
civilization Zivilisation, -en *f.* **10**
baggage claim Gepäckausgabe *f.* **4**
classical klassisch *adj.* **5**
classified ad Kleinanzeige, -n *f.* **3**
clay Ton *m.* **5**
mountain climbing Bergsteigen *n.* **4**
to clone klonen *v.* **7**
code Code, - *m.* **7**
to collapse einstürzen *v.* **3**
code of conduct Verhaltenskodex *m.* **7**
code of ethics Moralkodex, -e *m.* **7**
colleague Kollege, -n/Kollegin, -nen *m.,f.* **9**
ticket collector Schaffner, -/ Schaffnerin, -nen *m./f.* **4**
to colonize kolonisieren *v.* **10**
combination Verknüpfung, -en *f.* **5**
to come out erscheinen *v.* **3**
to come to an agreement about sich einigen über *v.* **6**
comic book Comicheft, -e *n.* **3**
comical komisch *adj.* **5**
commemoration day Gedenktag, -e *m.* **10**
comment Stellungnahme, -n *f.* **9**
to communicate with someone mit j-m kommunizieren *v.* **5**
commercial Werbespot, -s *m.* **3**
community Gemeinde, -n *f.* **2**
compassion Mitleid *n.* **6**
competition Wettkampf, -¨e *m.* **6**
completely vollkommen *adv.* **1**
composer Komponist, -en/ Komponistin, -nen *m.,f.* **5**
comprehensible fassbar *adj.* **5**
computer Rechner, - *m.* **7**
computer science Computerwissenschaft, -en *f.* **7**
computer scientist Informatiker, -/Informatikerin, -nen *f.* **7**
concentration camp Konzentrationslager, - (KZ) *n.* **10**
concession Entgegenkommen, n. 9
concert hall Konzertsaal, -säle *m.* **5**
code of conduct Verhaltenskodex m. **7**
ticket conductor Schaffner, -/ Schaffnerin, -nen *m./f.* **4**
member of congress Kongressabgeordnete, -n *m./f.* **10**
to conjure (up) beschwören *v.* **4**
connection Anschluss, -¨e *m.* **4**
to conquer erobern *v.* **10**
conscience Gewissen, - *n.* **8**
bad/guilty conscience das schlechte Gewissen *n.* **2**
environmental conservation Umweltschutz *m.* **8**
conservationist Naturschützer, -/ Naturschützerin, -nen *m.,f.* **8**
conservative konservativ *adj.* **8**
Conservative Konservative, -n *m.,f.* **10**
to conserve erhalten *v.* **8**
considerable beträchtlich *adj.* **7**
constant(ly) beständig *adj.* **8**
consultant Berater, -,Beraterin, -nen *m.,f.* **9**
to consume verbrauchen *v.* **8**
contemporary Zeitgenosse, -n / Zeitgenossin, -nen *m./f.* **7**
quality control Qualitätskontrolle, -n *f.* **1**
controversial umstritten *adj.* **7**
to converse sich unterhalten *v.* **2**
to convey vermitteln *v.* **5**
copyright Copyright, -s *n.*, Urheberrecht, -e *n.* **5**
corner Ecke, -n *f.* **2**
corporate corruption Wirtschaftskorruption *f.* 9
correct spelling Rechtschreibung, -en *f.* **3**
correspondent Korrespondent, -en/ Korrespondentin, -nen *m.,f.* **3**
cost-efficient rentabel *adj.* **1**
family council Familienrat, -¨e *m.*
countryside Landschaft, -en *f.* **8**
couple Paar, -e *n.*
married couple Ehepaar, -e *n.*
county Kreis, -e *m.* **1**
courtesy Entgegenkommen *n.* **9**
courthouse Gerichtsgebäude, - *n.* **2**
craftsman Handwerker, -/Handwerkerin, -nen *m./f.*, Kunsthandwerker, -/ Kunsthandwerkerin, -nen *m./f.* **5**
crass krass *adj.* **9**

whipped cream Schlagsahne *f.* 6
to create gestalten *v.* 3
creative kreativ *adj.* 3
crime Verbrechen, - *n.* 8
crime novel Kriminalroman, -e *m.* 5
youth crime Jugendkriminalität *f.* 2
criminal Kriminelle, -n *m.,f.* 8
economic crisis Wirtschaftskrise, -n *f.* 9
to cross (road, river, ocean) überqueren *v.* 2
cross-country skiing (Ski)langlauf *m.* 4
crosswalk Zebrastreifen, - *m.* 2
crowded überfüllt *adj.* 2
cruelty Grausamkeit, -en *f.* 8
cruise Kreuzfahrt, -en *f.* 4
to cultivate pflegen *v.*
cultural kulturell *adj.* 6
cultural center Kulturzentrum, zentren *n.* 5
to cure heilen *v.* 7
currency Währung, -en *f.* 9
currency exchange Geldwechsel *m.* 4
current events aktuellen Ereignisse *pl.* 3
custom Brauch, -¨e *m.*
to cut up schneiden *v.* 6
meat cutlet Schnitzel, - *n.* 6

D

folk dance Volkstanz, -¨e *m.* 6
dangerous gefährlich *adj.* 2
daring wagemutig *adj.* 3
dark finster *adj.* 10
database Datenbank, -en *f.* 7
date Verabredung, -en *f.* 1
to be up-to-date auf dem neuesten Stand sein *v.* 3
to go on a date ausgehen *v.* 1
to date back to zurückgehen auf (+ Akk.) *v.* 6
day off (arbeits)freie Tag, -e *m.* 9
to deal with behandeln *v.* 2
debt Schulden *pl.* 9
to be in debt Schulden haben *v.* 9
decade Jahrzehnt, -e *n.* 10
to deceive täuschen *v.* 4
decline Abfall, -¨e *m.* 1
to dedicate oneself sich widmen *v.* 8
atrocious deed Untat, -en *f.* 10
deep-fried frittiert *adj.* 6
to defeat besiegen *v.* 10
defeat Niederlage, -n *f.* 10
election defeat Wahlniederlage, -n *f.* 10
to defend verteidigen *v.* 8
deficit Mangel, -¨ *m.* 1
delay Verspätung, -en *f.* 4
delayed verspätet *adj.* 4
delicacy Köstlichkeit, -en *f.* 6
delicious köstlich *adj.*, lecker *adj.* 6
juvenile delinquency Jugendkriminalität *f.* 2
democracy Demokratie, -n *f.* 10
Democrat Demokrat, -en/ Demokratin, -nen *m.,f.* 10
Socio-Democrat Sozialdemokrat, -en/ Sozialdemokratin, -nen *m./f.* 10
democratic demokratisch *adj.* 10
departure gate Flugsteig, -e *m.* 4
departure hall Abflughalle, -n *f.4*
departure lounge Abflughalle, -n *f.4*
departure time Abfahrtszeit, -en *f.*, Abflugzeit, -en *f.* 4
dependable zuverlässig *adj.* 3
to deport abschieben *v.* 4
deposit Pfand *n.* 8
depressed deprimiert *adj.* 1
derogatory term for a Jew Judensau, -¨e *f.* 10
descendant Nachfahr, -en/ Nachfahrin, -nen *m.,f.*
to describe schildern *v.* 3
desert Wüste, -n *f.* 8
to design entwerfen *v.* 5
vacation destination Urlaubsziel, -e *n.* 4
to destroy zerstören *v.* 8
to determine festlegen *v.* 10
determined zielstrebig *adj.* 7
to develop sich entwickeln *v.* 5
development Entwicklung, -en *f.* 7, Ausbildung, -en *f.* 9
under-development Unterentwicklung, -en *f.* 10
device Gerät, -e *n.* 7
to devour something etwas verschlingen *v.* 8
dictatorship Diktatur, -en *f.*, Gewaltherrschaft, -en *f.* 10
different unterschiedlich *adj.* 8
digital signal Digitalsignal, -e *n.* 7
to dig up ausgraben *v.* 6
diligent sorgfältig *adj.* 1
direction Richtung, -en *f.* 2
to give directions eine Wegbeschreibung geben *v.* 2
director Regisseur, -e/ Regisseurin, -nen *m.,f.* 5
director of music Kapellmeister, - *m.* 5
disadvantage Nachteil, -e *m.* 8
to disappear verschwinden *v.* 10
disappearance Verschwinden *n.* 10
disappointed enttäuscht *adj.* 1
natural disaster Katastrophe, -n *f.* 8
discontent Unmut *m.* 10
discovery Entdeckung, -en *f.* 7
to disguise (sich) verkleiden *v.* 9
disguise Verkleidung *f.* 6
disgusting widerlich *adj.* 6
dishonest unehrlich *adj.* 1
disorganized chaotisch *adj.* 4
disposable bottle Einwegflasche, -n *f.* 8
labor dispute Arbeitskampf, -¨e *m.* 9
to dissolve auflösen *v.* 10
to distort verzerren *v.* 10
district Bezirk, -e *m.* 10
diversity Vielfalt *f.* 10
to divide teilen *v.* 2
divorced geschieden *adj.* 1
to get divorced (from) sich scheiden lassen (von j-m) *v.* 1
DNA DNS *f.* 7
to do treiben *v.* 1
documentary Dokumentarfilm, -e *m.* 5
to do handicrafts basteln *v.* 5
well done durchgebraten *exp.*, gut durch *exp.* 6
to download (he)runterladen *v.* 7
downtown Stadtzentrum, -zentren *n.* 2
to dream träumen *v.* 1
drinkable trinkbar *adj.* 8
flash drive USB-Stick, -s *m.* 7
driver Fahrer, -/Fahrerin, -nen *m.,f.* 2
drop Abfall, -¨e *m.* 1
to dub (a film) synchronisieren *v.* 2
dubbing Nachsynchronisation, -en *f.*, Synchronisation, -en *f.* 3
dumpling Knödel, - *m.* 6
duty-free zollfrei *adj.* 4

E

eager eifrig *adj.* 2
early retirement regulation Vorruhestandsregelung, -en *f.* 9
to earn verdienen *v.* 9
Easter Ostern *f.* 6
Easter Monday Ostermontag *m.* 6
e-book E-Book, -s *n.* 7
ecology Ökologie, - *f.* 8
economic crisis Wirtschaftskrise, -n *f.* 9
editor Redakteur, -e/ Redakteurin, -nen *m./f.* 3
education Erziehung, -en *f.* 8
to have an effect on something wirken auf etwas *v.* 8
effectiveness Effektivität *f.* 1
special effects Special Effects *f.* 2
cost-efficient rentabel *adj.* 1
to elect wählen *v.* 10
to be elected gewählt werden *v.* 10
election Wahl, -en *f.* 8
election defeat Wahlniederlage, -n *f.* 10
election victory Wahlsieg, -e *m.* 10
electronics Elektronik *f.* 7
to eliminate ausscheiden *v.* 3, beseitigen *v.* 7
e-mail E-Mail *f.* 7
emperor Kaiser, - *m.* 10
empress Kaiserin, -nen *f.* 10
spam e-mail unerwünschte E-Mail *f.* 7
to emigrate auswandern *v.* 1
emigration Auswanderung, -en *f.* 10
to employ beschäftigen, einstellen *v.* 9, einsetzen *v.* 7
employee Angestellte, -n *m., f.* 9
employment agency Arbeitsamt, -¨er *n.* 9
employment relationship Beschäftigungsverhältnis, -e *n.* 1
empty leer *adj.* 2

to encourage fördern *v.* 8
endangered gefährdet *adj.* 8
engaged verlobt *adj.* 1
to get engaged (to) sich verloben (mit j-m) *v.* 1
engineering Technik, -en *f.* 7
to enjoy oneself sich amüsieren *v.*, Spaß (an etwas) haben *v.* 2
enthusiastic begeistert *adj.* 1
enticing verlockend *adj.* 9
environmental conservation Umweltschutz *m.* 8
environmentally friendly umweltfreundlich *adj.* 8
environmental policy Umweltpolitik *f.* 8
episode die Folge, -n *f.* 3
equal gleich *adj.* 8
equality Gleichheit, -en *f.* 8
equilibrium Gleichgewicht *n.* 7
ski equipment Skiausrüstung, -en *f.* 4
escape fliehen *v.* 3
essay Essay, -s *m./n.*, Aufsatz, -¨e *m.* 5
essayist Essayist, -en/Essayistin, -nen *m.,f.* 5
real estate market Immobilienmarkt, -¨e *m.* 9
ethical ethisch *adj.* 7
code of ethics Moralkodex, -e *m.* 7
New Year's Eve Silvester *m.* 6
current events die aktuellen Ereignisse *pl.* 1
to exaggerate übertreiben *v.* 1
exceptional außergewöhnlich *adj.* 7
exchange Wechsel *m.* 4, Austausch *m.* 5
  currency exchange Geldwechsel *m.* 4
  exchange of ideas Ideenaustausch *m.* 5
  money exchange office Wechselstube *f.* 9
  exchange of ideas Ideenaustausch *m.* 5
  money exchange office Wechselstube *f.* 9
  stock exchange Börse, -n *f.* 9
excited aufgeregt *adj.* 1
excinting ausregend *adj.* 2
excursion Ausflug, -¨e *m.* 4
executive Geschäftsführer, -/Geschäftsführerin, -nen *m./f.* 9
to exist existieren *v.* 5, vorhanden sein *v.* 7
exotic exotisch *adj.* 4
to expect someone j-n erwarten *v.* 6
to expel vertreiben *v.* 10
experience Erfahrung, -en *f.* 9
  professional experience Berufserfahrung, -en *f.* 9
experiment Experiment, -e *n.* 7
expired abgelaufen *adj.* 4
to explore erkunden *v.* 4
to extend verlängern *v.* 4
extreme krass *adj.* 9

F

fact Sachverhalt *m.* 4
failure Versagen *n.* 8
fair gerecht *adj.* 8
fairy tale Märchen, - *n.* 4
faithful treu *adj.* 1
to fall in love (with) sich verlieben (in + Akk.) *v.* 1
false irreführend *adj.* 4
to falsify fälschen *v.* 9
family council Familienrat, -¨e *m.*
role in the family Familienrolle, -n *f.*
to fare ergehen (+ Dat) *v.* 10
fascist faschistisch *adj.* 10
fate Schicksal, -e *n.* 2 Los, -e *n.* 5
fear Angst, -¨e *f.* 8
to be fed up (with someone/something) (j-n/etwas) satt haben *v.* 1
federal chancellor Bundeskanzler, -/Bundeskanzlerin, -nen *m./f.* 10
federal president Bundespräsident, -en/Bundespräsidentin, -nen *m./f.* 10
federal republic Bundesrepublik, -en *f.* 10
to feel fühlen *v.* 1
to fence fechten *v.* 8
festivity Feierlichkeit, -en *f.* 1
fiancé(e) Verlobte, -n *m./f.* 1
fictional (frei) erfunden, fiktiv *adj.* 5
fictional fiktiv *adj.* 4
fictitious fiktiv *adj.* 4
to fight kämpfen *v.*; **(verbally)** (sich) streiten *v.* 8
figure Zahl, -en *f.* 9
to film drehen *v.* 3
filmmaker Filmemacher, -/Filmemacherin, -nen *m./f.* 5
financial finanziell *adj.* 9
to find out something etwas erfahren *v.* 3
fine arts die schönen Künste *pl.* 5
to fire feuern, kündigen *v.* 1
fire station Feuerwache, -n *f.* 2
fishing Fischen *n.* 4
five-star Fünf-Sterne *adj.* 4
flash drive USB-Stick, -s *m.* 7
to flee fliehen *v.* 3
flexible working hours Gleitzeit *f.* 4
flextime Gleitzeit *f.* 4
flight attendant Flugbegleiter, -/Flugbegleiterin, -nen *m./f.* 4
folk dance Volkstanz, -¨e *m.* 6
folklore Folklore f., Volkskunde *f.* 6
folk music Volksmusik, -en *f.* 6
folksy volkstümlich *adj.* 2
to fool someone austricksen *v.* 9
armed forces Armee, -n *f.* 10
foreigner Ausländer, -/Ausländerin, -nen *m.,f.* 2
forgetful vergesslich *adj.* 1
forgettable leicht zu vergessen *exp.* 1
fortune teller Wahrsager, -/Wahrsagerin, -nen *m./f.* 9
to foster pflegen *v.* 1
fraud Betrug *f.* 9
freedom Freiheit, -en *f.* 8
  freedom of the press Pressefreiheit *f.* 3
fried gebraten *adj.* 6 environmentally friendly umweltfreundlich *adj.* 8
friendship Freundschaft, -en *f.* 1
stage fright Lampenfieber *n.* 5
frozen gefroren *adj.* 6
to frustrate durchkreuzen *v.* 9
frustrated frustriert *adj.* 4
to fry braten *v.* 6
full voll, belegt *adj.* 2
full board Vollpension *f.* 4
full-time job Ganztagsarbeit, -en *f.* 9
to have fun sich amüsieren *v.*, Spaß (an etwas) haben *v.* 2
to make fun of verspotten *v.* 7
to fund subventionieren *v.* 8
fuse Zündung, -en *f.* 7

G

gallery Galerie, -n *f.* 5
garbage tourism Mülltourismus *m.* 8
departure gate Flugsteig, -e *m.* 4
to gauge einschätzen *v.* 8
gene Gen, -e *n.* 7
genre Genre, -s *n.* 5
geologist Geologe, -n/Geologin, -nen *m.,f.* 7
to get
  to get angry böse werden *v.* 1
  to get divorced (from) sich scheiden lassen (von j-m) *v.* 1
  to get engaged (to) sich verloben (mit j-m) *v.* 1
  to get in (bus, train) einsteigen *v.* 2
  to get informed (about) sich informieren (über + Akk.) *v.* 3
  to get lost sich verfahren *v.*, sich verlaufen *v.* 2
  to get married (to) sich verheiraten (mit j-m) *v.* 1
  to get the news Nachrichten beziehen *v.* 3
  to get on (bus, train) einsteigen *v.* 2
  to get on ergehen (+ Dat) *v.* 10
  to get off (bus, train) aussteigen *v.* 2
  to get out (bus, train) aussteigen *v.* 2
  to get out of control außer Kontrolle geraten *v.* 2
gift giving Bescherung, -en *f.* 6
to give directions eine Wegbeschreibung geben *v.* 2
to give (something) up sich (etwas) abgewöhnen *v.* 3
to give up locker lassen *v.* 2
global warming Klimaerwärmung, -en *f.* 8
globalization Globalisierung, -en *f.* 10
to go (food) zum Mitnehmen *adj.* 6
  to go on a date ausgehen *v.* 1
  to go hiking wandern *v.* 4
  to go past vorbeigehen *v.* 2
  to go/to become silent verstummen *v.* 3
goal Ziel, -e *n.* 7

goods Gut, ¨-er *n.* 9
good value preiswert *adj.* 4
gossip Klatsch *m.* 1
to govern regieren *v.* 10
government Regierung, -en *f.* 2
government Regierung, -en *f.* 8
system of government Regierungssystem, -e *n.* 10
to grant gewähren *v.* 2
guess Vermutung, -en *f.* 9
grim finster *adj.* 10
security guard Sicherheitsbedienstete, -n *m.* 2
guest house Pension, -en *f.* 4
guideline Anleitung, -en *f.* 8
guilty schuldig *adj.* 8
  guilty conscience schlechte Gewissen *n.* 2

H

habitat Lebensraum, -¨e 8
half board Halbpension *f.* 4
half pension Halbpension *f.* 4
concert hall Konzertsaal, -säle *m.* 5
to harass someone j-n anpöbeln *v.* 2
harmful to one's health gesundheitsgefährdend *adj.* 7
to hate hassen *v.* 1
to have an effect on something wirken auf etwas *v.* 8
to have at one's disposal verfügen über (+ Akk) *v.* 7
to have a vocation/calling zu etwas berufen sein *v.* 5
to have fun sich amüsieren *v.*, Spaß (an etwas) haben *v.* 2
to have a snack eine Kleinigkeit essen *v.* 6
headline Schlagzeile, -n *f.* 3
headquarters Sitz, -e *m.* 3
to heal heilen *v.* 7
heating system Heizung, -en *f.* 6
heritage Erbe *n.* 6
pickled herring eingelegte Hering, -e *m.* 6
to hide (sich) verbergen *v.* 2
hiker Wanderer, -/Wanderin, -nen *m./f.* 4
to go hiking wandern *v.* 4
hiking trail Wanderweg, -e *m.* 4
to hire engagieren *v.* 3
hit (mus.) Schlager, - *m.* 5
to keep holy (tradition) heiligen *v.* 6
motor home Wohnmobil, -e *n.* 4
homeland Heimat *f.* 1
homeless person der/die Obdachlose, -n *m./f.* 10
homemade selbstgemacht *adj.* 6
honest ehrlich *adj.* 1
honeymoon Flitterwochen *(pl.) f.* 7
horoscope Horoskop, -e *n.* 3
horrible scheußlich *adj.* 6
hot-dog stand Wurstbude, -n *f.* 6
hourly timesheet Stundennachweis, -e *m.* 1
flexible working hours Gleitzeit *f.* 4
work hours Arbeitszeit, -en *f.* 9
guest house Pension, -en *f.* 4
publishing house Verlagshaus, -¨er *n.* 3
humankind Menschengeschlecht *n.* 1
human rights Menschenrechte *pl.* 8
humorous lustig *adj.* 5
hurdle Hürde, -n *f.* 4
hypocritical heuchlerisch *adj.* 8

I

ice-cream parlor Eisdiele, -n *f.* 6
ID card Personalausweis, -e *m.* 4
identity Identität, -en *f.* 1
  mistaken identity Verwechslung, -en *f.* 4
idle müßig *adj.* 7
ignition Zündung, -en f. 7
illegal illegal *adj.* 8
imaginative einfallsreich *adj.* 1
immature unreif *adj.* 1
to immigrate einwandern *v.* 1
immigration Einwanderung, -en *f.* 10
impartial objektiv *adj.* 3
to imprison einsperren *v.* 8
to improve verbessern *v.* 2
indispensible unentbehrlich *adj.* 8
to indulge schwelgen *v.* 3
influence Einfluss, -¨e *m.* 1
influential einflussreich *adj.* 3
information board Schautafel, -n *f.* 10
informed, to get/to stay (about) sich informieren (über + Akk.) *v.* 3
ingenious genial *adj.* 1
to inhabit bewohnen *v.* 10
inhabited bewohnt *adj.* 4
inheritance Erbe *n.* 6
inhumanity Unmenschlichkeit, -en *f.* 8
inn Wirtshaus, -¨er *n.* 4
innocent unschuldig *adj.* 8
insensitivity Unempfindlichkeit, -en *f.* 10
inspiration Inspiration, -en *f.* 5
institution Institution, -en *f.* 5
instrument Apparat, -e *m.* 7
integration Integration, -en *f.* 10
artificial intelligence künstliche Intelligenz, -en *f.* 7
intension Absicht, -en *f.* 5
to interact with someone mit j-m kommunizieren *v.* 5
interest rate Zinssatz, -¨e *m.* 9
intern Praktikant, -en/Praktikantin, -nen *m./f.* 3, 9
intersection Kreuzung, -en *f.* 2
interview (newspaper, TV, radio) Interview, -s *n.* 3
  job interview Vorstellungsgespräch, -e *n.* 9
interviewer Interviewer, -/Interviewerin, -nen *m./f.* 9
to invade einfallen in (+ Akk.) *v.* 10
to invest (in) anlegen (in + Dat.) *v.* 9
iron Eisen, - *n.* 7
to invoke beschwören *v.* 4
news item Neuigkeit, -en *f.* 3
ivory Elfenbein *n.* 4

J

traffic jam (Verkehrs)stau, -s *m.* 2
jealous eifersüchtig *adj.* 1
persecution of Jews Judenverfolgung, -en *f.* 10
job Beruf, -e *m.* 9
  full-time job Ganztagsarbeit, -en *f.* 9
  job interview Vorstellungsgespräch, -e *n.* 9
  part-time job Teilzeitarbeit, -en *f.*, Teilzeitstelle, -n *f.* 9
journalist Journalist, -en/Journalistin, -nen *m./f.* 3
judge Richter, -/Richterin, -nen *m./f.* 8
to judge verurteilen *v.* 8
jury Geschworenen *f.* 8
just gerecht *adj.* 8
justice Gerechtigkeit, -en *f.* 8
juvenile delinquency Jugendkriminalität *f.* 2

K

to keep holy (tradition) heiligen *v.* 6
to keep up-to-date auf dem neuesten Stand bleiben *v.* 3
to keep up with (news) auf dem Laufenden bleiben *v.* 3
kind liebenswürdig *adj.* 5
king König, -e *m.* 10
kingdom Königreich, -e *n.* 10
to let someone know j-m Bescheid sagen *v.* 1

L

labor dispute Arbeitskampf, -¨e *m.* 9
labor union Gewerkschaft, -en *f.* 9
lack Mangel, -¨ *m.* 1
landing Landung, -en *f.* 4
lane Fahrspur, -en *f.*, Spur, -en *f.* 2
native language Muttersprache, -n *f.* 10
late arrival Verspätung, -en *f.* 4
law Gesetz *n.* 8
to pass a law ein Gesetz verabschieden *v.* 8
lawyer Rechtsanwalt, -¨e/Rechtsanwältin, -nen *m./f.* 8
to lay off entlassen *v.* 9
to lead führen *v.* 10
to leave verlassen *v.* 1
legal legal *adj.* 8
legislation Gesetzgebung, -en *f.* 8
light leicht *adj.* 6
leniency Nachsicht *f.* 10
to let someone know j-m Bescheid sagen *v.* 1
liberal liberal *adj.* 8

Liberal Liberale, -n *m., f.* **10**
to liberate befreien *v.* **10**
lie Lüge, -n *f.* **10**
to lie lügen *v.* **1**
to tell lies lügen *v.* **1**
still life Stilleben, - *n.* **5**
ski lift Skilift, -e/-s *m.* **4**
light leicht *adj.* **6**
light-year Lichtjahr, -e *n.* **7**
to light (a fire) entfachen *v.* **6**
traffic light (Verkehrs)ampel, -n *f.* **2**
limelight Rampenlicht, -er *n.* **3**
line Schlange *f.* **4**; Zeile, -n *f.* **5**
to stand in line in der Schlange stehen *v.* **4**
to listen to the radio Radio hören *v.* **3**
(radio) listener Zuhörer, -/Zuhörerin, -nen *m./f.* **3**
work of literature Dichtung, -en *f.* **5**
live live, direkt *adj.* **3**
to live (somewhere) siedeln *v.* **1**
live broadcast Liveübertragung, -en/ Livesendung, -en *f.* **3**
lively lebhaft *adj.* **2**
living creature Lebewesen, - *n.* **7**
standard of living Lebensstandard, -e *m.* **10**
loan Darlehen, - *n.* **9**
local paper Lokalzeitung, -en *f.* **3**
to be located liegen *v.* **2**
lodging Unterkunft, -¨e *f.* **4**
loneliness Einsamkeit *f.* **2**
long-term langfristig *adj.* **9**
to be lost sich verfahren *v.*, sich verlaufen *v.* **2**
to get lost sich verfahren *v.*, sich verlaufen *v.* **2**
lottery ticket Los, -e *n.* **5**
loud laut *adj.* **2**
love Liebe *f.* **1**
to fall in love (with) sich verlieben (in + Akk.) *v.* **1**
to love lieben *v.* **1**
love at first sight Liebe auf den ersten Blick *exp.* **1**
in love (with) verliebt (in + Akk.) *adj.* **1**
low mountain range Mittelgebirge, - *n.* **8**
low wage Niedriglohn, -¨e *m.* **1**
luxurious luxuriös *adj.* **4**
lynx Luchs, -e *m.* **8**

M

machine Apparat, -e *m.* **7**
magazine Illustrierte, -n, Zeitschrift, -en *f.* **3**
weekly magazine Wochenzeitschrift, -en *f.* **3**
mainly hauptsachlich *adv.* *1*
to make fun of verspotten *v.* **7**
to put on make-up sich schminken *v.* **6**
shopping mall Einkaufszentrum, -zentren *n.* **2**
to manage leiten *v.* **9**
manager Geschäftsführer, - / Geschäftsführerin, -nen *m./f.* **9**
personnel manager Personalmanager, -/ Personalmanagerin, -nen *m./f.* **9**
mankind Menschheit *f.* **7**
real estate market Immobilienmarkt, -¨e *m.* **9**
to be married (to) verheiratet sein (mit j-m) *v.* **1**
to get married (to) sich verheiraten (mit j-m) *v.* **1**
married couple Ehepaar, -e *n.* **1**
to marry heiraten *v.* **1**; sich vermählen mit *v.* **6**
mashed potatoes Kartoffelbrei, -e/-s *m.* **6**
masterpiece Meisterwerk, -e *n.* **5**
mastery Beherrschung *f.* **5**
mathematician Mathematiker, -/ Mathematikerin, -nen *m./f.* **7**
mature reif *adj.* **1**
mayor Bürgermeister, -/ Bürgermeisterin, -nen *m./f.* **2**
meadow Wiese, -n *f.* **6**
to mean bedeuten *v.* **2**
means of transportation Verkehrsmittel, - *n.* **4**
meat cutlet Schnitzel, - *n.* **6**
medium rare medium halbgar *adv.* **6**
meeting Besprechung, -en *f.* **3**
me-generation Ichling, -e *m.* **3**
member of congress Kongressabgeordnete, -n *m./f.* **10**
to merge verschmelzen *v.* **10**
minimum wage Mindestlohn, -¨e *m.* **9**
mishap Malheur, -s *n.* **10**
misleading irreführend *adj.* **4**
mistaken identity Verwechslung, -en *f.* **4**
to mix mischen *v.* **5**; **(up)** vermengen *v.* **9**
moderate gemäßigt *adj.* **8**
modest bescheiden *adj.* **1**
Easter Monday Ostermontag *m.* **6**
money exchange office Wechselstube *f.* **9**
monthly magazine Monatsschrift, -en *f.* **3**
mortgage Hypothek, -e *f.* **9**
to take out a mortgage eine Hypothek aufnehmen *v.* **9**
motor home Wohnmobil, -e *n.* **4**
mountain climbing Bergsteigen *n.* **4**
low mountain range Mittelgebirge, - *n.* **8**
to move umziehen *v.* **2**; **on** weiterrücken *v.* **8**
to be moved gerührt sein *v.* **4**
movie screen Leinwand, -¨e *f.* **3**
multilingual mehrsprachig *adj.* **10**
multicultural multikulturell *adj.* **10**
to multiply sich fortpflanzen *v.* **1**
chamber music Kammermusik *f.* **5**
director of music Kapellmeister, - *m.* **5**
folk music Volksmusik, -en *f.* **6**
musical Musical, -s *n.* **5**
mystery Kriminalroman, -e *m.* **5**

N

nanotechnology Nanotechnologie, -n *f.* **7**
to narrate schildern *v.* **5**
narrator Erzähler, -/Erzählerin, -nen *m./f.* **5**
nationality Staatsangehörigkeit, -en *f.* **10**
nationwide bundesweit *adj.* **3**
native language Muttersprache, -n *f.* **10**
natural disaster Katastrophe, -n *f.* **8**
natural resources Bodenschätze *pl.* **8**
nature trail Naturlehrpfad, -e *m.* **8**
necessity Notwendigkeit *f.* **5**
in need of affection liebebedürftig *adj.* **1**
neighborhood Nachbarschaft *f.*, Gegend, -en *f.* **2**
network Netzwerk, -e *n.* **7**
(radio/television) news Nachrichten *pl.* **3**
to get the news Nachrichten beziehen *v.* **3**
newscast Nachrichtensendung, -en *f.* **3**
news item Neuigkeit, -en *f.*, Pressenotiz, -en *f.* **3**
newspaper Zeitung, -en *f.* **3**
newspaper ad Anzeige, -n *f.* **3**
weekly newspaper Wochenzeitung, -en *f.* **2**
news program Nachrichtensendung, -en *f.* **3**
newsstand Zeitungskiosk, -e *m.* **2**
news story Neuigkeit, -en *f.*, Pressenotiz, -en *f.* **3**
New Year's Eve Silvester *m.* **6**
nightlife Nachtleben *n.* **2**
noisy laut *adj.* **2**
Swabian noodles Spätzle *f.* **6**
written notice Kündigung, -en *f.* **1**
nourish ernähren *v.* **7**
novel Roman, -e *m.* **5**
crime novel Kriminalroman, -e *m.* **5**
short novel Novelle, -n *f.* **5**
novella Novelle, -n *f.* **5**
nuclear physicist Nuklearphysiker, -/ Nuklearphysikerin, -nen *m./f.* **7**
nuclear power plant Atomkraftwerk, -e *n.* **8**
number Zahl, -en *f.* **9**

O

objective objektiv *adj.* **5**
to observe beobachten *v.* **2**
obvious augenscheinlich *adj.* **2**
occupation Beschäftigung, -en *f.* **9**
to offer anbieten *v.* **4**
office Amt, -¨er *n.* **9**
money exchange office Wechselstube *f.* **9**
police officer Polizeibeamte, -n/ Polizeibeamtin, -nen *m./f.* **2**
oil painting Ölgemälde, - *n.* **5**
opera Oper, -n *f.* **5**
soap opera Seifenoper, -n *f.* **3**
to operate betreiben *v.* **2**
operetta Operette, -n *f.* **5**
opinion Meinung, -en *f.* **8**, Einstellung, -en *f.* **9**

opinion poll Meinungsumfrage *f.* 3
opportunity to work Arbeitsmöglichkeit, en *f.* 5
to oppress unterdrücken, bedrücken *v.* 10
oppressed unterdrückt *adj.* 8
optimistic optimistisch *adj.* 1
orchestra Orchester, - *n.* 5
order Ordnung *f.* 1
to order bestellen *v.* 6
to organize organisieren *v.* 4; veranstalten v. 6
organized organisiert *adj.* 4
origin Ursprung, -¨e *m.* 1
outskirts Stadtrand, -¨er *m.* 2
outsmart austricksen *v.* 9
outstanding hervorragend *adj.* 6
to overcome überwinden *v.* 10
overpopulation Übervölkerung, -en *f.* 10
to overthrow stürzen *v.* 10
to work overtime Überstunden machen *v.* 9
to overwhelm überwältigen *v.* 4
owner Inhaber, -/Inhaberin, -nen *m./f.* 9
oxygen Sauerstoff *m.* 7

P

pacifist pazifistisch *adj.* 8
to be free of pain Schmerzfreiheit *f.* 7
to paint malen *v.* 5
paint Farbe, -n *f.* 5
paintbrush Pinsel, - *m.* 5
painter Maler, -/Malerin, -nen *m., f.* 5
painting Gemälde, - *n.* 5
oil painting Ölgemälde, - *n.* 5
watercolor painting Aquarell, -e *n.* 5
potato pancake Kartoffelpuffer, - *m.* 6
local paper Lokalzeitung, -en *f.* 3
beach parasol (Strand)sonnenschirm, -e *m.* 4
to park parken *v.* 2
ice-cream parlor Eisdiele, -n *f.* 6
partial subjektiv *adj.* 3
part-time job Teilzeitarbeit, -en *f.*, Teilzeitstelle, -n *f.* 9
party Partei, -en *f.* 10
to pass vorbeigehen *v.* 2
to pass away vergehen *v.* 5
to pass a law ein Gesetz verabschieden *v.* 8
boarding pass Bordkarte, -n *f.* 4
ski pass Skipass, -¨e *m.* 4
passionate leidenschaftlich *adj.* 5
to go past vorbeigehen *v.* 2
to choose a career path eine berufliche Laufbahn (-en) einschlagen *v.* 9
pawn broker Pfandleiher, - *m.* 6
pawn shop Leihhaus, -¨er *n.* 6
to pay admission Eintritt bezahlen *v.* 6
PC Rechner, - *m.* 7
peace Frieden *m.* 10
peaceful friedlich *adj.* 8
pedestrian Fußgänger, -/ Fußgängerin, -nen *m./f.* 2
to peel schälen *v.* 6
to penetrate something etwas durchdringen *v.* 7
half pension Halbpension *f.* 4
Pentecost Pfingsten *f.* 6
Pentecost Monday Pfingstmontag *m.* 6
to perform verrichten *v.* 10
permission Befugnis, -se *f.* 7
to permit something etwas erlauben *v.* 10
persecution of Jews Judenverfolgung, -en *f.* 10
self-centered person Ichling, -e *m.* 3
performance Aufführung, -en *f.* 5
personal persönlich *adj.* 2
personnel manager Personalmanager, -/ Personalmanagerin, -nen *m./f.* 9
pessimistic pessimistisch *adj.* 1
phenomenon Erscheinung, -en *f.* 10
photographer Fotograf, -en /Fotografin, -nen *m./f.* 5
physicist Physiker, -/Physikerin, -nen *m., f.* 7
nuclear physicist Nuklearphysiker, -/ Nuklearphysikerin, -nen *m./f.* 7
pickled herring eingelegte Hering, -e *m.* 6
piece Theaterstück, -e *n.*, Stück, -e *n.* 5
to pierce something etwas durchdringen *v.* 7
pillar Saule, -n *f.* 9
to take place spielen *v.* 5
recovery plan Sanierungskonzept, -e *n.* 1
early retirement plan Vorruhestandsregelung, -en *f.* 9
city/town planning Stadtplanung, -en *f.* 2
nuclear power plant Atomkraftwerk, -e *n.* 8
platform Bahnsteig, -e *m.* 4
play Theaterstück, -e *n.*, Stück, -e *n.* 5
playwright Dramatiker, -/ Dramatikerin, -nen *m./f.* 5
pleasant angenehm *adj.* 4
pledge (of goods) Verpfändung, -en *f.* 9
plot Handlung, -en *f.* 5
poetry Poesie *f.*, Dichtkunst *f.* 5
poison Gift, -e *n.* 8
police officer Polizeibeamte, -n/ Polizeibeamtin, -nen *m./f.* 2
police station Polizeirevier, -e *n.* 2, Polizeiwache, -n *f.*, Wache, -n *f.* 4
secret police in the Third Reich Gestapo (Geheime Staatspolizei) *f.* 10
environmental policy Umweltpolitik *f.* 8
political politisch *adv.* 10
politician Politiker, -/Politikerin, -nen *m., f.* 10
politics Politik, - *f.* 8
opinion poll Meinungsumfrage *f.* 3
pollution (Umwelt)verschmutzung, -en *f.* 8
poetic work Dichtung, -en *f.* 5
population Bevölkerung, -en *f.* 10
pork chop Schweinekotelett, -s *n.* 6
portrait Porträt, -s *n.* 5
position Stelle, -n *f.*, Stellungnahme, -n *f.*, Amt, -¨er *n.* 9
possessed besessen *adj.* 7
poster Schautafel, -n *f.* 10
mashed potatoes Kartoffelbrei, -e/-s *m.* 6
potato pancake Kartoffelpuffer, - *m.* 6
to pour gießen *v.* 6
powerful kräftig *adj.*, stark *adj.* 10
to practice a profession einen Beruf ausüben *v.* 9
to praise preisen *v.* 2, loben *v.* 5
prayer Gebet, -e *n.* 10
pregnant schwanger *adj.* 6
to prepare zubereiten *v.* 6
prepared bereit *adj.*
pre-recorded aufgezeichnet *adj.* 3
to prescribe verschreiben *v.* 9
president Präsident, -en/Präsidentin, -nen *m./f.* 10
federal president Bundespräsident, -en/ Bundespräsidentin, -nen *m./f.* 10
freedom of the press Pressefreiheit *f.* 3
press release Pressemitteilung, -en *f.* 3
price category Preisklasse, -n *f.* 4
to print drucken *v.* 3
private privat *adj.* 2
professional experience Berufserfahrung, -en *f.* 9
profitable rentabel *adj.* 1
news program Nachrichtensendung, -en *f.* 3
TV program Sendung, -en *f.* 3
progress Fortschritt, -e *m.* 7
prohibition Verbot, -e *n.* 9
to promote fördern *v.* 8
promotion Beförderung, -en *f.* 9, Förderung, -en *f.* 8
to prompt anregen *v.* 5
prose Prosa *f.* 5
prosperity Wohlstand *m.* 7
to protect schützen *v.* 8
protection Schutz *m.* 8
to protest protestieren (gegen) *v.* 10
proud stolz *adj.* 1
to prove beweisen *v.* 7
pub Kneipe, -n *f.* 6
public transportation öffentliche Personennahverkehr (ÖPNV) *m.*, öffentlichen Verkehrsmittel *f.* 2
to publish herausgeben *v.* 3
to be published erscheinen *v.* 3
publisher Verleger, -/Verlegerin, -nen *m./f.* 3
publishing house Verlagshaus, -¨er *n.* 3
red berry pudding rote Grütze, -n *f.* 6
to put one's face on sich schminken *v.* 6
to put on make-up sich schminken *v.* 6

Q

qualification(s) Qualifikation, -en *f.* 9
quality control Qualitätskontrolle, -n *f.* 1
queen Königin, -nen *f.* 10

to question something etwas in Frage stellen *v.* 7
quiet ruhig *adj.*, still *adv.* 8
to quit kündigen *v.* 9
to quote zitieren *v.* 5

R

racism Rassismus *m.* 10
radio Radio, -s *n.*, Rundfunk *m.* 3
to listen to the radio Radio hören *v.* 3
radio station Radiosendern, - *m.* 3
raising (of animals) Aufzucht, -en *f.* 8
low mountain range Mittelgebirge, - *n.* 8
rare blutig, englisch *adj.* 6
medium rare medium halbgar *adv.* 6
rascal Bengel, - *m.* 10
rate Satz, -¨e *m.* 9
birth rate Geburtenrate, -n *f.* 10
interest rate Zinssatz, -¨e *m.* 9
ravenous appetite Bärenhunger *m.* 6
ray Strahl, -en *m.* 7
ready bereit *adj.*
real estate market Immobilienmarkt, -¨e *m.* 9
realistic realistisch *adj.* 5
reason Grund, -¨e *m.*
seaside resort Seebad, -¨er *n.* 4
recession Konjunkturrückgang, -¨e *m.* 9
to recommend empfehlen *v.* 6
record Schallplatte, -n *f.* 3
to record (audio) aufnehmen *v.*; **(video)** aufzeichnen *v.* 3
recorded aufgezeichnet *adj.* 3
recovery Aufschwung, -¨e *m.* 9
recovery plan Sanierungskonzept, -e *n.* 1
recyclable wiederverwertbar *adj.* 8
to recycle recyclen *v.* 8
red berry pudding rote Grütze, -n *f.* 6
to refresh oneself sich laben an (+ Dat.) *v.* 6
to register one's change of address sich ummelden *v.* 4
to regret bedauern *v.* 10
rehearsal Probe, -n *f.* 5
to reject ablehnen *v.* 5
to be in a relationship eine Beziehung führen/haben *v.* 1
employment relationship Beschäftigungsverhältnis, -e *n.* 1
relatives Verwandtschaft *f.* 1
to relax sich entspannen *v.* 4
press release Pressemitteilung, -en *f.* 3
to rely on sich verlassen (auf + Akk.) *v.* 1
remarkable bemerkenswert *adj.* 7
to remember (someone) (sich) erinnern (an + Akk.) *v.*
remorse Schuldgefühl, -e *n.* 2
remote abgelegen *adj.* 4
to rent (house, car) mieten *v.* 4
rental Vermietung *f.* 4
car rental Autovermietung *f.* 4
vacation rental Ferienwohnung, -en *f.* 4
to repay vergelten *v.* 10
to report berichten *v.* 3
reporter Reporter, -/Reporterin, -nen *m.*, *f.* 3
representative Vertreter, - *m.* 5
republic Republik, -en *f.* 10
federal republic Bundesrepublik, -en *f.* 10
Republican Republikaner, -/ Republikanerin, -nen *m.*, *f.* 10
republican republikanisch *adj.* 10
reputable renommiert *adj.* 3
reputation Ansehen *n.* 7
rescue Rettung, -en *f.* 10
to rescue retten *v.* 8
research Forschung, -en *f.* 7
researcher Forscher, -/Forscherin, -nen *m.*, *f.* 7
reservation Reservierung, -en *f.* 6
to reserve bestellen *v.* 6
resolution Beschluss, -¨e *m.* 1
respect Verehrung, -en *f.* 5
vacation resort Ferienort, -e *m.* 4
ski resort Skiurlaubsort, -e *m.* 4
natural resources Bodenschätze *pl.* 8
résumé Lebenslauf, -¨e *m.* 9
resurrection Auferstehung, -en *f.* 5
to retire in Rente gehen *v.* 9
early retirement plan Vorruhestandsregelung, -en *f.* 9
reunification Wiedervereinigung, -en *f.* 2
to reveal something etwas verraten *v.* 10
reverent ehrfürchtig *adj.* 8
revolt Aufruhr, -e *m.* 10
rhino(ceros) Nashorn, -¨er *n.* 10
rhyme Reim, -e *m.* 5
human rights Menschenrechte *pl.* 8
rival (in love) Nebenbuhler, -/ Nebenbuhlerin, -nen *m.*/*f.* 2
road sign Verkehrsschild, -er *n.*, Verkehrszeichen, - *n.* 2
roast Braten, - *m.* 6
roast chicken Brathähnchen, - *n.* 6
to roast braten *v.* 6
roasted gebraten *adj.* 6
robotics Robotertechnik, -en *f.* 7
rod Rute, -n *f.* 6
role in the family Familienrolle, -n *f.* 1
roller coaster Achterbahn, -en *f.* 6
roommate Zimmergenosse, -n/ Zimmergenossin, -nen *m.*/*f.* 2
rotary Kreisverkehr, -e *m.* 2
roundabout Kreisverkehr, -e *m.* 2
rule Regel, -n *f.*
rules (of the game) Spielregeln (*pl.*) *f.* 9
ruling Beschluss, -¨e *m.* 1
to run the gauntlet Spießruten laufen *v.* 9
RV Wohnmobil, -e *n.* 4

S

safe sicher *adj.* 2
safety Sicherheit, -en *f.* 8
to sail segeln *v.* 4
sailboat Segelboot, -e *n.* 4
salmon appetizer Lachshäppchen, - *n.* 6
Santa Claus Weihnachtsmann, -¨er *m.* 6
salty salzig *adj.* 6
satirical satirisch *adj.* 5
hot-dog/sausage stand Wurstbude, -n *f.* 6
to save retten *v.* 8; sparen *v.* 9
saving Rettung, -en *f.* 10
savings Ersparnis, -se *f.* 9
saying Spruch, -¨e *m.* 7
scam Betrug *f.* 9
scandal Skandal, -e *m.* 10
scenery Landschaft, -en *f.* 8
scholar Gelehrte, -n *m.*/*f.* 7
computer scientist Informatiker, -/ Informatikerin, -nen *m.*/*f.* 7
screen Bildschirm, -e *m.* 3
movie screen Leinwand, -¨e *f.* 3
script Drehbuch, -¨er *n.* 3
to sculpt bildhauern *v.* 5
sculptor Bildhauer, -/Bildhauerin, -nen *m.*/*f.* 5
sculpture Skulptur, -en *f.* 5
seaside resort Seebad, -¨er *n.* 4
computer science Computerwissenschaft, -en *f.* 7
seat Platz, -¨e *m.* 4
aisle seat Gangplatz, -¨e *m.* 4
window seat Fensterplatz, -¨e *m.* 4
secret Geheimnis, -se *n.* 1
secretary Sekretär, -/Sekretärin, -nen *m.*/*f.* 9
secretly heimlich *adj.* 3
secret police in the 3rd Reich Gestapo (Geheime Staatspolizei) *f.* 10
section Teil, -e *m.* 3
to secure something etwas befestigen *v.* 3
security Sicherheit, -en *f.* 8
security check Sicherheitskontrolle, -n *f.* 4
security guard Sicherheitsbedienstete, -n *m.* 2
video security system Videoüberwachungssystem *n.* 2
self-centered person Ichling, -e *m.* 3
self pity Selbstmitleid *n.* 10
self-portrait Selbstporträt, -s *n.* 5
sense of belonging Zugehörigkeit, -en *f.* 1
sensitive empfindlich *adj.* 1
TV series Fernsehserie, -n *f.* 3
to set up one's own business sich selbstständig machen *v.* 9
to set words to a tune unterlegen *v.* 5
to settle (sich) ansiedeln, siedeln *v.* 1; 10
settlement Siedlung, -en *f.*
to share (with) teilen (mit j-m) *v.* 1
to shatter zerschlagen *v.* 3

sheep Schaf, -e *n.* **1**
sheet music Noten (*pl.*) **10**
shopping mall Einkaufszentrum, -zentren *n.* **2**
short novel Novelle, -n *f.* **5**
short-term kurzfristig *adj.* **9**
to show zeigen *v.* **5**
Shrove Tuesday (Mardi Gras) Fastnacht *f.*, Fastnachtsdienstag *m.* **6**
shy schüchtern *adj.* **1**
sidewalk Bürgersteig, -e *m.* **2**
road sign Verkehrsschild, -er *n.*, Verkehrszeichen, - *n.* **2**
traffic sign Verkehrsschild, -er *n.*, Verkehrszeichen, - *n.* **2**
signal Signal, -e *n.* **7**
analog signal Analogsignal, -e *n.* **7**
digital signal Digitalsignal, -e *n.* **7**
significant bedeutend *adj.* **7**
silence Stille *f.*
silent stumm *adj.* **8**
simple(-minded) einfältig *adj.* **3**
single (unmarried) ledig *adj.* **1**
sip Schlückchen, - *n.* **6**
to sketch skizzieren *v.* **5**
cross-country skiing (Ski)langlauf *m.* **4**
ski equipment Skiausrüstung, -en *f.* **4**
ski lift Skilift, -e/-s *m.* **4**
ski pass Skipass, -¨e *m.* **4**
ski slope Skihang, -¨e *m.* **4**
ski resort Skiurlaubsort, -e *m.* **4**
skyscraper Wolkenkratzer, - *m.* **2**
slavery Sklaverei *f.* **10**
sleeping bag Schlafsack, -¨e *m.* **4**
slogan Schlagwort, -¨er *n.* **8**
slow train Bummelzug, -¨e *m.* **4**
snack Imbiss, -e *m.* **2**
snack bar Imbissstube, -n *f.*, Schnellimbiss, -e *m.* **6**
to have a snack eine Kleinigkeit essen *v.* **6**
sneak attack Überraschungsangriff, -e *m.* **8**
snorkel Schnorchel, - *m.* **4**
soap opera Seifenoper, -n *f.* **3**
Socio-Democrat Sozialdemokrat, -en/ Sozialdemokratin, -nen *m./f.* **10**
to solve lösen *v.* **1**
songwriter Liedermacher, -/ Liedermacherin, -nen *m./f.* **5**
soul Seele, -n *f.* **1**
soulmate Seelenverwandte, -n *m./f.* **1**
source Quelle, -n *f.* **3**
spade Spaten, - *m.* **6**
spaetzle Spätzle *f.* **6**
spam e-mail unerwünschte E-Mail *f.* **7**
spare verschonen *v.* **10**
special effects Special Effects *f.* **3**
species-appropriate artgerecht *adj.* **5**
speculation Vermutung, -en *f.* **9**
correct spelling Rechtschreibung, -en *f.* **3**
spicy würzig *adj.* **6**
sponsorship Förderung, -en *f.* **8**
to spy beobachten *v.* **2**
to squirt spritzen *v.* **8**
to squirt out hervorspritzen *v.* **8**
stage Bühne, -n *f.* **5**
stage fright Lampenfieber *n.* **5**
to stand in line in der Schlange stehen *v.* **4**
standard of living Lebensstandard, -e *m.* **10**
stanza Strophe, -n *f.* **5**
five-star Fünf-Sterne *adj.* **4**
stark krass *adj.* **9**
to start one's own business sich selbstständig machen *v.* **9**
fire station Feuerwache, -n *f.* **2**
police station Polizeirevier, -e *n.* **2**, Polizeiwache, -n *f.*, Wache, -n *f.* **4**
radio station Radiosender, - *m.* **3**
subway station U-Bahnhof, -¨e *m.*, U-Bahn-Station, -en *f.* **2**
to stay informed (about) sich informieren (über + Akk.) *v.* **3**
steamed gedünstet *adj.* **6**
stem cell Stammzelle, -n *f.* **7**
stew Eintopf, -¨e *m.* **6**
beef stew Gulasch, -e *m./n.* **6**
still life Stillleben, - *n.* **5**
to stimulate anregen *v.* **5**
stock exchange Börse, -n *f.* **9**
to stop (an)halten, stoppen *v.* **2**
stop Haltestelle, -n *f.* **2**
bus stop Bushaltestelle, -n *f.* **2**
stork Storch, -¨e *m.* **8**
news story Neuigkeit, -en *f.* **3**
stranger Fremde, -n *m.*, *f.* **2**
stressful anstrengend, stressig *adj.* **4**
strike Streik, -s *m.* **9**
to stroll bummeln, schlendern *v.* **1**
to struggle kämpfen *v.* **10**
studio Atelier, -s *n.* **5**
to subdivide unterteilen *v.* **10**
subjective subjektiv *adj.* **5**
to subscribe abonnieren *v.* **10**
successful erfolgreich *adj.* **9**
subtitle Untertitel, - *m.* **3**
suburb Vorort, -e *m.* **2**
subway station U-Bahnhof, -¨e *m.*, U-Bahn-Station, -en *f.* **2**
to sunbathe sonnenbaden *v.* **4**
sunblock Sonnen(schutz)creme, -s *f.* **4**
sunburn Sonnenbrand, -¨e *m.* **4**
to surf surfen *v.* **4**
surfboard Surfbrett, -er *n.* **4**
surprised erstaunt *adj.* **8**
to surrender kapitulieren *v.* **10**
survey Umfrage *f.*, Meinungsumfrage *f.* **3**
sustainability Nachhaltigkeit *f.* **8**
sustainable nachhaltig *adj.* **8**
to swallow something etwas verschlingen *v.* **8**
Swabian noodles Spätzle *f.* **6**
switch Rute, -n *f.* **6**
as swift as an arrow pfeilschnell *adj.* **3**
system of government Regierungssystem, -e *n.* **10**
video security system Videoüberwachungssystem, -e *n.* **2**

T

to take advantage of ausnutzen *v.* **9**
to take out a mortgage eine Hypothek aufnehmen *v.* **9**
to take place spielen *v.* **5**
to take to court verklagen *v.* **7**
fairy tale Märchen, - *n.* **4**
tangy pikant *adj.* **6**
taste Geschmack, -¨er *m.* **4**
tasty schmackhaft *adj.* **6**
tavern Kneipe, -n *f.* **6**
tax Steuer, -n *f.* **9**
technical language Fachsprache, -n *f.* **3**
technology Technik, -en *f.* **7**
telecommunication Telekommunikation, -en *f.* **7**
to tell lies lügen *v.* **1**
fortune-teller Wahrsager, -/Wahrsagerin, -nen *m./f.* **9**
tempting verlockend *adj.* **9**
temporary vorläufig *adj.* **4**
tenant Mieter, -/Mieterin, -nen *m./f.* **2**
tender zart *adj.* **6**
tent Zelt, -e *n.* **4**
long-term langfristig *adj.* **9**
short-term kurzfristig *adj.* **9**
arrival(s) terminal Ankunftshalle, -n *f.* **4**
to terminate kündigen *v.* **1**
termination Kündigung, -en *f.* **9**
terminology Fachsprache, -n *f.* **3**
terrible schrecklich *adj.* **6**
terrorism Terrorismus, - *m.* **8**
terrorist Terrorist, -en/Terroristin, -nen *m.*, *f.* **8**
to thank (someone) sich (bei j-m) bedanken *v.* **6**
theme Motto, -s *n.* **6**
thorough gründlich *adj.* **1**
threat Drohung, -en *f.* **8**
to thwart durchkreuzen *v.* **9**
ticket collector Schaffner, -/ Schaffnerin, -nen *m./f.* **4**
ticket conductor Schaffner, -/ Schaffnerin, -nen *m./f.* **4**
time Zeit, -en *f.* **10**
of that time damalig *adj.* **10**
hourly timesheet Stundennachweis, -e *m.* **1**
to torture quälen *v.* **8**
to be touched gerührt sein *v.* **4**
towel Badetuch, -¨er *n.* **4**
beach towel Strandtuch, -¨er *n.* **4**
town center Stadtzentrum, -zentren *n.* **2**
town hall Rathaus, -¨er *n.* **2**
town planning Stadtplanung, -en *f.* **2**
toyland Spielzeugland *n.* **10**
track Fahrspur, -en *f.*, Spur, -en *f.* **2**

trade Gewerbe, - *n.* 9
traditional traditionell *adj.* 6
traffic Verkehr *m.* 2
traffic jam (Verkehrs)stau, -s *m.* 2
traffic light (Verkehrs)ampel, -n *f.* 2
traffic sign Verkehrsschild, -er *n.*, Verkehrszeichen, - *n.* 2
slow train Bummelzug, -¨e *m.* 4
tragic tragisch *adj.* 5
hiking trail Wanderweg, -e *m.* 4
nature trail Naturlehrpfad, -e *m.* 8
trainee Praktikant, -en/Praktikantin, -nen *m./f.* 9
training Ausbildung, -en *f.* 9
to transport befördern *v.* 7
means of transportation Verkehrsmittel, - *n.* 4
public transportation öffentliche Personennahverkehr (ÖPNV) *m.*, öffentlichen Verkehrsmittel *f.* 2
trap Falle, -n *f.* 9
treatment Behandlung, -en *f.* 7
to trust vertrauen (+ Dat.) *v.* 1
trusting vertrauensvoll *adj.* 8
to turn (around) wenden *v.* 2
to turn out to be sich entpuppen *v.* 2, sich gestalten *v.* 7, sich herausstellen als *v.* 7
cable TV Kabelfernsehen *n.* 3
TV advertisement Fernsehwerbung, -en *f.*, die Reklame, -n *f.* 3
TV program Sendung, -en *f.* 3
TV screen Bildschirm, -e *m.* 3
TV series Fernsehserie, -n *f.* 3

U

beach umbrella (Strand)sonnenschirm, -e *m.* 4
unable unvermögend *adj.* 8
unanimous einstimmig *adj.* 1
unbiased objektiv *adj.* 3
underdevelopment Unterentwicklung, -en *f.* 10
understanding verständnisvoll *adj.* 1
unequal ungleich *adj.* 8
unethical unmoralisch *adj.* 7
unexpected unerwartet *adj.* 2
unfair ungerecht *adj.* 8
unfaithful untreu *adj.* 1
unforgettable unvergesslich *adj.* 1
unification Vereinigung, -en *f.* 2
labor union Gewerkschaft, -en *f.* 9
universe Weltall *n.* 7
unjust ungerecht *adj.* 8
unusual ungewöhnlich *adj.* 5
to update aktualisieren *v.* 7
uprising Aufruhr, -e *m.* 10
upset bestürzt *adj.* 1
to be up-to-date auf dem neuesten Stand sein *v.* 3
urge Drang *f.* 5
use verwerten *v.* 7
to use the bathroom austreten *v.* 9

V

vacancy Zimmer frei *exp.* 4
no vacancy belegt *adj.* 4
vacation destination Urlaubsziel, -e *n.* 4
vacation rental Ferienwohnung, -en *f.* 4
vacation resort Ferienort, -e *m.* 4
to vaccinate impfen *v.* 7
vaccine Impfstoff, -e *m.* 7
vain eitel *adj.* 8
value Wert, -e *m.* 1
good value preiswert *adj.* 4
variety Vielfalt *f.* 2
various verschieden *adj.* 4
vegan Veganer, -/Veganerin, -nen *m./f.* 6
vegetarian Vegetarier, -/Vegetarierin, -nen *m.*, *f.* 6
vegetarian vegetarisch *adj.* 6
vehicle Gefährt, -e *n.* 7
to verbally fight sich streiten *v.* 8
verse Strophe, -n *f.* 5
victim Opfer, - *n.* 7
victorious siegreich *adj.* 10
election victory Wahlsieg, -e *m.* 10
victory Sieg, -e *m.* 10
video security system Videoüberwachungssystem, -e *n.* 2
(television) viewer Zuschauer, -/ Zuschauerin, -nen *m./f.* 3
vinyl record Schallplatte, -n *f.* 3
violence Gewalt, -en *f.* 8
violent gewalttätig *adj.* 10
to vote abstimmen (über), stimmen, wählen *v.* 10

W

wage Lohn, -¨e *m.* 9
wage continuation Lohnfortzahlung, -en *f.* 9
low wage Niedriglohn, -¨e *m.* 9
minimum wage Mindestlohn, -¨e *m.* 9
walk leisurely schlendern, bummeln *v.* 1
war Krieg, -e *m.* 10
civil war Bürgerkrieg, -e *m.* 10
wares Gut, ¨-er *n.* 9
global warming Klimaerwärmung, -en *f.* 8
waste management Müllentsorgung *f.* 8
waste separation Mülltrennung *f.* 8
watercolor painting Aquarell, -e *n.* 5
weapon Waffe, -n *f.* 10
wedding Hochzeit, -en *f.* 1
weekly magazine Wochenzeitschrift, -en *f.* 3
weekly newspaper Wochenzeitung, -en *f.* 3
well done durchgebraten *exp.*, gut durch *exp.* 6
whipped cream Schlagsahne *f.* 6
whiz zischen *v.* 3
widowed verwitwet *adj.* 1
window seat Fensterplatz, -¨e *m.* 4
award-winning preisgekrönt *adj.* 5
wireless kabellos *adj.* 7
witness Zeuge, -n/Zeugin, -nen *m./f.* 8
widow Witwe, -n *f.* 1
widower Witwer, - *m.* 1
work hours Arbeitszeit, -en *f.* 9
flexible working hours Gleitzeit *f.* 4
work of literature Dichtung, -en *f.* 5
opportunity to work Arbeitsmöglichkeit, en *f.* 5
to work overtime Überstunden machen *v.* 9
poetic work Dichtung, -en *f.* 5
worried besorgt *adj.* 1
worth Wert, -e *m.* 1
to be worth it sich lohnen *v.* 4
writer Schriftsteller, -/Schriftstellerin, -nen *m./f.* 5
written notice Kündigung, -en *f.* 1
wrong unrecht *adj.* 7

X

X-ray röntgen *v.* 7

Y

Yellow Star Judenstern, -e *m.* 10
youth crime Jugendkriminalität *f.* 2

Z

zoologist Zoologe, -n/Zoologin, -nen *m./f.* 7

Index

A

accusative cases 22, 173
adjectives
  as nouns 134
  attributive 130
  expressing quantity 131
  from verbs 134
  possessive 22, 52
  predicate 131
  special cases 135
  with specific prepositions 135, 172
adverbs
  of time 250
  of manner 251
  of place 251
adverbial conjunctions 92
als and **wenn** 92
articles 22, 52, 56, 130

C

comparatives 168
compound nouns 320
conjugation
  haben, **sein**, and **wissen** 19
  irregular verbs 19
  regular verbs 18
conjunctions
  coordinating, adverbial, and subordinating 92
  double conjunctions 325
  two-part conjunctions 324
coordinating conjunctions 92

D

da-compounds 172
dative cases 52, 173
demonstratives 286
dependent clause 93
der-words 23, 52, 130, 286
direct object 22

E

ein-words 23, 52, 129

F

Futur
  active 126
  modals 165
  passive 242
Futur II 127

G

genitive cases 53

H

haben
  conjugation 19
  in **Futur II** 127
  in imperatives 247
  in **Plusquamperfekt** 354
  in present perfect 60

I

imperative 246, 363
impersonal commands 247
impersonal passive 243
indirect object 52
indirect speech 362
infinitive
  constructions 358
  in **Futur** 126
  in **Futur II** 127
  in **Konjunktiv II** 278
inverted word order 14
irregular verbs
  Konjunktiv I 362
  Konjunktiv II 278
  Präteritum 88
  present tense 18

K

Konjunktiv I 362
Konjunktiv II
  der Vergangenheit 316
  in indirect speech 363
  with modals 282
  würde with infinitive 278

Kultur
  „Amerika, du hast es besser" 27
  Badefreuden oder Großstadtabenteuer? 139
  Baden-Württemberg: Land des Autos 255
  Berlin, multikulturell seit Jahrhunderten 65
  Feste mit Tradition 215
  Grün reisen, Grün schützen 291
  Hamburg: Medien-Mekka 101
  Musik Musik Musik 177
  Schweizer Bankwesen 329
  Wiedervereinigung 367

Kulturanmerkungen
  Achterbahnen 215
  Arbeitskampf 311
  Arbeitsmarkt Liechtenstein 329
  Astronomen 263
  Atomkraftwerke 285
  Ausländer in Berlin 73
  B.A.U.M. 294
  Die Beatles 104
  Bildungsstreik 323
  Berthold Brecht 377
  Berufswahl in der DDR 339
  Die Bremer Stadtmusikanten 136
  Die Currywurst 65
  Deutsche Umweltpioniere 269
  Ein Deutscher Astronaut 259
  Die Dult 218
  Englisch und die deutsche Sprache 83
  Falco 180
  Familien in Deutschland 7
  Die Fraunhofer-Gesellschaft 245
  Franz Xaver Kappus 187
  Friedensreich Hundertwasser 177
  Georg Christoph Tobler 295
  Glücksbringer 208
  Der Grüne Punkt 273
  Gustav Klimt 155
  Hans Zimmer 170
  HARTZ IV 9
  hochschulstart.de 333
  Holocaust 349
  Ilmenau 301
  Johann Wolfgang von Goethe 27
  Johannes Rau 367
  Karl May 37
  Karneval 117
  Knödel 205
  Die Konditorei 212
  KuBa 159
  Lust auf amerikanisches Essen 69
  Medienkonsum 79
  Michael Haneke 177
  MP3 90
  Die Museumsinsel 62
  Nationalparks in Deutschland 287
  Ostfriesland 139
  Parteien im Deutschen Bundestag 365
  Pfandhaus 227
  Das Potsdamer Abkommen 370
  Rente 327
  Die Robert Bosch GmbH 255
  Röntgen 237
  Rote Grütze 205
  Schloss Belvedere 166
  Schloss Sanssouci 336
  Das Schweizer Bankgeheimnis 332
  Schweizerdeutsch 47
  Smart Car 258
  Selbst gemachte Spätzle 193
  Stoptrick 275
  Strände in Deutschland 288
  Der Strandkorb 133
  Der Tannenbaum 219
  Das Theater am Schiffbauerdamm 371
  Tourismus in den fünfziger Jahren 149
  Die Trümmerliteratur 143
  Türken in Deutschland 121
  Wahlen 364
  Der Weihnachtsmann 197
  Die Weltbühne 31
  Wernher von Braun 281
  Die deutsche Zeitungsbranche 94
  Der Zeitungskiosk 58

Kurzfilm
15 Minuten Wahrheit 308
Artgerecht 156
Auf der Strecke 44
Björn oder die Hürden der Behörden 118
Outsourcing 6
Röntgen 234
Spelunkers 270
Spielzeugland 346
Wer hat Angst vorm Weihnachtsmann? 194
Worst case - Ein Tag in der Werbung 80

L

Länder
Bayern 200
Berlin 50, 87
Brandenburg und Sachsen 352
Bremen, Niedersachsen und Nordrhein-Westfalen 124, 140
Die Schweiz und Liechtenstein 314, 330
Die Vereinigten Staaten 12
Hamburg, Schleswig-Holstein und Mecklenburg-Vorpommern 86, 102
Österreich 162
Rheinland-Pfalz, Saarland und Baden-Württemberg 240
Sachsen-Anhalt, Thüringen und Hessen 276

Lektionen
Fühlen und erleben 2
Geschichte und Gesellschaft 342
Kunstschätze 152
Medieneinflüsse 76
Recht und Umwelt 266
Traditionen und Spezialitäten 190
Wegfahren und Spaß haben 114
Wirtschaft und Berufsaussichten 304
Wissenschaft und Technologie 230
Zusammen leben 40

Literatur
An die Nachgeboren 371
Berufsberatung 333
Briefe an einen jungen Dichter 181
Die Familie 31
Die Leihgabe 219
Die Natur 295
Geschäftstarnungen 69
Hier ist Tibten! 143
Ist die Erde bewohnt? 259
Zonenkinder 105

M

main clause 93
modals
in **Konjunktiv I** 362
in **Konjunktiv II** 282
in **Plusquamperfekt** 355
in present tense 164

N

nominative cases 22
numbers 210

P

passive voice and alternatives 242
past participle
in passive 242
in **Perfekt** 60
in **Plusquamperfekt** 354
in **Futur II** 127
Perfekt
separable and inseparable prefix verbs 60
modals 165
passive 242
plurals 320
Plusquamperfekt
passive 242
active 354
polite requests 283
Präteritum
Konjunktiv I 363
modals 164
passive 242
regular and irregular verbs 88
prefix verbs 15, 60
prepositions 56, 172
prepositional verb phrases 172, 203
present tense
regular and irregular verbs 18
modals 164
passive 242
pronouns
demonstrative 286
personal 22, 52
reflexive 202, 206
relative 96
punctuation 97, 211, 358

Q

quantities 131, 211, 315
questions
word order 14
question words 15, 53

R

reflexive verbs
with accusative reflexive pronouns 202
with dative reflexive pronouns 206
regular verbs
in **Konjunktiv I** 362
in **Konjunktiv II** 278
in present tense 18
in **Präteritum** 88
relative clauses 96

S

Schreibwerkstatt
Arten von Essays und ihre Struktur 188
Der Einleitungssatz 112
Der Schluss 150
Revisionen und Korrektur 302
Teilweise Widerlegung 264
These und Beweisführung 38
Verallgemeinerungen und Mangel an Kontinuität 340
Hauptpunkte eines guten Aufsatzes 378
Widerlegung 228
Zitate 74

Schriftsteller/Schriftstellerinnen
Böll, Heinrich 143
Brecht, Bertolt 371
Friedell, Egon 259
von Goethe, Johann Wolfgang 295
Hensel, Jana 105
Kaminer, Wladimir 69
Reinig, Christa 333
Rilke, Rainer Maria 181
Schnurre, Wolfdietrich 219
Tucholsky, Kurt 31
sein
conjugation 19
in **Futur II** 127
in imperatives 247
in **Plusquamperfekt** 354
in present perfect 61
simple past *see* **Präteritum**

Stellen Sie sich vor
Berlin, damals und heute 50
Die Bankmetropole am Main 276
Das Fest der Gemütlichkeit 12
Die Hanse 86
Die Römer kommen 240
Die perfekte Stadt 352
Ins Herz der Alpen 314
Lassen Sie den Narren raus! 124
Unterwegs im Bilderbuchland 162
Was ist ein Bayer? 200
strong verbs *see* irregular verbs
subjunctive *see* **Konjunktiv**
subordinating conjunctions 92
subordinate clause 93
superlatives 168

T

time 210
time expressions 127
two-way prepositions 57

V

Vokabeln
Aktivitäten 42
Am Strand 116
Die Arbeitsplatzsuche 306
Auf dem Campingplatz 116
Auf der Arbeit 306
Beziehungen 4
Die bildenden Künste 154
Die Elektronikwelt 232
Familienstand 4
Feiertage und Traditionen 192
Die Finanzen 306
Fragen und Meinungen 268
Gefühle 4

Geschichte 344
Die Gesetze und Anrechte 268
Im Bahnhof 116
Im Flughafen 116
Im Hotel 116
Im Restaurant 192
Im Skiurlaub 116
In der Küche 192
Kino, Rundfunk und Fernsehen 78
Die Künstler 154
Die Leute 42, 268
Die Leute am Arbeitsplatz 306
Literatur 154
Lokalitäten 42
Die (Massen)medien 78
Die Medienleute 78
Musik und Theater 154
Nationen und nationale Identität 344
Persönlichkeit 4
Politik 344
Die Presse 78
Probleme und Herausforderungen 232
Die regionalen Spezialitäten 192
Die Technologie 232
Die Umwelt und Probleme 268
Wegbeschreibungen 42
Die Wissenschaftler 232
Die wissenschaftliche Forschung 232

W

weak verbs *see* regular verbs
werden
in imperatives 247
in **Futur I** 126
in **Futur II** 127
in passive 242
wo-compounds 172
word order
after conjunctions 92, 324
in imperatives 247
in passive 243
in **Perfekt** 61
in **Plusquamperfekt** 355
in statements and questions 14
with demonstratives 286
with modals 164
with reflexive pronouns 202

Z

Zu Beginn
Arbeit und Finanzen 306
Essen und feiern 192
Fortschritt und Forschung 230
Geschichte und nationales Selbstverständnis 344
Kunst und Literatur 154
Medien und Kultur 78
Natur- und Ideenwelt 268
Persönliche Beziehungen 4
Reisen und Ferien 116
Stadt und Gemeinschaft 42

Credits

Text Credits

70–71 Wladimir Kaminer, *Russendisko*, © 2000 Manhattan Verlag, München, in der Verlagsgruppe Random House GmbH.
106–109 Jana Hensel, *Zonenkinder*, © Rowohlt Verlag GmbH, Reinbek.
144–147 Heinrich Böll, *Hier ist Tibten!*, printed with the permission of The Jennifer Lyons Agency LLC on behalf of the proprietor Verlag Kiepenhauer & Witsch.
334–337 Christa Reinig, *Berufsberatung*, © Eremiten-Presse, Düsseldorf.
372–375 Bertolt Brecht, *An die Nachgeborenen*, printed with the permission of Barbara Brecht-Schall.

Photography Credits

All images © Vista Higher Learning unless otherwise noted.

Cover: © Peter von Felbert/Getty Images.

Master Art: 9, 47, 83, 119, 159, 197, 237, 273, 311, 349 (full pg) © Randall Fung/Corbis.

Lesson One: 2 (full pg) © Westend61/Getty Images; **4** (t) © Jack Hollingsworth/Brand X/Corbis; (ml) © Kapu/Shutterstock; (mm) © Monkey Business Images/Shutterstock; (mr) © Kristian Sekulic/Dreamstime; (b) © Pixland Image/Jupiter Images; **12** © Spectrum Photofile; **13** (t) © Carsten Rehder/epa/Corbis; (m) © David R. Frazier Photolibrary, Inc./Alamy; (bl) © msheldrake/Shutterstock; (br) © Photo Researchers/Alamy; **17** © Blend Images/Alamy; **21** (l) Anne Loubet; (r) Anne Loubet; **24** Martín Bermetti; **25** © Lars Borges/Getty Images; **28** (full pg) © Bob Daemmrich Photography Inc.; **29** © Herald Zeitung; **30** © John G. Mabanglo/epa/Corbis; **31** © KTS/INTERFOTO; **32** (full pg) © Leland Bobbé/Corbis; **37** © Aspen Stock/Age Fotostock.

Lesson Two: 40 (full pg) © Andrew Errington/Getty Images; **42** (t) © EGDigital/iStockphoto; (m) Ana Cabezas Martín; (b) Sarah Kenney; **50** © Maree Stachel-Williamson/Shutterstock; **51** (t) © sashagala/Shutterstock; (m) © kai hecker/Shutterstock; (bl) © Z1022/_Patrick Pleul/dpa/Corbis; (br) © Arnd Wiegmann/Reuters/Corbis; **55** © Richard Metzger; **64** Sarah Kenney; **66** (full pg) © Caro/Alamy; **67** © Anne-Marie Palmer/Alamy; **70** © Diana Goetting; **73** Isabelle Alouane.

Lesson Three: 76 (full pg) © fStop Photography/Veer; **78** (t) Rafael Rios; (b) © Kristy-Anne Glubish/Design Pics/Corbis; **86** © nagelestock.com/Alamy; **87** (t) © Foto 28/Alamy; (m) © Carsten Medom Madsen/Shutterstock; (bl) © dpics/Alamy; (br) © Westend61 GmbH/Alamy; **99** Martín Bermetti; **102** (full pg) © Manfred Hartmann; **103** © Michael Probst/Associated Press; **105** © vario images GmbH & Co.KG/Alamy; **106–107** (spread) © Stephen Carroll Photography/Getty Images.

Lesson Four: 114 (full pg) © Peter von Felbert/Getty Images; **116** (tm) © Imag'In Pyrénées/Fotolia; (tr) © Alexander Chaikin/Shutterstock; (bl) © Jasther/Shutterstock; (br) © Avner Richard/Shutterstock; **124** © Arco Images GmbH/Alamy; **125** (t) Sarah Kenney; (m) © Guido Schiefer/Alamy; (bl) © Arco Images GmbH/Alamy; (br) Sarah Kenney; **129** © Noam/Fotolia; **132** © c./Shutterstock; **133** (tl) © Jule_Berlin/Shutterstock; (tr) © Walter Quirtmair/Shutterstock; (ml) © Bryan Busovicki/Shutterstock; (mr) © idp manchester airport collection/Alamy; (bl) Sarah Kenney; (br) © Christopher Penler/Shutterstock; **136** © david harding/Shutterstock; **137** (tl) Ali Burafi; (tr) Ana Cabezas Martin; (bl) Martín Bernetti; (br) Anne Loubet; **138** (l) Sarah Kenney; (r) © Manfred Steinbach/123RF; **140** © Konrad Wothe/Age Fotostock; **141** © S Ziese/Age Fotostock; **143** © INTERFOTO/Alamy; **144–145** (full pg) © Lawrence Manning/Corbis; **149** Isabelle Alouane.

Lesson Five: 152 (full pg) © Tetra Images/Corbis; **154** (t) © Kuzma/Big Stock Photo; (b) Andrew Paradise; **156** © vadim kozlovsky/Shutterstock; **162** © Maria Veras/Shutterstock; **163** (t) © Karel Gallas/Shutterstock; (m) © SIME/eStock Photo; (bl) © g-photo/Alamy; (br) © OPIS/Shutterstock; **170** © Javier Larrea/Age Fotostock; **171** (l) Friedrich, Caspar David (1774–1840), painting, "The Wanderer Above the Sea of Fog", 1818, oil on canvas, Kunstha © INTERFOTO/Alamy; (r) Klimt, Gustav, (1862–1918), painting, "Der Kuss", ("the kiss"), 1907–1908, oil, silver and gold on canvas © INTERFOTO/Alamy; **176** © B. O'Kane/Alamy; **177** (l) © Media Bakery; (r) © Nikonaft/Shutterstock; **178** (full pg) © Imagno/Getty Images; **179** © CONTRAST-CON 539435/picturedesk.com; **181** © INTERFOTO/Alamy; **182** (full pg) © Giuseppe Ceschi/Getty Images; **184** © Montenegro/Shutterstock.

Lesson Six: 190 (full pg) © Johannes Simon/Getty Images; **192** (tl) © lebanmax/Shutterstock; (tm) Isabelle Alouane; (tr) © Yuri Arcurs/Dreamstime; (b) © Jack Puccio/iStockphoto; **194** © Clynt Garnham/Alamy; **200** © Didi/Alamy; **201** (t) © Maksim Toome/Shutterstock; (m) © allfive/Alamy; (bl) © Maugli/Shutterstock; (br) © HLPhoto/Shutterstock; **204** (tm) Anne Loubet; (bl) Ali Burafi; (br) Ana Cabezas Martín; **205** © Ingeborg Knol/Age Fotostock; **207** (t) Anne Loubet; **209** (tl) Isabelle Alouane; (tm) Sarah Kenney; (tr) Isabelle Alouane; (bl) © Peter Kirillov/Shutterstock; (bm) Sarah Kenney; (br) © jan kranendonk/Shutterstock; **212** Isabelle Alouane; **213** © Andrea Leone/Shutterstock; **215** © imagebroker/Alamy; **216** (full pg) © Jan Greune/Getty Images; **217** © mauritius images GmbH/Alamy; **219** © akg-images; **220–221** (spread) © John E Marriott/All Canada Photos/Corbis; **223** © Ruth Black/Shutterstock; **224** © David M. Schrader/Shutterstock.

Lesson Seven: 230 (full pg) © Peter Ginter/Science Faction/Corbis; **232** (tl) © Comstock/Fotosearch; (tr) © Lipsky/Shutterstock; (m) © Jonathan Larsen/Shutterstock; (b) © Javier Larrea/Age Fotostock; **236** © Whaldener Endo/Shutterstock; **240** © Kuttig-Travel/Alamy; **241** (t) © Werner Otto/Alamy; (m) © akg-images; (bl) © Ralf-Udo ThieleFotolia; (br) © Paul Campo PCampoPhotography.com; **249** (l) Martín Bernetti; (r) Martín Bernetti; **254** © John Lund/Drew Kelly/Age Fotostock; **255** © INTERFOTO/Alamy; **256** (full pg) © INTERFOTO/Alamy; **257** © Mary Evans Picture Library/Alamy; **258** Vanessa Bertozzi; **259** © Imagno/Getty Images; **260** (full pg) © Fuse/Getty Images.

Lesson Eight: 266 (full pg) © Atlantide Phototravel/Corbis; **268** (l) © Mark Karrass/Corbis; (m) © Tom Grill/Corbis; (r) Anne Loubet; **276** © luchschen/Shutterstock; **277** (t) © Yurchyks/Shutterstock; (m) © Martin Schutt/epa/Corbis; (l) © Picture Alliance/Photoshot; (r) © Atlantide Phototravel/Corbis; **278** © carolinebee999/iStockphoto; **279** Rossy Llano; **285** (tl) Katie Wade; (tr) © EGDigital/iStockphoto; (bl) Martín Bernetti; (br) © Jan Martin Will/Shutterstock; **288** (l) © Javier Larrea/Age Fotostock; (r) © Image Source/Corbis; **289** (tl) Sarah Kenney; (tr) © Pal Teravagimov/Shutterstock; (bl) Sarah Kenney; (br) Sarah Kenney; **292** © Kuttig-Travel-2/Alamy; **293** © imagebroker/Alamy; **295** © The Art Gallery Collection/Alamy; **296–297** (spread) © jamievanbuskirk/iStockphoto; **300** María Eugenia Corbo.

Lesson Nine: 304 (full pg) © KAI PFAFFENBACH/Reuters/Corbis; **306** (tl) Anne Loubet; (tm) © Javier Larrea/Age Fotostock; (tr) © Yurchyks/Shutterstock; (b) © Iakov Kalinin/Shutterstock; **314** © José Fuste Raga/Age Fotostock; **315** (t) © Darryl Montreuil/Shutterstock; (m) © Aflo Co. Ltd./Alamy; (bl) © Lazar Mihai-Bogdan/Shutterstock; (br) © GAPS/iStockphoto; **323** © Javier Larrea/Age Fotostock; **327** © Javier Larrea/Age Fotostock; **328** (tl) © Thomas Imo/Alamy; (tr) Martín Bernetti; (bl) © Fotolia VII/Fotolia; (br) © Photoinjection/Shutterstock; **330** © PjrStudio/Alamy; **331** © Media Bakery; **333** © Brigitte Friedrich/INTERFOTO; **334** (full pg) © Images.com/Corbis; **339** © moodboard/Fotolia.

Lesson Ten: 342 (full pg) © vario images GmbH & Co.KG/Alamy; **344** (t) María Eugenia Corbo; (m) Isabelle Alouane; (b) Katie Wade; **348** (t) © Nikita Rogul/Shutterstock; (b) © Artography/Shutterstock; **352** © Milan Tesar/Shutterstock; **353** (t) © Hubertus Blume/Age Fotostock; (m) © julie woodhouse/Alamy; (b) © Caro/Alamy; **356** © Dainis Derics/Shutterstock; **361** © imagebroker/Alamy; **364** Ali Burafi; **367** © Caro/Alamy; **368** (full pg) © Tom Stoddart/Getty Images; **369** © Route66/Shutterstock; **371** © Mary Evans Picture Library/Alamy; **372–373** © Hulton-Deutsch Collection/Corbis; **374–375** (spread) Sónia Teixeira.

About the Authors

Tobias Barske, a native of Bavaria, is an Assistant Professor of German and Applied Linguistics at the University of Wisconsin-Stevens Point. He earned a Ph.D. in German Applied Linguistics from the University of Illinois at Urbana-Champaign with emphases on language and social interaction as well as language pedagogy. He has also studied at the Universität Regensburg in Germany. Tobias has over 10 years of experience teaching undergraduate and graduate courses at the university level. Among other accomplishments, he has earned numerous awards for excellence in teaching.

Megan McKinstry is from Seattle and has an M.A. in Germanics from the University of Washington. She is a Lecturer in German Studies at the University of Missouri, where she received the University's "Purple Chalk" teaching award and an award for "Best Online Course" which she co-wrote with Dr. Monika Fischer. Megan has been teaching for over 10 years, including a year in Düsseldorf.

Karin Schestokat, an award winning teacher and native of Germany, is a Professor of German at Oklahoma State University. She has over 25 years of teaching experience at various universities and community colleges. Karin earned a Ph.D. from the University of Southern California, her M.A. from the University of New Mexico, and a Staatsexamen from the Albert-Ludwigs-University in Freiburg, Germany. She is also a published author on German women writers of the 19th and 20th century.

Jane Sokolosky is a Senior Lecturer in German Studies at Brown University, where she is the language program director and supervisor of graduate student teaching assistants. Prior to coming to Brown, she was a Visiting Assistant Professor of German at Middlebury College. She received her Ph.D. from Washington University in St Louis. Jane specializes in the educational uses of technology for language learning. She successfully integrates blogs, wikis, iPods, video, and Internet-based learning into the curriculum.